“十三五”国家重点出版物出版规划项目
世界人口经济史

世界现代人口经济史

Population Economy History of Modern World

李仲生 著

中国人事出版社

图书在版编目(CIP)数据

世界现代人口经济史/李仲生著. -- 北京：中国人事出版社，2019
ISBN 978-7-5129-1327-1

Ⅰ.①世… Ⅱ.①李… Ⅲ.①人口经济学-经济思想史-世界-现代 Ⅳ.①C92-05

中国版本图书馆 CIP 数据核字(2019)第 165511 号

中国人事出版社出版发行

（北京市惠新东街 1 号 邮政编码：100029）

*

三河市潮河印业有限公司印刷装订 新华书店经销

787 毫米×1092 毫米 16 开本 36.75 印张 700 千字

2019 年 9 月第 1 版 2019 年 9 月第 1 次印刷

定价：98.00 元

读者服务部电话：（010） 64929211/84209101/64921644

营销中心电话：（010） 64962347

出版社网址：http://www.class.com.cn

前　　言

本书所涉足的科学领域是新兴边缘学科人口经济学的分支——人口经济史，大致以 20 世纪初期到 70 年代末期 80 年代间的世界人口波动和经济发展的历史脉络为导线，注重于世界的人口增加对经济发展的影响，同时研究人口转变的经济因素，以及人口现象与经济现象的相互关系等，这是中国乃至世界上的第一部世界现代人口经济史，写法新颖，构思严谨，具有一定的开拓性和创新性，在一定程度上弥补了中国和世界在这一研究领域的空白，这使得本书具有较高的学术价值和前瞻性。

全书共分为 21 章，第 1 章至第 3 章分别从总论的视角来论述世界经济的形成与发展以及世界人口动态与分布问题。第 4 章、第 5 章和第 6 章则分别详述了作为经济大国的美国、日本和苏联的人口经济问题。第 7 章至第 13 章则分析了欧洲共同体的经济发展与人口变动，以及英国、法国、德国、意大利、加拿大和澳大利亚等发达国家的人口波动与经济问题，第 14 章至第 17 章主要探讨了中国、印度、东亚和西亚等亚洲的人口增加与经济发展。第 18 章至第 20 章则分别叙述了非洲、拉丁美洲和巴西的人口经济问题。第 21 章则再次从总论的角度来考察世界人口转变的模式以及人口转变对经济发展的影响。

本书是系列丛书的第 4 部，其基本思路是用时期序列分析的方法以发达国家和发展中国家的人口与经济发展的历史脉络为主线，通过运用国内生产总值、人口、人均产值以及其他的动态人口经济指标，系统地分析各个时期比较有代表性国家的经济发展过程以及人口的数量、迁移、分布等方面对经济发展的影响等人口经济问题。就方法论而言，本书在阐述世界人口现代经济史上采用了从微观到宏观，从静态到动态的经济分析。本研究还使用多种方法对比较有代表性国家的人口经济问题进行综合分析。

本书的创新之处主要是：利用经济发展过程中的人口波动、经济因素的人口迁移以及人口增长与经济发展等方面的资料对世界主要国家的人口经济史进行分析，以求透过复杂的人口经济现象去深刻地揭示人口经济发展过程及其规律性，在一定程度上发展和完善了世界现代人口经济史和人口经济研究领域。

本书得到国家重点学科劳动经济学专项资金的出版资助，以及首都经济贸易大学冯喜良教授的大力支持，在此表示深深的感谢。在本书的审稿和出版过程中，中国人事出版社的张文春编审提供了帮助和支持，在此特致以最诚挚的谢意。

李仲生

2019年3月28日于北京

目　　录

第1章　世界经济的瓦解与人口经济后果

1.1　20世纪初期的世界经济危机

1900年爆发的经济危机揭开了20世纪的序幕，这是资本主义进入新世纪后开始的第一次世界性经济危机，这次危机加剧了企业间的竞争，对资本主义经济周期的发展产生重大的影响。经历了1890年的经济危机打击后，德国经济在1893年转向复苏，而美国经济到1897年才开始由复苏转向高涨。

1899年夏天，一场金融危机席卷俄国，接着一系列工业部门的生产开始下降，物价也随之下跌，从而成为第一个卷入1900年世界经济危机的国家。继俄国发生经济危机后，法国、德国、比利时等西欧各国在1900年也先后爆发了经济危机，英国尾随其后。这次危机对英国和法国的冲击相对较轻。在英国，生铁和船舶生产降幅很大，分别为15.8%和22.0%，煤炭开采量降幅很小。法国在同年生铁和煤开采量分别下降了12.0%和10.2%，钢产量缩减了9.0%。德国在经济危机期间，糖产量缩减了24.6%，生铁、钢和棉花消费量也有所下降。

这场经济危机戏剧性地展示了英国和德国的竞争地位的此消彼长。由于德国钢铁工业的技术先进程度、生产集中程度都高于英国，而且采取鼓励输出、限制输入的贸易保护主义政策，德国钢铁大量出口英国，并占领英国的海外市场。1900年到1902年，德国黑色金属的净出口增长3.5倍，从1900年的净出口71.5万吨，增长到1902年的320.9万吨。与此同时，英国黑色金属进口额在1900年到1904年期间增加了62%。这就使德国能够尽早摆脱经济危机，而英国的经济危机则被延长。面对强大的竞争对手的崛起，英国的自由贸易政策开始动摇。英国以张伯伦为首的内阁集团开始主张恢复保护关税，取消自由贸易，代之以“帝国国内特惠关税”。但这一有利于英国长远利益的主张并未成为新政策。

与西欧国家不同，美国的危机发生得较晚，但比较曲折。1900年显示了经济危机的迹象，生产已经开始下降，并在1901年5月发生了纽约股市暴跌。但很快股票行市又重新上涨。1901年和1902年，美国的固定资本投资还在继续，生铁、钢和煤的产量都有所增长，直到1903年，美国才爆发全面经济危机，并转入萧条。危机期间，美国的铁矿石开采量下降了22.5%，生铁产量下降8.4%，钢产量下降7.3%。1904年铁路修筑量比1902年减少36.4%，机车产量缩减33.2%。1904年失业率高达 10.1%，工资降低 10%～20%。在失业增长和名义工资降低的情况下，人们的购买力进一步缩小，延长了危机。1905 年美国最后一个摆脱经济危机并迅速转入高涨。带动这一轮经济高涨的主要因素仍然是铁路和重工业建设。

1900 年开始的世界经济危机也打击了其他资本主义国家，日本在 1900 年也爆发了第一次普遍生产过剩危机。这次经济危机持续到 1903 年，随后经过一个短暂的经济高涨后，在 1907 年又爆发了 20 世纪开始后的第二次世界经济危机。与 19 世纪最后一个经济周期相比，20 世纪第一个经济周期的时间缩短了，1907 年危机与 1900 年危机之间的相隔时间只有 7 年。

美国从 1905 年开始的高涨，不仅时间短，而且强度弱，但投机程度却很高。这一时期，一些新兴工业崛起，如电力、汽车、化学等。从 1902 年到 1907 年，美国加工业产值增长了 22.0%，发电量从 48 亿度增至 106 亿度。1900 年至 1907 年间，世界汽车产量由 7 000 辆增至 8.4 万辆，增加了 11 倍。在德国，化学工业的从业人数从 1900 年的 15.3 万人增至 20.8 万人。法国的汽车工业格外引人注目，1907 年，法国已经生产了 5.5 万辆汽车，超过美国的 4.4 万辆。在这个新周期中，固定资本的扩大仍然主要依靠重工业和铁路建设，而电力、电机和汽车等工业部门则是新投资的重要领域。

在这一新周期有着许多新兴工业的崛起，美国正处于一个被后来人称为美国梦的黄金时代，仅仅 1905—1907 年美国就建成了 2.5 万公里的铁路，生产了 2 万多台蒸汽机车与 69 万节铁轨，这一轮高涨本来可以持续时期比较长。但是，创业投机猖獗，使这一轮高涨暴起暴落。当时在大西洋两岸伴随着人造丝产业、化学产业、钢铁产业、汽车产业、铝产业等新兴产业的崛起，不但投资旺盛、需求旺盛，而且带动资本主义各国的资本市场。在美国，大量个人企业转变为股份公司，发行股票，从中牟取暴利。大量欧洲资本通过提供短期信贷来资助创业投机，1906 年，金融投机吸引到美国的资本总额达 5 亿美元，美国信贷机构投入的资金约为 3 亿美元。这一时期，英国新设企业 2.24 万家，德国新设企业的资本额达 15.54 亿马克。美国和德国的投机活动最为强烈，而英国和法国的资金则被卷入其中。在英国和法国，70%～75%的有价证券是外国债券。因此，美国与德国的生产能力迅速扩张。这一轮高涨的新建生产能力大部分都是在 1906 年到 1907 年建成投产的，由此带动原材料价格的飞涨。当时世界经济最主要的物资——钢铁的价格上涨幅度为 39.2%，铜价格上涨 92%。在各种生产资料价格不断上升的同时，各种拥有新技术、更高劳动生产率的企业大量投产。

这次高涨在 1907 年年初中断，接着就转入新的经济危机。美国是这次经济危机的发源地，在这里，生产过剩的规模超过了任何一个资本主义国家，1907 年 3 月，美国爆发了交易所危机，随后黑色金属的价格开始下跌，几乎与此同时，柏林交易所和伦敦交易所的股票行市都出现暴跌现象。同年 10 月，美国银行危机爆发，纽约一半左右的银行贷款都被高利息回报的信托投资公司作为抵押投在高风险的股市和债券上，整个金融市场陷入极度投机状态。1907—1908年，美国破产的信贷机构超过了300个，负债达3.56亿美元，还有2.74万家工商企业登记破产，共负债4.2亿美元。在美国，这次危机引起的生产下降比以往任何一次都严重。以月度数字计算，钢产量下降近60%，生铁产量则减少38%。1907年的危机中，美国工业生产下降的百分比要高于此前的任何一次危机，失业人数最多时估计为500万～600万，钢托拉斯所属企业一半以上没有开工，这是以前历次经济危机中未曾见过的。

这次经济危机波及世界许多国家，与美国经济联系密切的英国首当其冲，危机深度仅次于美国。在经济危机的打击下，英国1907年，黑色金属消费量减少20%，生铁产量下降11%，钢产量下降19%，新建船舶吨位减少48%，棉花消费量下降14%。出口也减少了12%。从1906年到1909年，生铁价格下跌25%。

德国也是欧洲受经济危机打击比较严重的国家。1907年，黑色金属消费量缩减20%以上，钢产量下降13.1%，已竣工商船吨位减少1/3，建设业的损失最严重，业务量缩减36%。危机也打击了轻工业。棉纱和棉布的出口减少18%，棉布价格下跌23%。值得注意的是，尽管黑色金属消费量缩减，但由于该行业垄断程度高，黑色金属的价格竟提高了14%。法国在1907年，工业生产下降了6.5%。其中丝纺工业危机最严重，丝织品出口减少了24%。经济危机还打击了俄国，并蔓延到欧洲的所有国家，危机同样袭击了日本以及亚洲、非洲和拉丁美洲的许多国家。

1909年起，美国、法国经济开始复苏并很快进入高涨阶段，德国到1912年才走向高涨，但德国工业实力已经明显超过英国。德国的钢铁产量比英国和法国两国的总和还多，机器制造业发展迅速，电气、化学等工业在世界已处于领先地位。造船工业发展也很快，到1913年，德国轮船总吨位达到510万吨。英国经济复苏则更晚。然而，这一轮经济高涨的主要动力却是军备竞赛。

1913年，新一轮的世界经济危机已初露端倪。但1914年爆发了第一次世界大战，各国转入战时计划经济，经济危机遂告消失。1907年的经济危机是世界经济史的一个转折点。这是因为不但这次危机中出现了垄断组织对中小资本业者的灭绝性扼杀，而且在世界范围出现了一种全体对全体的对抗。这样的对抗，出现在雇主与员工之间，出现在行业之间，还出现在国家各个阶层与各个国家之间。随着英、法等老牌资本主义国家因在经济危机中受到重创，贸易保护主义倾向日益深化，而后起的强国德国在经济总量上超过英国成为世界第二，但在原材料供应与销售市场上受到英、法等国的极大限制。于是在一系列的危机中加剧了英德之间、法德之间的矛盾，欧洲列强之间终于爆发了一场人类历史上第一次全球范围的世界大战。

1.2 第一次世界大战的经济后果

第一次世界大战遍及欧洲、亚洲、非洲和太平洋地区，其巨大规模和深广影响远远超过了人类历史上所有的战争，先后有 33 个国家，占当时全世界人口总数 75% 的 15 亿人左右卷入了战争。经济最发达的欧洲成为主战场，整个战争伤亡 3 000 多万人，消耗了巨大的社会财富，直接经济损失 3 000 多亿美元。物质财产损失相当于拿破仑战争以来 100 年间全世界所有战争开支总和的 10 倍。战争期间共动员了军队约 7 351 万人，其中：英、法、俄等协约国方面动员军队 4 835 万余人，损失 2 210 万余人，包括死亡 515 万多人；德意志帝国、奥匈帝国、土耳其和保加利亚等同盟国总计动员军队 2 516 万人，损失 1 540 万余人，包括死亡 338 万多人。交战双方直接战费约为 1 863 亿多美元。

这次世界大战对世界经济产生极大的影响，主要表现为破坏了世界生产力和国际经济关系。世界大战对生产力的最大破坏是大规模摧毁了大量劳动力。在第一次世界大战中牺牲或伤残的人以青年和中壮年劳动力为主。这些人大多掌握技术知识和生产技能，正是经济发展中最宝贵的生产力。据估计，在第一次世界大战中，军人死亡最多的国家是法国、德意志帝国和英国，有 2 000 多万军人伤残，直接引起 1 000 多万平民死亡，2 000 多万人间接死于战争造成的饥荒和疾病。德国死于饥饿、战争、瘟疫的大约有 630 余万人。法国在战争期间减少了 370 万人。俄国约有 1/3 的农户丧失青壮年和中年劳动力。英国在战争中出动了 600 万人，死亡和失踪约 327 万人（见图 1—1）。

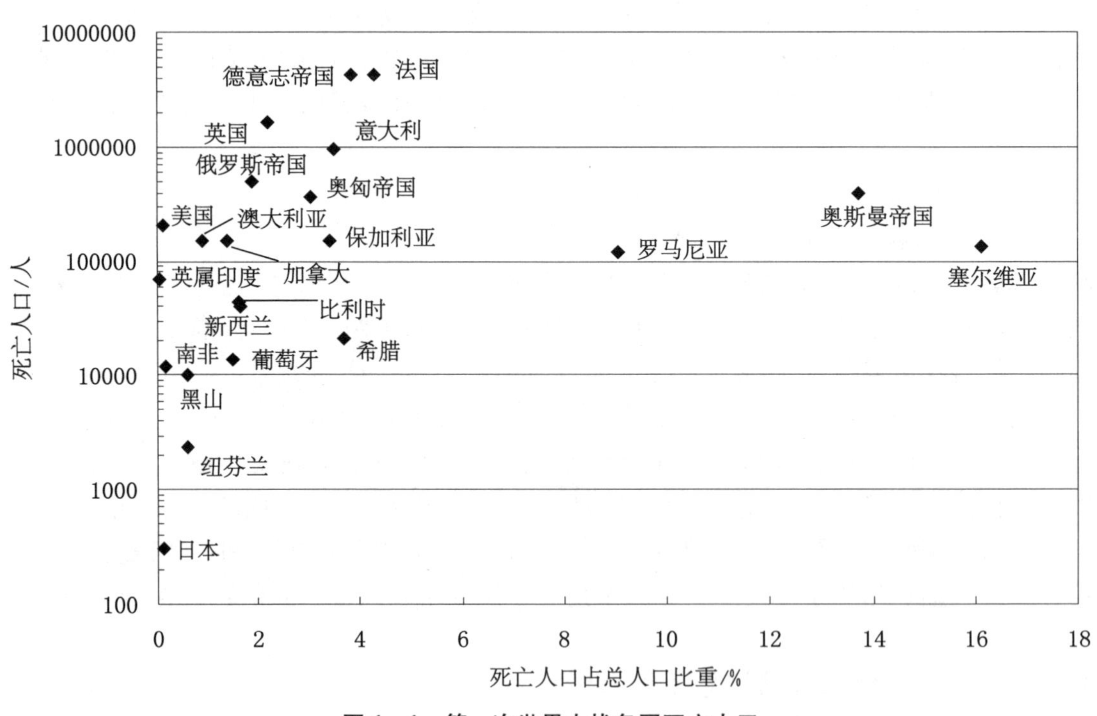

图 1—1　第一次世界大战各国死亡人口

资料来源：百度快照．第一次世界大战各国伤亡统计．2012—12.

战争结束后，全球农业产量比战前的水平低 1/3，欧洲的制造业产量下降了 1/5 以上，俄罗斯减少了 7/8，但美国与世界其他地区相比则显著上升。欧洲总产出长期的上扬趋势倒退回 8 年前，全世界倒退大约 5 年。[①] 世界生产力的破坏还表现在社会生产和流通的各种设备、基础设施和建筑物的毁损方面。欧洲和其他战场大量的工厂、房屋、道路、铁路、桥梁、农场、矿场、各式建筑、船舶被摧毁。法国被毁的建筑物、农作物和牲畜等约价值 90 亿法郎。英国商船在战争中有 70%被破坏，总吨位达 900 万吨，损失价值约为 7.5 亿英镑。

第一次世界大战还给世界经济带来巨大的负面影响，特别是对正在进行的经济活动造成沉重打击。大战中，各国工农业生产均大幅度下降，英国工业生产指数，如以 1913 年为 100，1918 年下降至 82.5%，消费品生产下降了 23.9%。德国工业在同期下降了 43%，其中民用工业下降了 59%，农业生产下降了 40%～60%。

而法国，由于被德国占领的大片领土在全国工业生产中所占比重非常大，致使全法国的工业生产下降更为严重，有不少部门的生产在战争期间甚至只及战前的 10%～20%，工业生产指数直到 1919 年也只恢复到战前水平的 57%，1913 年到 1918 年，煤产量从 4 080 万吨下降到 2 630 万吨，生铁产量从 250 万吨减少到 130 万吨，钢产量由 469 万吨下降到 180 万吨，棉花消费量减少了一半。农业生产也受到很大破坏，粮食产量大幅度下降。资本的损失是巨大的，在战前对外贷款与投资为 450 亿法郎，到战后反而欠了 70 亿法郎外债，内债欠得就更多，1914 年所负公债占全国财富的 12%，战后其比率显著上升。战争结束后，法国经济最大的损失莫过于人口，法国战时动员了 794 万人，合计占总人口的 1/5，其中 3/4 的人口属于青壮年男性，到停战时，140 万人死亡，70 万人残废，数十万人丧失劳动能力，造成劳动力严重不足。

俄国从 1913 年到 1917 年，生铁产量下降了 36%，煤产量下降了 21%，石油产量下降了 26%。俄国西部领土沦陷，使俄国工业生产损失 20%，农业粮食总产量在 1919 年比 1913 年减少了近 1/4。

这场战争还使国际经济关系及原有格局受到显著影响。1914 年以前，世界经济自由运转，整体效率较高，除了一些诸如保护性关税、私人垄断等形式的限制，国际经济活动都是由自由市场所支配。在战争期间，所有交战国与部分非交战国的政府对价格、生产和劳动力分配施加了直接管制。[②] 自由贸易、金本位货币制度遭到了破坏。各国都停止了纸币兑换贵金属货币，除了美国外，各国都放弃了金本位制。由于战争的需要，各个国家加强了对经济的干预，使得价格、产量等指标不能反映市场的供求关系，从而影响了国家之间的贸易，使得国际贸易额下降了 40%。战争使投

① ［英］彼得·杰伊. 财富的历程［M］. 北京：国际文化出版公司，2005.

② ［美］龙多·卡梅伦，拉里·尼尔. 世界经济简史——从旧石器时代到 20 世纪末［M］. 上海：上海译文出版社，2009.

资减少，经济秩序混乱。这一切都使资本的国际流动受阻，英国的对外投资损失了15%，法国损失了50%，金本位陷于崩溃。这使得世界经济的正常发展进程被战争所打断。这种情况对于英国和德国这样把本国经济卷入世界经济体系之中的资本主义大国来说，其所受的打击比其他国家严重得多。

美国在第一次世界大战的前期并没有直接参战，由于欧洲对美国产品的需求增加，美国的经济发展很快。对外贸易年出口额净增加15亿美元以上，相当于当时美国国民收入的3%强，它刺激了美国的经济增长。这种外部的推动，使得依赖内在因素已经相当发达的美国经济更加繁荣。例如，从1913—1917年，汽车产量增加近3倍，形成了一个崭新的工业，1917年的汽车工业销售额超过了30亿美元。因而当美国在1917年参战时，其经济几乎达到了顶峰，没有大量闲置的劳动力和资本可随时投入军需生产。在1917年和1918年，由于美国参战，军工产值增加了110亿美元，而同期民用产值则减少了130亿美元。显然，战争对于美国经济的正常运转干扰很大。在一个较短时期内，总产出的20%从民用转为军用，战后又从军用转为民用，从而使工业生产的速度放慢。尽管如此，美国由于迅速发展起来的贸易顺差和大量对协约国的贷款，使美国从战前的债务国转变为资本主义世界的主要债权国，从战前的工业大国之一成为世界名列首位的经济大国。

造成国际经济混乱的另一个主要原因是通货膨胀严重。战时财政压力迫使所有参战国除美国外脱离金本位制，各国不得不借助大规模借款和印刷大量纸币来维持战争。这使得价格大幅度上涨，尽管上涨比例有所不同。战争结束时，与1914年相比，美国物价平均高出两倍，英国上升了3倍，法国高出了5.5倍，而在德国则高出了15倍。价格的巨大差异，造成货币价值的差异，使得世界经济和国际贸易的恢复举步维艰。①

1.3　和平时期的经济发展与人口增长

第一次世界大战结束后不久，资本主义国家的经济都有所恢复，其中尤以美国的经济发展速度最引人瞩目。1919年，经济开始复苏，繁荣接踵而来，一直持续到1920年。出现这次短暂的景气在某种程度上是由于输出额很大，使美国有可能对国外贷款。银行对私人贷款和贴现的迅速增长也在某种程度上促进了工商业的发展。此外，刺激美国经济增长的因素还有：汽车工业和建筑业的迅速发展；消费者大量购买战争时期短缺的消费品等。但在1920年秋，美国经济陷入衰退局面，工商业开始下滑，在短短数月内，全国陷入严重的经济萧条之中。1921年，工业总产值竟降低到仅比1914年高2%左右的水平。大量企业倒闭，近450万人失业。由于国内失

① ［英］彼得·杰伊. 财富的历程［M］. 北京：国际文化出版公司，2005.

业人口扩大，政府限制移民入境。这种限制以及出生率的开始下降对人口的增长速度产生了影响。这次萧条的根源在于：输出和政府支出的减少和农民收入的锐减。

1922年，工商业开始复苏，经济增长速度加快，除了1924年和1927年个别年份短暂中断外，再次出现高度繁荣，一直持续到1929年10月经济大危机爆发前夕。1929年，美国国民生产总值第一次突破1 000亿美元大关，在资本主义世界工业生产中的比重高达48.5%。国民收入也显著提高，由1921年的594亿美元增至1929年的878亿美元，增幅高达47.8%。同期，美国在世界对外贸易总额中所占的比重达到14.0%。伴随这一时期的经济繁荣，美国出现了股票和地产投机狂热。由金融巨头操纵的证券市场中股票价格急速攀升。从1925年1月到1929年10月期间，纽约证券交易所的上市股票从4.43亿股增至10亿股以上，其股票的平均价格提高了4倍多。随着投机气氛的不断升温，股票生意兴隆。1929年爆发了经济危机，使美国经济大萧条。尽管如此，美国在20年代还是取得了经济增长，其间国民生产总值由853亿美元增加到1 031亿美元。这一时期美国汽车工业迅速发展，1919年美国的汽车产量已达150多万辆，到1929年猛增到将近540万辆，汽车制造业已成为美国最大的工业部门，它的发展也推动了钢铁、橡胶、石油和玻璃等行业的发展，当时的钢和生铁的产量分别达到5 700万吨和4 300万吨，创造了历史最高水平。其他如电气业、建筑业、化学工业和公用事业等部门也发展得十分迅速。家用电器产品总值在1921年还只有1 060万美元，到1929年已增至4.16亿美元。汽油产量也从同期8 600万桶激增至4.39亿桶。美国工业的迅猛发展，使其在资本主义世界工业生产总值中的比重由1913年的38%提高到1929年的48.5%，1929年，美国拥有50亿美元的黄金储备，占当时世界黄金储备总额90亿美元的一半以上。

尽管这阶段繁荣造就了美国经济发展的一个黄金时期，但这一繁荣本身却潜伏着深刻的危机。农业一直都没有从战后萧条中完全恢复过来，农民在这个时期始终贫困，农村购买力不足，农场主纷纷破产。此外，工业增长和社会财富的再分配极端不均衡，工业增长主要集中在一些新兴工业部门，而采矿、造船等工业部门都开工不足，纺织、皮革等行业还出现了减产危机。由于大部分财富都集中到了极少数人手中，社会购买力明显不足，导致美国经济运行中商品增加和资本输出困难，这进一步引发了生产过剩和资本过剩，虽然金融巨头在投机行为中都获得了高额利润，但大量资金并没有被投入到再生产过程，而是被投向了能获得更高回报的证券投资领域。此外，国际收支中的潜在危机也加深了美国经济的潜在危机，美国日益增长的经济力同供给力大大超过了国内外所有支付能力的需求。这一切都预示着一场大危机的到来。

这一时期，在经济增长的过程中，美国人口从1.057亿人增至1.228亿人。从地区看，中部东北各州、太平洋中部各洲以及太平洋沿岸各州人口增长率很高，这是由于这些地区的工商业有了显著发展。从各州看，加利福尼亚州和佛罗里达州20世纪 20 年代的人口增长最快，而中部西北各农业州的人口年平均增长率则不到 1%。最值得注意的动向是大城市人口的迅速增加。由于大量农村人口向城市移动，20 年代的农村人口仅增加了 240 万人，而城市人口则增加了 1 460 万人。这种发展趋势加速了美国工业化和城市化的发展。

1929—1933 年，美国陷入了历史上最严重的经济萧条之中，按 1958 年美元计算的国民生产总值从 2 036 亿美元减少到 1 415 亿美元，失业率高达 24.9%，完全失业人数为 1 320 万人。从表 1—1 所列的重要经济指标的统计数字，可以大致看出这次经济大萧条对国民经济的影响。国民经济的各个方面都受到不同程度的损害。1933 年，美国政府针对经济危机在金融、工业、农业、贸易和财政各个方面推行经济改革政策，重在经济复兴。在金融改革方面，美国国会于 1933 年 3 月通过了《紧急银行法》，授权联邦储备银行增发钞票以解救货币荒，准许银行增发优先股股票；再次延长银行缓期兑付存款的时限；所有银行必须经过重新检验，经查明资产足够偿付存款的那些财力雄厚的银行才准予重新开业，并领取营养执照；对于规模较小、信誉较低的银行，则拒绝复业。《紧急银行法》是美国放弃金本位制的第一个步骤，接着美国又通过一项法案，明文规定凡公私契约中证明需用黄金支付的条款一概无效，这实际上放弃了金本位制。同年 5 月，美国政府颁布《农业调整法》。国家调整农业生产的主要措施是通过《农业调整法》，利用政府的奖励和津贴，来缩减农业耕地面积，以达到减少农产品的产量，使农产品的供给适应其有效需求；并把农产品的价格按照 1909—1914 年农工产品平价比率提高到同工业品具有同等购买力的水平。同年 6 月，美国政府又制定了《国家产业复兴法》，标志着国家对工业实行全面干预政策开始实施。其主要内容是：通过强制实行卡特尔化的办法，加强工业部门的垄断和集中，来实现资产阶级内部关系的调节和消除生产过剩；通过国家投资，兴建水坝、水电站和修筑道路等公共工程来增加就业机会，减少失业压力。通过推行这些改革措施，使美国经济逐渐得到了恢复和发展，到 1939 年，国民生产总值已略高于 1929 年的水平。

表 1—1　　美国 1929 年、1933 年、1937 年、1939 年的重要经济指标

指标	1929 年	1933 年	1937 年	1939 年
国民生产总值/10 亿，按 1958 年美元计	230.6	141.5	203.2	209.4
工业生产指数（1967 年=100）	22.8	14.0	23.4	21.5
非农业职工人数/百万人	37.2	28.7	36.5	36.1
失业率/%	3.2	24.9	14.3	17.2
批发价格指数（1967 年=100）	49.0	34.0	44.5	39.8
公司利润/10 亿美元	10.0	1.0	6.8	7.0
联邦债务/10 亿美元	16.9	24.3	39.2	42.6

资料来源：[美] 杰里米·阿塔克，彼得·帕塞尔. 新美国经济史——从殖民地时期到 1940 年 [M]. 北京：中国社会科学出版社，2000；[美] 美国总统经济顾问委员会. 1972 年总统经济报告 [M]. 华盛顿：美国政府出版局，1972.

英国在1919年，经济的停滞，失业的增加，导致消费品短缺，物价持续上涨。1920年到1921年发生了经济危机，工业生产下降了46.0%，失业率达到14.8%。20世纪20年代的英国虽然基本上摆脱了危机的冲击，但没有出现过经济的高速增长，而是长期处于萧条状态。其主要原因是工业部门结构和技术装备落后，国外市场竞争激烈，使其传统大宗出口产品煤炭和棉织品的外销量下降。与此同时，英国不顾国内生产成本与价格水平，按照战前汇率恢复金本位，进一步削弱了英国产品的国际竞争力，影响了英国经济的发展。在20年代，若以国民生产总值增长率和出口额来衡量，英国的经济表现在整个西欧是最差的。

这一时期，在经济发展的过程中，英国人口从3 824万人增长到4 604万人，每年平均增长率为0.67%。人口增长放慢的主要原因是由于经济的衰落导致大量英国人移居海外。据统计，1901—1930年期间共有241万人离开英国迁往国外，主要迁往加拿大、美国和澳大利亚等发达国家。

1929年，发达国家爆发了严重的经济危机，延续了四年之久，于1932年达到顶点。英国工业生产下降了13.9%，失业工人高达300万人，出口贸易也下降50.0%。英国政府为了对付经济危机，加强国家对经济的干预，采取的主要措施有：放弃自由贸易政策，降低银行利率，鼓励国内投资，更新技术装备等。这些措施在一定程度上缓解了世界经济衰退对英国国内经济的影响。到1935年，英国经济出现了短暂的复苏。但在1937年，出口贸易额只达到经济危机前1928年的70%，国际收支几乎每年逆差。20世纪30年代的经济萧条导致英镑贬值、利率大幅度降低，出生率下降引起的人口低速增长。

德国在1919年由于第一次世界大战的影响，导致死亡率的上升和劳动力供给不足，工业生产大幅度低于战前水平，经济遭受严重创伤。经历了长达5年的战后恢复，德国经济自1924年起进入了相对稳定期，在经济稳定发展的过程中，美国的资本起了主要作用。1923年，在美国的策划下，协约国提出了“道威斯计划[①]”。其主要目的是防止德国崩溃，使德国的经济得到恢复，并保证德国有偿还赔款的能力。按照“道威斯计划”，德国进行了货币改革，稳定了通货；大批外国资本，尤其是美国资本流入德国，1924—1929年德国共支付赔款90亿帝国马克，而同一时期流到德国的外国资本仅长期贷款就高达150亿帝国马克，短期贷款就达70亿帝国马克。大量外国资本使德国经济很快从失败中复苏，并在1927年超过战前水平。一方面，重工业、特别是与军事相关的新工业部门的发展快于轻工业发展是这一时期的重要特征。另一方面，随着国外贸易的恢复和发展，德国在恢复与加强欧洲传统市场地位

① “道威斯计划”的主要内容是在协约国的监督与贷款帮助下，德国实行货币改革，稳定通货；进一步削减和具体规定1924/1925年度到1928/1929年度的赔款数额，由开始年度的10亿帝国马克逐年增加到最后年度的25亿帝国马克；作为接受赔款计划的条件，法国、比利时自德国鲁尔地区撤军。

的同时，重新打入了拉丁美洲和其他地区，其对外贸易总值超过战前水平。

1929 年，由于资本主义世界爆发了最严重的经济危机，很快波及德国。这次世界性经济危机不仅结束了德国相对稳定时期的经济繁荣，而且由于大量的外债和赔款负担使德国的经济危机加重。1930 年，德国的外债约 255 亿帝国马克，大约有半数是短期的。1930 年，协约国通过的“杨格计划”调整了德国的赔款，确定德国的赔款总额为 1 139 亿帝国马克，分 57 年付清，平均每年 20 亿帝国马克。严重的经济危机使德国经济日渐恶化，而德国用于赔款的出口加剧了国际的萧条，阻碍了世界经济的复苏。在这种情况下，美国建议德国延期支付赔款。1932 年 6 月，协约国在洛桑会议上就德国最终赔款一事达成协议。作为德国的代价是用公债所得支付 30 亿帝国马克，从而结束了德国的赔偿义务，但并没有抑制德国经济的恶化。与没有经济萧条的 1928 年相比，1932 年是德国经济下降到谷底的一年，以不同时期的价格计算，这一年国民收入指数为 62%，毛设备投资为 30%，工业总生产为 61%，生产资料生产为 50%，消费品生产为 78%。在经济稳定发展结束之前德国工业生产约有 1/4 出口，在 1928—1932 年期间，德国出口从 123 亿帝国马克下降到 57 亿帝国马克。由于大量工厂倒闭，失业率大幅度上升，从 1928 年的 7.0%上升到 1932 年的 30.8%。危机期间，不仅打击了工业和农业，还爆发了深刻的信用危机，对外贸易萧条，进出口大幅度下降。1933 年以后，德国为摆脱经济危机，迅速走上军国主义道路，国民经济的军事化使德国经济迅速发展。

法国自 1918 年战争结束后，根据凡尔赛和约，法国收回了普法战争中失去的阿尔萨斯和洛林，获得巨大赔款，并以国际管理方式取得德国萨尔煤矿的开采权，这不仅扩大了法国钢铁生产能力，还基本上解决了法国长期缺乏原料的问题。同时，洛林的收回不仅使法国重新获得了巨大的铁矿，还扩大了法国原料基地和工业品市场，这就为战后法国的经济发展创造了有利的条件。1921—1929 年间，法国经济出现了短暂的高潮，国民生产总值的年平均增长率高达 5.9%，特别是工业发展速度更快，其产值年平均增长率为 8.2%。此外，从 20 世纪 20 年代中期起法国工业就业人口超过农业就业人口，1929 年，这两大产业的就业人口占全国就业人口的比重分别为 36.6%和 32.5%，这意味着法国已开始由农业工业国家向工业农业国家发展。

这一时期，在经济增长的过程中，人口增长是缓慢的。出生率在 1921—1925 年维持在 19.3‰的低水平，1926—1930 年间又降至 18.2‰。这表明，法国的生育率又发生了新的跌落。出生率水平在 1929—1930 年到达谷底。其原因是经济大萧条以及由此导致的失业恐惧，使生育率低下。1920 年以后，法国也创下了死亡率下降速度缓慢的历史纪录。1926—1930 年间，死亡率仅仅下降到 16.8‰，而它在 1906—1910 年间就维持在 19.1‰的水平。1920—1930 年间，由于低出生率中死亡率下降速度也很慢，人口自然增长数保持在极低水平，1921—1925 年间平均每年增长 8.4 万人，1926—1930 年间平均每年增长 5.8 万人。

进入 20 世纪 30 年代以后，法国经济出现衰退景象。1929 年资本主义世界爆发了一场空前的经济大危机。1931 年法国也进入经济危机，大批银行与企业纷纷倒闭、破产，生产下降，失业人数激增。但它的危机不同于其他发达国家的危机，它开始较晚而持续时间长。为了克服经济危机，法国政府采取了保守的财政政策，如减少退休金、工资和公共支出等。同时法国政府未能把握形势，让法郎贬值或放弃金本位制，这使法国的对外经济贸易，特别是出口处于不利地位。当 1934 年大多数发达资本主义国家经济开始从萧条走出来时，法国仍然陷于经济危机之中，仅 1935 年一年破产的中小企业就多达 13 370 家，在 1 250 万工资收入者中失业人数高达 200 万人。直到 1936 年法国经济才略有回升，但从 1937 年下半年起，随着资本主义世界再次爆发经济危机，法国又陷入危机的深渊。1937 年，法国在世界资本主义国家贸易中所占比重进一步下降，由 1929 年的 6.4%降至 5.1%。这种状况又使传统的外贸逆差更为严重。到 1937 年，法国的出口比 1929 年减少 3/4。同时资本输出下降，对外投资的收入也由于外国债务人的破产而缩减。其结果是，国际收支的逆差扩大，影响了经济发展的速度。到第二次世界大战前夕，当几乎所有的资本主义的国民生产总值已超过危机前的水平时，法国按 1938 年的价格计算，1939 年的国民生产总值只达到危机前 1929 年的 87.9%。

在人口方面，法国在 20 世纪 20—30 年代，由于出生率的下降造成在 1934 年后达到劳动年龄的人数只有正常人数的一半。这种不足的一部分由 1919 年以后出生率的恢复有所补偿。法国用了 20 年时间恢复了第一次世界大战造成的人口损失。但人口调查记录的极低人口增长率不是自然的增长，而是由高度的移民率引起的。1919 年，法国人口中的外国人为 115 万人，1926 年增至 250 万人。由于经济萧条，在 1931 年以后外国人移入减少，到 1936 年仅为 220 万人。然而它掩盖了人口的真实发展趋势，由于低出生率引起人口略微下降，1938 年法国的出生率只有 14.6‰，在当时是各国中最低的，事实上法国的人口正日益减少。

在两次世界大战之间的 20 多年中，法国的垄断资本得到进一步发展。在 20 世纪 20 年代经济高速发展的形势下，工业大规模的发展，有力地推动了各部门的集中化过程。据统计，在冶金工业中，10 家大公司的产量占整个冶金部门的 75%；在电气工业中，60%的产品为一家最大的企业所生产；在汽车工业中，3 家汽车公司的产量占汽车总产量的 75%。在此期间，银行资本的集中也加速了。银行通过控制地方银行、增设分行和支行以及通过合并等办法，加强了自己的垄断地位。此外，战争和经济危机使国家垄断资本也得到了发展，国家建立了一些国有化企业，对某些军工企业、铁路公司和银行实行了国有化。

加拿大在领土面积上是仅次于苏联的大国，作为发达的移民型国家，它的人口数量的增长速度比美国更快。加拿大同美国一样，具有很高的移民性。大批移民的迁入使加拿大的人口迅速增长。在 1921—1931 年期间有 130 万人迁居加拿大。据人口普查资料的统计，加拿大人口总数从1901年的537万人增至1931年的1 038万人。人口的迅猛增长和工业化刺激了加拿大的经济发展，在第一次世界大战期间，制造业增长了1.78倍，加拿大开始从农业国转变为工业国，1919年在物质生产部门净产值中，制造业的比重占44%。20世纪30年代的经济大危机使加拿大工业减速，对于加拿大移民进程也有严重的遏制和影响，与世界其他各国一样，经济问题成了30年代加拿大的焦点。这种倾向马上就在移民政策上反映了出来。1931年3月，所有的非农业人士被禁止移民加拿大，除非他们是英国人和美国人，并且拥有足够的资金保证他们能够生活。移民人数从1931—1941年只增加了14万人。

意大利自20世纪20年代初期以后经济发展较为迅速。在战后经济的萧条中，墨索里尼上台，逐步推行一系列法西斯主义的经济政策。主要是：取消各种物价管制委员会；改革税制，简化税收手续，鼓励人们增加投资；对新的商业建筑物，25年内免税；对于工业企业新建的厂房，实行减税。此外，还通过免征所得税吸引外国资本。在对外经济方面，在恢复同交战国贸易的基础上加强同国外的各种经济往来。经过数年的努力，经济出现好转的迹象。国民收入由法西斯上台前一年的951亿里拉增长到1925年的1 151亿里拉，人口从3 769万人增至3 917万人。工业部门从战时生产转入和平时期的正常生产。失业人口由1921年的54.2万人减少到1925年的12.2万人。至1926年，意大利已恢复到第一次世界大战前的水平。

1929—1933年的世界经济大危机使意大利经济受到沉重打击。这一时期国内生产总值的年平均增长率仅为0.1%，人均国内生产总值的年平均增长率为—0.7%。股票价格指数由1929年2月的153下降到1932年的55.2。工业生产指数由1929年的100下降到1932年的66.8。各种消费品，特别是农产品价格暴跌。1929—1933年，对外贸易额减少28%。失业人口也大幅度上升，由1928年的43.9万人增至1932年的113万人。在经济危机中，英镑贬值30%，美元贬值41%，但墨索里尼坚持维持里拉与黄金的比价，结果对意大利经济造成危害。1934年，意大利政府宣布对外汇实行严格管制。在对外贸易方面，对一些商品实行进口许可证制度，到1935年年初实行了更加严厉的进口限制。

1933年以后，意大利经济开始恢复，1934—1938年，国内生产总值的年平均增长率为4.3%，人口的平均增长率为0.8%，人均国内生产总值也有所增长。在这一时期，为了拯救在危机中陷入绝境的企业，意大利政府组建了工业复兴方面的伊里公司。这家公司接管了意大利商业银行、意大利信贷银行和罗马银行所掌握的工业企业股权，对已接受的企业进行整顿。1937年伊里公司正式作为一家国有经济实体，专门对国有的工业股份进行管理。此后，伊里公司在电信、钢铁、机械、基础设施等部门展开了广泛的活动，对意大利的经济发展发挥了巨大作用。

日本经济在第一次世界大战后已陷入衰退，在大正末期（1924—1925年）经过短暂的恢复之后，到了昭和前期（1926—1945年）显得更加混乱和不稳定。日本政府为了筹集关东地区大地震后复兴资金发行了震灾期票，而围绕着期票的处理在1927年（昭和2年）爆发了金融恐慌。进而在1929年美国以股票大跌价为契机的经济危机，使包括日本在内的所有发达国家（见表1—2）生产水平大幅度下降。到了1930年（昭和5年），滨口内阁解禁推行了按照旧平价允许黄金出口的政策，实质上使日元升值了15%。加上1930—1931年日本经济遭受了极其严重的经济恐慌的困扰，大批企业开工不足和倒闭，导致生产缩减，失业增加。1931年日本政府再次采取了禁止黄金出口，并采取了以赤字公债为中心的通货膨胀政策，以图恢复景气。另外由于汇率下跌，交易条件处于低水平，因而对外出口迅速增加。由于这些因素使日本工业发展较为迅速，特别是军事工业和重工业生产的发展极其显著。1931—1936年，日本对军事工业投资约为70亿日元，除了发展军事工业外，还促进了一般机器制造业、钢铁业和采矿业的发展。近代的化学工业也蓬勃发展起来，劳动力需求增长，失业减少。

表1—2　欧洲各国及日本的生产指数

国名	1929年	1931年	1933年	1935年	国名	1929年	1931年	1933年	1935年
英国	109	95	90	97	荷兰	83	94	88	86
法国	117	105	95	94	瑞典	92	60	38	81
德国	82	60	57	71	挪威	60	39	56	70
意大利	85	70	63	72	日本	48	51	59	79
比利时	98	93	84	88					

注：表中数据以1938年欧洲各国及日本的生产指数为100对比。
资料来源：［日］中村隆英. 経済政策の運命［M］. 東京：日本経済新聞社，1967.

另外，由于大正末期到昭和初期日本的出生率始终保持在32.0‰以上的高水平，人口迅速增长，产生了大量过剩人口。1927年，日本设立"人口粮食问题调查会"，1930年该调查会的报告针对日本人口的激增提出了一系列的人口经济对策。鼓励国内开荒移民和向外国开辟殖民地，调整对劳动力的需求增产粮食，提高劳动生产率等。1931年日本以解决经济萧条和过剩人口为目的入侵中国东北地区，并建立了日本关税同盟，从此独占了中国东北地区的市场。由于当时向北海道移民已达到饱和状态，于是大量日本移民转向中国东北地区。1929—1937年，移居到中国东北地区的日本移民由81.4万人增至179.6万人，仅仅8年间增长了近100万人。

1.4　经济大萧条

20世纪20年代初期以后，资本主义国家进入了一个相对稳定的发展时期，其中尤以美国的经济发展速度最引人注目。美国的经济高涨虽然在1924年和1927年被局部的中间性危机中断过，但到了1929年，美国的工业生产总值已比1920年提高了53%，工人的劳动生产率平均每年提高了3.8%，工人的实际工资也有所增长。这一时期的经济繁荣，美国出现了股票和地产投机狂热。由金融巨头操纵的证券市场中股票价格急速攀升。从 1925 年 1 月到 1929 年 10 月期间，纽约证券交易所的上市股票从 4.43 亿股增至 10 亿股以上，其股票的平均价格提高了 4 倍多。随着投机气氛的不断升温，股票生意兴隆。在 1929 年 10 月的上半个月，纽约证券交易所的股票市场还相当稳定，但到 10 月 23 日，股票价格开始急转直下，证券市场陷入了混乱。在 10 月 24 日的"黑色星期四"，出现了空前的抛售风，迫使行市进一步暴跌。到 11 月，50 种热门股票的平均价格比 9 月最高市价下降 50%左右。一些证券价格指数到 12 月下跌到最低点时，美国的各种证券价值减少大约 250 亿美元。这三个月内的证券价值损失超过了同期美国经济的全部净收入。1929 年爆发的这场美国历史上最深重的经济危机，造成美国经济的大衰退，从 1929—1930 年，实际国民收入下降了约 11%，工业产量大幅度下降，失业率上升，并拉开了全球 20 世纪 30 年代经济大萧条的序幕。

这场持续到 1933 年的"大萧条"比以往任何一次经济衰退所造成的影响都要深远得多。在这期间，美国 30 种工业股票价格从平均每股 364.9 美元跌到 62.7 美元，20 种公用事业股票从平均每股 141.9 美元跌到 28 美元，20 种铁路股票从平均每股 180 美元跌到 28.1 美元。总体来看，从证券市场大崩溃前夕的 1929 年 9 月到金融危机末期的 1933 年 7 月，美国股票市场股价总共下降了 740 亿美元，即损失了 5/6，国民经济的每个部门都受到了相应的损失。在这三年中，美国经济进入了大危机，有 5 000 家银行倒闭，至少 13 万家企业倒闭，工业生产持续下降。到 1932 年，全国工业生产指数与危机前的 1929 年相比下降了 47.3%，工业生产下降了 55.6%，其中钢铁生产下降了近 80%，汽车工业下降了 95%。到 1933 年，工业总产量和国民收入暴跌了将近一半，商品批发价格下跌了近 1/3，商品贸易下降了 2/3 以上。1933 年全国失业人数达到 1 280 万人，占当时全国劳动力总数 24.8%。此外，整个国家的金融信贷体系已陷入崩溃。

美国的经济危机立刻影响到欧洲。在大萧条时期，英国、德国、法国等工业国的银行大批倒闭，物价暴跌，通货紧缩，整个金融系统陷于瘫痪。这场大危机还扩大到加拿大、日本等资本主义国家，并波及许多殖民地、半殖民地和不发达国家，迅速席卷了整个资本主义世界。从 1929 年 9 月到 1932 年 6 月，纽约股票市场道一琼斯指数下跌了 89%，超过 700 亿美元的价值化为乌有。到 1932 年，许多工业国家中有 1/4 以上的劳动力找不到工作。在德国，工业生产下降到只有 1929 年水平的 53%。这场危机使整个资本主义世界的工业生产水平大约后退到 1908—1909 年。其中美国退到 1905—1906 年，德国退到 1896 年，英国退到 1897 年。这次危机不仅限于生产和商业范围，而且也扩展到银行信用系统，以及外汇和债务等领域。由于各国纷纷放弃金本位和设法限制外国货物的进口，世界国际贸易也急剧衰退，它从 1929 年的 686 亿美元下降到 1930 年的 556 亿美元、1931 年的 397 亿美元、1932 年的 269 亿美元和

1933年的242亿美元，世界贸易额下降到只相当于1929年的35%。直到1939年，主要工业国的工业生产还没有恢复到1929年的水平。这场世界经济危机造成的生产下降幅度之大，危机范围之广，失业率之高，持续时间之长，都是人类历史上所未曾有的，使它成为资本主义经济发展史上最严重的一次世界性经济危机。

产生这次世界经济危机的主要原因是，第一次世界大战导致西方国家特别是美国的生产能力迅速增加，但需求并没有相应增加。当时工业化国家之间以及各产业部门之间的发展都存在着严重的不平衡。在美国和欧洲各主要发达国家，工人工资的增长落后于企业利润的增长，从而损害了各国国内市场的发展。此外，国际金融始终没有从第一次世界大战的混乱中恢复过来，战前的固定汇率和自由汇兑制度被一个折中的“金本位”制度代替，但这一制度没能稳定金融体系，从而导致美国的经济泡沫和金融危机，造成滋生大危机的主要根源。

关于这次经济大萧条产生的原因一直众说纷纭。最早解释这一点的是英国经济学家约翰·梅纳德·凯恩斯（John Maynard Keynes，1883—1946年）。他认为市场对商品总需求的减少，是经济衰退的主要原因，因而提出由政府采取扩张性财政策略来刺激需求，从而带旺经济。美国著名经济学家米尔顿·弗里德曼（Milton Friedman，1912—2006）则认为，对于这场经济大萧条，美国的中央银行——联邦储备体系负有不可推卸的重大经济政策责任。在大萧条时期，一些银行的倒闭非常有可能引发连锁反应，美联储本应及时干预，但美联储偏偏默许了银行的倒闭，未采取任何强有力的措施，终于酿成了金融系统近乎完全崩溃的恶性循环。由于流通现金—存款比率和准备金—存款比率的增加，降低了货币乘数，因而急剧地使货币存量减缩。所以，弗里德曼认为经济大萧条的产生与美联储的政策直接相关，而当时美国政府在大萧条前对经济做了很多管制，尤其是对银行的管制，使银行无法对货币需求做出反应，在通货紧缩下导致大萧条，因此应运用货币政策的调整来解决大萧条的问题。这种解释后来成了大萧条的主流解释。

总的来看，20世纪30年代的经济大萧条是资本主义自由市场经济的总危机，也是资本主义历史上最深刻的一次危机。工业生产下降的幅度是之前历次危机所从未有过的，国际贸易额的实际贸易量也出现历史上第一次的下降。不仅生产下降的幅度惊人，而且，其延续时间也异常持久。在以前的危机中，生产下降的延续时间不过几个月，而这次却长达40多个月。这场大危机激化了各国资本主义经济的各种矛盾，宣告了自由放任体制的终结，大危机使国际经济秩序遭到严重破坏。美国和英国、法国、德国等主要资本主义国家为了转嫁和摆脱经济危机，加紧争夺市场和原料产地，从而在国际经济中展开了一场空前激烈的竞争。通过这次经济大萧条，资本主义市场经济制度转入一个新的阶段，即国家干预的资本主义阶段。这次世界性经济危机使西方工业国的经济受到了空前打击，各工业国的生产过剩达到了顶峰，也使各国的市场容量缩小到极点，因而加剧了主要工业国争夺世界市场的斗争。它所引起的经济停滞一直持续到1939年第二次世界大战爆发。

1933年美国总统富兰克林·德拉诺·罗斯福（Franklin Delano Roosevelt，1882—1945年）执政后，为挽救经济危机实施"新政"，采取了一系列旨在通过调整公共开支刺激经济的措施，从而把凯恩斯理论付诸实践。新政几乎涉及美国经济领域的各个方面，其中多数措施是针对美国摆脱危机，最大限度减轻危机后果的具体考虑，还有一些则是从资本主义长远发展目标出发的远景规划，它的直接效果是使美国避免了经济大崩溃，有助于美国走出危机。从1935年开始，美国几乎所有的经济指标都稳步回升。伴随20世纪30年代的经济大萧条，工业国的经济结构出现了相当大的改变，新的工业部门继续发展，以美国金融和制造业为中心的新的西方经济秩序开始形成。随着第二次世界大战的爆发，刺激了对人力物力和工业技术的需求，西方经济走出萧条，进入了一个新的时期。

1.5 第二次世界大战的人口经济后果

第二次世界大战是人类历史上规模最大、破坏最大的一次战争，是以德国、意大利、日本等轴心国为一方，以反法西斯同盟和全世界反法西斯力量为另一方进行的第二次全球规模的战争。主要的参战国纷纷宣布进入总体战争状态，几乎将自身国家的经济、工业和科学技术都应用于战争之上，同时也将民用与军用的资源合并以方便统筹规划。这场战争从欧洲到亚洲，从大西洋到太平洋，先后有61个国家和地区、20亿以上的人口（占当时世界人口的80%）被卷入战争，作战区域面积2 200万平方千米，交战双方动员兵力达1.1亿人。据不完全统计，战争中大约有6 000万人死亡，包括约2 000万名军人和4 000万名平民，其中许多平民分别死于传染病、饥饿、大屠杀、轰炸和蓄意的种族灭绝政策，战争期间还有1.3亿人受伤，合计死伤1.9亿人。这也使第二次世界大战成了人类历史上死亡人数最多的战争。

这次世界大战对世界人口产生很大的影响。根据估计损失最大的苏联在战争中失去2 660万人，包括870万名军人和1 790万名平民丧生。其中因军事行动而丧生最多的民族则是俄罗斯人，约575.6万人死亡，平均每4名公民便有一人在第二次世界大战中丧生或者负伤，另有3 500万人致残。中国在这场战争中死亡1 800万人，其中士兵死亡人数约148万人，其余为平民，伤残人数为1 700万人。美国有38万军人死于第二次世界大战，其中在西欧和北非有25万余人死亡，在太平洋约有12万人死亡。英军有40万人死亡，其中士兵近38万人，主要在欧洲和北非。另一方面德国死亡约800万人，其中士兵约350万人，其余是平民。在死亡的军事人员中，绝大多数是于东线战场和在德国最后几场战役中丧生的，还有2 000万人致残。日本在第二次世界大战死亡人数为290万人，其中士兵死亡约190万人。意大利死亡人数约20万人，大部分为士兵，主要死于北非战场。而以第二次世界大战的伤亡比例来说，轴心国集团其丧生人数大约占15%，而剩余的85%则是同盟国部队的丧生人数。在这场战争中死亡人数最多的国家是苏联和中国，其中许多人死亡是由于德国和日本部队于占领地实施的战争罪行所导致的。根据估计，有1 100万名以上的平民直接或者间接死于纳粹思想的政策中，其中包括大约600万名犹太人遭遇系统性的种族灭绝式大屠杀，另外还有500多万名罗姆人、斯拉夫人以及其他种族与少数族群也遭到杀害。另外大约1 000万名中国平民是在日军占领地区遭到杀害的，其中仅南京大屠杀[①]，就有30多万中国平民被杀害。

这次世界大战对世界经济也产生很大的影响。苏联经济在这次战争中遭受到巨大损害。1941年，德国的入侵，打断了苏联经济建设的进程，仅在德国占领区内苏联直接经济损失就高达679亿卢布，加上卫国战争的支出，以及对经济发展的巨大的负面影响，苏联总计损失达到1 890亿卢布。为了适应战争的需要，1941年苏联经济迅速进入战时体制，并采取了一些措施，主要有：将西部地区的军工企业和大型机械、钢铁及化工厂等1 360个重要工业企业向乌拉尔及其以东地区疏散；将国民经济转入战时经济的轨道，机械工业大都直接转为生产各类军工产品；钢铁工业扩大生产军工产品所需的优质钢、特殊钢；大力发展东部地区的乌拉尔、伏尔加河流域、西伯利亚、哈萨克及中亚地区的基础工业等。由于这些措施的实施，使战争初期遭到严重破坏的苏联国民经济得到一定程度的恢复和发展。尽管如此，第二次世界大战，使苏联直接死亡人口超过2 600万人，人口的大幅度减退影响了经济发展的速度，到第二次世界大战结束时，苏联的工业总产值降至战前50.0%左右的水平。

中国在第二次世界大战时期，经济遭到沉重的打击，如前所述，因战争而死亡的人口的规模仅次于苏联，直接经济损失达620亿美元，间接经济损失达5 000亿美元。这一时期，随着政府部门财政赤字逐渐加大，通货数量剧增，引起物价不断上涨，进而刺激通货更加膨胀。这种恶性循环使中国经济陷于危机，而全国死亡和伤残的人口中大部分是青壮年人口，人口的减退导致劳动力供给不足，在一定程度上影响了经济发展的进程。

英国经济也遭到沉重的打击。在战争中，人口死亡达41万人，耗费了250亿英镑。由于船只损失，工厂无法及时维修等原因，国内资本共减少30亿英镑，同时出售的海外投资约10亿英镑，积欠了30亿英镑的新外债，丧失了战前黄金和美元储备

① 南京大屠杀是日本侵华战争初期日本军队在中华民国首都南京犯下的大规模屠杀、强奸以及纵火、抢劫等战争罪行与反人类罪行。日军暴行的高潮从1937年12月13日攻占南京开始持续了6周，直到1938年2月南京的秩序才开始好转。据第二次世界大战结束后远东国际军事法庭和南京军事法庭的有关判决和调查，在大屠杀中有30万以上中国平民和战俘被日军杀害，约2万中国妇女遭日军奸淫，无论少女或老妇，都难以幸免，南京城的1/3被日军纵火烧毁。在中国，自1947年南京军事法庭审判，普遍认为约有30万人在大屠杀中遇难。在日本，日本政府承认"发生过杀害非战斗人员和掠夺等行为"，但对遇难人数则含混不清。南京大屠杀成为严重影响中日关系的主要历史问题之一。

的大部分，工业生产进一步下降，出口贸易减少了近70%。战时，政府加强了对经济的干预，建立了各种经济管制。依靠军事订货的军火生产和重工业虽迅速增长，但消费品生产大幅度缩减。特别是农产品因进口锐减而供给严重不足。

这一时期，法国经济遭到了巨大破坏。工业生产大幅度下降，1944年的生产指数只相当于1938年的38%，农业生产也出现严重衰退。交通运输线受到的破坏更大，到战争结束时，只有17%的铁路网可以使用。据不完全统计，法国在战争期间所受的经济损失，按1945年价格计算，总计为48 930亿法郎，相当于战前法国三年的全部生产总值。第二次世界大战使法国人口死亡110万人，这些人口损失意味着死亡率上升。死亡率从1939年的15.5‰上升到1944年的17.6‰，导致劳动力不足和人口结构老化。到1944年，法国人口仅为3 830万人，比1901年的人口减少了7%。人口的衰退对法国的经济发展也有一定程度的影响。

第二次世界大战各国死亡人口与死亡率如图1—2所示。

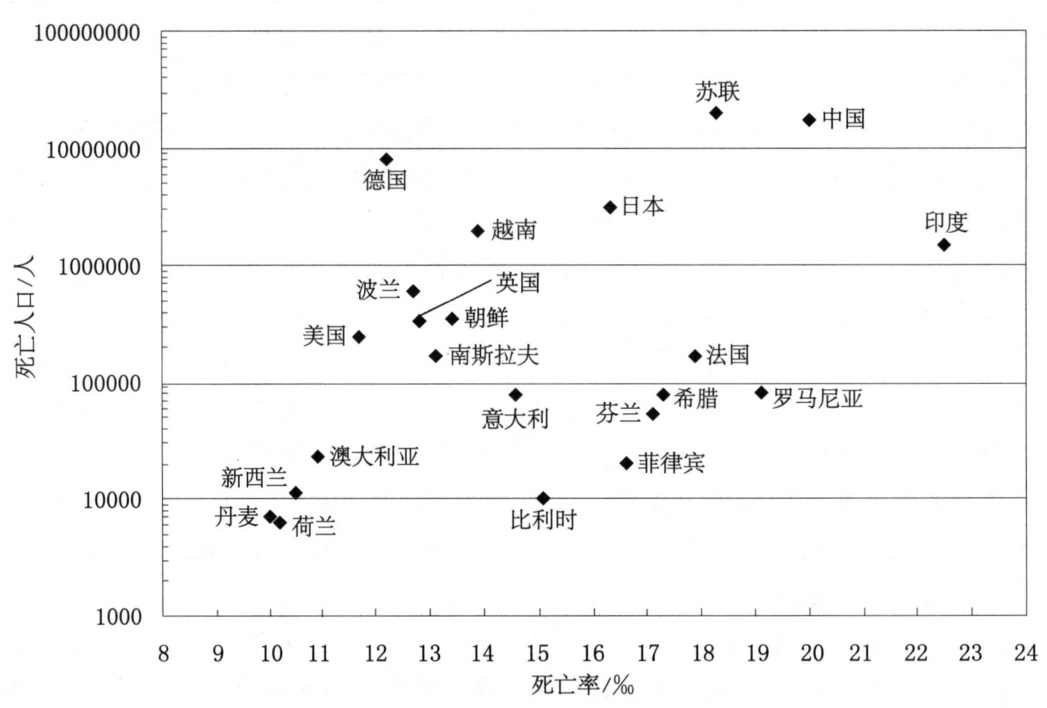

图1—2 第二次世界大战各国死亡人口与死亡率

注：各国人口死亡率为1940—1945年的平均值。

资料来源：百度快照. 第二次世界大战中各国人口损失. 2012－12；B·R. 米切尔编. 帕尔格雷夫世界历史统计·欧洲卷（1790—1993）[M]. 北京：经济科学出版社，2002；[英] B·R. 米切尔编. 帕尔格雷夫世界历史统计·亚洲、非洲和大洋洲卷（1790—1993）[M]. 北京：经济科学出版社，2002；[英] B·R. 米切尔编. 帕尔格雷夫世界历史统计·美洲卷（1790—1993）[M]. 北京：经济科学出版社，2002.

意大利作为这次世界大战的发动者和参战者，战争使意大利经济受到严重的损失。在战争中，意大利的经济逐渐下降，国内生产总值增长率从1939年的7.2%下降到1942年的-1.2%，1945年进一步下降到-21.7%，人均国内生产总值增长率也呈现大幅度下降趋势。到1945年，意大利的国民收入只相当于1938年的55%，在战争中，全国1/3的财富被完全毁灭，失业人口也大幅度增长。在财政方面，由于庞大的军费支出，财政支出不断上升，从1938—1939年度的近400亿里拉增至1941—1942年度的1 186亿里拉，1944—1945年度又猛增到3 313亿里拉，比1938年增长了7倍多。法西斯的战争政策导致了意大利经济的全面崩溃。

在法西斯时期经济发展的过程中，尽管经济的起伏较大，但人口发展却相对较为平稳。1914年意大利人口为3 753万人，随后，由于第一次世界大战的影响略有下降趋势，到1919年，减少到3 725万人。在法西斯时期，由于战争的需要，意大利采取了鼓励生育的政策，人口增长速度加快，1920—1929年人口增长率达0.9‰。20世纪30年代基本上保持了这一水平。但1940年以后尽管出生率较高，平均预期寿命有所延长，由于战争导致死亡率上升，人口增长却呈现递减趋势，到1945年，意大利人口为4 544万人。

德国作为这次世界大战的发动者之一，经济上也受到一定程度的影响。第二次世界大战爆发，使德国经济进入战争状态。战争期间，德国工业生产进一步发展。1939年德国的钢产量达到2 373万吨，比1938年增加4.7%，1943年煤产量达到4.4亿吨，发电量达到739亿度，分别比战前的1938年增加16.5%和33.6%。1938—1943年间工业生产平均增长19%，其中为军事需要的生产资料的生产增长迅猛，高达63%，而消费资料的生产缩小了10%。从劳动力转移上也反映了战时经济特点，1944年从事军事工业工作的劳动力比1939年增长了3倍。工业的增长主要是由工业投资的扩大引起的。据统计，1940年德国的工业固定资本总额比1935年增加20%，1943年又比1940年增加20%。这种工业固定资本投资的增长和工业的发展都是同直接生产战争物资部门的增长联系在一起的。至于民用物资的生产一直处于萎缩之中。战争结束后，德国虽然是战败国，但强大的德国工业能力并没有遭到重大的破坏。1945年，德国的工业产量只减少了10%。

这一时期，德国人口减少约800万人。其中因战争大约有350万军人阵亡，约250万平民受战争影响而死亡，因出生率迅速下降减少约260万人，因死亡率高于一般水平而减少约100万人。这些损失影响着德国的年龄结构和男女性别的比例，以及可能就业的人数。同时，由于人口的迅速减退导致劳动力不足，从而影响了经济发展的速度。

日本作为这次世界大战的主要轴心国之一，战争使日本经济受到挫折。1937年爆发了中日战争，日本经济进入战时经济的体制。1938年日本将其“五年计划”修改为“扩充生产力四年计划”，同年，日本又发布了国家总动员令，在金融、产业和国民生活方面建立总动员体系。随着日本军事工业的发展，刺激了工业总产值的增长，1941 年比 1936 年增长了 1.5 倍，其中钢铁、机器、化学、石油和煤炭制品等与军需有关的重化学工业增长了 2.3 倍，重工业在工业总产值中的比重由 1937 年的 57.8%上升到 1941 年的 65.9%。但重工业的发展是以牺牲民用轻工业为代价的，同期，纤维产业的生产下降 40.0%，食品工业的生产下降 22.0%，加深了国民经济内部的不平衡。

1941 年太平洋战争爆发后，日本根据《重要产业团体法》，在一切主要工业部门和金融部门建立“统制会”，把所有企业都强行纳入军需工业生产中。战时的“统制经济”使日本垄断达到空前的程度。日本的整个工业生产在 1941 年达到最高点以后，由于战局的恶化失去了制海权，使海运物资受到封锁，进口供应减少，加速了日本经济的危机。1945 年（昭和 20 年）同 1935—1937 年相比，工业减产 71.5%。农业的衰落也很显著，以战前 1933—1935 年平均的全部农业产品综合指数作为 100%，1945 年仅为 58.2%，由于农业大幅度减产，粮食严重不足，使绝大部分日本国民陷入饥饿状态。日本经济面临崩溃。

这一时期由于战争因素的影响加快了日本的人口增长趋势。1941 年日本政府通过了“确立人口政策纲要”的人口政策，力图为建设所谓的“大东亚共荣圈”而增加人口。其主要目标是通过增加出生和减少死亡来促进人口增长。为了增加生育，结婚年龄提前了 3 年，每对夫妇以生育 5 个为目标，并设置奖励结婚和结婚费用贷款制度、对多子女家庭减轻赋税负担、禁止避孕和堕胎等人为的节育等。在降低死亡率方面，主要推行保护母亲的优生保护法和预防结核病，并以 20 年内降低死亡率 35%为目标。此外，这个“纲要”不仅强调人口的数量增长，还注重谋求人口素质的提高。由于实行了积极的人口增长政策，使 30 年代末期已降低到 27.0‰的出生率在 1941 年又回升到了 31.6‰，而自然增长率也创造了 15.8‰的最高纪录。1942 年以后由于战争局势的恶化，导致出生率有所下降趋势。尽管如此，日本人口依然持续增长，从 1942 年的 7 230 万人增至 1944 年的 7 380 万人，而人口的适度增长，扩大了市场，带来了经济效益，在一定程度上促进了日本经济的发展。

美国自 1940 年参战后，经济处于停滞状态。1940 年按当年美元计算的国民生产总值大约为 1 000 亿美元，比经济大萧条的 1929 年还低。但由于 1940 年的物价水平较低，这一年国民生产总值实际上超过 1929 年的 11.0%左右。失业问题也很严重，失业率高达 14.6%。随后，由于受到扩军备战和战争费用开支的刺激，经济有了巨大的增长。从 1940—1945 年，美国工业生产增长了 1 倍左右，国民生产总值开始持续增长，1945 年按当年美元计算高达 2 120 亿美元，明显高出 1940 年的水平。经济增长在很大程度上归因于物价的上升，但实际国民生产总值还是提高了 56%。1944 年有关战争方面的总支出约占全国生产总值的 42%。由此可见，战争是美国经济增长的主要原因。战争结束后，与军事有关的工业生产大幅度下降，从而使整个工业生产迅速下降。这样美国面临着从战时经济向平时经济的转轨问题。在 1940—1945

年期间，虽然发生了战争，美国人口的增长速度仍然有所增长，从1.319亿人增至1.325亿人。其主要原因是人口的自然增加。这种增长趋势在一定程度上推动了美国的经济发展。从地区看，太平洋沿岸各州的人口增长率最高，大约增长了48%，中部西北各州的人口增长率最低。这一时期，人口的流动性很大，存在着农村人口流往城市的趋势，城市人口占全国总人口的比重从56.5%上升到59.6%。

第二次世界大战使资本主义世界经济体系遭到严重削弱。其主要表现是：欧洲和亚洲一系列国家摆脱了资本主义体系，建立了社会主义制度，使资本主义统治范围大为缩小；资本主义的殖民体系陷于危机和瓦解，战前握有大量殖民地的英国、法国、德国和日本遭到严重削弱，而殖民地、半殖民地国家的民族经济有了较大发展；除美国以外，所有主要资本主义国家，都在不同程度上遭到了战争的打击和破坏，经济实力遭到削弱，各国之间经济的不平衡发展更加严重。

第二次世界大战结束后，美国继续保持了经济大国的地位。经济转轨从1945年下半年开始，到1947年基本完成。美国经济从1947年开始迅速回升，出现了战后第一次经济高涨，1948年美国工业生产占整个发达国家产值的53.4%，国内生产总值为2 230亿美元，明显超过西欧15国的总和。到1950年美国经济已恢复到战前的最高水平。经济恢复的重要原因是民用消费需求的扩大，有力地促进了汽车、住房等生产的扩大以及整体生产、投资的扩大。英国由于受战争创伤相对较小，经济恢复较快，到1948年国民生产总值和工业生产均超过战前1938年的水平。法国在战争中遭受的创伤比英国大，人口增长缓慢，经济上一蹶不振，到1948年经济才有所回升。德国由于遭受战争的重创，1946年的工业生产仅及战前1938年的22.9%。德国经济从1947年开始恢复，由于特殊的原因，德国经济恢复的速度晚于其他西欧国家。到1951年德国的国民生产总值和工业生产超过了战前的水平。日本同德国一样作为第二次世界大战的发动者、战败国，遭受了巨大的战争损失，1946年国民生产总值相当于战前的62.0%，国民经济面临崩溃的边缘。1947年开始回升，到1951年恢复到战前1936年的水平。到1950年，德国、日本和意大利由于战争的重创，导致国际竞争力下降，人口增长的迅速下降使经济处于缓慢上升的状态。至此，美国、德国、英国、法国和日本在世界经济中的排名发生了变化，美国继续保持世界的领先地位，英国和法国分别跃居第二和第三，德国沦为第四，日本居后。

第2章　第二次世界大战后世界经济发展与国际劳动力流动

2.1　第二次世界大战后的经济发展

第二次世界大战后的近半个世纪，在以电子技术为中心的新技术革命推动下，世界经济得到了空前的发展。据沃尔特·惠特曼·罗斯托（Wait Whitman Rostow，1916—）在《世界经济：历史和展望》一书中估计，在1948—1971年的将近1/4世纪里，世界工业生产年平均增长率高达5.6%，相当于18世纪至20世纪70年代初的200多年间的年均增长率2.8%的2倍。[①] 与此同时，世界经济格局发生了空前的大变动。总的来说，从战后初期美国经济的绝对优势，发展到20世纪60年代美国和苏联两个超级经济大国的两极化，进而发展到70年代后的多极化经济。这35年间是历史上国际经济关系变化最剧烈的时期。

战后初期，美国经济在世界经济各个领域几乎都占绝对优势地位。1948年美国国内生产总值占世界经济总量的1/2，贸易额占世界贸易总额的1/3，黄金储备占世界黄金储备的3/4，是世界最大的资本输出国，纽约成为世界唯一的金融中心。这时的世界经济可以说是美国的单极世界。战后初期美国之所以能够称霸世界经济领域，并在资本主义世界占据了经济优势地位，形成了美国独霸资本主义世界的经济格局，与美国当时拥有的雄厚经济实力和在世界经济体系中的优势地位分不开。第二次世界大战结束时世界主要经济力量的对比态势是：德国、意大利、日本三国战败，英国、法国等战胜国遭受战争的严重破坏，经济十分衰弱。唯独美国经济在战争中不仅未受到破坏，反而大大地膨胀起来，扩展了自己的经济实力，在工业生产、国际贸易和国际金融领域确立了自己的统治地位。到20世纪50年代中期，全世界一半以上的商品是美国生产的。黄金储备也最丰富。在战后传统的以英镑为中心的资本主义世界货币体系难以维持的情况下，美国将美元与黄金挂钩，其他资本主义国家货币与美元挂钩，建立了以美元为中心的资本主义世界货币制度——“布雷顿森林体系”，确立了美元在战后国际金融领域的中心地位。此外，美国还倡导和成立了关税与贸易总协定。

---

① 池元吉. 世界经济概论［M］. 北京：高等教育出版社，2003.

尽管如此，美国在世界经济中的统治地位还是遇到了苏联的挑战。战后，苏联经过1946—1950年的第5个五年计划和1951—1955年的第6个五年计划，经济实力大增，与美国经济的差距大幅度缩小。到1960年，苏联国民生产总值为美国的45.1%，工业产值为美国的55%，农业产值为美国的70%，对外贸易额为美国的31.5%，成为世界上仅次于美国的经济大国，形成了美国和苏联这两个最强大的国家。

在20世纪50年代初期，经过短暂的恢复后，主要资本主义国家在加强国际经济联系的同时，充分利用现代科学技术的先进成果，提高劳动生产率，发展新兴产业。各国政府还纷纷加强对经济的宏观指导，积极发展国家垄断资本主义，利用国家的力量推动资本主义经济的发展。在50年代和60年代，几乎所有发达资本主义国家都出现大发展的局面，但各国经济增长速度差距很大。总的来说，日本经济增长最快，其次是联邦德国和法国，美国与英国则显得逊色。例如，在1955—1968年，日本国民生产总值增长3.5倍，联邦德国和法国分别为2倍和1.9倍，而美国和英国分别只增长1.6倍和1.4倍。日本在资本主义工业生产中所占的比重，从1950年的1.6%上升到1970年的9.5%，其出口在资本主义国家出口总额中所占的比重也从同期的1.6%上升到6.9%，成为仅次于美国的经济大国。欧洲经济共同体国家的经济地位也有所上升。相反，美国工业生产在资本主义工业生产中所占的比重，从1950年的48.7%下降到1970年的37.8%，同期贸易的比重从18.1%下降到15.4%，在发达资本主义国家出现了美国、日本、欧洲“三足鼎立”的局面。这一期间，在经济高速增长的同时，发达资本主义国家经济整体素质发生了深刻变化。这包括经济的集约化、现代化进一步发展，劳动生产率大大提高，产业结构逐步高级化。

在这个时期内，主要资本主义国家在汽车制造、钢铁、化学、建筑、电子等工业部门都获得巨大的发展。汽车制造、钢铁工业、建筑业是原有的传统工业部门，战后由于技术革新而得到巨大的发展。由于科技革命成果的运用，原子能、电子、化学和航天技术等新工业也纷纷建立与发展。

在这期间，这些发达资本主义国家还以发达的工业去改造农业，促进了农业现代化的巨大发展。农业的机械化、电气化、化学化、良种化有了显著的进步。战前，只有美国和英国基本上实现了机械化，但当时还是低水平的，农用机械的数量和品种还不足以满足农业全部机械化的需要。只是到了20世纪50年代，特别是60年代以后，农业机械化才跃进到一个新的水平。所有这些发达国家，农业都实行了全面的机械化。电力在农业中也得到了广泛运用。农业生产不断增长，农业劳动生产率也有了极大的提高。①

发达资本主义国家经济在经历了20年的高速增长之后，从1973年年末爆发经济

---

① 程极明. 战后发达资本主义国家经济大发展的原因分析［J］. 世界经济文汇，1986（5）.

危机开始，进入了一个为期10年的停滞膨胀阶段。在1973—1975年的经济危机中，发达资本主义国家经济增长率下降了2.3%，经济危机之后也未出现真正的经济高涨，这使得1973—1983年整个10年中，年均经济增长率仅为2.4%，大大低于经济高速增长（1953—1973年）的5.5%的增长速度。而且在1973年以后失业大幅度增加，严重的失业成为该阶段经常性的现象。此外，发达国家的通货膨胀已经是“奔腾式”的，1974—1981年间的平均物价上涨率已高达9.9%，其中最高的英国和意大利都已超过15%。不仅通货膨胀是严重的，而且通货膨胀还与经济停滞、高失业率并存，成为这一时期的普遍现象。[①]

同样，20世纪70年代世界经济格局转向多极与这一时期美国经济实力的下降和多种经济力量的迅速发展有着必然的联系。一方面是西欧、日本经济的迅速发展和经济实力地位的不断提高，另一方面是美国的经济地位相对削弱。随着西欧、日本的经济增长，在世界经济体系中逐步形成了美国、欧洲、日本三足鼎立之势。当时世界经济格局中多种力量的发展还表现在社会主义国家和发展中国家经济实力的成长壮大，正是由世界经济发展不平衡规律作用决定的各种力量的此消彼长，促使世界经济格局从单个国家拥有经济霸权的时代转向多极，西欧、日本、美国成为资本主义世界的三大经济中心，新兴工业化国家和地区的经济得到较快发展。

与此同时，在拉丁美洲和亚洲出现了一些新兴工业国家和地区，并且形成了一支新兴的经济力量。新兴工业化国家和地区的兴起对世界经济格局产生了重要影响，进一步加强了世界经济多极化的发展趋势。而发展中国家以石油为契机反对国际经济旧秩序的斗争，打乱了旧的国际贸易价格体系，发达资本主义国家经济因此受到冲击。来自发展中国家的剧烈反抗使那些实力迅速增长但国内资源贫乏、严重依赖进口的西方发达国家从自身经济安全利益出发，挑战美国在资本主义世界经济的霸主地位，美国、日本和欧洲之间在贸易、金融、投资领域的矛盾和斗争日益尖锐，在发达资本主义国家20世纪70年代的经济动荡和调整过程中，世界经济格局开始走向多极。

2.2 国际分工

第二次产业革命开始了国际分工的发展阶段。19世纪70年代至20世纪初发生了第二次产业革命，特别是发电机、内燃机的发明及其广泛应用，分工更加精细，有力地推动了社会生产力的发展，进而也极大地推动了国际分工和国际贸易的发展。随着资本主义垄断代替了自由竞争，资本输出成为主要的经济特征之一，世界生产力的巨大发展，国际分工向深度和广度发展，形成了门类比较齐全的国际分工体系。

---

① 张伯里主编. 世界经济学［M］. 北京：中共中央党校出版社，2004.

随着国际分工的迅猛发展，国际分工体系的最终形成是由生产力的迅速发展而来的。第二次产业革命进一步改变了世界经济的面貌，为国际分工的扩大奠定了物质基础。从 1870—1913 年第一次世界大战前夕，世界工业生产增长了 4 倍，同期，国际贸易额也增长了 3.2 倍。在这一阶段各种交通工具空前发展，为国际分工的扩大提供了条件。铁路网的建设，使广大内地与沿海港口联合起来，便利了物资的出口和国外产品的进口，从而加强了国际经济联系。海洋航线的开辟，电报以及拉丁美洲、亚洲和非洲铁路的建设把各国的国内市场汇合成为全世界市场，使国际分工的扩大成为可能。帝国主义通过资本输出将资本主义生产日益扩大的生产分工移植到殖民地、半殖民地国家中去，从而使宗主国与殖民地之间的分工、工业国与农业国的分工日益加深。同时，资本输出实现了世界范围的生产社会化和国际化，加强了世界各国间的相互依赖关系，并加强了各国对国际分工的依赖性，因而促进了国际分工的发展。这次科技革命是在英国、美国、德国等国家进行的，其他国家在引进技术与机器设备的推动下，某些基础设施与某些轻工业和采矿业有一定发展，但仍不同程度处于初级产品供应国的地位，这是资本主义国际分工的发展阶段。

国际分工的主要特征表现为宗主国与殖民地之间的垂直型经济分工①继续向深度和广度发展，国际分工的中心从英国一国变为许多发达国家，工业生产集中在占世界人口少数的欧洲、北美洲和日本，食品和原料的生产集中在占世界人口大多数的亚洲、非洲和拉丁美洲国家。而工业国之间发展成一种水平型经济分工②，即工业部门间的分工。例如，英国侧重于材料工业的钢铁生产，德国侧重于发展化学工业，挪威着重开展铝的专业化生产，芬兰则主要生产木材加工产品。

第二次世界大战后，国际分工进入深化发展阶段。战后国际分工的深入发展，有其多方面的原因。科学技术的进步是促使战后国际分工深入发展的最重要因素。在第三次科学技术革命的影响下，随着新兴工业部门的诞生，如高分子合成工业、原子能工业、电子工业、宇航工业等。对国际加工的型号深化产生了广泛的影响，使

---

① 垂直型经济分工是指经济技术发展水平相差较大的经济体之间的分工。垂直分工是水平分工的对称。它分为两种：一种是指部分国家供给初级原料，而另一部分国家供给制成品的分工形态，如发展中国家生产初级产品，发达国家生产工业制成品，这是不同国家在不同产业间的垂直分工。一种产品从原料到制成品，须经多次加工。经济越发达，分工越细密，产品越复杂，工业化程度越高，产品加工的次序就越多。加工又分为初步加工和深加工。只经过初加工的为初级产品，经过多次加工最后成为制成品。初级产品与制成品这两类产业的生产过程构成垂直联系，彼此互为市场。另一种是指同一产业内技术密集程度较高的产品与技术密集程度较低的产品之间的分工，或同一产品的生产过程中技术密集程度较高的工序与技术密集程度较低的工序之间的分工，这是相同产业内部因技术差距引致的分工。

② 水平型经济分工是指经济发展水平相同或接近的国家之间在工业制成品生产上的分工。当代发达国家的相互贸易主要是建立在水平型分工的基础上的。水平分工可分为产业内与产业间水平分工。前者又称为“差异产品分工”，是指同一产业内不同厂商生产的产品虽有相同或相近的技术程度，但其外观设计、内在质量、规格、品种、商标、牌号或价格有所差异，从而产生的分工和相互交换，它反映了寡头企业的竞争和消费者偏好的多样化。随着科学技术和经济的发展，工业部门内部专业化生产程度越来越高。

国际加工的形式和趋向发生了很大的变化，从过去的部门间专业分工向部门内专业化分工方向迅速发展，世界生产力迅猛地发展。生产和生产力进一步国际化，产品日益多样化、差异化，使世界各国在经济上日益依赖国际分工和世界市场，从而使国际分工，尤其是具有一定技术水平的国家之间部门内部的分工得到空前的发展。其主要表现在：不同型号规格的产品专业化，零配件和部件的专业化，工艺过程的专业化。任何一个专业发达、技术进步的国家也不可能生产出自己所需的全部工业产品。少数经济发达国家成为资本和技术密集型产业国，广大发展中国家成为劳动密集型产业国，它们各自内部以及相互之间又形成更细致的分工。这是资本主义国际分工的深化阶段。

战后无线电通信、交通运输工具的革新加快了运输速度，并降低了运费，使许多国家的比较优势发生了变化，从而改变了世界生产布局，促进国际分工形式向纵深方向和广阔领域发展。跨国公司的兴起和发展是推动国际分工发展变化的一股重要力量。跨国公司通过对外直接投资把生产过程分散到世界各地，把社会劳动不仅在地区范围内或在一国范围内进行分工，而且在世界范围内进行分工，使国际分工迅速扩大。跨国公司既有加强国际分工的作用，也有削弱国际分工的作用，基本上是加强新型的国际分工，削弱旧式的国际分工，所以是推动国际分工发展的。从加强的方面来说，跨国公司的许多制造厂与公司总部并不在同一国家，而公司总部往往是执行间接生产部门的职能，因而加强了这种新型分工；跨国公司从全球的角度来考虑其生产布局，因而加强了各国间的工业部门内部分工，特别是发达国家间的工业分工。从削弱的方面来说，主要是跨国公司为了适应产业结构变革的历史趋势，特别是为了向发展中国家的市场渗透，而向发展中国家扩散一些原来属于发达国家的产业，包括一些具有相当技术水平的行业，改变了发展中国家过去仅是从事劳动密集型加工的局面，从而削弱了传统的国际分工形式。①

殖民体系的瓦解和民族主义国家和地区的经济发展对战后国际分工的发展也起着重要作用。第二次世界大战后，随着帝国主义殖民体系的瓦解，相继取得政治上独立的国家逐步走上了发展民族经济的道路。它们在国际分工的地位随之有了较大改变，从而在一定程度上打破了传统的国际分工格局。战后在关贸总协定主持下的历次多边贸易谈判，区域性经济集团的建立等，也有助于国际分工的发展。

从战后初期到20世纪70年代末期，在世界生产力和国际生产关系的条件下，国际分工出现了一些新的特征。国际分工格局发生了很大变化。战后国际分工在经济结构相似、技术水平接近的工业国之间得到迅速发展，使工业国之间的分工在国际分工格局中居于主导地位，从而改变了战前的发达资本主义国家主要从事工业制成品生产，殖民地、附属国主要从事初级产品生产的工业国与农业国之间的分工模式。

---

① 罗龙. 试论国际分工发展的若干新特点［J］. 世界经济，1988（6）.

而且，工业国之间，尤其是经济集团成员国之间的分工随着区域经济集团化进程的加快而逐步加强。

新兴高技术产业的出现削弱着传统的国际分工，例如，新材料、新能源的发展就改变着发达国家在一些方面对发展中国家的依赖程度。另外，在发达国家进行产业结构调整时，许多原来属于发达国家的产业部门也在向发展中国家转移，在1965—1980年期间，发展中国家的工业附加值平均年增长率为6.6%，比发达国家的4.7%高40%。而发展中国家在世界制成品贸易中的出口份额也从1960年的5.8%提高到1980年的12.4%。制成品出口在发展中国家出口总额中所占的份额也从1960年的13.8%上升到1980年的32.3%，提高了近1.5倍。不仅如此，即使在工业部门内部，许多原来是发达国家支柱产业的行业，如钢铁、汽车、机械、化工、电子等，发展中国家也在迅猛发展，而像巴西、韩国等一些新兴工业国已成为一些行业中有力的竞争者。[①]

战后以来，各国经济政策中对国际分工影响最大的是发展中国家的经济发展政策和发达国家的保护主义政策，这两种政策都削弱着传统的国际分工。但前者是促进国际分工向前发展的，而后者则阻碍国际分工的发展。第二次世界大战之后，特别是20世纪60年代以来，发展中国家大力发展国民经济，改变单一型的经济结构，取得了很大的成果，有一些国家和地区发展成为新兴工业化国家或地区。这种变化较大地削弱了世界城市与世界农村的分工。许多发展中国家已经实施了一些成功的政策，注意引进先进的技术和管理经验，从而使本国的工业结构也实现现代化，像韩国在电子、造船行业，以色列在精细化工、精密机械行业，巴西、韩国、南斯拉夫在汽车行业等都已具有相当的竞争力。这样，发展中国家在工业领域中仅能从事劳动力密集型简单加工的分工模式也开始受到削弱。所有这些变化都促使传统的国际分工向新型的国际分工发展。然而发达国家的新保护主义政策，却是保护发达国家国内的各种既得利益集团，阻碍产业结构的变革，力图维持国际分工的现状，甚至具有一种国际分工的倾向。像成为关税及贸易总协定新一轮谈判——乌拉圭回合一个焦点的农产品贸易，就受到发达国家保护主义的严重影响，在西欧与美国之间差点还因此爆发一场贸易战。世界银行1980年的世界发展报告就是专门研究世界农产品贸易问题的，这一报告显示，1984年发达国家一半以上的肉类、奶类制品进口受到非关税壁垒的影响，蔬菜和水果有1/3受影响，糖类则高达70%。这种农产品贸易中的保护主义使发达国家与发展中国家共同的年损失达640亿美元。[②] 这自然就削弱了世界城市与世界农村的分工。不仅如此，发达国家在纺织品、服装以及鞋类方面的各种保护措施更多，自然是起到反要素禀赋型分工的作用。

---

① 罗龙. 试论国际分工发展的若干新特点［J］. 世界经济，1988（6）.

② 世界银行. 1986年世界发展报告［M］. 北京：中国财政经济出版社，1986.

这一时期，国际分工的形式有了很大改变。经济和科学技术的迅速进步，使国际分工从垂直型分工日益走向水平型分工，从产业各部门间的分工发展到各产业部门内部的分工，以产品为界限的国际分工逐步转变为以生产要素为界限的国际分工，从有形商品生产和贸易领域的分工发展到商品、服务部门相结合的分工。在战后科技革命的影响下，用于国际交换的产品更加多样化、产品生产工艺更加复杂化、产品技术和质量要求更加严格，需要实现更高水平上的生产专业化分工，主要是零部件生产的专业化，即实现同一产业部门内部在国际范围内的专业化分工协作。同时，从以产品为界限的产业间的国际分工到产品内分工，国际分工不断深化，当参与的中间产品越来越多、越来越专业化时，国际分工表现为以要素为边界的分工。参与国际分工国家的类型和经济制度也有显著变化。国际分工是由各种经济制度不同和经济发展阶段不同的民族和国家参加的综合性的分工，参与国际分工的既有发达资本主义国家，也有社会主义国家和发展中国家，国际分工进一步向纵深发展。发达资本主义国家广泛实行了部门内的国际分工和生产专业化。社会主义国家和发展中国家努力改变自己在国际分工中的不利地位，并组成地区性的经济集团，发展它们相互之间的国际分工，从而结束了资本主义生产关系一统国际分工的时代。

显而易见，第二次世界大战以后，随着生产和资本国际化过程的加强，发达国家通过高度发达的科学技术的应用，发展那些高精尖、用料少、污染轻的“资本集约”工业，而把一般用料多、污染重的工业放到发展中国家。其重要原因是前者的国际价值量远远高于后者，从两者交换中可以得到更多的利益，这就刺激了新型分工的形成。国际分工体系包括了发达国家之间的分工，发达国家与发展中国家之间的分工，发展中国家之间的分工和社会主义国家与资本主义国家之间的分工。发达国家之间的分工以工业分工为主，发达国家与发展中国家之间的分工中，工业分工得到发展，工业与农业的分工逐渐削弱，发展中国家之间也逐渐开展了广泛的分工与合作。在综合性的国际分工体系中，发达资本主义国家因占有大部分世界生产力和拥有先进技术而处于有利地位，发展中国家和社会主义国家则随着经济增长而逐步得到改善。

2.3 国际贸易

国际贸易作为世界各国间商品、技术和服务的交换过程，世界资源在各国间进行重新配置的重要渠道，是发展各国经济关系的基础，是各国之间实现经济交往、经济分工和经济合作的基本手段，也是经济全球化的重要内容。① 从战后到 20 世纪

① 池元吉. 世界经济概论［M］. 北京：高等教育出版社，2003.

80年代初期，国际贸易的规模和结构等都发生了重大变化。第二次世界大战后的世界贸易，在国际货币基金（IMF，International Monetary Fund）、关税贸易一般协定体制下持续惊人的发展，对繁荣世界经济做出很大贡献。世界贸易的最显著的特征，就是以发达资本主义国家间的工业品贸易为中心，以大大超过生产增加的速度而扩大了。世界贸易数量自1948年到1973年的25年间从607亿美元增至5 740亿美元，增长了8.5倍，年均增长10.3%；世界出口量年均增长率达到7.8%，大大超过了1913—1948年世界出口量年均增长率，而且超过了同期世界工业生产6.1%的年均增长率，也超过了国际贸易历史上增长最迅速时期的水平。

第二次世界大战以来，主要发达资本主义国家对于世界贸易的贡献是巨大的。这些国家出口贸易的年平均增长速度不仅大大高于工业生产的年平均增长速度，而且也高于国民生产总值的年平均增长速度。此外，这些发达资本主义国家国际贸易增长的高速度还表现在，它们的出口贸易在国民经济中所占比重的不断提高方面。战前，发达资本主义国家出口贸易在国民经济中的地位一般都不高。战后发达资本主义国家对国际贸易的依赖程度不断加深，国际贸易在这些国家国民经济中的地位都有不同程度的提高。

这一时期，资本主义世界经济的发展为其国际贸易提供了雄厚的物质基础。战后，特别是20世纪60年代以来，科学技术革命促进了资本主义国家工业劳动生产率的急剧提高，新的工业都门，诸如电子、化学纤维、宇航、精密仪表等部门不断涌现，许多资本密集型及技术密集型产品为出口贸易提供了丰富货源；在技术革命条件下，垄断集团间竞争日趋激烈，竞相增加对新设备的投资，科技革命还使发达资本主义国家加速农业现代化进程，使粮食与食品产量剧增，为农业机械及粮油食品的出口增长提供了前提条件。另外，第二次世界大战后发达资本主义国家人民生活水平有较大提高，又为生活耐用品，如小汽车、电冰箱、彩色电视机等出口提供了广阔市场。[①]

第二次世界大战后以来，随着世界经济的变化，国际贸易的地理方向也发生了明显的变化。总的变化趋势是：发达资本主义国家在国际贸易中所占的比重不断上升，发展中国家所占比重不断下降，社会主义国家所占的比重不大，基本保持在一定的水平。从个别国家来看，1980年以前（见表2—1），美国始终是占世界第一位的进出口国家，但在世界贸易中所占的比重呈明显的下降趋势。从20世纪50年代起，德国、日本所占的比重迅速提高。国际贸易地理方向的变化，是战后世界经济变化在国际贸易领域中的反映。

---

① 郭世贤．战后发达资本主义国家的国际贸易及其发展趋势［J］．世界经济，1982（7）．

表 2—1　　第二次世界大战后主要发达资本主义国家的国际贸易

国家	出口贸易额/亿美元				占世界出口总额/%			
	1948 年	1957 年	1970 年	1980 年	1948 年	1957 年	1970 年	1980 年
美国	126.50	208.73	432.24	2 207.86	24.1	20.5	15.3	11.3
联邦德国	7.06	85.64	342.28	1 928.61	1.3	8.4	12.1	10.8
日本	2.59	28.77	193.18	1 304.35	0.5	2.8	6.8	7.0
法国	19.98	51.37	180.98	1 160.16	3.8	5.1	6.7	6.2
英国	66.35	98.11	196.08	1 151.37	12.6	9.7	6.0	6.2
意大利	10.77	25.51	132.07	776.79	2.0	2.5	6.9	4.2
加拿大	31.98	54.12	167.47	675.57	6.1	5.3	4.7	3.6
合计	265.23	208.73	1 644.30	9 203.51	50.4	54.3	58.1	49.3
世界	525.97	1 016.00	2 834.00	18 658.00	100.0	100.0	100.0	100.0

资料来源：郭世贤. 战后发达资本主义国家的国际贸易及其发展趋势［J］. 世界经济，1982（7）.

与此同时，世界贸易的内容发生较大变化，进出口商品的结构出现新特点。发达国家与发展中国家在战前工业国与农业国的国际分工的基础上，分别转向资本密集型产业与劳动密集型产业。在国际贸易商品结构中，初级产品比重下降，制成品比重上升。各大类商品中的种类不断增多。商品越来越多样化、高级化、优质化和综合化、整体化。

从 20 世纪 70 年代初期开始，主要资本主义国家进入了长达 10 年的经济萧条阶段，到 80 年代初期，出现了严重的经济危机。从 1973 年到 1981 年，国际贸易平均增长率较 1948—1973 年期间下降了 2/3，年均增长仅为 3.6%。1981 年国际贸易陷入零增长，1982 年出现负增长，1983 年以后，随着西方资本主义国家的经济回升，国际贸易增长率才有较大的提高。换句话说，从 70 年代初期到 80 年代初，世界国际贸易的发展处于动荡不稳和低速增长的状态。其特征是：新兴工业国家和地区出现，特别是西欧和日本崛起，资本主义世界三大经济中心形成，号称“亚洲四小龙”的韩国、新加坡两国和我国台湾、香港两地区迅速发展，在国际贸易中占很大比重；科学技术成为第一生产力，各国越来越重视科技的力量；资本主义国家从以商品劳务输出转变为以资本输出为主。另外，发展中国家的兴起，国际分工的扩大，跨国公司的迅速发展，贸易自由化的趋势，产业结构的调整等对国际贸易也起到了一定的促进作用。

表 2—2　　世界工业品输入的构成变化　　（%）

发达国家	1899 年	1913 年	1950 年	1961 年	1975 年
重化学工业品	33	52	60	65	67
化学品	7	8	9	11	12
金属	16	22	19	17	12
机械	10	22	32	37	44
轻工业品	67	48	40	35	33

续表

发达国家	1899 年	1913 年	1950 年	1961 年	1975 年
纤维	38	8	15	10	9
其他	29	40	25	25	24
工业品合计	100	100	100	100	100
发展中国家	1899 年	1913 年	1950 年	1961 年	1975 年
重化学工业品	26	50	61	68	78
化学品	6	7	9	12	13
金属	8	13	12	11	12
机械	12	30	40	45	54
轻工业品	74	50	39	32	22
纤维	49	28	18	10	5
其他	25	22	21	22	17
工业品合计	100	100	100	100	100

资料来源：［日］九茂明则. 战后世界贸易是怎样发展的［J］. 财经问题研究，1981（3）.

这一时期，国际贸易商品结构发生了巨大的变化：重化学工业制成品在国际贸易中所占的比重日益明显地超过轻工业产品所占的比重，见表 2—2。造成这种情况的主要原因是：由于第三次科技革命的兴起，发达资本主义国家的工业有了较快的发展，新兴工业部门出现，大量新产品涌现并投入世界市场；科技的进步，使原材料的使用更为经济有效，节约了原材料的使用，导致轻工业产品贸易的相对下降；合成材料工业有了迅速发展，减少了天然原材料的使用率；发展中国家工业的发展，增加了制成品的出口量，减少了初级产品的出口量；发达资本主义国家实行农业保护政策和鼓励国内农业发展的政策，提高了农产品的自给率，减少了对农产品的进口需要；发展中国家为了发展本国经济，实行工业化，大量进口资本货物，也增加了工业制成品的国际贸易量；随着经济的发展，人们对消费品的需求不断增长，尤其是对工业制成品的需求更大，增加了工业制成品的国际贸易量。然而，造成在世界贸易中初级产品所占比重下降和工业制成品所占比重上升的一个更重要的原因是，初级产品的世界市场价格不断下降，而工业制成品的世界市场价格不断上升，从而出现了初级产品所占比重日益下降的趋势。

2.4　国际资本流动

国际资本流动①（international capital flows）分为长期国际资本流动和短期资本流动。其中，长期国际资本流动对世界经济的影响包括它使全球利润最大化、加速

① 国际资本流动是指资本在国际的转移，或者说，资本在不同国家或地区之间作单向、双向或多向流动。具体包括：贷款、援助、输出、输入、投资、债务的增加、债权的取得，利息收支、买方信贷、卖方信贷、外汇买卖、证券发行与流通等。

世界经济的国际化和加深货币信用国际化。

长期资本流动可以增加世界经济的总产值与总利润，并趋于最大化。因为，资本在国家间进行转移的一个原因，就是资本输出的盈利大于资本留守在国内投资的盈利，这意味着输出国因资本输出，在资本输入国创造的产值，会大于资本输出国因资本流出而减少的总产值。这样，资本流动必然增加了世界的总产值和总利润，而且资本流动一般是遵循哪里利润率高往哪里流动的原则，最终会促使全球利润最大化。[①] 长期资本流动加速世界经济的国际化。生产国际化、市场国际化和资本国际化，是世界经济国际化的主要标志。这三个国际化之间互相依存，互相促进，推动了整体经济的发展。

第二次世界大战后，资本流动国际化已经形成一个趋势，从 1945 年至 1972 年，国际资本流动是以美国输出大量“过剩资本”为主要特征，因而被称为“过剩美元”流动阶段。当时，美国凭借它拥有的强大经济实力，并利用战后建立起来的以美元为中心的“布雷顿森林金融体系”的特殊有利条件，通过各种形式输出“过剩资本”，在海外各地进行大量投资，从而一开始就取代了战前英国的地位，成为国际资本的最大供应国，在国际资本流动中占据着绝对的优势。据统计，在“过剩美元”流动阶段里，主要资本主义国家的对外投资累计总额从 510 亿美元增加到 3 450 亿美元，其中美国的对外投资由 168 亿美元提高到 1 809 亿美元，占国际投资的比重也从 32.9％上升到 52.4％。美国一国就占了国际投资总额的一半以上，反映了它在国际资本流动中是处于一种无可争议的主导地位。[②]

但是，从 1973 年起，国际经济形势发生了急剧的变化，一方面是由于美元流动泛滥致美元危机频繁发生，最后终于导致“布雷顿森林金融体系”的彻底崩溃，从此美元失去了它作为中心货币的地位，固定汇率制也被浮动汇率制所取代；另一方面是石油输出国组织夺回石油标价权后大幅度提高油价，成为资本主义世界性经济危机爆发的导火线。在经济危机和金融危机的双重打击下，西方国家的经济结束了战后出现的所谓“黄金时代”，此后，就转入了严重的“滞涨”阶段。与此同时，国际资本流动也随即发生了战后以来的第一次重大转折，其主要表现是石油输出国组织从提高油价中获得了大量的石油美元收入，国际收支经常项目顿时出现大量盈余，而国内又无法吸纳，只好向海外回流，因而这笔巨额的“石油美元”，就成为国际资本的一个新的重要供给来源，自此，国际资本也就转入了一个以“石油美元”流动为特征的阶段。“石油美元”流动阶段，是从 1973 年第一次石油危机开始至 1982 年第二次石油危机结束为止的。在此期间，石油输出国组织共获得的石油美元收入 15 862 亿美元，其国际收支经常项目的盈余累计总额高达 4 318 亿美元，比起“过剩美元”

---

① 余意，笪莉娜，朱江溶. 国际资本流动对世界经济和国际金融的影响 [J]. 华商，2007 (22).

② 黄汉生. 国际资本流动的新变化及其影响 [J]. 南洋问题研究，1993 (3).

流动阶段主要工业国的对外投资累计总额 3 450 亿美元还高出 868 亿美元。这笔“石油美元”的流动，先是流向工业国的银行和国际金融市场，然后再由跨国银行贷放给国际收支巨额逆差的非产油发展中国家，以实现资金的循环流动。这种由发展中国家提供大量的国际资本并进行这样独特的资金循环，在国际金融史上是从未有过的现象，也是战后国际资本运动所出现的一个重要特点。①

20 世纪 70 年代初期之后，在国际资本流量不断增加的同时，流出国结构出现了明显的多样化趋势，美国和英国占优势地位的特征逐渐消失。在国际直接投资总额中，美国所占的比重逐步下降，1975 年为 44.0%，1980 年为 40.0%，1985 年又降至 34.7%，见表 2—3，但其绝对量仍然增加，1980 年增至 2 203 亿美元，美国继续保持世界最大对外投资国和最大受资国的地位。但各发达国家在国际资本流动中的地位也呈现出不平衡发展状态。如第二次世界大战后英国的直接投资增长速度较快，尤其是 70 年代中期以后发展速度进一步加快，1975 年英国对外直接投资达 370 亿美元，1980 年上升到 814 亿美元，同期，联邦德国和日本对外直接投资额也增长很快。

表 2—3　　第二次世界大战后世界主要投资国的对外直接贸易存量

国家	对外直接投资存量/亿美元				占世界对外直接投资中的比重/%			
	1960 年	1975 年	1980 年	1985 年	1960 年	1975 年	1980 年	1985 年
美国	319	1 242	2 203	2 507	46.3	44.0	40.0	34.7
英国	124	370	814	1 047	18.3	13.1	14.8	14.5
日本	5	159	365	836	0.7	5.6	6.6	11.6
联邦德国	8	184	431	600	1.2	6.5	7.8	8.3
瑞士	23	224	385	453	3.4	7.9	7.0	6.3
荷兰	70	199	419	438	10.3	7.1	7.6	6.1
加拿大	25	104	216	365	3.7	3.7	3.8	5.0
法国	41	106	208	216	6.0	1.9	3.8	3.0
瑞典	4	47	72	90	0.6	1.7	1.3	1.2
意大利	11	33	70	124	1.6	1.2	1.3	1.7
其他	40	85	174	256	5.9	3.0	3.2	3.5
发达国家	670	2 754	5 357	6 933	99.0	97.7	97.3	95.9
发展中国家	7	66	153	295	1.0	0.3	0.7	4.1
合计	677	2 820	5 510	7 228	100.0	100.0	100.0	100.0

资料来源：郭吴新. 当代世界经济格局与中国 [M]. 武汉：湖北教育出版社，1997.

尽管如此，发达国家在国际资本中仍占主导地位，发展中国家比重逐步增加。第二次世界大战后发达国家不仅保持着资本输出主体国家的地位，而且成为最大的受益者，国际直接投资主要发生在发达国家之间。在国际资本市场上，发达国家扮演着双重角色，既是最大资本输出国，又是最大资本输入国，对外大量投资与大规模吸收外资往往结合于一身。而发达国家在国际直接投资中的支配地位，决定了其

① 黄汉生. 国际资本流动的新变化及其影响 [J]. 南洋问题研究，1993 (3).

在国际直接投资法律规则的制定方面有着极大的影响力。但又有迹象表明，发展中国家通过国际资本流动参与世界经济的程度普遍加大，一些发展中国家积极调整经济结构，大力吸引外资和先进技术，使发展中国家吸收的外资额不断增加，在国际资本流动中发挥越来越重要的作用。

2.5 国际货币体系

国际金融活动通常是在一定的国际货币制度下运行并受其影响和制约的。所谓国际货币体系是国际货币关系的总和，它所体现的是国与国之间货币兑换、资金流动及债权债务关系清算所涉及的规则和秩序。其主要内容是：国际本位货币的确定和国际储备货币形成的机制、汇率制度的确定以及制定国际收支不平衡的调节机制。这种体系作为国际金融秩序的表现形式，在战后的半个世纪经历了巨大的变化。

第二次世界大战即将结束时，一些国家深知，国际经济的动荡乃至战争的爆发与国际经济秩序的混乱存在着某种直接或间接的联系。因此，重建国际经济秩序成为保持战后经济恢复和发展的重要因素。在国际金融领域中重建经济秩序就是建立能够保证国际经济正常运行的国际货币制度。1944 年 7 月 1—22 日，在美国新罕布什尔州的布雷顿森林举行了由 44 个国家参加的“联合国货币金融会议”，讨论了战后国际货币制度的结构和运行等问题。会议通过了《国际货币基金组织协定》和《国际复兴开发银行协定》。会议确立了新的国际货币制度的基本内容。由于美国的黄金储备当时已经占到资本主义世界的 3/4，因此如果建立的货币体系仍然与黄金有密切联系的话，实际上就是要建立一个以美元为中心的国际货币制度。

布雷顿森林体系（Bretton Woods system）包括五方面内容，即本位制度、汇率制度和汇率制度的维持、储备制度、国际收支调整制度以及相应的组织形式。在本位制方面，布雷顿森林体系规定，美元与黄金挂钩。各国确认 1944 年 1 月美国规定的 35 美元一盎司的黄金官价，每一美元的含金量为 0.888 671 克黄金。各国政府或中央银行可按官价用美元向美国兑换黄金。为了维护这一黄金官价不受国际金融市场金价的冲击，各国政府需协同美国政府在国际金融市场上维持这一黄金官价。在汇率制度方面，它规定国际货币基金组织成员国货币与美元挂钩，即其他国家政府规定各自货币的含金量，通过含金量的比例确定同美元的汇率。各国货币与美元的波动幅度为法定汇率上下各 1%的幅度内波动。若市场汇率超过法定汇率 1%的波动幅度，各国政府有义务在外汇市场上进行干预，以维持汇率的稳定。若会员国法定汇率的变动超过 10%，就必须得到国际货币基金组织的批准。在确定国际储备制度方面，美元取得了与黄金具有同等地位的国际储备资产的地位，使其成为各国外汇储备中最主要的国际储备货币，即国际货币。换句话说，美元由于作为储备货币和国际清偿能力的主要来源而成为一种关键货币。

布雷顿森林体系堪称国际货币合作的一次成功的创新性的尝试。它使美元等同于黄金，美元成为主要支付手段和国际储备货币，在一定程度上弥补了当时普遍存在的国际清偿能力和国际支付手段的不足，从而消除了影响国际商品流通的障碍，在相对稳定的情况下，促进了世界贸易的发展。美国通过赠与、信贷、购买外国商品和劳务等形式，向世界散发了大量美元，客观上起到扩大世界购买力的作用。固定汇率制在很大程度上消除了由于汇率波动而引起的动荡，在一定程度上稳定了主要国家的货币汇率，有利于国际贸易的发展。在金本位制下，布雷顿森林体系有助于国际金融市场的稳定，对战后的世界经济复苏起到了一定的作用。

布雷顿森林体系形成后，国际货币基金组织和世界银行（World Bank）的活动对世界经济的恢复和发展起到一定的积极作用。国际货币基金组织提供的短期贷款暂时缓和了战后许多国家的收支危机，促进了支付办法上的稳步自由化。国际货币基金组织的贷款业务迅速增加，重点由欧洲转至亚洲、非洲、拉丁美洲等发展中国家。世界银行提供和组织的长期贷款和投资则不同程度地解决了会员国战后恢复和发展经济的资金需要。在布雷顿森林体系实行期间，世界经济增长迅速，全球贸易和国际资本流动也有很大发展。为此，有人把这段时期与第一次世界大战前的国际金本位时期相提并论，将其称为世界经济的第二个“黄金时代”；把根据“国际货币基金组织协定”和“国际复兴开发银行协定”同时建立的国际货币基金组织和国际复兴开发银行（IRDB，International Bank for Reconstruction and Development，以后发展成为世界银行）以及关税与贸易总协定（CATT，General Agreement on Tariffs and Trade）这三个国际组织，称之为战后世界经济的“三大支柱”。

尽管布雷顿森林体系曾对当时世界经济的发展起了积极作用，但是，随着时间的推移，由于资本主义发展的不平衡性，主要资本主义国家经济实力对比一再发生变化，以美元为中心的国际货币制度本身固有的矛盾和缺陷日益暴露。要满足世界经济和全球贸易增长之需，美元的供给必须不断增加，从而美国的国际收支逆差必然不断扩大。而各国的国际收支逆差必然地不断扩大和美元供给的持续超速增长，一方面使美元与黄金之间的固定比价难以维持；另一方面，必将对美元产生贬值压力，并导致美元与其他国家货币的固定比价也难以长期维持，从而使这种国际货币制度基础发生动摇。换句话说，美元的双重身份与黄金挂钩，美国承担了维持金汇兑平价的责任。当人们对美元充分信任，美元相对短缺时，这种金汇兑平价可以维持；当人们对美元产生信任危机，美元拥有太多，要求兑换黄金时，美元与黄金的固定平价就难以维持，这是布雷顿森林体系的根本缺陷，这种制度无法提供一种数量充足、币值坚挺、可以为各国接受的储备货币，以使国际储备的增长能够适应国际贸易与世界经济发展的需要。美国经济学家罗伯特·特里芬（Roget Triffin）在其著作《黄金与美元危机》中指出：布雷顿森林体系以一国货币作为主要国际储备货币，在黄金生产停滞的情况下，国际储备的供应完全取决于美国的国际收支状况：美国的国际收支保持顺差，国际储备资产不敷国际贸易发展的需要；美国的国际收支保持逆差，国际储备资产过剩，美元发生危机，危及国际货币制度。这种难以解决的内在矛盾，国际经济学界称之为“特里芬难题”，它决定了布雷顿森林体系的不稳定性。

布雷顿森林体系本身就是不稳固的，事实上，自布雷顿森林体系建立之日起，“特里芬难题”就一直伴随国际经济的发展。第二次世界大战后，欧洲各国资金短缺、物资匮乏。而美国在战争中大发横财，生产力大大提高，各国急需从美国进口商品。但购买美国商品必须用美元或黄金支付，而各国黄金数量有限，无力向美国出口换取美元，这使美国国际收支大量盈余，其他国家大量需求美元，引起国际市场上美元汇率上涨，美元供不应求。到 1949 年，美国黄金储备高达 245 亿美元之巨，而世界其他国家则发生了美元荒。

1968 年 3 月，美国爆发了空前严重的第二次美元危机，在伦敦、巴黎和苏黎世黄金市场上爆发了规模空前的抛售美元、抢购黄金的浪潮，仅半个多月中，美国的黄金储备流出了 14 亿多美元。为此，美国被迫实行“黄金双价制”，即在官方和私人黄金市场上分别实行两种不同的金价。黄金双价制实际上意味着以黄金和美元为基础的布雷顿森林体系难以维持。1971 年 8 月 15 日美国政府宣布停止各国中央银行按官价向美国兑换黄金，同年 12 月宣布美元贬值 7.89%，将黄金官价从每盎司 35 美元提高到 38 美元；但这些措施并未能阻止美国国际收支危机和美元危机的继续发展。1973 年 2 月，由于美国国际收支逆差严重，美元信用猛降，国际金融市场又一次掀起了抛售美元，抢购原西德马克和日元并进而抢购黄金的风潮。在此局面下，美国政府于 1973 年 2 月再次宣布美元贬值 10%，黄金官价增至每盎司 42.22 美元。美元的两次贬值并未能阻止美元灾，1973 年 3 月，西欧又出现了抛售美元、抢购黄金和原西德马克的风潮。伦敦黄金市场的黄金价格一度涨到 96 美元一盎司。同年，1973 年西方主要国家纷纷实行浮动汇率制度，最终导致第二次世界大战后以美元为中心的固定汇率制度崩溃。

布雷顿森林体系瓦解以后，重新建立，至少是改革原有货币体系的工作成了国际金融领域的中心问题。1976 年 1 月成员国在牙买加首都金斯敦举行会议，讨论修改国际货币基金协定的条款，会议结束时达成了《牙买加协定》（Jamica Agreement）。同年 4 月，国际货币基金组织理事会又通过了以修改《牙买加协定》为基础的《国际货币基金协定第二次修正案》，并于 1978 年 4 月 1 日起生效，从而实际上形成了以《牙买加协定》为基础的新的国际货币制度。

新的国际货币制度的主要内容包括三个方面，即汇率制度、黄金问题和储备制度以及资金融通问题。在汇率制度方面，《牙买加协定》认可了浮动汇率的合法性。会员国可以自由选择任何汇率制度，可以采取自由浮动或其他形式的固定汇率制度。但会员国的汇率政策应受国际货币基金组织的监督。国际货币基金组织要求各国在物价稳定的条件下寻求持续的经济增长，稳定国内的经济以促进国际金融的稳定，并尽力缩小汇率的波动幅度，避免操纵汇率来阻止国际收支的调整或获取不公平的竞争利益。协议还规定实行浮动汇率制的会员国根据经济条件，应逐步恢复固定汇率制度，但成员国必须接受基金组织的监督，以防止出现各国货币竞相贬值的现象。

建立黄金非货币化和储备货币多元化。废除黄金条款，取消黄金官价，各会员国中央银行可按市价自由进行黄金交易，取消会员国相互之间以及会员国与国际货币基金组织之间须用黄金清算债权债务的义务。为了解决国际清偿力不足的问题，基金组织将努力增强特别提款权的国际储备地位，扩大其在国际货币基金组织一般业务中的使用范围，并适时修订特别提款权的有关条款。规定参加特别提款权账户的国家可以来偿还国际货币基金组织的贷款，使用特别提款权作为偿还债务的担保，各参加国也可用特别提款权进行借贷。基金组织鼓励成员国持有多样化的储备货币，积极促进包括特别提款权、德国马克和日元等多种货币的国际化。

扩大资金融通，以出售黄金所得收益设立“信托基金”，以优惠条件向最贫穷的发展中国家提供贷款或援助，以解决它们的国际收支的困难。扩大国际货币基金组织信贷部分贷款的额度，由占会员国份额的 100％增加到 145％，并放宽“出口波动补偿贷款”的额度，由占份额的 50％提高到 75％。各会员国对国际货币基金组织所缴纳的基本份额，由原来的 292 亿特别提款权增加到 390 亿特别提款权，增加 33.6％。各会员国应缴份额所占的比重也有所改变，主要是石油输出国的比重提高一倍，由 5％增加到 10％，其他发展中国家维持不变，主要西方国家除联邦德国和日本略增以外，都有所降低。

与布雷顿森林体系下国际储备结构单一、美元地位十分突出的情形相比，在牙买加体系下，国际储备呈现多元化局面，美元虽然仍是主导的国际货币，但美元地位明显削弱了，由美元垄断外汇储备的情形不复存在。联邦德国马克、日元随两国经济的恢复发展脱颖而出，成为重要的国际储备货币。

在牙买加体系下，浮动汇率制与固定汇率制并存。一般而言，发达工业国家多数采取单独浮动或联合浮动，但有的也采取盯住自选的货币篮子。对发展中国家而言，多数是盯住某种国际货币或货币篮子，单独浮动的很少。不同汇率制度各有优劣，浮动汇率制度可以为国内经济政策提供更大的活动空间与独立性，而固定汇率制则减少了本国企业可能面临的汇率风险，方便生产与核算。各国可根据自身的经济实力、开放程度、经济结构等一系列相关因素去权衡得失利弊。

布雷顿森林体系瓦解后，1976 年国际货币基金组织通过《牙买加协定》，确认了布雷顿森林体系崩溃后浮动汇率的合法性，继续维持全球多边自由支付原则。虽然美元的国际本位和国际储备货币地位遭到削弱，但其在国际货币体系中的领导地位和国际储备货币职能仍得以延续，为了继续维持多边自由的支付体系和原则，国际货币基金的原组织机构也得到延续和保留，但国际货币体系三个核心内容方面的秩序和准则却支离破碎。因此，到 20 世纪 80 年代初期的国际货币体系被人们戏称为“无体系的体系”，规则弱化导致重重矛盾。与美元为中心的国际货币体系相联系的国际收支不平衡，也一直伴随着世界经济的发展。资本的全球化与地区经济发展的差异，也使得全球区域经济协调与合作取得了突飞猛进的发展。从而促使金融全球化、金融资本与现实的脱离、汇率不稳定、美元为中心与国际收支不平衡、区域货币合作成为这一时期国际货币体系的显著特征。

2.6 科技革命与经济发展

科技革命是科学革命和技术革命的总称。科学革命是指自然科学理论的重大突破和对自然界规律的重大发现，也是科学理论体系的根本改造和科学思维方式的变革，从而把科学对客观世界的认识提高到一个新水平；技术革命是指人类改造自然界的手段和方法的重大发明和突破。科学革命和技术革命在时间上往往是交错展开的，总是处于不断的发展变化之中。从 19 世纪末到第二次世界大战前，人类社会发生了第二次科技革命。这次科技革命是以电力的发明和使用为主要标志，以内燃机和发电机为核心、以重化学工业为经济发展中心的。它会推动生产力的发展，使人类社会跨入了电气化时代，它不仅为推动资本主义工业的迅速发展，为自由竞争资本主义过渡到垄断资本主义奠定了物质基础，同时也为世界经济的最终形成提供了强大的动力。

第二次世界大战后，世界进入第三次科学技术革命时期。这一时期，科学革命发展很快，尤其是物理学、化学和生物学等科学领域的进步最为显著，并带动了自然科学基础理论的飞跃。物理学在自然科学发展中起主导作用。在马克思·普朗克（Max Planck，1858—1947 年）的量子论和阿尔伯特·爱因斯坦（Albert Einstein，1879—1955 年）的相对论的带动和指导下，战后在微观物理学方面有重大发展，主要是基本粒子物理学的发展。20 世纪 40 年代末，人们认识到原子是由电子、质子和中子组成的。物理学家把这三种粒子和光子称为基本粒子，从而创立了基本粒子物理学，又称为高能物理学，主要是探索物质的基本组成结构和它们之间相互作用的规律。50 年代以后，科学的进步使人类创造出高能加速器。通过高能加速器，人们又发现了大批新粒子，从最初发现的 4 种扩大到现在的 300 多种粒子。高能物理学的产生和发展，不仅为物理学推进到一个新的更高水平，而且为原子能、电子和激光技术的发展开辟了广阔空间。在量子论和相对论的指导下，化学也有了重大发展。其主要表现使德米特里·伊万诺维奇·门捷列夫（Дми́трий Ива́нович Менделе́ев，1834—1907 年）的元素周期律得到了本质解决，而且产生了许多化学分支和化学基本理论，例如有机合成化学、量子化学、物质结构化学以及高分子化学等，它们为分子设计和新材料开发打下了坚实基础。在物理学和化学重大发展的推动下，生物学理论也有了重大突破，从细胞生物学发展到分子生物学。1944年奥斯瓦尔德·T.艾弗里（Oswald Theodore Avery，1877—1955年）等人证明遗传性的物质是脱氧核糖核酸（DNA，Deoxyribo Nucleic Acid）。1953年，詹姆斯·杜威·沃森（James Dewey Watson，1928年—）和弗朗西斯·哈利·康普顿·克里克（Francis Harry Compton Crick，1916—2004年）提出了脱氧核糖核酸双螺旋结构分子模型的建立，宣告了分子生物学的诞生。基因（DNA分子的片段）不是细胞，而是带有全部遗传信息的分子或载体。随着分子生物学的发展，人们对基因结构、功能及其运动规律的认识日益深刻，进而到20世纪70年代初提出了遗传工程学理论，即用人工方法创造新的生命类型的理论。分子生物学揭开了生物生命的基本规律，为创造新的物种提供了理论保障，也为生物技术特别是基因工程技术的发展打开了大门。

上述科学革命的这些重大突破和成果有力地推动了技术革命，使技术革命在微电子技术、新材料技术以及新能源技术等多领域展开。

微电子技术是建立在以集成电路为核心的各种半导体器件基础上的高新电子技术，属于电子技术的一个分支。微电子技术以大规模集成电路为基础，通过微细加工在半导体材料芯片上制作电路，它的特点是体积小、重量轻、可靠性高、工作速度快，微电子技术对信息时代具有巨大的影响。电子计算机、微处理机以及机器人等都属于这种电子电路的应用技术产品。

电子技术是战后技术革命的核心，也是发展最快的领域，并以极快的速度运用到经济和社会生活的各个领域，对人类的生产和生活产生着极其重要的影响，因此有人把战后技术革命开辟的时代称为电子时代。世界上第1台电子计算机（见图2—1）（ENIAC，Electronic Numerical Integrator and Calculator）于1946年在美国宾夕法尼亚大学诞生。发明人是美国人约翰·阿塔那索夫（Atanasoff）教授。这台为“埃尼卡”的计算机以电子管作为元器件，所以又被称为电子管计算机，造价48.7万美元，它是一个庞然大物，用了18 000个电子管，占地170平方米，两层楼高，重达30多吨，耗电功率约150千瓦，每秒钟可进行5 000次运算，这在当时是破天荒的。这台“埃尼卡”的计算机是计算机的第一代。它的问世，标志着电脑时代的开始，当时主要用于军事领域。1956年出现了使用晶体管的电子计算机。这种第二代电子计算机，将计算效率提高到每秒100万次，1958—1959年开始批量生产。1964年诞生了采用集成电路的第三代电子计算机。其

图2—1　世界第一台电子计算机

代表是美国国际商用机器公司（IBM）生产的IBM 360系统，它兼顾了科学计算和事务处理两方面的应用。IBM 360系列计算机是最早使用集成电路的通用计算机系列，具有通用化、系列化和标准化的特点，并出现了电子终端和远程中端、电子显示和记录、电子传递等电子设备，其运算效率达每秒几千万次。它开创了民用计算机使用集成电路的先例，计算机从此进入了集成电路时代。与第二代计算机（晶体管计算机）相比，它体积更小、价格更低、可靠性更高、计算速度更快。IBM 360成为第三代计算机（集成电路计算机）的里程碑。1975年，美国阿姆尔公司研制成470V/6型计算机，随后日本富士通公司生产出M—190机，这种由美国和日本先后生产出集成电路和大规模集成电路的出现，使电子计算机向两个方向发展：一方面是高速度、大容量化，发展大型机和巨型机，即超级计算机。它有极强的计算和处理数据的能力，主要特点表现为高速度和大容量，配有多种外部和外围设备及丰富的、高功能的软件系统，在核武器研制、导弹及航空航天飞行器的设计、气象预报、卫星图像处理、资料分析和经济预测等领域发挥着巨大的作用。另一方面向微型化、普及化发展。现在1台普通计算机的体积只相当于最初的电子计算机的三万分之一，而效率则高出100万倍。微型计算机广泛地进入工厂、办公室和家庭，引发了工厂自动化、办公室自动化和家庭自动化。总之，从1950—1980年的30年间，计算机技术经过电子管、晶体管、集成电路和大规模集成电路4代更新，使计算机每5～8年成本降低为原来的1/10，快速向经济和社会生活的各个领域渗透。

在电子计算机发展的过程中，另一项电子技术的应用是机器人的诞生和发展。机器人是机械工程与微电子技术的统一，是由电子计算机控制的多功能的自动机械。它既可以接受人类指挥，又可以运行预先编排的程序，也可以根据以人工智能技术制定的原则纲领来行动。它的任务是协助或取代人类工作而工作，例如取代人类从事制造业、建筑业，或是其他危险的工作，并能最大限度地节约时间、能源和材料，从而成为改造和革新物质生产和革新物质生活的一个重要力量。

新材料技术（New Material Technology）是通过物理研究、材料设计、材料加工、试验评价等一系列过程，创造出能满足各种需要的新型材料的替代天然材料的技术。新材料技术是技术革命的基础，是高新技术各领域的重要突破口。新材料大致可分为新型金属材料、无机材料和高分子有机合成材料。新型金属材料在原有的金属材料的基础上出现了各种高质量合金钢，包括各类型性能优良的不锈钢，以及比重小、强度高、耐高温的钛合金，为各种工业生产以及国防和宇航工业的发展提供了理想的材料。新型无机材料主要包括：各种特殊性能的陶瓷、水泥和玻璃材料，特别是一些晶体材料和超导材料，已广泛应用于与信息技术和新能源技术有关的许多领域。① 高分子有机合成材料在第二次世界大战后材料革命中具有突出的地位，其

① 张曙霄，吴丹编著. 世界经济概论［M］. 北京：经济科学出版社，2005.

中发展最为迅速的就是三大高分子合成材料，即合成橡胶、塑料和合成纤维。合成橡胶产量到 20 世纪 70 年代初已超过天然橡胶 1 倍，其性能超过天然橡胶；塑料发展更快，品种已达 30～40 个类 300 余种，出现了各种不同功能和用途的塑料，例如光学塑料、半导体塑料、感光塑料等。据统计，60 年代初世界塑料产量为 640 万吨，到 1980 年就增至近亿吨；合成纤维是纺织原料的重大革命。战前人工合成纤维就已经开始研制，但纤维材料的革命还是战后的事情。合成纤维的品种不断增加，产量不断上升。涤纶、锦纶、腈纶等“6 大纶”的产量，到 1980 年已超过天然植物纤维的 3 倍。经过特殊处理的具有强度高、耐辐射、能导光、绝缘等性能的人造纤维，被广泛用于通信、火箭、宇航等领域。①

新能源技术（New Energy Technology）是指开发运用太阳能、核能、风能、生物质能、地热能、海洋能等能源以替代石油、煤炭等化石能源的技术统称。其中核能技术与太阳能技术是新能源技术的主要标志，通过对核能、太阳能的开发利用，打破了以石油、煤炭为主体的传统能源观念，开创了能源的新时代。新能源技术是技术革命的支柱。太阳能是人类最理想的能源。第二次世界大战后，特别是 20 世纪 70 年代以来，太阳能的开发和利用非常快。许多国家都开发和生产了一系列民用太阳能产品，其产品使用每年都在成倍地增长。

在新能源中，最引人注目的是核能的发展。核能的发现和实际利用始于第二次世界大战期间原子弹的研制和投放。1941 年，美国总统富兰克林·德拉诺·罗斯福（Franklin D. Roosevelt，1882—1945 年）接受爱因斯坦等人的建议，实施了研制原子弹的“曼哈顿工程”计划。1942 年 12 月，以恩利克·费米（Enrico Fermi，1901—1954 年）为首的核物理学家研制成功世界上第一座核反应堆，成功地实现了输出能量大于输入能量的核反应。1945 年，在罗伯特·奥本海默（J. Robert Oppenheimer，1904—1967 年）等人的领导下制造出 3 颗原子弹。1949 年，苏联也试爆原子弹成功。1952 年，美国又试制成功氢弹。1953—1964 年间，英国、法国和中国相继试制核武器成功。原子能的技术首先被应用于军事领域，和平利用原子能工业也有一定发展。战后，原子能的利用朝着两个方向发展：一是用于军事，制造原子弹、氢弹、核潜艇、核舰艇等的大规模制造，并成为美国和苏联军备竞赛的主要内容。二是利用核能，主要是开发建设核电站。1954 年，苏联建成了世界上第 1 座原子能发电站。美国第 1 座核电站建于 1957 年。此后，核电站在发达国家和一些发展中国家迅速兴起。1977 年，世界上有 22 个国家和地区拥有核电站反应堆 229 座，到 1984 年年底，全世界有 26 个国家利用核能发电，核电站有 344 座、发电能力为 21 911.5 万千瓦，占世界总发电量的 13%。②核电作为清洁能源，是潜力最大的新能源，随着核

①② 池元吉. 世界经济概论 [M]. 北京：高等教育出版社，2003.

电技术水平的不断进步，核发电的成本会迅速下降，发电量会迅速提高，应用范围会迅速扩展。

空间技术（Space Technology）是探索、开发和利用太空以及地球以外天体的综合性工程技术，又称为太空技术和航天技术。目的是利用空间飞行器作为手段来研究发生在空间的物理飞行器作为手段来研究发生在空间的物理、化学和生物等自然现象。太空以及地球以外天体的综合性工程。1903 年，俄国科学家康斯坦丁·齐奥尔科夫斯基（Константин Эдуардович Циолковский，1857—1935 年）发表了题为《利用喷气仪器研究宇宙空间》的论文，提出了利用火箭探索宇宙空间的思想，建立了著名的齐奥尔科夫斯基公式。1926 年 3 月，美国物理学家罗伯特·哈金斯·戈达德（Robert Hutchings Goddard，1882—1945 年）独立地研究了火箭的推进原理，设计、制造并发射了世界上第一枚液体火箭。此后，许多国家的科学家在政府的支持下，开展了对火箭制造和发射的研究。1942 年 10 月，德国制造并成功地发射的 V－2 液体燃料火箭是第一枚可控制的现代火箭，并很快应用于战场。战后，科学家们利用 V－2 和它的改进型作为新的工具来探测 50 千米以上的空间，获得了许多关于高层空间的资料。到了 20 世纪 50 年代后期，火箭的运载能力已达到发射人造卫星的水平。为了实施地球物理年的计划，美国和苏联积极筹划发射科学卫星。1957 年 10 月 4 日，苏联成功地发射了世界上第一颗人造地球卫星，标志着人类跨入了航天时代。1958 年美国发射了人造地球卫星。但 1959 年苏联就取得了一项新成就：苏联发射的"月球" 2 号卫星成为最先把物体送上月球的卫星。苏联宇航员加加林又在 1961 年乘坐飞船率先进入太空。美国也开始了 20 世纪 60 年代规模庞大的登月计划，通过各种先进的运载火箭相继研制成功，终于在 1969 年把"阿波罗"号载人飞船送上了月球，实现了人类登月的梦想。1970 年中国也发射了人造地球卫星。20 世纪 70 年代以来，空间活动由近地空间为主转向飞出太阳系。1981 年 4 月 12 日，美国第一个可以连续使用的哥伦比亚航天飞机试飞成功，并于 2 天后安全降落。它身兼火箭、飞船、飞机 3 种特性，是宇航事业的重大突破。1970 年以来，中国宇航空间技术迅速发展，已跻身于世界宇航大国之列。

生物技术（biotechnology）是分子生物学与现代科学技术相结合所形成的变革生物品种和转化生长的技术。它是以生物学，特别是其中的微生物学、遗传学、生物化学和细胞学的理论和技术为基础，结合化工、机械、电子计算机等现代工程技术，充分运用分子生物学的最新成就，自觉地操纵遗传物质，定向地改造生物或其功能，短期内创造出具有超远缘性状的新物种，再通过合适的生物反应器对这类"工程菌"或"工程细胞株"进行大规模的培养，以生产大量有用代谢产物或发挥它们独特生理功能的一门新兴技术。

采用细胞核移植技术克隆动物的设想，最初由一位德国胚胎学家在 1938 年提出。

从1952年起，科学家们首先采用两栖类动物开展细胞核移植克隆实验，先后获得了蝌蚪和成体蛙。1963年，中国童第周教授领导的科研组，以金鱼等为材料，研究了鱼类胚胎细胞核移植技术，获得成功。1973年，美国斯坦福大学的科恩教授，把两种质户粒上不同的抗药基因“裁剪”下来，“拼接”在同一个质粒中。当这种杂合质粒进入大肠杆菌后，这种大肠杆菌就能抵抗两种药物，且其后代都具有双重抗菌性，科恩的重组实验拉开了基因工程的大幕。

20世纪70年代，基因重组技术、细胞融合等生物工程技术的飞速发展，发酵工业进入现代发酵工程的阶段。这些技术不但应用于生产酒精类饮料、醋酸和面包，而且应用于生产胰岛素、干扰素、生长激素、抗生素和疫苗等多种医疗保健药物，生产天然杀虫剂、细菌肥料和微生物除草剂等农用生产资料，在化学工业上生产氨基酸、香料、生物高分子、酶、维生素和单细胞蛋白等。

海洋技术（Marine Technology）是开发与利用海洋能源、资源，探索海洋与全球变化以及海洋环境与生态关系的技术的总称。第二次世界大战后，在科技革命的迅猛发展中，海洋开发被提到了日程，并取得了重大进展。特别是20世纪70年代以来，世界许多国家在海上石油和油气的开采上，在海上养殖以及在海洋资源提取和海洋勘探上都取得了很大成果。

从宏观经济学的角度来看，将科技革命进步与经济增长联系起来加以考虑是必要的。换言之，如果新技术不具体落实到生产设备上，就不能对经济增长率做出贡献。为了使科技进步形成资本，就必须增加投资。按照这种假说，由于科技进步使产品增加，其中一部分是由资本增加而带来的。当新科技促进原有技术设备的更新改造转化为资本时，由于科技在生产上的广泛应用，能够大幅度地提高作为总体的资本的劳动生产率；推动新兴产业的发展，引起产业结构的不断优化；降低生产成本，提高经济效益。

美国经济学家J. W. 肯德里克（J. W. Kendrick）十分重视技术进步对经济增长的作用。他利用“剩余法”估算了技术进步对经济增长的贡献，并提出了“全部要素生产率”的概念和分析方法。他根据实际统计资料，找出一定时期的增长量，然后减去劳动投入增量和资本投入增量对经济增长的贡献，其“剩余法”被认为是技术进步对经济增长的贡献。依据1889—1957年美国经济实际产值的变化，肯德里克计算出这一时期实际产值的年平均增长率为3.5%，其中由于劳动投入量和资本投入量的增加所带来的国民生产总值的年平均增长率为1.7%，而由于全部要素生产率的提高带来的国民生产总值的年平均增长率为1.8%。因此，平均每年技术进步引起的增长率为年平均增长率的一半左右。爱德华·富尔顿·丹尼森（Edward Fulton Denison，1915年—）根据美国1929—1969年的经济统计资料，估算了各种因素占总增长率的比例。在这一时期，经济增长率为3.4%。其中要素投入量引起的增长率为1.8%，占总增长率的53.4%，要素生产率所体现的技术进步引起的增长率为1.6%，占总增长率的46.6%。[①] 丹尼森进一步分析了西欧等国家经济增长情况，认为西欧的经济增长因素中，要素投入量占40%，而技术进步引起的增长率为60%。西蒙·史密斯·库兹涅茨（Simon Smith Kuznets，1901—1985年）则认为，发达国家的人均收入的增加有50%～70%起因于技术进步而产生的生产率的提高。由此可见，技术进步引起的经济增长率是不容忽视的。

从人类发展的历史来看，第三次科技革命同前两次技术革命相比，最突出的特点是科学技术在推动生产力的发展方面起着越来越重要的作用，科学技术转化为直接生产力的速度加快。科学和技术密切结合，相互促进。随着科学实验手段的不断进步，科研探索的领域也在不断开阔。而科学技术各个领域之间相互联系加强，在现代科技发展的情况下，出现了两种趋势：一方面学科越来越多，分工越来越细，研究越来越深入化；另一方面学科之间的联系越来越密切，相互联系渗透的程度越来越深，科学研究朝着综合性方向发展。

在新的科技革命的推动下，世界经济面貌发生了显著变化。发达国家的工业经重工业化后开始向信息化迈进，国家垄断资本主义获得了发展；发展中国家也努力利用科技革命的成果实现工业化。科技革命和各国经济的加速发展，使战后国际分工有了新的发展，以此为基础，生产国际化、国际贸易、国际金融迅速发展，世界市场急剧扩大，各国的科技、经济、文化交流与合作日益密切。同时，各国为了适应新的科学技术革命和新的世界经济形势，而纷纷变革经济体制，走向更加市场化和自由化，更使各国经济以统一的世界市场为纽带，而紧密地结合在一起，使世界经济一体化程度大大提高。[②]

第三次科技革命创造了前所未有的强大生产力，提高了劳动生产率，推动了各国经济的发展。科技进步带来了世界产业结构的新变化，推进了世界经济的发展。主要表现在：在新科技革命蓬勃发展的推动下，发达资本主义国家正在实现从工业经济向信息经济的转变，呈现出一系列新的经济特征。其中最重要的就是产业结构出现的，其变化的总趋势是日益高级化。所谓产业结构高级化，是指应用新技术所形成的新兴产业在产业结构整体中占有越来越重要的地位，起着主导作用。20世纪50年代以来，发达资本主义国家的产业结构经历了两次大变革。第一次变革是在50年代和60年代，在新科技革命第一次高潮的推动下，发达国家的三大产业在国内生

① 爱德华·富尔顿·丹尼森根据美国1929—1969年的经济统计资料，估算了各种因素占总增长率的比例。其中，知识进展的作用很大，占总经济增长率的27%。如果把教育和知识进展的作用相加，则占总经济增长率的39%。他还细分了这一时期不同阶段的增长情况。其中，1948—1969年的经济增长率最大，为4.02%。由要素增长率引起的增长率占总经济增长率的47.5%，教育与知识进展引起的增长率占总经济增长率的47%。丹尼森认为，现代经济增长主要是由要素生产率所体现的“科技进步”所推动，而这种“技术进步”中，对于单位投入产出量的持续长期增长来说，知识进展是最大的原因。

② 翟文忠，张存刚. 科技革命与经济全球化进程［J］. 兰州商学院学报，2001（1）.

产总值中的相对比例发生了很大的变化，第一产业、第二产业在国民经济中比重下降，第三产业的比重迅速上升，而且表现在高新技术产业的迅猛发展及其作用的增强。特别是信息产业迅猛发展。发达国家产业结构的新变革表明，人类社会的生产活动已日益减少对自然资源的依赖，而更多地依赖科学技术，即依赖人的智慧和知识。人类能够利用新的科学技术，更有效地利用自然资源。信息技术产业的发展，不仅使大量信息技术产品，例如电脑、电信设备、软件等的陆续问世，推动互联网络和信息技术市场的迅速发展，而且信息技术的应用范围几乎遍及所有经济部门和领域，它可以广泛应用于其他高新技术，促进航空航天工业、生物技术工程产业、新材料产业等高新技术产业的形成和发展。信息技术还可以渗透到传统的工业部门，使传统产业得到改造，获得新的生命力，成为新产业结构中的重要组成部分。所以说，世界经济正是在产业结构不断更新中繁荣和发展的。而科技进步可以通过产业结构的演变，实现经济发展。

2.7　国际劳动力流动

在两次世界大战之间这一阶段，是劳动力国际市场初步形成时期。这个时期，由于第一次世界大战的影响，国际上正常的移民大大减少，战争劳务开始出现并大为发展。欧洲各交战国从殖民地掠夺了大量人力资源充当前线士兵和后方劳动力。第一次世界大战结束后，欧美各国为应付工业化而带来的失业问题，一般对外籍劳动力采取限制性措施。第二次世界大战期间，英国和美国以及广大的亚非拉欧各国人民为了对付共同的敌人德国、意大利、日本法西斯，不仅在政治和军事领域内协同作战，而且在经济领域内开展广泛的合作，各国的劳务合作大为发展。这一时期的国际劳动力流动，大都属战争劳务性质，但因其有组织地用劳务从事军需生产、运输及多项建设事业，使得劳务成为有组织的临时的劳动力流动，所以它更接近于劳务输出，是劳务从移民向现代劳务发展的过渡形式。①

从第二次世界大战结束后，西方国家经济迅速发展，劳动力短缺成为许多工业化国家经济增长的主要障碍。在这种背景下，西欧各国为弥补劳动力不足，对外国劳动力流入的种种限制逐渐被放宽或取消，促使劳动力在国际流动的规模不断扩大，经济发达的欧洲和美国成为这一时期吸引外籍劳动力的中心。在 20 世纪五六十年代西欧国家平均每年流入的外籍劳动力为 60 万～110 万人，美国为 25 万～32 万人。发展中国家的劳动力流向发达国家开始增多，并逐渐占据了国际劳动力流动的主导地位。②

---

① 张二震．略论国际劳动力流动及其原因［J］．世界经济文汇，1991（6）．

② 张伯里主编．世界经济学［M］．北京：中共中央党校出版社，2004．

到了20世纪70年代前期，欧洲各国经济处于高速发展的繁荣阶段，需要大批劳动力，各国政府对外来的移民也不加限制，这就使得向西欧的移民运动达到高潮。据估计，1974年西欧的外籍工人达到800万人的创纪录水平，加上100万没有统计的“非法”外籍工人，移民总数可达900万人。到了70年代中期，西欧已成为国际上劳动力流动的主要场所之一，逐渐形成了一个世界性的劳动力市场，它所吸收的劳动力占世界劳务输出总数的1/4。

自1973年的石油危机开始，工业化国家受到石油价格大幅度上涨的冲击，工业增长率下降，失业率上升，一些西欧国家开始限制外籍劳动力的流入。由于石油暴涨，使盛产石油的一些海湾国家成为吸引外籍劳动力的主要地区之一。到20世纪80年代初，中东地区有600多万名外籍工人，成为引人注目的国际劳动力市场。战后，随着世界经济的发展，商品、资本、劳动力和技术交流不断扩大，尤其是人员的交流，比以往任何时候都频繁，规模空前。那些劳动力资源丰富的国家纷纷派出劳务人员，参与国际分工，力争变资源优势为国际市场上的竞争优势，赚取外汇，为本国的经济和社会发展服务；那些劳动力资源短缺的国家则通过输入劳务来解决劳动力不足的问题。

从上面的分析可以看出，劳动力国际流动有两种形式：即移民和劳务输出。这二者是存在一定区别的。从移民的角度看，造成这种形式的劳动力国际流动的原因，既有经济原因，又有非经济原因。就经济原因而言，在所有影响国际劳动力流出的因素中，收入的国际差异是决定劳动力国际流向和规模的主要驱动力。一般来说，国际劳动力流动趋向于由收入低的国家向收入高的国家流动，收入差距越大，从低收入向高收入国家流动的劳动力数量也就越大。以墨西哥劳动力的跨国流向和规模为例，墨西哥和美国两国的人均收入按购买力平价计算相差超过3倍，存在着较大的收入差距，以各种方式进入美国就业和生活的墨西哥劳动力超过700万人，截止到20世纪80年代初期，墨西哥一直是每年向美国移民最多的国家。

从战后世界经济发展的角度看，国际分工的深化和产业结构的调整，必然导致劳动力的国际流动。国际分工的深化使各国之间的专业化协作不断加强，原来在一国可以完成的生产过程转变为在两个国家甚至更多国家的范围里进行。这不仅会引起原材料、资金和设备的国际转移，而且要求劳动力的跨国界流动。由对外投资带动的技术劳务和经营管理人员的劳务出口，即所谓“企业移民”，就是劳动力跨国流动的一种形式。随着生产国际化的发展和国际直接投资多方位、交叉流向的进行，不仅发达国家之间的、发达国家向发展中国家的投资以及由此带动的劳务输出也在增加，而且发展中国家之间以及发展中国家向发达国家的投资和劳务输出也在增长。①

① 张二震. 略论国际劳动力流动及其原因 [J]. 世界经济文汇，1991 (6).

各国产业结构的调整也会引致劳动力的国际流动。一般来说，发达的或比较发达的工业国在高技术领域占据着优势。由于新兴工业部门的不断产生，它们的产业结构也逐渐向高技术层次调整。而发展中国家则因劳动力费用低廉而享有优势。这就使得劳务的国际流动具有必要性和可能性。境内劳务输出，即在本国境内为国外雇主提供劳务、收取劳务费的经济活动，就是国际产业结构调整的直接产物。20 世纪 60 年代以后，由于美国、日本等发达国家的产业结构向电子计算机和航天技术等高技术产业转移，就把汽车和家用电器的组装业转向了东南亚地区的新加坡、韩国等国家和中国台湾、香港地区，使这些东南亚国家和地区利用本地丰富而廉价的劳动力资源，赚取了巨额外汇劳务费，在那里形成了大规模的境内劳务输出。[①]

与商品和资本等生产要素的国际流动相比，劳动力的国际流动对世界经济整体的发展无疑具有重要的作用，它可以在世界范围内调节各国劳动力的余缺，促进科学技术和劳动技能的国际传播和交流，加快世界各国的资源开发和经济建设，提高世界生产力水平。首先，因为劳动力作为最主要的生产要素在国际的流动可以使生产力的主要要素在国际进行更合理的配置，达到比较优化的结合，形成更大的生产力。在战后世界经济的发展中，一些发达资本主义国家由于经济发展而形成对劳动力的大盘需求，流入这些国家的劳动力规模不断扩大。[②]

劳动力的国际流动还促进科学知识、劳动技能等方面的交流，对世界的经济发展有重要作用，不可忽视。从劳动力国际流动的流向来看，虽然是错综复杂的，但主要还是由经济比较落后的国家或地区向经济发达或经济迅速发展的国家或地区流动。这是因为科学技术在世界各国的发展是不平衡的，这种不平衡又直接影响到各国的资本积累和劳动力供求状况。在一些发达国家，由于农业已经机械化了，能够从农业中游离出来的劳动力已经很少，不能满足由于资本积累加快而对劳动力产生的大量需求，而在另外一些经济技术发展落后的国家，由于在科技革命推动下农业机械化程度提高，从农业中游离出来的劳动力除补充本国工业部门外，还会出现剩余劳动力。这就促进了劳动力的国际流动。这样，随着劳动力的国际流动，科学技术知识和劳动技能等也会迅速地由科技发达国家向不发达和欠发达国家和地区传播。在世界各国经济发展所依赖的各个生产力要素中，科学技术是具有关键作用的因素，随着现代科学技术这一生产要素的国际流动的不断发展，它推动了各国不断改善和优化产业结构和经济结构，使各国的企业以加强技术优势来提高自身的国际竞争力。而劳动力的国际流动对资本国际流动的格局、对国际商品流通的格局、对劳动力市场的格局都产生了积极影响。

---

① 张二震. 略论国际劳动力流动及其原因 [J]. 世界经济文汇，1991 (6).

② 李永臣，孙洪珍. 劳动力的国际流动及对世界经济的影响 [J]. 人才开发，2002 (2).

第 3 章　世界人口的动态与城市化

3.1　经济波动过程中的人口增长

20 世纪初期经历了两次经济危机后，世界经济有所回升，但第一次世界大战爆发以后，世界经济开始下滑，到 20 年代，随着美国经济的迅速发展，英国移民的大量外流和其世界经济霸主地位下降，使主要发达资本主义国家的经济发展发生了巨大变化，特别是经历了 30 年代世界经济危机和第二次世界大战后，主要发达国家的人口增长有所放缓，经济从总体上看处于周期性波动之中，从而导致了世界经济发展的不平衡。

在世界经济出现周期性波动的过程中，人口增长也出现了波动。从表 3—1 可以看出 20 世纪 10 年代以后，欧洲人口出现负增长，这主要是由于第一次世界大战引起的人口大量死亡及移民的影响。北美洲、拉丁美洲和大洋洲增长很快，其主要原因是自然增长较快，另一部分原因是大规模的欧洲移民迁入刺激了人口增长。

表 3—1　　20 世纪上半叶世界及各大洲人口的增长

地区	人口数/百万人						人口年均增长率/%				
	1900 年	1910 年	1920 年	1930 年	1940 年	1950 年	1900—1910 年	1910—1920 年	1920—1930 年	1930—1940 年	1940—1950 年
欧洲	425	498	487	534	575	572	1.5	−0.4	0.8	0.7	0.3
亚洲	950	940	966	1 120	1 244	1 368	−0.2	0.3	1.5	1.1	0.9
非洲	130	130	141	164	191	219	0.0	0.8	1.5	1.5	1.4
北美洲	81	101	117	135	146	166	2.1	1.5	1.4	0.8	1.3
拉丁美洲	64	79	91	107	128	164	2.1	1.4	1.6	1.8	2.5
大洋洲	6	7	10	11	13	152	1.5	2.5	1.0	1.0	1.4
全世界	1 656	1 755	1 812	2 071	2 296	505	0.6	0.3	1.4	1.1	0.9

资料来源：[苏] 布鲁克. 世界人口——民族与人口手册 [M]. 乌鲁木齐：新疆人民出版社，1985.

欧洲各国在 19 世纪最后 20 年，人口增长达到高峰，进入 20 世纪后，则逐渐减缓，这可能和 20 世纪初期的两次经济危机及第一次世界大战有关。在 20 世纪前 20 年里，当欧洲各国出生率下降速度快于死亡率下降时，拉丁美洲和北美洲的许多国家开始了人口快速增长。与此相反，这一时期亚洲是人口增长最慢的地区，在最初的 10 年甚至出现负增长。这主要是因为尽管出生率很高，但死亡率也很高，因而自然增长率很低。非洲也是人口增长较为缓慢的地区。进入 20 世纪 20 年代以后，除了欧洲外，世界各大洲的人口增长速度都很快，亚洲、非洲和拉丁美洲的年均人口增长率均为 1.5%以上，尤其是亚洲和非洲的人口增长明显加速。30 年代爆发了人类有史以来最大的世界性的经济危机，随后爆发了第二次世界大战，导致在战争中死亡了大量人口。在这种情况下，世界人口增长有所减缓，年平均人口增长率将降至1.1%。除了拉丁美洲的人口仍然在增长外，其余各洲的人口增长均在下降，亚洲的人口增长速度下降了近1/3，而法国人口在1935年就已经进入负增长。

到了20世纪40年代，世界人口的年均人口增长率已降至0.9%的低水平。其中，欧洲人口甚至下降到0.3%的低水平，直至1947年，欧洲人口才恢复到战前的水平。苏联人口状况和欧洲相似，由于战争造成近2 700万人口的死亡，使年均人口增长率达到−0.8%，苏联人口直到1955年才恢复到第二次世界大战前的水平。与此相反，拉丁美洲人口迅速增长，年均人口增长率达到2.5%，但这种增长除了自然增长的因素外，还和战后初期从西欧涌进大量的国际移民是有密切关系的。大洋洲的人口增长率也有所上升，亚洲和非洲则有所减退。

总的来看，这一时期的人口增长速度的波动是和数次经济危机和两次世界大战密切相关的。在经济波动的过程中，20世纪初期世界人口开始下降，一直持续到1920年，随后开始上升，达到最高水平，1930年以后，伴随着世界性的经济危机，人口增长速度有所减缓，但仍保持在1.1%以上的高水平。这一时期的人口增长速度是人类历史上以往难以比拟的，尤其是1920—1940年，世界人口的年平均增长速度达到1.0%以上的历史最高水平。

3.2　第二次世界大战后的人口增长

第二次世界大战以后，世界人口增长开始加快，由1950年的25.2亿人，增至1970年的37.0亿人，而人口的增长率也呈现递增的趋势，如表3—2所示。这一时期，拉丁美洲、非洲和亚洲的许多发展中国家出现了人口快速增长，人口增长率始终保持在2.0%以上的高水平，而欧洲是人口增长较为缓慢的地区，这主要是因为出生率偏低，但死亡率也低，因而导致自然增长率很低。

表3—2　　战后世界人口规模及人口增长率

人口数/百万人				人口年均增长率/%			
年份	世界	发达地区	发展中地区	期间	世界	发达地区	发展中地区
1950	2 524	812	1 711	1950—1955年	1.78	1.21	2.05
1955	2 759	863	1 895	1955—1960年	1.85	1.18	2.15
1960	3 027	916	2 111	1960—1965年	1.99	1.10	2.36
1965	3 343	968	2 375	1965—1970年	2.04	0.81	2.52
1970	3 701	1 008	2 694	1970—1975年	1.95	0.79	2.37
1975	4 081	1 048	3 033	1975—1980年	1.72	0.65	2.08
1980	4 447	1 083	3 365				

资料来源：United Nation，*World Population Prospects*：*The* 1996 *Revision*. New York. Annex Ⅰ：Demographic Indicators，1996.

1970年以后，世界人口的增长速度有所减弱，尽管如此，到1980年增至44.5亿人。从各大洲的人口增长速度来看，如表3—3所示，非洲是人口增长最快的地区，人口增长率呈现不断上升的趋势，由1965—1970年的2.6%增至1975—1980年的3.0%，显示了人类历史上最高的增长速度。拉丁美洲和亚洲也是人口快速增长的地区，而欧洲的人口增长在20世纪70年代则呈现明显的下滑趋势，特别是70年代后期进一步降至0.4%的低速增长。

表3—3　第二次世界大战后世界各大洲人口年平均增长速度　(%)

地区	1950—1955年	1955—1960年	1960—1965年	1965—1970年	1970—1975年	1975—1980年
非洲	2.11	2.32	2.44	2.61	2.74	3.00
拉丁美洲	2.72	2.75	2.80	2.58	2.51	2.37
北美洲	1.80	1.78	1.49	1.14	1.05	1.07
亚洲	2.00	1.97	2.14	2.46	2.35	1.89
欧洲	0.79	0.83	0.91	0.64	0.64	0.40
大洋洲	2.25	2.18	2.03	1.97	1.97	1.66

资料来源：United Nation，*World Population Prospects*：*The* 1996 *Revision*. New York. Annex Ⅰ：Demographic Indicators，1996.

总的来看，第二次世界大战后到20世纪70年代末期，世界人口的增长速度是相当迅速的，达到人类历史上前所未有的最高纪录，尤其是1960—1975年，世界人口的年平均增长速度达到2.0%左右的高水平。从各大洲的人口增长来看，非洲、拉丁美洲和亚洲的年平均增长速度明显高于其他各洲。这一时期世界人口的快速增长是和战后世界经济复兴和经济较为迅速的发展密切相关的。此外，第二次世界大战后，世界许多国家的人口死亡率大幅度下降，而出生率则保持较高的水平，以此为契机，世界迎来了“人口爆炸”的时代。

3.3　生育率

世界发达国家的生育率自20世纪初期以后呈现逐渐下降的趋势，表3—4显示了20世纪初期以来欧洲各国的出生率，20世纪40年代以前的出生率减退主要在欧洲，在欧洲国家中，匈牙利、奥地利和罗马尼亚下降速度最快，分别达到了17.1‰、16.8‰和16.7‰，其次是德国、保加利亚、荷兰、芬兰、英国和意大利等国家，而法国的出生率尽管减退速度较为缓慢，但在20世纪40年代下落到17.7‰，成为世界上死亡率最低的国家之一。

表3—4　欧洲国家的出生率　(‰)

国家	1901—1910年	1911—1920年	1921—1930年	1931—1940年	1941—1950年	1951—1960年	1961—1970年	1971—1980年
奥地利	34.7	19.1	19.8	16.9	17.9	15.9	17.6	12.4
比利时	26.1	17.8	19.6	16.2	15.6	16.9	15.9	12.7

续表

国家	1901—1910 年	1911—1920 年	1921—1930 年	1931—1940 年	1941—1950 年	1951—1960 年	1961—1970 年	1971—1980 年
保加利亚	36.9	32.7	31.1	26.8	23.4	18.4	16.2	15.9
丹麦	28.6	24.9	20.8	17.9	21.0	17.2	16.6	13.4
芬兰	32.4	25.3	22.1	19.3	25.1	20.8	16.8	13.3
法国	20.6	15.3	18.8	15.8	17.7	18.6	17.5	15.0
联邦德国	33.0	22.1	20.3	18.0	17.0	16.2	16.9	10.2
匈牙利	36.7	24.4	27.7	21.3	19.6	18.8	14.0	15.9
意大利	32.7	27.1	28.2	23.6	20.9	17.9	18.1	14.2
荷兰	30.6	27.0	24.4	22.2	23.9	21.5	19.7	13.8
挪威	27.5	24.7	20.0	15.1	19.3	18.3	17.5	14.2
葡萄牙	31.4	32.0	32.1	28.4	25.1	24.1	22.4	18.4
罗马尼亚	39.9	42.0	36.6	31.6	23.2	23.2	19.2	19.1
西班牙	25.1	29.8	29.4	24.5	22.2	20.8	20.6	16.3
瑞典	23.2	22.2	17.5	14.3	18.4	14.7	14.8	12.6
瑞士	26.9	21.0	17.0	16.0	18.7	17.4	18.1	12.6
英国	27.2	25.0	18.3	15.9	17.0	15.8	17.8	13.1

注：英国的出生率包括英格兰和威尔士的数据，不包括苏格兰的数字。

资料来源：[英] B.R. 米切尔编. 帕尔格雷夫世界历史统计·欧洲卷（1790—1993）[M]. 北京：经济科学出版社，2002.

美国在 20 世纪初期以后，随着工业化的加速，生育率也出现了逐渐下降的趋势（见图 3—1），到 1920 年，全国白人出生率已降至 26.9‰，总和生育率也减少到 3.17‰。

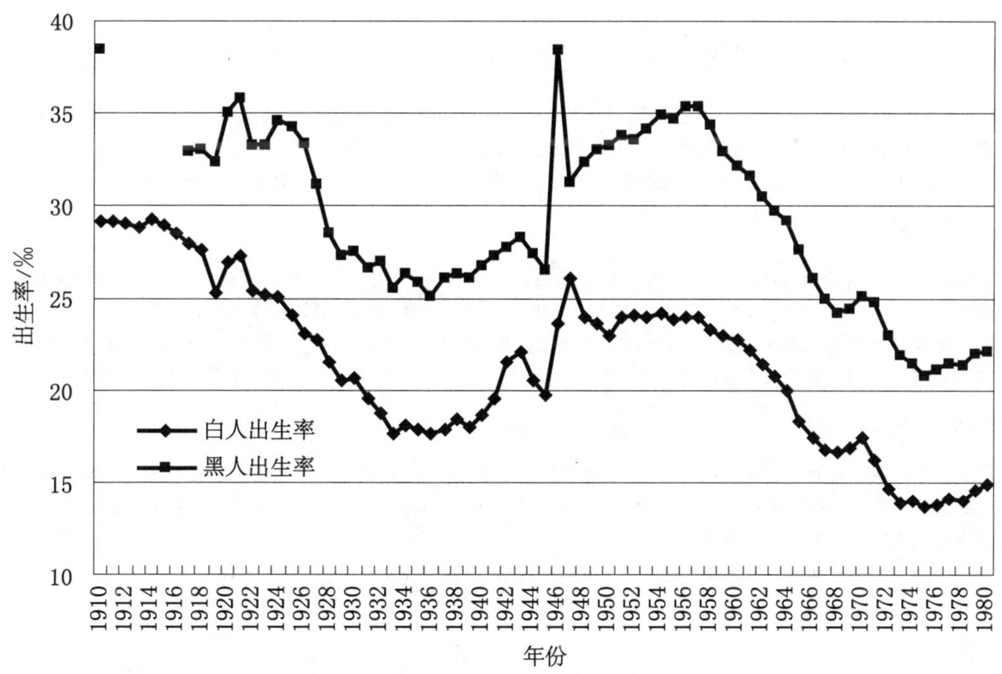

图 3—1　美国的人口出生率（1910—1980 年）

资料来源：[英] B.R. 米切尔编. 帕尔格雷夫世界历史统计·美洲卷（1790—1993）[M]. 北京：经济科学出版社，2002.

20 世纪 20 年代末到 30 年代是美国经济的大萧条时期，移民锐减，结婚率猛增，白人出生率迅速下落，1933 年时仅为 18.4‰，其他年份也大都在 20.0‰以下，降低到前所未有的低谷。出生率在 19 世纪的长期下降模式与其在 20 世纪前 30 年发生的波动形成强烈对比。

美国出生率在 20 世纪初期以后持续下降主要起因于婚内生育率的变化，对于 1900 年、1910 年和 1940 年联邦人口普查中胎次数据的研究表明那时的婚内生育率在迅速下降，这种下降趋势在城市白人妇女中尤其明显。例如在 1910 年，估计有 70% 以上的 15～34 岁城市土生白人年轻妇女在有效地进行婚内生育率的控制，而农村土生年轻白人妇女的这个比例则超过了 50%。此外，各种各样的避孕药具、避孕措施和限制家庭规模的避孕方法都得到了广泛运用，这是 20 世纪这种行为迅速流行的一个前兆。①

日本在大正期间（1911—1925 年）出生率始终保持在 30‰左右的水平，但进入昭和（1926 年）初期以后，日本的出生率大体上呈现下降的趋势，到了 1940 年（昭和 15 年）下降到 29.4‰，1950 年（昭和 25 年）又减退到 28.1‰。总和生育率②、粗再生产率③和净再生产率④也不断下降，见表 3—5。

---

① ［美］斯坦利·L. 恩格尔曼，罗伯特·高尔曼主编. 剑桥美国经济史：漫长的 19 世纪（第二卷）［M］. 北京：中国人民大学出版社，2008.

② 总和生育率（total fertility rate）是一个年龄性别调整的生育率指标，总和生育率为一定时期所有育龄妇女年龄别生育率的合计数，当时期长度为一年，年龄分组组距为 1 岁的情况下，总和生育率等于年龄别生育率之和；当统计时期长度为一年，年龄分组以 5 岁为组距时，总和生育率等于年龄别生育率之和与组距的乘积，其表达公式为：

$$TFR = \sum_{15}^{49} f(x)$$

式中，TFR 表示总和生育率；$f(x)$ 为 x 岁育龄妇女的分年龄生育率；(x) 为 x 岁育龄妇女生育婴儿的比例；x 为确切年龄。总和生育率能完全反映人口的生育水平，而且不受年龄结构和育龄妇女年龄结构的影响。

③ 粗再生产率（gross reproduction rate）是假定一批同时出生的妇女在不受死亡影响，并按照分年龄生育率渡过其生育期时，平均每名妇女生育的女孩数。用于综合地反映女儿一代对母亲一代的更替水平，其计算公式为：

$$GRR = \sum_{15}^{49} f_F(x)$$

式中，GRR 表示粗再生产率，$f(x)$ 为 x 岁育龄妇女的分年龄生育率；$F(x)$ 为 x 岁育龄妇女生育婴儿中女婴儿的比例；x 为确切年龄。粗再生产率与总和生育率一样也是一种年龄标准化生育率，两者不同的只是后者综合反映的是各年龄育龄妇女生育女婴的生育水平。

④ 净再生产率（net reproduction rate）则表示母亲所生的女婴数中，能真正活到生育期替代母亲生育的女婴数，其计算公式为：

$$NRR = \sum_{15}^{49} f_F(x) \cdot L(x)$$

式中，NRR 表示净再生产率，$f(x)$ 为 x 岁育龄妇女的分年龄生育率；F（x）为 x 岁育龄妇女生育婴儿中女婴儿的比例；$L(x)$ 为女性生命表中女性出生后活到 x 岁的存活率，x 为确切年龄。净再生产率是对粗再生产率准确性的改进。在考察女性两代人的更替水平时，考虑的是女儿一代能活到母亲生育她们的年龄时的剩余人数，而粗再生产率则假定在这一过程中她们的死亡率为零。

表 3—5　　日本生育率与人口再生产率的变化

年份	总和生育率	粗再生产率	净再生产率	再生产残存率	静止粗再生产率
1925	5.11	2.51	1.56	0.62	3.28
1930	4.71	2.30	1.52	0.66	3.10
1940	4.11	2.01	1.44	0.72	2.85
1950	3.65	1.77	1.51	0.85	2.41
1955	2.36	1.15	1.06	0.92	2.24
1960	2.00	0.98	0.92	0.95	2.18
1965	2.14	1.04	1.01	0.97	2.12
1970	2.14	1.03	1.00	0.98	2.12
1975	1.91	0.93	0.91	0.98	2.10
1980	1.75	0.85	0.84	0.99	2.08

注：再生产率残存率为净再生产率和粗再生产率之比；静止粗再生产率为总和生育率和净再生产率之比，它们的计算公式分别为：

$$RSR=\frac{\sum_{15}^{49}f_F(x)L(x)}{\sum_{15}^{49}f_F(x)}\text{；}SGFR=\frac{\sum_{15}^{49}f(x)}{\sum_{15}^{49}f_F(x)L(x)}$$

资料来源：［日］人口問題協議会编. 日本人口の動向——静止人口をめざして［M］. 東京：大蔵省印刷局，1974；［日］南亮三郎、上田正夫. 日本の人口変動と経済発展［M］. 東京：千倉書房，1975；［日］岡崎陽一. 現代日本人口論［M］. 東京：古今書院，1987.

表 3—6 显示了一些发展中国家的出生率，这些国家的有关数据是非常有限的。这一时期，大多数发展中国家的出生率呈现上升的趋势，尤其是新加坡和墨西哥增长势头迅猛，分别从 1901—1910 年的 26.3‰和 29.4‰增长到 1941—1950 年的 45.9‰和 44.9‰，其次是毛里求斯、哥斯达黎加和波多黎各也显示了较高的生育率水平，而塞浦路斯和巴巴多斯的出生率则略有减退。总的来看，亚洲、非洲和拉丁美洲的出生率在 20 世纪前期明显高于欧洲各国和美国的水平。

表 3—6　　发展中国家出生率　　（‰）

地区	国家	1901—1910 年	1911—1920 年	1921—1930 年	1931—1940 年	1941—1950 年	1951—1960 年	1961—1970 年	1971—1980 年
非洲	埃及	—	39.7	43.5	42.8	41.2	42.1	40.2	36.5
	毛里求斯	35.8	36.7	37.3	32.1	40.0	42.6	34.1	25.7
亚洲	菲律宾	31.1	34.1	34.6	36.4	30.7	29.7	23.3	28.3
	印度	—	33.8	33.5	30.8	28.4	—	—	31.3
	斯里兰卡	37.1	38.0	39.8	36.4	38.4	37.3	29.8	28.3
	塞浦路斯	30.4	29.9	27.6	30.9	29.9	26.2	22.7	18.4
	新加坡	26.3	28.6	33.5	43.6	45.9	43.6	29.6	19.2
拉丁美洲	哥斯达黎加	39.2	41.4	42.8	45.1	45.1	47.6	37.0	30.0
	墨西哥	29.4	—	33.3	43.5	44.9	44.9	43.7	31.1
	巴巴多斯	—	33.4	33.4	32.2	32.0	32.4	25.0	19.1
	波多黎各	—	36.9	37.0	39.7	40.3	34.5	28.7	24.2

注：埃及 1911—1920 年的出生率为 1917—1920 年的平均数，菲律宾 1901—1910 年的出生率为 1903—1910 年的平均数；印度 1941—1950 年的出生率为 1941—1946 年的平均数，新加坡 1941—1950 年的出生率为 1941 年和 1947—1950 年的平均数。

资料来源：［英］B. R. 米切尔编. 帕尔格雷夫世界历史统计·亚洲、非洲和大洋洲卷（1790—1993）［M］. 北京：经济科学出版社，2002；［英］B. R. 米切尔编. 帕尔格雷夫世界历史统计·美洲卷（1790—1993）［M］. 北京：经济科学出版社，2002.

表 3—7 采用了联合国提供的世界主要地区的总和生育率。从 20 世纪 50 年代初期到 70 年代末期，世界人口的总和生育率呈现明显的减退趋势，世界总和生育率由 50 年代上半叶的 5.00 下降到 70 年代下半叶的 3.92。这一时期，发达国家总和生育率继续呈现下降的趋势，到 70 年代下半叶已经减退到人口转换以下水平。发展中国家的总和生育率也在下降，但明显高于发达国家的平均水平。

表 3—7　世界和各大洲的总和生育率　(‰)

地区	1950—1955 年	1955—1960 年	1960—1965 年	1965—1970 年	1970—1975 年	1975—1980 年
世界	5.00	4.93	4.95	4.90	4.48	3.92
发展中国家	6.17	5.99	6.01	6.00	5.42	4.65
发达国家	2.77	2.77	2.67	2.36	2.11	1.91
非洲	6.64	6.70	6.76	6.69	6.57	6.49
亚洲	5.90	5.63	5.62	5.69	5.09	4.21
欧洲	2.56	2.59	2.56	2.35	2.14	1.97
拉丁美洲	5.88	5.93	5.97	5.56	5.01	4.46
北美洲	3.47	3.72	3.34	2.54	2.01	1.78
大洋洲	3.84	4.07	3.95	3.55	3.21	2.79

资料来源：United Nation. *World Population Prospects*：*The* 1996 *Revision*. New York. Annex Ⅰ：Demographic Indicators，1996.

总的来看，首先是非洲的总和生育率最高，总和生育率在 20 世纪 70 年代后期超过 6.0，包括尼日尔、毛里塔尼亚、卢旺达和肯尼亚等国。其次是拉丁美洲和亚洲的大部分国家，总和生育率超过 4.0。而人口生育率最低的国家都出现在欧洲，主要有德国、丹麦、意大利、瑞士和瑞典等。以上事实说明，高生育率集中在低纬度地带，尤其是热带和副热带；而低生育率则集中在中纬度与高纬度地带。如果把人口出生率与人口密度的分布相对照，则可以看到，人口密度比较高的西欧、日本，其人口出生率反而比较低；而人口比较稀少的非洲、西亚与拉丁美洲的出生率相当高。

3.4　死亡率

20 世纪初期到 40 年代末期是死亡率不断下降的时期，表 3—8 的欧洲国家死亡率也证实了这一点，但 1950 年以前的死亡率下降主要发生在欧洲、美国和日本，在欧洲国家中，比利时和匈牙利下降速度最快，均超过了 10‰，其次是保加利亚、奥地利、德国、意大利等国家，而荷兰的死亡率尽管减退速度较为缓慢，但在 30 年代和 40 年代下降到 10‰以下，成为世界上死亡率最低的国家之一，而丹麦紧随其后，在 40 年代也进入世界上死亡率最低的国家之列。

美国的死亡率也呈现了迅速下降的趋势，白人的死亡率从 1900 年的 17.0‰下降到 1930 年的 10.8‰（见表 3—9），同期黑人死亡率尽管偏高，但仍呈现出快速减退的

表3—8　欧洲国家的死亡率　(‰)

国家	1901—1910年	1911—1920年	1921—1930年	1931—1940年	1941—1950年	1951—1960年	1961—1970年	1971—1980年
奥地利	23.3	9.7	15.1	13.6	14.9	12.4	12.8	12.5
比利时	26.1	15.1	13.6	13.1	14.3	12.2	12.2	13.9
保加利亚	22.7	22.7	19.3	14.7	13.6	9.3	8.5	10.1
丹麦	13.0	13.0	11.2	10.8	9.8	9.1	9.8	10.3
芬兰	18.7	17.8	14.0	12.9	14.6	9.4	9.5	9.4
法国	19.4	21.8	17.5	14.5	15.9	12.2	11.0	10.4
联邦德国	18.7	18.4	12.5	11.6	11.7	11.2	11.7	11.8
匈牙利	25.5	23.3	18.5	14.1	14.4	10.7	10.6	12.4
意大利	21.6	21.5	16.6	14.0	13.2	9.6	9.7	9.7
荷兰	15.2	13.3	10.1	8.8	9.9	7.6	8.0	8.2
挪威	14.2	13.8	11.3	10.3	10.0	8.7	9.7	10.0
葡萄牙	20.0	23.5	19.6	16.8	14.8	11.5	10.6	10.2
罗马尼亚	23.0	24.5	22.1	20.1	19.1	10.5	8.9	9.6
西班牙	22.7	23.4	19.1	17.1	13.6	9.5	8.5	8.3
瑞典	14.9	14.3	12.0	11.7	10.6	9.7	10.1	10.7
瑞士	16.8	14.8	12.3	11.7	11.3	10.0	9.5	9.0
英国	15.4	14.4	12.1	12.3	12.3	11.6	11.8	11.8

注：英国的死亡率包括英格兰和威尔士的数据，不包括苏格兰的数字。

资料来源：[英] B. R. 米切尔编. 帕尔格雷夫世界历史统计·欧洲卷（1790—1993）[M]. 北京：经济科学出版社，2002.

趋势。其主要原因是由于美国公共卫生事业的大幅度改善，以及20世纪30年代抗生素的发现和传播。随后，死亡率继续下降，到50年代初，白人死亡率已减退到死亡率转换的10‰以下，进入世界上死亡率最低的国家之列。这在很大程度上归因于肺结核、霍乱、白喉、天花以及猩红热等传染病基本上被根除，传染病发生率降至极低的水平，死亡率的下降几乎停止。伴随着预期寿命的提高，健康也得到了实质性的改善。

表3—9　美国的死亡率（1900—1980年）

年份	死亡率/‰		预期寿命/岁		婴儿死亡率/‰	
	白人	黑人	白人	黑人	白人	黑人
1900	17.0	25.0	51.8	41.8	110.8	170.3
1910	14.5	21.7	54.6	46.8	96.5	142.6
1920	12.6	17.7	57.4	47.0	82.1	131.7
1930	10.8	16.3	60.9	48.5	60.1	99.9
1940	10.4	13.8	64.9	53.9	43.2	73.8
1950	9.5	11.2	69.0	60.7	26.8	44.5
1960	9.5	10.1	70.7	63.9	22.9	43.2
1970	9.5	9.4	71.6	64.1	17.8	30.9
1980	8.9	8.8	74.5	68.5	10.9	22.2

资料来源：[美] 斯坦利·L. 恩格尔曼，罗伯特·高尔曼主编. 剑桥美国经济史：漫长的十九世纪（第二卷）[M]. 北京：中国人民大学出版社，2008；[美] 马丁·费尔德斯坦编. 转变中的美国经济 [M]. 北京：商务印书馆，1990；[英] B. R. 米切尔编. 帕尔格雷夫世界历史统计·美洲卷（1790—1993）[M]. 北京：经济科学出版社，2002.

日本在进入昭和（1926 年）时期以后，由于生活条件的改善和医学的进步，日本的死亡率下降的趋向日趋明显，由 1925 年的 20.3‰降至 1941 年的 16.1‰（见图 3—2），第二次世界大战时期，由于死亡人口剧增，导致死亡率大幅度下降。战后随着经济的逐渐恢复，日本的死亡率得到改善，1947 年为 14.6‰，1951 年又减少到 9.9‰，首次降至 10.0‰以下的水平。

表 3—10 是由 B. R. 米切尔（B. R. Mitchell）提供的一些非洲、亚洲和拉丁美洲国家的死亡率，对于占世界人口总数 2/3 以上的发展中国家来说，这些国家的有关数据是非常有限的。对于非洲国家来说，20 世纪前半叶的死亡率一直很高，拉丁美洲各国与非洲相比，死亡率下降的速度明显加快。这一时期，亚洲的印度和斯里兰卡的死亡率下降较快，但明显高于欧洲各国，而塞浦路斯则始终保持较低的死亡率，大致达到同时期英国的死亡率水平。

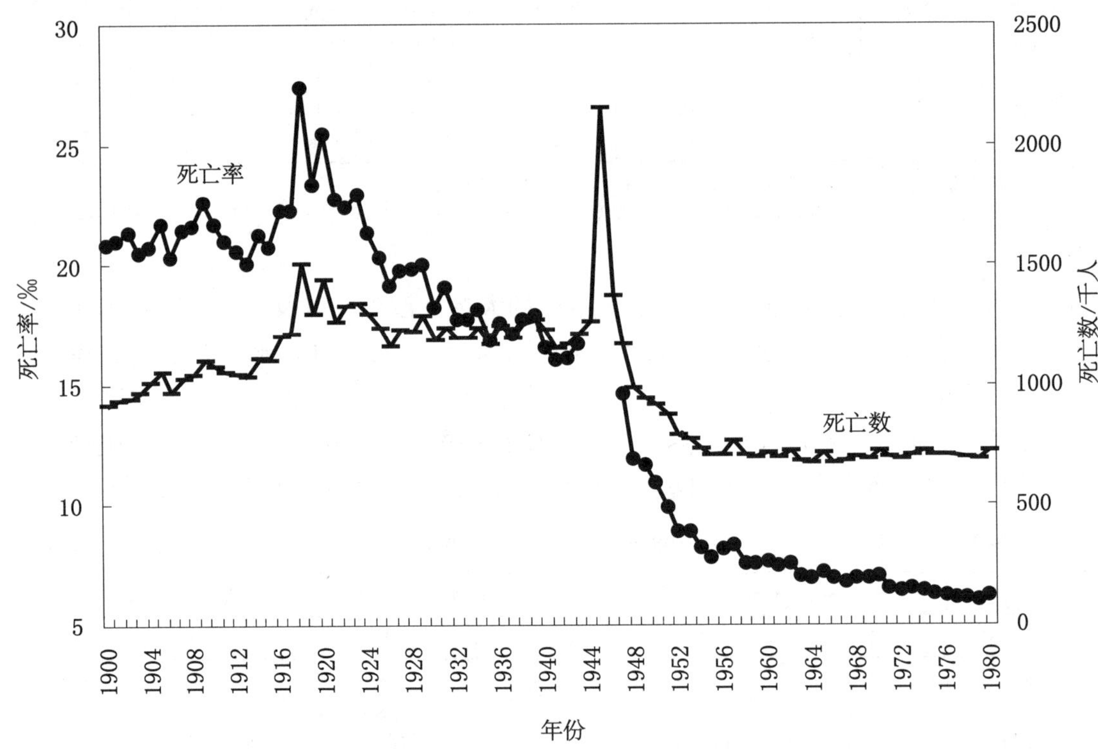

图 3—2　日本的人口死亡率（1900—1980 年）

资料来源：［英］B. R. 米切尔编. 帕尔格雷夫世界历史统计·亚洲、非洲和大洋洲（1790—1993）［M］. 北京：经济科学出版社，2002；百度文库. 日本人口统计数据 1872—2009. 2011－9.

世界人口死亡率的重要指标平均预期寿命在战后有了较大提高，由 20 世纪 50 年代上半叶的 46.4 岁提高到 70 年代下半叶的 59.7 岁，见表 3—11。到 80 年代初期，世界男性人口平均预期寿命为 57.5 岁，女性为 60.3 岁。发达国家人口平均寿命比发

表 3—10　　发展中国家死亡率　　(‰)

地区	国家	1901—1910 年	1911—1920 年	1921—1930 年	1931—1940 年	1941—1950 年	1951—1960 年	1961—1970 年	1971—1980 年
非洲	埃及	—	31.6	25.8	23.2	26.1	27.1	19.5	12.0
	毛里求斯	37.6	33.8	30.1	28.4	24.6	13.2	8.8	7.6
亚洲	菲律宾	23.0	23.3	26.5	23.0	17.1	9.6	7.0	6.8
	印度	43.0	31.3	25.4	22.9	21.0	—	—	—
	斯里兰卡	28.8	30.6	26.5	23.0	17.1	10.4	8.2	7.5
	塞浦路斯	16.5	19.0	17.7	14.4	10.3	6.7	10.2	9.1
拉丁美洲	哥斯达黎加	25.0	24.7	22.4	20.5	15.6	10.0	7.9	4.8
	墨西哥	32.7	—	25.5	24.1	19.4	13.4	9.8	7.4
	巴巴多斯	—	28.5	28.9	21.7	16.9	11.6	8.6	8.7
	波多黎各	—	23.8	21.9	19.9	13.4	7.7	6.7	6.4

资料来源：［英］B. R. 米切尔编. 帕尔格雷夫世界历史统计·亚洲、非洲和大洋洲卷（1790—1993）［M］. 北京：经济科学出版社，2002；［英］B. R. 米切尔编. 帕尔格雷夫世界历史统计·美洲卷（1790—1993）［M］. 北京：经济科学出版社，2002.

展中国家高。从 50 年代上半叶的 66.0 岁提高到 70 年代下半叶的 71.9 岁，而同期发展中国家则由 40.7 岁增至 56.6 岁。

表 3—11　　世界和各大洲的男女合计平均寿命　　(岁)

地区	1950—1955 年	1955—1960 年	1960—1965 年	1965—1970 年	1970—1975 年	1975—1980 年
世界	46.4	49.6	52.4	56.0	57.9	59.7
发达国家	66.0	68.4	69.8	70.5	71.1	71.9
发展中国家	40.7	44.1	47.4	52.0	54.5	56.6
非洲	37.7	39.8	41.9	44.9	46.1	48.0
亚洲	41.0	44.6	48.1	53.5	56.1	58.3
欧洲	65.7	68.3	69.9	70.7	71.5	72.6
拉丁美洲	51.4	54.4	56.9	58.9	61.1	63.2
北美洲	69.0	69.8	70.1	70.5	71.5	73.4
大洋洲	61.1	63.1	64.8	65.5	66.8	68.3

资料来源：United Nation，*World Population Prospects*：*The* 1992 *Revision*. New York. Annex Tables，1992.

表 3—12 采用了联合国提供的世界主要地区的死亡率。从 20 世纪 50 年代初期到 70 年代末期，世界人口的死亡率是趋于下降的，世界人口死亡率由 50 年代上半叶的 19.7‰下降到 70 年代下半叶的 11.1‰。这一时期，发达国家的死亡率已经进入低水平的状态，基本上处于停滞的趋势。发展中国家的死亡率则持续下降，到 70 年代下半叶已经接近了死亡率低水平，而拉丁美洲发展中国家已低于发达国家的平均水平。据 1975—1980 年统计，发达国家除了日本、冰岛的死亡率降到 6‰以及加拿大和澳大利亚降到 7‰左右外，其余均在 8‰以上。发展中国家死亡率降到 7‰以下的有 21 个国家，其中拉丁美洲 14 个、亚洲 4 个、大洋洲 2 个、非洲 1 个。科威特、新加坡 1982 年死亡率减少到 5‰，文莱降低到 4‰，均属于当时世界上的最低水平。

表 3—12　　世界和各大洲的死亡率

地区	1950—1955 年	1955—1960 年	1960—1965 年	1965—1970 年	1970—1975 年	1975—1980 年
世界	19.7	17.2	15.5	13.3	12.2	11.1
发达国家	10.1	9.3	9.0	9.2	9.3	9.4
发展中国家	24.4	20.9	18.3	15.1	13.3	11.7
非洲	26.9	24.7	22.9	21.0	19.3	17.6
亚洲	24.1	20.4	17.7	14.2	12.4	10.8
欧洲	11.0	10.4	10.2	10.3	10.4	10.4
拉丁美洲	15.5	13.6	12.2	10.9	9.7	8.6
北美洲	9.4	9.3	9.2	9.3	9.0	8.5
大洋洲	12.3	11.2	10.5	10.2	9.6	8.7

资料来源：United Nation，*World Population Prospects*：*The* 1992 *Revision*. New York. Annex Tables，1992.

总的来看，各国人口的死亡率在世界上的分布也是很不均匀的。非洲的死亡率很高。例如马尔加什、马拉维，其死亡率达25‰以上，埃塞俄比亚为24.9‰、冈比亚为23.2‰、安哥拉为23.1‰、几内亚比绍为23‰，整个非洲的55个国家和地区中，高于15‰以上的国家占总数的67.7%。而欧洲的平均死亡率只有10.4‰。由此可见，非洲与欧洲在死亡率上的差别是巨大的。这种情况与工业发达程度和城市化程度有密切联系。工业化与城市化程度高的国家，其死亡率低；反之，死亡率就高。但是，有些发展中国家，虽然工业化与城市化程度不很高，但死亡率则比较低，如墨西哥在1980年的死亡率为6.3‰、智利为6.7‰、中国为6.3‰。影响死亡率的因素很多，在工业化程度比较低的国家、营养和卫生条件是其重要条件。在工业发达国家，医药卫生条件有很大改善，有些疾病，特别是一些传染性疾病，基本已被控制，因此死亡率大幅度下降。但是，某些社会性原因，如交通事故在死亡率中所占的比率则有所上升。

3.5　人口分布

世界人口的分布是极不平衡的，到20世纪80年代初期，地球陆地上仍有35%～40%属于基本无人居住地区，而平均每平方公里居住不到2人的地区占总面积的一大半，而世界人口的2/3则集中在占总面积1/7的土地上，这种分布的不平衡性在纬度上表现得相当明显（见表3—13）。世界人口主要分布在北半球的中纬地带，表现出显著的水平地带性即纬度地带性。分南北两半球来看，世界人口主要分布在北半球，集中了世界人口的90%以上，而南半球人口比重则不到10%。从纬度分布来看，在北纬60°～20°的中纬度地区占世界人口的近80%，0°～20°的低纬度地区，人口比重为1/6，60°以上的高纬度地区，人口十分稀少。由此可见，北半球的中纬度地区是世界上人口最稠密的地区，而南纬40°以上同北纬60°以上一样，是世界上人口最稀疏的地区。[①]

① 潘纪一，朱国宏. 世界人口通论［M］. 北京：中国人口出版社，1991.

世界人口分布的不平衡性还表现在对海岸的趋向性。一般来说，据海越近人口分布越稠密；据海越远人口分布越稀疏。世界人口的 1/2 居住在距海岸 200 公里以内，而这一带的面积仅占整个陆地面积的 16%。在距海岸 500 公里以外的广大内陆地区，人口则变得稀少起来，大洋洲人口分布距海岸最近，全洲 79%的人口集中在距海岸 50 公里的地带内。[①] 形成人口分布这一特点的原因，除了交通运输条件外，还因为在距海岸近的地区，多半为平原和低地，最适宜于经济的发展。

表 3—13　　世界人口分布格局的变化

区域	人口数/百万人			各地区人口占世界人口的比重/%			1900—1980 年增幅/%
	1900 年	1950 年	1980 年	1900 年	1950 年	1980 年	
世界	1 650	2 520	4 450	100.0	100.0	100.0	169.7
发达地区	540	814	1 137	32.7	32.3	25.6	110.6
发展中地区	1 110	1 706	3 313	67.3	67.7	74.4	198.5
亚洲	947	1 399	2 643	57.4	55.5	60.0	179.1
欧洲	408	548	670	24.7	21.8	15.2	64.2
非洲	133	221	472	8.1	8.8	10.7	254.9
北美洲	82	171	247	5.0	6.8	5.8	201.2
拉丁美洲	74	167	360	4.5	6.6	8.0	386.4
大洋洲	6	13	23	0.4	0.5	0.5	283.3

资料来源：潘纪一，朱国宏．世界人口通论［M］．北京：中国人口出版社，1991；张善余．世界人口地理［M］．上海：华东师范大学出版社，2002.

世界人口的洲际分布也是极不平衡的。1900 年，57.4%的人口集中在亚洲，而大洋洲的人口仅占世界人口的 0.4%。到 1980 年，亚洲的人口比重继续上升到 60%，而亚洲陆地面积只占全球的 29.4%，同期，欧洲的人口所占比重达到 15.2%，欧洲的陆地面积占全球的 6.8%，这两洲都属于地少人多的类型。而其他各洲均属于地多人少的类型。

由表 3—13 可以看出，人口最多的是亚洲、欧洲和非洲三个“旧大陆”，人口总和到 1980 年占 85.9%，而北美洲、拉丁美洲和大洋洲三个“新大陆”的人口占世界总人口的比重仅为 14.1%。“旧大陆”以亚洲人口最多，其次是欧洲，非洲人口规模则一直低于欧洲；“新大陆”则以拉丁美洲人口最多，其增长速度也是世界各大洲最快的，而北美洲、大洋洲长期以来一直是人口规模最少的地区。这种分布格局由来已久，在历史进程中变化不大。

世界各大洲内部的人口分布也是不平衡的。以 1981 年为例，欧洲的西欧人口密度高达 155 人/平方公里，其次是亚洲的中南亚人口密度高达 141 人/平方公里，拉丁美洲的加勒比海和亚洲的东亚也都超过了 100 人/平方公里，而非洲的南非和拉丁美洲的中南美的人口密度均很低，分别为 12 人/平方公里和 11 人/平方公里，非洲的中非人口密度最低，仅为 9 人/平方公里，如图 3—3 所示。

① 原华荣．世界人口分布的趋势及特征［J］．西北人口，1991（4）．

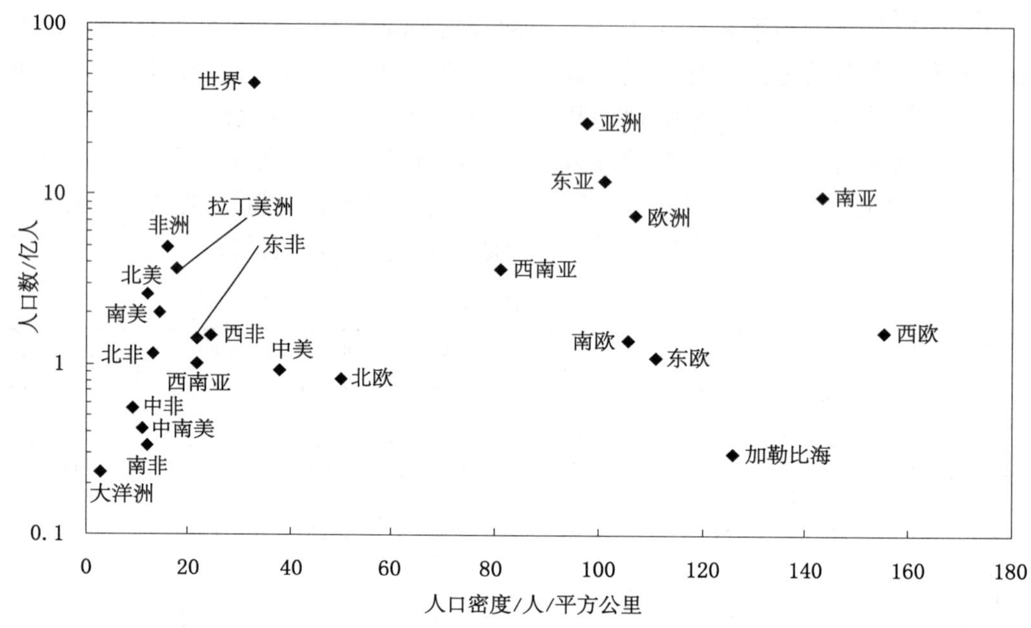

图 3—3 世界各大洲及各个地区人口分布和人口密度（1981 年）

资料来源：参见联合国人口统计年鉴网站.

由此可见，世界人口的空间分布是极不均衡的，人口在空间布局上具有大集中、小分散的特征，即大量集中在小范围的土地上，少量人口散布在广阔的地域。人类的 90%集中在不到 10%的土地上，而一半以上陆地的人口极为稀少，2/5 地区无人居住。世界人口在各大洲的分布差异也是相当悬殊的。这充分反映了世界人口自各大洲间及内部呈现明显的不均衡，其不均衡状况在各大洲之间程度有所不同。这种不均衡分布的结果是形成世界人口的稠密地区和稀疏地区以及介于两者之间的地区三种类型分布区。

3.6 人口老龄化

人口老龄化①（population aging）是指老年人口在总人口中所占比重逐渐增加的

① 人口老龄化从广义上来看包括两种含义：即每个人个体的老化和整个人口群体的老化。个体的老化主要是指个人年龄的增长变化，个体老化实际上是从出生开始的，人的一生自始至终处在老化的过程中，由此可见，个体老化是单向的、不可逆转的。个体老化除了年龄之外，还有生理老化、心理老化、功能老化以及行为老化等，其老化过程有快有慢。人口群体的老化与个体老化一样，以年龄老化为主要标志，它是指一个国家或地区的人口年龄结构发生变化，出现老年人口规模不断扩大，其占总人口的比重不断上升，达到一定高度的一种人口现象。一般来说，老年人口比率会受其他年龄组比率的影响，处在不断的变化之中。当人口增长率逐渐加快时，少年儿童人口比率呈现逐渐上升趋势，老年人口比率则呈现相应下降趋势，人口年龄结构呈现年轻化趋势。当人口增长率逐渐降低时，少年儿童人口比率逐渐下降，老年人口比率则相应提高，人口年龄结构逐渐从成年型向老年型转变，从而导致人口老龄化。可见，人口群体的老龄化与个体老龄化不同，其发展方向不是单向的、不可逆转的，而是在一定条件下可逆转的，是双向发展的。

过程，特别是指在年龄结构类型已属年老型的人口中，老年人口比重持续上升的过程。人口老龄化是人口转变的必然结果。随着人口出生率、死亡率的下降和人类预期寿命的延长，人口平均年龄和年龄中位数会随之逐渐增加，人口逐渐趋向老龄化。

老龄人口通常指60岁及以上或65岁及以上人口。这两种老龄人口的划分标准均为最常用的指标。目前，联合国和许多研究部门都采用这两种划分老年人的标准。现在世界各国也各自实行特定的标准。发达国家一般采用65岁及以上人口为老龄人口，而发展中国家一般则采用60岁及以上人口为划分老龄人口的标准。可见，老年人口的起始年龄受到时间和空间的影响是不同的。从老龄人口结构来看，60岁及以上老年人口比重达到10%以上或65岁及以上老年人口比重达到7%以上的人口属于老年型人口结构。经济学家和人口学家通常利用这两种划分老年人口的方法来研究老龄人口与经济的关系，分析人口老龄化对人口结构和经济发展的影响。

人口老龄化作为年龄结构变动的趋势主要是由生育率下降、死亡率下降和平均预期寿命的延长引起的。在人口老龄化渐进的过程中，1851年法国60岁及以上老年人口比重已达到10.1%，率先进入老年型人口国家的行列，接着到19世纪末期的瑞典和20世纪20年代以后的英国和德国相继成为老年型人口国家。40年代，美国、比利时、加拿大、意大利、苏联和日本等国也先后进入老年型人口国家的行列。从人口老龄化的进程来看，60岁及以上老年人口比重从9%上升到18%所需要经历的时间，法国为142年，意大利为100年，英国为43年（图3—4）。到20世纪中叶，避孕技术在发达国家得到了发展，从而加快了发达国家生育率的下降和平均预期寿命的不断延长，1950年，欧洲65岁以上老年人口比重上升到8.7%，北美洲上升到8.1%，大洋洲增至7.5%，整个发达国家上升到7.6%，基本上完成了由青年型向老年型人口年龄结构的过渡，见表3—14。

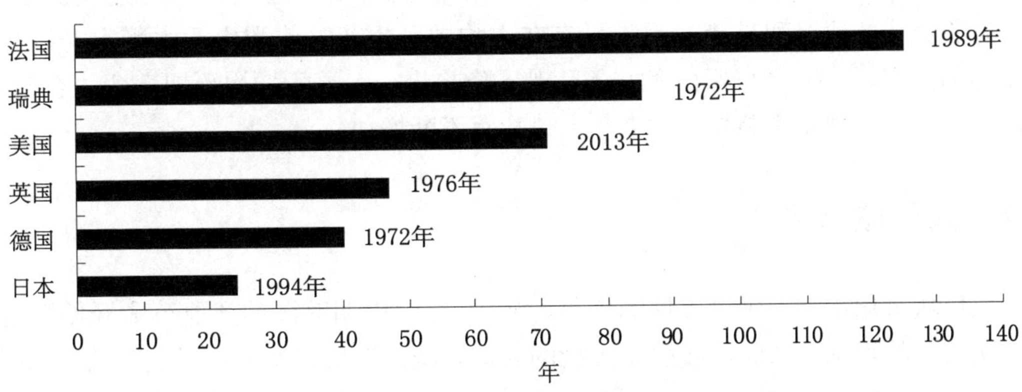

图3—4 部分发达国家的人口老龄化发展情况

注：年份为65岁及以上老年人口比重从7%增加到14%所需要的时间（年）。

资料来源：［日］日本国立社会保障・人口問題研究研究所．日本の将来推計人口［M］．東京：厚生統計協会，1997.

在发达国家中，欧洲和北美洲地区的人口老龄化程度在1950年时较接近，但在以后的30年期间，由于欧洲的生育率下降和平均预期寿命的延长早于北美洲，到1980年，欧洲65岁以上老年人口比重明显高于北美洲。而大洋洲与欧洲和北美洲相比人口老龄化的推进速度明显缓慢。

表3—14　世界和各大洲65岁及以上人口老龄化发展趋势　(%)

地区	1950年	1960年	1965年	1970年	1975年	1980年
亚洲	4.3	3.6	3.5	3.6	4.2	4.1
非洲	3.6	2.7	2.8	3.2	2.9	3.1
拉丁美洲	3.3	3.3	3.6	3.9	3.8	4.3
北美洲	8.1	9.0	9.2	9.6	10.2	11.1
欧洲	8.7	9.8	10.5	11.4	12.3	13.0
大洋洲	7.5	7.8	7.3	7.3	7.4	7.9
发达国家	7.6	8.3	8.9	9.7	10.5	11.4
发展中国家	4.1	3.9	3.3	3.4	3.8	3.8
世界	5.3	4.9	5.0	5.2	5.7	5.7

资料来源：United Nations. *World Population Prospects* 1988. New York，1989；刘长茂主编. 人口结构学［M］. 北京：中国人口出版社，1991.

然而，大多数发展中国家到20世纪中叶，在死亡率大幅度下降之后，平均出生率一般保持在40‰以上，人口增长极其迅速，导致人口的年轻化。1950年，发展中国家65岁以上老年人口比重仅占4.1%，人口年龄结构处于由年轻型向成年型转变的阶段，① 其中人口年龄结构最年轻的是非洲和拉丁美洲，65岁以上老年人口比重分别为3.6%和3.3%，亚洲为4.3%。随后到1980年，发展中国家由于仍然保持高出生率，人口年龄结构一直经历着年轻化的过程。

综上所述，人口老龄化是人口发展到一定阶段后出现的一种不可避免的趋势，它标志着经济的发展和进步。因为只有在人均国民生产总值和生活水平上升以及医疗发达的国家，出生率和死亡率才会呈现下降趋势，人类的平均预期寿命才会延长，从而使老年人口规模不断扩大，老年人口比重不断增加。

3.7　人口城市化

人口城市化作为一种世界性的现象，从18世纪中期欧洲的产业革命开始随着工业在城市中的积聚，从农村吸引了大批的人口，城市人口开始逐步增加，到1800年，世界城市人口约为2 930万人，占总人口的3.1%。19世纪末，世界城市人口增加到

① 按照联合国颁布的人口年龄类型划分标准，65岁以上老年人口比重是划分人口年龄类型最常用的一种指标。65岁及以上老年人口比重在4%以下属于年轻型人口年龄结构，比重在4%～7%之间属于成年型人口年龄结构，比重达到7%以上则属于老年型人口年龄结构。

2.244亿人，其占总人口的比重也上升到13.6%。

进入20世纪以来，随着经济的发展和人口的增长，城市数量逐步增多，规模日趋扩大，城市人口在总人口中的比例不断提高，在世界范围内，形成了一股迅猛异常的人口向城市地区集中、农村地区转变为城市地区的潮流，1950年，城市人口猛增到7.064亿人，见表3—15，比1900年增加4.82亿人，年平均增长率达215%。随后，世界城市人口继续呈现迅猛增长的趋势，到1980年达到18.068亿人，仅30年间增长了155.8%。

表3—15　世界人口城市化进程

年份	总人口/百万	城市人口/百万	城市人口占总人口比重/%	总人口年平均增长率/%	城市人口年平均增长率/%
1850	1 247	80.8	6.5	0.54	2.05
1900	1 656	224.4	13.6	0.57	2.06
1920	1 809	360.0	19.9	0.44	2.39
1940	2 280	570.0	25.0	1.16	2.32
1950	2 501	706.4	28.2	0.93	2.17
1960	2 986	994.0	33.3	1.79	3.47
1970	3 610	1 399.0	38.8	1.92	3.48
1980	4 450	1 806.8	40.6	2.32	2.91

资料来源：[苏] E. U. 乌尔拉尼斯主编. 世界各国人口手册 [M]. 成都：四川人民出版社，1982；United Nation. *World Population Prospects*：*The* 1992 *Revision*. New York. Annex Tables，1992.

20世纪50年代以来世界城市人口的高速增长，除了经济因素之外，还与此期间人口本身的自然变动有关。战后，发达国家普遍经历了数年到十几年的“婴儿激增”时期，出生率明显回升，人口增长的速度加快，形成了自然增长的高峰期。发展中国家则由于政治、经济上的独立，医疗卫生事业得到极大改善，死亡率，尤其是婴儿死亡率急剧下降，在保持过去高出生率的情况下，导致了人口的高自然增长率。1950—1980年间，亚洲、非洲和拉丁美洲发展中国家人口的年平均增长速度分别高达2.1%、2.5%和2.3%。总人口增长速度的提高，相应地为城市人口的高速增长提供了条件。

从各大洲的城市化发展速度来看，19世纪后欧洲的城市化发展最快，亚洲城市化速度仍很缓慢，而非洲在19世纪上半叶城市人口停滞不前。但20世纪以后，非洲以及拉丁美洲的人口城市化速度大大加快，都先后超过欧洲、北美洲和大洋洲的城市人口增长速度。① 从20世纪20年代开始到70年代，非洲是全世界人口城市化发展速度最快的地区，年平均为4.2%，见表3—16。其次是拉丁美洲和亚洲。而人口城市化水平最高的欧洲，城市人口增长速度最慢，年平均增长率仅为1.4%。

① 邬沧萍主编. 世界人口 [M]. 北京：中国人民大学出版社，1983.

表 3—16　　世界各大洲城市人口年平均增长速度　　(%)

地区	1920—1930 年	1930—1940 年	1940—1950 年	1950—1960 年	1960—1970 年	1970—1980 年	1920—1950 年	1950—1980 年
亚洲	2.5	3.3	3.0	4.7	3.5	3.6	2.9	3.5
非洲	4.1	2.9	4.6	4.4	4.9	5.0	3.9	4.4
欧洲	4.1	2.9	5.1	4.9	4.2	3.9	3.6	4.2
拉丁美洲	2.2	1.3	2.2	2.3	1.8	1.4	1.9	1.9
北美洲	1.5	1.3	0.8	2.1	1.8	1.5	1.2	1.5
大洋洲	2.2	1.8	2.5	3.0	2.8	2.6	2.2	2.5

资料来源：United Nation. *World Population Prospects*：*The* 1992 *Revision*. New York. Annex Tables，1992.

20 世纪初期以来，由于经济发展水平的差异，以及人口、自然条件的不同，世界各地区和两类国家之间城市化程度是有一定距离的。以 1980 年为例，世界总人口为 44.5 亿，其中城市人口为 18.068 亿人，占总人口的 40.6%。发达国家人口只占世界总人口的 25.6%，而其城市人口却占到世界城市人口的 45.2%。发达国家的城市化水平平均为 72%，已达到城市化发展的高级阶段。发展中国家的人口占世界总人口的 74.4%，而城市人口仅为世界城市人口的 54.8%，城市化水平平均为 31%，约相当于发达国家平均水平的 2/5，尚处于城市化中级阶段的起始处。两类国家城市化水平的差异，根源于经济发展程度的不同。1983 年发达国家的人均国民生产总值高达 9 380 美元，而发展中国家仅为 700 美元。发达国家城市化起步一般较早，中间经历了很长的阶段。早在 1920 年左右，一些国家的城市化已达较高水平，如法国为 46.4%，加拿大为 49.5%，美国为 51.2%，比利时为 57.3%，澳大利亚为 64.0%，英国最高，达 79.3%。

从 20 世纪 60 年代开始，在发达国家城市化进程中，又出现了一种逆城市化的现象，也有人称之为郊区化或反城市化。其主要表现为大城市人口明显减少、人口由中心城市大量向郊区及更远的乡村地区迁移、更多的人口聚居在大城市的边缘地带。很多的工业企业也纷纷离开城市，向中小城镇及乡村地区转移，中等城市人口迅速增加，城市化区域不断扩大。逆城市化现象首先开始于北欧和西欧，随后许多发达国家都出现了这种现象，如丹麦、法国、德国、意大利、西班牙、英国、美国和日本等，其中在西欧和美国表现较为突出。在 20 世纪 60 年代，美国全国 6 个 100 万以上人口的大城市，人口减少了 140 万人，50 万～100 万人口的大城市从 20 个减至 16 个。这 16 个大城市人口总数也减少 220 万人，占全国人口的比例从 12.2%降到 9.7%。纽约市的人口减少了 36.6%。在 60 年代，英国伯明翰的人口减少了 8%，伦敦的人口减少了 54 万人。

20 世纪 70 年代以来，发达国家的城市化呈现出新的特点。随着以电脑为标志的第四次产业革命的兴起，城市化也由“郊区化”进入“逆城市化”的高级发展阶段，这一转变在美国表现得最为明显。80 年代初期以后，发达国家的城市化进程日趋平缓，一些国家已达饱和状态。与发达国家相比，发展中国家城市化进程开始较晚，一般在20世纪初期才刚刚起步，急速发展是在50年代之后，到80年代中期城市化水平还比较低。但其城市人口数量已超过发达国家。①

人口城市化作为一种世界性的现象还表现在随着城市人口的增加，城市群开始形成并增多。1900年全世界共有360个拥有10万人口以上居民的城市，1950年增加到950个，而20世纪80年代初就增加到2 368个。第二次世界大战以后，这类城市居民在世界总人口中的比重增大了1/3。对于战后时期来说，正是以大城市超前增长为特点；在1950年这类城市聚集了全世界56%的城市人口，而到80年代初达到59%。

在大城市中增长更快，无论人口总数还是城市数量，其比重都增大了。在100万以上人口的大城市中1900年只有10个这类城市，1950年增加到75个，20世纪80年代初达到209个。从1950—1983年，100万以上人口大城市的数量及其居民人数差不多增加两倍，这类城市聚集了全人类1/8的人口。但是可以看到，战后有些大城市增长缓慢。特别需要提到的是欧洲和北美，整个来说，这两个地区的城市人口比重几乎没有增长，许多都市化程度高的欧洲国家，城市居民在总人口的比重开始逐渐下降。此外，某些大城市人口的绝对数在减少。例如，联邦德国、英国、比利时、荷兰、瑞典、瑞士和其他一些国家，从1970年起有半数的大城市居民减少更多，而个别欧洲国家甚至城市人口的比重都降低了。②

从表3—17中所列的一些城市若干年份人口数量的变化中可以更进一步看出城市人口规模的变化。该表所列的都是世界上一些著名的大城市。1850年以来，这些城市的人口规模都有不同程度的扩大。由于城市发展的历史不同，人口基数也不同，但一般人口规模都扩大了10倍以上。其中增长最快的要数圣保罗，其次是纽约。

表3—17　　世界一些大城市的人口变化　　单位：万人

城市	1850年	1900年	1950年	1960年	1970年	1980年
伦敦	195.0	648.0	1 170.0	1 426.5	1 294.5	1 020.0
巴黎	132.5	333.0	630.0	728.5	871.4	990.0
纽约	70.0	424.0	1 234.0	1 411.5	1 603.7	2 040.0
莫斯科	60.0	111.0	552.0	610.0	707.7	780.0
东京	78.0	174.0	818.0	1 354.5	1 484.0	2 000.0
墨西哥城	33.0	34.5	295.0	482.5	856.7	1 500.0
圣保罗	2.2	20.5	245.0	437.5	590.1	1 350.0
加尔各答	79.5	108.5	515.5	614.0	700.5	880.0
上海	25.0	48.0	600.0	720.0	850.0	1 340.0

资料来源：毛汉英，刘伉．世界人文地理手册［M］．北京：知识出版社，1984．

① 盛朗．世界人口城市化进程［J］．人口与经济，1986（6）．

② C·N·布鲁克著，赵学董译．世界人口分布和都市化概述［J］．西北人口，1989（1）．

应该看到，这些城市的平均规模增大，其分布的平均纬度随着热带发展中国家的城市发展进程的加速继续向赤道移动。根据人口规模对这些城市进行分类：超级城市：(300 万～500 万人)；大城市群 (500 万～1 000 万人)；特大城市群 (1 000 万人以上)。过去 20 年中，超过 1 000 万人的特大城市群大量出现，[①] 到 1980 年，东京、墨西哥城、纽约、上海等已经成为大规模的集合城市。

造成大城市迅速增加的根本原因，在于相对中、小城市而言，大城市在就业、卫生、教育、生活等各方面具有更强的“吸引力”。这些大城市中，有不少是各国的首都，在国内拥有重要的政治、经济地位，其中一些在世界上也颇有影响，是国际性的商业、金融和贸易中心。也有一些是沿海港口城市，地理环境优越，交通运输便利，商业和服务业极其发达。这些大城市，一般有较雄厚的经济基础，市政设施比较完备，工业和服务业门类比较齐全，比较易于寻找工作岗位，职工平均收入较高，同时在住房、交通、卫生和教育等其他方面也优于中、小城市。因此，大城市的种种优越性不仅深深吸引着中、小城市和农村地区的人们，以及国外的迁移者，同时也吸引着大批的企业家和投资者。他们看到大城市不仅有巨大的消费市场，有技能熟练的劳动力，而且信息灵通，货运方便，于是纷纷在大城市中兴办各种产业，从而又吸引了大批的人口。如此循环往复，酿成了大城市数量的迅速增加。[②]

---

① I. B. Mountjoy 著，蔡晓敏译. 世界城市化进程 [J]. 地理科学进展，2001 (10).

② 盛朗. 世界人口城市化进程 [J]. 人口与经济，1986 (6).

第4章　美国的经济发展与人口动态

4.1　两次世界大战期间的人口与经济

4.1.1　第一次世界大战期间的经济

4.1.1.1　第一次世界大战前期的经济发展

从第一次世界大战开始，美国这个世界上最大的经济发达国家，其经济从总体上看是处于周期性波动之中。1914年8月德国和盟军发生战争，美国经济开始混乱，一场突如其来的金融大恐慌浪潮席卷了国际金融市场，欧洲各国投资者纷纷抛售美国证券，其数量之大远非市场所能容纳，导致了纽约证券交易所被迫关闭，直到年底才恢复营业，整个美国商业陷于瘫痪，使其经济处于危机之中。

战争的爆发使美国的对外经济贸易衰退，美国的出口突然大幅度下降，进一步加深了国际货币危机。美国棉花和粮食的出口由于英国、法国和德国等主要欧洲进口国卷入战争而中断，过剩的粮食和棉花等大量农产品的滞销导致农产品价格暴跌。1914年钢的出口量也大幅度下降，比1913年下跌近50%，制造业的其他部门也受到沉重打击。许多工业品的价格跌落到20世纪初期以来的最低水平。同时，这次经济危机又因国际金融市场上的黄金短缺，使美元不能兑换黄金，造成美元外汇牌价暴跌。但这次危机历时较短。就整个美国经济来看，1914年的经济水平略低于1913年（见表4—1）。

表4—1　　1913—1916年期间美国的重要经济指标

指　标	1913年	1914年	1915年	1916年
国内生产总值/亿美元	391.4	364.8	386.8	496.4
国内生产总值增长率/%	3.9	−7.7	2.7	13.9
人均国民生产总值/美元	403	368	385	487
人均国民生产总值增长率/%（1952年=100）	1.9	−9.4	1.3	12.3
工业生产指数（1899年=100）	198	186	218	259
人口/千人	97 225	99 111	100 546	101 961
人口增加率/‰	19.82	19.40	14.48	14.07
就业人数/百万人	38.5	37.6	37.7	40.1
农业生产指数（1935—1939年=100）	91	93	98	92
农工产品平价比率	100	99	93	94

续表

指　标	1913 年	1914 年	1915 年	1916 年
农业总收入/10 亿美元	7.8	7.6	10.0	9.5
工业工人平均年工资/当年美元	578	580	568	651
失人数/百万人	1.0	2.2	2.4	0.2
银行存款总额/10 亿美元	20.1	21.4	22.0	26.5
批发价格指数（1926 年＝100）	69.8	68.1	69.5	85.5
联邦支出/百万美元	724.5	735.1	760.6	734.1

资料来源：United States Department of Commerce，Bureau of the Census. *Historical Statistics of the United States*. Washington：Government Printing Office，1964；［美］美国商务部经济分析局. 美国历年 GDP 及人均 GDP 一览（1790—2016）. 2017－02－02；［英］B. R. 米切尔编. 帕尔格雷夫世界历史统计·美洲卷（1790—1993）［M］. 北京：经济科学出版社，2002.

美国的经济危机在 1914—1915 年期间开始缓和。欧洲的人力被动员投入战争，欧洲各国转而向美国购买粮食、原料和各种货物，使美国的经济衰退迅速转为经济繁荣。在 1914—1916 年期间，美国对外国出口的总额从 23.3 亿美元增至 42.7 亿美元（见表 4—2），其中绝大部分是由于对英国和法国的输出激增。在战时购买的影响下，到 1917 年贸易顺差达到 35.7 亿美元。

表 4—2　　1914—1920 年美国对外贸易

年份	本国商品出口总额/百万美元	进口商品总额/百万美元	贸易顺差额/百万美元	农产品出口比重/%	制成品出口比重/%
1914	2 329.7	1 893.9	435.8	48	47
1915	2 716.2	1 074.3	1 642.0	54	43
1916	4 272.2	2 197.9	2 074.3	36	62
1917	6 227.2	2 659.4	3 567.8	32	66
1918	5 838.7	2 945.7	2 893.0	39	58
1919	7 749.8	3 904.4	3 845.4	53	45
1920	8 080.9	5 278.5	2 802.8	43	52

资料来源：［美］H·N·沙伊贝，H·G·瓦特，H·U·福克纳. 近百年美国经济史［M］. 北京：中国社会科学出版社，1983.

世界各国对美国商品的需求，促进了美国经济的发展。在 1913—1916 年，按 1958 年价格计算的国民生产总值增长了 2%左右，人均国民生产总值从 1 451 美元增加到 1 317 美元，人口从 9 123 万人增加到 1.02 亿人左右，工业生产指数大约上升了 30%。在美国参战前的时期内，物价普遍上涨。批发价格指数约上升了 22%，消费价格约上涨了 11%。农业生产指数在这个时期基本上没有变化，但通货膨胀使农业总收入从 78 亿美元上升到 95 亿美元左右。然而，农业收入的提高被一般物价的上涨所抵消。① 工业生产的发展增加了就业人数。工人总数从 3 850 万人增至 4 010 万人左右。

① ［美］吉尔伯特·C. 菲特，吉姆·E. 里斯. 美国经济史［M］. 沈阳：辽宁人民出版社，1981.

美国在第一次世界大战的前期并没有直接参战，由于欧洲对美国产品的需求增加，美国的经济发展很快，特别是对外贸易的迅速发展刺激了美国的经济增长。这种外部的推动，使得美国经济更加繁荣。

4.1.1.2 战争融资与综合财政

尽管美国在第一次世界大战中仅参战 1 年半，但战费总支出是惊人的，在财政上不仅要维持参战，而且还要为盟国的费用负责。1917 年 4 月通过的"第一自由贷款法令"可以在 100 亿美元的范围内给各盟国政府提供贷款，这就增加了联邦政府的财政负担。据官方的统计，从 1917—1919 年联邦的总支出为 330.8 亿美元，绝大部分用于军事支出，其中包括了协约国借款 95 亿美元。

美国的军费开支，到 1918 年，每天平均为 5 000 万美元，达到了空前高的水平。为了筹集巨额军事费用，联邦政府提高了新的收入税，并提高了一些特许权税，对军需品制造商的利润征收进口税，并对收入征收附加税。① 然而，这些收入还赶不上迅速增长的支出。政府被迫举债筹款。1917 年 5 月，利率为 3.5%的 20 亿美元第一次自由公债提供公众认购，结果出现了 50%的超额认购，随后到 1918 年 11 月总共发行四次自由公债，战争结束后又发行了一次胜利公债，到 1919 年 8 月国债数额最大，达到 226 亿美元，当时国库结余 11 亿美元，净欠数额为 255 亿美元，其中约有 191 亿美元为自由公债和胜利公债。② 由于金融系统占用了纯货币创造出来的部分负债，因此货币供给激增。此外黄金也从欧洲流入美国。到 1916 年，黄金本位制的银行系统占用了大约 20 亿美元，这是单一国家曾经拥有过的最大数量的一笔黄金。③ 从美国购买军火的外国政府，清偿了美国公民的国债。使美国从一个长期的净债务国变成了债权国，见表 4—3。

表 4—3　　1914—1920 年的联邦财政与货币供给　　单位：百万美元

年份	支出	收入	赤字与盈余	联邦总债务	广义货币
1914	726	725	−1	1 188	16.39
1915	746	683	−63	1 191	17.59
1916	713	761	+48	1 225	20.85
1917	1 954	1 101	−853	2 976	24.37
1918	12 677	3 645	−9 032	12 455	26.73
1919	18 493	5 130	−13 363	25 485	31.01
1920	6 357	6 649	+292	24 299	34.80

资料来源：United States Bureau of the Census. *Historical Statistics of the United States, Colonial Times to 1970*. Washington：Government Printing Office，1975.

1916—1919 年，240 亿美元的债务增长是由构成合理的借贷实现的。财政部长威廉·吉布斯·麦卡杜（William Gibbs McAdoo，1863—1941 年）发起了一项营销第

①③ Hugh Rockoff. *Drastic Measures：A History of Wage and Price Controls in the United States*，1984.

② ［美］吉尔伯特·C. 菲特，吉姆·E. 里斯. 美国经济史［M］. 沈阳：辽宁人民出版社，1981.

一次世界大战债券的积极计划，在销售动员中，还利用爱国主义来做宣传。此外，在公众销售下降的时候，财政部积极请求商业银行进行认购，并鼓励个人从银行贷款来购买债券。在每一种情况下，都没有用高利率来吸引债权人追加投入资金。这时银行体系已经比南北战争时期复杂得多，而且能够协调地转移组合资源，而不是简单地印钞票。当时有联邦储备债券。如果公民直接购买债券，那么资源占有权会从公民转移到政府手中。如果美联储要回收债券，货币供给就要增加。这种增加的原因是美联储的净购买，以及商业银行购买大量的政府有价债券。①

货币创造也是第一次世界大战的筹资方式。当时的机制很复杂。当美联储在公开市场上购买债券时，它就是通过创造以前不存在的存款。当存款被放在银行体系时，这些存款成为银行的货币和信贷进一步扩张的基础。总之，美联储和商业银行系统获得了价值超过 40 亿美元的政府债券，大约为战争总融资 14.1%。通过创造货币为战争筹措部分资金的最终结果是货币存量的大幅度增加，1914—1920 年期间货币存量约增加了 1 倍，确保了国家信用扩张的基础。值得注意的是货币创造是战争筹资的第二位源泉。而直接税以及最重要的向非银行公众销售的债券负担了第一次世界大战主要的资金需求。②

4.1.1.3　第一次世界大战对美国经济的影响

第一次世界大战遍及欧洲、亚洲、非洲和太平洋地区，先后有 33 个国家卷入战争。经济最发达的欧洲成为主战场，整个战争伤亡 3 000 多万人，消耗了巨大的社会财富，直接经济损失 3 000 多亿美元。战争期间共动员了约 7 351 万人，其中英国、法国、俄国等协约国方面动员军队 4 835 万余人，损失 2 210 万余人，其中死亡 515 万余人，德意志帝国、奥匈帝国、土耳其和保加利亚等同盟国总计动员军队 2 516 万人，伤亡 1 540 万余人，其中死亡 338 万余人。交战双方直接战费约为 1 863 亿余美元。在这场战争中，美国死亡人数较少，大约为 5.3 万人，伤了 20.4 万人，伤亡总数超过 25 万人。美国在经济上遭受的损失估计在 6 000 亿美元以上，其中直接军费超过 350 亿美元。

这场战争对美国经济的最大影响之一是工业生产的急剧发展。在 1914—1916 年期间，工业生产指数从 186 上升到 259，提高了 39.2%左右。达到这一高点后，1917 年的工业总产值没有多大变化（见表 4—4），其中汽车工业发展引人注目。例如，从 1913—1917 年，汽车产量增加近 3 倍，形成了一个崭新的工业，1917 年的汽车工业销售额超过了 30 亿美元。换言之，美国正是由于工业生产得到巨大增长，才能满足了军事上日益增长的需要。1918 年停战后，工业生产锐减。

---

① ［美］乔纳森·休斯，路易斯·P. 凯恩. 美国经济史（第 7 卷）［M］. 北京：北京大学出版社，2011.

② ［美］斯坦利·L. 恩格尔曼，罗伯特·高尔曼主编. 剑桥美国经济史：20 世纪（第三卷）［M］. 北京：中国人民大学出版社，2008.

表 4—4　　1916—1919 年期间重要经济指标

指　标	1916 年	1917 年	1918 年	1919 年
国民生产总值/亿美元	496.4	597.0	758.4	783.3
国内生产总值增长率/%	13.9	−2.5	9.0	0.8
人均国民生产总值/美元	487	527	725	746
人均国民生产总值增长率/%（1952 年＝100）	12.3	−3.8	7.8	0.3
工业生产指数（1899 年＝100）	259	257	254	222
人口/千人	101 961	103 414	104 550	105 063
人口增加率/‰	14.07	14.25	10.98	4.91
就业人数/百万人	40.1	42.7	44.2	42.0
农业生产指数（1935—1939 年÷100）	92	90	95	96
农工产品平价比率	94	118	118	109
农业总收入/10 亿美元	9.5	13.1	16.2	17.7
工业工人平均年工资/当年美元	651	774	980	1 158
失人数/百万人	0.2	1.8	0.5	0.5
银行存款总额/10 亿美元	26.5	30.5	32.6	37.7
批发价格指数（1926 年＝100）	85.5	117.5	131.3	138.6
联邦支出/10 亿美元	0.73	2.0	12.7	18.5

资料来源：United States Department of Commerce，Bureau of the Census. *Historical Statistics of the United States*. Washington：Government Printing Office，1964；［美］美国商务部经济分析局. 美国历年 GDP 及人均 GDP 一览（1790—2016）. 2017－02－02；［英］B. R. 米切尔编. 帕尔格雷夫世界历史统计·美洲卷（1790—1993）［M］. 北京：经济科学出版社，2002.

由于对劳动力的需要日益增加，甚至在美国参战之前，基本上已经不存在失业现象。在制造业部门的工人每周工作时间减少了，在第一次世界大战以前很久开始的这种趋势在大战期间继续发展。所有的政府部门就业岗位都实施了每天 8 小时工作制。工人的工资有所提高。

在战争期间，由于农产品产量相当稳定，农产品的激增使农业经济发展很快，农业总收入在 1914—1919 年从 76 亿美元增长到 177 亿美元。农工产品的平价比率在 1917 年和 1918 年上升为 118，达到很高的水平，这表明农产品价格已比一般物价水平提高得迅速。然而，1918 年以后，工业品价格上涨的幅度开始大于农产品，尽管农业收入水平仍然很高，但 1919 年农工产品的平价比率已降至 109。

从整个国民经济来看，一直保持战争时期开始出现的繁荣，国民生产总值稳定增长，因而当美国在 1917 年参战时，其经济几乎达到了顶峰。没有大量闲置的劳动力和资本可随时投入军需生产（见图 4—1）。在 1917 年和 1918 年，由于美国参战，军工产值增加了 110 亿美元，而同期民用产值则减少了 130 亿美元。显然，战争对于美国经济的正常运转干扰很大。在一个较短时期内，总产出的 20%从民用转为军用，战后又从军用转为民用，从而使工业生产的速度放慢。尽管如此，美国由于迅速发展起来的贸易顺差和大量对协约国的贷款，使美国从战前的债务国转变为资本主义世界的主要债权国，并从第一次世界大战前的工业大国之一跃居世界首位的经济大国。

4.1.2 战后经济衰退

图 4—1 第一次世界大战战场

第一次世界大战（见图 4—1）结束后，由于战争特需的突然消失，美国一度出现了经济收缩。1919 年美国的加工业和采矿业生产指数分别比 1918 年下降了 3.7％和 10.0％。但随之出现的欧洲医治战争创伤的经济需求和国内被战争推迟的需求，延缓了经济衰退的爆发，并在 1919 年下半年推动了美国经济出现短暂的高涨，1919 年，美国的国民生产总值增长率达到 9.95％。但好景不长，过度膨胀的工农业生产能力很快被国内外需求能力的衰竭所中断。①

然而到了 1920 年，若干因素的综合作用使美国经济陷入衰退局面。这次经济衰退首先是从交易所危机开始。1920 年年初美联储将贴现率从 4.75％提高到 6％，这是该制度历史上幅度最大的单次增加，这种增加给市场发出了强烈的信号，信贷将很快紧缩，证券市场随即出现了恐慌性抛售和行市的大幅度跌落。到 1921 年 8 月，工业股票的平均行市下跌了 41％，有些公司的股票行市跌幅超过了一半以上。随后的股票行情继续呈现下跌的趋势，到 1921 年出售的股票比 1919 年减少了 73％。交易所危机迅速波及整个国民经济，并引发了全面的经济衰退，工业开始下滑。经济衰退期间，煤炭产量和棉花消费量分别锐减了 69％和 50％，生铁和钢产量则分别大幅度下降了 74％和 77％，工业生产指数也下跌了 32％。到 1921 年，工业总产值竟降低到仅比 1914 年高 2％左右的水平。

对外贸易也急剧恶化，1921 年进口减少了 53％，1922 年工业制成品的出口比 1920 年减少了 60％。企业破产和银行倒闭现象也很严重，1919 年工商业企业有 6 451 家破产，而 1921 年近 2 万家破产，另有 506 家银行倒闭。同年秋，美国的失业人数达到 575 万人，由于国内失业人口扩大，政府限制移民入境。工人失业率从 1920 年的 7.2％猛增到 23.1％。工人每小时的工资也由 1920 年 12 月的 0.621 美元降至 1921 年的 0.482 美元，降幅达 22.4％，工人的实际工资降到了 1900 年的水平。

农业危机和工业危机相交织，是这次经济危机的一个特点。衰退期间，农业生产总额下降了 11.4％，大批小农场破产，1921 年农产品批发价格指数下降了 41.2％，主要农产品的市场价格甚至下降了 60％～70％，大大超过了工业品价格下

① 彭斯达. 美国经济周期研究——历史、趋势及中美经济周期的协动性［M］. 武汉：武汉大学出版社，2009.

降的幅度。[①] 这次经济危机从 1920 年开始至 1921 年年底结束，大约为 2 年时间。经济萧条的根源在于“外需”的减弱、输出和政府支出的减少和工人收入的锐减。此次衰退对美国经济打击很大，国民生产总值从 1920 年的 915 亿美元缩减到 1921 年的 696 亿美元，降幅达 23.9%，直到 1925 年才恢复到 1920 年的水平。[②]

4.1.3　兴旺的 20 世纪 20 年代经济

4.1.3.1　经济扩张

在经历了 1920—1921 年短暂的经济衰退后，美国的经济发展进入了高涨时期。国民生产总值稳定增长（见表 4—5），制造业规模不断扩大，加上价格保持稳定、实际工资增加以及基本上达到充分就业等几项实际指标，使这一时期经济不断扩张，从 1922 年持续到 1929 年，长达 8 年的繁荣时期。因此，1922—1929 年被称为“兴旺的 20 年代”或“柯立芝繁荣”，成为美国经济史的一个奇迹。

这一时期，工业的发展最引人注目，到 1929 年美国的工业生产总值比 1920 年增长了 53%，工人的劳动生产率平均年增长率达到 3.8%，工人的实际工资有所增长。在产业政策方面，鼓励工商企业的发展，实行轻税赋的激励政策，政府对垄断组织的发展不加限制，反托拉斯法实际上已不执行。这些政策，刺激了新兴工业的发展，这些新兴产业包括汽车工业、化学工业、石油工业和家庭用具制造业等。

表 4—5　　1920—1929 年主要经济指标

年份	国内生产总值/亿美元		联邦收入/10 亿美元	工业生产指数（1913 年=100）	人口/千人	人口增长率/‰	人均国民生产总值/美元	失业率/%
	按当前价格计算	1920 年的价格计算						
1920	883.9	100.0	6.6	124.0	106 461	13.31	830	5.2
1921	736.0	76.1	5.6	100.1	108 538	19.51	678	11.3
1922	734.3	81.0	4.0	125.2	110 049	13.92	667	8.6
1923	854.1	93.0	3.9	144.4	111 947	17.25	763	4.3
1924	869.5	92.6	3.9	137.7	114 109	19.31	762	5.3
1925	905.8	101.7	3.6	153.0	115 829	15.07	782	4.7
1926	969.4	106.0	3.8	163.1	117 397	13.54	826	2.9
1927	955.4	103.7	4.0	164.5	119 035	13.95	803	3.9
1928	973.7	106.0	3.9	171.8	120 509	12.38	808	4.7
1929	1 045.6	112.7	3.9	188.3	121 878	11.36	858	3.2

资料来源：United States Bureau of the Censu. *Historical Statistics of the United States, Colonial Times to* 1970. Washington：Government Printing Office，1975；［美］美国商务部经济分析局. 美国历年 GDP 及人均 GDP 一览（1790—2016）. 2017－02－02；［美］美国商务部. 长期经济增长［M］. 华盛顿：美国政府出版局，1966；［英］B. R. 米切尔编. 帕尔格雷夫世界历史统计・美洲卷（1790—1993）［M］. 北京：经济科学出版社，2002.

① ［美］H・N・沙伊贝，H・G・瓦特，H・U・福克纳. 近百年美国经济史［M］. 北京：中国社会科学出版社，1983.

② U. S. Bureau of the Census. *Historical Statistics of the United States, from Colonial Times to the Present*, New York：Basic Books Publisher Inc，1965.

汽车制造业发展成为20世纪20年代美国最大的工业部门。1919年，美国汽车总产量为150万辆。此后，由于汽车生产实现自动化流水作业装配线，劳动生产率大大提高，成本显著下降。到1929年，汽车年产量达430多万辆，为1919年的3倍，汽车制造业的产值已占全国工业总产值的8%左右，雇用的工人占全国工人总数的5%以上。汽车制造业的发展还带动了其他许多有关工业部门的发展。在20年代，封闭式汽车代替了敞篷式汽车，大大增加了使用率，并促使那些生产封闭式车身所必需的厚玻璃板的工厂发展起来。全国钢产量约有15%用于汽车工业，橡胶、制革业、汽油以及其他许多有关工业部门也在很大程度上依靠汽车工业。

建筑业的日益发展是20世纪20年代美国工业经济景气的另一个推动力。私人住宅和厂房等的总支出在1922—1930年每年平均不低于70亿美元。在1921年以后的8年内，建筑业产值的年增长率约为6.7%。由于对新建住房需求的增加，在1921—1925年期间，城市和农村新建的住宅从44.9万幢增至93.7万幢。新建的学校、图书馆和邮局等公共建筑逐年增加。到1929年，建筑业雇用的劳动力人数达到224万人。

尽管汽车制造业和建筑业是20世纪20年代工业景气的两大支柱，另外一些工业部门的发展也很快。到1929年化学工业已发展成为一个庞大的工业部门，年产值高达40亿美元，雇用了28万名工人。石油工业在这一时期也得到巨大的发展。汽油产量在第一次世界大战结束后到1929年期间从8 600万桶增至4.39亿桶。

电力工业在20世纪20年代得到了较快的发展，发电量增长了1倍以上。其部分原因是发电和配电效率得到了改进，电价降低，电力更加受到人们的青睐。在制造业，由于用电方便和灵活，电很快取代了一些传统的动力来源。因此，20年代初期，制造业中以电为动力来源的工厂占30%，到1929年迅速增长到70%以上。这个时期，家用电器也有了很大发展，这表明电力在家庭生活方面得到广泛应用。家用电器产品总值在1921年只有1 060美元，到1929年已增至4.16亿美元。收音机的产量在1923—1929年期间从19万台猛增为近500万台。电冰箱作为新产品在1921年仅生产5 000台，但到1930年已增至100万台。电炉、真空吸尘器等其他家用电器制造业也发展很快。

上述支柱产业的壮大带动了钢铁、石油、化工等一系列重工业部门的迅速发展，与此同时，家用电器等新产品逐渐在美国普及，使消费者的需求发生了转变，分期付款的普遍采用，代替了通过已赚取的收入购买耐用消费品的方法，消费者通过签署合同并且支付分期付款的首笔付款后就可以拥有耐用品。提供贷款的金融公司是受保护的，因为它们对该耐用品有要求权，并且如果买方未能支付所需款项，可将其收回。分期付款的普遍采用，刺激了消费者的消费欲望，其结果，消费者的耐用消费品购买力每年上升了8.3%，几乎是1922—1929年国民生产总值和消费增长的2倍。到1925年，75%的汽车、70%的家具、75%的收音机、90%的钢琴、80%的留声机以及80%的家用电器都是通过分期付款购得。消费者耐用品消费的革命为美国20世纪20年代的经济注入了新的活力。①

4.1.3.2　劳动力

在20世纪20年代美国经济发展的过程中，除了人口增加和工业技术革新以外，劳动力这一因素起到了重大作用。第一次世界大战结束后，工人的平均收入因为工资的增加和取得加班费而有所提高，基本上达到了充分就业，工人就业人数从1914年的3 760万人增加到1919年的4 200万人。此外，工会会员人数，因国营工厂和私营工厂的管理部门都承认工人有组织工会的权利而显著增加，到1920年，参加工会的工人超过500万人。②

在第一次世界大战爆发前，美国有组织的工人由于担心工资下降和失业，曾发生过声势浩大的限制移民入境的活动，在一定程度上限制了移民的增长，但到了发生经济危机的1921年，入境移民突然激增了80.5万人。美国工人重新掀起了限制移民运动。③ 而且，战时军需工厂纷纷停办后，工人的就业机会开始减少，工人们认为如果进一步大规模移民迁入，会影响他们的就业和工资水平的提高，对美国的制度也会带来危害。在工人声势浩大的限制移民入境的活动影响下，国会在1920年开始认真考虑关于限制移民入境的立法问题，1921年通过了第一个按百分率分配移民人数的法案，这项法案规定，各国居民每年入境人数不得超过该国1910年侨居美国人数的3%。1924年又通过一条新法案，把限额削减为各国1890年侨居美国人数的2%，把每年入境人数限制在15万人。④

尽管国际移民迅速减少，但在当时并不存在劳动力不足问题。工人劳动总数在1920—1930年从4 100万人增至4 600万人。根据劳动力的分配情况，可以看出国民经济的某些重要发展趋势。在整个20世纪20年代，农业、交通运输业和工业部门的工人人数基本上没有变动。公用事业、批发零售业和服务行业的就业人数明显增多。特别是服务行业的职工在这一期间增加了240万人。此外女性职工也有所增加，在1920—1930年期间，女职工占全国职工总数的比重从20.1%上升到21.9%。

到1923年，工商业从衰退中恢复过来，失业率从1921年的最高点11.3%降到1923年的4.3%。随后伴随着经济的繁荣，这个时期的失业率，除了1924年略高达到5.3%外，其余年份始终保持在3%～5%充分就业的水平上。尽管这一时期，外国移民大幅度减少，但劳动力供给还是比较充足的，其主要原因之一在于这一时期南方农业机械化和无形失业所引起的黑人迁移浪潮，不断为北方和南方城市输送大量非技术性工人，部分代替了北方的外来移民。但就业机会不足的幽灵在持久经济繁

① Lendol Calder. *Financing the American Dream*: *A Cultural History of Consumer Credit*, Princeton University Press, 1999.

②④ ［美］吉尔伯特·C. 菲特，吉姆·E. 里斯. 美国经济史［M］. 沈阳：辽宁人民出版社，1981.

③ ［美］H. N. 沙伊贝，H. G. 瓦特、H. U. 福克纳. 近百年美国经济史［M］. 北京：中国社会科学出版社，1983.

荣的时期已经隐约出现。

尽管产业工人的需求激增，但 20 世纪 20 年代工会的规模并没有扩大。工会会员人数从 1920 年占总劳动力比重的 12.2%逐渐下降，到 1929 年减少到不到 8%。甚至钢铁、汽车等大工业部门的工会规模也没有发展。鉴于制造业的快速发展和城市人口的集中，这种下降是令人惊讶的。其主要原因之一恐怕是和各企业主联合组织的干扰有关，它们坚决反对工会组织，并在雇用和解雇中歧视加入过工会的雇员。在 20 年代，除了适用于铁路的法律，政府一般不干预劳动关系。虽然各企业主联合组织的干扰政策放缓了有组织劳工的进展，但不能认定这是工会会员下降的最主要的原因。战时工会会员的增加，部分是由于工会为减少对工会组织的反对而与企业主联合组织签订的不罢工的保证。[①] 而随着 1921 年失业水平的提高和经济的衰退，逐渐削弱了劳动力的议价能力，1922 年和 1923 年工会会员急剧下降，1924 年以后，工会会员的人数基本上处于停滞的状态，但工会会员人数占总劳动力比重则有轻微的下降。

4.1.4 大萧条

20 世纪 20 年代初期经历了经济衰退后，从 1922 年到 1929 年，美国经济进入了一段繁荣的高涨时期。虽然，其间在 1924 年和 1927 年被局部的中间性危机中断过，但经济增长的幅度及持续的时间是美国进入工业化以来少有的。这一时期，实际国民生产总值增长了 47.4%，工业生产指数提高了 88.2，实际人均国民生产总值增长了 25%[②]在此高涨期间，汽车、电力和家用电器等新兴产业的高速发展替代了煤炭、纺织、铁路等传统产业，加上建筑业和公用事业的迅猛发展，共同构成了经济高涨的基础。这一时期的经济繁荣，美国出现了股票和地产投机狂热。由金融巨头操纵的证券市场中股票价格急速攀升。从 1925 年 1 月到 1929 年 10 月期间，纽约证券交易所的上市股票从 4.43 亿股增至 10 亿股以上，其股票的平均价格提高了 4 倍多。随着投机气氛的不断升温，股票生意兴隆。在 1929 年 10 月的上半个月，纽约证券交易所的股票市场还相当稳定，但到 10 月 23 日，股票价格开始急转直下，证券市场陷入了混乱。在 10 月 24 日的“黑色星期四”，出现了空前的抛售风，迫使行市进一步暴跌。到 11 月，50 种热门股票的平均价格比 9 月份最高市价下降 50%左右。一些证券价格指数到 12 月下跌到最低点时，美国的各种证券价值减少大约 250 亿美元。这三个月内的证券价值损失超过了同期美国经济的全部净收入。

1929 年爆发的这场美国历史上最深重的经济危机，造成美国经济的大衰退，从 1929 年到 1930 年，实际国民生产总值下降了约 11%，工业产量大幅度下降，失业率

---

① ［美］杰里米·阿塔克，彼得·帕塞尔. 新美国经济史：从殖民地到 1940 年［M］. 北京：中国社会科学出版社，2000；［美］加里·M·沃尔顿，休·罗考夫. 美国经济史（第 10 版）［M］. 北京：中国人民大学出版社，2011.

② 彭斯达. 美国经济周期研究——历史、趋势及中美经济周期的协动性［M］. 武汉：武汉大学出版社，2009.

上升，并拉开了 20 世纪 30 年代经济大萧条的序幕。这场持续到 1933 年的“大萧条”比以往任何一次经济衰退所造成的影响都要深远得多。在这期间，美国 30 种工业股票价格从平均每股 364.9 美元跌到 62.7 美元，20 种公用事业股票从平均每股 141.9 美元跌到 28 美元，20 种铁路股票从平均每股 180 美元跌到 28.1 美元。总体来看，从证券市场大崩溃前夕的 1929 年 9 月到金融危机末期的 1933 年 7 月，美国股票市场股价总共下降了 740 亿美元，即损失了 5/6，国民经济的每个部门都受到了相应的损失。这次经济危机使美国经济完全瓦解。从 1929—1933 年，如图 4—2 所示，名义国民生产总值从 1 046 亿美元跌至 572 亿美元，实际国民生产总值下降了 45.3%，工业生产下降了 47%，农业产值下降了 33%，而私人部门总投资如表 4—6 所示，基本上崩溃了，到 1933 年，私人部门总投资低于折旧水平，资本存量实际上是下降的。在这个过程中，批发价格指数和消费价格指数分别下降了 30.8%和 24.4%。此外，该时期银行共倒闭了 11 730 家，整个国家的金融信贷体系已陷入崩溃，工商企业共倒闭了 25.2 万家，34 家股票交易所的股票市值损失高达 1 790 亿美元，整个美国经济倒退到 1905—1906 年的水平。①

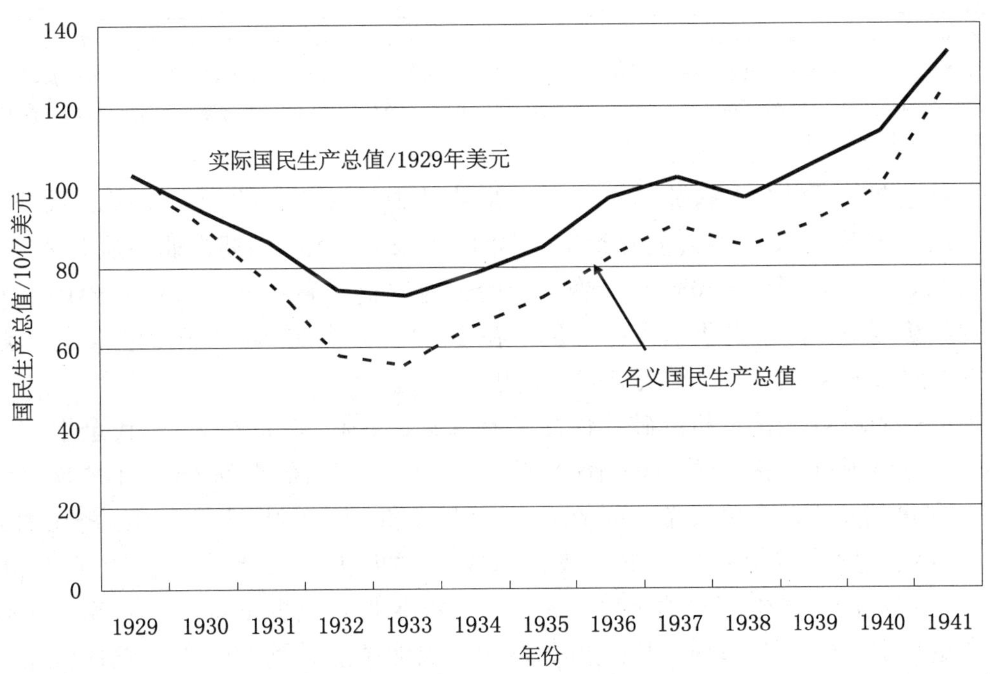

图 4—2　1929—1941 年国民生产总值

资料来源：United States Bureau of the Census，*Historical Statistics of the United States*，*Colonial Times to the Present*，New York：Basic Books Publisher Ine，1965.

① ［美］杰里米·阿塔克，彼得·帕塞尔. 新美国经济史：从殖民地到 1940 年［M］. 北京：中国社会科学出版社，2000；［美］加里·M·沃尔顿，休·罗考夫. 美国经济史（第 10 版）［M］. 北京：中国人民大学出版社，2011；陈宝森，郑伟民，薛敬孝，蔡述理. 美国经济周期研究［M］. 北京：商务印书馆，1993.

表 4—6　　1929—1941 年主要宏观经济指标

年份	国内生产总值		国内私人总投资/10 亿美元	联邦收入/10 亿美元	联邦支出/10 亿美元	价格指数（1967 年=100）		失业率/%
	当前价格/10 亿美元	增长率/%				批发	消费者	
1929	104.6	6.0	16.2	3.7	2.6	49.1	51.3	3.2
1930	92.2	−8.5	10.3	2.9	2.7	44.6	50.0	8.7
1931	77.4	−6.4	5.5	1.9	4.0	37.6	45.6	15.9
1932	59.5	−12.9	0.9	1.6	3.0	33.6	40.9	23.6
1933	57.2	−1.3	1.4	2.6	3.4	34.0	38.8	24.9
1934	66.8	10.8	2.9	3.4	5.5	38.6	40.1	21.7
1935	74.3	8.9	6.3	3.7	5.6	41.3	41.1	20.1
1936	84.9	12.9	8.4	4.6	7.8	41.7	41.5	16.9
1937	93.0	5.1	11.7	6.6	6.3	44.5	43.0	14.3
1938	87.4	−3.3	6.7	6.0	7.3	40.5	42.2	19.0
1939	93.5	8.0	9.3	6.3	8.3	39.8	41.6	17.2
1940	102.9	8.8	13.2	8.2	8.5	40.5	42.0	14.6
1941	129.4	17.7	18.1	14.9	12.7	45.1	44.1	9.9

资料来源：United States Bureau of the Census. *Historical Statistics of the United States, Colonial Times to the Present*, New York: Basic Books Publisher Ine, 1965; U. S Council of Economic Advisers. *Economic Report of the President*. Washington: United States Government Printing Office, 1967; ［美］美国商务部经济分析局. 美国历年 GDP 及人均 GDP 一览（1790—2016）. 2017—02—02.

大萧条期间，最令人震惊的统计数字是劳动力的失业人数和失业率的飙升。失业人数从 1929 年的 155 万人上升到 1933 年的 1 283 万人，同期失业率从 3.2%上升到 24.9%。随后，经济上虽然有所恢复，但失业率仍居高不下。1938 年美国又开始了新的经济衰退，同年失业率达到 19%。在 1939 年，当实际人均国内生产总值超过 1929 年的水平时，失业率仍然是 1929 年的 5.4 倍。

1929—1933 年经济危机的破坏性之大是深远的，在 20 世纪 30 年代余下的时间里再也没有出现过经济高涨，而是陷入萧条。工业生产指数直到 1937 年才恢复到比 1929 年稍高的水平。在大萧条期间的 1937 年 9 月和 1938 年 5 月，美国经济还因为美联储严厉阻止货币增长和政府财政支出减少一度再次陷入衰退。与 1937 年相比，1938 年，美国的国民生产总值下降了 6.3%，农业收入减少了 18.7%，钢、生铁和煤炭产量分别减少了 43.1%、49%和 21.4%，失业率上升到 19.0%。这次经济衰退仍然比较严重，但持续时间不长，随着政府财政支出的扩大和第二次世界大战的爆发，美国经济开始走出了衰退。

产生这次经济危机的原因主要是，第一次世界大战导致美国的生产能力迅速增加，但需求并没有相应增加。当时美国各产业部门之间的发展都存在着严重的不平衡。在美国，工人工资的增长落后于企业利润的增长，从而损害了国内市场的发展。此外，国际金融始终没有从第一次世界大战的混乱中恢复过来，战前的固定汇率和自由汇兑制度被一个折中的“金本位”制度代替，但这一制度没能稳定金融体系，从而导致美国的经济泡沫和金融危机，造成滋生大危机的主要根源。

关于这次经济大萧条产生的原因一直众说纷纭。最早解释到这一点的是英国经济学家约翰·梅纳德·凯恩斯（John Maynard Keynes，1883—1946 年）。他认为市场对商品总需求的减少，是经济衰退的主要原因，因而提出由政府采取扩张性财政策略来刺激需求，从而带旺经济。美国著名经济学家米尔顿·弗里德曼（Milton Friedman，1912—2006 年）则认为，对于这场经济大萧条，美国的中央银行—联邦储备体系负有不可推卸的重大经济政策责任。在大萧条时期，一些银行的倒闭非常有可能引发连锁反应，美联储本应及时干预，但美联储偏偏默许了银行的倒闭，未采取任何强有力的措施，终于酿成了金融系统近乎完全崩溃的恶性循环。由于流通现金—存款比率和准备金—存款比率的增加，降低了货币乘数，因而急剧地使货币存量减缩。所以，米尔顿·弗里德曼认为经济大萧条的产生与美联储的政策直接相关，而当时美国政府在大萧条前对经济做了很多管制所致，尤其是对银行的管制，使银行无法对货币需求做出反应，在通货紧缩下导致大萧条，因此应运用货币政策的调整来解决大萧条的问题。这种解释后来成了大萧条的主流解释。

总的来看，20 世纪 30 年代的美国经济大萧条是资本主义自由市场经济的危机，工业生产下降的幅度是之前历次危机所从未有过的，对外贸易也出现了大幅度下降。而且，其延续时间也异常持久。在以前的经济危机中，生产下降的延续时间不过几个月，而这次却长达 40 多个月。通过这次经济大萧条，美国资本主义市场经济制度转入一个新的阶段，即国家干预的资本主义阶段。这次经济危机使美国经济受到了空前打击，它所引起的经济停滞一直持续到 1939 年第二次世界大战爆发。

1933 年美国总统富兰克林·德拉诺·罗斯福执政后，为挽救经济危机实施“新政”，采取了一系列旨在通过调整公共开支刺激经济的措施，从而把凯恩斯理论付诸实践。新政几乎涉及美国经济领域的各个方面，其中多数措施是针对美国摆脱危机，最大限度减轻危机后果的具体考虑，还有一些则是从资本主义长远发展目标出发的远景规划，它的直接效果是使美国避免了经济大崩溃，有助于美国走出危机。从 1935 年开始，美国几乎所有的经济指标都稳步回升。伴随 20 世纪 30 年代的经济大萧条，美国的经济结构出现了相当大的改变，新的工业部门继续发展，以美国金融和制造业为中心的新的经济秩序开始形成。随着第二次世界大战的爆发，刺激了对人力物力和工业技术的需求，美国经济走出萧条，进入了一个新的时期。

4.1.5 经济新政

1933 年，富兰克林·德拉诺·罗斯福就任总统后，美国政府针对经济危机在金融、工业、农业、贸易和财政各个方面推行新政[①]，重在经济复兴。在金融改革方面，美国国会于1933年3月通过了《紧急银行法》，授权联邦储备银行增发钞票以解救货币荒，准许银行增发优先股股票；再次延长银行缓期兑付存款的时限；所有银行必须经过重新检验，经查明资产足够偿付存款的那些财力雄厚的银行才准予重新开业，并领取营业执照；对于规模较小、信誉较低的银行，则拒绝复业。《紧急银行法》是美国放弃金本位制的第一个步骤，接着美国又通过一项法案，明文规定凡公私契约中证明需用黄金支付的条款一概无效，这实际上放弃了金本位制。为了提高国内商品价格，减轻公私债务负担，实行通货膨胀，美国在6月正式取消了金本位制。该措施使得商品价格提高，消除了银行挤兑的因素，使美国在提高商品价格时，不必担心黄金的外流。事实上，当时联邦储备系统的黄金储备已大幅度增加，从通过《紧急银行法》后仅一个月，从27亿美元增至33亿美元，为日后大规模的公共工程投资和赤字财政的实行准备了一个雄厚的资金基础。

美国另一个控制货币的措施是将美元贬值。1933年10月，罗斯福在"炉边谈话"中宣布了政府购买黄金的计划。此后，联邦政府多次以不断上涨的价格购买黄金，使美元不断贬值。随着1934年通过了《黄金储备法》，黄金的名义价格从每金衡盎司20.67元美金被调整成35元。这些措施确保联邦储备系统可以因应经济需求而增加货币供应量。而美元贬值使得债务人，特别是农民的债务负担减轻了近一半。通过美元贬值，加强了美国商品对外的竞争能力。这些措施，对稳定局势，疏导经济生活的血液循环，产生了重要的作用。购买黄金和美元贬值还使得联邦政府逐步从私人大银行家手中夺得了对国家货币政策的主导权，为美国经济制度向国家垄断资本主义的转化奠定了基础。

1933年6月，国会又通过了罗斯福签署的《格拉斯-斯蒂格尔法》，也就是著名的《1933年银行法》。《格拉斯-斯蒂格尔法》的目标在于降低银行体系的不稳定，为此它将投资银行业务和商业银行业务严格地划分开，保证商业银行避免证券业的风险。该法案禁止银行包销和经营公司证券，只能购买由美联储批准的债券。《银行法》将投资银行业务和商业银行分开的做法在当时的情况下促进了银行业的健康发展，而储蓄保险制度的建立对于当时恢复公众对银行的信任起了很大的作用。[②] 该法案实施后令美国金融业形成了银行、证券分业经营的模式。新政在对银行业实行集

---

① 罗斯福新政（The New Deal）是指1933年富兰克林·德拉诺·罗斯福就任美国总统后所实行的一系列经济政策，其核心是三个R：救济（Relief）、复兴（Recovery）和改革（Reform），因此有时也被称为三R新政。新政以增加政府对经济直接或间接干预的方式大大缓解了大萧条所带来的经济危机与社会矛盾。通过国会制定了《紧急银行法令》《国家产业复兴法》《农业调整法》《社会保障法案》等法案。第二次世界大战爆发后，新政基本结束，但罗斯福新政时期产生的一些制度或机构如社会安全保障基金、美国证券交易委员会、美国联邦存款保险公司、美国联邦住房管理局、田纳西河谷管理局等至今仍产生着影响。

② ［美］斯坦利·L·恩格尔曼，罗伯特·高尔曼主编. 剑桥美国经济史：20世纪（第三卷）［M］. 北京：中国人民大学出版社，2008.

中控制的最重大的措施是 1933 年颁布的《银行法》。这个法令明显地扩大了联邦委员会管理和信贷的权力，而且还获得了实际上管理公开市场业务的权力。此法使得联邦政府的货币政策开始真正地发挥效力，成为稳定国民经济的一个有效因素，同时也为罗斯福日后的赤字开支政策提供了一个极为有利的条件。[①] 通过这些金融措施的实施，加强了美国金融资本的私人所有制，也加强了国家对金融制度的管理与控制。

为了消除证券发行和证券交易中的大规模投机，政府在 1933 年 5 月通过了《证券法》，对证券的发行做出了严格的限制，要求公开资产负债表、损益表、公司管理人员的姓名与薪资、交易证券公司的财务、经营状况等一系列情况。除此之外，这些报告必须由独立的稽核人员认证。两年后又颁布了《证券交易法》，授权联邦储备委员会规定购买证券保证金要求的比例数额；同时授权联邦储备委员会限制交易人员、中间商和经纪人对证券的购买。《证券交易法》实施后，由于对证券市场的管制，证券交易和国家金融秩序稳定，使证券市场重新活跃起来，为当时的经济复兴做出了贡献。

富兰克林·德拉诺·罗斯福执政后另一个主要问题是农业危机。农民在 20 世纪 30 年代的大萧条中受到了严重的打击，1932 年，农业的纯收入比 1929 年减少了 1/3，农产品价格下降了 50%以上，数百万农民濒临破产。在农业经济陷入极度不景气时，美国政府开始全面干预农业，提供大量政策支持和补贴。国会在 1933 年 5 月颁布《农业调整法》。国家调整农业生产的主要措施是通过《农业调整法》，利用政府的奖励和津贴，来缩减农业耕地面积，以达到减少农产品的产量，使农产品的供给适应其有效需求，目的是限制小麦、棉花、玉米、大米、烟草等农作物及牛奶、生猪的生产，以克服生产过剩并提高农产品的价格，最后把农产品的价格按照 1909—1914 年农工产品平价比率提高到同工业品具有同等购买力的水平；通过同生产者、生产者协会和其他的农产品处理商签订自愿协议来调整销售和稳定价格；向加工商、生产者协会和其他农产品处理商发放许可证，以取消不公平的做法；农产品加工商在购买原料时收取“加工税”，同行允许较高的价格购买农产品原料，然后把多付的金额计入加工出来的产品价格中，转嫁到消费者身上，用这种方法强行提高农产品的价格。这是罗斯福政府对全国农产品的生产和销售进行调节的尝试。为了执行农业调整法，农业部成立了农产品信贷公司。根据规定，农产品信贷公司的主要职责为：向同农业调整署签订合同的农场主发放无追索权贷款；调节农产品市场供应量，以达到稳定农产品价格的目的；作为向外提供援助和农产品出口的政府机构处理国内的剩余农产品。

1935 年，国会又通过了《1935 年农业调整法修正案》。该修正案最主要的内容是，规定用海关收入的 30%来促进出口和国内消费，鼓励使用剩余农产品发展工业

① 丁溪. 美国经济 [M]. 北京：中国商务出版社，2006.

和其他用途，资助农产品生产的调整活动，这就是著名的“第 32 条款”。1936 年 1 月 6 日，联邦最高法院宣布《农业调整法》中的加工税违宪。为了防止农产品生产过多和价格下跌，急需一个新的立法。为此，国会在 1936 年 2 月通过了《土壤保护和国内土地配额法》，该法实际上是一个替代法律。它把促进土壤保护、有利可图地利用农业资源以及使农业收入维持在一个合理的水平上等目标结合在一起，并规定了对保持土壤肥力的农民发给奖金的办法。凡是不种植消耗土壤肥力的农作物以保持肥力的农民，都可以获得政府奖金。

土壤保护和国内土地配额法只是一种过渡性的临时立法。1938 年，国会又通过了新的《农业调整法》。在该法案中，保留了旧法令的某些特点，土壤保护原则被作为一项永久性的政策加以保留，并增加了一些新的内容，对小麦实行了联邦保险，并由此建立了“联邦农作物保险公司”。该法案强调通过控制剩余农产品，而不是通过减耕等办法控制生产，来实现农产品价格的保持和稳定。新法令的主要目的是维持平价。具体的办法是由政府规定一个平价和每年应生产商品的数额。如果市场价格低于平价，政府就应该把实际收入价格与平价之间的差额部分补偿给农民。如果某年的生产大大超过政府规定的数额，只要有生产该项农产品 2/3 的农民同意，就可以规定销售的数额。执行这些协定的办法是对超过限额的销货课以处罚税。新的《农业调整法》实施后，美国农作物种植面积明显减少。而《农业调整法》中的一些措施和原则，如国内农作物种植分配计划、土壤保护、农产品抵押贷款以及谷物保险制度等，均成为联邦政府的长期农业政策，从而使美国的农业管理更加规范化。

在工业改革方面，美国政府在 1933 年 6 月制定了《国家工业复兴法》，标志着国家对工业实行全面干预政策开始实施。该法律规定各行业企业制定本行业的公平经营规章，确定各企业的生产规模、价格水平、市场分配、工资标准和工作日时数等，以防止出现盲目竞争引起的生产过剩，从而加强了政府对资本主义工业生产的控制和调节。[①] 其主要内容：通过强制实行卡特尔化的办法，加强工业部门的垄断和集中，来实现资产阶级内部关系的调节和消除生产过剩；通过国家投资，兴建水坝、水电站和修筑道路等公共工程来增加就业机会，减少失业压力。通过推行这些改革措施，使美国经济逐渐得到了恢复和发展，到 1939 年，国民生产总值已略高于 1929 年的水平。

“蓝鹰”是《国家工业复兴法》的标志。《国家工业复兴法》规定凡遵守法规的企业在其产品上贴“蓝鹰”标志，以示守法和致力于复兴。几周之内，250 万雇主签署了这个法规，全国近 90%的企业参加了“蓝鹰运动”。到 1933 年 9 月，全国十大工

---

① ［美］H·N·沙伊贝，H·G·瓦特，H·U·福克纳. 近百年美国经济史［M］. 北京：中国社会科学出版社，1983.

商行业的公平竞争法规颁布完毕，“蓝鹰运动”取得了辉煌的成果。到1935年《国家工业复兴法》被废除。由于已实行两年，该项法案所倡导的理念已经深入人心，许多普通劳动者被唤醒，用组织工会和罢工来维护自己的权利。在《国家工业复兴法》被判违宪之后，保护劳工权益的立法并没有停滞下来，在国家工业复兴局存在的近3年里，它一共制定和颁布了有关各行业公平竞争的基本法规557个，补充法规189个。这些操作性更强的劳工权益保护法律涉及全国约95%的工人，使他们享受到了《国家工业复兴法》所保护的组织工会和进行集体谈判合同的权利。

《国家工业复兴法》在美国现代经济制度的塑造过程中起了重要的作用。它是在经济大危机的紧急形势下，联邦政府设想在企业和政府合作的结构中，依靠工业的自治和自律来复兴工业经济的一次实验。事实证明，想依靠以同业公会为基础的工业自治来进行工业的计划是不可能的，结果只能有利于大企业和垄断。从复兴工业经济的角度看，该法在工业复兴方面的作用是很有限的，但它在禁止了雇用童工，并在全国范围内规定了最高工时和最低工资的限额，从法律上肯定了工人集体谈判合同的权利，从而改善了有组织的劳动的地位；它给工业生产的运转以一定的安全保证；它通过法律，使企业初步进入政府的管制之中，从而使美国工业经济开始步入国家垄断资本主义的轨道。[①]

显而易见，罗斯福总统实施的新政是成功的。富兰克林·德拉诺·罗斯福就任总统后，在他的智囊团的策划下，1933年3—6月通过了70多个法案，在1933—1939年新政的几年内，政府和国会先后颁发了775个法令，内容涉及整顿金融财政、调节工业生产、节制农业发展、改善民众困难等各个方面。到1937年，美国的名义国民生产总值收入从1933年的556亿美元大幅增值到1937年的904亿美元，物价从1934年起止跌回升，失业率也出现大幅度下降，国民经济得到了恢复。到1939年，罗斯福总统实施的新政取得了令人瞩目的成就。新政几乎涉及美国社会经济生活的各个方面，其中多数措施是针对美国摆脱危机，最大限度减轻危机后果的具体考虑，还有一些则是从资本主义长远发展目标出发的远景规划。罗斯福把保持国民经济的正常运行和保证公民就业作为政府的责任，尤其是以工代赈的形式修建的一大批工程项目，不仅大大缓解了失业困难，刺激了经济的早日复苏，而且许多基础设施建设使美国经济受益无穷。新政留下了大量防止再次发生大萧条的措施和政策，它的直接效果是使美国避免了经济大崩溃，最终走出了严重的经济危机，为后来美国经济的发展创造了有利的环境和条件。

4.1.6 第二次世界大战期间的经济

第二次世界大战是人类历史上规模最大、破坏最大的一次战争。这场战争从欧

① 丁溪. 美国经济［M］. 北京：中国商务出版社，2006.

洲到亚洲，从大西洋到太平洋，先后有 61 个国家和地区、20 亿以上的人口被卷入战争，作战区域面积 2 200 万平方公里，交战双方动员兵力达 1.1 亿人。据不完全统计，战争中大约有 6 000 万人死亡，其中包括约有 2 000 万名军人和 4 000 万名平民，其中许多平民分别死于传染病、饥饿、大屠杀、轰炸和蓄意的种族灭绝政策，战争期间还有 1.3 亿人受伤，合计死伤 1.9 亿人。这也使第二次世界大战成了人类历史上死亡人数最多的战争。在这场战争中，美国死亡军人高达 38 万人，其中在西欧和北非有 25 万余人死亡，在太平洋有 12 万人以上死亡。美国在经济上遭受的损失巨大，从 1941—1945 年的财政预算支出可以看出端倪，总计约 3 176 亿美元（见表 4—7），其中直接用于战争的费用高达 2 529 亿美元，占联邦政府总支出的 88.6%。尽管如此，美国的经济发展还是比较迅速的。

美国自 1940 年参战后，经济处于停滞状态。1940 年按当年美元计算的国民生产总值大约为 1 000 亿美元，比经济大萧条的 1929 年还低。但由于 1940 年的物价水平较低，这一年国民生产总值实际上超过 1929 年的 11.0%左右。失业问题也很严重，失业率高达 14.6%。

表 4—7　　战时财政　　单位：10 亿美元

年份	联邦收入	联邦支出	联邦赤字与盈余	联邦债券总量	来自个人收入税的收入	货币供给	商业银行的联邦债券
1940	8.2	8.5	−0.3	50.7	0.9	94.9	16.6
1941	14.9	12.7	2.2	57.5	1.3	109.0	20.1
1942	22.3	31.0	−8.7	79.2	3.3	126.6	26.4
1943	35.5	52.6	−14.1	142.6	6.5	162.1	52.5
1944	40.1	67.0	−27.0	204.1	19.7	192.1	68.5
1945	41.5	70.6	−29.1	260.1	18.4	225.8	84.1

资料来源：United States Bureau of the Census. *Historical Statistics*. Washington: Government Printing Office, 1975.

由于受到扩军备战和战争费用开支的刺激，经济有了巨大的增长。从 1940—1945 年，美国工业生产增长了 1 倍左右，国民生产总值开始持续增长，1945 年按当年美元计算高达 2 282 亿美元（见表 4—8），明显高出 1940 年的水平。经济增长在很大程度上归因于物价的上升，但实际国民生产总值还是提高了 56%。在战争期间，直接的需求是劳动力和物资。从表 4—9 可以看到，军队从 1940 年的 45.8 万人增加到 1945 年的 1 212.3 万人。在战争中花费的军事支出是惊人的，仅 1945 年就超过了 800 亿美元。为了响应第二次世界大战的要求，民间非农业劳动力增长了大约 30%，其中一部分补充了武装部队的巨大增长，这样，失业人数减少，1944 年失业率仅为 1.2%。

表4—8　　战时的经济趋势　　单位：10亿美元

年份	国民生产总值	个人消费支出	私人投资总额	联邦政府对商品与劳务的采购		消费物价指数（1957—1959=100）
				军事方面	其他	
1940	102.9	70.8	13.1	2.2	3.8	48.8
1941	129.4	80.6	17.9	13.8	3.1	51.3
1942	166.0	88.5	9.8	49.4	2.5	56.8
1943	203.1	99.3	5.7	79.7	1.4	60.3
1944	224.6	108.3	7.1	87.4	1.6	61.3
1945	228.2	119.7	10.6	73.5	0.7	62.7

资料来源：United States Bureau of the Census. *Historical Statistics*. Washington：Government Printing Office，1975；U. S Council of Economic Advisers. *Economic Report of the President*. Washington：United States Government Printing Office，1967；［美］美国商务部经济分析局. 美国历年GDP及人均GDP一览（1790—2016）. 2017—02—02.

表4—9　　战时的支出和人力动员

年份	国民生产总值/10亿美元	总军事支出/10亿美元	武装部队人数/千人	非农业劳动力/百万人	失业率/%	制造业产出指数
1940	102.9	1.8	458	38.0	9.5	48.8
1941	129.4	6.3	1 801	41.3	6.0	51.3
1942	166.0	22.9	3 859	44.5	3.1	56.8
1943	203.1	63.4	9 045	45.4	1.8	60.3
1944	224.6	76.0	11 452	45.0	1.2	61.3
1945	228.2	80.5	12 123	44.2	1.9	62.7

资料来源：United States Bureau of the Census. *Historical Statistics*. Washington：Government Printing Office，1975；U. S Council of Economic Advisers. *Economic Report of the President*. Washington：United States Government Printing Office，1967；［美］美国商务部经济分析局. 美国历年GDP及人均GDP一览（1790—2016）. 2017—02—02.

战争时期，为了筹措战争经费和为战时经济扩大再生产提供资金保障，美国政府进行了有力的财力动员，主要方法是增加税收和发行公债。1940年增加了为时5年的“暂时性”防务税，拨款40亿美元作为防务费。把个人免税标准从1 000美元降至800美元。降低了税收基点，增加了纳税人数。1941年，美国又提高了税率，扩大了税收范围。个人累进所得税率6%～77%，个人免税标准降至750美元，公司常规税率从24%提到31%，也提高了超额利润税、房地产税和赠与税的税率，并另外开征了许多种货物税。1942年10月，国会通过了《税收法》，税法预计每年增税70亿美元，比和平时期任何一年的总税收入都多。税率极高，范围至广，是美国历史上最大的税收法案。交纳联邦所得税的人数1941年为1 300万人，1942年则高达5 000万人。对于1942年的《税收法》，重要的一点是它所设定的免税标准低于美国人的平均工资，所得税除了中产阶级和上层阶级外，还涉及工人阶级。1943年《税收法》中的征税方式发生了变化。在1943年《税收法》中，个人税是按照从收入来源中扣除的方式来征收的，并且在支付报酬的同时扣除所得税。这种“付工资时预扣所得税”制度，使政府征到更多的税款。1944年增税22亿元，把超额利得税提到95%，个人累进所得税提至20%～91%。值得注意的是，在1943年和1944年期间国民生产总值增加了262亿美元，税收增收193亿美元，其中137亿美元来自个人所得税，而个人所得税在新增国民收入中的比例超过了50%。[①] 第二次世界大战时期，美国人均联邦税额创历史新纪录，达171美元，为第一次世界大战时的4倍多。1939—1944年，个人所得税从10亿美元增至197亿美元，公司税从110亿美元增至147亿美元。1941—1945年，税收提供了联邦支出的43.7%。[②] 由此可见，税收是战时美国的主要财源，为战时巨额开支提供了保障。同时应该指出，超额利润税在增加第二次世界大战中的税收方面也是很重要的。表4—10中的数据显示了自然年度和财政年度的税收收入。从表中的数据可以看出，尽管在各战时税收法案中公司所得税的累进边际税率都比较高，但超额利润税在提高战时税收方面比名义公司所得税更为重要。超额利润税是按照超出1936—1939年平均收入的部分来征收，或者按照规定的投资百分比来征收。1941—1945年，商业来源的税收收入中大约有2/3来自超额利润税。[③]

表4—10　　战时的税收收入　　单位：10亿美元

自然年度	自然年度的税收收入			财政年度	财政年度的税收收入		
	个人所得税	公司所得税	超额利润税		个人所得税	所有公司税	总税收收入
1940	1.4	2.1	0.4	1940	1.1	1.0	6.9
1941	3.8	3.7	3.4	1941	1.6	1.8	9.2
1942	8.8	4.3	7.9	1942	3.2	4.7	15.1
1943	14.4	4.5	11.4	1943	6.5	9.6	25.1
1944	16.2	4.4	10.5	1944	20.2	15.3	47.8
1945	17.1	4.2	6.6	1945	18.4	16.4	50.2

资料来源：United States Bureau of the Census. *Historical Statistics of the United States, Colonial Times to 1970*. Washington：Government Printing Office，1975.

发行公债是美国政府分配战争负担的另一项政策。美国共发行七次战时公债和一次胜利公债，总额为1 569亿美元。各类公债从1939年的404亿美元增至1945年的2 587亿美元，增长5.4倍。巨额公债也是战时美国的重要财源。此外，美国政府还实行了以下一些措施来加强财力动员：压缩非军事开支；增发纸币；用行政手段控制资金的流动和分配，以集中于军工生产；通过价格政策调节财政金融的聚集和使用；通过对工资的控制和增长，促使劳动力向军事生产部门转移，从而保障军工生产的加速发展。通过上述财力动员措施，使美国政府筹集到了战争所需要的巨额经费，促进了战时经济的正常运行。

在战争时期，联邦、州和地方三级政府的财政政策对经济的影响很大。联邦政府的总支出在1940年为85亿美元，在战争达到高潮的1945年为706亿美元。在

①③　[美]斯坦利·L·恩格尔曼，罗伯特·高尔曼主编．剑桥美国经济史：20世纪（第三卷）[M]．北京：中国人民大学出版社，2008.

②　[美]卡蒙帕格纳．1917—1985年美国的国民经济政策[M]．纽约，1987.

1940 年的联邦预算中，军费开支约 18 亿美元，到 1945 年达到 805 亿美元，军费总支出约占全国生产总值的 36.1%。由此可见，战争是美国经济增长的主要原因之一。

这一时期美国加大扶植工业化建设。在 1941—1945 年，美国工业建设费用总额高达 742 亿美元，由国家直接负担达 452 亿美元，其中与军事工业有关部门的费用占了 172 亿美元。由于战时军事工业的迅速发展，刺激了汽车工业和钢铁工业等主要部门的发展，如美国汽车设备生产能力进一步膨胀。第二次世界大战中，美国汽车工业主要承担全国 1/6 的军火生产。航空工业和造船工业的军工生产发展也很快，1939 年美国航空工业生产了 5 865 架飞机，而到 1944 年生产高峰，一年就生产了 9.6 万架飞机。1941 年美国建造的商船吨位为 100 万吨，1943 年达到战时最高峰 1 900 万吨。从 1938 年到 1943 年，美国工业生产年平均增长速度高达 12.7%，到战争结束时，美国在世界工业经济中占有优势地位。

20 世纪 40 年代初，由于农产品过剩抑制了农业的发展。但在 1941 年珍珠港事件发生后，农产品却供不应求。为此，联邦政府修改了农业生产计划，鼓励增产。到 1944 年，农产品总产量约比 1939 年增加了 23%。由于耕地面积只扩大了 3%，农产品的增产主要得益于机械化、化肥和改良种子，随着单位面积产量的提高，每英亩产量平均增长了 14%左右。战争的需求也使美国农业处于第一次世界大战以来的最好时期。农业的净现金收入从 1940 年的 23 亿美元上升到 1945 年约 94.6 亿美元，增长了 300%。农产品产量的增加是在农业工人人数减少，耕地面积没有很大增长的情况下取得的。在第二次世界大战期间，农业生产的进一步机械化提高了农业劳动生产率 25%左右，从而使农业部门的劳动力呈现下降趋势，从 1939 年的 1 130 万人减少到 1945 年的 1 000 万人左右。①

从经济意义上说，第二次世界大战使世界各国对美国粮食、棉花等农产品需求大幅度增加，刺激了农产品价格的上升，在 1939—1945 年，美国的农产品价格大约上涨了 118%，使农民的实际收入也呈现上升势头。在 1939—1945 年期间，每个农场的平均收入从 685 美元增加到 2 063 美元，提高了 2 倍。但从购买力看，1945 年的农场收入只比 1939 年增加 1 倍左右。

战争期间，由于政府大量采购各种军需物资，联邦财政支出剧增，消费者对消费品的需求量也大幅度增加，导致购买力和物资需求超过供给。通货膨胀现象十分严重。为抑制物价上涨，美国政府 1940 年在国防咨询委员会下设物价稳定局，翌年升为执行机构，即物价管理局，但并无控制物价的实权。1940 年 5 月到 1941 年年末食品价格上涨 25%，到 1942 年 2 月零售价格以每月 2%的速度上升。在这种情形下，罗斯福促使国会通过了“1942 年紧急物价控制法”，授权物价管理局规定各地区的最高价格与最高租金，并给予厂商以防止物价上涨所必需的津贴。同年 10 月国会通过

① ［美］吉尔伯特·C. 菲特，吉姆·E. 里斯. 美国经济史［M］. 沈阳：辽宁人民出版社，1981.

“反通货膨胀法”，授权总统把工资、物价、薪俸稳定在 9 月 15 日的水平上。并设经济稳定局，规定不经该局局长批准，工薪一律不得上涨。与此同时，为了平衡人们对一些紧俏商品的需求，美国政府采取了非价格的定量配给和物价管制措施，1942 年先后对轮胎、石油、食糖、咖啡、天然气实行配给，1943 年又对食品、肉类、黄油、燃料油实行定量供应。战时定量配给的食品达 95%。经过艰苦努力，罗斯福政府终于控制住了物价。1942—1945 年，消费品价格仅增长 10%，而批发价格只增长 7%。

总的来看，美国经济在第二次世界大战期间一直保持良好的趋势，国民生产总值稳定增长，特别是工业发展令人注目。由于战时经济的发展，战争结束时，美国工业生产总额约占资本主义世界工业生产总额的 60%，黄金储备占资本主义世界黄金储备总额的近 3/4，农业由于战争的需求也迅速发展起来。战争结束后，与军事有关的工业生产大幅度下降，从而使整个工业生产迅速下降。这样美国面临着从战时经济向平时经济的转轨问题。

4.1.7 经济发展与人口增长

第一次世界大战爆发后，美国经济基本上没有出现全面的周期性衰退，尽管美国经济增长产生了波动，但在 20 世纪 10 年代后期国内生产总值年平均的增长率达到了 4.1%（见表 4—11），经过 20 年代初期的短暂经济危机后，美国迎来了经济的繁荣。

表 4—11　　两次世界大战期间的美国人口经济（1914—1945 年）

年份	国内生产总值/亿美元	总人口/万人	人均国内生产总值/美元	时期	国内生产总值增长率/%	人口增长率/%	人均国内生产总值增长率/%
1914	364.79	99 111	368	1914—1915 年	−2.5	1.7	−4.1
1920	883.93	106 461	830	1916—1920 年	4.1	1.2	2.9
1925	905.75	115 829	782	1921—1925 年	4.4	1.7	2.6
1930	912.00	123 188	740	1926—1930 年	1.2	1.2	0.0
1935	733.00	127 362	576	1931—1935 年	−0.2	0.7	−0.9
1940	1014.00	132 122	767	1936—1940 年	6.3	0.7	5.5
1945	2 230.00	139 928	1 594	1941—1945 年	11.8	1.2	10.5

资料来源：[美] 美国商务部经济分析局. 美国历年 GDP 及人均 GDP 一览（1790—2016）. 2017—02—02.

这一时期，在经济增长的过程中，美国人口从 1915 年的 1.005 5 亿人增至 1929 年的 1.218 8 亿人。从地区看，中部东北各州、太平洋中部各洲以及太平洋沿岸各州人口增长率很高，这是由于这些地区的工商业有了显著发展。从州看，加利福尼亚州和佛罗里达州 20 世纪 20 年代的人口增长最快，而中部西北各农业州的人口年平均增长率则不到 1%。最值得注意的动向是大城市人口的迅速增加。由于大量农村人口向城市移动，20 年代的农村人口仅增加了 240 万人，而城市人口则增加 1 460 万人。

这种发展趋势加速了美国工业化和城市化的发展，而人口增长对推动美国经济发展起到了重要的作用。

1929年爆发的经济萧条使美国陷入全面的周期性衰退，经济增长率在1930—1933年连续4年出现负增长，1934年以后有所恢复，但整个20世纪30年代的年均经济增长率仅为2.4%，受经济低迷的影响，美国的人均国民生产总值增长率也很低，名义人均国民生产总值也有所减退，从1930年的740美元减少到1939年的704美元。

在1930—1940年期间，人口增加这个推动经济发展的重大因素所起的作用不很重要。这一时期美国人口从1.231 88亿人增至1.321 22亿人，人口年平均增长率仅为0.7%，由于经济萧条，移民锐减，出生率急剧下降，人口增长的速度还不到20世纪20年代人口增长率的一半。在20世纪30年代初期，美国长期以来从农村迁往城市的人口流动现象已不多见，有少数城市居民甚至迁往农村或小镇。从地区看，由东部地区向西部地区迁移的人很多，主要是中西部和大平原区的大量人口向太平洋沿岸移动。

第二次世界大战期间，由于经济的军事化生产和对外贸易的大量出口，美国经济规模空前高涨，从1940年到1945年，名义国内生产总值从1 014亿美元增长到2 230亿美元，扩大了119.9%，实际年均增长率达到11.8%。由于经济的大幅度扩张，人均国内生产总值也显示了迅速增长的趋势，这一时期人均国内生产总值增长率达到两位数，人均国民生产总值从767美元增长到1 594美元。

1940—1945年期间，虽然发生了战争，美国人口仍然有所增长，从1.321 22亿人增至1.399 28亿人，人口年均增长率为1.1%，其主要原因是人口的自然增加。这种增长趋势在一定程度上推动了美国的经济发展。从地区看，太平洋沿岸各州的人口增长率最高，中部西北各州的人口增长率最低。这一时期，人口的流动性很大，主要是农村人口流往城市的移动流，城市人口占全国总人口的比重呈现逐渐上升的趋势。仅靠太平洋战场的西海岸各州，作为美国战时最便利的大后方而得到了迅速发展，经济发达，促使城市人口迅速增长。

4.2　第二次世界大战后的人口与经济发展

4.2.1　第二次世界大战后的经济波动

美国在经历了战后短暂的经济恢复之后，逐步从战时经济过渡到和平时期经济。第二次世界大战后初期，由于军事需求的锐减，美国经济出现了短暂的下滑，实际国内生产总值见表4—12，在1946年和1947年连续负增长。但是随着固定资本的大量更新、居民消费需求的扩大以及外国进口需求的大量增加，使美国经济出现了一个高速度发展时期，1947 年和 1948 年名义国内生产总值分别高达 9.9%和 10.2%，其经济增长速度明显超过战前。到 1948 年，美国的工业生产占资本主义世界的 54.6%，出口贸易占 23.9%，黄金储备占 3/4，美国一跃成为资本主义世界经济中最发达的国家。①

表 4—12　　1946—1960 年主要经济指标

年份	国内生产总值			私人总投资增长率/%	工业生产指数 1958=100	总人口/千人	人均国内生产总值/美元	失业率/%
	当前价格/美元	名义经济增长率/%	实际经济增长率/%					
1946	2 222	−0.4	−10.9	145.0	63	141 389	1 572	3.9
1947	2 441	9.9	−0.9	0.2	69	144 126	1 694	3.9
1948	2 691	10.2	4.4	17.0	72	146 631	1 835	3.8
1949	2 672	−0.7	−0.5	−20.1	68	149 188	1 791	5.9
1950	2 937	9.9	8.7	40.9	79	151 684	1 936	5.3
1951	3 393	15.5	7.7	3.5	86	154 287	2 199	3.3
1952	3 583	5.6	3.8	−11.9	89	156 954	2 283	3.0
1953	3 793	5.9	4.6	1.3	96	159 565	2 377	2.9
1954	3 804	0.3	−0.7	−3.8	91	162 391	2 342	5.5
1955	4 147	9.0	7.2	26.4	102	165 275	2 509	4.4
1956	4 374	5.5	2.0	−0.5	107	168 221	2 600	4.1
1957	4 611	5.4	2.0	−5.9	107	171 274	2 692	4.3
1958	4 672	1.3	−0.9	−15.3	100	174 141	2 683	6.8
1959	5 066	8.4	7.2	24.9	112	177 130	2 860	5.5
1960	5 264	3.9	2.5	5.7	114	180 670	2 912	5.5

资料来源：[美] 美国商务部经济分析局. 美国历年 GDP 及人均 GDP 一览（1790—2016）. 2017−02−02；[英] B. R. 米切尔编. 帕尔格雷夫世界历史统计·美洲卷（1790—1993）[M]. 北京：经济科学出版社，2002；彭斯达. 美国经济周期研究——历史、趋势及中美经济周期的协动性 [M]. 武汉：武汉大学出版社，2009.

第二次世界大战后初期的繁荣是短暂的，随着私人投资和消费需求高潮的消退、政府支出的减少和国外进口需求的下降，使美国经济在 1948 年年底率先陷入了战后第一次经济危机，但这次经济危机过后不久爆发了朝鲜战争，使美国经济通过战争需求的刺激达到“战时景气”。战争爆发的 1950 年，美国的国内生产总值的实际增长率保持在 8.7%（见图 4—3），创战后的最高纪录。1951 年，国民生产总值的增长率仍保持在 7.7%的高水平上。同时，由于“马歇尔计划”的推行，刺激了美国对外出口贸易的急速增加，也解决了第二次世界大战后美国生产过剩与市场缩小的矛盾。其结果，从 1947 年到 1953 年，美国国民生产总值年平均增长率递增 3.9%，工业生产年均增长率为 6.6%，美国工业生产在资本主义世界经济中所占比重高达 53.4%，进一步加强了在世界中的优势地位。这种第二次世界大战后初期的繁荣景象大体上维持到朝鲜战争结束。

① 彭斯达. 美国经济周期研究——历史、趋势及中美经济周期的协动性 [M]. 武汉：武汉大学出版社，2009.

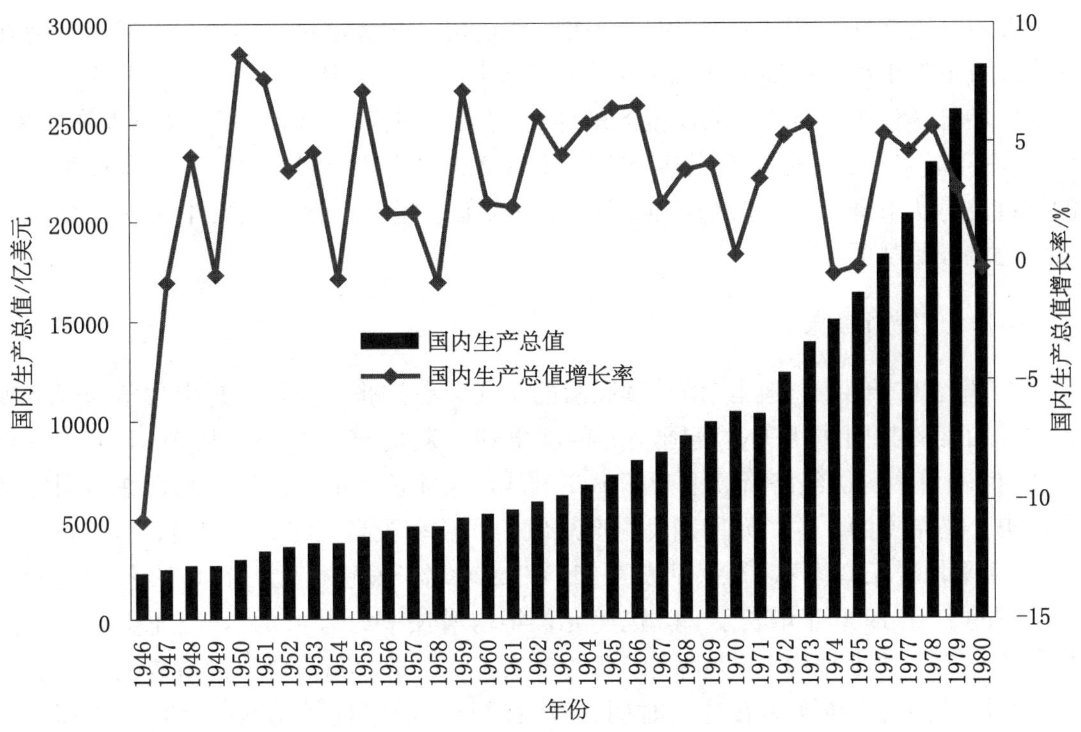

图 4—3　战后美国经济增长

资料来源：[美] 美国商务部经济分析局. 美国历年 GDP 及人均 GDP 一览（1790—2016）. 2017－02－02；彭斯达. 美国经济周期研究——历史、趋势及中美经济周期的协动性 [M]. 武汉：武汉大学出版社，2009.

促使这一时期美国经济繁荣的主要原因是：第二次世界大战结束后，西欧和日本为了从战争的废墟上重建本国经济，吸收了大量美国的商品和资本，为美国提供了广阔的国外市场和新的投资场所；战时受到压抑的住房建筑和耐用消费品需求的大幅度膨胀，刺激了建筑业、汽车业、石油工业、钢铁工业的发展；大量在战争中发展起来的先进军工技术被广泛应用到民用生产，推动了美国经济的发展。

进入 20 世纪 50 年代中期后，西欧、日本的经济复兴，削弱了美国对国外市场的控制。而朝鲜战争的失败，军事工业生产大幅度下降，加上 1953 年朝鲜战争结束以后出现了一次经济危机，使美国经济发展出现了徘徊不前的局面。1954 年，美国国民生产总值下降了 5.3%。但 1955 年又迅速恢复，国民生产总值增长为 7.2%，工业生产年增长率为 12.7%。在 1957—1958 年期间美国又发生了经济衰退，工业生产在主要发达国家中下降幅度大，失业人数多，各种刺激经济增长的因素逐渐消失。这次经济危机延续的时间不长，但比 1948—1949 年危机深刻，它波及冶金业、汽车、电气、建筑材料和轻工业等部门。美国的工业生产下降了 13.5%，失业人数增加到 470 万人，股票价格下跌，出口贸易缩减，国际收支在第二次世界大战后第一次出现大量逆差，美国经济进入了低速增长阶段。

接着，美国在1960年又发生了一次经济危机。这次危机的程度虽然较轻，但在这次经济危机中出现的美元危机影响了经济增长的速度。从1953年到1960年，美国的经济增长率仅为2.5%，工业生产的年平均增长率为2.7%。由于经济发展缓慢，到1960年，美国工业生产在发达资本主义国家的比重已降到51.9%，在国际贸易中的比重也有所下降。这一时期，美国经济不仅低速增长，而且在资本主义世界经济中的地位开始削弱。

4.2.2 经济高涨

20世纪60年代是美国经济持续高涨的年代。在扩张性政策、越南战争和经济现代化等因素的共同作用下，美国经济再度出现了新的繁荣景象。从1961年1月到1969年10月，美国经济持续上升了106个月，这样长时期的持续增长，在美国经济发展史上是罕见的。这一时期国民生产总值的增长率较高，在9年期间，有6年高于4%，年平均增长率为4.3%（见表4—13），绝对增长额也很大，按1972年的美元计算，1969年比1960年增长了342亿美元，年均增长率约为4.6%，工业生产指数提高了71.1%，失业率由5.5%降为3.5%，工业生产指数和消费价格指数也均有所上升。所以美国的经济实力在这一时期有较大增长，国家现代化程度有较大提高。这就是在美国被称为“60年代高度繁荣”的高速增长期。

表4—13　　1961—1969年主要经济指标

指标	1961年	1962年	1963年	1964年	1965年	1966年	1967年	1968年	1969年
名义国内生产总值/亿美元	5 448	5 867	6 187	6 636	7 197	7 877	8 324	9 098	9 844
名义国内生产总值增长率/%	3.5	7.5	5.5	7.4	8.4	9.5	5.7	9.3	8.2
实际国内生产总值增长率/%	2.3	6.1	4.4	5.8	6.4	6.5	2.5	3.8	4.1
投资增长率/%	−0.6	8.7	5.6	11.9	17.4	12.5	−1.4	4.5	7.6
人均国内生产总值/美元	2 965	3 139	3 264	3 258	3 700	4 007	4 138	4 532	4 856
人均国内生产总值增长率/%	0.7	4.4	2.9	4.3	5.1	5.3	1.4	3.8	2.1
人口增长率/%	1.7	1.6	1.5	1.4	1.3	1.2	1.1	1.0	1.0
工业生产指数（1958年=100）	116	125	133	142	156	172	175	186	195
消费者价格指数（1938年=100）	212	215	217	220	224	230	237	247	260
生产者价格指数（1982年=100）	33.4	33.5	33.4	33.5	34.1	35.2	35.6	36.6	38.0
联邦财政状况/亿美元	−34	−71	−48	−59	−16	−38	−87	−255	32
失业率/%	6.7	5.5	5.7	5.2	4.5	3.8	3.8	3.6	3.5

资料来源：[美]美国商务部经济分析局．美国历年GDP及人均GDP一览（1790—2016）．2017-02-02；[英]B. R. 米切尔编．帕尔格雷夫世界历史统计·美洲卷（1790—1993）[M]．北京：经济科学出版社，2002；彭斯达．美国经济周期研究——历史、趋势及中美经济周期的协动性[M]．武汉：武汉大学出版社，2009.

虽然20世纪60年代是美国经济史上有记载以来唯一保持名义国内生产总值和实际国内生产总值增长率均为正值的10年，但在1960年4月至1961年2月和1969年4月至1970年11月出现过两次轻微的衰退。第一次经济衰退主要发生在工业生产部门，特别是钢铁、汽车和建筑业的生产下降很大，衰退期间，工业生产指数下降了

7.8%，固定资本投资也出现了短暂的下降。第二次经济衰退发生在 1969 年年底，到 1970 年 11 月结束。1969 年年底美国工业生产开始下降，特别是机器制造业、冶金业和耐用消费品生产受危机的影响最大，其他经济部门也不同程度地受到危机的冲击。黄金储备锐减，导致自由市场上的金价不断上涨，美元贬值，美元的国际地位严重削弱。这次危机一直持续到 1970 年年底。

这一时期美国经济迅速发展的主要因素是：第一，战后美国国家垄断资本主义的发展为经济的迅速发展提供了重要的契机，国家对经济活动的干预加强。美国政府在这个时期通过扩大和减少政府开支、增加福利、增税、减税、信贷、提高和降低利率等措施，通过财政和金融政策来调节经济，导致长期的财政赤字，巨大的财政支出直接扩大需求，以此刺激经济的发展。第二，战后第三次科学技术革命的发展提供了主要基础。在这一时期中，一系列新兴工业部门建立，带动了固定资本大规模地更新和扩大，从而扩大了生产和就业。美国的原子能、电子计算机、半导体和激光等新兴工业部门都是在这一时期建立的。据统计，1953—1973 年期间美国取得了 65 项突破性发明创造，其中绝大部分是在 20 世纪 60 年代研制成功的。这种技术进步促进生产率的总增长每年超过 3%，它是造成经济昌盛的主要原因。特别是通信和信息处理领域等新技术，使工业、金融和教育部门等对通信和信息处理的需求有了爆炸性的增长，新产品和新市场不断出现。据不完全统计，微电子技术和计算机技术对美国经济增长所起的作用高达 40%～60%。同时，科技革命和生产力的发展，引起传统经济结构的调整，加快了技术改造和设备更新，从而大幅度提高了劳动生产率。与此同时，随着科学技术的发展，新兴工业部门不断扩大，工农业生产的机械化和自动化有了显著提高，加速了工业经济的发展，继续巩固了美国在资本主义世界经济中的优势地位。

4.2.3　经济衰退

20 世纪 70 年代初期，美国经济结束了长达十年的持续经济增长，开始出现了生产停滞、失业增加和通货膨胀并存的局面。以 1973 年的能源危机为导火索，美国从 1973 年 12 月到 1975 年 4 月爆发了第二次世界大战后空前严重的经济危机，导致 1974 年和 1975 年的国内生产总值分别下降了 0.5%和 0.2%（见表 4—14）。这次危机是美国自 30 年代大危机之后的最为严重的一次。危机期间，美国的国民生产总值下降了 8.2%，工业生产比危机前的高点下降了 15.3%，固定资本投资缩减了 23.6%。危机同时袭击了生产资料和耐用消费品部门。与 1969—1970 年经济危机一样，社会需求不振，尤其是汽车工业受打击最为严重。由于日本和西欧的一些主要发达国家同时卷入了这次世界性经济危机，美国的出口贸易大幅度减退，并从此结束了美国以廉价从国外获得能源的时代。消费价格的上涨幅度比 1957—1958 年以后的历次危机要大，经济结构危机也表现十分严重。另外，从 70 年代起，日趋尖锐的工业污染问题使美国政府对工业的环境保护措施规定了严格的限制，增加了生产的成本开支，减少了可得利润，压制了生产投资的积极性，在一定程度上放慢了工业增长的速度。

表 4—14　　1970—1982 年主要经济指标

年份	国内生产总值			投资增长率/%	工业生产指数 1997=100	总人口/千人	人均国内生产总值/美元	失业率/%
	当前价格/美元	名义经济增长率/%	实际经济增长率/%					
1970	10 383	5.5	0.2	−0.5	46.7	205 052	5 063	4.9
1971	10 268	8.5	3.4	0	47.4	207 661	5 425	5.9
1972	12 379	9.9	5.3	9.2	51.9	209 896	5 897	5.6
1973	13 823	11.7	5.8	14.4	56.1	211 909	6 522	4.9
1974	14 955	8.5	−0.5	0.8	55.9	213 854	7 010	5.6
1975	16 377	9.2	−0.2	−9.9	50.9	215 973	7 583	8.5
1976	18 246	11.4	5.4	4.9	54.9	218 035	8 366	7.7
1977	20 301	11.3	4.6	11.3	59.1	220 239	9 216	7.1
1978	22 938	13.0	5.6	15.0	62.4	222 585	10 303	6.1
1979	25 622	11.7	3.1	10.1	64.2	225 055	11 382	5.8
1980	27 881	8.8	−0.3	−0.3	62.5	227 757	12 243	7.1
1981	31 268	12.2	2.5	5.7	63.4	230 138	13 594	7.6
1982	32 532	4.0	−1.9	−3.8	60.1	232 520	14 009	9.7

资料来源：[美] 美国商务部经济分析局. 美国历年 GDP 及人均 GDP 一览（1790—2016）. 2017−02−02；[英] B. R. 米切尔编. 帕尔格雷夫世界历史统计・美洲卷（1790—1993）[M]. 北京：经济科学出版社，2002；彭斯达. 美国经济周期研究——历史、趋势及中美经济周期的协动性 [M]. 武汉：武汉大学出版社，2009.

在上述诸多因素的影响下，美国经济增长缓慢，通货膨胀严重，失业率居高不下。从 1971 年到 1979 年，美国的国民生产总值年平均增长率仅为 2.9%，劳动生产率的平均年增长率仅为 0.8%，明显低于 1952—1970 年的 3%。这一事实决定了美国经济停滞的趋势。而消费物价指数高达 7.1%，大大高于 20 世纪 60 年代的 2.3%。同时，经济增长缓慢还引起失业增加，整个 70 年代，美国的失业率平均高达 6.2%，普遍高于 50 年代的 4.5%和 60 年代的 4.8%。

在生产停滞、通货膨胀和失业增加的压力下，为了刺激处于停滞状态的生产，美国政府采用了降低利率，放宽信贷等措施，但在不断上涨的石油价格和徘徊不前的劳动生产率的影响下，通货膨胀进一步加剧。紧接着美国经济刚一进入 20 世纪 80 年代，就遭到战后以来最严重的一次经济危机。从 1979 年 4 月到 1982 年 12 月，美国工业生产下降了 11.8%，失业人数高达 1 200 万人，失业率达 10.8%。1980—1982 年，美国的国民生产总值实际年增长率仅为 0.1%。社会再生产领域里的生产下降与货币金融领域里的通货膨胀相交织，是 80 年代初的危机和 1974—1975 年经济危机的共同特点。但在这次危机中，通货膨胀及由此引起的物价上涨的情况比 1974—1975 年危机期间更加严重。美国 1975 年的消费价格上涨率为 9.1%，而 1980 年和 1981 年分别是 13.5%和 10.2%。在这种情况下，迫使美国政府实行紧缩政策，其最重要的措施是通过提高利率来紧缩通货和信用。这样，在危机期间提高利率的做法，成为这次美国经济危机中最令人注目的问题之一。

需要指出的是，在20世纪80年代初期的美国经济危机中，美国的利率水平高，不仅表现在名义利率上，还表现在实际利率上。美国长期以来，实际利率保持在10%左右的高水平上。高利率政策对抑制通货膨胀起到了一定作用。如1982年12月，美国的消费价格上涨率由1980年年底的12.4%下降到3.9%。但高利率政策抑制了企业家进行生产投资的积极性，限制了消费者的有效需求，使经济难以回升，从而拖长了经济危机的时间。在这次经济危机中，严重的生产过剩，使许多企业缺乏必要的周转资金，从而导致企业的破产情况严重。在美国，1981年企业倒闭总数为17 040家，1982年进一步增至24 000家左右。在农村也出现各种公司倒闭，农机商店破产的衰败景象。

这一时期，美国经济衰退的主要原因是：军事上的庞大开支使资本积累中的很大部分用于军事工业的研究和生产，降低了民用部门扩大再生产的速度，妨碍了经济发展的速度；巨大的资本输出削弱了美国国内的投资能力；国内外市场问题日益尖锐，生产能力严重过剩，从而使古典资本投资增长率减慢；1979年的世界性石油危机使油价增长了1倍多，而美国国内石油生产明显滞后于消费的需要，美国的进口石油占总消费量的比重高达40%以上。石油的大幅度提价对美国经济的打击是沉重的；长期增加政府财政支出，造成庞大的财政支出，政府不得不扩大货币发行量和增发国债，其结果加剧通货膨胀，促使物价上涨，抑制了私人投资的积极性，削弱了居民的有支付能力的需求，从而严重影响了经济的增长速度。

4.2.4　对外贸易

第二次世界大战以来，美国一直是世界上最大的贸易国家，特别是战后初期，由于西欧各国以及日本受到战争的破坏，国民经济极度低迷，美国借此机会大力进行对外贸易，1946年的进出口贸易总额（见表4—15），为147.75亿美元，其中出口贸易总额为97.75亿美元，到1947年，美国出口贸易总额进一步增至153.69亿美元，占世界出口总额的32.5%，为其他资本主义国家望尘莫及。此后三年美国的出口额每年在103亿美元至126亿美元，平均每年贸易顺差都超过50亿美元，美国对外贸易连年顺差使黄金源源流入，到1949年，美国黄金储存总额为246亿美元，达到了历史最高水平。①

① ［美］斯坦利·L·恩格尔曼，罗伯特·高尔曼主编．剑桥美国经济史：20世纪（第三卷）［M］．北京：中国人民大学出版社，2008.

表 4—15　　对外贸易（1946—1980 年）

年份	进出口总额/亿美元	出口总额/亿美元	进口总额/亿美元	进出口差额/亿美元	进出口增长率/%	出口增长率/%	进口增长率/%
1946	147.75	97.75	50.00	47.75	4.9	−0.9	19.4
1950	192.44	102.82	89.62	13.20	2.5	−17.4	29.3
1955	271.24	155.56	115.68	39.88	6.4	11.3	11.5
1960	356.87	206.12	150.75	55.37	7.6	18.9	−3.9
1965	489.63	275.32	214.31	61.01	7.8	6.0	14.3
1970	823.46	425.90	397.56	28.34	11.2	15.0	10.3
1975	2 139.93	1 081.13	1 058.80	−22.33	4.8	9.5	−1.1
1980	4 777.70	2 207.86	2 569.84	−361.98	18.2	22.0	15.6

资料来源：[英] B. R. 米切尔编. 帕尔格雷夫世界历史统计·美洲卷（1790—1993）[M]. 北京：经济科学出版社，2002.

进入 20 世纪 50 年代以后，美国的经济出现波动，而联邦德国、日本等国经济的恢复和发展，使世界贸易结构发生了巨大的变化，美国在世界市场上所占优势开始动摇，以致逐渐消失。在朝鲜战争期间，向国外购进大量军需物资，出现了进口激增和出口锐减的局面，尽管对外贸易总额有所上升，但贸易顺差急速下降。加上 1957—1958 年的经济危机，美国的对外贸易恶化。1958 年的出口贸易额从 1957 年的 208.73 亿美元降至 179.20 亿美元，1959 年继续呈现下降的趋势，因此它在世界出口贸易中所占比重也有所下降，从 1947 年的 32.5%降至 1972 年的 13.6%。

美国对外贸易的丧失主要表现在工业产品出口方面。第二次世界大战后到 20 世纪 60 年代，美国工业产品的出口额一直居世界第一位，例如 1968 年美国工业产品出口值占世界出口贸易总值的 20%，但进入 70 年代以后，美国工业产品的出口值虽然有所上升，但增长缓慢，在世界出口贸易中所占的比重逐渐缩小，1970 年降至 18.4%，而联邦德国所占的比重在同年超过美国，跃居世界第一位。1978 年，联邦德国工业产品出口值激增达到 1 250 亿美元，比美国工业产品的出口值高 33%，而同年日本的工业产品的出口值达到 960 亿美元，基本上达到同美国并驾齐驱的水平。

美国对外贸易的兴衰还表现在外贸逆差急剧扩大上，在 1946—1970 年的 25 年间美国一直保持着贸易顺差，共取得了 966 亿美元的巨大盈余，成为美国弥补国际收支逆差的一大来源，对于美国经济发展起了一定作用。但是到 1971 年美国出现了自 1893 年以来的第一次贸易逆差。从此以后，除了 1973 年和 1975 年外，均出现逆差，不仅无法逆转，而且逆差额越来越大。

20 世纪 70 年代，美国对外贸易连年出现巨额逆差的趋势是严重的。这一时期，美国同它的主要贸易伙伴联邦德国和日本的贸易都已经由顺差变为逆差。美国对联邦德国的贸易逆差在 1971 年为 8.19 亿美元，1973 年增至 15.88 亿美元，1978 年进一步上升到 30.04 亿美元。美国对日本的贸易逆差从 1965 年开始，随后逆差数额越来越大，1971 年为 32.04 亿美元，1977 年为 80.24 亿美元，到 1978 年高达 115.73

亿美元，占美国全部逆差的40％，引起美国的不安。针对70年代初期以来出现的贸易逆差，美国采取了贸易保护措施。1974年12月美国国会通过了《1974年贸易法》。该贸易法的主要特点是：新贸易法的重点在于授权总统就消除非关税壁垒与各国进行谈判；而原来的“扩大贸易法”的重点在于关税减让，基本上未涉及非关税壁垒问题；美国为了进一步扩大农产品出口，新贸易法强调关税和非关税壁垒的消除不仅包括工业品，也包括农产品，而农产品贸易问题在以前的贸易法中却未占重要地位；新贸易法还规定了“进口补救”措施，即当进口商品的竞争发生严重危害时，总统有权采取提高关税、设置进口限额等措施；新贸易法授权总统在国际收支发生紧急情况或外汇市场上美元汇价过度下跌时，可采取有效期150天的进口限制措施，如进口附加税和临时性的进口限额。与此同时，美国政府采取了限制进口的措施，并征收10％的进口附加税，企图减少贸易逆差。但是事与愿违，美国的贸易差额不仅未见减少，而且逆差数额与日俱增，严重影响美元的汇价，导致国际金融市场经常发生抛售美元，抢购黄金的风潮，尤其是在1978年。美元的跌幅几乎是前所未有的。据统计，美元对瑞士法郎的汇价下跌19.26％，对日元下跌20.03％，对联邦德国马克下跌14.36％。

4.2.5　科技革命与经济增长

第二次世界大战后，美国的科学技术研究发生了更大的变化，主要表现在把研究的重点由应用研究转向基础研究，国家创新体系的建立推进了科学技术革命的发展。第二次世界大战后，从原子能的研究到原子弹的爆炸，证明了基础研究的重要性。电子计算机也是在第二次世界大战中为适应弹道计算的需要而加速研制的。为了加快科学技术的发展和基础研究的建设，联邦政府加大了对科学技术的投入，科研经费一直高速增长。依靠巨大的科技投资，美国政府加强了实验室的建设，建立了一大批国家实验室，形成了以军事目的为主的研究、开发和生产体系，从而推动了基础研究的发展。

核能技术是战后美国科技革命的重要标志之一，原子能的开发和利用是一次新的能源革命。1942年12月美国芝加哥大学建成了世界上第一个原子反应堆，1945年7月美国第一颗原子弹爆炸成功，人类从此进入了原子能时代。战后，美国原子能利用朝着两个方向发展，其一是用来制造军事武器，如原子弹、氢弹、中子弹以及核潜艇等，其二是原子能和平利用，主要是核电站的建立以及核医学的发展。1951年美国首次在爱达荷国家反应堆试验中心进行了核反应堆发电的尝试，发出了100千瓦的核能电力，为人类和平利用核能奠定了基础。1954年苏联建成了世界第一座以铀为燃料的核电站，1955年美国建造了第一座原子能发电站，1956年英国建成以钚为燃料的核电站。1961年7月，美国建成了第一座商用核电站——杨基核电站。该核电站功率近300 MW，发电成本降至9.2美厘/度，显示出核电站的强大生命力。20世纪70年代以后，核电站在美国、西欧、日本和北欧等世界各地普遍建立起来，到

1995 年美国已有 109 座核电反应堆，是世界核电站最多的国家，发电总量远远超过水电和油电的总量。核电站成为主要的能源来源之一。

电子计算机技术也是战后美国科技革命的重要标志。1947 年，美国贝尔实验室的威廉·肖克利（William Shockley）、约翰·巴顿（John Bardeen）和沃特·布拉顿（Walter Brattain）制成了第一支电子晶体管①，标志着微电子技术的发轫。1946 年，宾夕法尼亚大学的约翰·W. 莫克利（John W. Mauchly）和 J. 雷斯珀·埃克特（J. Presper Eckert）设计的世界上第一台通用电子数字计算机“埃尼阿克”宣告研制成功，第一代电子计算机诞生②。到了 20 世纪 50 年代前期，当时的计算机都采用电子管作元件。电子管元件有许多明显的缺点。在运行时产生的热量太多，可靠性较差，运算速度不快，价格昂贵，体积庞大，这些都使计算机发展受到限制。1954 年，美国贝尔实验室研制成功第一台使用晶体管线路的计算机，取名“催迪克”，装有 800 个晶体管。晶体管不仅能实现电子管的功能，又具有尺寸小、重量轻、寿命长、效率高、发热少、功耗低等优点。使用了晶体管以后，电子线路的结构大大改观，制造高速电子计算机的设想成为可能。1958 年，美国的国际商业机器公司（International Business Machines Corporation，IBM）制成了第一台全部使用晶体管的计算机 RCA501 型。由于第二代计算机采用晶体管逻辑元件及快速磁芯存储器，计算机速度从每秒几千次提高到几十万次，主存储器的存储量，从几千提高到 10 万以上。1959 年，IBM 公司又生产出全部晶体管化的电子计算机 IBM 7090。此后电子计算机技术突飞猛进，从印刷电路板到单元电路和随机存储器，从运算理论到程序设计语言，不断的革新使晶体管电子计算机日臻完善。1961 年，世界上最大的晶体管电子计算机 ATLAS 安装完毕。1964 年 8 月，在西摩·克雷（Seymour Cray）的领导下问世的 CDC 6600 超级计算机是第三代计算机，采用中小规模集成电路，计算速度为每秒几百万次，寿命更长，价格更低，采用多种高级语言并有成熟的操作系统。此后，集成电路的发展为微型计算机的发展奠定了基础，20 世纪 70 年代以来又演化成第四代计算机，这种计算机采用大规模及超大规模集成电路，计算速度为每秒几亿次，性能不断提高，价格也不断下降，操作系统不断得到改进，计算机技术的飞跃发展，为

---

① 晶体管的发明，最早可以追溯到 1929 年，当时工程师利莲费尔德就已经取得一种晶体管的专利。但是，限于当时的技术水平，制造这种器件的材料达不到足够的纯度，而使这种晶体管无法制造出来。1947 年 12 月，美国贝尔实验室的威廉·肖克利、约翰·巴顿和沃特·布拉顿组成的研究小组，研制出一种点接触型的锗晶体管。晶体管的问世，是 20 世纪的一项重大发明，是微电子革命的先声。晶体管出现后，人们就能用一个小巧的、消耗功率低的电子器件，来代替体积大、功率消耗大的电子管了。晶体管的发明又为后来集成电路的降生吹响了号角。

② 第一台电子计算机在 1946 年 2 月 14 日问世。全称是“电子数值积分和计算机”，英文名字是“Electronic Numerical Integrator And Computer”简称 ENIAC（埃尼阿克）。它是由美国宾夕法尼亚大学的莫尔学院的莫尔小组承担研制的。它由 17 468 个电子管、6 万个电阻器、1 万个电容器和 6 000 个开关组成，重达 30 吨，占地 160 平方米，耗电 174 千瓦，耗资 45 万美元。这台计算机每秒只能运行 5 千次加法运算，或 400 次乘法，需要用一间 30 多米长的大房间才能存放。“埃尼阿克”的成功，是计算机发展史上的一座纪念碑，是人类在发展计算技术的历程中，到达的一个新的起点。

信息时代的到来奠定了基础。

空间技术是探索、开发和利用太空以及地球以外天体的综合性工程技术，它包括数学、物理学、化学、电子学、冶金学、天文学、空气动力学等多学科成果的综合利用，为各种新学科核心技术发展开辟的新的领域。早在1926年3月，美国物理学家戈达德独立地研究了火箭的推进原理，设计、制造并发射了世界上第一枚液体火箭。此后，美国的科学家在政府的支持下，开展了对火箭制造和发射的研究。到了20世纪50年代后期，火箭的运载能力已达到发射人造卫星的水平。为了实施地球物理年的计划，美国和苏联积极筹划发射科学卫星。1957年10月4日，苏联成功地发射了世界上第一颗人造地球卫星，标志着空间时代的真正开始。1958年1月美国发射了重量小于苏联的但品质很高的探险者1号人造地球卫星。1962年2月20日，美国约翰·格伦乘水星6号宇宙飞船遨游太空绕地球3周后安全降落。1969年7月16日，美国成功地利用“土星－Ⅴ”运载火箭发射阿波罗飞船，把宇航员阿姆斯特朗和奥尔德林送上月球，并于7月25日返回地球。70年代以来的空间技术，开始了由近地空间为主转向太阳、太阳系行星和宇宙空间的探测研究。1973年5月14日，美国又利用“土星－Ⅴ”火箭将82吨重的“天空实验室1号”送入太空，并以阿波罗飞船为交通工具，先后把3批共9名宇航员送进实验室，进行了20多项科学研究。

新材料技术是指通过物理研究、材料设计、材料加工、试验评价等一系列研究过程，创造出能满足各种需要的新型材料的技术。战后以来，在美国由于有机化学、物理化学和固体物理学的发展，新材料不断涌现，[①] 从使用的类型角度说有传递，记录或存储的信息材料；新高温结构陶瓷，非晶态材料和超导材料的新能源材料等。

生物工程技术的发展也是引人注目的。1953年，分子生物领域的一项重要发现揭开了美国医药技术变迁的序幕。沃森（Waston）和克里克（Crick）确认了DNA的双重螺旋结构，找到了一种更为有效的药物发明方法，但在这一科学突破后的20多年内，生物技术行业仍处于初期发展阶段。1973年，斯坦利·科恩（Stanley Cohen）和赫伯特·博耶（Herbert Boyer）发现了基因结合技术，这一发现使改变有机物的基因密码和操纵蛋白质的生产成为可能。从20世纪70年代起，巨额资金开始投向生物技术工业领域，人造胰岛素作为第一个面向市场销售的生物技术产品。[②] 1977年，美国采用大肠杆菌生产了人类第一个基因工程药物——人生长激素释放抑制激素，开辟了药物生产的新纪元。

战后对美国经济增长产生最深远影响的是科学技术的发展。美国战后私人投资结构的变化以及投入研究与开发项目中资源的总规模的变化，事实上反映出科技对

---

① 丁溪. 美国经济［M］. 北京：中国商务出版社，2006.

② ［美］斯坦利·L·恩格尔曼，罗伯特·高尔曼主编. 剑桥美国经济史：20世纪（第三卷）［M］. 北京：中国人民大学出版社，2008.

经济增长的影响。战后美国研究和开发支出总额不断扩大，大大促进了新工艺、新产品与新兴工业部门的发展。

美国的科学技术在越来越大的程度上成为社会生产力的第一要素。劳动生产率的提高，已经不是主要依靠单纯提高劳动强度，而是通过生产技术的不断改进、劳动者技能的提高以及劳动手段的改进，科技因素在经济增长中占有越来越重要的作用。新技术革命的应用，大大降低了生产中的物耗和能耗。20 世纪 90 年代初，美国摆脱危机的主要手段之一是加速发展新兴科技产业和对原有工业的技术改造，从而促进了经济增长。

J. W. 肯德里克（J. W. Kendrick）十分重视技术进步对经济增长的作用。他利用“剩余法”估算了技术进步对经济增长的贡献，并提出了“全部要素生产率”的概念和分析方法。他根据实际统计资料，找出一定时期的增长量，然后减去劳动投入增量和资本投入增量对经济增长的贡献，其“剩余法”被认为是技术进步对经济增长的贡献。爱德华·富尔顿·丹尼森（Edward Fulton Denison，1915 年—）根据美国 1929—1969 年的经济统计资料，估算了各种因素占总增长率的比例。在这一时期，经济增长率为 3.4%。其中要素投入量引起的增长率为 1.8%，占总增长率的 53.4%，要素生产率所体现的技术进步引起的增长率为 1.6%，占总增长率的 46.6%。由此可见，美国科技革命引起的经济增长率是不容忽视的。

4.2.6 经济发展与人口增长

第二次世界大战后，美国经济经历了短暂的经济危机开始恢复，到 1950 年工业生产超过了衰退前的最高水平，开始了新一轮的周期高潮，其间各项宏观经济指标下降的幅度不大。到了 20 世纪 50 年代，尽管美国经济增长产生了波动，但在这一时期国内生产总值年平均增长率达到了 3.6%（见表 4—16），人均国民生产总值也有所提高，从 1950 年的 1 936 美元增至 1960 年的 2 912 美元。这一时期，在经济增长的过程中，美国人口从 1946 年的 1.413 9 亿人增至 1960 年的 1.806 7 亿人，人口年均增长率达到 1.6%。

表 4—16　　战后美国人口经济（1946—1980 年）

年份	国内生产总值/亿美元	总人口/万人	人均国内生产总值/美元	时期	国内生产总值增长率/%	人口增长率/%	人均国内生产总值增长率/%
1946	2 222	141 389	1 572	1946—1950 年	0.2	1.6	−1.5
1950	2 937	151 684	1 936	1951—1955 年	4.5	1.4	2.8
1955	4 147	165 275	2 509	1956—1960 年	2.6	1.8	0.7
1960	5 264	180 671	2 912	1961—1965 年	5.0	1.5	3.5
1965	7 191	194 303	3 700	1966—1970 年	3.4	1.1	2.3
1970	10 383	205 052	5 063	1971—1975 年	2.7	0.9	1.7
1975	16 377	215 973	7 583	1976—1980 年	3.7	1.1	2.6
1980	27 881	227 757	12 243	1946—1980 年	3.2	1.3	1.7

资料来源：[美] 美国商务部经济分析局. 美国历年 GDP 及人均 GDP 一览（1790—2016）. 2017—02—02.

20 世纪 60 年代是美国历史上有记载以来唯一保持名义和实际国民生产总值均为正值的 10 年，但也有所波动，尽管如此，这一时期的国内生产总值年平均增长率达到了 4.2%，人均国内生产总值年均增长率也达到了 2.9%。随后的 20 年，美国经历了 1970 年的经济萧条以及 1974—1975 年的经济衰退等不利因素，但每 5 年间的年均经济增长率相当稳定，在 2.7%～3.2%之间徘徊，同期人均国内生产总值年均增长率基本上保持在 1%左右的水平。

从这一时期美国的人口发展趋势来看，人口增长是比较平稳的。自 20 世纪 60 年代初期以后，美国继续处于生育高峰，出生率保持在 25.0‰左右较高的水平上，直到 1965 年以后才降到 18.4‰以下，随后出生率呈现缓慢下降趋势，到 1981 年，出生率仍达到 16.0‰的水平。由于较高的出生率和移民因素的影响，使美国始终是发达国家中人口年平均增长率较高的国家。

总体来看，第二次世界大战后到 20 世纪 70 年代，经济增长的主要原因是和人口增长密切相关的。美国人口的增加，既提供了充足的劳动力，又扩大了对消费市场的需求，刺激了国民经济的发展。1945 年以后到 1980 年间，美国人口从约 1.4 亿人增长到 2.3 亿人，仅 35 年时间增长了 64.3%，这一时期，美国的年平均人口增长率为 1.3%，其增长速度明显超过了德国、法国和英国等主要发达国家。此外，伴随着人力资源的开发和培训，人口素质的提高也在一定程度上促进了美国的经济增长。

4.3　人口动态与人口城市化

4.3.1　人口增长

进入 20 世纪以后，美国的人口增长依然很快，到 1914 年美国人口已接近 1 亿人。这一时期，由于高出生率和大量国际移民的到来，促进了这一人口增长的高峰。此外，经济的繁荣和工业的蓬勃发展，改善了人们的生活水平，不仅减轻了人们对于抚养较多孩子的顾虑，而且提高了婴儿的存活率，这无疑是刺激人口自然增长率的重要因素。第一次世界大战爆发后一直到 1945 年，美国的人口增长开始放慢，并逐渐步入低谷。20 世纪上半叶接连发生的两次世界大战和数次经济危机，对美国的人口变动产生了巨大的影响。战争不仅阻断了移民浪潮，同时也造成一定的伤亡，而经济波动使移民数量和出生率随之浮动，这些因素导致美国的人口增长速度明显减缓，并呈现周期性的波动。

第二次世界大战结束后到 20 世纪 60 年代中期，美国人口再次步入急速增长的势头。这一时期美国兴起了一次影响深远的生育浪潮，被战争所阻断的移民潮也重新活跃起来，导致美国人口持续上升，到 1965 年美国人口已接近 2 亿人。人口增长率在 1941—1950 年达到 14.8%（见表 4—17），为 30 年代的 2 倍；在 1951—1960 年间又上升到 19.2%，成为自 20 世纪 10 年代以来最高的增长率。

表 4—17　　美国人口增长的变化（1900—1980 年）

年份	人口总数/千人	人口增长率/%	年龄中位数	期间	人口纯增数/千人	年平均数/千人	总增长率/%
1900	76 094	1.7	22.9	1901—1910 年	16 313	1 631.3	21.4
1910	92 407	2.1	24.1	1911—1920 年	14 054	1 405.4	15.2
1920	106 461	1.9	25.3	1921—1930 年	16 727	1 672.7	15.7
1930	123 188	1.2	26.5	1931—1940 年	8 934	893.4	7.3
1940	132 122	0.8	29.0	1941—1950 年	19 562	1 956.2	14.8
1950	151 684	1.7	30.2	1951—1960 年	29 076	2 907.6	19.2
1960	180 760	1.6	29.5	1961—1970 年	24 329	2 432.9	13.5
1970	205 089	1.2	28.1	1971—1980 年	22 637	2 263.7	11.0
1980	227 726	1.2	30.0	1901—1980 年	151 632	1 895.4	199.3

注：总增长率、人口纯增数和年平均数根据统计资料算出。

资料来源：［美］美国商务部经济分析局. 美国历年 GDP 及人均 GDP 一览（1790—2016）. 2017－02－02；United States Bureau of the Census. *Historical Statistics of the United States*. Washington：Government Printing Office，2006.

自 20 世纪 60 年代中后期以后，随着生育率的减退，美国的出生率大幅度下降，人口的增长率大幅度低于第二次世界大战后头 20 年的水平，而移民在人口增长中的比重趋于上升，1961—1970 年间，美国的人口仅增加了 13.5%，随后继续呈现下降的趋势，如图 4—4 所示。

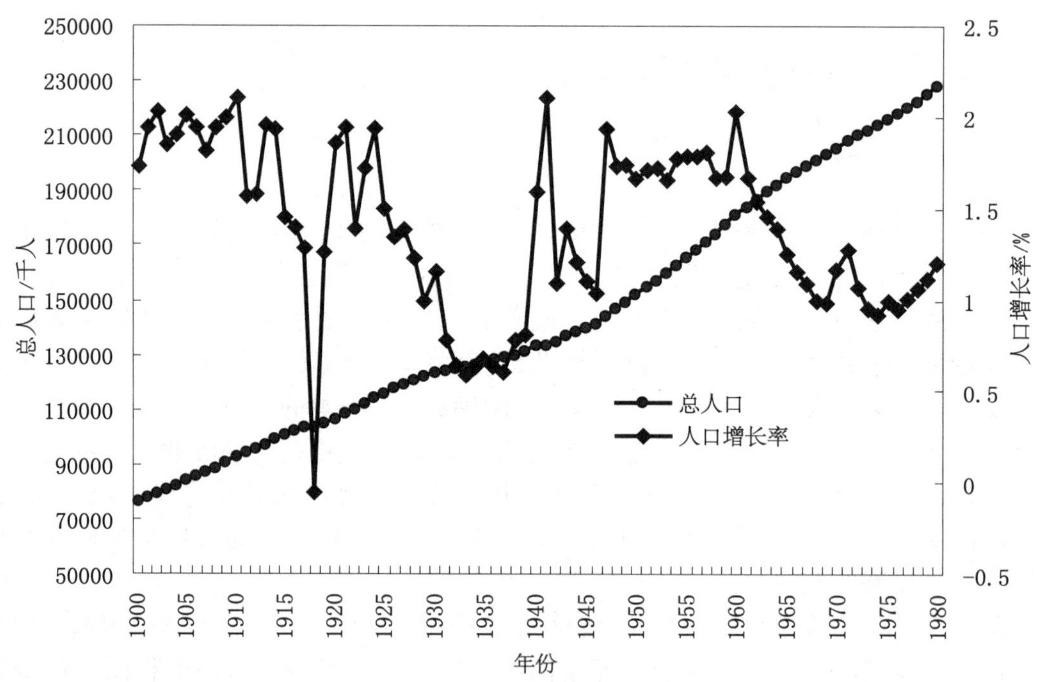

图 4—4　美国人口增长的变化（1900—1980 年）

资料来源：［美］美国商务部经济分析局. 美国历年 GDP 及人均 GDP 一览（1790—2016）. 2017－02－02；United States Bureau of the Census. *Historical Statistics of the United States*. Washington：Government Printing Office，2006.

人口增长的动态变化通常是由出生率、死亡率和人口流动性的变化结果来决定的。而美国作为“移民国家”，在其经济发展的过程中，还吸纳了大量的国际移民，因此下面除了考察人口自然增长率的两大因素，即出生率和死亡率外，还重点考察美国经济发展过程中的移民这一人口因素。

4.3.2 生育率

美国由于移民因素，加上以大家庭和早婚而闻名，出生率长期偏高，始终保持在出生率转换以上的水平。1900年白人出生率为30.1‰，总和生育率为3.56，见表4—18。这以前的生育率可能比这一数字略高。20世纪初期以后，随着工业化的加速，出生率出现了逐渐下降的趋势，到1910年，全国白人出生率已降至29.2‰，总和生育率也减少到3.42。20世纪20年代末到30年代是美国经济的大萧条时期，移民锐减，结婚率猛增，白人出生率迅速下落，1933年时仅为18.4‰，其他年份也大多在20.0‰以下，降低到前所未有的低谷。出生率在19世纪的长期下降模式与其在20世纪前30年发生的波动形成强烈对比。

美国出生率在20世纪初期以后持续下降主要起因于婚内生育率的变化，对于1900年、1910年和1940年联邦人口普查中胎次的数据的研究表明那时的婚内生育率在迅速下降，这种下降趋势在城市白人妇女中尤其明显。例如在1910年，估计有70%以上的15～34岁城市土生白人年轻妇女在有效地进行婚内生育率的控制，而农村土生年轻白人妇女的这个比例则超过了50%。此外，各种各样的避孕药具、避孕措施和限制家庭规模的避孕方法都得到了广泛运用，这是20世纪这种行为迅速流行的一个前兆。①

在第二次世界大战期间，美国的出生率水平到1944年一直是上升的。战争结束后，大量的军人复员，于是结婚率的大幅度提高，引起出生率的上升，这种现象一直持续到1957年。随后美国生育率开始下降，但白人出生率依然持续保持在25.0‰左右的较高水平上，直到1965年以后才降到18.4‰以下。这一时期黑人的出生率也呈现明显的下降趋势，从1957年35.3‰降至1965年的27.6‰，其主要原因是20世纪60年代后期，口服避孕丸和子宫内避孕器开始使用的效果。20世纪70年代以后，家庭关系不稳定，离婚率上升对生育趋势影响很大。1970年离婚率为47‰，1979年又翻了一番。1960年全国25～29岁的年轻女子未婚率仅为9.5%，1990年上升到31.1%，而男女平均初婚年龄也升高了近3岁，这些因素促使出生率下降。

与发达国家的平均水平相比，美国的出生率约高出3‰。而美国的总和生育率到20世纪70年代才降低到世代更替水平以下，完成了生育率的转换，1976年降低到

① ［美］斯坦利·L·恩格尔曼，罗伯特·高尔曼主编．剑桥美国经济史：20世纪（第三卷）［M］．北京：中国人民大学出版社，2008．

表 4—18 美国的生育率

年份	出生率/‰		儿童妇女比率/孩子数		总和生育率/人次	
	白人	黑人	白人	黑人	白人	黑人
1900	30.1	44.4	666	845	3.56	5.61
1910	29.2	38.5	631	736	3.42	4.61
1920	26.9	35.0	604	608	3.17	3.64
1930	20.6	27.5	506	554	2.45	2.98
1940	18.6	26.7	419	513	2.22	2.87
1950	23.0	33.3	580	663	2.98	3.93
1960	22.7	32.1	717	895	3.53	4.52
1970	17.4	25.1	507	689	2.39	3.07
1980	15.1	21.3	300	367	1.77	2.18

注：总和生育率为每个妇女在生育年龄期间的生育总次数；儿童妇女比率为每 1 000 人年龄在 15～44 岁妇女所对应的 0～4 岁的孩子数。

资料来源：[美] 斯坦利·L·恩格尔曼，罗伯特·高尔曼主编. 剑桥美国经济史：漫长的 19 世纪（第二卷）[M]. 北京：中国人民大学出版社，2008；[美] 普莱斯·费希拜克等. 美国经济史新论——政府与经济 [M]. 北京：中信出版社，2013.

1.74 的历史最低点，此后总和生育率略有回升，1980 年达到 1.7 的水平，这在发达国家是罕见的。

就出生率转变的宏观经济因素而言，朱利安·林肯·西蒙（Julian Lincoln Simon）在《人口增长经济学》中从发展的角度，通过探讨经济条件的变化对生育率的结论是：随着经济的发展，国民收入和人均收入的增加，生育率会相应地下降，它们对生育率的影响往往是全面的、长期的，不仅在总量上影响生育率水平，还通过影响人们生活的结构而影响生育率变动①。在欧美等发达国家，由于工业化、城市化和现代化的发展，使人均收入迅速增长，与此同时，生育率在较长时期内呈现下降趋势。理查德·A. 伊斯特林（Richard Ainley Easterlin，1926 年—）认为，收入对生育率有着积极的作用。在一定的收入条件下，如果嗜好发生了变化，即使其他财物之间的相对价格不变，生育率也会发生变化。另外，即使收入水平有所提高，父母还需要更多的消费品，反而限制了家庭规模。因此，人们嗜好的不同可以说明地位差异所产生的差别生育率。伊斯特林还指出，经济发展水平与生育率之间具有逆相

① 西蒙认为，首先要区分两种收入概念，家庭收入或个人收入是微观的收入概念，而国民收入和人均国民收入是宏观收入的概念，两者从不同的角度影响生育率变动。家庭收入或个人收入对生育率的影响是局部的、短期的，主要看家庭或个人的收入水平，还有家庭收入中家庭成员收入形式的结构，特别是丈夫和妻子的收入在家庭收入中的地位，他们的状况与变动趋势对生育率的影响。西蒙还认为国民收入和人均国民收入的增加对生育率的影响往往是全面的、长期的，不仅在总量上影响生育率水平，还通过影响人们生活的结构，如卫生条件、健康状况、城市发展状况等来影响生育率变动，这些影响是结构性的，往往需要十年、二十年的较长时间才能发生作用。西蒙还分析了收入对生育率的长期间接影响，认为主要表现在以下方面：妻子的文化程度，“丈夫的文化程度保持不变，妻子有较高文化程度，则一般就有较低的生育率”；避孕和流产，“社会上平均收入增加促使居民更多地采用避孕和流产，从而减少高生育率比重的家庭数目”；经济状况，增加收入对居民实际和期望的经济状况也会产生一些其他的影响，而经济状况又以复杂的形式影响生育率。

关关系，以人均国民生产总值为代表的经济发展水平较高的国家，其生育率通常低于经济发展水平较低的国家。这主要是通过与人均国民生产总值相关的一些变量表现出来的。这些变量包括教育程度和妇女地位等。也就是说，经济发展水平的提高会通过改变人们的教育程度和妇女地位而作用于生育率。按照伊斯特林的主张，适合于生育率行为（fertility behavior）[①] 的经济变量并不是实际收入而是相对收入，即现实收入与期待值的比率。他还指出，决定生育率的年轻夫妇的物质愿望，是他们婚前在父母身边生活时形成的。在经济上富裕的家庭中成长起来的人大都有着相对较高的消费标准。由于家庭经济富裕的程度大都取决于父亲的收入，因此，年轻人的物质愿望或消费嗜好实际上反映了其父辈以前的实际收入。因此，两代人之间经济状况的相对变化是决定生育率的主要因素。根据这一假定，经济状况比父辈有所改善的家庭希望生更多的孩子；而经济状况不如父辈的年轻人其生育率将会下降。此外，他认为影响人们经济状况的因素是就业机会，因此，它同样影响生育率。

美国的生育率转变模式，即由传统的高出生率向近代的低出生率变化从微观家庭经济学的视角来看，主要是通过人们的意愿与生育行为（fertility behavior）来进行生育选择，而家庭的生育选择主要取决于经济因素，特别是家庭的经济条件具有举足轻重的作用。从宏观生育率经济学的视角来看，其出生率转变主要是由于经济的发展、都市化、工业化、国民生活水平的提高以及女子就业机会的增大等经济因素引起的。

从美国出生率减退的趋势来看，大体上是从20世纪10年代开始的，而出生率下降是与经济增长和发展的重要指标人均国民生产总值密切相关的。图4—5以1910—1980年人均国民生产总值和出生率为变量，描绘出这一时期两者变化趋势的散点图，相关性是比较明显的。通过分析表明，美国出生率从20世纪10年代开始随着经济的发展迅速下降，到了30年代经济萧条时期出生率有所上升，但到了第二次世界大战以后，随着人均国民生产总值增长而呈现逐渐减退的趋势，70年代中期以后，虽然经济发展较快，但由于出生率完成了转换以下的低生育水平，从而呈现出停滞的趋势。

这一时期，城市人口比重作为重要的经济因素是不容忽视的，它体现了人口城市化水平持续上升对出生率减退的反应。20世纪初期以来，伴随着人口城市化的推进，在一定程度上促进了出生率减退。如图4—6所示，1900年美国的城市人口比重仅为35.1%，出生率为30.1‰，到1950年城市人口比重上升到59.6%，出生率则降至23.0‰。20世纪后半叶后人口城市化水平继续加速，到1980年城市人口比重上升到74.8%的高水平，而出生率则进一步降至14.8‰。通过散点图的分析，拟合效果系数$R^2=0.838$，相关性是相当高的。通过回归分析可以看出城市人口比重越高，出生率越低，充分表明出生率随城市人口比重上升而逐渐下降的趋势。

① 在微观人口经济学中，“生育行为（fertility behavior）”中的生育有广义和狭义之说。狭义的“生育”指怀孕妇女“分娩”的短期过程，医学对这一过程比较关注。广义“生育”包括两性的结合、妊娠、分娩和孩子的抚养、教育过程，这些过程之间存在着密切的内在关系，人口学、经济学、社会学等领域对生育的关注正是从这一角度着手的。

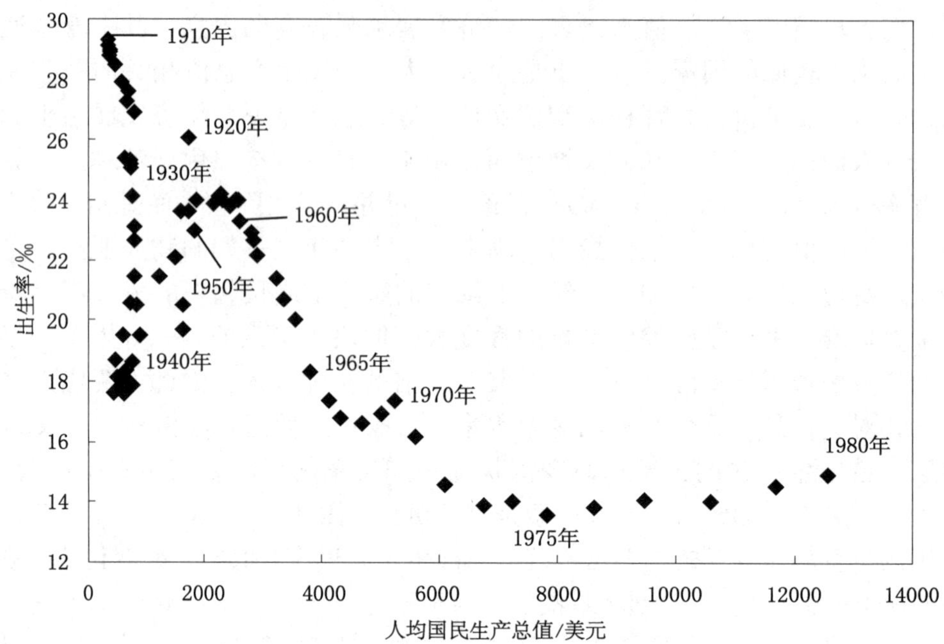

图 4—5 美国的出生率与人均国内生产总值

资料来源：[英] B. R. 米切尔编. 帕尔格雷夫世界历史统计·美洲卷（1790—1993）[M]. 北京：经济科学出版社，2002；美国商务部经济分析局. 美国历年 GDP 及人均 GDP 一览（1790—2016）. 2017—02—02.

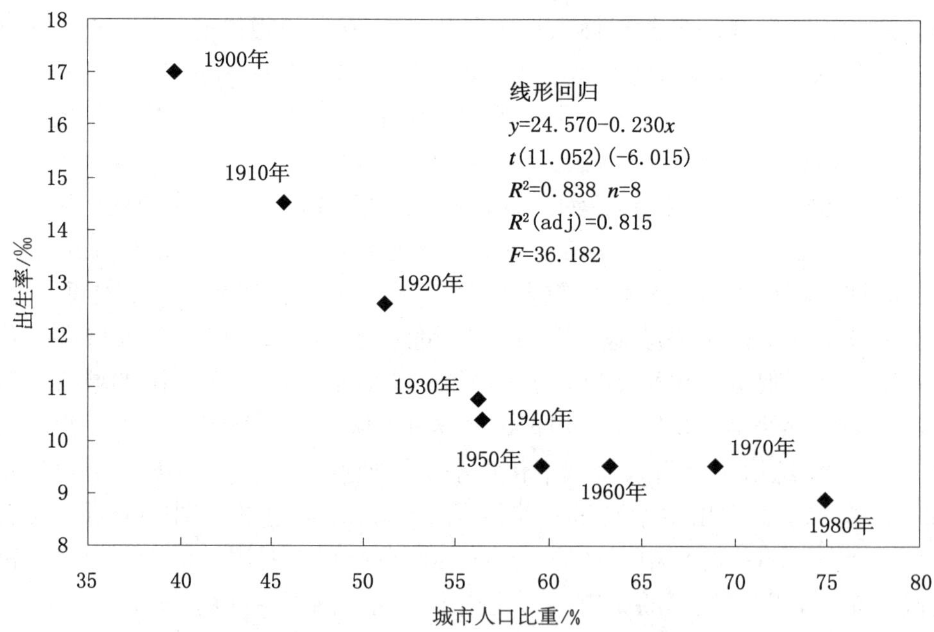

图 4—6 美国的出生率与城市人口比重

资料来源：United States Bureau of the Census，*Historical Statistics of the United States*，Colonial Times to 1970. Washington：1975；Glenn Porter，*Encyclopedia of American Economic History*. New York，1980.

4.3.3　死亡率减退与预期寿命

自 20 世纪初期以来，随着美国人预期寿命的大幅度提高，死亡率开始迅速下降，白人的死亡率从 1900 年的 17.0‰下落到 1930 年的 10.8‰，同期黑人死亡率尽管偏高，但仍呈现出快速减退的趋势。其主要原因是由于美国公共卫生事业的大幅度改善，以及 20 世纪 30 年代抗生素的发现和传播。随后，死亡率继续下降，到 20 世纪 50 年代初，白人死亡率已减退到死亡率转换的 10‰以下，进入世界上死亡率最低的国家之列。这在很大程度上归因于肺结核、霍乱、白喉、天花以及猩红热等传染病基本上被根除，传染病发生率降至极低的水平，死亡率的下降几乎停止。伴随着预期寿命的提高，健康也得到了实质性的改善。

20 世纪 50 年代以后的 25 年间，美国白人死亡率（见图 4—7），基本上保持在 9.5‰左右的水平，随后，死亡率在 70 年代后期和 80 年代呈现若干下降趋势。这一时期由于心血管病导致的死亡的比率迅速下跌，这是老年人死亡率引人注目下降的主要原因。由传染病而造成的死亡率下降也发生在这一时期，但这个因素并不像在 30—50 年代那样是死亡率改善的主要根源。心血管病导致的死亡率减少在一定程度

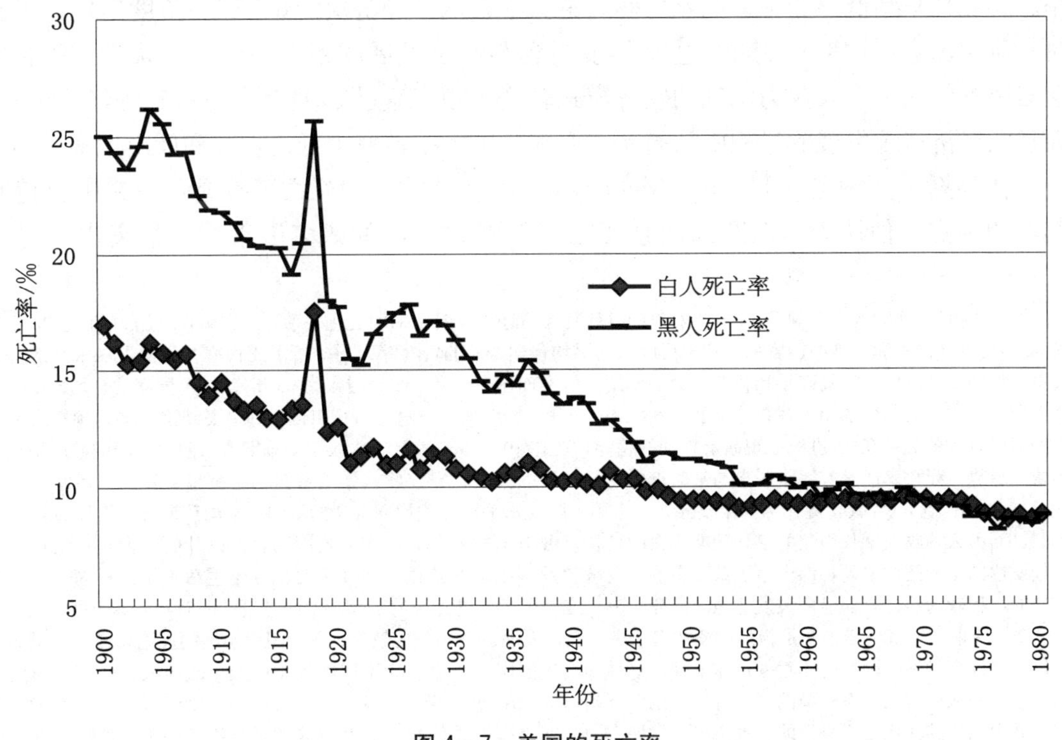

图 4—7　美国的死亡率

资料来源：［英］B. R. 米切尔编. 帕尔格雷夫世界历史统计・美洲卷（1790—1993）［M］. 北京：经济科学出版社，2002.

上反映了医疗技术和医疗保健的新发展。它还可能反映了人们生活方式的变化，包括饮食的改进和营养水平的提高等。但在年轻成年人中，特别是男性中死亡率没有下降的趋向，主要是由于意外事故、自杀和他杀在内的暴力所造成的原因引起的。在年轻成年人中，自 1970 年前后，这些原因造成的死亡率处于上升趋势，对整个死亡率的下降产生一定的影响。

就死亡率转变的宏观经济因素而言，塞缪尔·H. 普雷斯顿（Samuel. H. Preston）在 1975 年发表的《死亡率与经济发展水平的变化关系》一文中，把人均收入水平作为衡量经济发展水平的主要标志，通过 20 世纪初期的发达国家与 20 世纪 30 年代和 60 年代发达国家和发展中国家的人均国民收入与平均预期寿命的比较研究[①]，提出国民收入水平与死亡率下降有密切关系，即人均收入水平和死亡率水平具有反向关系，人均收入水平高则死亡率水平低；反之，人均收入水平低则死亡率水平高。历史经验表明，这个结论大体上是正确的，但随着经济的发展和时间的推移，人均收入和死亡率之间的反向关系已有所削弱，应作适当的修正，当高收入水平已经伴随着人口老龄化的加速，死亡率往往有所回升，这种变化趋势从北欧、西欧的许多国家可以得到验证。G. 斯托尔尼兹（G. Stalnitz）在 1964 年发表的《人口转变：高出生率、高死亡率到低出生率、低死亡率》论文中，从“经济决定论”[②] 的角度出发，把当时工业化国家死亡率转变和出生率转变过程与经济发展联系在一起，他认为，所有发达国家不仅从一个农业为基础的经济模式转变为以工业化、城市化为基础的经济模式，而且在经济持续发展的过程中从高死亡率和高出生率转变为低死亡率和低出生率。

托马斯·麦肯温（Thomas Mckeown）则在《欧洲的死亡率减退》一文中也持有类似的观点。他认为，在欧洲国家死亡率下降起作用的诸多因素中，最突出的是农

---

① 塞缪尔·H. 普雷斯顿在 1975 年发表的《死亡率与经济发展水平的变化关系》一文中，利用 20 世纪 30 年代和 60 年代发达国家和发展中国家的人均国民收入与平均预期寿命的资料深入地分析了死亡率与经济发展水平的变化关系，特别是经济因素对提高平均预期寿命的作用。他发现在 30 年代 38 个国家和 60 年代 57 个国家的平均预期寿命和人均国民收入的对数的相关系数分别为 0.885 和 0.880。普雷斯顿通过分析得出以下的主要结论：平均预期寿命和人均国民收入的关系在 20 世纪呈现向上移动的趋势，但在 100～500 美元收入段平均预期寿命向上移动的幅度呈现逐步减少趋势；死亡率还没有逐步脱离与某时点的生活水平的关系，它在收入影响最强的范围里变得对生活水平更为敏感；30 年代到 60 年代世界作为一个整体，一个国家收入水平对平均预期寿命的影响占平均预期寿命增长的 75%～90%，而由人均收入增长引起的平均预期寿命的延长仅占 10%～25%；一国人均国民收入以外的因素对不发达国家和较发达国家的死亡率趋势都产生了重要影响，经济较发达地区的死亡率转变主要依赖于生活水平的提高，因而其下降的过程较为缓慢，而经济欠发达地区的死亡率转变则因为引进先进的医疗技术的结果，因而其下降速度很快。

② 所谓“经济决定论”是指那些死亡率取决于经济发展以及相应的教育、医疗卫生水平的理论。第二次世界大战以后，许多发展中国家的死亡率迅速下降，这种和发达国家的历史经验不同的现象引起了欧美人口经济学家的极大兴趣，使人们对死亡率下降的“经济决定论”开始怀疑。K. 戴维斯在 1956 年已经指出用“经济决定论”来解释当代发展中国家的变化是不科学的。他指出，发展中国家死亡率下降依赖于这些地区的经济进步的观点所以存在，是由于以下几个主要原因：部分地区是因为随意利用从西方发达国家历史中得出的原则；“经济决定论”低估了国与国之间相互影响的作用，而国与国之间的科学交流和医疗卫生的合作，特别是最近的死亡率下降中起的主要作用，这种交流与合作不是并不依赖生活水平的提高，而是主要依赖于发达国家的协助；“经济决定论”高估了不发达地区公共卫生计划的成本和困难。

业和工业革命所引起的不断的经济发展，而随着经济的发展，生活水平的上升和营养水平的改善对于死亡率转变及平均预期寿命延长的贡献是巨大的。拉多·T. 鲁兹卡（Lado T. Ruzicke）在《社会经济发展、生活水平和死亡率》一文中，也着重分析了死亡率下降与经济发展的关系，特别是经济因素对提高平均预期寿命的作用。鲁兹卡还运用日本、澳大利亚、新西兰、新加坡、中国香港5个发达国家和地区的有关资料，计算出男性平均预期寿命和人均国民生产总值的相关系数为0.821，用人均国民生产总值的差别可以解释这些发达国家或地区之间平均预期寿命的差别的67.3%，从而得出平均预期寿命与人均国民生产总值的关系更为密切的结论。

保罗·T. 舒尔茨（Paul T. Schultz，1940年—）在1985年应用经济学有关“投入—产出”和生产函数理论，提出了一个独特的死亡率理论分析模型，即对死亡率的“健康投入—产出”分析模型。他从微观角度出发，在其模型中区分了健康投入和健康后果的生产联系起来的生物/技术关系和需求关系，并分析了家庭经济状况对死亡率转变的影响，发现个人或家庭的健康投入和健康状况与死亡率下降有直接关系。舒尔茨的死亡率经济分析扩展了经济学的生产函数，形成了死亡率生产函数理论。

阿尔弗雷德·索维（Alfred Sauvy，1898—1990年）在《人口通论》一书中指出，死亡率转变的原因主要是一般的经济水平，特别是低收入阶层的经济水平，广义的遗传因素以及社会的医疗服务等。多数经济学者认为随着经济的发展，生活水平的提高是死亡率下降的首要原因。生活水平的提高是一个广义的概念，它包括收入水平、消费水平、教育水平的提高和医疗卫生条件的进步，本质上仍然得益于经济发展水平的提高。总之，他们在考察死亡率转变模式时，重视人均国民生产总值或人均国民收入同死亡率的关系，把人均收入水平作为衡量经济发展水平的主要标志，从不同的角度论述了经济水平的提高等因素对死亡率转变模式的影响。

美国死亡率在20世纪50年代以后迅速降低，与此同时平均预期寿命大幅度延伸。其主要原因是经济的持续增长与国民收入水平的上升密切相关。20世纪后半叶，美国人均国民生产总值增长迅速，从1951年的2 199美元增长到1980年的12 243美元，平均预期寿命的延伸主要归结为经济发展水平的不断提高。

4.3.4　人口城市化

19世纪后期，随着第二次工业革命的迅速发展，美国的城市化和工业化水平不断提高，到1900年美国城市人口达到3 016万人，城市化水平达到39.7%。进入20世纪以后，美国就已经是一个城市化程度较高的国家，随着工业化和城市化的进展，城市人口迅速增长（见表4—19），从1910年的4 200万人增至1920年的5 416万人，同期城市化水平从45.7%上升到51.2%，城市人口首次超过了农村人口，从而实现了美国人口城市化的转变。19世纪末到20世纪20年代是农村人口流向城市的第一个高潮期。受经济迅速发展的刺激，许多农民来到城市寻求就业机会和发展空间，而处在扩展中的众多城市也能够源源不断接纳农业劳动力和来自国外的新移民。这次人口流动数量大，持续时间长，改变了美国的产业结构，极大地推动了人口城市化进程。

表 4—19　美国人口城市化水平

年份	人口总数/千人	城市人口/千人	城市化水平/%	期间	城市人口增长率/%	城市人口弹性	城市化水平增长率/%
1900	75 995	30 160	39.7	1890—1900 年	36.4	1.76	6.0
1910	91 972	41 999	45.7	1900—1910 年	39.3	1.87	15.1
1920	105 711	54 148	51.2	1910—1920 年	29.0	1.95	12.0
1930	122 775	68 955	56.2	1920—1930 年	27.3	1.64	9.8
1940	131 669	74 424	56.5	1930—1940 年	7.9	1.09	0.5
1950	150 697	88 927	59.6	1940—1950 年	20.6	1.42	5.5
1960	179 323	113 463	63.3	1950—1960 年	25.4	1.38	5.9
1970	203 302	140 201	69.0	1960—1970 年	19.2	1.44	5.2
1980	226 546	169 431	74.8	1970—1980 年	20.8	1.26	1.7

资料来源：United States Bureau of the Census，*Historical Statistics of the United States*，Colonial Times to 1970，Washington：Government Printing Office，1975；Glenn Porter，*Encyclopedia of American Economic History*，New York，1980；［英］B. R. 米切尔编. 帕尔格雷夫世界历史统计·美洲卷（1790—1993）［M］. 北京：经济科学出版社，2002.

伴随着工业化的推进，美国的城市数量和规模也有所增加。1900 年人口超过 2 500 人的城镇达到 1 727 个，到 1920 年增至 2 727 个，增长了 57.3%。从城市人口规模看，1900 年人口超过 2.5 万人的城市从 160 个增至 1920 年的 287 个。按照大城市的标准，同期人口超过 5 万人的城市从 78 个增至 144 个，增长了近 1 倍。另外，1910 年以后美国还出现了大都会地区（Metropolitan Area），主要是指人口超过 20 万人的中心城市及其周围影响地区。1910 年，这种大都会地区为 25 个，总人口达到 2 800 万人。由此可见，美国人口自进入 20 世纪以后越来越集中于城市，特别是大城市。

1940—1970 年，美国的城市化发展迅速，城市化水平从 56.5%上升到 73.6%，至此，美国跨入了高度城市化国家的行列。但随后城市化发展的速度趋向缓慢的趋势，尽管中小城市人口增长较快，但大城市则呈现下降趋势。这一趋势在 20 世纪 70 年代最为明显。1970 年全国 40 万人以上的大城市有 32 个，到 1980 年有 22 个大城市人口减少，其中包括纽约、芝加哥、费城、华盛顿、底特律等，其减幅一般在 10%左右。这一时期城市人口大量从大城市向中小城市或郊区移动。在全国城市人口中，中心城市的人口比重由 1950 年的 58.6%降至 1970 年的 45.8%，1980 年进一步减少到 40.0%，这表明都市区人口分布重心已转向中小城市和郊区。这一时期美国接纳的外国移民较 20 世纪 60—70 年代显著增加，主要分布在洛杉矶、纽约、迈阿密、芝加哥、华盛顿、圣弗朗西斯科、休斯敦、达拉斯、波士顿、圣迭戈 10 个都市区。正是这些源源不断涌入的外国移民对一部分大城市的回升起了推动作用。

值得注目的是，自 20 世纪 60 年代以来，人口城市化的发展又出现了新的动向，在一些城市比较集中的地区，若干大都市区，尤其是大型大都市区日益紧密相连，形成巨大的城市带。比较典型的是大西洋沿岸中北部巨大城市带，北起波士顿、南至华盛顿特区，纵贯10个州，其地理和影响力的中心均为纽约市；中西部的大湖区巨大城市带，以芝加哥为中心，周边的匹兹堡、布法罗、克里夫兰、底特律、圣路易斯、密尔沃基和哥伦布均列其中；而太平洋沿岸由5号州际高速公路所连接起来的巨大城市带，从北部的圣克门托向南一直延伸到圣迭戈，中间以旧金山和洛杉矶两大都市区为支柱。从统计资料看，这三个巨大城市带的人口规模几乎占全国总人口的半数。①

1980年时全国50个人口规模最大的都市中有26个位于南部和西部。这些城市中，有些是专业化城市，专门为全国市场供应专用制成品、娱乐品或从事教育，一些正在形成中的地区中心的多样化的城市，如菲尼克斯、夏洛特、盐湖城和萨克拉门托等规模排名榜上跃居前列。休斯敦在1990年取代芝加哥成为全美国第二大城市。旧金山、达拉斯、亚特兰大和华盛顿特区成为全国的中心城市。②

从地区分布看，由于各地区工业化发展水平不一致，城市化水平的差距也不断增加。东北部地区是工业化较早的地区，人口城市化开始早，发展快，从1900年的66.1%增加到1950年的79.5%（见表4—20），美国东北部地区已经完全实现了城市化。中西部地区和西部地区到1950年城市人口比重基本上实现初步城市化，随后，城市人口比重继续呈现上升的趋势，中西部地区和西部地区人口城市化很大程度归功于西进运动，东部移民和外国移民源源不断流向西部，他们成为城市化的主要来源；而南部地区工业化水平相对落后，城市化发展缓慢，早在1900年，城市人口占该地区的比重仅为18.0%，一直到1960年，才超过50%。

表4—20　　美国各地区城市人口比重　　(%)

地区	1900年	1910年	1920年	1930年	1940年	1950年	1960年	1970年	1980年
东北部	66.1	71.8	75.7	77.6	76.6	79.5	80.2	80.6	79.2
新英格兰	68.6	73.8	75.9	77.3	76.1	76.2	76.4	76.6	75.3
大西洋中部	65.2	71.2	75.4	77.7	76.8	80.5	81.4	81.8	80.6
北中部	38.6	45.1	52.3	57.9	58.4	64.1	68.7	71.6	70.5
东北中部	45.2	52.7	60.8	66.4	65.5	69.7	73.0	74.8	73.3
西北中部	28.5	33.2	37.7	41.8	44.3	52.0	58.8	63.7	63.9
南部	18.0	22.5	28.1	34.1	36.7	48.6	58.5	64.8	66.9
大西洋南部	21.4	25.4	31.0	36.1	38.8	49.1	57.2	64.1	67.1
东南中部	15.0	18.7	22.4	28.1	29.4	39.1	48.4	54.7	55.7
西南中部	16.2	22.3	29.0	36.4	39.8	55.6	67.7	72.7	73.7
西部	39.9	47.9	51.8	58.4	58.5	69.5	77.7	83.1	83.9
山区	32.3	35.9	36.5	39.4	42.7	54.9	67.1	73.1	76.4
太平洋	44.7	55.0	60.5	66.6	64.9	74.4	81.1	86.2	86.6

资料来源：U. S. Bureau of the Census，1990 *Census of Population and Housing*：*Population and Housing Unit States*，Washington，D，C，1993.

---

① 李剑鸣，杨令侠主编. 20世纪美国和加拿大社会发展研究［M］. 北京：人民出版社，2005.

② 加里·M·沃尔顿，休·罗考夫. 美国经济史（第10版）［M］. 北京：中国人民大学出版社，2011.

然而由于各地经济发展的不平衡性城市化发展速度是不同的。1920年以后，东北部和中北部城市化速度放慢，西部城市化增长较快，而南部城市化速度最快，平均每10年的城市化速度都保持在20%以上，1960年，南部城市人口达到3 216万人，超过农村人口。到1980年，除了南部外，其他各地区城市化都超过70%，甚至西部城市化水平接近东北部地区，各地区城市化水平基本上趋于一致。但从总的发展速度看，1930年以后美国城市化速度开始放慢，20世纪70年代和80年代趋缓，而城市人口增加速度相对于总人口增长速度开始减缓。这充分说明农村人口向城市转移的数量正在逐渐减少。这也是人口城市化发展的必然趋势。

4.4 人口迁移与空间分布

4.4.1 国际人口迁移

在20世纪初期，迁往美国的国际移民是很活跃的，一直到第一次世界大战爆发，每年都有20万以上的欧洲人移居到美国。此外，随着美国经济的迅速发展，来自东欧、中欧和南欧的移民规模很大，大约占流动人口的3/4。这个欧洲移民血统的变化在当时被称为“新移民”，成为日益引人注目的问题。

一方面由于进入美国的移民增长很快，给美国的经济发展造成一定困难，另一方面美国经济的迅速发展仍需要一定数量的外来廉价劳动力，于是在1921年美国国会通过《移民法》，规定任何国家的移民人数不得超过1910年美国人口统计中在该国出生而居住在美国的人数的3%。1921年的《移民法》经过几次修改，其基本规章限制了大量移民流向美国，对控制美国人口的迅速增长起了重要作用。例如从1930年到1965年，入境移民共550万人，在同期人口增长总数中所占比重不到8%。但从绝对数看，自1950年以来入境移民人数没有低于25万以下，而且经常保持在30万人以上（见图4—8）。值得注意的是，来自欧洲的移民有所减少，拉丁美洲上升为流入人口主要来源地区（见表4—21）。

美国在经历了近50年低水平的人口迁入后，从20世纪60年代起，国际迁移水平不断回升，移民率从1961—1970年期间的1.7‰增至1971—1980年期间的2.1‰，拉丁美洲和亚洲逐渐取代欧洲成为美国移民的主要来源地区①。自20世纪60年代初

① 根据美国移民局报告，20世纪60年代以后拉丁美洲和亚洲逐渐取代欧洲成为美国移民的主要来源地区。在亚洲移民中，以菲律宾、中国、印度、朝鲜和越南等国的移民最多。1961—2002年间，进入美国的国际移民最多的国家依次是：菲律宾（160.5万人）、中国（144.6万人）、印度（93.8万人）、朝鲜（84.0万人）和越南（81.1万人），分别占亚洲移民总数的19.6%、17.6%、11.4%、10.3%、9.9%。在拉丁美洲移民中。又以墨西哥、加拿大、多米尼加、古巴、牙买加等国的移民最多。1961—2002年间，进入美国的国际移民位居前列的国家依次是：墨西哥（542.2万人）、加拿大（99.0万人）、多米尼加（87.2万人）、古巴（84.1万人）、牙买加（62.0万人）、萨尔瓦多（54.0万人）、海地（45.1万人）和哥伦比亚（43.6万人），分别占美洲移民总数的42.5%、7.8%、6.8%、6.6%、4.9%、4.2%、3.5%和3.4%。

到 70 年代中期，来自拉丁美洲的移民大量移入美国，来自亚洲的移民也不断上升。进入 20 世纪 70 年代，亚洲的移民人数已超过了欧洲移民。

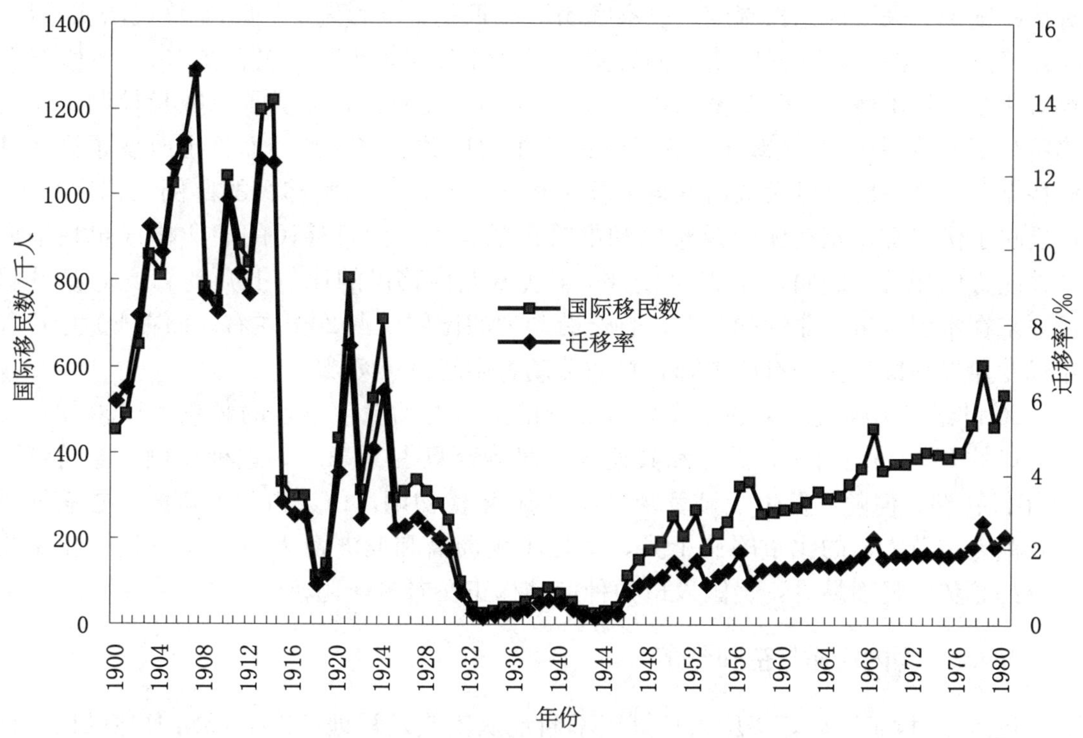

图 4—8　美国国际移民的变化（1900—1980 年）

资料来源：［英］B. R. 米切尔编. 帕尔格雷夫世界历史统计・美洲卷（1790—1993）［M］. 北京：经济科学出版社，2002；United Immigration and Naturalization. Statistical Yearbook of the Immigration and Naturalization service，1994—2001.

表 4—21　　1901—1980 年的国际移民

时期	移民数/千人	移民率/‰	移民的地区构成/%					
			欧洲	亚洲	北美洲	墨西哥	南美洲	非洲
1901—1910 年	8 795	10.4	—	—	—	—	—	—
1911—1920 年	5 736	5.7	—	—	—	—	—	—
1921—1930 年	4 107	3.5	—	—	—	—	—	—
1931—1940 年	528	0.4	65.8	3.1	30.1	4.2	1.5	0.3
1941—1950 年	1 035	0.7	60.0	3.6	35.3	5.9	2.1	0.7
1951—1960 年	2 515	1.5	52.7	6.1	34.4	11.9	3.6	0.6
1961—1970 年	3 322	1.7	33.8	12.9	55.2	13.7	7.8	0.9
1971—1980 年	4 493	2.1	17.8	35.3	49.4	14.3	6.6	1.8

注：北美洲数据包括墨西哥。

资料来源：U. S. Bureau of the Census，*Statistical Abstract of the United States* 2002，Washington，D. C.：Government Printing Office，2003；［美］乔纳森・休斯，路易斯・P. 凯恩. 美国经济史（第 7 卷）［M］. 北京：北京大学出版社，2011.

这种变化在很大程度上是由于国会于1965年通过的《外来移民与国籍法修正案》的结果。这个又名《哈特—塞勒法》的法令规定，逐步取消民族来源限制额制度；在对移民选择上采取优先权制度，以家庭团聚和职业需求为先。1965年移民法实施后，导致移民状况混乱，移民国籍比例失衡。国会针对这一状况，先后在1976年和1978年对法令进行了修改，确定全球每年29万人的移民限额，完成了以数量控制为主的移民政策改革。① 新移民政策不仅显著改变了移民的国家来源，而且也改变了许多其他特点。与第一次世界大战前的自由移民相比，女性和已婚移民的比例大幅度增加，这反映了优先支持家庭团聚及难民和准难民的移民，而且移民的职业构成也快速向高技能方向变动。例如，在20世纪60年代专业性移民的比例上升到25%，这些移民原来在本国从事专业性的职业，普通劳动力的比例仅占20%左右；而在20世纪70年代专业性移民的比例有所下降，普通劳动力则超过了70%。

20世纪美国移民政策的演变，对美国的人口变动发生显著的影响，1900年，美国人口的87.9%为白人，黑人和其他少数民族裔只占12.1%；这种比例一直持续到70年代初期。但随后发生了显著变化，到80年代初期，白人占总人口的比重有所下降，黑人占总人口的比重略有上升，而拉丁美洲裔和亚洲裔人口的比重进一步呈现上升的趋势。显而易见，美国人口的种族结构正在向多样化转变。

4.4.2 国内迁移与空间分布

进入20世纪以后，美国人口继续不断地从民族发祥地的东北部沿海地区向中西部、中央平原和南部平原以及太平洋沿岸地区扩散，人口分布状况也一再发生显著的变化。20世纪，特别是最初几十年的发展大致都是沿着19世纪所建立的路线进行的，但人口移动的速度明显趋缓。在20世纪前40年间，平均每十年人口分布中心向西移动仅仅21英里。而在这以前的110年间，每十年的平均数为50英里左右。从1940年以后美国人口向西移动的速度又加快了，平均每十年前进45英里左右，到1980年，美国人口分布重心又移到了圣路易市西南170公里处，运动的方向仍然是向西偏南，这反映因东南部地区的发展而产生的反方向压力。

从图4—9可以看出，20世纪初期以后美国人口高度集中在东北部地区的趋势是明显的，人口密度明显高于中西部、西部和南部地区。自20世纪10年代以后，人口向西部和南部推移，东部各地区的相对地位不断下降。30年代以后，人口西进南下的规模增大，中部西南、山地和太平洋沿岸经济发展迅速，相对比重大幅度上升，② 由1930年的19.9%增至1980年的29.4%，如表4—22所示；而这一时期，其他地区人口的相对比重进一步下降了，特别是新英格兰、大西洋中部和中部东北三区的人口的相对比重的下降趋势尤其明显。

---

① 李剑鸣，杨令侠主编. 20世纪美国和加拿大社会发展研究［M］. 北京：人民出版社，2005.

② 陈奕平. 人口变迁与当代美国社会［M］. 北京：世界知识出版社，2006.

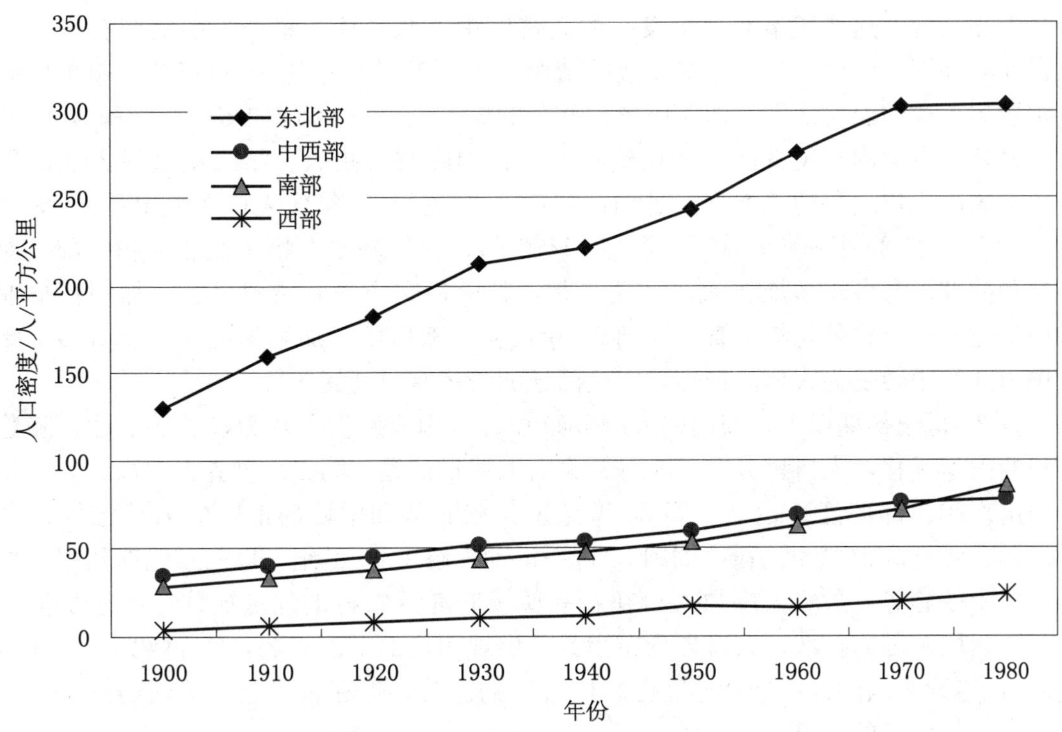

图 4—9　美国各地区的人口密度

资料来源：Douglas L. Anderton，Richard E. Barrett & Donald J. Bogue. *The Population of the United States*. New York：Free Press，1997.

表 4—22　　美国九大区域的人口分布

区域	面积占全国比重/%	1980 年人口/万人	人口密度/人/平方公里	人口占全国比重/%			
				1900 年	1930 年	1960 年	1980 年
新英格兰	1.8	1 234.8	85.6	7.3	6.6	5.9	5.5
大西洋中部	2.8	3 678.7	154.0	20.3	21.3	19.1	16.2
中部东北	6.9	4 168.2	71.6	21.0	20.5	20.2	18.4
大西洋南部	7.5	3 695.8	75.1	13.7	12.8	14.5	16.3
中部东南	5.1	1 466.6	36.8	9.9	8.0	6.7	6.4
山地	24.2	1 137.3	8.2	2.2	3.0	3.8	5.0
太平洋沿岸	25.3	3 179.9	19.4	3.5	7.0	11.8	14.0
中部西北	14.3	1 718.3	14.6	13.6	10.8	8.6	7.8
中部西南	12.1	2 374.5	28.5	8.6	9.9	9.5	10.4

资料来源：United States Bureau of the Census. U. S. Census *of Population*，1970. Washington BC，1972；阎海琴. 世界人口［M］. 北京：社会科学文献出版社，2009.

多中心城市的出现也是 20 世纪的现象。19 世纪的中心城市，主要位于东北部和中西部地区，其特点是拥有非常高的人口集中度，而周围人口密度比较低，属于单一的中心结构。大城市的增长主要发生在 20 世纪，并大部分位于西南部和西部地区，呈多中心结构。这些城市有一个发散的高密度中心联合体，每个中心城市有一个较低密度的外围居住区。基于这些发散的结构，20 世纪的城市比 19 世纪的城市更倾向于扩散到正式的农村地区，即使历史较悠久的城市也在 20 世纪向多中心结构演变。①

另外，在国内移民方面，其规模和影响较国际移民更大。第二次世界大战后迄今美国国内人口迁移的基本方向是向西向南，20 世纪 50 年代人口净流出的有 28 个州，60 年代有 27 个州，70 年代减少到 16 个州，它们基本上集中在北部和中部。而西部和南部沿海各州多属于人口净流入州，其中最突出的有佛罗里达、加利福尼亚和内华达等州；这种趋势一直持续到 90 年代初，随后由于加利福尼亚和夏威夷等州在国内迁移中转变为人口净迁出，才使西迁的趋势有所减弱。

自 20 世纪初期以来，美国的人口分布和人口构成发生了较为显著的变化。随着移民的大量迁移，人口再分布活跃。最为引人注目的是，第二次世界大战以后，开始了向南部和西部的迁移运动，到 20 世纪末，东北部和中西部地区的人口已经占到 53.1%，明显低于 20 世初期的水平，这一运动缓解了 19 世纪人口向东北部和中西部城市集中的趋势，虽然大多数人口在新兴城镇和邻近农村的地区居住，但还是促使人口向全国范围内扩散。人口再分布指数已出现明显的下降趋势，20 世纪 70 年代为 4.519，尽管美国的人口迁移速度已趋向缓慢的态势，但在世界上，美国仍然是人口再分布比较活跃的国家。

4.5 劳动力与产业结构

4.5.1 劳动力

美国人口增长增加了劳动力供给量，这种变化可以从表 4—23 中看出。从 20 世纪初期到 30 年代，随着人口的快速增长，美国的劳动力规模不断扩大，美国劳动力从 1900 年的 2 903 万人增加到 1930 年 4 869 万人，劳动参与率也有所提高。这一时期，美国的劳动力增长率大约平均每年以 1.9%的速度增长，其主要原因是由于美国的生育率处于较高的水平，为劳动力规模的扩大打下了基础，而经济的迅速增长刺激了妇女的生育愿望。此外，大量海外移民的流入也在一定程度上促进了美国劳动力的增长。

20 世纪 30 年代初期，受美国经济大萧条的影响，失业人数大幅度增加，导致劳动力增长缓慢，到 1930 年，劳动力增长了 306 万人，而 1921—1930 年期间的劳动力增长率仅为 6.3%，是自美国 1790 年以来的最低纪录。这一时期，伴随着美国经济出现危机和第二次世界大战的影响，海外移民也大幅度减少，抑制了美国劳动力的增长。这种低速增长一直持续到 20 世纪 40 年代中期。

---

① ［美］斯坦利·L·恩格尔曼，罗伯特·高尔曼主编. 剑桥美国经济史：20 世纪（第三卷）［M］. 北京：中国人民大学出版社，2008.

表 4—23　　美国劳动力与人口规模

年份	劳动力/千人	人口/千人	劳动力参与率/%	期间	劳动力纯增数/千人	劳动力每 10 年增长率/%
1900	29 030	75 995	38.2	1901—1910 年	8 261	28.5
1910	37 291	91 972	40.5	1911—1920 年	4 915	13.2
1920	42 206	105 711	39.9	1921—1930 年	6 480	15.4
1930	48 686	122 775	39.7	1931—1940 年	3 056	6.3
1940	51 742	131 669	39.3	1941—1950 年	7 257	14.0
1950	58 999	150 697	39.2	1951—1960 年	13 143	22.3
1960	72 142	179 323	40.2	1961—1970 年	6 536	9.1
1970	78 678	203 302	38.7	1971—1980 年	20 625	26.2
1980	99 303	226 546	43.8			

资料来源：United States Bureau of the Census，*Historical Statistics of the United States*，Colonial Times to 1970，Washington 1975；[英] B. R. 米切尔编. 帕尔格雷夫世界历史统计·美洲卷（1790—1993）[M]. 北京：经济科学出版社，2002.

第二次世界大战后，美国劳动力增长加快，从 1950 年的 5 900 万人增加到 1960 年的 7 214 万人，随后，尽管有所波动，但劳动力增长一直呈现较为迅速的趋势，到 1980 年达到 9 930 万人。这一时期美国劳动力规模扩大的最主要原因是妇女的比例有所增加，特别是属于劳动力年龄人口的已婚妇女。表 4—24 显示了每隔 10 年的劳动力参与比率。已婚妇女的总劳动力参与率从 1960 年的 31.9%增至 1980 年的 49.8%，可以说战后美国劳动力供给充足是和女性的劳动力参与率密切相关的。

表 4—24　　有偿劳动力中男性和女性的参与率　　(%)

年份	已婚妇女	已婚男子	单身女性	单身男性	总计
1960	31.9	89.2	58.6	69.8	59.4
1970	40.5	86.1	56.8	65.5	60.4
1980	49.8	80.9	64.4	72.6	63.8

资料来源：加里·M·沃尔顿，休·罗考夫. 美国经济史（第 10 版）[M]. 北京：中国人民大学出版社，2011.

这一时期美国劳动力规模扩大的另一个主要原因是由于大量海外移民的流入，自 20 世纪 50 年代以来，美国的移民数量呈现不断扩大的趋势，国际移民从 50 年代的 251.5 万人增长到 70 年代的 449.3 万人。这些海外移民大多数比较年轻，且男性多于女性，劳动力参与率很高，从而促进了劳动力规模的扩大。

4.5.2　劳动力参与率

20 世纪劳动力增长率长期呈现波动的下降趋势，特别是经济大萧条和第二次世界大战以及两次石油危机以后的若干年尤其明显，但总劳动力参与率大体上呈现上升的趋势，见表 4—29。这一时期，总劳动力参与率增长了 9.8%。美国总劳动力参与率增长主要发生在 20 世纪 60 年代，特别是 1970 年以后增长迅速，到 1980 年达到 43.8%的高水平。

不同人口群体的劳动力参与率变化，见表 4—25 所示，对于 25～44 岁的男性来说，劳动力参与率情况很普遍，在20世纪30年代以前劳动力参与率将近90%，随后有所下降，但始终保持在80%以上。年龄在16～19岁的青少年劳动力参与率较低，大约只有50%左右，这主要是由于高中的普及，使人们工作时的年龄开始上升。到30年代中期，在南方以外的地区，高中毕业成为18岁美国人的标准。各个州义务教育法的制定使美国青年人获得更多的教育，在一定程度上降低了青少年的劳动力参与率。男性从青年到中年阶段，劳动力参与率很高。然而在70年代，男性早期年龄的就业率有所下降，而45～64岁的男性劳动力参与率则从1970年的87.2%减少到1980年的82.2%。

表4—25　　分年龄和性别的劳动力参与率

年份	男性					女性				
	16～19岁	20～24岁	25～44岁	45～64岁	≥65岁	16～19岁	20～24岁	25～44岁	45～64岁	≥65岁
1890	50.0	90.9	96.0	92.0	68.3	24.5	30.2	15.1	12.1	7.6
1900	62.0	90.6	94.7	90.3	63.1	26.8	31.7	17.5	13.6	8.3
1920	51.5	89.9	95.6	90.7	55.6	28.4	37.5	21.7	16.5	7.3
1930	40.1	88.8	95.8	91.0	54.0	22.8	41.8	24.6	18.0	7.3
1940	34.7	88.1	94.9	88.7	41.8	24.8	45.6	30.5	20.2	6.1
1950	51.7	81.9	93.3	88.2	41.4	31.1	42.9	33.3	28.8	7.8
1960	50.0	86.2	95.3	89.0	30.5	32.6	44.8	39.1	41.6	10.3
1970	47.2	80.9	94.3	87.2	24.8	34.9	56.1	47.5	47.8	10.0
1980	62.0	87.0	95.5	82.2	19.1	53.3	69.2	65.5	50.9	8.1

注：1890—1970年为十年一次的人口普查，1980年为年度平均的人口调查。

资料来源：United States Bureau of the Census，*Historical Statistics of the United States*，Colonial Times to 1970，Washington 1975；[美]斯坦利·L·恩格尔曼，罗伯特·高尔曼主编．剑桥美国经济史：20世纪（第3卷）[M]．北京：中国人民大学出版社，2008.

这一时期，年长美国人的劳动力参与率也经历了显著的变化。从1900年开始，退休者在持续增加，虽然随着1935年《社会保障法》的通过而使年长美国人的劳动力参与率发展趋势有了中断，但在1935年以后下降的趋势是十分明显的，到1950年男性65岁以上劳动力参与率已减少到41.4%，随后减退趋势进一步加快，到1990年已降至16.4%。退休率提高的最可能的原因是老年人真实收入和储蓄的增加。

上面列举的男性劳动力参与率的所有变动，都倾向于降低总体劳动力参与率。教育年限的延长导致年轻人更晚参加有报酬的劳动，退休率提高意味着低龄老人的劳动力参与率也有所下降。但女性劳动力参与率的提高抵消了20世纪劳动力市场的以上变动。[①] 她们各个年龄组在20世纪都呈现了更高的劳动力参与率，大大提高了总体劳动力参与率。

从各个年龄组的女性劳动力参与率来看，发生了很大的变化。对于16～19岁的青少年女性来说，劳动力参与率在19世纪初大约为27%。到20世纪90年代，这一年龄组的劳动力参与率已经攀升到51.8%，同期20～24岁女性的劳动力参与率从

① [美]普莱斯·费希拜克等．美国经济史新论——政府与经济[M]．北京：中信出版社，2013.

31.7%上升到71.6%，这反映出经济发展在市场经济中为年轻女性创造了就业机会。值得注意的是，25～44岁的女性劳动参与率自1900—1960年期间提高很快，从30.2%上升到44.8%，特别是20世纪70年代以后，这一年龄组的女性积极投入到劳动力市场中去。抚育婴儿的妇女除外，但是在80年代那些有小孩的女性也迅速加入劳动力队伍中。从45～64岁的女性劳动参与率来看，1950年以前上升较为缓慢，但随后有较大幅度的上升。

女性劳动力参与率的提高与教育程度的提高有密切关系。高中教育的普及，特别是越来越多的年轻女性接受高中教育，20世纪20年代的秘书和销售工作岗位的增加，吸引了大量成年妇女加入有报酬的劳动力市场。显而易见，妇女受教育程度的提高和对女性白领工人越来越多的需求，促进了第二次世界大战后劳动力参与率的提高。战后，美国的妇女大都从事办公室、教书、做医护人员或其他的白领工作，而实际工资的增加引诱女性多从事服务部门的工作，这也是提高妇女劳动参与率上升的主要因素。

4.5.3 劳动报酬

对于大多数美国工人而言，实际年工资在20世纪的大部分时期增加了，但有所波动。制造业工人的年实际工资在20世纪初期到第一次世界大战期间的增长如图4—10所示，波动且上升的幅度较小。在1914—1918年期间，工人的年平均工资从

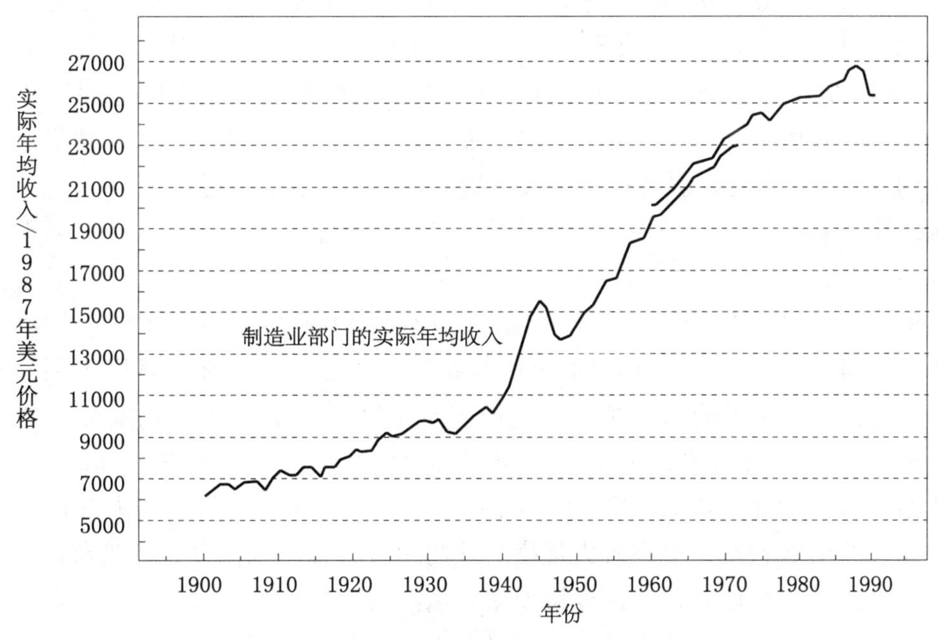

图4—10 制造业部门工人的实际年均收入

资料来源：United States Bureau of the Census，*Historical Statistics of the United States*，Colonial Times to 1970，Washington 1975；[美]斯坦利·L. 恩格尔曼，罗伯特·高尔曼主编. 剑桥美国经济史：20世纪（第3卷）[M]. 北京：中国人民大学出版社，2008.

580 美元增长到 980 美元（见表 4—26），到 1918 年，实际收入大大高于 1914 年的水平。然而，制造业工人工资的增加有一部分为生活费用的上涨所抵消。例如在 1917 年，货币收入比 1916 年增长了 14.5%，但消费价格上涨了 16.1%，导致实际工资下降，显而易见，工人实际工资的增长在战争期间是有限的。

表 4—26　　1914—1922 年工人的年收入、实际收入指数和劳动时间

年份	周平均工作时间/小时	名义平均小时收入/美元	实际平均小时收入/美元	年平均名义工资/美元	实际收入指数/1913 年=100
1914	55.2	0.287	0.508	580	99.6
1915	55.0	0.287	0.503	568	102.6
1916	54.9	0.320	0.520	651	104.2
1917	54.6	0.364	0.503	774	100.5
1918	53.6	0.448	0.525	980	103.8
1919	52.3	0.529	0.541	1 158	104.5
1920	51.0	0.663	0.587	1 355	105.7
1921	50.7	0.607	0.600	—	—
1922	51.2	0.574	0.605	1 294	—

资料来源：United States Bureau of the Census. *Historical Statistics of the United States，Colonial Times to* 1970. Washington：Government Printing Office，1975；［美］H·N. 沙伊贝，H·G. 瓦特，H·U. 福克纳. 近百年美国经济史［M］. 北京：中国社会科学出版社，1983.

第一次世界大战后价格的飞涨伴随着名义工资有所波动，制造业工人的年平均收入从 1920 年的 1 355 美元降至 1 294 美元，但 1923 年又回升到 1 382 美元，到 1929 年为 1 534 美元，比 1923 年增加了 152 美元。由于 1929 年物价较低，工人在那一年的实际收入增加了 400 美元。但各工业部门的工人工资差别很大，建筑业工人的年平均约为 1 900 美元，服务行业工人工资约为 1 250 美元。这个时期，工作周的长度逐渐缩短。到 1926 年，工业工人平均每周工作 50 小时左右，建筑业工人平均每周工作约 40 小时。

然而，1929 年以后如表 4—27 所示，失业前和失业后的真实工资、货币收入以及平均每小时收入都有所缩减，到 1933 年都跌到了波谷。然而，货币工资的减少有一部分为生活费水平的降低所抵消，货币工资下降了 35%左右，而实际工资的下降是有限的，到 1937 年完全恢复了 1929 年的水平，小时收入还超过了 1929 年的水平。随着货币工资和实际工资从 1934 年开始上升，令人惊讶的是更多的人在低工资水平上下宁愿保持失业状态，存在着大规模失业与工资大幅度提高并存的现象。

第二次世界大战期间，美国经济繁荣，就业机会较多，工人的收入提高很快，收入分配的差距有所缩小。从表 4—28 可以看出，在 1929—1947 年间，收入最低的 1/5 的家庭在总收入中的比重从 3.5%上升到 5.0%，收入最高的 1/5 的家庭在总收入中的比重从 54.4%下降到 44.9%，这种变化尽管没有改变收入分配不均等的局面，但意味着低工资阶层的经济状况有所改善。

表 4—27　　　　1929—1941 年非农业雇员的年收入与失业人数

年份	年货币收入/美元		年实际收入/1914 年美元		制造业平均每小时收入/美元	失业人数/千人
	失业扣除后	就业时	失业扣除后	就业时		
1929	1 462	1 534	855	898	0.56	1 550
1930	1 294	1 494	778	898	0.55	4 340
1931	1 068	1 406	705	928	0.51	8 020
1932	807	1 244	593	914	0.44	12 060
1933	722	1 136	561	882	0.44	12 830
1934	789	1 146	592	860	0.53	11 340
1935	851	1 195	623	874	0.54	10 610
1936	932	1 226	675	888	0.55	9 030
1937	1 072	1 341	749	937	0.62	7 700
1938	956	1 303	680	927	0.62	10 390
1939	1 029	1 346	743	973	0.63	9 480
1940	1 113	1 392	798	998	0.66	8 120
1941	1 332	1 561	909	1 066	0.73	5 560

资料来源：Stanly Lebergott，“The American labor Force，” in L. E. Davis et al.，American Economic Growth，New York：Haper & Row，1972；United States Bureau of the Census，*Historical Statistics of the United States*，*Colonial Times to the Present*，New York：Basic Books Publisher Ine，1965；［英］B. R. 米切尔编. 帕尔格雷夫世界历史统计·美洲卷（1790—1993）［M］. 北京：经济科学出版社，2002.

表 4—28　　　　家庭收入的状况

年份	最低的 1/5	第 4 个 1/5	中间的 1/5	第 2 个 1/5	最高的 1/5
1929	3.5	9.0	13.8	19.3	54.4
1935—1936	4.1	9.2	14.1	20.9	51.7
1941	4.9	9.5	15.3	22.3	48.8
1947	5.0	11.8	17.0	23.9	44.9
1950	4.5	12.0	17.4	23.4	42.7
1955	4.8	12.3	17.8	23.7	41.3
1960	4.9	12.2	17.8	24.0	41.3
1965	5.2	12.2	17.8	23.9	40.9
1970	5.4	12.2	17.6	23.8	40.9
1975	5.4	11.8	17.6	24.1	41.1
1983	4.7	11.1	17.1	24.4	42.7

资料来源：Rothman，Robert，A. *Inequality and Stratification in the United States*. Englewood Cliffs，NJ：Prentice－Hall，1978；Kerbo，Harold R. *Social Stratification and Inequality*：*Class Conflict in the United States*，New York：McGraw－Hill，1983.

第二次世界大战以后，美国制造业工人的平均工资经过短暂的下降后迅速上升，从 1948 年到 1973 年平均每年增长 2.35%，迎来了工资增长的黄金时代。大约 1973 年以后，这个比率就下降到年均 0.46%。尽管如此，美国的劳动报酬还是不断上升的，属于典型的高水平长期稳定型波动模式。美国的经验表明，积极劳动力市场政策等劳动社会保障制度的不断发展与完善是其劳动报酬比重上升的重要原因。美国在 20 世纪 30 年代开始建立现代社会保障制度，已形成庞大的社会保障体系，通过雇主和雇员定期缴款来应对劳动者因年老、疾病等带来的风险。随着社会保障制度的完善和福利国家的兴起，雇主和雇员的社会保障缴款已经成为劳动者报酬的重要来源，这成为美国劳动报酬比重提高的重要原因。

4.5.4 劳动时间

美国从1890年开始推行8小时工作制。到第一次世界大战时，8小时工作日运动全面展开。随后，劳动时间的发展趋势是在8小时的基础上逐渐缩短。20世纪20年代，每周工作5天半的工作制度被大多数企业采用。据美国工业协商委员会对390万工人所做的调查，到1930年，大约有43.3%的汽车工人、34.8%的无线电工人和大约1/4的飞机工人每周工作5天。但炼钢业当时的情况比较滞后，全部炼钢工人有11%以上是每周工作72～84小时。[①]

1933年，美国总统富兰克林·德拉诺·罗斯福（Franklin Delano Roosevelt）颁布《全国工业复兴法》，为美国工业部门缩短劳动时间打下了基础。它规定，在政府的监督下，各行业企业制定本行业的工资标准和工作日时数，如果某一行业的大多数人同意缩短工时，则在该行业中施行缩短工作周。

1938年，美国国会通过《公平劳动标准法》，明确规定最低工资标准为每小时25美分，每周的最高工时为44小时，并在该法第七条规定："除了本条另行规定外，雇主不得使经商和从事商品生产或受雇于经商和从事商品生产的企业雇员在一个工作周内工作时间不应超过40小时，除非该雇员在超过上述规定的时间受雇得到的报酬不低于基本工资一倍半。"这标志着工时制度进入美国联邦的立法领域。从此，40小时成为美国的标准工作周时间。

第二次世界大战期间和朝鲜战争期间，制造业的平均工时每周超过40小时。在20世纪50年代和60年代前期，工作周的长度变化不大，平均工时缩减至略低于40小时。但不同行业的实际劳动时间有所不同。根据美国劳动部的调查，1962年后期至1964年中期，98%的印刷业工人、97%的女性服装业工人、64%的酿酒工人、15%的橡胶工人、13%的建筑工人以及12%的零售业工人的每周工作少于40小时。其中，纽约市电气工人每周工作时间最短，只有25小时。1965年以后到1969年，由于越南战争以及为刺激充分就业而制定的货币政策和财政政策的推行，平均工时又有所上升，提高到每周40小时以上。

美国虽然在20世纪70年代前期经历了严重的经济衰退，但其实际周工作时间有所下降，大约降至37小时。总的来看，从20世纪初期到20年代，美国缩短劳动时间的速度相对较快。30年代以后到60年代，劳动时间出现周期性波动，随后劳动时间的缩短速度有所减缓。这主要是由于30年代之前缩短劳动时间以消减每周或每天

① ［美］斯坦利·L·恩格尔曼，罗伯特·高尔曼主编. 剑桥美国经济史：20世纪（第三卷）［M］. 北京：中国人民大学出版社，2008.

的劳动时间的直接方式为主，而随后则以通过更多的带薪休假、工间休息等间接方式缩短劳动时间居多。

4.5.5　劳动力部门分布与产业结构

经济的发展伴随着产业结构的变化，即随着人均国民收入水平的提高，改变了消费结构，产业结构由第一产业向第二产业移动，当国民收入水平进一步提高时，产业结构将向第三产业转移[①]，与此同时劳动力的产业结构也相应变化。这就是人们所说的“配第－克拉克定理”。这一规律，17 世纪英国经济学家威廉·配第（William Petty）在《政治算数》中已经有所阐述。后来，科林·格兰特·克拉克（Colin Grant Clark）在 1940 年出版的《经济进步的条件》一书中，通过开创性的统计分析与研究，揭示了人均国民收入与劳动力结构变动的内在联系。“配第－克拉克定理”所显示的产业结构变化可以说具有一定的规律性，对于美国的产业结构的变化来说基本上是适用的。

美国在 19 世纪中叶，资本主义生产方式已经确立，但还是典型的农业国，不仅第一产业人口占全国人口的 80.0%以上，而且农业总产值高于工业总产值，据统计，1859 年农业总产值为 15 亿美元，而同年的工业总产值为仅 10.8 亿美元。尤其是南北战争后的 30 多年间，随着农业的迅速发展，农业成为国民经济的主导部门，第一产业人口从 620 万人增至 1 358 万人。19 世纪后半期是美国实现从农业国向工业国转变的时期。这一时期的农业技术改造得力于工业化，又限于当时的工业生产水平，农业使用的机械，主要是以畜力为动力的改良农具。这一时期，由于农具的改良在一定程度上提高了农业劳动生产率，同期农业总产值也增长了 1.72 倍，第一产业劳动力占整个就业人数的比重从 68.6%减少到 36.8%，达 576.2 万人，但由于农业生产的半机械化水平，第一产业部门仍容纳了全国 1/3 以上的从业人员者，与此同时大约有 770 万人的农业劳动者从第一产业部门向第二产业和第三产业部门转移。

进入 20 世纪以后，美国的农业机械化水平有所提高，特别是 20 年代前后，美国又实现了由畜力农具到机械化农具的改革，第二次世界大战后，农业全面达到现代化生产水平。从此，农业总产值的增长和农业实际收入的增加与第一产业就业人数的减少，出现反差发展的趋势。1900 年第一产业就业人数（见表 4—29）为 1 149.7 万人，占美国总就业人数的 39.6%。1910 年以后，第一产业就业人数呈现下降趋势，到 1950 年，第一产业就业人数减少到 755.1 万人，所占劳动力就业比重降至 12.8%。而第一产业的国民收入在产业构成中的相对比重在 1935—1950 年期间同就业构成一

---

① 根据普遍采用的克拉克的三分法，美国的国民经济由三大产业组成：第一产业即农业，包括种植业和畜牧业、林业、渔业；第二产业，包括制造业、采掘业、建筑业；第三产业，包括公共事业（电力、煤气、供排水）、运输业、通信业、批发和零售业、金融保险业和不动产业、服务行业以及政府机关和政府企业等。关于产业的分类法还有联合国的《全部经济活动的国际标准意见分类索引》，将产业分为十大类；美国学者马克·波拉特（Mac Uri Porat）的产业四分法，即将产业分为农业、工业、服务业和信息业。

样基本上呈下降趋势（见表4—30）。随后，在第三次科技革命的推动下，美国农业广泛采用新技术，第一产业就业人数的绝对数和相对比重的下降趋势更为明显，1980年，第一产业就业人数占美国总就业人数的3.4%，到2000年第一产业就业人数占美国总就业人数的比重进一步减少到1.4%。这一时期国内生产总值在产业构成的比重从1950年的7.3%下降到1990年的1.9%，下降了5.4个百分点。可以说，美国与其他发达国家相比，农业的条件是优越的，加上工业现代化的迅速发展，促进农业的技术改造和较早实现农业现代化，由此出现第一产业劳动力向非农业部门转移的必然趋势。

表4—29　　按三次产业分从业人口产业结构

年份	总数	从业人员/千人			构成/%		
		第一产业	第二产业	第三产业	第一产业	第二产业	第三产业
1900	29 030	11 497	6 515	11 018	39.6	22.4	37.9
1910	37 291	12 314	10 721	14 256	33.1	28.7	38.2
1920	42 206	12 146	13 377	16 653	28.8	31.7	39.5
1930	48 686	10 981	14 736	22 969	22.6	30.3	47.2
1940	51 742	9 559	16 158	26 015	18.5	31.2	50.3
1950	58 999	7 551	19 677	31 771	12.8	33.4	53.9
1960	72 142	5 916	24 889	41 337	8.2	34.5	57.3
1970	78 678	3 463	26 080	49 135	4.4	33.2	62.2
1980	99 303	3 364	29 136	66 803	3.4	29.3	67.3

资料来源：United States Department of Commerce，Bureau of the Census. *Historical Statistics of the United States*. Washington：Government Printing Office，1987；United States Department of Commerce，Bureau of the Census. Statical Abstract of the United States. Washington：Government Printing Office，1998.

表4—30　　美国国民收入的产业构成（1930—1950年）

年份	国民收入/亿美元			国民收入构成比重/%		
	第一产业	第二产业	第三产业	第一产业	第二产业	第三产业
1930	62	230	465	8.2	30.4	61.4
1935	64	158	345	11.3	27.9	60.8
1940	62	268	486	7.6	32.8	59.6
1945	149	590	1 069	8.3	32.6	59.1
1950	179	912	1 338	7.4	37.7	54.9

资料来源：United States Department of Commerce，Bureau of the Census. *Historical Statistics of the United States*. Washington：Government Printing Office，1987.

第二产业就业人数占美国总就业人数的比重呈现从迅速上升到下降并相对稳定发展的趋势。美国农业国转变为向工业化国家直到战后经济迅速发展时期，第二产业部门的国民收入和相对比重基本上处于上升趋势，同时第二产业就业人数和相对比重也一直处于上升状态，特别是20世纪前半期尤为明显。到了70年代前后，第二产业就业人数虽然有所上升，但其占全国就业总人数的比重出现迅速下降的趋势，但90年代以后，其相对比重的下降趋势则相对较为稳定。值得注目的是，第二产业的国内生产总值相对比重和劳动力的相对比重保持在趋同的水平上（见表4—31）。

表 4—31　　美国国内生产总值的产业构成（1950—1980年）

年份	国内生产总值/亿美元			国内生产总值构成比重/%		
	第一产业	第二产业	第三产业	第一产业	第二产业	第三产业
1950	208	1 060	1 550	7.3	37.5	55.2
1960	215	1 797	3 032	4.3	35.6	60.1
1970	287	3 159	6 353	2.9	32.2	64.9
1980	772	8 260	17 812	2.9	30.7	66.4

资料来源：United States Department of Commerce，Bureau of the Census. *Historical Statistics of the United States*. Washington：Government Printing Office，1979；国家统计局编. 国际统计年鉴（2005年版）[M]. 北京：中国统计出版社，2005.

第三产业是为生产和生活消费提供服务的部门。一般来说，随着经济的发展和专业化程度的提高，劳动就业人口在产业间的分布会逐渐由第一产业向第二产业和第三产业递进，而在发达国家第三产业部门吸收的劳动力往往高于第二产业。第三产业部门就业人数的上升是以工业经济和农业经济的成熟程度为转移的。从表4—29可以看出美国第三产业的就业趋势。20世纪初，美国的第三产业就业人口的比重低于第一产业，占总就业人口37.9%，此后，第三产业的就业人口不断增长，到1940年，已超过第一产业和第二产业的就业人口的总和，1980年提高到67.3%，这标志着美国已完全进入后工业化时代。

在第三产业内部中，各部门发展的差异较大。狭义服务业占第三产业国内生产总值相对比重增长幅度最大，其中包括信息业、医疗保健、教育、旅游和餐饮业等增长快的行业。金融业的增长速度也较快，其中包括银行、非银行金融机构以及证券、保险等增长势头强劲的部门。而批发和零售商业同期则变化不大；而同期政府部门的公共服务呈现下降趋势。从第三产业就业结构的变化来看，战后到1980年期间就业增长较快的主要是零售业和商业服务业，如表4—32所示，狭义服务业的就业增长速度也较快。

表 4—32　　1900—1980年的劳动力分布　　单位：千人

年份	第一产业	第二产业			第三产业	
	农业、林业、渔业	精密、制造、手工艺、修理	操作员、制作者、体力劳动者	管理、专业、技术人员	技术、销售、行政支持	服务行业
1900	9 290	3 176	7 330	2 721	2 982	27 554
1910	11 108	4 247	9 601	4 144	3 513	36 236
1920	9 969	5 682	10 960	4 969	3 269	40 113
1940	8 220	5 477	12 961	7 177	5 491	47 221
1950	6 649	7 954	15 030	10 149	5 847	56 748
1960	3 843	8 708	14 864	12 587	7 047	60 814
1970	2 349	10 351	16 949	12 878	9 538	76 270
1980	2 174	11 717	18 527	27 106	12 567	97 379

资料来源：United States Bureau of the Census，*Historical Statistics of the United States*，Colonial Times to 1970，Washington：Government Printing Office，1975；[美] 乔纳森·休斯，路易斯·P. 凯恩. 美国经济史（第7版）[M]. 北京：北京大学出版社，2011.

从世界各国就业结构的横向比较来看，美国第三产业占就业人口的比重处于领先水平。世界上发达国家的这一比重基本上在65%左右，而大部分发展中国家都在40%左右。而第三产业的国民收入相对比重大体上不变，自20世纪30年代以来多数年份保持在60%左右，但70年代以来第三产业的国内生产总值相对比重呈现迅速上升趋势。

以上概述了19世纪中叶以来美国的就业结构和产业结构的变化趋势，特别值得注意的是，第二次世界大战以后美国的就业结构和产业结构最突出的变化是第三产业的劳动力就业比重和国内生产总值比重迅速扩大。引起这种变化的主要原因之一是科学技术的迅速发展推动了产业结构的演进。战后，美国科学技术迅速发展和更加广泛的应用，以先进的技术手段装备生产，使产品生产部门的劳动生产率大幅度提高，增强了国际竞争力，为第三产业的发展创造了条件。同时，随着科技革命的发展、生产和投资规模的扩大，引起了微电子、计算机、软件、通信设备等新兴工业的出现，也导致了就业结构和产业结构的变化。例如在第三产业中增长最快的是计算机与信息处理服务业。

另外，国内消费需求的变化，对就业结构和产业结构的变化有重要影响。战后以来，美国随着生产部门劳动生产率的迅速提高和实际收入的增加，居民的消费结构发生了很大变化，居民的消费支出由1950年的1 920亿美元增长到1984年的23 420亿美元，其中用于必需生活开支的比重下降，用于保健、娱乐和旅游等方面开支的比重大幅度上升，而且用于服务方面支出的增长率大于购买物质产品支出的增长率。显而易见，美国家庭开支中流入服务业的部门很大，并且不断提高，这必然使第三产业的就业比重和国内生产总值所占比重逐渐提高，推动了产业结构的变化。

此外，政府在宏观经济政策方面的加强也促进了美国产业结构和就业结构的变化。第二次世界大战后，美国政府利用税收、信贷、关税、津贴等方面的政策，以及通过制定产品质量、节约原料等各种标准，对各部门施加不同的影响，并积极干预扶植与企业自身的调整，从而引起产业结构和就业结构的不断变化。另外，第二次世界大战后美国政府本身和企业的活动规模越来越大，使企业从传统产业的大规模发展到信息、通信、航空和金融、娱乐等服务业的迅速发展，产业结构不断升级，产业及企业竞争力显著提高，也使第三产业在国内生产总值和就业中的比重呈现不断上升的趋势。

4.6 工业发展与劳动力供给

4.6.1 工业经济

20世纪初美国在完成第二次工业革命后，建立起独立和完整的工业生产体系，生产力出现了历史性飞跃，使美国成为世界上工业最发达的国家，工业在国民经济中占主导地位。第一次世界大战后，在联邦政府大力扶植工商业政策引导下，美国的工业经历了战后短暂的1921年危机后，开始进入了20世纪20年代的繁荣时期，这一时期，工业的产量增加只经过 1924 年的轻微衰退，然后是 1926 年到 1927 年的回升，1929 年美国工业生产进入增长高涨期，奠定了美国工业在世界工业的领先地位。

20 世纪 30 年代初期，由于受美国经济大萧条的影响，工业生产大幅度下降。1933 年以后，美国的工业生产开始回升，但由于 1937 年新的危机来临，主要工业部门的产量有所下降，使美国在资本主义世界的工业优势有所削弱。在第二次世界大战期间，美国加速了扶植工业化的建设，使美国的工业迅速发展。从 1938 年到 1943 年，美国工业生产年平均增长速度高达 12.7%，明显高于德国、法国和英国等主要资本主义国家，到战争结束时，美国在世界工业经济中占有优势地位。

第二次世界大战后，由于占据有利的国内外市场，美国的工业生产保持了高于战前的发展速度，据美国商务部的估计，美国工业生产率在 1948—1965 年期间每年增长 3.2%，增长速度是较快的，但随后美国工业生产的发展速度出现逐步下降趋势，1965—1973 年间平均每年增长 2.4%，在 1973—1978 年增长了 1.1%，1978—1980 年增长了−0.8%。20 世纪 70 年代以来爆发了两次经济危机，对工业影响很大。

美国是在发生经济危机后进入 20 世纪 70 年代的。1969—1970 年经济危机期间，美国工业生产下降了 8.1%，这是 70 年代美国工业第一次大幅度下降，危机过后，工业生产回升迟缓，直到 1972 年工业生产较 1971 年增加了 8.8%，工业生产指数才开始超过危机前的水平（见图 4—11）。到 1973 年美国的工业生产增长率又比 1972 年

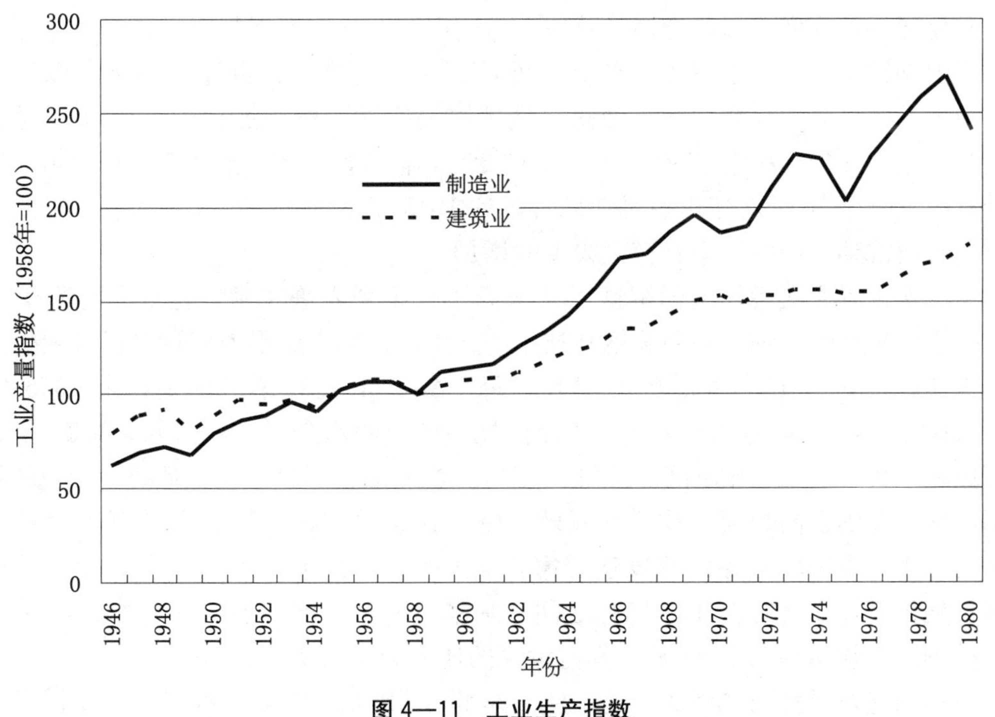

图 4—11　工业生产指数

资料来源：［英］B. R. 米切尔编. 帕尔格雷夫世界历史统计・美洲卷（1790—1993）［M］. 北京：经济科学出版社，2002.

增长了 8.1%。生产的盲目扩大超过了市场的需求，零售商的工业产品销售额在 1973 年 2 月以后出现徘徊，制造业的销售额在 1973 年达到高点后开始较大幅度地下降。

1974—1975 年的经济危机使工业生产下降幅度达到 15.3%，失业率高达 9%，制造业和原料工业的设备利用率均大幅度下降。制造业生产能力利用率下降幅度为 20.9%，原料工业生产利用率则达到 25.1%。工业设备利用率下降的幅度大于生产缩减的幅度，反映出这次经济危机的严重程度，1976 年和 1977 年接连出现工业生产回升的趋势，但生产上升的幅度是缓慢的，1978 年工业生产又有所下降，1979 年和 1980 年工业生产继续呈现减退的趋势，出现了负增长。

20 世纪 80 年代的制造业生产率水平明显高于 70 年代，这一时期，生产“外包”成为大趋势，美国转向了以服务业为主的产业结构，其制造业产业空心化现象日益凸显。受此影响，美国制造业在全球制造业总产值中的份额日趋下降，从 20 世纪 50 年代的 50%下降到的 21.5%，尽管如此，到 80 年代初期，美国始终保持世界制造业产值头号大国的地位。

4.6.2 传统工业

第一次世界大战后，随着生产技术的不断改进，美国的工业生产发展很快，特别是钢铁工业、汽车工业和建筑业发展令人瞩目。这些部门产值大、就业人数多，其生产变化影响着许多部门的产销与就业，对美国工业化的发展具有举足轻重的作用。

美国钢铁工业是集中程度高的大工业部门之一。第一次世界大战爆发以后，随着社会需求的扩大和生产技术的改进，使美国的钢铁产量增加较快。1914 年时美国的生铁产量为 2 371 万吨，1929 年达到 4 329 万吨，随后受经济大萧条的影响，生铁产量有所下降，但 1932 年以后迅速回升，到 1945 年达到 4 986 万吨。这一时期钢产量虽然有所波动，但大体上有较大幅度的增加。

第二次世界大战后，美国钢铁工业采用了一系列先进技术，包括推行高炉大型化、引进吹氧转炉炼钢、采用轧钢新技术、在生产过程中最早使用计算机等。生产技术的进步，促进了劳动生产率的提高，每个钢铁工人的年产钢量，由 1955 年的 164.8 吨增至 1975 年的 231.5 吨，从而使战后美国的钢产量持续增长，1953 年突破了 1 亿吨，1973 年又达到创纪录的 1.4 亿吨，当时居世界第一位。但 20 世纪 60 年代后期以来，美国在高炉大型化、吹氧转炉炼钢比重等钢铁生产技术和劳动生产率方面已落后于日本和联邦德国等发达国家，加上钢铁生产能力严重过剩，使美国钢铁产量长期徘徊在 1 亿吨至 1.4 亿吨之间，基本上处于停滞状态。尽管如此，到 1980 年美国钢铁产量达到 1.11 亿吨，其占世界的比重为 14.2%。

汽车制造业是美国经济的支柱产业。20 世纪最初的 25 年，汽车工业获得了急剧增长，在 20 年代中期以后的 20 年，汽车产量虽然有所波动，但还是在不断扩张。这创造了对各种物质和资金投入的巨大需求，为供应商行业的变革提供了动力。汽车工业的发展扩大了对机器工具、钢铁、电气设备、电子元件、玻璃以及各种型号的塑料等工业产品的需求，在一定程度上促进了许多产业部门的发展。第二次世界大战以后汽车工业发展较快，到 1948 年，汽车总资本达 60 亿美元，生产规模较战前扩充了 1.5 倍。战后初期，对小汽车的需求猛增，1950 年汽车产量增至 800.3 万辆，占世界汽车总量的 76.4%，其中小汽车产量为 666.6 万辆，较 1945 年增长 95 倍。这一时期，由于美国公司占据这一市场，美国汽车工业基本上没有成为外国竞争的目标。50 年代前期是美国汽车工业的鼎盛期，当时美国 6 个公司中就有一个公司与汽车行业有关，汽车产业在国内生产总值中占有很大比重。这一时期，美国三大汽车公司控制着国内的汽车生产，而进口量在 1955 年年末还不到国内汽车的 1%，随后美国汽车遇到了市场供求失衡的问题，经济危机期间，汽车产量急速缩减（见图 4—12）。进入 60 年代以后美国汽车工业仍保持较快的增长，到 1965 年，汽车产量高达 1 105.8 万辆，其中小汽车产量为 930.6 万辆，均占世界第一位。

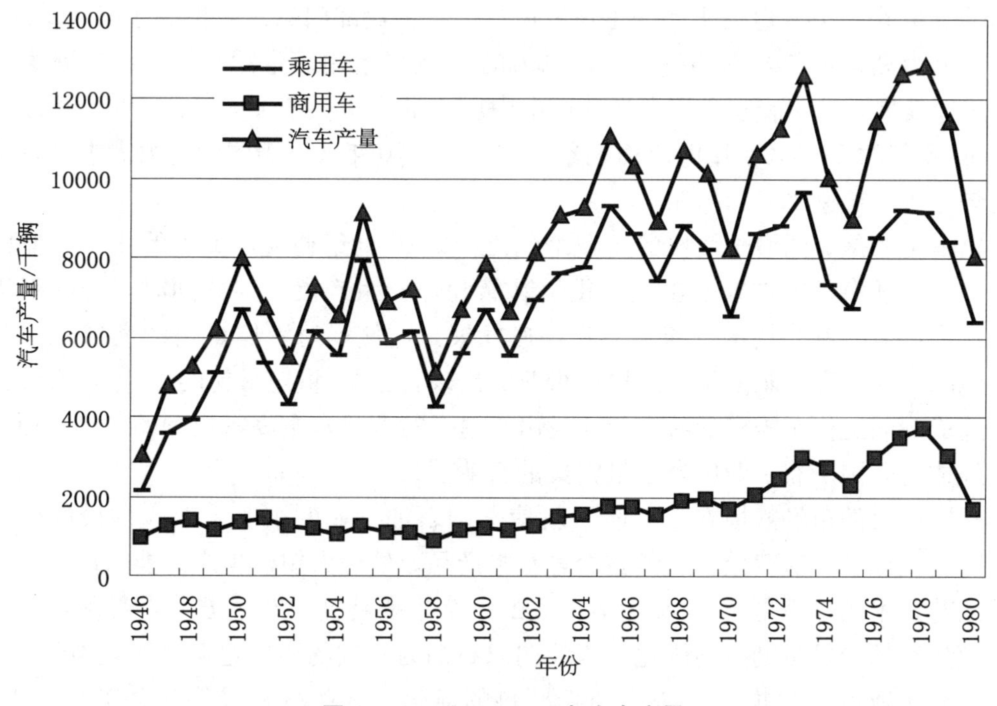

图 4—12　1914—1980 年汽车产量

资料来源：[英] B. R. 米切尔编. 帕尔格雷夫世界历史统计・美洲卷（1790—1993）[M]. 北京：经济科学出版社，2002.

20 世纪 70 年代初期，能源危机的深化，加重了汽车销售困难。为了提高竞争能力，美国汽车工业加强技术的改进，提高生产和经营效率，改进汽车质量，降低生产成本，并不断变更汽车式样，以此来吸引顾客，扩大汽车销路。但汽车形式的改变，不一定能提高汽车的实用性能和质量，造成了很大的浪费。尽管如此，美国汽车产量自战后以来始终保持着“汽车王国”的地位。1980 年日本汽车产量超过 1 000 万辆，而美国仅生产 800 万辆。同时，日本汽车大量进入美国市场。1980 年进口轿车已占领美国市场的 27.3%，通用、福特、克莱斯勒三大汽车公司亏损 40 亿美元，在一定程度上影响了美国汽车工业的发展。

电力工业是发展较快的工业部门之一，1920—1945 年美国的发电量由 566 亿千瓦小时增加到 2 712 亿千瓦小时，增长了 3.8 倍，这一时期发电量的增长率也很高。其主要原因在于从 20 世纪 20 年代开始消费者对低成本的电力日益增长，无线电设备、冰箱以及电力热水器等相继诞生，促进了电力工业的生产。1946 年以后，美国的发电量继续迅速增长，到 70 年代末，美国在发电机容量和发电总量方面均继续占世界首位。美国的电力绝大部分是由私人电厂发电的，主要由近 10 家最大电力公司所控制，而政府所属部门的发电量只占不到 1/4。美国电力的生产与消费一直处于平衡发展状态，全国总发电量超过电力消耗总量。美国电站以火力发电为主，1973 年占总发电量的 82%。电力生产的迅速发展，为各工业部门的发展提供了必要的条件，但美国电力只有 40%左右用于工业，电力的 50%以上用于生活和商业。随着家用电器的迅速发展，住房和家庭用电在总供电中所占的比重逐渐加大，由 1950 年的 25%增至 1974 年的 32.6%，用电浪费现象正在发展。70 年代，美国的电力需求呈现旺盛的趋势，年增长速率为 3.7%。

化学工业是美国增长最快的工业部门之一。20 世纪初期，美国的化学工业已经具有一定的规模，主要集中在无机化学制品和炸药生产上。与此同时，美国引进了内燃机为动力的汽车技术，随后得到快速发展，这使得对液体燃料的需求几乎是永无止境的。这种需求刺激了石油提炼行业的出现，在 20 世纪最初的 20 年，石油提炼业已经成为满足汽车需求的特定行业，由于这一行业是资本高密集型的，到 30 年代，它已经成为美国所有工业中资本最密集的行业。①

美国巨大的市场规模在早期阶段就使美国石油行业的企业采取大规模的生产形式生产，例如碱、硫黄酸、过磷酸盐等基本产品，处理大规模生产的能力以及最终连续性工艺技术的采用是 20 世纪化学工业的一个重要特征。在这方面，美国早期从事大规模生产的经验帮助了美国化学工业向以石油为基础的原料过渡。20 世纪 30 年代后期塑料工业的兴起推动了一系列新原料的诞生，这些材料最终代替玻璃、羽毛、木材、钢铁和纸张等材料，特别是热塑性塑料的兴起促进了原材料的迅猛增长，促进了化学工业的发展，1947—1973 年间化学工业的总产量增长了 7 倍多，劳动生产率增长 5.6 倍，约与电力工业相等。60 年代是美国化学工业发展的高峰，平均增长率为 8.6%，超过其他主要工业部门。美国化学工业越来越多地采用石油和天然气体

① ［美］斯坦利 · L · 恩格尔曼，罗伯特 · 高尔曼主编. 剑桥美国经济史：20 世纪（第 3 卷）［M］. 北京：中国人民大学出版社，2008.

为主要原料，这在经济和技术上有很多优点，如原料来源丰富、开采和运输便利、产品成本低，而且工艺流程简单。化学工业的发展，已成为美国国内主要的工业领域。这一期间化学工业发展的主要特点是，生产装置规模的大型化和投资剧增。化学工业产品包括酸、碱、合成纤维、合成橡胶、塑料、化肥、农药、洗涤剂和油漆等。另外，美国在化学工业部门拥有先进的化工技术，特别是化学工业生产方面的先进技术设备，已被世界各国的化工生产所采用。战后以来，美国化学工业产值、劳动生产率和主要化工产品，一直居世界第一位。

石油工业作为重要的工业部门发展较快。20 世纪最初的 20 年，全国石油加工能力增长较为缓慢。随后伴随着经济繁荣，石油产量到 1929 年达到 1.4 亿吨，经过短暂的经济危机后，全国石油加工能力继续上扬，从 40 年代初的 1.8 亿吨提高到 60 年代末的 4.6 亿吨。美国石油产量最高的 1970 年高达 4.8 亿吨，占世界石油产量的 21%，居世界第一位。70 年代以来，由于国际原油市场持续过剩，油价长期在较低价位徘徊，美国炼油企业一直维持在低收益率和低投资回报率状况，大大抑制了投资者对炼油设施的扩建，影响了石油工业的发展，到 1978 年石油产量减少到 4.3 亿吨，退居世界第二位。尽管如此，石油工业部门的就业人数有所增长，由 1977 年的 14.7 万人增至 1982 年的 15.2 万人。

建筑业是一个重要的综合性工业部门。它和钢铁工业、汽车工业并列为美国三大经济支柱，也是美国工人人数最多的工业部门。建筑业每年消耗大量的钢铁、木材、玻璃和砖瓦等。因此，它的状况对许多工业部门的生产、就业以至美国经济均有较大影响。美国建筑业的产值主要包括私人住宅建筑、工商业用建筑和国家出资的公共建筑，而美国的建筑业又以私人住宅建筑为主。第二次世界大战期间，美国住宅建筑较少，战后由于人口增长和原有住宅的损坏以及新的非住宅建筑的扩展，美国建筑业发展较快。私人住宅建筑在一般年份约占美国建筑业产值的 33%，但高的年份要占 40%以上，1950 年高达 54%。因而从 20 世纪 50 年代以来，美国私人住宅建筑发展一直比较迅速。到 70 年代后期较 60 年代中期又有所增加，增长了近 2 倍。私人住宅建筑的增长速度远远超过工商业用建筑和国家出资的公共建筑的增长。1947—1977 年，新建筑总值由 200 亿美元增至 1 726 亿美元，其中私人住宅建筑由 98 亿美元增至 810 亿美元。建筑业是易受经济危机影响的部门，在经济危机期间，私人住宅建筑下降幅度最大，危机过后又较快回升。从 1975 年到 1978 年，美国房屋抵押贷款增加了 54%，达到了 7 500 亿美元的新高峰。

美国建筑业战后的迅速发展是和高效率的生产率密切相关的。特别是 20 世纪 70 年代建筑业在加快实现建筑的工业化和现代化的过程中，不仅建筑业本身进行了广泛的技术改造，而且美国工业各部门现代化技术水平和新产品的发展，也促进了建筑业劳动生产率的迅速提高。为适应建筑业工业化的要求，提高管理效率，美国的建筑企业向大型的专职工程管理和设计、生产、施工、管理相结合的综合性企业方向发展。大型建筑企业的发展，有利于降低造价，建立较高的施工水平，获得更大的经济效益。70年代以来，美国的建筑工业加速改革传统材料，发展新型材料，为建筑业提供了轻质高强的结构材料、高效能的装修材料以及性能优良的新型材料，突破了传统建筑材料的生产和施工方法，具有高效、轻质、高功能的优点，减轻劳动强度，大幅度地加快施工速度①，从而促进了建筑业的发展。

4.6.3 电子技术革命与新兴工业

电子技术革命的一个重要特征是不断出现“技术瓶颈”，通常主要围绕着电子系统内的各个零部件或者互换零部件展开，这样的瓶颈引领了战后的电子技术革命。电子技术的发展使美国经济出现了电子计算机、电子软件以及半导体部件等新兴产业。创新的电子类产品支持了这些产业领域内的新兴企业的发展，并促进了成熟产业的运营模式和技术的变革。电子技术革命归功于两项关键的发明，即晶体管和计算机。这两项技术创新出现于20世纪40年代，这些创新对新兴工业的发展起到了极其重要的作用。②

电子工业是战后迅速发展起来的新兴工业部门之一，是在工业自动化及尖端科学研究的推动下，电子计算机、无线电通信等电子技术日新月异的基础上加速发展起来的。美国的电子工业在世界上处于领先地位。20世纪70年代中期，美国电子工业的产值约占世界的一半，超过了日本和西欧主要发达国家电子产品产值的总和，每一从业人员的产值也比日本和西欧发达国家高很多。1950—1975年间，电子工业产值由27亿美元增至364亿美元，增长了12.5倍，从业人员增加了2倍，达111.5万人。1976年产值约占工业生产总值的9.5%。电子计算机是美国电子工业的主要产品，它集中反映了现代科学技术的发展水平。1979年年初，美国电子计算机工业拥有资产52亿美元，职工27万人，集成电路产量占世界产量的75%。

这一时期，随着美国传统工业以高技术为依托，进行大规模改造的同时，微电子、软件、通信设备等高技术工业③也迅速发展起来。微电子产业包括电气接插件、芯片和集成电路等各种各样产品。这些产品的需求有日趋上升的趋势。

---

① 丁溪. 美国经济［M］. 北京：中国商务出版社，2006.

② ［美］斯坦利·L·恩格尔曼，罗伯特·高尔曼主编. 剑桥美国经济史：20世纪（第三卷）［M］. 北京：中国人民大学出版社，2008.

③ 高技术工业具体的衡量标准是：凡高技术工业部门研究试制费用和科技人员比例，要高于整个制造业平均水平的1倍以上。20世纪70年代末的美国劳工统计中，将列入技术产业分类表的977种行业中的36种划分为高技术工业。1983年3月美国国务院公布的一份报告指出，高技术产业对美国经济增长具有重要的意义。该报告列举的高级技术包括：电子计算机、电子元件、航天器、电信和电信设备、科学实验仪器设备、发动机、光学，以及计算机软件和资料处理等项目。80年代中期以来发展起来的新兴高技术工业部门有：微电子工业、生物工程、光纤通信、激光技术、新能源、新材料、宇航和海洋开发等部门。从高技术的性质可以推定，高技术工业预示着未来的经济发展方向和经济增长潜力，对经济发展的速度具有根本性的影响。

半导体是战后美国重要的新兴工业部门。1947 年后期，美国贝尔实验室发明了电子晶体管后，威廉・肖克利（William Shockley，1910—1989 年）认为晶体管有巨大的工业前景，为了更好把新发明的半导体技术推向实用，他在帕拉托建立了硅谷的第一家半导体公司。1954 年，得克萨斯仪器公司制造了第一批晶体管，并获得商业成功。得克萨斯仪器公司生产的晶体管在贝尔实验室的基础上进行了重大的设计改进，降低了制作成本，提高了产品的可靠性。1957 年，罗伯特・诺伊斯（Robert Noyce，1927—1990 年）、高登・摩尔（Gordon Moore，1929 年—）和安迪・格鲁夫（Andrew Grove，1936 年—）等人共同组建了被誉为"硅谷 IC 大学"的仙童半导体公司，总部设在纽约。

半导体电子领域的另一个重要成就是 1958 年研制出的集成电路（IC），它是经过氧化、光刻、扩散、外延、蒸铝等半导体制造工艺，把构成具有一定功能的电路所需的半导体、电阻、电容等元件及它们之间的连接导线全部集成在一小块硅片上，然后焊接封装在一个管壳内的电子器件。集成线路在很大程度上是为了解决与利用大规模的分立式晶体管相伴而生的日益突出的安全性问题而研制的。集成电路是由杰克・基尔比（Jack Kilby，1923—2005 年）和罗伯特・诺伊斯发明的，杰克・基尔比吸取了得克萨斯仪器公司在扩散和氧化物掩模技术方面的工艺创新，这些创新是为了制造硅结型晶体管。集成电路技术的发展使大量晶体管在单一装置基础上互相连接成为可能。[①]

仙童半导体公司在创立 10 年后发展迅速，到 1967 年，它的营业额已经达到 2 亿美元，但是美国东部传统的商业气氛并不适合高科技企业的创新和发展。僵化的体制使科研与生产脱节，研究成果难以转化为产品。1968 年，罗伯特・诺伊斯和高登・摩尔等人离开仙童半导体公司，创立了后来成为世界半导体公司的龙头——英特尔公司。20 世纪 70 年代到 80 年代中期，半导体市场的主力产品是存储芯片，而英特尔公司开发和生产的一系列芯片成为当时世界上最早和最好的产品。

计算机工业是美国最引人注目的新兴产业之一。1946 年，约翰・W. 莫克利（John W. Mauchly）和 J. 雷斯珀・埃克特（J. Presper Eckert）设计的世界上第一台电子计算机成功后，计算机行业发展很快。20 世纪 50 年代早期，美国对计算机的商业需求逐渐扩大，形成了一个独立的市场。这一时期商业上获得最大成功的机器是成本较低的 IBM 650，售出了 1 800 台。国际商业机器公司（IBM）凭此确立了其在计算机行业的领头地位。20 世纪 60 年代和 70 年代，国际商业机器公司制造的 IBM 360 大型计算机巩固了其在美国计算机行业的龙头地位，创造了一系列不同性能和不同价格级别的计算机产品。而大型计算机和小型计算机逐渐被用于工业，例如为新

① ［美］斯坦利・L・恩格尔曼，罗伯特・高尔曼主编. 剑桥美国经济史：20 世纪（第三卷）［M］. 北京：中国人民大学出版社，2008.

工艺中的建模和模拟过程提供了支持，从而使新的工艺更为顺利地应用于商业生产成为可能。据有关资料估计，70 年代末世界上使用的计算机约有 40 万台，美国高达 22 万台，超过总量的一半。

整个大型计算机市场的扩张以及计算机市场新的分支领域的发展改变了美国计算机行业的结构。随着新企业的涌入，用于办公室设备的计算机在整个地位以及相关的行业开始萎缩。台式计算机市场的快速发展加速了这一转变过程。其中由史蒂夫·沃兹尼亚克（Steve Wozniak，1950 年—）和史蒂夫·乔布斯（Steve Jobs，1955—2011 年）创立的苹果公司在 1977 年推出的苹果Ⅱ型计算机引人注目。这是真正意义上的个人计算机，能产生彩色图像，包括键盘、电源和机箱，用户可以使用自己的电视机作显示器，并可以用盒式磁带存储数据。不久，苹果Ⅱ型计算机开始远销欧洲。到 1979 年年底，苹果Ⅱ型计算机的销售量就达到了 3.5 万台，苹果公司成为美国增长最快的公司之一。1980 年，苹果公司开始跨国生产，在欧洲设立了第一个海外生产厂。1981 年，苹果Ⅱ型计算机的装机量已达到 30 万台，成为家喻户晓的品牌。

软件业作为朝阳工业是美国增长最快的高科技新兴产业。美国软件工业的发展真正开始于计算机大规模出现之时。IBM 650 为计算机创造了巨大的商业市场，这使计算机工业有动力为 IBM 650 型计算机的物理结构开发标准软件组件。随着国际商业机器公司和其他使用标准代码的主要硬件厂商的发展，单一平台得到广泛应用，这有助于大型使用者生产“内部”软件。到了 20 世纪 60 年代晚期，美国大型计算机的生产厂商开始将它们的软件产品和硬件产品分开销售，这就使硬件、软件在定价和配送方面独立起来。这种发展为开发大型计算机应用软件和标准式自定义操作系统的独立厂商提供了进入软件行业的机遇。到了 70 年代后期，台式计算机得以发展和扩散，促进了软件商品工业的迅速发展。台式计算机的迅速普及为软件包创造了巨大的市场。

4.6.4 工业发展与劳动力供给

20 世纪最初的 20 年除了两次经济危机引起的工业波动外，美国制造业和建筑业均显示了较高增长率。20 年代，制造业生产年平均增长率有所下降，但随后呈现上升的趋势，到 40 年代制造业生产年平均增长率达到 6.5%，创造了 20 世纪初期以来最高的纪录。与制造业相比，建筑业生产相对缓慢，特别是在 30 年代显示了轻微的负增长，但随后上扬，1941—1950 年期间建筑业生产年平均增长率达到 3.1%。

20 世纪 50 年代制造业和建筑业生产年均增长率均有所下降，其中制造业的减退幅度较大，到了 70 年代以后，制造业生产出现数次剧烈的波动趋势，但还是显示了较高的增长率。建筑业在 60 年代保持较高的增长率，甚至超过了制造业。但 70 年代以后呈现逐渐减退的趋势，特别是在 90 年代降幅明显。但从总体上看，工业增长的速度还是较快的，整个20世纪制造业的年平均增长速度达到4.4%，见表4—33，建筑业则保持在3.0%的水平。

表4—33　　工业产量指数与工业增长

年份	工业产量指数（1958年=100）		期间	工业年均增长率/%	
	制造业	建筑业		制造业	建筑业
1900	11	18	1901—1910年	6.0	6.9
1910	18	32	1911—1920年	5.3	3.6
1920	26	44	1921—1930年	3.6	3.3
1930	34	56	1931—1940年	5.0	−0.1
1940	47	68	1941—1950年	6.5	3.1
1950	79	89	1951—1960年	3.9	2.1
1960	114	108	1961—1970年	2.1	3.6
1970	186	153	1971—1980年	2.9	1.7
1980	241	180	1901—1980年	4.4	3.0

资料来源：［英］B.R.米切尔编．帕尔格雷夫世界历史统计·美洲卷（1790—1993）［M］．北京：经济科学出版社，2002.

这一时期，推动美国工业发展的重要因素是劳动力的供给。从表4—34可以看出，从20世纪初期到1980年期间，美国的工业就业人数从651.5万增加到2913.6万人，尽管工业劳动力占总劳动力比重在20世纪60年代以后持续下降，但工业劳动力的增长速度还是较快的。从制造业工人的就业来看，如表4—35所示，到1980年以前一直呈现上升的趋势。制造业的生产工人在1950年为1200万人，1980年增加到1370万人，而这一数字占总劳动力的比重已经降至20%以下，而工业总产值在迅速增加，这说明，劳动生产率的大量增加也伴随着总产量的增加，即每个工人的生产量增加。

表4—34　　工业就业与工业总产值的变化

年份	工业就业人员		工业总产值		期间	工业就业数每10年增长率/%	工业总产值每10年增长率/%
	就业人员/千人	占总劳动力比重/%	工业总产量/亿美元	工业总产量所占比重/%			
1900	6 515	22.4	—	—	1900—1910年	64.5	60.0
1910	10 721	28.7	—	—	1910—1920年	24.8	53.0
1920	13 377	31.7	—	—	1920—1930年	10.2	36.0
1930	14 736	30.3	—	—	1930—1940年	12.1	38.7
1940	16 518	31.2	—	—	1940—1950年	48.0	65.0
1950	19 677	33.4	1 060	37.5	1950—1960年	26.5	39.0
1960	24 889	34.5	1 797	35.6	1960—1970年	4.8	21.0
1970	26 080	33.2	3 159	32.2	1970—1980年	11.7	29.0
1980	29 136	29.3	8 260	30.7	1900—1980年	190.5	341.7

资料来源：United States Department of Commerce，Bureau of the Census. *Historical Statistics of the United States*. Washington：Government Printing Office，1979；United States Department of Commerce，Bureau of the Census. Statical Abstract of the United States. Washington：Government Printing Office，1988.

表 4—35　　制造业就业与作用的变化

年份	制造业就业人数/百万人	制造业人数占劳动力比重/%	生产工人就业人数/百万人	生产工人数占劳动力比重/%	制造业产出占国民生产总值比重/%	期间	制造业就业人数年均的增长率/%
1900	4.3	14.6	—	—	—	1900—1940 年	3.7
1940	10.7	23.7	—	—	—	1940—1950 年	3.6
1950	14.5	23.3	12.0	19.3	28.0	1950—1960 年	0.7
1960	16.2	23.3	12.1	17.4	26.9	1960—1970 年	1.7
1970	18.0	21.7	13.5	16.3	23.9	1970—1980 年	0.5
1980	20.6	19.3	13.7	12.8	20.8	1900—1980 年	2.7

资料来源：[美] 乔纳森·休斯，路易斯·P. 凯恩. 美国经济史（第 7 版）[M]. 北京：北京大学出版社，2011；[美] 加里·M. 沃尔顿，休·罗考夫. 美国经济史（第 10 版）[M]. 北京：中国人民大学出版社，2011.

当然，这种趋势是有历史根源的。美国制造业已经在努力节约历史上形成的高昂的劳动力成本。劳动力节约的偏好在美国工业的早期工业发展史上已经成为选择技术的决定性因素。第二次世界大战后的统计也印证了这一点。美国的工业指数（1958 年＝100）在 1955 年是 79，1980 年达到 241，增加了 205.1%，而总的制造业就业率在同一时期有所下降。① 显而易见，20 世纪 70 年代以来，制造业就业人数略有所上升，而劳动力素质和工业技术的提高促进了劳动生产率的提高，从而促进了美国工业的发展。

4.7　农业经济与农村劳动力转移

4.7.1　农业经济

美国是靠农业立国的。美国发展农业有其得天独厚的自然条件，土地肥沃，地广人稀，山少平原多，气候适宜，雨量充足且分布较均匀。这些独特的因素对美国的农业发展是有利的。在历史上，农业不仅是美国迅速实现工业化的前提，而且为国民经济的发展提供了坚实的基础。

从 19 世纪末到第一次世界大战期间，美国农业出现了自 19 世纪中期以来无可比拟的繁荣。这一时期，新移民和投入农业生产的土地逐渐减少，而玉米和棉花等主要农作物的产量都趋向稳定。与此同时，由于受欧洲南部和东部来的大量移民的影响，城市人口增加。农产品的价格相对于农民必须购买的工业产品的价格上升更快，换句话说，农产品与工业品的比价有利于农民，这种情况并不多见。若以 1899 年农产品与工业品的比价为 100，则 1905 年的比价提高到 133，1910 年进一步上升到 189。这种有利于农民的比价，使农业的实际收入大幅度提高，加速了农业经济的发

① [美] 乔纳森·休斯，路易斯·P. 凯恩. 美国经济史（第 7 卷）[M]. 北京：北京大学出版社，2011.

展，农业总产值从 1899 年的 30 亿美元上升到 1914 年的 60 亿美元。此外，美国继续顺利保持农产品的外销，这也是促进农业繁荣的一个重要因素。

第一次世界大战结束后，美国农业增长速度有所减缓。1920 年的普查结果表明，美国农业在国民经济中的地位下降。美国农业还出现了下列主要倾向：农场的数量减少而农场的规模有所扩大；耕地面积增长率降低而主要农作物仍经常生产过剩；农产品的输出减少；农业生产进一步机械化使农业生产率得到相应提高（见图 4—13）；农业生产专门化，使乳牛饲养、水果蔬菜生产得到发展等。

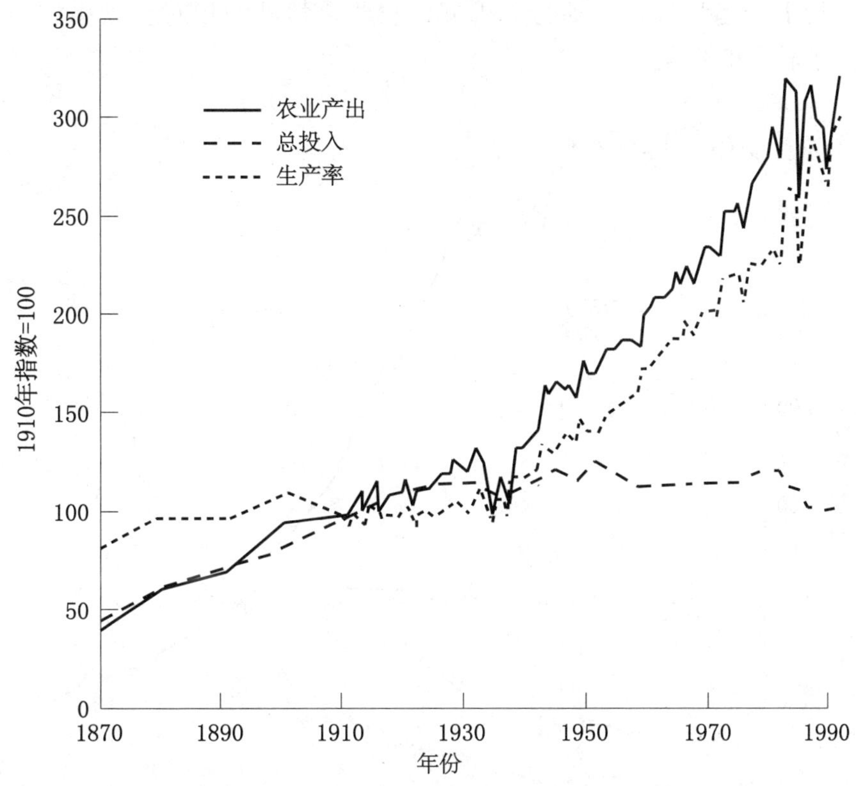

图 4—13　农业产出、投入及生产率的增长率

资料来源：［美］斯坦利・L. 恩格尔曼，罗伯特・高尔曼主编. 剑桥美国经济史：20 世纪（第三卷）［M］. 北京：中国人民大学出版社，2008.

农业机械化的发展和农业生产率的提高，促使农场数目减少、规模扩大的趋向大大加速。农场规模的扩大是由于出现了使用柴油发动的拖拉机，使 20 世纪 20 年代的农业生产率迅速提高。农业部门从使用畜力到使用机械动力的变革，是第一次世界大战后农业生产中最值得注目的重大发展。从整个美国来看，拖拉机的推广使用非常迅速，但各地区的情况有很大的不同。据调查，到 1930 年，拥有拖拉机最多的是中部西北各洲，使用拖拉机的农场占这些州农场总数的 26.5%，而中部东南各州只有 2.1%的农场使用拖拉机。由于实现了农业机械化，生产农作物所需要的工时数大幅度缩减。在1910—1930年期间，每个农业劳动力平均照料的耕地面积从25.6英亩猛增到35.5英亩，由此可见，农业劳动生产率有所提高。

20世纪20年代农业生产率的提高，除了农业机械化的发展外，培育新品种作物、良种牲畜以及化学肥料的使用也是不容忽视的。培育与改良新品种作物是某些农作物产量增加的主要原因之一。通过优选法引进良种牲畜则提高了肉类和其他畜产品的产量。此外，农民对肥力锐减的耕地追加了化学肥料。这一切有效的措施使农业劳动生产率在1920—1930年提高了26%左右。这一时期除了美国农业的投入总量基本上保持上升趋势外，劳动力、机械、农业化学品的相对贡献率如图4—14所示，也发生了较大的变化。

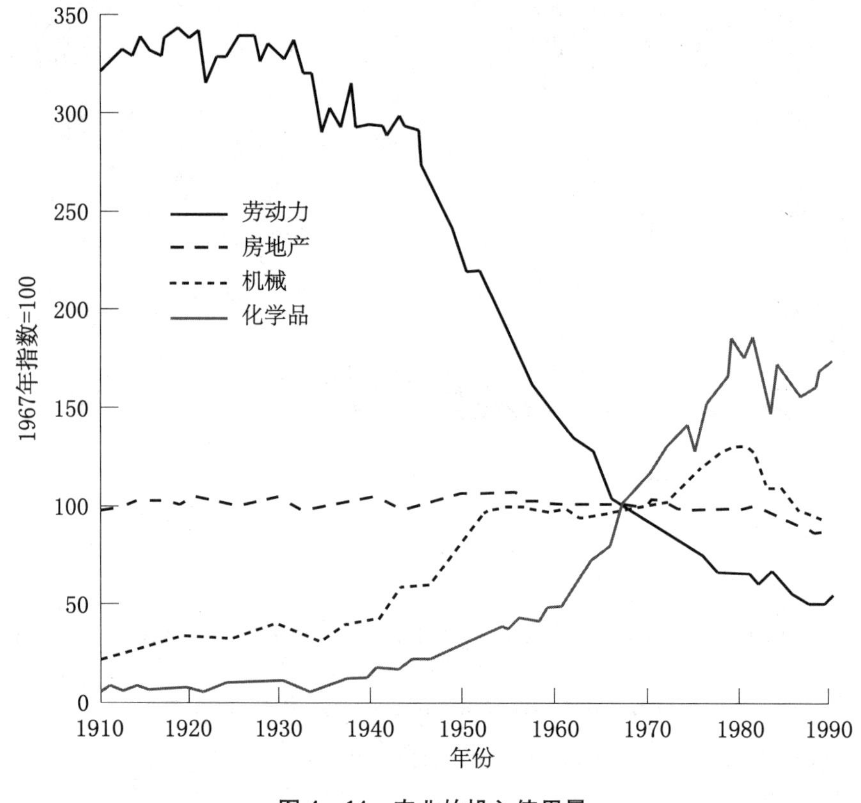

图4—14　农业的投入使用量

资料来源：United States Bureau of the Census, *Historical Statistics of the United States*, Colonial Times to 1970, Washington: Government Printing Office, 1975; USDA. *Agricultural Statistics* 1985, Washington, D.C, 1985.

第一次世界大战后，尽管农业增产了，但农业收入不容乐观。农业总收入从1920年的160亿美元减少到1921年的105亿美元，到1924年才超过120亿美元；此后，直到1929年增加甚微。1929年，按人口平均的农业收入仅为273美元，而全国的平均收入则为750美元。导致农业不景气的最主要原因是小麦、猪肉等主要农畜产品的跌价在于国外销路的缩减。由于国外对美国农产品需求的减少，政府对农产品价格不予维持，国外市场上竞争加剧以及一般物价水平的下降，从而使美国农业经济处境艰难。

20世纪30年代初期，农业受到大萧条的打击最大。农产品大量过剩、价格暴跌，使农民收入锐减；在1932—1933年，数百万农民濒于破产。在这种情况下，为了振兴农业，政府在1933年5月通过了《农业调整法》。同年6月，国会又通过了《农业信贷法》，为农民建立了一个完整的信贷体系。为了使各农场能获得短期信贷和中期抵押贷款，美国政府设立了一家给地方生产信贷组织提供资金的生产信贷公司。此外，又设立了一个农贷中心银行和十二个区银行，为农民合作组织提供信贷。这些立法让许多农民以较低的利息率重新贷款。

1936年，政府通过了《土壤保持与国内土地分配法》，并提出凡是不种植消耗土壤肥力的农作物以保持土地肥力的农民，都可以获得政府奖金。1938年，国会又通过了新的《农业调整法》，对遵守减产计划的农民发放津贴，以控制主要农作物的生产过剩。尽管政府对农业生产管制了6年，农产品还是大量过剩，其价格仍然较低。20世纪30年代农业生产技术的迅速改进，使政府限制农业生产计划基本上落空。例如，玉米耕地面积缩减了15%，但由于农民开始种植杂交良种玉米，其单位产量反而增加了20%～25%。

20世纪30年代，由于农产品过剩抑制了农业的发展；但在1941年珍珠港事件发生后，农产品却供不应求了。为此，联邦政府修改了农业生产计划，鼓励增产。到1944年，农产品总产量约比1939年增加了23%。由于耕地面积只扩大了3%，农产品的增产主要是由于单位面积产量的提高，每英亩产量平均增长了14%左右。在第二次世界大战期间，农业生产的进一步机械化提高了农业劳动生产率25%左右，从而使农业部门的劳动力呈现下降趋势，从1939年的1 130万减少到1945年的1 000万左右。

从经济意义上说，第二次世界大战使世界各国对美国粮食、棉花等农产品需求大幅度增加，刺激了农产品价格的上升，在1939—1945年，美国的农产品价格大约上涨了118%，使农民的实际收入也呈现上升势头。在1939—1945年期间，每个农场的平均收入从685美元增加到2 063美元，大约提高了两倍。但从购买力看，1945年的农场收入只比1939年增加一倍左右。

20世纪前半期，尽管农业生产受到数次波动，但总的来看农业生产率还是有所提高。1910—1950年期间，生产100蒲式耳小麦所需的劳力，由106小时减少到27小时，生产100蒲式耳玉米所需的劳力，由135小时减少到34小时。[①] 畜产品的劳动

① ［美］斯坦利·L·恩格尔曼，罗伯特·高尔曼主编. 剑桥美国经济史：20世纪（第三卷）［M］. 北京：中国人民大学出版社，2008.

生产率也提高很快。对于大多数农产品来讲，劳动投入在1930年以前逐渐下降，此后到1950年开始迅速下降。

在20世纪50年代和60年代，美国的农业状况仍然不景气，农业在国民经济中的相对重要性不断下降。到1970年，农业收入占国民收入的比重只有3%左右。而且，在生产日趋集中和农业现代化水平迅速提高的条件下，农业人口和农业劳动力迅速减少。由于农业人口和劳动力的减少，农业生产的劳动工时在1950年以后的20年内减少了60%。而且，耕地面积在同一时期内缩减了14%。然而，20年内的农业劳动生产率提高了两倍多，加上农产品单产量增加50%，使美国农业生产增长了40%左右，主要是归因于农业科技的变革和改进。其中最重要的是：农业生产的高度机械化；广泛使用化肥和农药；通过精选、培育，改良农作物和牲畜的品种等。

进入20世纪70年代以后，美国农业摆脱了50年代和60年代所面临的困境，进入了迅速增长的时期。1972年，世界主要产粮区连续歉收，导致世界性的粮食危机。在这种情势下，世界农产品贸易急速扩大。当时，美国的农业具备迅速扩大生产规模的能力，而美元汇价不断下跌，使美国农产品贸易在国际市场上不断扩大，农产品出口总额从1970年的73亿美元增加到1979年的347亿美元。农产品贸易的出口成为支持美国经济发展的重要支柱。在美国农产品出口中，小麦、玉米、大豆和棉花等少数农产品的比重由1970年的48.9%上升到1979年的58.9%。值得注意的是，这些农产品主要产自美国的中西部和南部，那里的农场只种少数用途相近的农作物，难以根据农贸市场需求的变化而转产。这一时期，美国农产品的国内市场相当饱和，需求的增长主要是人口增长的结果。

由于广泛采用先进农业技术和大型设备，使美国农业迅速成为一个资本密集型产业。从1970年到1979年，农业劳动力的投入减少了26%，农机和动力的投入增加了22%，化肥和农药的投入则增加了64%。到1979年，每个农业劳动力平均使用价值43 000美元的机械、建筑等有形资本，明显高于全美国各行业的平均水平。

20世纪70年代以来，美国农业集中化的进程仍继续发展，但其速度比60年代有所放缓。到1979年，农业人口已下降到占全国总人口的2.8%；农场平均规模从1970年的374英亩扩大到1979年的429英亩。年销售额10万美元以上的农场数占全部农场的11%左右。由于农业的全面发展，许多中小农场也扩大再生产，呈现了空前的繁荣。

美国农业的总资产在20世纪70年代增加了211%，超过了1万亿美元，年生产费用增加了167%。农业总产值也急剧上升，由1969年的190亿美元增至1979年的718亿美元。但是，这种农业发展和繁荣是以出口的不断增长为基础的，一旦国际市场中供求关系逆转，就会产生大规模的生产过剩危机。这种危机在80年代初期再度显现出来。

4.7.2　农业结构

在美国经济发展的过程中，农业一直是很发达。20 世纪 30 年代已经建立起机械化、电气化、专业化水平很高的农业。第二次世界大战后，美国的农业仍以较快的速度发展，种植业、林业、畜牧业和渔业各产业内部发生了很大变化，各部门的发展也是不平衡的，在整个产业增长的同时，有些部门却呈现下降的趋势。

美国农业部门内部结构的基本特点是，长期以来种植业和畜牧业基本上保持平衡。20 世纪初期到 30 年代中期，种植业产值高于畜牧业，但第二次世界大战以后，畜牧业产值一直占有一定的优势，70 年代中期以后的某些年份种植业有所回升，并略高于畜牧业，随后畜牧业产值高于种植业，这种局面一直保持到 80 年代初期（见表 4—36）。从种植业的产值来看，50 年代和 60 年代增长较为缓慢，但到了 70 年代增长速度加快。

表 4—36　　农业内部的种植业和畜牧业的销售收入及构成

年份	收入/亿美元		占农业内部的比重/%	
	畜牧业	种植业	畜牧业	种植业
1950	161	124	56.5	43.5
1960	190	153	55.4	44.6
1970	295	210	58.4	41.6
1980	680	717	48.7	51.3

资料来源：U. S. president's Economic Advisory Committee. President's Economic Report. Washington：Government Printing Office，1985；United States Bureau of the Census，Statical Abstract of the United States. Washington：Government Printing Office，1995.

养牛业①是美国畜牧业中最大的生产部门，早在 20 世纪初期，牛的存栏量达到 5 973.9 万头，随后到 60 年代尽管有所波动，但基本上呈现上升趋势。70～80 年代初一直保持在 1.1 亿头以上。美国饲养的肉牛品种主要有安格斯牛、海福特牛、婆罗门牛、西门塔尔牛、夏洛莱牛，此外还有短角牛、圣格鲁迪牛等品种。肉牛大部分是两个或两个以上品种杂交，利用杂交优势。杂种牛生长快，易育肥，肉质好。家庭农场饲养比较多的是安格斯牛和海福特牛的杂交一代，其生产性能好，后代适应性强，增重快，出栏率和出肉率高。南部地区多为安格斯牛或海福特牛与婆罗门牛杂交，肉质优良。

美国的奶制品很发达，长期以来一直是世界上奶品产量最大的国家，1909—1960 年牛奶产量呈增加趋势，由 2 913 万吨增加到 1960 年的 5 584 万吨，增加了 91.7%。

① 美国的肉牛是 16 世纪由西班牙人引进到佛罗里达州、密西西比河流域和美国西南部一些地区。17 世纪时，英国和荷兰殖民者又将肉牛引进到美国大西洋沿岸一些地区。1805 年第一批用玉米育肥的肉牛从俄亥俄州到巴尔的摩，开辟了美国国内的市场。1860 年以后随着新修铁路不断延伸，肉牛饲养从大西洋沿岸延伸至伊利诺伊州、爱荷华州和内布拉斯加州。由于具有广阔的优良牧场，温和的气候和大量的廉价玉米，使这里成为美国肉牛业的巨大中心。

但其产量在20世纪60年代呈下降趋势，从1961年的5 702万吨降至1969年的5 307万吨。70年代经过几年低迷后，1980年恢复到5 824万吨。

养猪业是美国畜牧业的第二大产业，生猪存栏量和猪肉产量均仅次于中国，居世界第二位。生猪存栏量在20世纪前20年基本上呈现上升的趋势，随后有所波动，但到1960年还保持在5 902.6万头。随后生猪存栏量开始上升，到1980年增至6 735.3万头。从猪肉产量看，自60年代以来持续增长，从1961年的517万吨增加到1980年的1 046万吨，年均增长1.5%。

美国养猪业主要分布在玉米生产的玉米带，北部平原区和大湖区附近的8个州，东起俄亥俄州、密歇根州，西北到明尼苏达州，西南到密苏里州。这里生产了全国70%以上的玉米，为养猪生产提供了充足、廉价的饲料玉米，所以80%的美国生猪生产分布在这里，其中爱荷华州占全美生猪生产的27%。

羊是美国的传统畜牧产品，在美国的畜牧业生产中占有一定的位置。从20世纪初期到40年代初期，羊的存栏数基本上稳定在4 500万只左右。但随着美国人对羊肉消费量的不断降低，使羊的养殖量不断减少，从1940年的4 626.6万只减少到1960年的2 884.9万只，2000年进一步减少到703.2万只。从产量上看，美国在20世纪初期到1965年以前美国绵羊肉产量都在30万吨以上，1966—1974年在20万～30万吨，1975年以后绵羊的产量逐年下降。

养禽业是美国畜牧业生产中发展最为迅速的产业，20世纪初期到70年代，家禽存栏量在3.6亿～4.6亿只之间。美国肉鸡生产集中在东部、东南部各州和西部的加利福尼亚州。东起特拉华州向南直到佐治亚州，然后向西的亚拉巴马、密西西比和阿肯色州。首先是佐治亚、阿肯色州和亚拉巴马三州的肉鸡产量占全国总产量的42%。其中佐治亚州的肉鸡存栏量和产值最高，其次是阿肯色州亚拉巴马、密西西比州和北卡罗来纳州。美国的肉鸡品种主要是艾维因肉鸡、考伯肉鸡、哈巴特肉鸡以及海波瑞德火鸡。

美国还是世界上最大的火鸡生产和消费国家，1961—1987年火鸡存栏量持续增加，从1.07亿只持续增至3.03亿只。产区较为分散，生产量前6位的州有东南部的北卡罗来纳州、北部的明尼苏达州、东部的阿肯色州、中部的密苏里州、东部的弗吉尼亚州和西部的加利福尼亚州，其中明尼苏达州和北卡罗来纳州火鸡肉产量占总产量30%。

在美国的畜牧业中，牛的存栏量基本上保持了增长的态势，猪的生产保持得比较平衡，羊的存栏量则呈现不断下降的趋势，而家禽的增长幅度比较大，基本上反映了美国畜牧业生产的动态变化和走向。总体上看，尽管畜牧业的品种结构不断变化，但是美国的肉类总需求量和生产量还是稳步上升的，美国的整个畜牧业生产显示了持续发展的态势。

美国的林业生产是农业的重要组成部分之一。历史上，美国的森林资源更为丰富，后来遭到大量滥伐破坏。从20世纪初期开始引起了美国对林业的重视，到1920年，大规模的弃林耕农活动才被终止。30年代以后，美国政府制定了许多法律和政策，采取一系列措施，对原有的森林进行了积极保护，并投入了巨大的人力和物力，建立了大面积的人口森林。60年代以来，美国的森林资源状况才得以改善，从1963年起才扭转了森林面积的下降趋势。1987年以来，森林面积有所增长，林木质量也有明显的改善。

从20世纪初期到30年代，木材和木制品是美国的大宗出口产品，且有大量顺差。随着国内木材消费量的增加，特别是为了保护生态环境，美国从40年代开始，调整了林业政策，由对森林的开发利用改为严格保护，进一步控制了林木的采伐。因而，从50年代起，美国成为木材的净进口国。

美国的森林主要分布在三个地区。在西部的落基山脉到太平洋沿岸，以针叶林为主，主要树种有北美黄杉、西黄松、加州山松、恩氏云杉和科罗拉多冷杉。在南大西洋和海湾沿岸各州，以长叶松、火炬松、萌芽松和湿地松为主。而美国1/4的木材产自以阔叶林为主的密西西比河东部地区，主要树种有栎属、胡桃属、北美洲鹅掌楸和糖槭等。北美黄杉是美国森林资源最丰富的树种之一，其蓄积量占全国针叶林木蓄积总量的1/5以上。北美黄杉蓄积量的61%分布在西北部太平洋沿岸地区。按蓄积量计算，主要针叶树种还有火炬松、萌芽松、冷杉、西黄松、黑材松和异叶铁杉等。主要的阔叶树种有栎属、槭属、杨属、北美洲鹅掌楸和山核桃。①

美国的种植业主要有小麦、玉米、大豆、棉花、稻谷、马铃薯、烟草和甘蔗等品种。其中小麦、玉米、大豆和棉花四大作物，自20世纪初期到70年代末期占总播种面积的80%左右。

从种植业内部类别的产量看，玉米总产量在20世纪初期以来始终保持第一位，小麦总产量自20世纪初期以来的大部分年份紧随其后。从种植业内部品种的产值看，玉米最高，大多数年份占种植业总产值的35%以上，其次是大豆大体上占25%以上，随后是小麦和棉花。可以说，这些农作物构成了美国种植业的主体。同时，美国的这四大农作物在世界上也占有重要的位置，在很大程度上左右着国际农产品市场的供求关系。

小麦是美国三大粮食作物之一。20世纪初期以后到80年代，小麦无论从播种面积还是从产量看，都是仅次于玉米的最主要的农作物（见图4—15）。1981年，小麦总产量达到7 580.6万吨，创历史最高水平。但美国的小麦在国际市场上却占主要地位，特别是70年代，世界许多国家对美国小麦需求量大幅度上升，促进了美国小麦的生产和出口。自此以后，美国小麦在国际市场上的消费量一直居世界首位。

---

① 施昆山，石峰，李卫东. 当代世界林业［M］. 北京：中国林业出版社，2001.

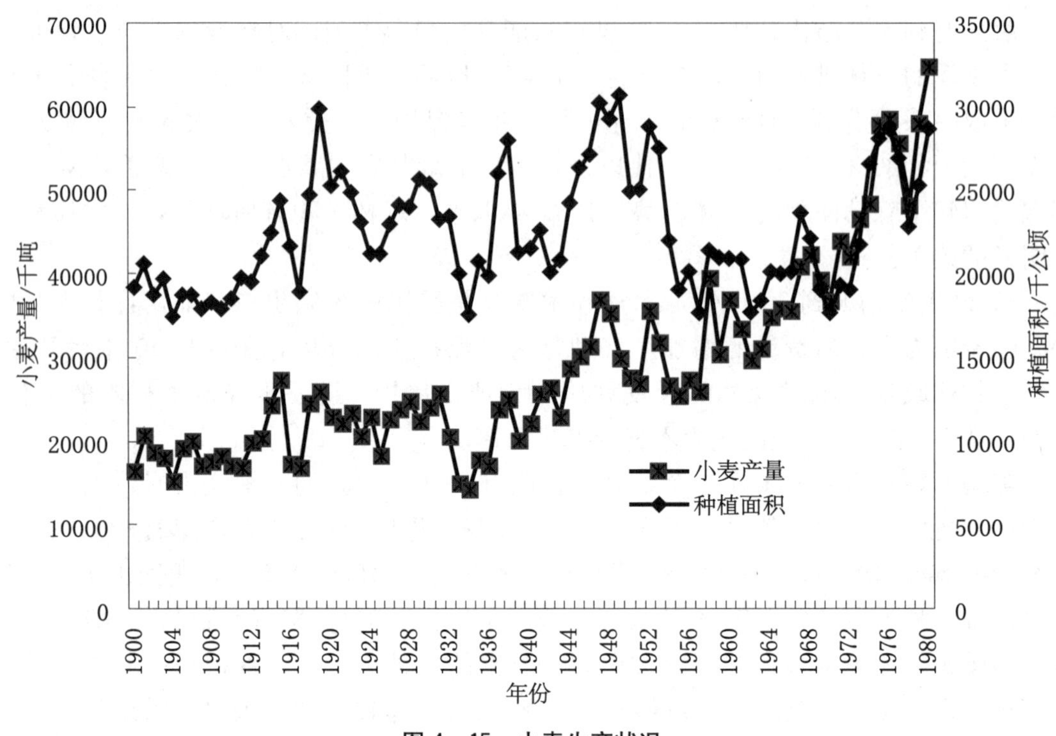

图 4—15　小麦生产状况

资料来源：［英］B. R. 米切尔编. 帕尔格雷夫世界历史统计·美洲卷（1790—1993）［M］. 北京：经济科学出版社，2002.

小麦在美国的大部分地区适宜生产。全国有 42 个州种植小麦。但每个地区的小麦类型和产量各不相同。因此，进口商或国内厂商都能通过选择合适的小麦品种来满足自己的需要。在这些州中，种植面积最大的首先是居美国中部的堪萨斯州，大部分年份都能够占美国小麦种植总面积和总产量的 25％左右。其次是中南部的俄克拉荷马州和得克萨斯州。这两州在很多年份能够占美国小麦种植总面积和总产量的 25％左右。其余 50％左右的小麦种植面积和产量则分布在其他 39 个州。

玉米是美国最大的农作物，其产量在 20 世纪初期以来一直是美国最高的（见图 4—16），一般年份可占美国粮食总产量 60％左右。80 年代以后，玉米产量有所波动，大体上在 1.9 亿～2.6 亿吨之间浮动。由于美国玉米生产具有较大的波动性，经常出现过剩问题，因此，美国粮食政策在玉米生产方面的基本目标是限制生产，同时对农民实行收入支持，使其保持一个稳定的收入水平。例如，1983 年实行的玉米休耕计划就是一种实物形式的直接补贴。这一措施在补贴农民的同时也大大减少了政府大量玉米库存的负担。

美国有 47 个州种植玉米，玉米种植场 3 万多个。玉米播种面积占世界玉米总面积的 1/4 左右。努力提高玉米的单位产出量，是美国始终追求的目标。长期以来，美国的玉米育种专家用杂交育种方法培育出生长健壮、品质优良、高产稳产的玉米杂交

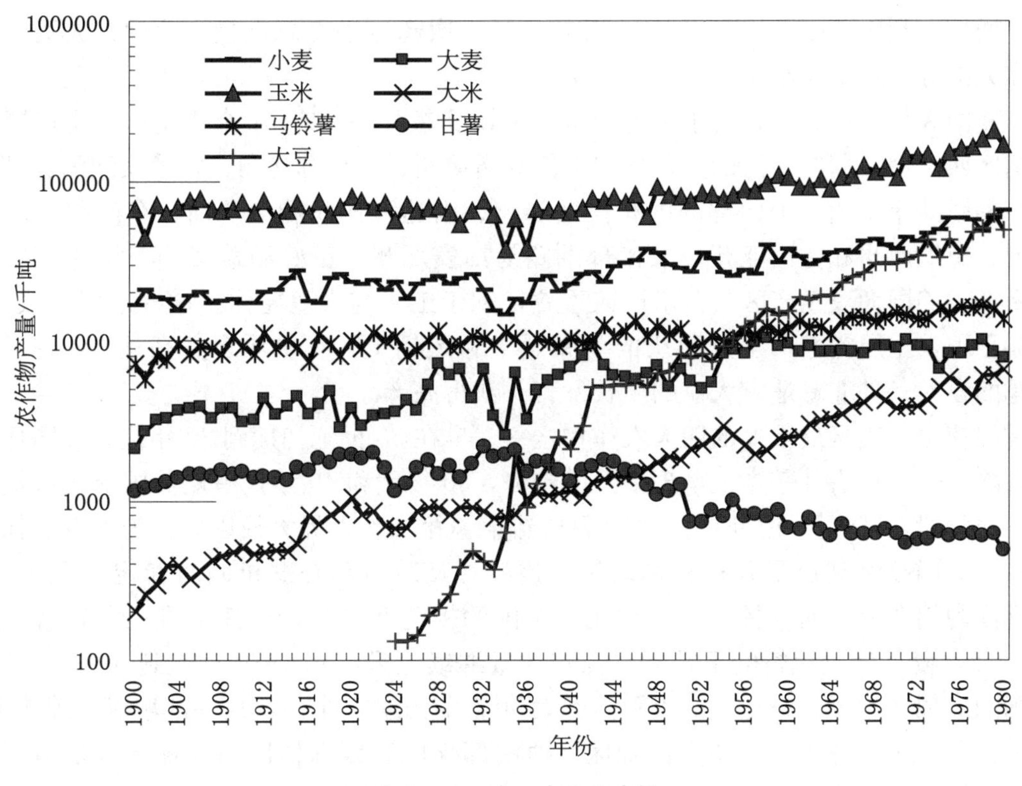

图4—16　主要农作物产量

资料来源：［英］B. R. 米切尔编. 帕尔格雷夫世界历史统计·美洲卷（1790—1993）［M］. 北京：经济科学出版社，2002；U. S. National Bureau of agricultural statistics. Agricultural Statistics of the United States. New York：Government Printing Offnting，2001.

种，有效地克服了玉米虫害和不利环境的威胁，使美国的玉米产量迅速增长。美国玉米带气候温暖湿润，降雨充足且分布均匀，地形平坦开阔，土壤肥沃，透气性好，肥力水平较高，已形成玉米与大豆及牧草的长期轮作体系。

美国生产的玉米多数用于生产复合饲料，用作饲料的谷物中玉米约占90%，每年饲料工业消耗的玉米大约占玉米总产量的60%。美国中西部玉米带的几十个州是美国饲料的主产区，同时这些地区的畜牧业也非常发达。在美国，玉米除了主要用于饲料工业外，在食品及轻工等行业也广泛应用。美国玉米加工利用的特点是规模大、品种多、产品附加值高。在消费产品中，玉米作为原料或配料每加工一次，都增加了玉米的经济价值，提供和创造了新的就业机会，增加了生产商、运输服务商、零售商及供应商的收入。

大豆是美国发展最迅速的农作物。早在20世纪20年代，大豆产量还很少（见图4—16），在主要农作物中是最低的，到1935年才达到193.1万吨，其产量明显低于玉米、燕麦、小麦、马铃薯、甘薯和大米等粮食作物。40年代以后，大豆产量开始迅速增长，到1965年达到2 301.4万吨，第一次超过小麦总产量，此后，大豆总产量在大部分年份低于小麦。

美国大豆生产分布相对于小麦和玉米来说比较集中，有31个州生产。主产区在大湖区西南部及周围地区的爱荷华州、伊利诺伊州、明尼苏达州、印第安纳州、俄亥俄州和威斯康星州，中西部的内布拉斯加州、南达科他州和堪萨斯，东南部的阿肯色州、田纳西州和佐治亚州以及南部的路易斯安那州。正好涵盖美国玉米主产区的中南部，美国大豆主产区与玉米产区重叠，利于玉米与大豆轮作。这些地区海拔低，地势平坦，土层深厚，全是肥沃的草原黑土和黑钙土，有机质含量高达3%～5%。优越的自然条件非常适宜大豆的生长发育并获得高产。

棉花也是美国最重要的四大农作物之一。早在20世纪初期到20年代，美国棉花产量除了个别年份外基本上呈现上升的趋势，30年代和40年代中期美国棉花产量处于停滞阶段，基本上在240万～430万吨徘徊。第二次世界大战以后，为了发展棉花生产，美国政府制定了各种补贴政策，这种补贴政策和补贴机制对稳定棉花生产，促进国内消费等方面发挥了主导作用，美国的棉花产量开始迅速上升，一直持续到1965年，随后经过短暂的下跌后，棉花产量继续上升，到1979年达到318.5万吨。美国的产棉区主要分布在南部太平洋到大西洋沿岸的17个州，这一区域成为棉花带，具体又分为东南部棉区、中南部棉区、西南部棉区和西部棉区四大棉区。东南部棉区包括亚拉巴马州、佛罗里达州、佐治亚州、北卡罗来纳州、南卡罗来纳州和弗吉尼亚州。这一区域种植的棉花约占美国棉花总量的22%，大部分流向国内纺织业。中南部棉区包括阿肯色州、路易斯安那州、密西西比州、密苏里州和田纳西州。这一区域种植的棉花约占美国棉花总量的30%～35%。西南部棉区包括堪萨斯州、俄克拉荷马州和得克萨斯州，该地区棉花产量约占美国棉花总量的38%。西部棉区包括亚利桑那州、加利福尼亚州和新墨西哥州，美国有近8%的陆地棉生长在这一区域。①

美国棉花生产的现代化和规模化相当高，从整地、播种、中耕、施肥、灌溉、植保等棉花生产的各个环节全部采用大型现代化机械作业，效率高，成本低。美国棉花的品种优良，棉花质量好。目前，美国棉花的主要品种有爱字棉、斯字棉、岱字棉、柯字棉、佩马斯特棉和兰卡特棉六个类型的40多个品种。在棉花生产过程中，品种布局由国家统一确定，实行严格的区域种植，除了个别地区只能使用一种种子外，其他地区的棉花农场主均可自主选择棉种进行种植。

4.7.3 农业发展与农村劳动力转移

南北战争以后，美国仍然是一个典型的农业国家。1880年，美国总人口为

① 马增梅，傅科杰. 美国棉花生产、加工情况介绍［J］. 中国棉花加工，2011（2）.

5 015.6 万人，其中农业人口有 3 602.6 万人，占总人口的比重为 71.8%，随后有大量的农业人口向非农产业和城市转移，速度逐渐加快，到 1900 年，农业人口达到 4 583.5 万人，占总人口的比重为 60.3%。当年农业就业人口达到 1 092 万人，占就业总人数 37.5%。美国农业人口依然在人口结构中占主导地位。

从农业整体实际收入的增长率来看，1910 年以后农业的增长率只有国内生产总值的 1/5。尽管农场产出长时间显著增长，农业总收入呈现了较为缓慢的增长。结果，农业部门在国民收入中的份额从 1900 年的 20.5%降至 1939 年的 9.7%。在 20 世纪 20 年代至 30 年代，总收入的缓慢增长与农业人均收入较低有关。图 4—17 显示了全国农业人口相对于非农业人口的人均收入水平。在 30 年代，农业人口对非农业人口的人均收入水平比率在 40%左右徘徊。1940 年以后，收入差距有所缩小。①

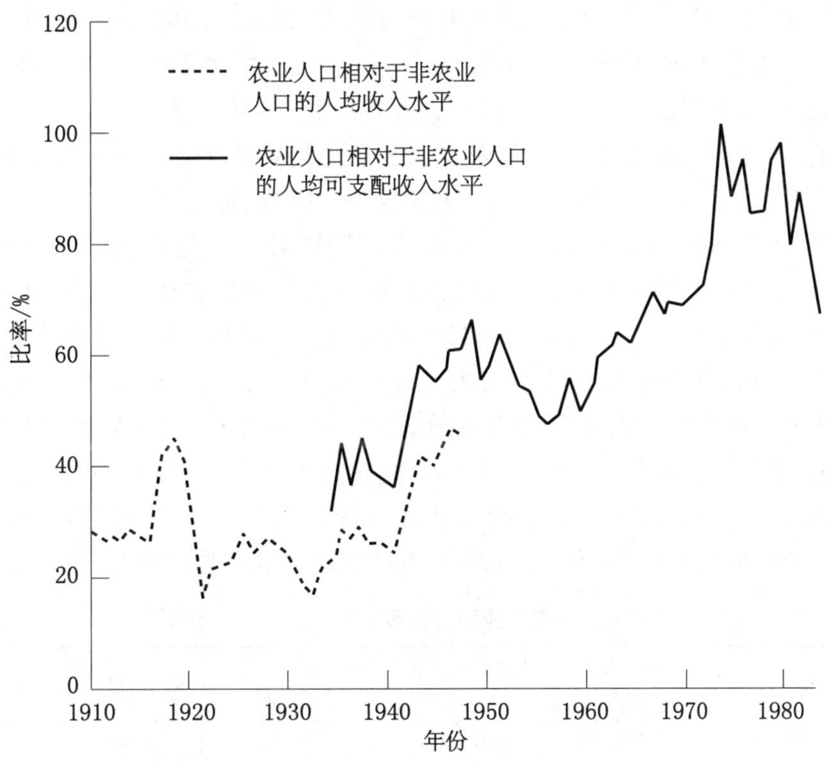

图 4—17 农业人口与非农业人口人均收入之比

资料来源：United States Bureau of the Census，*Historical Statistics of the United States*，Colonial Times to 1970，Washington：Government Printing Office，1975；USDA，*Agricultural Statistics* 1985，Washington，D. C，1985.

进入 20 世纪以后，尽管美国农业增长速度有所减缓，但出现了农村人口转移的高潮时期，流动数量大，持续时间长。到 1920 年，农村人口占总人口的比重下降到

① ［美］斯坦利·L·恩格尔曼，罗伯特·高尔曼主编. 剑桥美国经济史：20 世纪（第三卷）［M]. 北京：中国人民大学出版社，2008.

48.6%，这是农村人口在美国历史上第一次占不到总人口一半，初步实现了人口城市化。与此同时，在产业结构中，美国三大产业的比重顺序也有所改变，工业和服务业的总产值大大超过了农业的总产值，美国从此由一个农业国进入了工业国。这一根本性的变化，为美国在20年代以后迅速超过其他发达国家，进而成为经济上的超级大国奠定了坚实的基础。

从表4—37可以看出，19世纪80年代到20世纪前20年，美国农业处于大发展的时期，农业就业人口不断增加，农场数也相应提高。但到了1920年以后，农业就业人数开始下降，在1920—1930年期间，农业就业人数从1 140万人减少到1 030万人，农业劳动力占全国就业人数的比重从27.4%降低到21.7%。尽管如此，农业发展还是有起色的，农业发展的一个显著标志是农业收入不断提高。从1910年到1929年，美国农业收入从75.92亿美元上升到135亿美元。扣除生产费用，净收入由1910年的38.02亿美元增至1929年的60.35亿美元。显然在1929年经济危机之前农业就业人数一直在增长，1910年达到历史最高点的1 159万人。①

20世纪30年代初期以后，伴随着国家工业化的膨胀和西部大开发，同时农业也基本上实现了现代化，农业就业人口占总就业人口的比重开始迅速下降，从1930年的21.7%减少到1940年的15.3%。50年代初期以后，农业劳动力转移的速度进一步加快。1950—1970年，美国农业人口占总就业人口的比重由16.5%锐减到5.6%。仅在1953年就有220万人离开农村向城市和非农产业转移。然而迁出人数在60年代末逐渐减少，1969年由农村迁往城市的人口还不到20万人。但由于农村劳动力的不断外迁，从事农业生产的青年劳动力不断减少。到1964年，35岁以下的青年人只占农民总数的12.5%，而65岁以上的老年人则超过了17%。不过，这一时期的农业劳动力流动，已是农业劳动力向非农行业转移的最后高潮。到70年代，再没有大规模的农业劳动力流向城市；相反，却出现了由城市返回农村地区的现象。

表4—37　　农村人口与农业劳动力转移情况（1880—1980年）

年份	总人口/万人	就业总人口/万人	农业就业人数/万人	农业就业人数占总就业比例/%	农村人口/万人	农村人口比例/%
1880	5 015.6	1 739.0	870.5	50.1	3 602.6	71.8
1890	6 294.7	2 374.0	1 017.0	42.8	4 084.2	64.9
1900	7 599.5	2 907.0	1 092.0	37.5	4 583.5	60.3
1910	9 197.2	3 673.0	1 159.0	31.6	4 997.3	54.3
1920	10 571.1	4 161.0	1 140.0	27.4	5 155.3	48.8
1930	12 277.5	4 740.0	1 030.0	21.7	5 382.0	43.8
1940	13 167.0	5 330.0	814.0	15.3	5 424.6	43.4
1950	15 069.8	6 009.0	991.4	16.5	5 423.0	40.0

① 刘志扬. 美国农业经济 [M]. 青岛：青岛出版社，2003.

续表

年份	总人口/万人	就业总人口/万人	农业就业人数/万人	农业就业人数占总就业比例/%	农村人口/万人	农村人口比例/%
1960	17 932.3	6 764.0	703.5	10.4	5 405.4	30.1
1970	20 231.2	8 080.0	452.4	5.6	5 388.7	26.5
1980	22 654.6	10 091.0	373.3	3.7	5 949.5	26.1

资料来源：United States Bureau of the Census，*Historical Statistics of the United States*，Colonial Times to 1970，Washington：Government Printing Office，1975；United States Department of Commerce，Bureau of the Census. *Statistical Abstract of the United States*. Washington：Government Printing Office，1993；刘志扬. 美国农业经济[M]. 青岛：青岛出版社，2003.

4.8　银行与金融业

美国金融体系主要由三部分组成，即联邦储备银行系统、商业银行系统和非银行金融机构，由美国联邦储备银行主导。美国联邦储备体系在 1913 年获得国会的特许，并于 1914 年开业。在历经美国第二银行破产 70 年后，美国又重新建立了一个分行遍布全国的中央银行——美国联邦储备银行系统。它为联邦政府提供中央银行作用。具有发行货币、代理国库及对私人银行进行管理监督职能，更为重要的是为美国政府制定和执行金融货币政策。联邦储备系统可以通过它所制定的政策直接影响货币的供应和信贷的增长，从而影响宏观经济的各个方面。

美国联邦储备银行系统成立 17 年后发生了一次巨大的危机。这次大危机从 1930 年到 1933 年。美国联邦储备系统对这次金融危机要负责任的，是美联储本应为金融体系增加流动性并作为最后贷款人借钱给那些缺少流动资金但仍有偿付能力的银行，以防止或减轻银行倒闭而对全国经济造成的冲击。但这是对一个本来就很重要的机构的滥用。[①]

面对这次金融危机，美国联邦政府进行了金融改革，将黄金持有权收归国有，继而将美元贬值。可以用黄金兑换外国及美国中央银行手中的美元，金汇兑本位制取代了金本位制，而在金本位制下，人们可以将纸币按固定比率兑换成黄金。

布雷顿森林体系[②]是以美元和黄金为基础的金汇兑本位制。其实质是建立一种以美元为中心的国际货币体系，基本内容包括美元与黄金挂钩、其他国家的货币与美

① ［美］斯坦利·L. 恩格尔曼，罗伯特·高尔曼主编. 剑桥美国经济史：20 世纪（第三卷）［M］. 北京：中国人民大学出版社，2008.

② 布雷顿森林体系是指第二次世界大战后以美元为中心的国际货币体系。1944 年 7 月，西方主要国家的代表在联合国国际货币金融会议上确立了该体系，因为此次会议是在美国新罕布什尔州布雷顿森林举行的，所以称之为“布雷顿森林体系”。关税总协定作为 1944 年布雷顿森林会议的补充，连同布雷顿森林会议通过的各项协定，统称为“布雷顿森林体系”，即以外汇自由化、资本自由化和贸易自由化为主要内容的多边经济制度，构成资本主义集团的核心内容，是按照美国制定的原则，实现美国经济霸权的体制。布雷顿森林体系的建立，促进了战后资本主义世界经济的恢复和发展。因美元危机与美国经济危机的频繁爆发，以及制度本身不可解脱的矛盾性，该体系于 1973 年宣告结束。

元挂钩以及实行固定汇率制度。布雷顿森林体系也一直沿用黄金兑换制。该体系建立于第二次世界大战末期，在大战期间其他国家的货币与美元挂钩，致使美国成为世界上黄金储备最多的国家。它使美元在战后国际货币体系中处于中心地位，美元成了黄金的“等价物”，美国承担以官价兑换黄金的义务，各国货币只有通过美元才能同黄金发生关系，美元处于中心地位，起世界货币的作用。从此，美元就成了国际清算的支付手段和各国的主要储备货币。由于种种原因，美国接下来的 20 年中向全世界滥发美元，但并没有增加黄金储备量。当其他国家开始将额外的美元兑换成黄金时，美国政府看到了不祥之兆，1971 年 12 月以《史密森协定》为标志，美元对黄金贬值，美联储拒绝向国外中央银行出售黄金。至此，美元与黄金挂钩的体制名存实亡。随后因美元危机与美国经济危机的频繁爆发，以及制度本身不可解脱的矛盾，该体系于 1973 年宣告结束。

由于实行了新政金融改革，美国的银行业在 20 世纪 30 年代初期的金融危机以后的数十年内都很稳定。从 30 年代中期到 60 年代几乎没有银行破产，因此银行业变得相当强大。从 50 年代开始，较大的货币中心银行就意识到，如果能够聚集更多资源，同时开拓新市场，就会出现很多新的商机。因此它们开始通过合并、银行控股公司等金融创新来寻找出路。其中，金融创新包括可转让存单和商业票据，这些票据由银行控股公司发行，目的是筹集更多的资金用于向外借贷。这使得银行可以多发行贷款，具有金融中介的性质，这样做的最大收益在于更多的银行在国外开展国际银行业务，这就给美国施加了压力，迫使美国放宽银行法规并终止卡特尔组织形式，从而给美国银行更大的业务自由。①

这一时期，伴随着新政金融改革，曾在金融中介占主导地位的商业银行在金融体系的地位遭到侵蚀。但是它们受到新政实施的制度规则的保护，新政不仅限制它们之间的竞争，而且限制那些较少受到管制的金融中介和商业银行竞争。其结果，商业银行的证券在它们的资产总额中所占的比重不断下降，由 1950 年的 50%减少到 1970 年的 25%，被具有较高收益的贷款所代替。商业银行业在商业借贷领域中却失去了优势。竞争来自金融公司和兴盛的商业票据市场。从总体上看，到 20 世纪 60 年代早期，银行贷款只提供了公司所需贷款的 19%。银行寻求更多的抵押贷款和消费者贷款，但联邦政府对储蓄贷款协会、制造商和零售商的优惠政策，使它们成为银行有力的竞争对手。②

商业银行在传统业务领域里面临更为激烈的竞争，它们的扩张业务和多样化经

① Richard Sylla. U. S. Banks and Europe: Strategy and Attitudes, In *The European Banks and the American Challenge: Competition and Cooperation in International Banking under Bretton Woods*, ed. Stefano Battilossi and Youssef Cassis, Oxford: Oxford University Press, 2002.

② ［美］斯坦利·L·恩格尔曼，罗伯特·高尔曼主编. 剑桥美国经济史：20 世纪（第三卷）［M］. 北京：中国人民大学出版社，2008.

营的能力受到管制。银行系统的结构几乎僵化，但一直到20世纪70年代初期，商业银行的数目基本上保持在14 000家左右。1970年以后经济的回升，以及新政期间银行体系的崩溃使商业银行优胜劣汰。就像储蓄贷款协会一样，1979年以后资金成本的上升，以及石油行业和不动产市场的衰退所造成的损失使商业银行遭受了打击。虽然破产的银行数目少于存贷机构，但在破产的银行中包含了一些大型的机构。存活的银行增强了实力，转变成更多样化、大型化的金融服务企业。[①]

4.9 人力资源开发与经济增长

4.9.1 人力资源开发与培训

从人口经济学的角度来看，人力资源作为最重要的经济资源，对经济发展具有举足轻重的作用。因而提高人的素质，挖掘人的潜力，合理配置和使用劳动力，以及外国人才的引进等人力资源开发被美国所重视。早在建国初期，美国联邦政府和地方政府开始注重人力资源开发与利用，其具体表现是政府通过制定与外国移民相关的政策，吸引外国的人才，丰富和充实美国的劳动力资源，这种趋势在20世纪20年代以来非常明显。

在大力吸引外国人才的同时，美国联邦政府还积极推动职业教育事业的发展。1917年职业教育法生效后，美国职业教育进入了新的发展时期，在联邦政府的推动下，全国有21个州相继颁布了职业教育法。在1917—1921年间，全国接受职业教育培训的教师由6 589人增至1.35万人，受助学生由1.64万人增加到32.2万人。[②] 另外，美国联邦政府通过这项法案，将发展职业教育作为政府所致力扶持的一项长远目标。此后到第二次世界大战后初期，美国国会根据经济发展的需要，对该法案多次修订和补充。1962年通过了《人力开发与培训法》，联邦政府投入了大量的资金和人力，受训劳工人数不断增长。岗位培训主要是通过两种形式进行的，第一种是由劳工部直接与实力雄厚的克莱斯勒公司、铁路捷运公司等大公司签订合同，第二种是由劳工部与美国建筑业协会、全国城市联盟和工会组织等合作，培训标准、工种、技术种类、受训人数以及人均培训费用标准等方面达成一致后，再同具体的企业签订合同。劳工部按照合同提供培训经费，卫生、教育和福利部负责课堂培训计划。各地学校提交申请获得批准后，负责组织培训教师，制定培训方案，并选择培训人员。培训结束后，当地就业局帮助安排受训者就业。[③]

---

① ［美］斯坦利·L·恩格尔曼，罗伯特·高尔曼主编．剑桥美国经济史：20世纪（第三卷）［M］．北京：中国人民大学出版社，2008．

② 马骥雄．战后美国教育研究［M］．南昌：江西教育出版社，1991．

③ 梁茂信．美国人力培训与就业政策［M］．北京：人民出版社，2006．

为了保证人力资源开发的有效实施，美国政府根据各地培训计划的实施逐渐加大投入。据美国劳动力政策咨询委员会统计，到 1965 年国会拨款 3 亿美元，此后到 1973 年，联邦支出累计 32 亿美元。与此同时，受益劳工数量逐渐增长，由 1963 年的 6.2 万人增加到 1967 年的 22 万人，到 1973 年的总培训人数累计达到 220 万人。同年美国政府根据经济的形势需要制定出新的政策体系，颁布了《全面就业与培训法》，其主旨是简化官僚机构，利用有限的资金最大限度地满足经济发展对人力资源的要求。1974 年《全面就业和培训法》生效后，各级政府按照要求组织人力，转换机制，以满足失业劳工对政府培训与就业服务的需求。一方面，联邦政府按照法案的规定不断增加对地方的培训费用，随着联邦资金到位，受益劳工人数日益增多，到 1978 年达到 330 万人，其中参加经验计划的劳工达到 72.9 万人，占总数的 22%；职业教育和课堂培训学员达到 62.6 万人，占 19%；岗位培训达到 23 万人，公共就业计划达到 120 万人。[①]

4.9.2 科学研究与高科技人才

早在 19 世纪中后期，美国为了赶超欧洲工业发达国家，开始了各个学科领域的科学研究活动。1867 年，美国成立了国家科学院。此后，美国政府又通过立法要求各州设立工业科学研究所和农业实验站。20 世纪初期，美国联邦政府开始在全国范围内协调科技工作，建立科研管理机构并直接投资兴办国有科研实验室。当时成立的全国研究委员会，推动了医学、生物学、物理学、农业科学等方面的应用研究，并促进了政府与科学教育的结合。此外，还出现了以资助公共利益为各种私人科学基金会，促进了一些新学科的发展。据统计，到 20 世纪初期，美国政府机构中，大约有一半以上的部委建立了科学研究组织和实验室，尤其是医药、卫生、国防等部门。例如，美国原子能委员会在美国设置了五大研究基地，这里聚集着大批科学家，既进行应用研究，也进行基础理论研究。[②]

在美国政府积极推动科学研究的影响下，一些著名的企业相继建立起工业实验室和研究机构。1867 年，托马斯·阿尔瓦·爱迪生（Thomas Alva Edison，1847—1931 年）建立了美国第一个从事应用与开发研究的实验室。该实验室网罗了一批从事科学的专业人才，开创了科学与技术、科技与生产相结合的工业研究的新时代。此后，通用电气公司、杜邦公司、国际商业机器公司以及石油、化工、橡胶、冶金等方面的公司纷纷建立了实验室，并取得了一系列的科技成果，发明了电话、留声机、照相机、电影和飞机等。到 1914 年，美国有 65 个工业试验室，共吸收了近万名科学

---

① U.S. Department of Labor. *What's Working, What's Not: A Summary of Research on the Economic on the on the Economic Impact of employment and Training Programs*. Washington D.C: U.S. Government Printing Office, 1995.

② 韩毅，张兵. 美国赶超经济史［M］. 北京：经济科学出版社，2006.

家和工程师进行科学技术研究，到 1927 年，工业实验室发展到 1 000 个，1931 年超过 1 600 个，1956 年达到 4 834 个[①]。科技研究范围的扩大和科研院所的建立，使美国形成了一个多元分散的科研体系，促进了美国科学研究的系统化，推动了美国科学技术的发展。

第二次世界大战期间，美国继续加大对科技的投入，并加强实验室的建设。1941—1944 年，联邦政府与大学合建了一系列重要的研究中心，如喷气推行实验室、研究粒子和原子核物理的劳伦斯实验室，美国的许多重大研究成果都是在这些研究室完成的。

20 世纪前期，研究与开发的投资主要集中在化学及相关产业。1899—1946 年间建立的实验室中有近 40%属于化学、玻璃、橡胶和石油工业。从事化学工业的研究人员也在这一时期占据了主导地位。从事制造业研究的科学家和工程师从 1921 年的 2 775 人增加到 1946 年的近 46 000 人。工业强度的排序具有高度稳定性，其中强度最大的化学、橡胶、石油和电力机器业中的科学家和工程师占这个时期从事制造业研究的科学家和工程师人数的 48%～58%[②]。在这个时期，由公立大学培育的从事工业研究的科学家和工程师，将美国大学和工业组织联系起来。在公立大学获得博士学位者是这一时期在工业研究人员扩充中的重要参与力量[③]。这些受教育的人力资源不仅在规模上具有重要性，在质量上也同样重要。

第二次世界大战后，美国科学研究体系发生了较大变化，研究重点从应用研究转向基础研究，在广泛的学科领域内做出了突出贡献。1950 年，美国成立了全国科学基金会。这个基金会是美国用来协助基础研究的一个机构，它可以为物理学、生物学、数学和医学领域内基础研究提供经费。一系列的措施使美国在基础理论方面获得了重大突破，先后创立了控制论、信息论、粒子物理、原子核物理、细胞生物学、遗传学等学说，这些基础理论研究上的突破使美国科学研究自第二次世界大战后一直处于世界领先地位[④]。

与此同时，美国政府继续加大对科技的投入，在整个 1945—1980 年期间，联邦研究与开发的费用在国家研究与开发规模巨大的总投资中占的比重较大。第二次世界大战以后投入研究与开发项目中的资源的总规模，比 21 世纪早期要大，到 1969 年，包括德国、法国、英国和日本在内的经济合作与发展组织在研究开发上投资的总和是 11.3 亿美元，而美国则达到 25.6 亿美元，到 20 世纪 70 年代晚期，这四个国家对研究与开发的联合投资才超过美国。

---

① 方志军. 近代科学技术的发展与市场经济［J］. 南京师范大学学报，1994（2）.

②④ ［美］斯坦利·L·恩格尔曼，罗伯特·高尔曼主编. 剑桥美国经济史：20 世纪（第三卷）［M］. 北京：中国人民大学出版社，2008.

③ Thackray，A. University－Industry Connections and Chemical Research：An Historical Perspective，In University-Industry Research Relationships. Washington，D·C：National Science Board，1982.

战后美国科学研究体系结构的另一个新的变化是美国研究的扩张。这一时期美国大学享受到联邦政府对其研究与开发项目的资金大幅度增长。1935—1936 年大学研究投资估计在 5 亿美元左右，1960 年大学研究投资增长到 24 亿美元，到 1995 年，这一数字增长到 168 亿美元。联邦政府对大学研究的资金支持的增长将美国一些主要大学转变为世界性的科学研究中心，促进了美国科技研究的发展。20 世纪以来，世界上各国独立完成的重大发明 29 项，其中美国占了 19 项，从这些发明的经济价值看，美国完成了 22 项发明的应用；第二次世界大战后的 110 项重大创新成果中，美国完成了 74 项。显而易见，美国在基础研究、军事技术、综合应用水平、生产研究水平等方面都已经处于世界领先水平①。

大学通过培养大批训练有素的劳动力，特别是高素质的科技人才和高级管理人才，为美国的经济发展和科技创新提供了庞大的生力军。由于实施这些强有力的高端人才开发战略，美国的高端人才资源不断扩大，特别是在自然科学领域和经济学领域获得诺贝尔奖的世界顶级科学家的人数迅速增长。

在加强培养国内人才的同时，美国还十分注意在世界范围内引进、利用外国人才资源，面对世界性人才资源开发的争夺战，采取各种手段从国外吸引人才，主要利用其经济发达的优势来招揽高层次人才，扩充本国的科技人才库，并从立法上对引进人才给予特别的重视和支持。20 世纪后半叶以来，美国多次修改了为引进国外科技人才服务的移民法，并明确提出，只要是学术、专业上有突出成就的人才，不考虑其年龄、国籍和信仰，一律优先入美国国籍。1965 年，美国对国外移民实行“优惠制”，每年留出 29 000 个移民名额专门用于引进外国的高科技人才。

过去美国以其现代化的设备、优厚的工作待遇和宽松的移民条件吸引了大量的外国精英人才到美国留学、工作，其中包括闻名于世的物理学家阿尔伯特·爱因斯坦（Albert Einstein，1879—1955 年），核物理学家、氢弹之父恩利克·费米（Enrica Fermi，1901—1954 年），航天工业专家西奥多·冯·卡门（Theodore von Kármán，1881—1963 年）和电子计算机奠基人约翰·冯·诺伊曼（John von Neumann，1903—1957 年）等在内的 2 000 多名科学家，集中在一些主要实验室和研究开发机构。这些著名科学家以及包括许多获得诺贝尔奖的外国裔科学家被吸引到美国后，为美国在自然科学领域和经济学领域做出大量先驱性和创新性世界顶级的科学研究成果，一部分科学家获得诺贝尔物理学奖、化学奖、生理学或医学奖；另一部分经济学家获得诺贝尔经济学奖，在一定程度上促进了美国的科学发展。

4.9.3 人力资源开发与经济增长

美国长期以来，在人力资源开发方面，实施教育优先战略，对普及基础教育及

① 石小玉，涂勤. 美国经济实力分析 [M]. 北京：民族出版社，1999.

高等教育的投资都不遗余力。《美国 2004 年教育目标法》及《不让一个儿童落伍法》表明了美国对优先教育政策的重视。此外，美国还重点扶持职业培训和重视持续教育，目的是提升国民的整体素质。在吸引人才方面，美国通过优良的环境和高工资等优厚的物质条件积极吸引世界各地的高学历、高素质人才到美国工作，以弥补美国高素质人才的不足。

现代经济发展表明，就一个国家的经济增长而言，人力资源开发特别是人力资源的文化、技术素质提高对经济增长的贡献比物质资本和人力资源数量的增加重要得多，其主要原因是高质量的人力资源对经济增长可以发挥倍数效益。西奥多·威廉·舒尔茨（Theodore William Schultz，1902—1998 年）考察了在美国人力资源开发的过程中劳动力人口受过正规教育的年数和教育费用。他发现美国劳动力人口平均每人受正规教育的年数通过人力开发呈现逐渐增加的趋势，从 1900 年的 4.14 年上升到 1970 年的 11.70 年，增加了 2.2 倍。1900—1970 年的前 40 年，主要表现为劳动力人口初等教育水平的提高，后 30 年主要表现为劳动力人口中等教育水平的提高，与此同时，人均受高等教育水平也有较大提高。人均教育经费是用 1956 年的不变价格计算的。各个年代一年的人均教育经费分别为：初等教育为 280 美元，中等教育为 1 400 美元，高等教育为 3 300 美元。

针对教育投资对经济增长的贡献，舒尔茨用增量贡献率的方法对美国 1929—1957 年间教育投资对国民收入增量进行了估算，其计算公式为：

$$Y_{de}=\frac{\Delta K}{\Delta Y}\times\overline{R} \qquad (4\text{—}1)$$

式中，Y_{de} 为教育对国民经济的增量贡献率；ΔK 为一定时期内的教育投资增量；ΔY 为国民收入增量；$\overline{R}$ 为反映各级教育投资收益平均水平的总系数。由该公式求得经济增长中有 33.0%是通过人力资源开发使教育投资水平提高所做的贡献。

当然，作为人力资源开发的分析还要考虑职业培训方面的投资。职业培训的投资也可以包括在教育投资之内，从而提高劳动力人口的教育资本存量的总量。根据西奥多·威廉·舒尔茨的统计分析，美国劳动力人口的教育资本总存量从 1900 年的 630 亿美元上升到 1970 年的 8 150 亿美元，增加了 13 倍。与此同时，教育资本存量占可再生的非人类财富存量的比重也从 1900 年的 22.0%上升到 1957 年的 42.0%。这些数字的提高既说明了美国人力资源质量的提高，又说明了人力资源质量的提高对经济增长的作用。而劳动力人口的教育资本存量占公司企业资本存量的比重也从 1930 年的 37.0%上升到 1970 年的 75.0%。这可以说明，教育投资对于企业提高劳动生产率，增加产出的作用是逐渐加大的，从而说明对劳动力人口的职业培训方面投资对经济增长是极其重要的。

爱德华·富尔顿·丹尼森（Edward Fulton denison，1915 年—）则利用因素法估算了 1929—1957 年美国教育投资对经济增长的贡献度，其计算公式为：

$$Y_e = \frac{(R_e' \times K_L)}{R'} \tag{4—2}$$

式中，Y_e 为教育对国民经济的增长贡献度；R_e' 为某时期因教育而引起的劳动者年平均收入水平增长率；K_L 为劳动投入量在总要素投入量中所占比例；R' 为国民收入增长率。

丹尼森利用 1950 年美国人口普查资料按教育年限分组的 1949 年货币收入数据，以受过初等教育 8 年的男性收入为基准折算不同教育程度的简化系数，用几何平均法算出 1929—1957 年间各教育年限的平均简化系数（1.296）的年度平均增长率为：

$$R_e' = \sqrt[28]{1.296} - 1 = 0.93\% \tag{4—3}$$

再根据工资收入在全期国民收入中的比例估得 K_L 为 73%，全期国民收入增长率 R' 为 2.93%，算出教育投资对国民经济增长率的贡献度为：

$$Y_e = (0.93\% \times 73\%)/2.93\% = 23\% \tag{4—4}$$

由该公式得出美国 1929—1957 年的国民收入增长率为 2.93%，其中约有 0.67% 是由于伴随着人力资源开发导致劳动力人口受教育水平的提高。这说明美国国民收入每增长 1%，其中有 23%归于教育投资的作用。丹尼森不仅肯定了人力资源开发和培训可以提高人口质量以及人口质量对经济发展的作用，而且扩大了资本的概念，克服了传统经济学中总量分析的局限性，对美国经济增长做出了较为合理的解释。

据美国经济学家测算，1900—1957 年，物质资本投资增加 4.5 倍，利润只增加 3.5 倍，人力资本投资增加 3.5 倍，利润却增加 17.5 倍，利润增加是人力资本投资的 5 倍。美国在其经济发展过程中，始终把开发和利用人力资源放在首位，由于拥有世界上最高素质的、充足的人力资源对经济发展产生巨大的倍数效益，使美国的经济规模始终保持占世界经济的 30%左右，这正是美国的经济发展处于世界领先地位的本质原因所在。

综上所述，美国的人力资源开发与经济发展密切相关，它是推动经济增长的重要因素，又需要通过经济发展进行人力资本投资来实现。因而人力资源的文化素质、技术素质对于经济发展来说至关重要。美国作为世界上经济、科技最发达的国家，一部美国经济的发展史可以说是美国人力资源开发的历史，美国的经济发展之所以能够领先世界近百年，独步天下，一个重要的因素是它吸引了全世界的优秀人才，一个重要的因素是它吸引了全世界的高端优秀人才，特别是在物理学、化学和医学或生理学领域获得诺贝尔奖的世界一流外国裔美国籍科学家，是世界各国的高科技人才造就了美国的经济奇迹。美国长期以来由于重视基础教育、本国人才的培养、国外优秀人才的引进以及人才的合理使用等人力资源开发，并实施了世界上最成功的人才竞争战略，带来劳动力素质的提高和智力资源的增长，加速了美国经济发展的进程。

第 5 章　日本的经济发展与人口增长

5.1　大正时期的人口变动与经济发展

大正年间（1912—1925 年）日本继续保持高出生率中死亡率的局面（见表 5—1），这一时期的出生率明显高于明治时期，保持在 32.7‰～36.2‰的水平，由于高出生率的效果增加了 916 万人，平均人口增长率达到 1.2%，到大正 14 年达到了5 974 万人。人口的迅速增长促进了日本的经济发展。

表 5—1　　日本大正时期人口动态

年份	总人口/千人	人口增长/千人	人口增加率/%	出生率/‰	死亡率/‰	自然增长率/‰
大正元年　1912	51 305	728	1.4	34.4	20.5	13.9
大正 3 年　1914	52 752	713	1.4	34.8	21.2	13.6
大正 5 年　1916	54 134	638	1.2	33.7	22.2	12.5
大正 7 年　1918	55 033	294	0.5	32.7	27.3	5.5
大正 9 年　1920	55 963	490	0.9	36.2	25.4	10.9
大正 11 年　1922	57 390	724	1.3	34.3	22.4	11.9
大正 14 年　1925	59 737	861	1.5	34.6	19.1	15.5

注：各时期的人口增长、人口增长率及自然增长率均根据统计资料计算而来。

资料来源：［英］B. R. 米切尔编. 帕尔格雷夫世界历史统计 · 亚洲、非洲和大洋洲卷（1790—1993）［M］. 北京：经济科学出版社，2002.

大正初期日本经济继续陷入经济危机，1912 年的经济增长率如表 5—2 所示，仅为 0.1%，1913 年略有上升。第一次世界大战挽救了日俄战争后的经济萧条。1914 年 8 月，日本对德国宣战，不久占领了原来由德国占领的南洋诸岛和青岛。这次战争刺激了日本的军需工业的发展，使日本经济由萧条转向繁荣。战时日本经济的景气局面并不是随着战争爆发而立即发生的。进入 1915 年后，日本经济进入繁荣期，实际经济增长率在 1915—1918 年保持在 7.9%的水平。同时由于打进了亚洲市场而获得了巨大利润。1918 年年底大战结束后景气局面一度停止而转向萧条，但由于欧洲战后经济恢复生产的巨大需求，日本很快又出现了甚至超过战时的战后景气。与此同时，随着工业化的发展，日本在经济结构上从传统的农业国转变为工业国。工业结构是以轻工业为中心，钢铁、造船等重工业和化学工业也有了相当的发展。

第一次世界大战后的日本经济进入了减退时期。大正 8 年（1919）的经济复兴繁荣以后，随着生产过剩、入超使股价暴跌，出现了 1920—1921 年的“战后恐慌”。经济危机发生后，股票及主要产品价格在1920年10—12月纷纷跌入最低点，其下跌率分别为股票55%，棉线60%，生丝70%，砂糖47%，铜37%，生铁30%，煤炭24%，稻米56%，批发价格指数36%。① 这些数字表明，这是日本经济进入资本主义社会以来最为严重的一次危机。在这场经济危机中，损失最为惨重的是与出口贸易直接相关的商社和生产企业。危机时期，与出口相关的纺织、生丝等生产企业纷纷采取生产减产措施来渡过难关。面对这场经济危机，日本政府采取的主要对策是通过日本银行扩大融资来拯救市场，融资额达到破纪录的2.6亿日元，融资的主要对象是证券业、银行业、商业、制糖业、制铁业和制铜业，② 使经济下滑在1921年上半年基本得到控制。1922年日本受经济萧条的影响又爆发了金融危机，出现了大量不良债权，21家银行不得不暂时停业整顿，导致战后经济的大萧条。接着又发生了1923年的关东地区大地震，据说受灾总额为50亿～100亿美元，使日本经济大幅度衰退。

表5—2　　日本大正时期主要人口经济指标

年份	国内生产总值			固定资本形成总额/百万日元	总人口/千人	人口增长率/%	人均国内生产总值/日元
	当前价格/百万日元	名义经济增长率/%	实际经济增长率/%				
大正元年　1912	4 774	7.0	0.1	857	51 305	1.4	93
大正4年　1915	4 991	5.3	5.8	793	53 496	1.4	93
大正7年　1918	11 839	37.8	8.7	2 702	55 033	0.5	215
大正8年　1919	15 453	30.5	5.0	2 937	55 473	0.8	279
大正9年　1920	15 896	2.9	—0.1	3 596	55 963	0.9	284
大正10年　1921	14 886	—6.4	6.4	2 868	56 666	1.3	263
大正11年　1922	15 573	4.6	—2.6	2 975	57 390	1.3	271
大正12年　1923	14 924	—4.2	—4.6	2 500	58 119	1.3	257
大正13年　1924	15 576	4.4	12.5	2 929	58 876	1.3	265
大正14年　1925	16 265	4.4	—2.9	2 704	59 737	1.5	272

注：各年的名义经济增长率、实际经济增长率、人口增长率以及人均国民生产总值根据资料计算得出。

资料来源：［英］B. R. 米切尔编. 帕尔格雷夫世界历史统计·亚洲、非洲和大洋洲卷（1790—1993）［M］. 北京：经济科学出版社，2002

从大正13年（1924）起，日本经济摆脱了经济危机，进入相对稳定的发展时期。日本是一个资源较贫乏的国家，经济上对外依赖性很大。20世纪20年代的日本贸易的增长幅度低于世界贸易的平均水平。而大正时期，日本的出生率始终保持在34.0‰左右的高水平，使人口增长较为迅速，由大正元年（1912年）的5 131万人增长到大正14年（1925年）的5 974万人，仅仅14年间增长了近900万人，人口的迅速增长在一定程度上刺激了日本的经济发展。

① ［日］中村隆英，尾高煌之助编. 日本経済史Ⅵ［M］. 東京：岩波書店，1989.

② 杨栋梁. 日本近现代经济史［M］. 北京：世界知识出版社，2010.

5.2　昭和时期的人口与经济发展

5.2.1　人口与经济发展

在第一次世界大战后已陷入衰退的日本经济在大正末期（1924—1925 年）经过短暂的恢复之后，到了昭和前期（1926—1945 年）显得更加混乱和不稳定，经济增长率显示了较大的波动（见表 5—3）。日本政府为了筹集关东地区大地震后复兴资金发行了震灾期票，而围绕着期票的处理在 1927 年（昭和 2 年）爆发了金融恐慌。1929 年美国股票大跌价引发经济危机，使包括日本在内所有发达国家，如表 5—4 所示，各国的生产水平大幅度下降。到了 1930 年（昭和 5 年），滨口雄幸（はまぐちおさち，1870—1931 年）内阁解禁推行了按照旧平价允许黄金出口的政策，实质上使日元升值了 15%。加上 1930—1931 年日本经济遭受了极其严重的经济恐慌的困扰，大批企业开工不足和倒闭，导致生产缩减，失业增加。1931 年日本政府再次采取了禁止黄金出口，并采取了以赤字公债为中心的通货膨胀政策，以图恢复景气。另外由于汇率下跌，交易条件处于低水平，因而对外出口迅速增加。由于这些因素使日本工业发展较为迅速，特别是军事工业和重工业生产的发展极其显著。1931—1936 年，日本对军事工业投资约为 70 亿日元，除了发展军事工业外，还促进了一般机器制造业、钢铁业和采矿业的发展。近代的化学工业也蓬勃发展起来，劳动力需求增长，失业减少。

表 5—3　　　　昭和前期主要人口经济指标

年份	国内生产总值		固定资本形成总额/百万日元	总人口/千人	人口增长率/%	出生率/‰	人均国内生产总值/日元
	当前价格/百万日元	实际经济增长率/%					
昭和元年　1926	15 975	0.7	2 862	60 741	1.7	34.6	263
昭和 3 年　1928	16 506	6.5	2 743	62 595	1.5	32.2	264
昭和 4 年　1929	16 289	0.5	2 815	63 461	1.4	32.7	257
昭和 5 年　1930	14 698	1.1	2 322	64 450	1.6	32.4	228
昭和 7 年　1932	13 043	0.9	1 379	66 434	1.5	32.9	196
昭和 9 年　1934	15 672	10.7	2 246	68 309	1.3	29.9	229
昭和 11 年　1936	17 800	3.2	2 616	70 114	1.2	30.0	254
昭和 13 年　1938	26 793	3.4	5 303	71 013	0.5	27.2	377
昭和 15 年　1940	39 396	−5.9	8 299	71 933	0.8	29.4	548
昭和 17 年　1942	54 384	1.3	9 363	72 300	1.0	30.9	752
昭和 19 年　1944	74 503	−3.4	16 245	73 800	0.7	—	1 003

注：各年的名义经济增长率、实际经济增长率、人口增长率以及人均国民生产总值根据资料计算得出。

资料来源：［英］B.R. 米切尔编. 帕尔格雷夫世界历史统计·亚洲、非洲和大洋洲卷（1790—1993）［M］. 北京：经济科学出版社，2002.

表 5—4 欧洲各国及日本的生产指数（1938 年＝100）

国名	1929 年	1931 年	1933 年	1935 年	国名	1929 年	1931 年	1933 年	1935 年
英国	109	95	90	97	荷兰	83	94	88	86
法国	117	105	95	94	瑞典	92	60	38	81
德国	82	60	57	71	挪威	60	39	56	70
意大利	85	70	63	72	日本	48	51	59	79
比利时	98	93	84	88					

资料来源：［日］中村隆英. 経済政策の運命［M］. 東京：日本経済新聞社，1967

另外，由于大正末期到昭和初期日本的出生率始终保持在 32.0‰以上的高水平，人口迅速增长，产生了大量过剩人口。1927 年，日本设立“人口粮食问题调查会”，1930 年该调查会的报告针对日本人口的激增提出了一系列的人口经济对策。鼓励国内开荒移民和向外国开辟殖民地，调整对劳动力的需求增产粮食，提高劳动生产率等。1931 年日本以解决经济萧条和过剩人口为目的入侵中国东北地区，并建立了日本关税同盟，从此独占了中国东北地区的市场。由于当时向北海道移民已达到饱和状态，于是大量日本移民转向中国东北地区。1929—1937 年，移居到中国东北地区的日本移民由 81.4 万人增至 179.6 万人，仅仅 8 年间增长了近 100 万人。

1937 年（昭和 12 年）爆发了中日战争，日本经济加强战时经济的体制。1938 年日本将其“五年计划”修改为“扩充生产力四年计划”，同年，日本又发布了国家总动员令，在金融、产业和国民生活方面建立总动员体系。随着日本军事工业的发展，刺激了工业总产值的增长，1941 年比 1936 年增长了 1.5 倍，其中钢铁、机器、化学、石油和煤炭制品等与军需有关的重化学工业增长了 2.3 倍，重工业在工业总产值中的比重由 1937 年的 57.8%上升到 1941 年的 65.9%。但重工业的发展是以牺牲民用轻工业为代价的，同期，纤维产业的生产下降 40.0%，食品工业的生产下降 22.0%，加深了国民经济内部的不平衡。

1941 年（昭和 16 年）太平洋战争爆发后，日本根据《重要产业团体法》，在一切主要工业部门和金融部门建立“统制会”，把所有企业都强行纳入军需工业生产中。战时的统制经济使日本垄断达到空前的程度。日本的整个工业生产在 1941 年达到最高点以后，由于战局的恶化失去了制海权，使海运物资受到封锁，进口供应减少，加速了日本经济的危机。1945 年（昭和 20 年）同 1935—1937 年相比，工业减产 71.5%。农业的衰落也很显著，以战前 1933—1935 年平均的全部农业产品综合指数作为 100，1945 年仅为 58.2%，由于农业大幅度减产，粮食严重不足，使绝大部分日本国民陷入饥饿状态。日本的统制经济崩坏。

这一时期由于战争因素的影响加快了日本的人口增长趋势。1941 年日本政府通过了《确立人口政策纲要》的人口政策，力图为建设所谓的“大东亚共荣圈”而增加人口。其主要目标是通过增加出生和减少死亡来促进人口增长。为了增加生育，结婚年龄提前了三年，每对夫妇以生育 5 个为目标，并设置奖励结婚和结婚费用贷款制度、对多子女家庭减轻赋税负担、禁止避孕和堕胎等人为的节育等。在降低死亡率方面，主要推行保护母亲的优生保护法和预防结核病，并以 20 年内降低死亡率 35% 为目标。此外，这个《纲要》不仅强调人口的数量增长，还注重谋求人口素质的提高。由于实行了积极的人口增长政策，使 20 世纪 30 年代末期已降低到 27.0‰的出生率在 1941 年又回升到了 31.6‰，而自然增长率也创造了 15.8‰的最高纪录。1942 年以后由于战争局势的恶化，导致出生率有所下降趋势。尽管如此，日本人口依然持续增长，从 1942 年的 7 230 万人增至 1944 年的 7 380 万人，而人口的适度增长，扩大了市场，带来经济效益，在一定程度上促进了日本经济的发展。

5.2.2 统制经济体制

日本虽然在明治维新以后就建立了资本主义自由市场经济制度，但为了赶超欧美各国，日本政府以殖产兴业、富国强兵为中心，在诱导和扶持产业发展方面发挥了重要的作用。在日本挑起太平洋战争以后，由于日本政府在战争期间全面实行了经济统制，从而形成了以政府主导的统制经济体制。统制经济体制不仅在战争期间发挥了重大作用，而且还是战后全面形成的日本式经济体制的原型和基础。

自 1937 年“七七卢沟桥事变”日本全面侵华战争以来，日本军国主义为了战争在经济上实施了举国的统制经济。战时统制经济集中体现于日本政府 1937 年 8 月颁布的《国家总动员法》。随后，国家直接统治的形态开始占据主导地位，国家对资源分配的控制达到前所未有的程度。作为日本政府战争动员的一部分，为满足化学工业部门生产力迅速扩充的需要，政府一方面依据法律或行政命令对生产、设备，甚至是事业者实施各种各样的统制；另一方面，为了完成生产目标，取保资源的倾斜配制，还采取了各种产业保护措施。

日本政府实施经济统制所依据的基本法律包括《临时资金调整法》（1937 年 9 月）、《进出口商品等临时措施法》（1937 年 9 月）和《军需工业动员法的适用法》。这些法规成为战时统制经济的原型。以这些法规成为战时统制经济的原型，以此为背景，政府开始对资源配置进行直接控制。《临时资金调整法》是基于防止产业资金流向不必要不紧急产业、确保军需产业资金需求的目的而制定的。其主要内容是，对一定规模以上公司的设立、增资、合并以及目的的变更等实行许可制，并根据行业优先顺序分配资金。1937 年 9 月，临时资金调整委员会将全部产业分成甲、乙、丙三类，甲类行业包括矿业、钢铁、汽车、飞机制造、兵器制造、硫酸制造等 100 余种，乙类行业包括人造纤维、制材等 120 余种，丙类行业包括纺织、照相机、化妆品制造等 150 余种。甲类的重化工业优先获得资金支持。从 1937 年 9 月到 1940 年 6 月间，事业设备资金累计达到 103 亿日元，从获得的资金种类看，工业占 64.5%，矿业占 12.8%，而且大部分资金流向了甲类行业。《进出口商品等临时措施法》不仅赋予政府管制进出口的权限，而且还赋予其对进出口商品及以其为原料的相关制品的生产、流通、消费等进行管制的广泛权限。① 1939年以后，日本政府先后发布了《从业者雇用限制令》(1939年4月)、《价格等统制令》(1939年10月)、《工资统制令》(1940年10月)、《物资统制令》(1941年12月)和《金融统制团体令》(1942年12月)等。这样，日本政府就以对人、钱、物的全面统制为中心，并配合以产业团体和舆论宣传等方面的严格控制，彻底实施了战时的统制经济。经济统制的大部分权限向官厅集中，对经济实行控制。

为了短时间内提升成为战争关键的重工业生产能力，政府还制定了与产业相关的各种“事业法”。这些事业法具有产业保护立法和统制立法的双重属性。以1936年的汽车制造事业法为开端，从1937—1941年期间，政府先后对人造石油、钢铁、机械、飞机、造船、轻金属等重要产业领域公布和实施了“事业法”，对这些产业实行管制。这些法规的执行，不仅促进了战时重化工业的迅速发展，实现了生产力扩充的目标，而且通过淘汰中小企业，促进了生产和资本向大企业的集中，同时也密切了行政官厅与产业界的联系，成为战后日本产业政策和行政指导的潮流。②

战时统制经济期间，日本干预经济的重要手段是制定各种经济计划，具体包括物资动员计划、贸易计划、资金统制计划、劳务动员计划、交通电力动员计划和生产力扩充计划等。这些计划都是以满足战争需要为中心而制定的，其实施的结果，就完全取代了市场分配资源的机能。

5.2.3 人口转变与战后经济复兴

日本作为第二次世界大战的发动者战败国，遭受了巨大的战争损失，对人口产生了巨大影响。到1945年（昭和20年）战争结束时，日本丧失了235万人口，其中自侵略中国东北以来战死者总计210万人。1945年由于中日战争的影响，日本的人口增长率出现了负增长，再加上超量出国，人口减少了2.3%。但战后的数年间日本人口增长较为迅速，特别是1947—1949年这三年期间，出生率高达33.0‰～34.0‰，总和生育率达到4.40左右，接近历史最高水平，出生人数也达到每年约270万人，加上这一时期有625万日本军人及家属从海外被遣送回国，使日本人口增长速度迅速上升，1945—1950年的人口增长实际上已超过了1 000万人，增长速度为2.9%。在这一人口急增时期，日本政府采取了节制生育的对策。1948年，日本政府制定了优生保护法，允许人工流产和绝育，并普遍推广避孕药物。

随后在1950—1955年期间，日本的生育率进入了急速下降阶段。这一时期，日本经济从恢复走向发展，出生率从1949年的33.0‰下降到1950年的28.1‰，随后继续下降，1955年已降至19.4‰，总和生育率由同期的4.31下降到2.3，接近欧美工业发达国家的低生育率水平。在这期间，死亡率也开始下降，1955年死亡率为

①② 崔岩. 日本的经济赶超——历史进程、结构转变与制度演进分析［M］. 北京：经济管理出版社，2009.

7.8‰，大约比战前的死亡率水平降低了一半。这样，日本人口已形成了低出生、低死亡的现代型。而且，在1955年已出现了1.0的净再生产率，因而在人口的再生产力上已经达到更替水平。这一时期，日本继续推行控制人口政策。1952年，日本后生省在全国范围内开展家庭计划活动，1954年日本家庭计划协会正式成立，大力协助政府宣传和推广人口控制政策，这些措施对降低日本的人口增长速度起了积极作用。

另外，战后日本经济已处于崩溃状态，由于长期战争的破坏，国民财富的45%以上毁于战火，生产能力锐减，工业设备的30%～60%遭到空袭破坏，失业人数达到1 300万人。与此同时，由于战时大量支出军费的结果，导致恶性的通货膨胀，经济状况恶化。如以战前1935—1937年平均水平为100，日本的工矿业生产指数到战争结束时的1945年8月仅有8.7%，即比战前下降了91.3%；煤炭、钢铁以及纤维等生产大幅度下降；农业生产指数也只有1933—1935年平均水平的58.0%。国内农业生产的萎缩和海外粮食进口贸易的断绝，使日本陷入严重的粮食危机中，加上物资匮乏、恶性通货膨胀急剧扩大、工人大量失业，使日本经济处于极度混乱状态。1946年国民生产总值仅为战前（1934—1936年平均值）的65%，可以说战后的经济复兴之路的起点是极为困难的。1946年12月，政府为了恢复经济决定实行“倾斜式生产方式”①，把煤炭、钢铁、电力和化肥作为重点发展部门，以促使其率先恢复和扩大再生产。

“倾斜式生产方式”的实施使战后初期的日本经济从低迷状态中摆脱出来，走上了扩大再生产的轨道。在这数年中，不仅重点产业部门的煤炭、钢铁和电力的增产目标得以实现，而且还带动了整个工矿业生产部门的恢复，据统计，其工矿业生产指数到1948年已恢复到战前水平的72.9%。但“倾斜式生产方式”基本是在实行统制经济体制下，依靠大规模财政补贴来实现的。这样，到了1948年日本经济虽然摆脱了萎缩状态，并得到较为迅速的发展，但大规模的财政补贴和巨额的低息贷款加剧了恶性通货膨胀，如在1947年和1948年两年中，日本的平均物价水平上涨了8.2倍，使日本经济再度陷入不稳定状态。面对这种局面，日本政府采用了美国提出的所谓“稳定日本经济的九方针”，对日本经济进行整顿，削减了财政补贴，废除了低息复兴贷款，编制了超平衡预算，使通货膨胀得到了控制，对经济的统治也逐步撤销，为市场机制进一步发挥作用创造了条件，但由于推行紧缩的财政、金融政策，又引起生产萎缩，失业增加，其结果使日本经济在1949年下半年陷入被称为“稳定恐

① 日本东京大学教授有泽广已1946年在《挽救日本经济破产的办法》一文中提出了著名的“倾斜生产理论”，主张国家把有限的资源有重点地集中使用到以煤炭为中心的重点生产部门，并对这些重点产业部门进行间接诱导。他明确指出，阻碍战后日本经济恢复的主要因素是能源不足，特别是煤炭不足；而煤炭生产恢复不振，影响了钢铁生产部门的生产。他建议从美国进口重油集中于钢铁生产部门，以促进钢铁增产，再把增产的煤炭集中配给钢铁生产部门，以增产钢铁；从而形成钢铁与煤炭相互促进、共同增产的良性循环，并逐步将增产的成果扩展到电力、化肥等产业部门，以此来带动日本工矿业的发展。1947年1月，日本政府以有泽广已理论为基础的“倾斜式生产方式”作为恢复日本经济的核心和主体政策，并从金融、财政、物资等方面采取措施对这一政策进行了强有力支持。“倾斜式生产方式”的实施使战后初期的日本经济从混乱状态中摆脱出来，从而走上了恢复与重建的轨道。

慌”的萧条之中，工矿业生产再度大幅度下降。其中煤炭和机械工业生产指数在半年中分别下降了27.7%和33.0%。

促使战后初期日本经济重新走上恢复和重建轨道的是1950年美国侵朝战争爆发带来的“特需”刺激。由于日本成为美国军需物资订货的重要市场，直接刺激了相关产业的生产增长，使日本经济呈现了3年之久的“特需景气”加速了日本经济的恢复（见表5—5）。到1955年，日本经济已全面恢复到战前水平，据统计，在1946年到1955年的10年中，日本国内生产总值（见表5—6），迅速增长，经济年平均增长率高达9.2%，工业生产增长了约6倍，年平均增长率为22.0%，农业生产增长了72%，每年平均增长率为6.3%。到1955年，日本的国民收入和一些主要工业产品的产量都超过了战时的最高水平。同时，国内的通货膨胀得到控制，财政金融状况也明显好转，日本初步具备了经济起飞的基础条件。

表5—5　　昭和时期日本经济的景气循环　　单位：月

景气循环名称	低谷	高峰	低谷	上升期间	下降期间	1循环期间
特需景气（第一次循环）		1951.6	1951.10	—	4	—
投资消费景气（第二次循环）	1951.10	1954.1	1954.11	27	10	37
神武景气（第三次循环）	1954.11	1957.6	1958.6	31	12	43
岩户景气（第四次循环）	1958.6	1961.12	1962.10	42	10	52
奥林匹克景气（第五次循环）	1962.10	1964.10	1965.10	24	12	36
伊奘诺景气（第六次循环）	1965.10	1970.7	1971.12	57	17	74
第一次石油危机（第七次循环）	1971.12	1973.11	1975.3	23	16	39
日元升值萧条（第八次循环）	1975.3	1977.1	1977.10	22	9	31
第二次石油危机（第九次循环）	1977.10	1980.2	1983.2	28	36	64
高技术景气（第十次循环）	1983.2	1985.6	1986.11	28	17	45

资料来源：［日］日本労働省. 労働経済白書（平成26年版）［M］. 東京：日本労働協会，2014.

表5—6　　战后经济复兴期主要人口经济指标

年份	国内生产总值/亿日元	固定资本形成总额/亿日元	工业产量指数/1955＝100	总人口/千人	人口增长率/%	出生率/‰	人均国内生产总值/日元
昭和20年　1945	—	—	28	72 000	−2.2	—	—
昭和21年　1946	4 740	740	17	75 800	4.9	—	6 253
昭和22年　1947	13 090	2 190	21	77 490	2.2	34.3	16 893
昭和23年　1948	26 060	4 430	30	79 500	2.6	33.5	32 780
昭和24年　1949	33 750	5 570	39	81 300	2.3	33.0	41 513
昭和25年　1950	39 470	6 940	47	82 900	2.0	28.1	47 612
昭和26年　1951	54 440	10 350	66	84 235	1.6	25.3	64 629
昭和27年　1952	62 170	12 780	71	85 503	1.5	23.4	72 711
昭和28年　1953	70 160	15 540	86	86 895	1.4	21.5	80 741
昭和29年　1954	77 970	16 960	94	87 976	1.5	20.0	88 626
昭和30年　1955	83 380	17 030	100	89 020	1.2	19.4	96 563

注：各年的人口增长率以及人均国民生产总值根据资料计算得出。

资料来源：［英］B.R.米切尔编. 帕尔格雷夫世界历史统计·亚洲、非洲和大洋洲卷（1790—1993）［M］. 北京：经济科学出版社，2002；［日］内阁府. 2007年经济财政報告［M］. 2007－8.

第二次世界大战后日本经济迅速复兴的主要原因是与日本政府的经济发展政策的引导、美国的援助以及朝鲜战争的刺激等密切相关。

首先，日本政府在促进经济恢复上采取了许多有力的措施，对日本的司法、教育、财政、金融等进行了一系列社会经济改革，特别是经济领域上进行的农地改革、解散财阀和劳动民主化的三大改革，消除了日本资本主义经济中所具有的封建因素，为第二次世界大战后日本经济的恢复和发展创造了前提条件，进而为经济起飞奠定了基础。如 1946—1949 年的农地改革，确立了自耕农土地所有制，促进了农业生产，扩大了农村市场，带动了农村消费，起到了推动整个国民经济发展的作用。1946—1947 年实行的解散财阀的政策，在一定程度上去掉了大企业中的家族血缘关系为基础的封建性和排他性，为企业间的自由竞争和企业管理的现代化创造了有利的条件。在适应国情的经济战略决策方面，战后吉田茂（よしだしげる，1878—1967 年）政府在《重建日本经济的基本问题》报告中提出了经济立国的方针，并指出只有确立走经济立国的道路，才能使日本经济复兴和发展。为了尽快恢复经济，大力推行了“倾斜式生产方式”，重点保护了煤炭、钢铁等基础工业部门和铁路、海运等运输部门的恢复。1947 年日本政府成立复兴金融金库，对重点生产部门实行低息贷款。这种重点增长方针，不仅有力地促进了煤炭、化肥、钢铁和铁路等部门的恢复，为整个国民经济提供了廉价的动力、原料和运输手段，还带动了整个工矿业和农业的恢复。

其次，美国的援助。美国在占领日本后先是对日本采取抑制的政策，削弱垄断资本，推行了非军事化的民主化改革。但随着冷战的加剧，美国改变了其对日本的政策，从 1947 年起逐步放宽了对日本的各种限制，并从财力和物力上加强了对日本的扶植。其中包括：不断修改赔偿方案，缩减赔偿总额和用于赔偿的工厂数目，到 1949 年 5 月完全取消了赔偿要求，从而使 850 个大军需工厂保留下来。美国还通过“占领地区救济基金”和“占领地区经济恢复基金”进行援助。从 1946—1951 年以各种方式共援助 21.8 亿美元，占同期日本进口总额的 40％以上。美国还放宽了对日本贸易的限制，供应恢复经济所急需的原棉、石油、煤炭等，所有这些对发展日本经济起了相当大的作用。

此外，还有朝鲜战争的刺激。1950 年 6 月朝鲜战争爆发后，日本成为美国进行战争的军事基地和物资供应地，1950—1955 年美国的“特需”军事订货累计高达 35.8 亿美元，这种迅速膨胀的“特需”给日本创造了广阔的市场，促进了出口贸易，据统计，1950—1955 年日本出口额从 8.3 亿美元增加到 20.1 亿美元，外汇储备大幅度增加。其结果刺激了当时的日本经济，使日本出现了“特需景气”。

这一时期由于人口增长与经济发展的不均衡产生了大量的过剩人口。据统计，日本战后出现了大规模的失业人口，包括军队退役离职人员 751 万人，从国外遣返的日本侨民 150 万人，从军需部门解雇离职的 400 万人，三项共 1 301 万人。面对这种严峻的形势，日本政府于 1946 年颁布了《紧急就业政策纲要》，提出了通过劳动力归农的办法，并大力扶植农业发展，开辟和扩大了农村的就业，当时日本国民在粮食以及就业等方面面临严重的危机，特别是产业工人为了解决就业问题，纷纷迁往农村。因此1940年的农业人口为3 140万人，到1955年增至3 635万人。如图5—1所示，这种人口迁移使失业率降得很低。这主要是由于从事农业和零星服务业的工人转化为潜在失业人口。但是，随着经济复兴和人口增长，失业者又显现出来，到了20世纪50年代中期，失业率上升到2.2%左右。

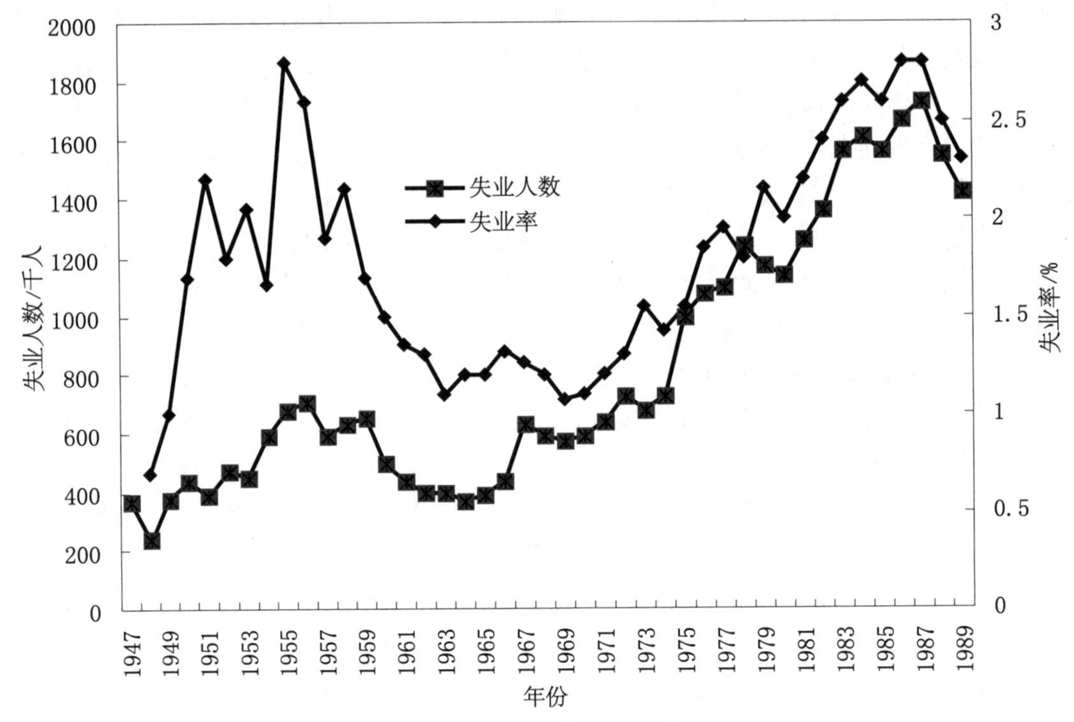

图5—1　昭和后期的失业人数和失业率

资料来源：[日] 日本総理政府統計局. 労働力調查年報 [M]. 東京：日本労働研究機構，1981；国际货币基金组织. 世界经济展望 [M]. 北京：中国金融出版社，2007；[英] B. R. 米切尔编. 帕尔格雷夫世界历史统计·亚洲、非洲和大洋洲卷（1790—1993）[M]. 北京：经济科学出版社，2002；国家统计局主编. 国际统计年鉴·2008年版. 北京：中国统计出版社，2008；刘国平. 世界经济统计 [M]. 北京：经济科学出版社，2002.

5.2.4　经济高速增长与低生育率

自20世纪50年代中期以后，随着经济实力的增强，日本经济进入高速增长时期（见图5—2）。1956—1973年间，国内生产总值年平均增长率为9.7%，其中，1960—1970年的11年中，有8年增长率高达两位数以上，而人口增长率仍稳定在年率1%左右，因而人均产值以接近于每年10%的高水平不断增长，尽管欧美各国也都实现了经济史上最高的经济增长率，但日本的增长率明显高于同期这些国家的2～3

倍，显示出强劲的高增长趋势。

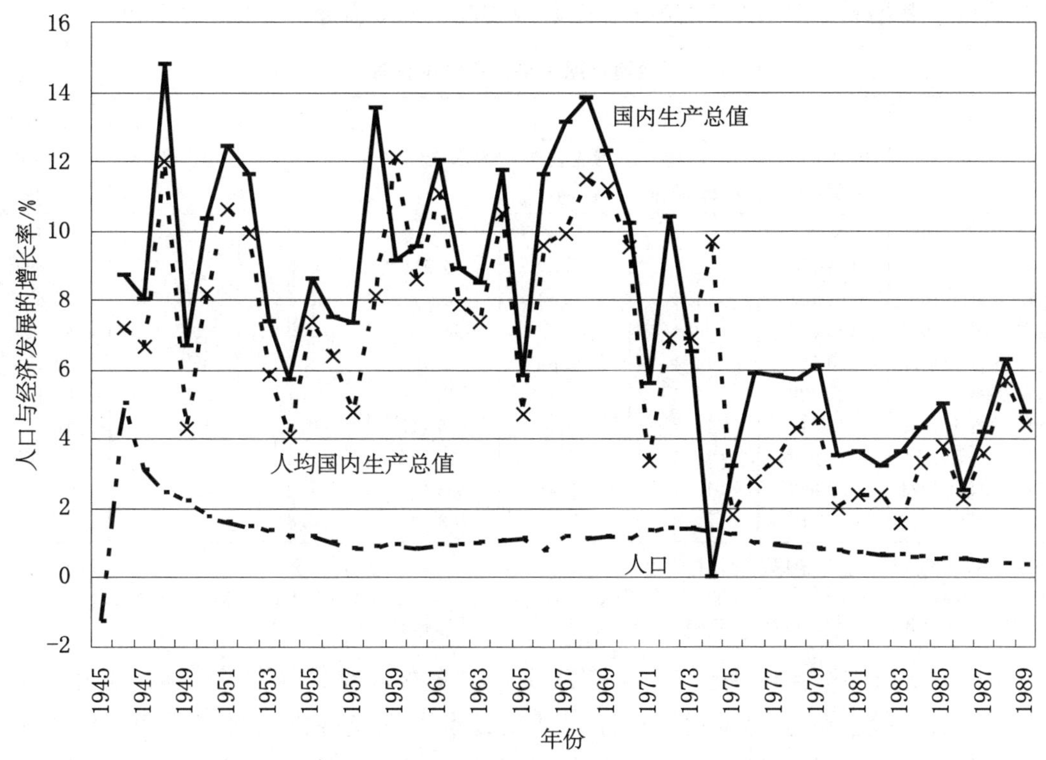

图 5—2　昭和后期的经济和人口增长率

资料来源：[日] 金森久雄等編．日本経済事典 [M]．東京：日本経済新聞社，1981；人口問題協議会編．人口事典 [M]．東京：東洋経済新報社，1986；[日] 経済企画庁総合計画局．日本の経済结构 [M]．東京：東洋経済新報社，1997；[英] 安格斯·麦迪森．世界经济二百年回顾 [M]．北京：改革出版社，1997；[英] 安格斯·麦迪森．世界经济千年史 [M]．北京：北京大学出版社，2003．

这一时期，日本虽然发生过几次经济危机，但对经济影响不大，而几次经济高涨对经济影响很大。

第一次是 1954 年 11 月到 1957 年 6 月的“神武景气”。由于日本对美国出口增加，形成了出口带动的景气回升。与此同时，投资和消费也很活跃，特别是在几乎所有产业部门，收益得到明显改善的大部分企业为了增强国际竞争力同时增加设备投资，使 1956 年度民间设备投资总额比上年增长了 54.6%，1957 年上半年依然显示了强劲的势头，投资成为带动景气回升的动力，这样，日本经济在出口、投资的相继推动下出现了空前的繁荣。

第二次是 1958 年 7 月到 1961 年 12 月的“岩户景气”。在政府推行调低官定利率、增加公共投资等宏观经济政策的主导下，由于对外贸易方面出口的增加和技术革新的需要，民营企业大幅度增加设备投资。同时，在个人消费方面，黑白电视机、冰箱、洗衣机等耐用消费品迅速普及，随着国民生活水平的提高，在服装、饮食方面的需求也不断增长，致使实际经济增长率持续高增长，见表5—7。

表5—7　　高速增长期主要人口经济指标

年份	国内生产总值			总人口/千人	人口增长率/%	出生率/‰	家庭月均实际收入/日元
	当前价格/亿日元	名义经济增长率/%	实际经济增长率/%				
昭和30年　1955	83 380	—	10.8	89 020	1.2	19.4	29 169
昭和32年　1957	108 174	15.2	7.8	90 734	0.9	17.4	32 664
昭和34年　1959	131 406	14.3	9.4	92 434	1.0	17.7	36 873
昭和36年　1961	192 636	20.8	11.9	94 943	0.9	17.1	45 134
昭和38年　1963	250 186	14.4	8.8	96 812	1.0	17.5	53 298
昭和40年　1965	327 422	11.3	5.7	98 883	1.1	18.8	65 141
昭和42年　1967	445 619	17.2	11.1	100 725	0.9	19.6	78 725
昭和44年　1969	619 944	17.5	12.0	103 172	2.0	18.7	97 667
昭和46年　1971	803 972	10.0	4.4	105 657	1.3	19.1	124 562
昭和48年　1973	1 120 742	21.8	8.0	108 079	0.8	19.2	165 860

注：各年的人口增长率根据资料计算得出。

资料来源：［日］内阁府. 2007年経済財政報告［M］. 2007－8；［英］B.R. 米切尔编. 帕尔格雷夫世界历史统计·亚洲、非洲和大洋洲卷（1790—1993）［M］. 北京：经济科学出版社，2002.

第三次是1962年10月到1964年10月的“奥林匹克景气”。从1963年开始为了迎接东京奥运会出现了建设投资热潮，推动日本宏观经济进入景气局面。但由于制造业的设备投资未见高涨，企业收益增长缓慢，导致这次上升过程的持续时间不长。

第四次是1965年10月到1970年7月的“伊奘诺景气”。由于采取积极的财政、金融政策，民间设备投资与个人消费日趋高涨，使日本经济进入了战后最长的繁荣局面，整个景气上升过程持续了近5年，其中1966—1969年的平均年增长率接近12%。

经过这几次景气上升，促进了日本经济增长的速度，使日本经济发生了显著变化，基本上实现了工业现代化。1956—1973年期间，工业生产总值增长了8.6倍，年平均增长率为13.6%。1968年，日本工业水平仅次于美国和苏联，居世界第三位，主要工业品产量和质量也都达到了世界先进水平，国民生产总值居资本主义世界第二位。1970年，日本的人均国民收入突破1 500美元，已接近欧美发达国家的水平。

从需求结构看，国内需求尤其是民营企业的设备投资刺激了日本经济的增长，使其发展模式属于民间设备投资主导型的经济增长。据统计，从1956年开始，日本以民间企业投资为主的形式，展开了大规模的设备更新。当年民间设备投资总额为1.37万亿元，1957年以后设备投资总额平均每年以35.8%的速度增长，1961年增至4.10万亿元，相当于1955年的4.62倍。在整个经济高速发展时期日本设备投资额在国民生产总值中的比重平均高达35.7%，而同期美国占6%～7%，联邦德国占11%～12%，其增长速度在主要发达国家中是最高的。日本在《经济白皮书》中“以投资带动投资”的描述，表明民间企业的设备投资发挥了巨大作用，可以说旺盛的设备投资促使生产设备日趋先进化和大型化，刺激了高生产率的增长，进而实现了经济的高速发展。

这一时期的经济高速增长是与政府的经济发展策略、大力引进国外先进技术以及不断扩大固定资本投资和资本积累密切相关的。1957年岸信介（きしのぶすけ，1896—1987）内阁颁布《新长期经济计划》，其经济政策主要是：以重化学工业为中心，实现产业结构的高级化；农业生产结构现代化；扩大出口；增加资本积累；扩大就业等。该计划巩固了通过重化学工业来促进经济高速增长的路线，并取得了明显的实施效果。而池田勇人（いけだはやと，1899—1965年）内阁在1960年提出的《国民收入倍增计划》则标志着日本经济高速增长与重化学工业化为中心的经济高速增长政策的最终形成。该计划明确指出，计划的最终目的是大幅度提高国民的生活水平和达到充分就业。为此，要最大限度地谋求经济的稳定增长。日本政府通过对上述经济政策的制定和实施对20世纪50年代中期至70年代初期日本经济高速增长与重化学工业化的发展发挥了积极的促进作用。这从每一计划均为提前完成的事实可以得到验证。如《国民收入倍增计划》中计划国民生产总值的平均增长率为7.8%，而实际上达到了11.6%。

另外，日本利用发达国家中“后进”国家的地位，从西方国家引进了大量的先进技术，特别是从美国引进了晶体管、集成电路和激光等一些尖端技术，用于发展重化学工业和民用工业，并在半导体和通信业等一些重要的民用工业领域取得竞争的优势。据统计，从1956—1973年，日本总共引进国外先进技术近2万件。在主要发达国家中引进技术最多的是日本。日本通过引进先进技术，缩小了与美国和欧洲各国在科技水平上的差距，经过对引进技术的消化、改进和革新，发展了日本的工业技术体系，提高了日本劳动生产率。以日本制造业为例，在1954—1973年期间，劳动生产率年平均增长为8.3%，而同期美国、英国、法国和联邦德国的年平均增长率仅分别为3.7%、4.4%、5.6%和5.5%，这就使日本的出口产业的国际竞争力迅速加强，在国际贸易方面出口以两倍于国民生产总值增长率的速度增加，其结果在20世纪60年代后期日本开始形成贸易收支的黑字态势。

在经济高速增长的过程中，不断扩大固定资本投资和资本积累也是不容忽视的。据日本政府公布的资料，1955—1970年，日本固定资产投资从17 784亿日元增加到255 461亿日元，其增长幅度是巨大的。固定资产投资占国民生产总值的比率，每年都保持在1/3左右，明显高于其他发达国家。固定资产的绝大部分集中在工业领域，特别是钢铁、机械、电力和化学等部门。日本大规模固定资产投资所需的巨额资金主要来源于剩余价值资本化、企业外部投资、私人投资等方面。由于历史原因，日本工人的工资率长期低于其他主要发达国家，因而有很高的剩余价值率和积累率。1955年日本工人的工资仅相当于美国的12.5%，英国的33.3%，1960—1970年日本的国民生产总值增长了2.8倍，而工人的工资只增长了1.5倍。在企业外部投资方面，如储蓄转化、私人直接投资和外资注入等来源比较丰富。在私人投资方面，日本政府实行优惠政策，对私人投资所获的股息红利免税。在政府的鼓励下，私人投资在经济高速增长时期的1956—1973年间大量增加，平均每年增加17.4%。这一时期，日本还积极引进外资，总金额高达269亿美元，直接贷款和外国股票占投资总额的89%。

总的来说，日本经济高速增长的主要原因是：人口的迅速增长扩大了劳动力资源的供给，从1955年到1970年劳动就业人员的年平均增长率为1.5%，旺盛的劳动力需求，提高了劳动生产率；高学历化和企业内职工培训工作的强化，使劳动力素质不断提高，加上战后迅速发展的技术革新，使劳动生产率不断提高；广泛引进国外先进技术，开拓了一大批新兴产业领域，为经济的高速增长奠定了雄厚物质技术基础；充分利用进出口国外资源，积极发展工业，大力促进进出口主导型经济增长；实行低消费、高储蓄、高积累的政策，为经济发展提供了必要的资本积累；随着经济的增长和外部环境的影响，日本经济逐步向开放型体制转换，经济开放程度的提高，加强了日本国家的竞争力。

20世纪70年代初期日本经济的高速增长进入末期，已呈现减退趋势。1970年的经济增长率为7.6%，1971年由于日元升值的冲击降至5.0%，1972年的经济增长率又回升到9.2%。但是在1973年发生了石油危机，致使1974年国民生产总值的增长率下降到−0.4%，为战后第一次出现的负增长，从而宣告了日本经济高速增长时期的结束。可以说正是石油危机对日本经济增长的转折产生了决定性的影响。

另外，自1956年以后随着日本经济的迅速发展，人口转变后的日本生育率进入了相对稳定阶段。出生率基本上保持在17.0‰～19.0‰之间的低水平，总和生育率在1956年降至2.22，1961年又减少到1.96，1962—1973年间保持在2.00左右的置换水平，自然增长率则保持在11.0‰左右。这一时期，随着日本经济的高速发展，资本有机构成的迅速提高，人们为了使子女获得较多受教育的机会，提高了人力资本投资以便于就业，实施了节制生育，促使出生率长期保持在20.0‰以下的临界水平。此外，随着农村人口向大城市高度集中，妇女参加生产劳动的增多和就业机会的增加也是促使出生率保持低水平的主要原因。

5.2.5 经济低速增长与人口变动

经过20世纪50年代后半期和60年代的高速增长之后，随着1973年以后的两次石油危机的冲击，日本经济陷入第二次世界大战后空前严重的危机中，1974年出现了第二次世界大战后首次负增长（见表5—8）。70年代中期，日本经济虽有所回升，但上升势头微弱，由于受世界经济危机的影响几乎停滞不前，经济危机使工厂库存积压，生产力下降，许多企业倒闭，失业人口大增。在1978年和1979年，日本经济虽显现较强的增长态势，但随后由于受1980—1981年第二次石油危机和1980—1982年的世界经济危机的影响而重新放慢速度。总之，在整个70年代中后期日本经济进入中低速发展时期，基本上是在危机和萧条之中度过的，国民生产总值年均增长率从高速增长时期的9.7%下降到1974—1982年的4.3%，而且经济周期的下降阶段相对拉长，上升阶段相对缩短。同期年平均失业率由1.2%上升到1.9%。尽管如此，日本的经济增长率明显高于主要发达资本主义国家。

表5—8 低速增长期主要人口经济指标

年份	国内生产总值			总人口/千人	人口增长率/%	出生率/‰	家庭月均实际收入/日元
	当前价格/亿日元	名义经济增长率/%	实际经济增长率/%				
昭和49年 1974	1 337 379	19.3	−1.2	110 162	1.9	18.4	205 792
昭和50年 1975	1 477 682	10.5	3.1	111 573	1.3	17.0	236 152
昭和51年 1976	1 659 456	12.3	4.0	112 775	1.1	16.2	258 237
昭和52年 1977	1 849 456	11.4	4.4	113 872	1.0	15.4	286 039
昭和53年 1978	2 036 339	10.1	5.3	114 913	0.9	14.9	304 562
昭和54年 1979	2 207 118	8.4	5.5	115 890	0.9	14.2	326 013
昭和55年 1980	2 392 709	8.4	2.8	116 807	0.8	13.5	349 686

注：各年的人口增长率根据资料计算得出。

资料来源：[日] 内阁府. 2007年经济财政報告 [M]. 2007−8；[英] B.R. 米切尔编. 帕尔格雷夫世界历史统计·亚洲、非洲和大洋洲卷（1790—1993）[M]. 北京：经济科学出版社，2002.

另外，1974年以后，随着日本经济的低速增长，日本的出生率进一步呈现下降趋势，由1974年的18.6‰降低到1980年的13.5‰，成了日本统计史上最低的纪录。日本人口问题审议会在1980年8月整理1974年以后的有关出生率降低的报告书，提出20世纪70年代后期的低出生率只是暂时的现象，从80年代开始出生率有可能呈现回升趋势。但由于这一时期日本经济的低速增长在一定程度上影响了出生率的动态变化，使出生率呈现逐步下降趋势，到1980年进一步降低到13.5‰。而这一时期由于低出生率的效果，自然增长率也呈现逐渐下降趋势，由1974年的12.1‰降至1980年的7.4‰，日本已经接近了“少子化”时代。

5.2.6 经济增长与人口因素

昭和初期的经济，由于经济危机的影响有所波动。但随着工业革命的迅速发展，经济增长开始加速，到20世纪70年代末期日本已成为世界第三经济大国。在经济长期增长的过程中，日本战前的经济规模总量增长较快，平均增长率为3.15%，由于人口增长率长期停留在每年1.01%的水平上，因而人均产值年均增长率每年递增2.14%。

这一增长率在战前与欧美发达国家相比是很高的。然而，真正的高速增长是20世纪50年代后半期（见表5—9），经济增长不断上升，尤其是进入60年代以后，一直保持在10%以上的高增长率，这一时期人口增长率仍然稳定在1%左右，因而人均产值以接近9%的高水平不断增长，从而接近了欧美发达国家的水平。但进入70年代以后，经济增长率大幅度下降。这就是所谓的石油危机和随后的中速增长。

表5—9　昭和时期的人口经济增长

期间	年平均增长率/%		
	总产值Y	人口P	人均产值Y/P
昭和1—5年　1926—1930年	2.53	1.50	1.03
昭和6—10年　1931—1935年	4.98	1.36	3.62
昭和11—15年　1936—1940年	5.02	0.91	4.11
昭和16—19年　1941—1944年	−0.04	0.50	−0.46
昭和27—30年　1952—1955年	7.27	1.33	5.86
昭和31—35年　1956—1960年	8.87	0.91	7.89
昭和36—40年　1961—1965年	9.10	0.99	8.99
昭和41—45年　1966—1970年	10.90	1.25	8.42
昭和46—50年　1971—1975年	4.50	1.33	3.97
昭和51—55年　1976—1980年	4.30	0.92	3.14
昭和56—60年　1981—1985年	3.40	0.67	3.23
昭和61—63年　1986—1988年	4.53	0.47	4.06

资料来源：[日] 南亮進. 日本の経済発展 [M]. 東京：東洋経済新報社，1992；[英] B.R. 米切尔编. 帕尔格雷夫世界历史统计·亚洲、非洲和大洋洲卷（1790—1993）[M]. 北京：经济科学出版社，2002.

人口变动对经济增长的影响，从劳动力的数量、质量以及劳动力的流动性等侧面来看都是不可低估的。首先观察劳动力的增加，据日本总理府统计局的资料，在1955年到1970年经济高速发展的15年间，劳动力从4 003万人增加到5 276万人，净增1 273万人，即每隔5年有400万～450万的新劳动力投入劳动力市场，就业人口的年增长率为1.5%。这一方面反映出旺盛的劳动需求，同时也为国民经济的高速增长提供了有利的前提。20世纪70年代初期以后，尽管就业人口的增长率有所下降，但劳动需求仍然是一个促进经济增长的主要因素。

劳动力素质的提高也是不容忽视的。第二次世界大战后，在实现国民经济现代化的过程中，日本仍然非常重视发展教育，不断扩大教育投资，培养科技人才。20世纪60年代前后，日本盛行“教育投资论”，把人口看作资源，而教育则是经济发展的手段，于是把人才资源开发和发展教育纳入经济计划。1955—1970年间教育经费增长了37倍，其增长率超过了国民生产总值增长率。同时，大学数量大量增加，大学生人数不断上升。此外，各类专科学校、函授教育、电视教学也很普遍，在职学习的人数也不断增加。另一方面，日本还大力发展理工科教育和职工培训教育，改变教育结构以适应经济发展的变化，再加上战后不断地吸收国外的先进技术，并发展本国的技术革新，使劳动生产率不断提高，从而加速了经济发展的速度。

此外，在经济高速发展的过程中，劳动力的高度流动对提高劳动生产率的影响也是令人注目的。战后以来随着经济增长，劳动力人口在产业之间的流动非常频繁，自 1965—1975 年期间，由第一产业转向第二、第三产业的劳动力人口竟达到 643 万人之多。[①] 这种人口移动意味着劳动力由劳动生产率低的农业部门向劳动生产率高的非农业部门移动。正是这种移动使产业结构发生巨大变化，促进了各产业间劳动力的供求平衡。

从人口的一个方面劳动力结构的变化对于经济增长的影响来看，经济的增长，即国民生产总值 Y 的增长率可分解为劳动力 L 的增长率和劳动生产性 $Y-L$ 的增长率。增长率用 G 表示。

$$G(Y)=G(L)+G(Y-L) \qquad (5—1)$$

另外，如假设经济增长水平决定于劳动（L）和资本（K），时间（t），则根据生产函数

$Y=F(L, K, t)$ 可得

$$G(Y-L)=\lambda+EG(K/L) \qquad (5—2)$$

式中，E 为资本的生产弹力性；$EG(K/L)$ 为资本与劳动比率；K/L 的上升所产生 $G(Y-L)$，表示投资增加使劳动生产增长的贡献部分。λ 为生产函数 F 的转换速度，表示技术进步等因素引起的残余，称为“增长率的残余”。

表 5—10　　战后日本经济增长的因素分析

期间	国民生产总值年均增长率/% $G(Y)$	就业者年均增长率/% $G(L)$	劳动生产性年均增长率/% $G(Y-L)$	资本与劳动比率/% $EG(K/L)$	技术进步等残余的增长率/% λ
1952—1955 年	7.27	2.54	4.73	—	—
1956—1960 年	8.87	2.26	6.61	2.88	3.73
1961—1965 年	9.10	1.80	7.30	3.18	4.12
1966—1970 年	10.90	1.93	8.97	2.97	6.00
1971—1975 年	4.50	0.92	4.29	1.82	2.47
1976—1980 年	4.30	1.00	3.30	1.32	1.98

注：Y 为国民生产总值（1975 年价格）；L 为劳动力；K 为全社会固定资产投资的增长率；E 为资本的生产弹性＝资本的分配率；λ＝技术进步等残余的增长率＝$G(Y-L)-EG(K/L)$；E 使用世界银行的经验值（$E=0.4$）假定为全年度。

资料来源：[日] 経済企画庁総合計画局. 日本の経済结构 [M]. 東京：東洋経済新報社，1997；[日] 人口問題協議会编. 人口事典 [M]. 東京：東洋経済新報社，1986；[日] 南亮三郎，水野朝夫. 先進工業国の雇用と失業 [M]. 東京：千倉書房，1985

表 5—10 用上述式（5—1）和式（5—2）求得经济增长的三要素，即劳动力、资本与劳动比率以及技术进步三个因素而做成的。从国民生产总值的增长率 $G(Y)$ 看，战后经济复兴后期的 1952—1955 年为 7.27%，在 1956—1970 年的 15 年间呈现上升趋势。就其贡献度而言，主要归结为技术进步等因素引起的残余 λ 与资本与劳动比率 $EG(K/L)$ 的上升，劳动力增长率 $G(L)$ 的因素相对较弱。20 世纪 70 年代初期以后

① 大淵寛，森岡仁. 経済人口学 [M]. 東京：新評論，1981.

到 70 年代前半期，如图 5—3 所示，$G(Y-L)$ 呈现下降趋势；尽管如此，λ 和 $EG(K/L)$ 对于 $G(Y)$ 的贡献度是显而易见的。1986—1990 年期间，$G(Y)$ 呈现若干上升趋势，其中，$EG(K/L)$ 和 λ 分别为 2.1%、1.7%，一定程度上反映了由于资本的扩大和技术的进步以及人力资本投入带来的经济效果。

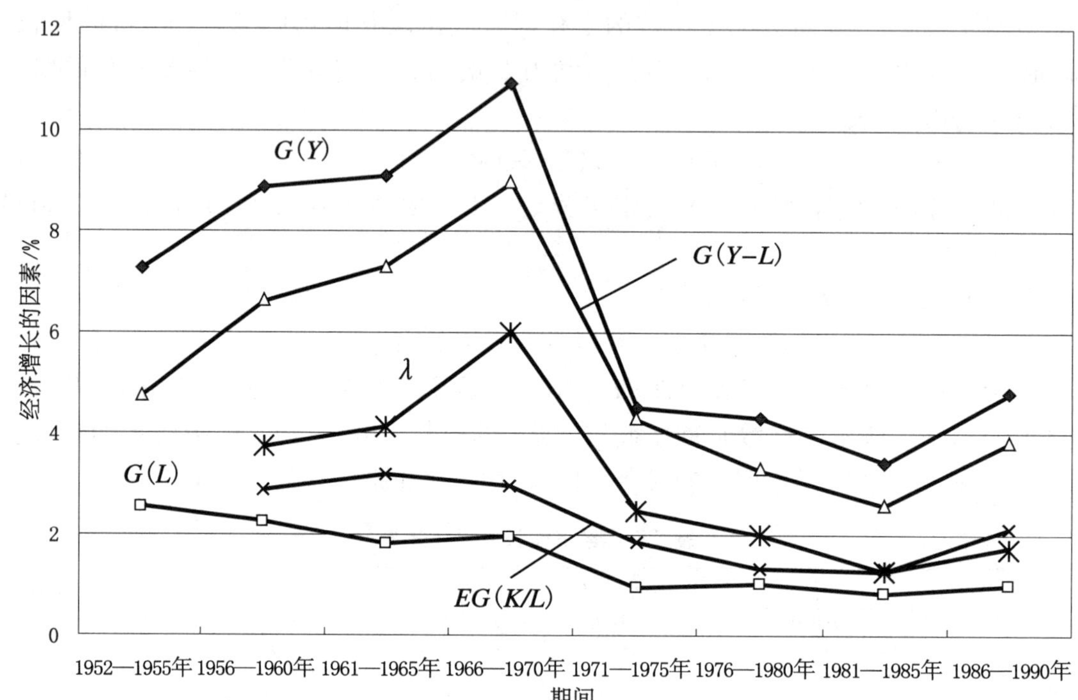

图 5—3　经济增长率及其增长因素

注： $G(Y)$：国民生产总值年平均增长率，$G(L)$：就业者年均增长率，$G(Y-L)$：劳动生产性年均增长率，$EG(K/L)$：资本与劳动比率；λ：技术进步等残余的增长率 $=G(Y-L)-EG(K/L)$。

资料来源：［日］经济企画庁総合計画局. 日本の経済结构［M］. 東京：東洋経済新報社，1997；［日］人口問題協議会编. 人口事典［M］. 東京：東洋経済新報社，1986；［日］南亮三郎，水野朝夫. 先進工業国の雇用と失業［M］. 東京：千倉書房，1985.

总之，昭和前期和战后初期日本的经济发展主要是靠丰富的劳动力和资本的积累支持的，劳动生产性上升较快，所谓外延的发展。而经济高速增长时期，其发展形态转换为内涵的发展，人力资本投资带来的劳动力素质的改善和科学技术的进步、资本集约度的上升、经济结构的现代化以及农业部门向非农业部门流动的产业间就业结构的变化等作为积极因素促进经济增长是显而易见的。

5.2.7　第二次世界大战后经济体制的发展

第二次世界大战后，日本政府为了实现经济重建，在 20 世纪 40 年代后期继续维持了统制体制，并且在此基础上实施了多种特殊的经济政策，积极推动了战后的经济复苏。到50年代初期，日本才实现了由统制经济向市场经济转轨。

从战后经济复兴期开始，日本通过一系列的宏观经济政策，加强了对国民经济的干预。例如战后初期，日本政府推行了倾斜生产方式的政策，有效地推动了战后经济复苏。倾斜生产方式的特点是，大力支持煤炭、钢铁等重点产业的生产恢复和产出增长，通过这些基础产业的率先复苏带动整个国民经济的恢复。

日本政府在干预国民经济方面还较多地运用了计划手段。1955年日本政府就开始像战时经济统治时期一样制定了经济计划，用以指导国民经济的发展。其中，最有名的是1960年制定的《国民收入倍增计划》。日本政府的经济计划虽然不是指令性计划而是指导性计划，但由于它适应各阶段经济环境的变化，提出了符合实际情况和实际需要的长期经济政策，引导了日本经济发展的方向。

从日本式经济体制形成的基础看，首先强调的是生产优先或生产第一主义。无论是战后经济复兴还是高速经济增长期间，扩大生产和提高劳动生产率都始终是日本政府和企业优先考虑的。这一生产优先或生产第一主义思想意识的形成，与日本长期落后于美国和欧洲各国，一直要实现经济赶超有很大的关系。从明治维新到战后高速经济增长时期，日本政府和企业的主要目标，都一直是追赶美国和欧洲。从这个意义上讲，日本式经济体制是一种赶超式的经济体制。为了赶超美国和欧洲，日本无论在宏观的经济制度和经济政策方面，还是在微观的企业制度和企业管理方面都形成了有利于生产优先或生产第一主义的机制。例如，从宏观方面看，日本政府的产业政策和金融政策，从微观方面看，日本企业的高积累率、个人和家庭的高储蓄率，都是这种赶超式经济体制的具体表现。①

由于日本式经济体制的基本理念是协调优先，因此，日本式的市场经济就明显有内部性和封闭性的特点，日本式市场经济也就是一种不充分竞争的市场经济。以劳动力市场为封闭性市场，而且以工资等各种劳动条件也不是在公开的、全国统一的劳动力市场上形成的，而是在各企业内部形成的。这种内部性、封闭性的劳动力市场，完全排除了劳动力市场的竞争机制和价值规律，对劳动力流动和工资水平起决定作用的并不是劳动力市场的竞争机制和价值规律，而是企业内部各种制度性的非竞争因素。②

第二次世界大战后以来，日本政府在赶超美国和欧洲的过程中一直发挥了重要的作用。20世纪50年代初期，日本基本上消除了此前政府的直接经济干预，实现了从统制经济向市场经济转轨。但是，实现经济复苏和自立发展的目标没有最终实现。在这种情况下，一方面决定政府不能完全放弃对产业发展给予大力扶植为基调的政策干预；另一方面又要求政府以经济干预的方式由直接统治转变为间接调控。1949年原商工省改组为通商产业省，将产业发展和对外贸易的管理与政策统合起来。通

①② 刘昌黎. 现代日本经济概论［M］. 大连：东北财经大学出版社，2008.

商产业省迅速成为日本政府中重要的组织机构之一，以它为主导实施的产业政策成为日本政府干预经济模式的最突出的特征。在50年代前半期，日本政府对四大重点基础产业实施的产业合理化政策，可以说拉开了战后大规模实施产业政策的序幕，后来这一政策范围进一步扩展开来。[①] 从产业政策和贸易政策的实施过程中可以看出日本经济体制中的政府经济干预的基本模式。在经济复兴和高速经济增长时期，日本运用凯恩斯主义实施积极财政政策的同时，又基本上沿用和发展了在战时统治时期的一系列政策和做法，充分发挥了宏观干预的作用，有力地促进了高速经济增长，因此，日本的市场经济就被称为“政府主导下的市场经济”。

从另一个方面看，日本作为一个资本主义国家，市场经济无疑是其最基本的经济制度，自由竞争也是日本经济的基本原则。尽管如此，日本政府在经济干预中不仅充分利用了财政、金融等各种经济政策，而且还通过经济计划、国土利用计划和国土综合开发计划，充分利用了计划原理的作用；即便是经济政策，也有许多是限制竞争的，体现了政府的意志，因此，日本经济体制又被称为“混合经济体制”。[②]

经过20世纪五六十年代的高速经济增长，日本在1968年以后已经成为资本主义世界第二经济大国，初步实现了赶超欧洲的目标。1973年石油危机以后，日本经济由高速增长转为低速增长。由于高速增长带来的环境问题，国民生活提高缓慢问题，人口过疏、过密和地区间经济差距扩大等问题，当时日本国内已出现批评生产第一主义的看法。与此同时，随着重工业的发展，在钢铁工业、汽车工业国际竞争力全面增强、出口不断扩大的形势下，日美、日欧间的贸易摩擦也开始不断加剧。这样，日本式经济体制面临着来自国内外的批评和挑战。

但当第二次石油危机冲击来临时，日本经济率先摆脱了衰退，实现了发达国家中最好的增长局面。其后直到20世纪80年代末，也一直保持了发达国家中最高的增长速度。对于低速增长时期的经济发展，企业经营的合理化措施、产业结构的调整等都是至关重要的促进因素。除此之外，日本式经济体制继续发展，也发挥了重要作用。70年代后期到80年代，工会组织率直线下降，劳动纠纷显著减少，工人一直没有提出过大幅度提高工资的要求，离职率普遍降低，对企业合理化主动配合等，这都体现了日本式经济体制的发展和作用。

20世纪80年代后期，日本经济成功地克服了日元升值冲击，再次出现了大型经济景气即平成景气。平成景气的出现，不仅使日本经济再次出现了繁荣，而且巩固了日本世界经济大国的地位。当时，日本是世界首屈一指的贸易黑字大国、经常收支黑字大国和资本纯输出大国。随着经济大国地位的巩固和国际地位的提高，面临着巨额贸易黑字和国际贸易摩擦愈演愈烈的局面，日本本来应该及时调整赶超经济

① 崔岩. 日本的经济赶超——历史进程、结构转变与制度演进分析［M］. 北京：经济管理出版社，2009.

② 刘昌黎. 现代日本经济概论［M］. 大连：东北财经大学出版社，2008.

体制，改变其内部性、封闭性的市场经济，转向开放型的市场经济。对此，日本政府也采取了一些措施，例如，从 1980 年起，日本就开始了金融自由化的进程。但是，直到 80 年代末，日本在经济体制调整和改革方面并没有取得实质性的效果。结果，取得显著进展的金融自由化不仅没有推动日本式经济体制的改革，反而还助长了泡沫经济的严重化。

5.2.8 经济计划

日本经济计划是随着战后日本经济的发展而发展的。经济复兴时期，日本的战略目标是将经济基础恢复到第二次世界大战前的水准。为此，日本制定了相应的规划以及相应的法律、法规和产业扶持政策。例如，1949 年吉田茂（よしだしげる，1878—1967 年）内阁制定的《经济复兴计划》，1951 年又制定了《经济自立三年计划》。不过，这两个计划都成为日本政府的正式计划。当时，为实现上述战略规划所确定的目标，日本采取了“倾斜生产方式”“倾斜减税”“倾斜金融”等对策，即在日本政府主导下，将有限的资源向煤炭、钢铁、电力等产业集中，优先发展能源和重工业。这个时期制定的《外汇管理法》《进口贸易管理令》《外资法》《企业合理化促进法》等，也都是为实现战略规划目标准备的法律，使战略规划法制化，在法律的保护下实现经济发展。1952 年，日本成立了经济审议厅，1955 年经济审议厅又改组为经济企画厅。

自经济企画厅成立后，就承担了制定和实施经济计划的任务，由日本经济审议厅汇集各方专家意见，起草规划，提交经济审议会审议，再由政府内阁审定通过。当时的审议机制处于摸索阶段，参加审议的人员和审议的政策内容范围比较狭小①。1955 年 12 月，鸠山一郎（はとやまいちろう，1883—1959 年）内阁制定了战后以来的第一个经济计划——《经济自立五年计划》（见表 5—11），把政策的首要目标确定为摆脱对美国的经济援助的依赖，尽快实现经济独立。与此同时，还提出了扩大雇用，实现充分就业的政策目标。

---

① 早在 20 世纪 50 年代初期，日本制定《经济自立五年规划》时，就有了一些审议程序。日本的审议制度经历几十年的实践，如今更加完善。目前，在日本政府机构中设有涉及政治、经济、社会、教育、法律、科技等领域的各种审议会或咨询委员会。它们的工作就是提供各种重要的知识信息，就重大战略问题和政策制定做深入研究，对重大政策和规划提出意见和建议，进行考察和评估；它们的咨询报告通常变成政府政策或规划的主要内容。日本的审议会和咨询委员会根据专题由官、产、学等各方人士组成，审议会还下设各种分科会。这些组织定期或不定期地就涉及国民利益的公共政策进行公开（举行公开会议请民众参加）或不公开地讨论。日本不是在规划形成之后而是在制定过程中就注意吸收各方意见，即使首相直接领导的咨询委员会，也必须有民间人士参加。

表 5—11　　经济计划

计划名称	制定年月	当时政府	计划期间	经济增长率/%	
				计划目标	实际增长
经济自立五年计划	1955 年 12 月	鸠山一郎	1956—1960 年	4.9	8.8
新长期经济计划	1957 年 12 月	岸信介	1958—1962 年	6.5	9.7
国民收入倍增计划	1960 年 12 月	池田勇人	1961—1970 年	7.8	10.0
中期经济计划	1965 年 1 月	佐藤荣作	1964—1968 年	8.1	10.1
经济社会发展计划	1967 年 3 月	佐藤荣作	1967—1971 年	8.2	9.8
新经济社会发展计划	1970 年 5 月	佐藤荣作	1970—1975 年	10.6	5.1
经济社会基本计划	1973 年 2 月	田中角荣	1973—1977 年	9.4	3.5
昭和 50 年代前期经济计划	1976 年 5 月	三木武夫	1976—1980 年	6.0	4.5
新经济社会七年计划	1979 年 8 月	大平正芳	1979—1985 年	5.7	3.9

资料来源：[日] 日本経済企画庁. 日本の経済結構 [M]. 東京：東洋経済新報社，1997

在日本经济迅速发展的形势下，为了进一步调动国民积极性，加快经济发展，1957 年 12 月制定的《新长期经济计划》和 1960 年 12 月制定的《国民收入倍增计划》，都把实现最大限度的经济增长、提高国民生活水平和实现充分就业的首要目标。其中，《新长期经济计划》公布时，引起了有关经济高速增长的可能性的争论。当时的一些经济学家认为，该计划的目标，即在计划期间国民生产总值每年平均增长 6.5%，是过高地估计了日本经济增长的可能性。与此相反，以下村治（しもむらおさむ，1910—1989 年）为代表的一些经济学家则高度评价了日本经济的潜力，认为该计划对日本经济增长的潜力和可能性过低。尽管下村治的理论有一定的缺陷，但是在 1961—1970 年间，日本经济年平均增长率达到 10.6%的事实表明，他对当时日本经济形势的估计及其政策主张还是正确的。[①] 而《国民收入倍增计划》，在计划高速经济发展的同时，还提出了 10 年国民收入增加 1 倍的政策目标。为了推进现代化，追赶美欧发达工业国。除了提出上述两个经济计划外，1962 年又颁布了第一个《全国综合开发规划》，以后又出台了《新全国综合开发规划》《日本列岛改造论》等。配套的发展或调整性的经济对策和法规包括：《太平洋沿岸带状产业布局构想》《煤炭矿业合理化临时措施法》《振兴机械工业临时措施法》《振兴电子工业临时措施法》等。上述规划和对策的实施，促进了日本重化工业的成长，大幅度提高了国民收入，使日本的国民生产总值在 1968 年超过了英国、联邦德国等发达国家，成为仅次于美国的世界第二大经济强国。

经济高速增长时期，由于重视生产轻视生活的生产第一主义的影响，造成社会基础设施薄弱，并产生了人口过密、过疏以及公害污染等问题。因此，日本政府在 1965 年 1 月制定的《中期经济计划》、1967 年 3 月制定的《经济社会发展计划》、1970 年 5 月制定的《新经济社会发展计划》和 1973 年 2 月制定的《经济社会基本计

① 冯昭奎. 日本经济（第 2 版）[M]. 北京：高等教育出版社，2005.

划》，都把解决高速经济增长中出现的各种问题和矛盾、实现均衡经济增长作为政策的首要目标。其中，《经济社会发展计划》首次把经济发展和社会发展联系在一起；《新经济社会发展计划》首次提出通过均衡的经济增长，建设一个居住和生活环境良好的日本的政策目标；《经济社会基本计划》则首次提出了建立“福利国家”和推进国际协调的政策目标。

1973年和1978年爆发的石油危机，给日本经济带来了巨大的冲击，使日本经济陷入了严重的危机，迫使日本重新调整发展战略：由发展资源密集型产业转向发展技术和劳动密集型产业；促进重工业产业结构调整；重视解决污染问题；重视解决地区之间、城市与农村之间的差距问题；并提出了节能、节省资源的计划。为了应对危机，日本政府1976年5月制定的《昭和50年代前期经济计划》和1979年8月制定的《新经济社会七年计划》，都把政策的首要目标确定为克服经济混乱，实现经济稳定增长和改善国民生活。同时，针对石油危机引起的严重通货膨胀，采取抑制需求、抑制通货膨胀的对策。

20世纪80年代初期以后，因贸易黑字特别是对美贸易黑字的迅速增加，使日本与欧美各国的贸易摩擦日趋激烈，并由此导致了日元大幅度升值，严重影响了日本的经济发展。为此，日本政府1983年3月又制定了《80年代经济社会的展望和指针》，把国际经济协调作为最优先的政策课题，其首要政策目标是构筑和平、安定的国际关系和建设有活力的经济社会。

从上述经济计划主要政策的目标来看，日本政府的经济政策大体上经历了从重视经济增长逐渐转向重视国民生活福利、社会问题和国际协调的方向。对于高速经济增长中所出现的福利和社会基础设施落后的问题，人口过疏、过密的问题，公害和环境污染的问题，从《中期经济计划》起，历次经济计划都及时引起了社会各方的注意，并采取了相应的政策措施。

由此可以看到，日本的经济计划是相当广泛的，而这种从广义上理解的计划的实际作用显然要比“狭义的”计划（即经济企划厅的中长期计划）要大得多。日本经济计划的主要特点之一是计划的指导性。一般来说，经济计划包括指令性计划和指导性计划。指令性计划意味着政府不通过市场对企业实行直接干预，而指导性计划则意味着政府通过市场对企业进行间接干预和诱导。日本作为市场经济国家，其政府计划基本上是指导性计划，关于这一点，日本政府在制定第一个经济计划时就已说得很明确。在《经济自立五年计划》的前言中指出，本计划是在以个人和企业富有创造性的自由的经济活动的基础上实施的，政府规制只限于必要的限度，这是一个基本原则。因此，本计划能否实现，在很大程度上取决于国民全体的理解和努力。由此可见，日本经济计划的出发点并不是发号施令的指令性计划，而是制定为社会和企业提供发展方向的指导性计划。

日本经济计划的另一个特点是计划的灵活性。市场经济条件下的经济计划，其本身就包含着内在的矛盾。市场经济条件下的经济计划，其本身就包含着内在的矛盾。一方面，对于长期的政策性课题，需要尽可能地采取明确的长期性政策措施；另一方面，由于国内外经济环境中有很多令人捉摸不定的因素，特别是在相互依存增强而又变化多端的国际社会中，长期经济展望已变得越来越困难了。因此，政策目标和手段都必须有一定的灵活性，能够随着国内外经济社会环境的变化而变化。①

日本经济计划的期间一般为5～10年，平均计划期间为6.6年。然而，到20世纪80年代末，大多数经济计划都没有实施到底，很多计划在实施途中就被其他新的计划所取代了。例如，有名的《国民收入倍增计划》在实施3年后，就被《中期经济计划》取代了；《中期经济计划》实施3年后，又被《新经济社会发展计划》所取代。结果，从1955年开始，日本政府平均每3年就制定一个新的经济计划。这一问题虽然是由政权频繁更迭造成的，但却有利于及时地修改计划，使计划能够适应变化了的新形势，从而体现了计划的灵活性。从经济计划本身的上述内在性矛盾看，在国内外经济社会环境发生变化时，也必须及时地修改计划。因此，可以说，日本经济计划是一种经常纠偏的“纠偏性”计划。②

经济计划是日本政府长期经济运营的指导方针和基本依据。由于经济计划是经内阁审议决定的，因此计划中所提出的政策目标，就成为日本政府对国民和社会的正式承诺和保证。经济计划不仅详尽说明了政府的长期经济政策，还给人以政府经济政策连续性的印象，加深了民间企业对政府经济政策的理解和信赖。例如，20世纪70年代初，由于第一次石油冲击和洛克希德事件而导致的田中首相下台，日本经济和政治都面临着前所未有的严重危机。在这种情况下，三木武夫（みきたけお，1907—1988年）政府制定的《昭和50年代前期经济计划》，就及时提出新的发展目标，起到了承上启下、保持政策连续性的作用。尽管该计划提出6%的增长目标并没有实现，但对于打破当时政治和经济的双重危机，确实是起到了不可忽视的作用。

经济计划在分析经济现状和展望经济前景时，运用了大量的统计资料和各方面的信息，其中有许多关于宏观经济、家计和企业经营的详尽数据，从而为国民和企业提供了可靠的经济信息。这不仅有利于企业根据政府的政策目标，制定自己详尽的经营计划，而且还能使家庭和个人根据经济形势和企业经营状况来安排和调整自己的生活与消费。以产业结构调整为例，由于日本政府充分认识到了重化工业加快发展的趋势并把它体现在经济计划中，从而使重化工业迅速增加了设备投资，不仅实现了重化工业自身的高速发展，而且还带动了整个日本经济的高速增长。例如，《国民收入倍增计划》提出的经济增长目标虽然不算太高，1961—1970年度年均增长

①② 刘昌黎. 现代日本经济概论［M］. 大连：东北财经大学出版社，2008.

率只为 7.8%，但该计划在分析和展望重化工业快速发展趋势的基础上，却提出了制造业增长 11.3%的目标，并计划重化工业增长 13.2%，轻工业增长 7.4%。从实际完成情况看，计划期间制造业增长了 14.8%，其中重化工业增长了 18.3%，轻工业增长了 9.6%。由于重化工业增长大大超过了计划目标，年均经济增长率就达到了 10.0%。总之，日本经济计划适应各发展阶段经济社会环境的变化，提出了符合实际情况和实际需要的长期经济政策，其中高速经济增长时期的增长目标大都超额实现了，因此可以说日本经济计划基本上获得了成功，对推动经济发展特别是高速增长发挥了重要作用。①

5.2.9　资本积累

资本作为现代经济中的重要生产要素之一，在经济增长及经济发展中发挥着重要作用。日本自明治维新以来的资本主义发展中，资本已经成为推动经济发展和财富积累的最主要动力。根据南亮进的研究，日本在第二次世界大战前实际资本积累的年平均增长率为 5.4%，战后年均增长率达到了 9.2%，资本积累的增长率远高于同期的经济增长率。不仅如此，同战前的经济增长存在剧烈的周期性波动相似，资本积累也存在着极为类似的波动。从长期看，经济增长与资本积累增长之间存在着正向的对应关系。因此可以说，长期波动主要是由于资本积累的变动而产生的。无论是战前还是战后，民间的投资增长率都快于政府投资的增长，可以说，民间的投资活动在经济增长和经济周期波动中起着相对重要的作用。

表 5—12 列出了 20 世纪初期以来日本实际总支出的构成变化。从中可以看出，在长期经济发展过程中，支出侧面反映的宏观经济结构是发生了很大变化的，其中最明显的变化，就是个人消费支出在总需求中所占比例的下降和国内资本积累中的上升。在 20 世纪初期，个人消费需求在总需求中所占的比例超过 80%，1930 年降至 78.9%，到第二次世界大战以后又降至 60.5%～67.0%之间，1988 年又减少到创纪录的 58.4%。与此相反，国内资本积累所占比例大幅度上升，1900 年为 11.7%，1938 年上升到 26.2%，战后进入经济高速增长时期由于快速投资，使国内资本积累和民间资本积累的比例迅速提高，到 1970 年，分别增长到 32.2%和 23.1%。即使到 1988 年也分别保持了 31.0%和 24.3%的高水平。

① 刘昌黎. 现代日本经济概论［M］. 大连：东北财经大学出版社，2008.

表 5—12　　总支出构成的变化　　(%)

年份	个人消费支出	政府经常支出	国内固定资本形成	民间固定资本形成	库存投资	出口及海外收入	(控除) 出口及海外收入
1900	85.1	8.5	11.7	7.7	—	4.4	9.7
1910	81.6	9.7	15.1	9.7	—	7.6	14.0
1920	77.7	8.6	19.3	13.1	—	11.1	16.7
1930	78.9	12.1	17.0	9.1	—	15.9	23.9
1938	63.6	13.0	26.2	14.5	—	20.1	22.9
1954	67.0	18.7	14.9	9.9	1.2	4.2	6.0
1960	65.8	13.7	22.3	15.5	1.6	5.1	8.5
1970	60.5	9.9	32.2	23.1	1.9	8.1	12.6
1980	60.9	10.0	29.3	20.1	0.5	13.3	14.0

资料来源：[日] 南亮進. 日本の経済発展 [M]. 東京：東洋経済新報社，1992

表 5—13 则列出了 19 世纪末期以来日本总支出构成部分对总支出增长的相对贡献度，即各构成部分增量在总增量中所占的比例从另一角度反映了相对构成变化和增长速度差异的综合结果。个人消费支出的构成比较高，所以尽管增速较低，但是相对贡献度仍保持较高的水平。个人消费增速的下降是在长期经济发展过程中随着增长速度和相对量的下降综合作用的结果。国内固定资本的积累的情况则相反。①

表 5—13　　总支出构成部分对实际总支出增长的贡献度　　(%)

期间	个人消费支出	政府经常支出	国内固定资本形成	民间固定资本形成	库存投资	出口及海外收入	(控除) 出口及海外收入
1888—1900 年	82.7	12.6	17.8	7.8	—	10.0	23.2
1900—1910 年	64.9	15.3	30.5	18.4	—	21.9	32.6
1910—1920 年	69.7	6.4	27.9	20.1	—	18.3	22.3
1920—1930 年	84.3	26.0	7.5	−6.9	—	35.3	53.1
1930—1938 年	31.7	14.8	45.3	25.6	—	29.0	20.8
战前平均	57.6	14.6	30.7	16.3	—	25.0	27.9
1955—1960 年	62.8	6.0	35.0	25.0	2.2	6.5	12.5
1960—1970 年	57.1	7.4	38.5	28.0	2.1	10.1	15.2
1970—1980 年	61.5	10.4	24.2	14.9	−1.9	22.2	16.4
1980—1988 年	52.0	6.2	35.5	35.3	1.1	24.0	18.8
战后平均	57.2	7.8	33.0	26.1	0.7	17.8	16.5

资料来源：[日] 南亮進. 日本の経済発展 [M]. 東京：東洋経済新報社，1992

从日本资本积累的规模和速度来看是很快的，无论日本历史上，还是在主要资本主义国家中都是无可比拟的。从表 5—14 中可以看出，日本战前积累率最高的 1931—1940 年期间平均为 17.2%，而战后的 1952—1955 年期间平均为 26.0%，在 20 世纪 60 年代一直保持在 36.0%的水平上，在 1971—1973 年期间高达 39.0%，在 1974—1982 年期间，虽然有所下降，但也保持在 32.0%以上的水平。从国际比较看，

① 崔岩. 日本的经济赶超——历史进程、结构转变与制度演进分析 [M]. 北京：经济管理出版社，2009.

在1952—1978年期间，美国的积累率为17.8%，英国为18.5%，法国为22.5%，联邦德国为22.9%，均远低于日本。在积累（包括定资本投资和库存投资）中固定资本投资率，在1960—1970年期间，日本始终保持在21%～23%，而同一时期美国的固定资本投资率只有6%～7%，联邦德国也不过是1%～2%。从投资额年均增长来看，在1951—1980年期间，日本为11%，联邦德国为5.5%，法国为5.0%，英国为3.4%，美国为2.7%，在主要资本主义国家中日本投资增长速度是最快的。①

表5—14　　资本积累率的推移

年份	平均积累率/%	必要资本系数	保证增长率/%
1931—1940	17.2	—	—
1952—1955	26.0	3.1	8.4
1956—1960	30.0	3.1	11.6
1961—1965	36.0	2.8	12.9
1966—1970	36.0	3.1	11.6
1971—1973	39.0	4.4	8.9
1974—1979	34.0	6.7	5.1
1980—1982	32.0	—	—

资料来源：［日］小宮隆太郎．現代日本経済研究［M］．東京：東京大学出版会，1975；［日］日本内閣府．2007年春季世界経済の新潮流［M］．2007－6；［日］黒坂佳央、濱田宏一．マクロ経済と日本経済［M］．東京：日本評論社，1984；崔岩．日本的经济赶超——历史进程、结构转变与制度演进分析［M］．北京：经济管理出版社，2009

南亮进（みなみりょうしん，1933年—）的研究结果表明，在第二次世界大战前的日本经济发展过程中，投资率尽管存在着周期波动，但明显存在着上升趋势。周期波动时围绕着上升趋势而上下波动的，并且与经济周期变动存在着对应关系。边际产出·资本比率在时间趋势上没有增大的趋向，但存在着大幅度的波动。因此，南亮进认为，战前较高的经济增长率是由投资率的提高决定的，而长期经济波动可以用边际产出·资本比率的波动来解释。战后，投资率继续上升，到20世纪70年代初期开始下降。这一过程中边际产出·资本比率始终保持较高的水平。所以战后的高速经济增长，是由较高的投资率上升趋势和高水平的边际产出·资本比率共同作用的结果。而战后高速经济增长以及20世纪70年代以后增长率的下降，在很大程度上是由投资率的上升和下降决定的。南亮进还分析了西欧后发资本主义国家及东亚国家经济加速增长的情况，认为上面的结论在这些国家的加速过程中也是成立的。高投资率决定经济的高速增长，以往的后发国家的经济赶超，都是以实现工业化特别是重化学工业化为核心的。工业化本身的特点决定了快速的资本积累即高投资率，是加快经济增长和经济结构转变的动力。②

---

① 张锁柱．战后日本高速度资本积累的主要途径与特点［J］．现代日本经济，1990（1）．

② ［日］南亮进．日本の経済発展［M］．東京：東洋経済新報社，1992；崔岩．日本的经济赶超——历史进程、结构转变与制度演进分析［M］．北京：烟台师院学报，1985（1）．

5.3 人口动态与人口政策

5.3.1 人口增长

日本人口自明治维新以后增长较为迅速，明治时期人口增长率基本上保持在1.0%左右的水平。这一时期，日本还没有实行人口普查，因此日本人口及人口动态率都是根据推算得出来的。其中具有代表性的推算有日本统计局的推算、森田优三（もりたゆうぞう）推算、安川正彬（やすかわまさあき）推算以及岗崎阳一（おかざきよういち，1925 年—）推算等。根据日本统计局的推算如表 5—15 所示，日本人口以 1871 年（明治 4 年）的 3 427 万人为起点顺利地增长，到 1890 年（明治 23 年）已达到 4 000 万人的水平，这说明日本用了 20 年的时间增加了 500 万人口。然而，随后增加的 500 万人只用了 12 年，到 1911 年（明治 44 年），日本总人口突破 5 000 万人的大关。

表 5—15　　人口增长的变化（1871—1980 年）

年份	人口总数/千人	人口增长率/%	期间	人口纯增数/千人	年平均数/千人	人口增长率/%
明治 4 年　1871	34 269	—	1871—1880 年	2 696	269.6	0.79
明治 13 年　1880	36 965	0.8	1881—1890 年	3 286	328.6	0.89
明治 23 年　1890	40 251	0.9	1891—1900 年	4 108	410.8	1.02
明治 33 年　1900	44 359	1.2	1901—1910 年	5 493	549.3	1.24
明治 43 年　1910	49 852	1.4	1911—1920 年	6 111	611.1	1.23
大正 9 年　1920	55 963	0.9	1921—1930 年	8 487	848.7	1.52
昭和 5 年　1930	64 450	1.6	1931—1940 年	7 483	748.3	1.16
昭和 15 年　1940	71 933	0.8	1941—1950 年	10 967	1 096.7	1.52
昭和 25 年　1950	82 900	2.0	1951—1960 年	11 194	1 119.4	1.35
昭和 35 年　1960	94 094	1.8	1961—1970 年	10 251	1 025.1	1.09
昭和 45 年　1970	104 345	1.1	1971—1980 年	12 462	1 246.2	1.19
昭和 55 年　1980	116 807	0.8				

注：人口增长率、人口纯增数和年平均数根据统计资料算出。

资料来源：［英］B. R. 米切尔编. 帕尔格雷夫世界历史统计亚洲、非洲和大洋洲卷（1790—1993）［M］. 北京：经济科学出版社，2002；百度文库. 日本人口统计数据（1872—2009）［M］. 2011－09.

大正期间，日本人口增长进一步加快，从 1912 年（大正元年）的 5 031 万人增加到 1918 年（大正 7 年）的 5 503 万人，从 1920 年起（大正 9 年）日本开始实行近代的人口普查，当时日本人口为 5 596 万人，到 1925 年（大正 14 年），日本人口又达到 5 938 万人。这一时期仅仅 14 年期间，日本人口增加了 1 000 万人。

进入昭和时期以后，日本人口增长更快了。明治 7 年（1875 年）的人口达到 3 500 万人，到了 1936 年（昭和 11 年）竟膨胀到了 7 000 万人，翻了一番。1941 年（昭和 16 年）制定的“确立人口政策纲要”和第二次世界大战前夕的人口增长气势，提高了出生率，从而也提高了人口增长率，直到战败前夕的1944年（昭和19年），总人口达到了7 380万人。

第二次世界大战以后，随着日本经济的快速发展，社会保障制度不断改善，为防老、养老而多生孩子的必要性下降，使日本的人口开始放慢，人口增长率逐渐减退，尽管如此，由于惯性增长，日本人口到1967年（昭和42年）超过1亿人成为世界上少数几个人口过亿的国家之一。1973年第一次石油危机后，随着日本经济的萧条，日本人口增速继续趋缓，1984年（昭和57年）达到1.200 8亿人，随后，日本总人口增长基本处于停滞状态，大体维持在1.2亿人的规模，而20世纪80年代后期以后的经济萧条和出生率下降，这些因素导致日本的人口增长速度明显减缓，并呈现超低速增长的趋势。

5.3.2 出生率

日本的出生率在明治时期长期偏高，出生率最初呈上升趋势，一直到1889年（明治22年）达到了30.7‰的高水平，创造了明治前期的最高纪录。1890—1894年出生率有所减弱，在27.0‰～29.8‰之间徘徊，这是受1890年日本第一次经济萧条的影响。以甲午战争为契机，日本建立了牢固的经济基础，日本经济迅速地发展起来，出生率开始恢复，1902年（明治33年）恢复到32.4‰，到1911年（明治44年），日本的出生率维持30.0‰的高出生水平。大正期间，日本的出生率继续保持34.0‰左右的高水平，其中1920年（大正9年）出生率达到了36.3‰，显示出历史最高水平。与此同时，人们对结婚、生育的传统看法仍然倾向于“多生贵子”，因而形成了高出生的局面。

昭和初期以后，日本的出生率呈现不断下降的趋势，到了1939年（昭和14年）下降到26.6‰。第二次世界大战后期，日本的出生率有所上升，1941—1943年期间均达到了出生率30.0‰以上的水平。

第二次世界大战以后，妇女的高学历化与参加工作妇女数量的增加，又使生儿育女的机会成本上升。此外，教育费用负担与住宅条件等因素也促使“少而精”的生育观日益普及。由于上述原因，战后日本人口出生特点逐步从多生转向少生。20世纪60年代到70年代中期，日本的总和生育率基本稳定在2.0左右，大致保持在能够维持人口规模不变的水平。但是，战后的“生少”现象也有过两个例外时期。第一个时期是1945—1950年。因战争而推迟的结婚、生育集中到战后的最初几年，从而出现了第一个生育高峰期，当时一对夫妇平均生育4～5个孩子。第二个时期是1971—1974年。由于第一个生育高峰期出生的人口进入结婚、生育期，导致了第二个生育高峰期的出现。

然而，20世纪70年代后期以后由于出生率和总和生育率水平不断下降，导致日本当时出现的现象是少子化，新生婴儿不断减少，1980年减少至161.6万人。

日本出生率下降与男女青年的晚婚、不婚和婚后不愿生育的倾向有密切的关系。据统计，日本女性的平均初婚年龄从1950年（昭和25年）的23.0岁上升到1980年（昭和55年）的25.2岁。另外，独身主义者的人数有上升趋势。1985年（昭和60年），30～34岁的女性中，未婚者所占比重仅为21.5%，35～39岁的男性中，未婚者只占8.15%。晚婚化一方面引起“有配偶率”的下降，另一方面引起“有配偶出生率”的下降，而在20世纪七八十年代，有配偶率的下降则是更主要的原因。另外，日本人的生育观从“多生贵子”转向“少生贵子”，也是导致已婚女性的生育率明显下降的一个重要原因。针对这些问题，日本政府希望通过提高孕妇和儿童的福利来改善女性生育的社会环境。但实际上，年轻一代的结婚观和家庭观的改变、对“劳动力再生产”的责任感的减弱，才是导致出生率降低的最根本的难以扭转的原因。

5.3.3 死亡率

明治维新初期以后，随着工业化的进展与经济的增长，虽然国民生活水平较过去有所提高，死亡率在反复激烈变动中逐渐增长起来，1985年（明治18年）23.1‰，1986年（明治19年）进一步上升到24.3‰，创造了明治时期的最高水平。随后，死亡率在反复变动中保持相对的稳定，大体上在19.3‰～22.5‰的高水平。大正期间，日本的死亡率发生率剧烈波动，从1913年（大正2年）的20.0‰上升到1918年（大正7年）的27.3‰，而后除了1920年（大正9年）外基本上呈现下降的趋势。

进入昭和时期以后，由于生活条件的改善和医学的进步，日本的死亡率下降的趋向日趋明显，由1925年的20.3‰降至1940年的16.5‰。第二次世界大战时期（1941—1945年）对日本人口产生了巨大的负面影响。到战争结束时，动员的兵力高达700万人，自从入侵中国东北以来战死者总计210万人。第二次世界大战的特点在于人身灾害波及一般居民，死亡人数估计为30万人，连同负伤和失踪的共达37万人，[①] 对死亡数影响很大，1945年死亡数达到创纪录的214.7万人。

战后，随着经济的逐渐恢复，日本的死亡率得到改善，1947年为14.6‰，1951年又减少到9.9‰，首次降至10.0以下的水平，到1971年又减少到6.5‰，随后一直到昭和末期，死亡率一直稳定在6.3‰左右的低水平，其主要原因是乳儿死亡率下降和医疗技术的进步。乳儿死亡率在1940年为90.0‰，1980年降至10.0‰以下，显然乳儿死亡率的减退与死亡率的下降是有密切关系的。

① ［日］大淵寛，森岡仁. 経済人口学［M]. 東京：新評論，1981.

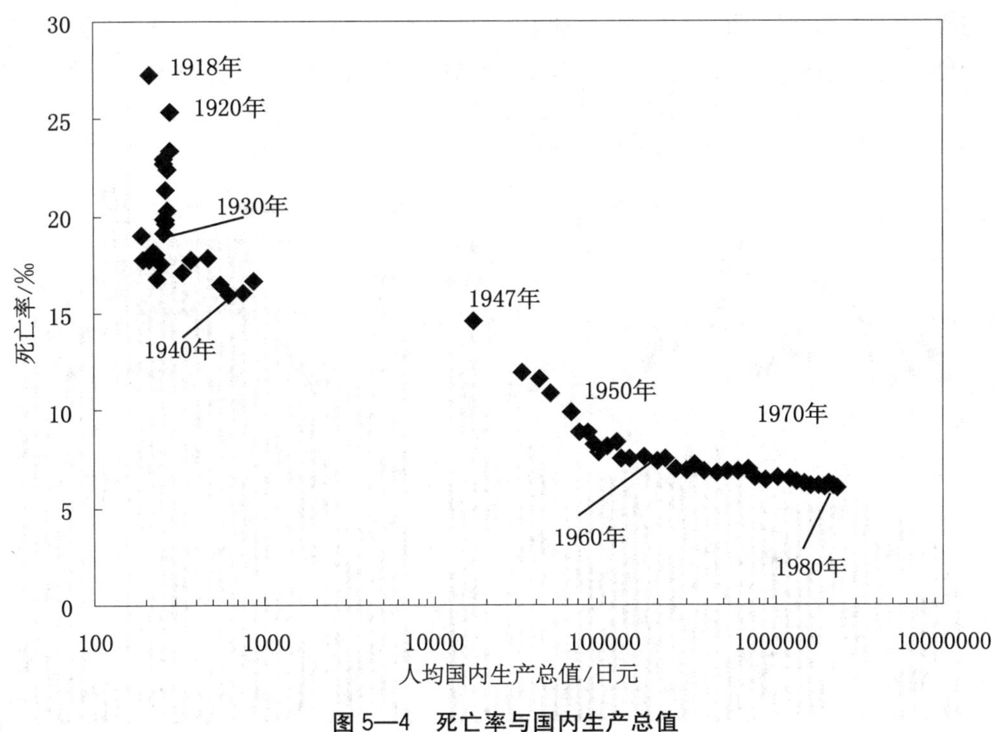

图 5—4　死亡率与国内生产总值

资料来源：[日] 日本内阁府. 日本历年国内生产总值 GDP 及人均 GDP 一览（1950—2013）[M]. 百度快照. 2014—5；[英] B. R. 米切尔编. 帕尔格雷夫世界历史统计 · 亚洲、非洲和大洋洲（1790—1993）[M]. 北京：经济科学出版社，2002.

显然死亡率作为人口变动的一个重要变量，无疑会受到经济因素的影响。从宏观人口经济学的角度来看，经济发展的现代化是实现死亡模式转变为低死亡率的重要条件。通常在考察死亡率转变时，主要探讨经济发展与死亡率下降的因果关系，从日本死亡率减退的趋势来看，大体上是从 1918 年（大正 7 年）开始的，而死亡率下降是和经济增长和发展重要指标人均国民生产总值有相关性的。图 5—4 以 1918—1980 年人均国民生产总值增长和同期的死亡率为变量，描绘出这一时期两者变化趋势的散点图，死亡率随人均国民生产总值增长而大致呈现逐渐减退的趋势。但 1981 年以后尽管人均国民生产总值有所提高，死亡率却呈现逐渐上升的趋势，这主要是由于人口老龄化的加速引起的，导致人均收入对死亡率的影响有所减弱。

5.3.4　结婚和离婚率

明治以来，日本的结婚件数开始逐渐上升，到 1920 年（大正 9 年）突破了 50 万件，随后继续缓慢上升，到第二次世界大战后的 1947 年、1948 年（昭和 22 年、23 年）迎来了第 1 次婚姻高峰（见图 5—5）以后开始急剧减少，1950 年以后呈现逐渐增加的倾向，1970 年（昭和 45 年）迎来了第 2 次婚姻高峰，1972 年（昭和 47 年）达到了创历史纪录的 110 万件。1973 年以后结婚件数呈现减少的趋势。

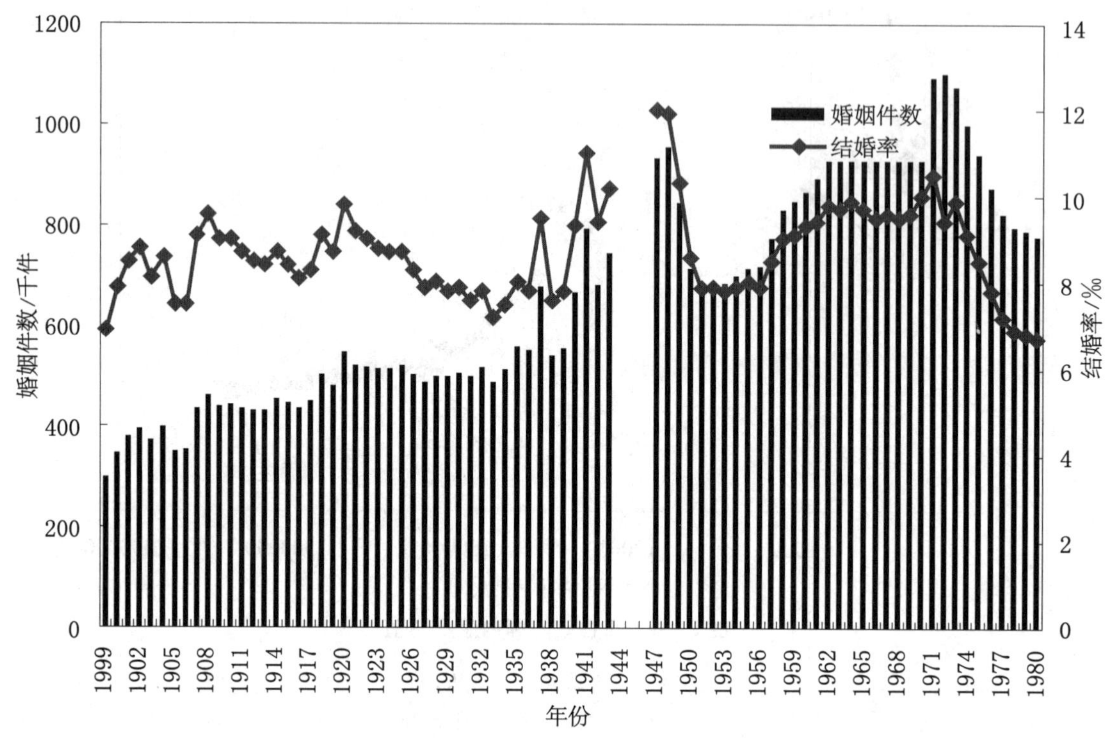

图 5—5　结婚率和婚姻件数

资料来源：［日］厚生労働省．平成 25 年我が国の人口動態［M］．2014－10．

从图 5—5 可以看出，结婚率在战前大体上保持在 8.0‰前后的水平，到了 1947 年、1948 年（昭和 22 年、23 年）迅速上升，达到了 12.0‰，随后在 1951—1956 年又达到了战前 8.0‰左右的水平。但是，随后又呈现上升的趋势，到 1971 年（昭和 46 年）增至 10.1‰，显示了婚姻高峰期的高婚姻率。1973 年以后，结婚率呈现持续减退倾向。

尽管婚姻率的变化很大，但平均初婚年龄的变化并不明显。1910 年（明治 43 年），男子和女子的平均初婚年龄分别为 27.0 岁和 23.0 岁，随后又较明显地上升，1940 年（昭和 15 年）分别达到 29.0 岁和 24.6 岁。第二次世界大战后，平均初婚年龄有所下降，这种状况一直持续到 1975 年（昭和 40 年），随后又开始呈现上升趋势，1980 年（昭和 55 年）分别为 27.8 岁和 25.2 岁。

从婚姻的动态来看，离婚件数在 20 世纪初期以后到 1943 年大体上是平稳的，但离婚率则呈现逐渐减退的趋势，如图 5—6 所示。第二次世界大战以后，离婚件数开始迅速增长，从 1947 年（昭和 22 年）的 7.9 万件增加到 1980 年（昭和 55 年）的 14.4 万件，离婚率也从 1.02‰上升到 1.51‰，随后离婚件数和离婚率呈现若干年的减退倾向。

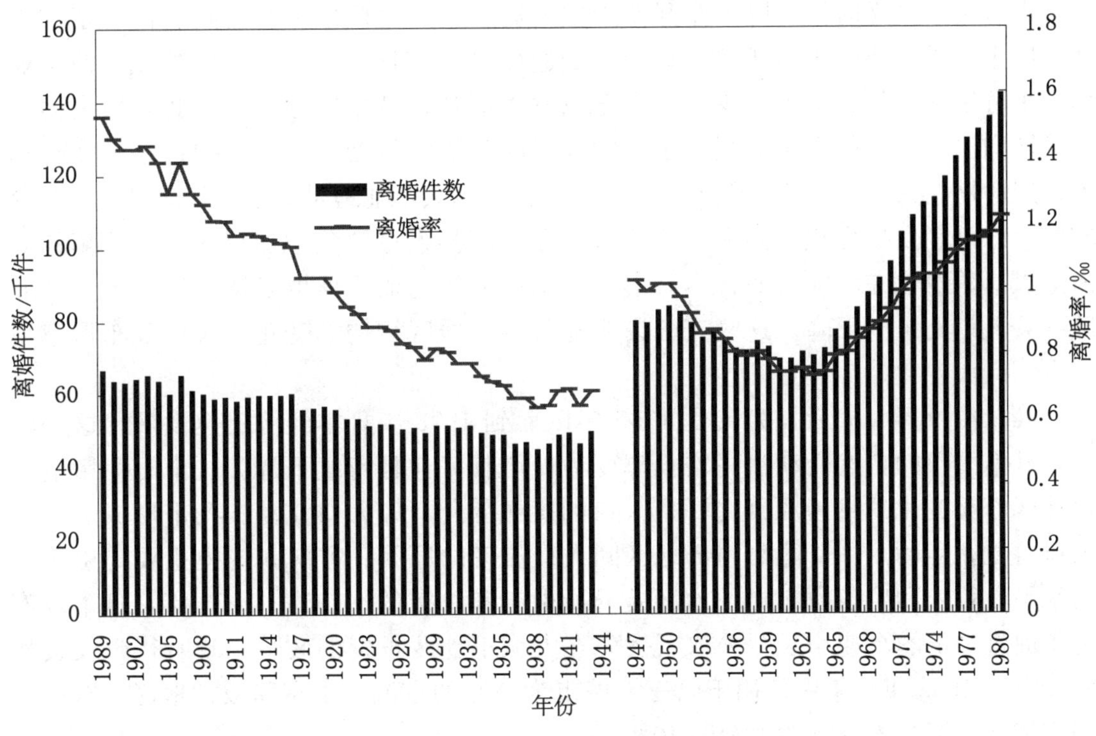

图5—6 离婚率和离婚件数

资料来源：［日］厚生労働省．平成25年我が国の人口動態［M］．2014－10．

5.3.5 人口分布

日本的人口分布在地理上看是极不平衡的。人口主要分布在东起南关东，西至福冈县的太平洋沿岸带状地带。该地带内17个都府县占全国面积的26%，却集中了总人口的60.9%。南关东、近畿、东海三个地区人口占全国半数以上，为人口过密地区。其中在以东京、大阪、名古屋为中心，各以50公里为半径的三大城市地区内人口高度集中。人口稀疏地区位于太平洋带状地带南北两侧的北海道、山阴、四国与九州南部和东北地区各县。其中北海道是人口密度最低的地区。人口分布的这种过密与过疏，形成了明显的地区差异。

在前资本主义时期，日本经济以农业生产为主，人口分布与粮食生产量相适应。土地的开发起关键性作用。古代日本以近畿为中心的西南部开发较早，人口占全国的60%。当时当地各藩为了巩固其经济基础，除增产稻米外，保护和奖励地方特产品生产。因此商品作物与地方性手工业发达，与大阪间的贸易往来使经济富裕起来。日本海沿岸与太平洋地区人口分布相差并不悬殊。①

---

① 隋干城．日本的人口分布与地域开发［J］．烟台师院学报，1985（1）．

进入资本主义时代，以工业开发为主。资本主义大机器工业的兴起代替了手工业，原来的手工业处于被排挤的地位。交通体系的变化与近代工厂的建立，使工业由原来分散在农村转向城市聚集。由于以输入原料代替本国原料，因此工厂由内陆山区转向沿海平坦的海湾布局。工业的发展吸引了大量劳动力，特别是在工业化迅速进展时期，人口向京滨、阪神、中京和北九州四大工业地带聚集。封建时代人口分布的形态已经发生变化。四大工业地带所在的府县人口数量增加很快。新开拓的北海道人口数量也在增加。而日本海沿岸山阴地方的鸟取、岛根以及新潟为中心的北陆各县人口比重则下降。这些充分说明随着经济地区结构的变化，人口分布形态也发生了巨大变化。

第二次世界大战后，尤其是 1955 年以后到 1973 年日本经济迅速发展。这一时期，日本人口的自然变动由高增长率变为低增长率，且持续下降。这个时期影响人口地区分布变化的直接原因之一是人口的机械变化，即人口流动。几乎形成了一个人口再分布运动。一个国家内部地区间人口流动的原因、方向和规模主要是由生产力水平、收入和生产力布局的地区差异所引起和决定的。1955—1973 年，日本政府为了促进经济的高速增长，采取了优先在大城市地区投资的政策。政府行政投资额的 38％（1962 年）集中使用于以三大城市为核心的京滨、中京和阪神地区。东海道城市带私人资本投资额约占全国 70％。①

临海建大厂为这一时期以基础资源型工业为中心的工业布局的总特征。重化工业主要集中于东京湾、伊势湾、大阪湾以及濑户内海沿岸地区。资本和生产向大城市地区的集中，扩大了大城市地区与其他地区经济发展水平的差距，增强了大城市对劳动力的需求。此外，全国的大学和短期大学都集中在三大城市地区。可见大城市对于人们具有巨大的吸引力。正因为如此，大量的农村青年急剧涌进大城市寻求职业。从地方到这里来就学的学生都在这里直接就业，也增加了大城市人口的集中度。

从表 5—16 可以看出，日本国内迁移的焦点是以东京为核心的南关东、以大阪为核心的西近畿和以名古屋为核心的东海地区，其他地方基本上一直是净迁出区。自 20 世纪 60 年代后半期起，三大都市区的移民强度逐渐减小，西近畿从 1973 年起，转变为净迁出区（见表 5—17），东海地区在 20 世纪 70 年代以后尽管仍为净迁入区，但移民的趋势明显减弱；南关东地区虽仍为净迁入区，但移民数在 20 世纪末期仅为高峰期的 1/20，其中东京都的人口在 80～90 年代一直大量外迁，而周围的琦玉县、千叶县和神奈川县作为东京外迁人口的主要吸纳区，多年来净迁入一直居全国最前列。

① 隋干城．日本的人口分布与地域开发［J］．烟台师院学报，1985（1）．

表 5—16　　区域的人口分布

区域	人口/千人				区域人口占全国比重/%			
	1935 年	1950 年	1970 年	1985 年	1935 年	1950 年	1970 年	1985 年
北海道	3 068	4 296	5 184	5 679	4.4	5.1	5.0	4.7
东北	6 984	9 022	9 031	9 572	10.1	10.7	8.6	8.0
北关东	3 987	5 191	5 382	6 199	5.8	6.2	5.1	5.4
南关东	11 285	13 051	24 113	28 699	16.3	15.5	23.0	25.0
北陆、东山	6 570	8 052	7 856	8 357	9.5	9.6	7.5	7.1
东海	7 203	8 868	11 778	13 315	10.4	10.5	11.3	11.4
东近畿	2 196	2 607	2 863	3 376	3.2	3.1	2.7	2.9
西近畿	8 923	9 000	14 538	16 146	12.9	10.7	13.9	13.7
中国地区	5 566	6 797	6 997	7 586	8.0	8.1	6.7	6.4
四国	3 357	4 220	3 904	4 163	4.9	5.0	3.7	3.5
九州、冲绳	10 115	13 012	13 017	14 072	14.6	15.5	12.4	11.9
全国	69 254	84 115	104 665	121 049	100.0	100.0	100.0	100.0

注：各个地区包括以下都、道、府、县，东北地区：青森、岩手、宫城、秋田、山形和福岛。北关东地区：茨城、枥木和群马。南关东地区：琦玉、千叶、东京和神奈川。北陆、东山地区：新潟、富山、石川、福井、山梨和长野。东海地区：岐阜、静冈、爱知和三重。东近畿地区：滋贺、奈良、和歌山。西近畿地区：京都、大阪、兵库。中国地区：鸟取、岛根、冈山、广岛、山口。

资料来源：[日] 人口問題審議会，厚生省大臣官方政策課，厚生省人口問題研究所編. 日本の人口・日本の社会（昭和 63 年版）[M]. 東京：東洋経済新報社，1988；张善余编. 世界人口地理 [M]. 上海：华东师范大学出版社，2002.

显然，自进入后工业化社会以来，日本的人口迁移与工业化传统空间模式相比，已经发生了巨大变化，其主要表现就是人口从大都市中心市区向外围地区扩散。东京、中京和阪神三大都市圈作为全国的经济中心，长期以来一直是吸引人口迁移的地区，1955—1973 年的经济高速增长的近 20 年时间，三大都市圈人口净流入约 850 万人。其中 1960—1965 年达到高峰。这个时期三大都市圈人口机械增加高达 300 多万人，约占人口总增长数的一半。三大城市圈占全国总面积不到 1/10，却集中了总人口的 42%，人口密度过于稠密。自从石油危机爆发以后，对东京、中京两大都市圈的净迁入量剧减，阪神都市圈反而人口大量净迁出。

自从推进工业化进程以来，持续了一个世纪的大规模人口迁移及其对人口自然变动和人口结构带来的影响，使日本的人口再分布发生了巨大的变化。从 1900 年到 1980 年，南关东和西近畿占全国人口的比重由 19%增至 40%，以它们为核心的整个中央横贯带人口密度剧增，由此造成居住拥挤、地价飞涨、交通困难、环境污染等一系列与所谓“过密”的现象。与此相反的是非中央横贯带、特别是山区和日本海沿海地区，人口增长缓慢，甚至持续衰减，产生出一系列与“过密”问题相对应的“过疏”问题。①

① 张善余编著. 世界人口地理 [M]. 上海：华东师范大学出版社，2002.

表 5—17　　各大区域之间人口净迁移

区域	净迁人人口/万人			人口密度/人/平方公里
	1950—1960 年	1960—1970 年	1970—1980 年	1985 年
北海道	—0.1	—46.0	—17.6	72.0
东北	—106.3	—117.8	—24.7	145.0
北关东	—68.6	—24.2	24.2	345.0
南关东	309.2	342.2	107.9	2 240.0
北陆、东山	—92.8	—76.9	—16.0	197.0
东海	14.4	39.9	6.0	471.0
东近畿	—21.6	1.4	22.8	285.0
西近畿	137.8	148.3	—28.2	1 113.0
中国地区	—52.7	—47.0	—2.3	244.0
四国	—53.4	—47.8	—1.3	225.0
九州、冲绳	—97.8	—185.0	—11.1	326.0

资料来源：[日] 人口問題審議会，厚生省大臣官方政策課，厚生省人口問題研究所編. 日本の人口・日本の社会（昭和 63 年版）[M]. 東京：東洋経済新報社，1988.

1967 年，日本经济审议会地域部发表了题为《向着高密度社会的地域课题》的研究报告，指出："流向城市的剧烈的人口迁移，引发出人口减少地区的种种问题，这是与'过密问题'相对应的'过疏问题'。'过疏'指人口减少，使得一定的生活水平难以维持，在防灾、教育、保健等方面出现困难，并导致资源得不到合理利用，生产效益降低。人口减少的后果，还涉及人口密度下降，年龄结构老龄化，以及难以保持原有的生活方式。"该报告较全面地揭示了人口分布变动有关的各种矛盾，在社会上引起了人们的广泛关注。

日本政府对于解决人口分布的过密与过疏问题也很重视，并多次拟定和颁发法令，制定了全国性的国土开发计划，以期改变少数地区人口与经济发展的极不平衡现象。早在 1962 年就制定的"全国综合开发计划"提出了防止人口在大城市的过度集中和消除地区差别为目标，在工业用地和市政建设上都做了规定，通过建立新据点的方式促进工业分散布局，调整人口分布，以期纠正地区间的悬殊并稳定就业。1969 年，政府正式颁布了"新全国综合开发计划"。采用"大规模开发项目"，加上"交通、通信联络网"的方式重新布局工业，推动地方的振兴，以缩小地区之间收入的差别，解决人口分布的过密过疏问题，促进全国各地区的协调发展。

这两个计划虽然十分重视以工业重新布局来解决人口疏散问题，但由于主要的投资都用于扩大生产基础设施方面，而对住宅、上下水道、文教福利等生活基础设施的投资较少，因此虽然工业发展起来了，但人口问题解决得不好。比如鹿岛工业基地，按照总体规划，应该发展成为具有 30 万人口规模的工业城市，但由于行政投资中，工业基础设施投资比重与生活基础设施的比重失调，故虽然工业生产发展很快，但市政建设跟不上去，城市形成缓慢。因此原定 1975 年 30 万人口的指标没有达到，实际人口为23万人，只完成了原计划的76％。基于这次教训，国土厅于1977年又制定了新的“全国综合开发计划”。这一计划把改善人们的居住环境作为主要目标，选择了综合开发方式——“定居设想”，为人们建立舒适的生活环境。其基本设想就是不但要以分散工业振兴地方，而且要在广大的农村、山村和渔村配备教育、文化、医疗设施，发展交通、通信网，建立起生活活动圈——“定居圈”，使这里的人们既可以找到适当的职业，又可以享受到过去只有大城市才具备的各种优越的生活条件。人们乐于在家乡安居乐业，才能从根本上解决人口过密过疏问题。

与此同时，为了加强对过疏地区的开发工作，在由国家山村振兴法指定的“振兴山村”以及后进岛屿、特殊土壤地带、大雪地带等地区，针对情况分别提出振兴对策。如整治生活环境、振兴产业、保持水土、农林经营以及治山治水、农田开发等等，以使人口定居，减少外流。

由于执行三次“全国综合开发计划”和振兴地方政策的结果，极大地缩小了地区收入水平的差别，增加了地方就业的机会。此外、随着生产力的发展，生活水平的改善，日本的社会结构和国民的价值观也都发生了显著变化。由于小家庭化的结果，大多数只有一个或两个孩子，父母不愿让孩子离去，降低了青年人的流动性。国民的欲望不再局限于收入和物质，已扩大到自然环境和舒适的居住条件。那些教育、文化、医疗等设施以及城市功能完善的地方城市比人口过密的大城市对人们更有吸引力。随着向信息化社会的转变，经济活动开始向分散化方向发展。过去集中在大城市里的中枢管理职能，由于交通通信网的完备。已开始向地方城市分散。

随着各项地域开发政策的落实以及1973年以后日本工业发展速度的减慢，大城市区人口增加率也随之下降，人口逐渐从市中心向外扩散。这种扩散首先表现为大城市住宅区向郊区地价较低的地方扩散，致使人口“过密”地区范围扩大，平均人口密度下降。在日本的统计中，把超过5 000人的行政区中人口密度大于4 000人/km^2的地域定义为“人口集中地域”，即所说的“过密”地区，其平均人口密度在1965—1995年间已经下降了1/3以上，但超过“过疏”地区仍达145倍。“过疏”地区的形势一度有所好转，其年均人口增长率由1960—1975年间的－2.5％减少到1975—1985年间的－0.8％。由于日本人口在整体上正迅速朝着负增长和深度老龄化社会演进，“过疏”问题的前景依然是严峻的。

5.3.6　国内人口迁移

第二次世界大战结束以后，日本的经济活动几乎陷于完全停滞。国内百业凋敝，食物匮缺，失业众多。在经济面临着重重困难之际，战后的人口补偿性增长以及600多万从海外被遣返回来的战俘和平民又给整个社会造成了新的压力。在这种条件下，自20世纪50年代开始，日本经济进入恢复和发展阶段，到1955年左右，日本人均国民收入已恢复到了战前水平。工业的复苏使城市就业机会也随之增多。城市地区的吸引力变成了促进人口迁移的动力。日本国内的人口迁移活动因此而变得更加活跃。人们源源不断地从农村地区迁往城市，虽然迁移的数量时多时少，但从人口统计学的角度来看，这是一种从出生率高的农村地区向出生率低的城市地区的人口转移。它是解决农村地区人口过剩的减压阀，并为工业化地区提供了所需的劳动力。

日本于 1957 年前后进入了经济高速发展的阶段。从这一年起人口迁移的数量开始了全面增长（见表 5—18）。虽然每年迁移增长率有一定程度的浮动，但这种增长趋势一直持续到 20 世纪 70 年代中期。从表 5—19 可以看出，20 世纪 50 年代后期日本国内人口迁移平均每年在 520 万人以上，迁移率在 5.43%～5.83%之间。到了 20 世纪 60 年代，日本的经济进入了新的发展时期，人口城市化水平也迈进了新的历史阶段。这时，农村中传统的三世同居的家庭类型开始改变，大家庭逐渐解体，单核心家庭增多，这就为迁移提供了更多的可能性。这一时期，日本农村的青年劳动力以空前的规模从各地涌向城市特别是大都会地区，因而被称为“日本的大移民”时期。来自农村的这些移民大部分集中在少数几个大都会区中。例如，日本的制造业和重工业主要集中在东京和大阪地区，结果人口便大量集中和拥挤在“太平洋工业带”的狭小地区之内。

表 5—18　　日本国内人口迁移数量的变化趋势

年份	人数/千人	比上年增长比重/%	占总人口的比重/%	年份	人数/千人	比上年增长比重/%	占总人口的比重/%
1954	5 498	—	6.27	1968	7 775	4.0	7.73
1955	5 141	−6.5	5.80	1969	8 126	4.5	7.97
1956	4 860	−5.5	5.43	1970	8 273	1.8	8.02
1957	5 268	8.4	5.83	1971	8 360	1.1	8.01
1958	5 294	0.5	5.81	1972	8 225	−1.6	7.78
1959	5 353	1.2	5.82	1973	8 539	3.8	7.90
1960	5 653	5.5	6.09	1974	8 027	−6.0	7.43
1061	6 012	6.4	6.42	1975	7 544	−6.0	6.78
1962	6 580	9.4	6.95	1976	7 392	−2.0	6.58
1963	6 937	5.4	7.26	1977	7 395	0.0	6.52
1964	7 237	4.6	7.51	1978	7 292	−1.4	6.37
1965	7 381	1.7	7.56	1979	7 295	0.0	6.32
1966	7 432	0.7	7.55	1980	7 079	−3.0	6.04
1967	7 479	0.6	7.51				

资料来源：[日] 日本厚生省人口問題研究所. 人口統計資料集 [M]. 東京：厚生統計協会，1984；[日] 渡辺真知子. 区域経済と人口 [M]. 東京：日本評論社，1994.

20 世纪 60 年代初期，日本年均迁移人数为 650 万人，比 50 年代增加了大约 25%。尽管在 1965—1967 年间，人口迁移增长曾一度出现下降趋势，但这并意味着人口迁移活动趋于缓和。经过三年的间歇后，大量的移民仍继续流动在各地区之间。20 世纪 60 年代后期，每年平均人口迁移为 760 万人。1973 年是日本国内人口迁移的峰值年，迁移人数猛增到 854 万人，比 50 年代增加了大约 64%。① 随后，由于种种原因，日本经济的发展受到阻碍，从此人口迁移的规模也骤然减少，1980 年降至 708 万人，可以说，自 1973 年以后，日本国内人口迁移活动水平逐年下降，并有趋于平缓之势。

5.3.7 人口政策

日本的人口政策自明治维新以来大体上经历了增加人口、控制人口和鼓励生育政策等三个阶段。明治初期，在全国范围，政府禁止溺婴、堕胎，采取了积极奖励生育的政策。例如：对贫困家庭，发给育儿补贴，并实行孕妇登记、死产检查等制度。新政府采取的是增加人口的政策；提出了“富国强兵”“殖产兴业”的口号，鼓励人口的增加。②

明治 20 年代（1887—1896 年），在日本国内出现了人口过剩的趋势，人口过剩论在日本被提起。因此，提倡向海外移民和开发北海道的办法，来解决人口过剩问题。向海外移民，主要是移往美国，开发北海道。这种人口过剩论也符合“富国强兵”“殖产兴业”的口号，受到日本政府的欢迎。在被歪曲了的人口过剩论的背景下，作为解决人口问题的政策，移民被正当化。向海外移民的人口政策，在日中、日俄的两次战争中越发加强了。对海外鼓噪人口过剩的同时，在国内却没有采取控制人口增加的政策。③

大正时期（1912—1926 年），由于第一次世界大战带来的经济不景气，国民生活堕入了穷困的深渊。所以，在失业人数激增、工人运动高涨和接连不断的雇农与地主斗争的背后，人口问题构成了它的一个重要原因是不难理解的。人口过剩造成了劳动力供应过剩，从而引起了失业、贫困、低工资等连锁反应。消除这种恶性循环的一个办法，就在于对劳动者本身实行节制生育。但当时的日本的人口政策是矛盾的，对外宣扬人口过剩，使海外移民正当化，对内强调“富国强兵”，则采取鼓励人口增加的政策。在国内实行增加人口政策的同时，主张向海外移民的日本，也许是由于美国在 1924 年制定了“排日移民法”，才迫使日本暂缓推行增加人口的政策。事隔不久，日本继续推行增加人口的政策。

昭和初期，世界经济危机进一步刺激日本入侵海外。以这次经济危机为转机，美国通过新关税法确立了自给体制，英国也结成了英镑集团，经济封锁成了自由主义经济各国普遍的风潮。日本也以解决过剩人口和经济萧条为目的入侵中国东北地

---

① 张恺悌. 战后日本的国内人口迁移［J］. 人口与经济，1987（1）.

②③ 南亮三郎編. 現代人口論［M］. 東京：千倉書房，1975.

区。1931年（昭和6年）侵占了中国东北地区，建立了日本关税同盟，从此独占了中国东北地区的这一市场。由于当时向北海道移民已达到极限，于是日本积极地向中国东北地区移民，1929年到1937年，移居到中国东北地区的日本人由81.4万人猛增到179.6万人，增加了1倍多。[①]

日本的军事扩张政策导致接连炮制了“满洲事变”和“上海事变”，紧接着发动了太平洋战争，转入战时体制。1941年（昭和16年）1月日本内阁会议通过的《确立人口政策纲要》是日本最早的人口政策，力图为建立所谓的“大东亚共荣圈”而增加人口。具体地说，这个纲要的目标是通过增加出生和减少死亡来促进人口增长，要求在1960年以前日本总人口要达到发展成一亿人。为了增加生育，将结婚年龄降低三岁，每对夫妇平均要生育五个小孩为目标。为此，日本政府采取了具体措施，例如设置奖励结婚和结婚费用贷款制度；控制雇用超过20岁的女子；实行对独身者课重税，对多子女家庭减轻赋税的办法；对新设家庭发给补贴；表彰多子女家庭并优先配给物资；禁止人为的节育，如避孕和堕胎等。这样，日本政府把“生育吧！繁殖吧!”口号作为人口政策目标，积极推行各种社会经济政策。于是，战争中开始下降的人口出生率又开始上升，日本的人口继续呈现增加的趋势。

第二次世界大战后，日本出现了“婴儿潮”。出生数在1947年前后达到高峰。之后，略有下降特别是高龄者和幼儿的死亡率减低，使日本人的平均寿命，很快提高到发达国家的水平。日本奉行限制生育，提倡优生的政策，放宽对人工流产的限制。但为了尊重生育人权，日本政府避免倡导控制人口增长的口号。1949年内阁成立“人口问题审议会”。同年，众议院通过“关于人口问题决议案”，决定健全和普及家庭生育计划。从这一年开始，允许制造和出售避孕工具和避孕药物。1951年，日本内阁会议提出，“为了减少人工流产和保护妇女的健康，提倡推进节育措施”；1952年，厚生省发表《受胎调节普及实施要领》，正式开始实行计划生育，政府在保健所设立了优生保护咨询所，帮助推行计划生育。

另外，1948年政府制定了《优生保护法》，代替了战前的《国民优生法》，而且在1950年和1952年，又进行了较大的修改，人工流产更具有普遍性。所以，从1953年算起，仅进行登记的人工流产数，每年超过10万件，如果包括没进行登记的在内，估计将大大超过每年的出生数。1954年，人口问题研究会的人口对策研究会做出了“关于作为人口对策要求的节制生育的决议”。决议指出：为了防止乱用人工流产和人工绝育，应该把普及和推广节制生育，作为政府总人口政策的一环。人口问题审议会也本着这个精神。在同一年，采纳了“关于人口量的调查决议”。从20世纪50年代起，日本在人口政策取得成效，人口的自然增长率开始下降。

1959年，人口问题审议会公开发表了《人口白皮书》，它的宗旨是：“今后的日

---

① ［日］大淵寛，森岡仁. 経済人口学［M］. 東京：新評論，1981.

本，将是所谓小孩减少、年富力强的大人激增、人口结构特殊变动的时期。不但不担心劳动力不足，反倒是更担心人口过剩。”从此，日本的纯再生育率持续打破了人口转换“1”的水平。

1969 年，人口问题审议会以“关于日本人口再生产动向的意见”为题，回答了上级的咨询。其主要内容是：“近年来，虽然死亡率明显下降，但出生能力减得很大，纯再生育率已低于 1，缩小再生产的状态已经持续了 10 年以上”。因此，“要设法恢复生育能力，尽快地把纯再生育率恢复到 1 作为目标，并强烈要求对影响生育能力减退的经济的和社会的重要因素，大力实行相应的经济开发等社会措施”。1972 年，对第三胎以上的儿童实行补贴制度。

1973 年秋天的“石油危机”以后，所谓的日本人口过剩危机论爆发。特别是为了准备 1974 年在罗马尼亚召开的“世界人口会议”，日本政府提出了试行的可行人口政策。

1974 年 4 月，经“人口问题审议会”通过，正式发表了以“日本人口动向——静止人口”为题的《人口白皮书》，强调日本的人口问题是世界上最尖锐的，把静止人口作为日本的发展目标，重申努力抑制出生，减少人工流产，谋求普及避孕法，并把提高人口质量放到首位，提出了“少生少死良养良育”的口号，这一年的 7 月，各民间团体举行的日本人口会议，通过了以只生两个小孩为主题的宣言。政府则重视人口宣传教育，从 20 世纪 70 年代起，开始在小学、中学、大学加强人口教育。尽管日本政府从 70 年代就开始了人口政策调整，但是在 80 年代一般性提倡生育的政策没有阻止生育率持续下滑，1989 年总生育率降低到 1.57。

第二次世界大战后到 20 世纪 70 年代初期，日本政府采取了自由放任的人口政策，但在它的周围，则有人口静止、人口减少以及少数人主张增加人口等各种说法。70 年代中期以后，日本政府不断推出各种鼓励生育的政策，力图促进生育率上升。但遗憾的是，生育率一直呈现减退的趋势，使日本总人口下降的趋势没有得到有效抑制，而一个与个人和家庭密切攸关的人口政策的确定，须要得到国民的普遍赞同，个人的生育子女数要与社会的需要协调起来，这已成为大势所趋。

5.3.8　人口老龄化

人口老龄化作为年龄结构变动的趋势主要是由生育率下降、死亡率下降和平均预期寿命的延长引起的。从日本人口老龄化的诸指标看（见表 5—19），老年人口系数在 1865 年到 1920 年间（大正 9 年）始终没有变化，老年负担系数呈现略微上升的趋势，而老化指数则呈现降低的趋势。这是由于少年儿童人口增加和生产年龄人口减少而引起的。这一时期日本人口的年龄结构是较为年轻的。

表 5—19　　人口老龄化的诸指标

年份	总人口/千人	60 岁以上人口/千人	65 岁以上人口/千人	老年人口系数/%	老年指数/%	老化指数/%	平均年龄/岁
庆应元年　1865	34 505	2 931	1 827	5.3	8.4	16.9	28.7
明治 13 年　1880	38 174	3 261	2 032	5.3	8.6	16.4	28.8
明治 23 年　1890	41 020	3 496	2 178	5.3	8.7	15.9	28.4
明治 33 年　1900	44 393	3 826	2 371	5.3	8.7	16.2	28.2
明治 43 年　1910	49 637	4 269	2 654	5.3	9.0	15.1	27.4
大正 9 年　1920	55 963	4 597	2 941	5.3	9.0	14.4	26.8
昭和 5 年　1930	69 450	5 156	3 225	4.7	8.0	12.6	26.4
昭和 15 年　1940	73 076	5 681	3 454	4.7	8.0	13.1	26.6
昭和 25 年　1950	83 520	6 413	4 109	4.9	8.3	14.0	26.7
昭和 35 年　1960	93 413	8 281	5 350	5.7	8.9	19.1	29.1
昭和 45 年　1970	103 720	11 057	7 331	7.1	10.2	29.5	31.6
昭和 55 年　1980	117 060	14 847	10 719	9.1	13.2	37.0	32.5

资料来源：[日] 南亮三郎，上田正夫. 日本の人口高齢化 [M]. 東京：千倉書房，1979.

昭和初期以后，出生率开始缓慢地下降，年龄结构逐渐发生变化，各高龄化指标以 1935 年为谷底开始一起上升，日本的年龄结构开始逐渐呈现老化趋势。但高龄化的势头并不明显。第二次世界大战以后，日本的各个老龄化指标开始上升，尤其是 1970 年以后，随着出生率的下降，导致人口老龄化迅速发展，老年人口系数在 1970 年增至 7.1%，开始进入老年型人口国家的行列。

从日本人口老龄化形成的原因看，出生率下降，使少年儿童人口的数量和比重减少，老年人口的数量和比重相对增加；而死亡率的下降和老年人预期寿命的延长，使老年人口系数增加，加速了人口老龄化。

日本的出生率是从 1920 年（大正 9 年）前后开始下降的，但在第二次世界大战以前下降速度比较缓慢，战后才开始加快。1947—1949 出现了连续三年的生育高峰期，出生率由 1945 年的 23.2‰，迅速提高到 1947 年的 34.2‰，到 1980 年，这一时期出生的人口已经形成了庞大的老年集团。生育高潮过后，日本的出生率急速下降，由 1950 年的 28.1‰降至 1975 年的 17.0‰。这一时期也是日本经济高速发展、国民生活明显提高的时期。随后，日本的总和生育率显著减退，1975 年首次低于人口替代水平为 1.91，此后一路下滑。

在出生率明显下降的同时，死亡率也显著下降，特别是老年人的死亡率下降幅度是很大的，这种下降趋势在 1970 年以后尤其显著。影响日本人口死亡率下降的因素，除了低龄组幅度大、高龄组幅度相对较小外，日本两性死亡率的差距越来越大也是很重要的原因。以 65～69 岁年龄组为例，1930 年男性死亡率只比女性高 0.46 倍，到 1984 年增大到 0.91 倍。

死亡率明显下降导致日本老年人口的平均寿命大大延长。1947 年，男性人口的平均寿命仅为 50 岁，女性仅为 54 岁。此后，随着日本经济的高速发展和医疗技术的进步以及社会福利事业的改善，日本人口的平均寿命大幅度提高。1985年日本男性的平均寿命为74.8岁，女性为80.4岁。平均寿命显著的延长导致日本65岁以上的老年人口迅速增长。1947年老年人口不到400万人，1958年超过500万人，1979年超过1 000万人。

显然，人口老龄化形成的主要原因与低生育率密切相关。日本在第二次世界大战后出现的生育率下降是导致人口老龄化的直接原因。在这一点上，欧美各国的经验也和日本完全相同。当然人口老龄化在一定程度上也受到死亡率和平均预期寿命的影响，但那只是在克服了成人病而使中老年人的死亡率大幅度下降时才能实现的。

5.4　农业发展与农村劳动力减退

日本经济进入快速增长阶段的初期即19世纪末期到20世纪前20年，农业经济经历了快速增长的阶段。这一时期，农业劳动力表现为缓慢的负增长，因此，较高的农业增长率主要来自人均产出即劳动生产率的增长。在19世纪90年代，劳动生产率达到1.40%，20世纪最初的10年，又增长到1.99%，到20世纪10年代又增至2.18%。在劳动生产率的增长中，较高的技术进步率做出了重要的贡献。在19世纪末技术进步率接近1%，对人均产出增长的贡献度高达69%，20世纪初期其值超过了1.1%，贡献度达到了50%以上。这一阶段的农业技术进步不是依靠西欧现代农业技术的引进，而是依靠传统技术即精耕细作，品种改良的进一步发展和普及的方式实现的。[①]

20世纪20年代以后，日本农业经济的增长率大幅度下降，其主要原因是人均产出增长率下降，而后者的降低则表现为要素投入增长贡献度和技术进步的降低。首先，在要素投入增长的贡献方面，人均土地增长的停滞是主要原因。由于劳动力人口增长而土地数量基本是一定的，因此，在这一时期人均土地的增长率由前一时期的超过1%降低到零。其次，技术进步率也由前一阶段的超过1%降低到0.55%。农业部门的技术陷入停滞，因而影响了农业经济的增长。

第二次世界大战后日本通过农地改革、进一步推进农业改良、加速农业机械化等一系列农业政策措施，在20世纪50年代中期以后直至60年代日本农业的增长速度是迅速的（见表5—20）。为了便于分析各个因素对农业生产的贡献度，首先把农业生产总值增长$G(Y)$分解为劳动力L的增长率$G(L)$和生产效率增长率$G(Y/L)$。

$$G(Y)=G(L)+G(Y/L) \tag{5—3}$$

$G(Y/L)$是生产函数

把$Y=F(L, K, B, t)$为前提，可分解为：

---

① 崔岩. 日本的经济赶超——历史进程、结构转变与制度演进分析［M］. 北京：经济管理出版社，2009.

$$G(Y/L)=\lambda+E_KG(K/L)+E_BG(B/L) \quad (5—4)$$

式中，K 和 B 为资本和土地面积；E_K 和 E_B 为资本和土地各自的生产弹性；$E_KG(K/L)$ 和 $E_BG(B/L)$ 为由于资本与劳动比率、土地与劳动比率的上升所产生的 $G(Y/L)$ 的上升，表示了生产要素投入的增加所做出的贡献部分。λ 为各种类型的技术进步，产品需求的变化等引起的生产函数的变化，从生产效率增长率 $G(Y/L)$ 中减去 $E_KG(K/L)$ 和 $E_BG(B/L)$ 所增加的贡献部分，可求得残余部分。从表 5—20 可以看出，日本农业 1956—1960 年的年平均增长率为 3.3%，1961—1970 年的年平均增长率为 2.1%，明显高于战前（1931—1938 年）的水平。其主要原因是由于资本与劳动比率和土地与劳动比率的上升所引起的农业生产效率的上升。而 λ 的高水平是战后持续进行的品种改良、农业生产的机械化以及迅速普及的使用农药的结果。

表 5—20　各个时期农业增长的因素分析　（%）

期间	农业生产总值增长率 $G(Y)$	农业劳动力增长率 $G(L)$	生产效率增长率 $G(Y/L)$	资本与劳动比率和土地与劳动比 $E_KG(K/L)+E_BG(B/L)$	技术进步等残余增长率 λ	人均产出增长的贡献度 $\lambda/G(Y/L)$
1889—1900 年	1.37	−0.03	1.40	0.44	0.96	69
1901—1910 年	1.66	−0.33	1.99	0.88	1.11	56
1911—1920 年	1.62	−0.56	2.18	1.08	1.10	50
1921—1930 年	0.75	−0.04	0.71	0.16	0.55	77
1931—1938 年	1.30	−0.28	1.58	0.55	1.03	65
（战前平均）	1.34	−0.22	1.56	0.62	0.94	60
1956—1960 年	3.34	−2.35	5.69	2.48	3.21	56
1961—1970 年	2.10	−4.10	6.20	3.69	2.51	40
1971—1980 年	−0.29	−3.95	3.66	3.63	0.03	9
1981—1987 年	0.71	−2.61	3.32	2.10	1.22	37
（战后平均）	1.24	−3.45	4.69	3.13	1.56	33

注：$Y=GDP$（战前是 1934—1936 年价格，战后是 1970 年价格）；L ＝就业者人数；K ＝资本总额（战前是 1934—1936 年价格，战后是 1970 年价格）；B ＝耕地面积；E_K ＝资本的生产弹性；E_B ＝土地的生产弹性；λ ＝各种类型的技术进步等残余的增长率＝ $G(Y/L)-EG(K/L)+E_BG(B/L)$。

资料来源：［日］南亮進. 日本の経済発展［M］. 東京：東洋経済新報社，1992.

然而，农业生产总值增长率在 20 世纪 70 年代变成负增长。80 年代以后 $G(Y)$ 在 0%～1%的低水平徘徊。这主要是 $G(L)$ 和 $G(B)$ 的低下引起的。$G(L)$ 的低下，即劳动力的减少是由于非农业部门的劳动需要引起农业劳动力的流出。而 $G(L)$ 的下降主要是由于日本政府实施的缩减稻田种植面积的政策造成耕地利用率的迅速下降引起的。

随着农业的发展和整个国民经济的发展，日本的农业劳动力也发生了很大变化（见表 5—21）。如前所述，第二次世界大战后初期由于城市人口向农村人口疏散，日本军人及家属从海外归国，以及因工厂倒闭大量工人离职务农，使农村人口和农业劳动力出现增长趋势。这种由非农业部门向农业部门流动的现象，到 1950 年以后开始城乡相反趋势，即大量农村人口和农业劳动力流向城市部门。1950—1975 年间，农业人口从 3 767 万人减少到 2 320 万人，农业人口占总人口的比重由 45.3%下降为 20.7%。同期，农业劳动力从 1 853 万人减少到 661 万人，农业劳动力占劳动力总数的比重从 50.8%下降为 12.7%。农业劳动力减少最多的是 1951—1960 年的 10 年，其次是 1961—1970 年。在这 20 年中，农业劳动力分别减少了 46.5 万人和 45.4 万人（见表 5—22）。农业劳动力减少是资本主义发达国家经济发展的共同趋势。日本与欧美发达国家不同的是：欧美各国农业劳动力减少的过程往往也是资本主义大农场发展和土地集中的过程，而日本却保留着大量分散的个体农户。农户总数虽然也在减少，但明显低于农业劳动力减少的速度。这一时期，特别是 20 世纪 50 年代后期和 60 年代是日本工业现代化和农业现代化进展最快的时期，因而也是城市吸收农业剩余劳动力和农村流出劳动力最多的时期。

表 5—21　　农村人口与农业劳动力转移情况

年份	总人口/万人	就业总人口/万人	农业就业人数/万人	农业就业人数占总就业比例/%	农村人口/万人	农村人口比例/%
1890	4 025.1	2 258.3	1 719.8	76.2	2 951.2	73.32
1900	4 435.9	2 476.8	1 733.1	70.0	2 983.3	67.25
1910	4 985.2	2 616.9	1 648.9	63.0	2 994.5	60.07
1920	5 596.3	2 696.5	1 444.1	53.6	3 024.9	54.05
1930	6 445.0	2 934.3	1 448.9	49.4	3 209.5	49.80
1940	7 193.3	3 178.3	1 419.3	44.7	3 184.6	44.27
1950	8 290.0	3 562.7	1 720.8	48.3	3 767.0	45.44
1960	9 409.4	4 369.1	1 423.7	32.6	3 482.6	37.01
1970	10 434.5	5 246.7	1 016.4	19.4	2 628.0	25.19
1980	11 680.7	5 580.9	611.1	10.9	—	—

资料来源：[英] B.R. 米切尔编. 帕尔格雷夫世界历史统计·亚洲、非洲和大洋洲卷（1790—1993）[M]. 北京：经济科学出版社，2002；[日] 南亮进. 经济发展的转折点：日本经验 [M]. 北京：社会科学文献出版社，2008.

表 5—22　　第一产业就业人数变动的主要原因

时期	第一产业就业人数的变动				非第一产业就业人数的变动	
	增加数/千人	自然增加数/千人	纯外流数/千人	纯外流率/%	增加数/千人	对第一产业就业者的依赖度/%
1891—1900 年	9	86	77	0.51	120	64.2
1901—1910 年	−73	68	141	0.90	180	78.3
1911—1920 年	−73	94	167	1.10	237	70.5
1921—1930 年	5	121	116	0.78	233	49.8
1931—1940 年	−30	135	165	1.07	319	51.7
1951—1960 年	−465	342	807	5.15	1 355	59.6
1961—1970 年	−454	153	607	4.70	1 112	54.6
1971—1980 年	−309	60	369	4.25	716	51.5

注：第一产业就业人数和非第一产业就业人数均为 1 年的平均数。

资料来源：[日] 南亮進. 日本の経済発展 [M]. 東京：東洋経済新報社，1992；[日] 日本矢野恒太記念会. 世界国勢図会（1994/1995 年）[M]. 東京：国勢社，1994.

1973 年以后，日本经济由高速发展转向低速发展，同时工业也从发展劳动和资本密集型产业转向知识和技术密集型产业，因而工业部门吸收农业劳动力的能力大幅度下降，农业部门也因为实现了农业生产的全盘机械化排除劳动力的能力开始下降，因而农业劳动力减少速度开始放慢，但总的减少趋势并没有改变。

日本农业劳动力的减少，主要是由于工业发展的需求和农业劳动生产率的提高。1971—1980 年间，农业劳动生产率递增 10%，进入 20 世纪 90 年代以后有所下滑，这与它的农业政策密切相关。从 1955 年起，日本政府采取了放弃增长粮食，转为依赖进口的政策。由于农产品高度依赖海外市场，使日本多年来始终是世界上最大的农产品净进口国。自 70 年代以来，日本的主要农作物除大米外，其他农产品的自给率均很低。这种消极的农业政策对日本农业劳动力的减少起了很大的作用。此外，不论是第二次世界大战前还是战后，日本农业劳动力的减退与向非农产业间的转移密切相关。这个时期，日本农业向非农业部门提供了大量的剩余劳动力，是重要的劳动力供给源。据有关计算，1876—1890 年，在非第一次产业就业者的增长中，农业劳动力流出的贡献率高达 73.4%，在第二次世界大战前这一比率一直在 50%～78%之间。由此可见，农业劳动力的流出在经济发展特别是现代部门发展中所发挥的作用是重要的。

5.5 工业化与人口城市化

5.5.1 战后的重化学工业化

第二次世界大战使日本工业衰退。1945 年 8 月工业生产指数下降到战前（1935—1937 年平均为 100）的 8.7%，重化学工业在战争期间也受到了很大的破坏，残存的生产设备在战败后又有相当一部分被充当了对东南亚各国的战争赔偿。战后初期，日本政府设定了重化学工业化战略，其最主要的目标是提高重化学工业在工业以及出口中的比重，建立独立完整的现代化工业体系，包括进口重化学工业发展所必需的资源和能源，引进先进技术设备，对原有的基础薄弱的重化学工业部门进行大规模技术更新改造，加大对重化学工业的资金支持，利用产业政策有步骤地对重化学工业加以扶植，促使其发展成具有强大国际竞争力的出口产业。政府通过倾斜生产方式，重点促进了钢铁、煤炭、电力等基础工业的发展，但重化学工业当时处于恢复生产的阶段，生产设备和技术水平均比较落后，产品也以满足国内市场为主，缺乏竞争力。因此重化学工业占制造业的比重不断下降，1950 年降至 41.6%。

20 世纪 50 年代前期，随着重工业和化学工业等产业部门的发展和工业设备的现代化，工业生产逐渐恢复，工业生产指数在 1955 年已恢复到战前、战时的最高水平

(1944 年)。但各个工业部门的恢复是不平衡，如纺织工业到 1955 年仅为战前的 88%，而钢产量和发电量等重要工业品产量则大幅度超过了战时的最高水平，因而重化学工业占制造业的比重有所提高，1955 年上升到 44.6%，但提高的幅度不大，而且日本主要工业制品的产量如表 5—23 所示，远远低于美国、英国、联邦德国等主要发达国家。

表 5—23　　主要工业制品生产数量的国际比较（1955 年）

产品	日本	美国	英国	联邦德国	法国
棉纱	100.0	405.0	81.0	89.1	63.3
人造丝	100.0	442.8	119.1	77.4	61.9
新闻纸	100.0	287.6	136.7	53.5	90.7
火碱	100.0	690.0	—	152.4	112.3
氮肥	100.0	294.4	45.1	109.1	58.0
水泥	100.0	472.5	120.4	177.7	102.2
原钢	100.0	1 128.5	213.7	226.8	133.8
铝	100.0	2 470.3	43.1	238.4	225.0
收音机	100.0	790.0	96.4	158.2	68.4
商船	100.0	8.8	117.8	112.8	39.3
小汽车	100.0	91 036.8	10 317.2	8 108.0	6 359.8

资料来源：[日] 安场保吉. 高速增长 [M]. 北京：三联书店，1992.

20 世纪 50 年代中期以后，随着高速经济增长的开始，日本迎来了重化学工业迅速发展的阶段，到 70 年代中期迅速实现了重化学工业化。这一时期日本不再是以军事需求为主导，而是满足民用需求。更为重要的是，由于战后欧美发达国家的工业化进入了新的发展阶段。钢铁、汽车、合成化工、石油化工、电子信息等一大批新兴产业的迅速崛起。在这些新兴重化学领域，日本同美国、德国、英国以及法国等发达国家存在较大的差距。因此，日本在民间企业的努力和政府的大力扶植下，诸多新兴产业部门都取得了成功，产业的国际竞争力迅速提高①，从 1955 年前后到 1974 年，以钢铁业、石油化工业、重型电机业为中心，出现了设备投资的高潮，工业生产以惊人的速度发展，是这一时期所谓“高度增长”的主要原因。工业生产指数在 20 世纪 50 年代和 60 年代已超过 10%。这一增长率远远超过其他主要发达国家，推动了经济的高速增长，同时也实现了国民经济的重化学工业化。

这一时期，最引人注目的是重化学工业成为日本工业的主导产业，重化学工业率即重工业和化学工业在制造业中的所占比重大幅度提高，超过了轻工业化率，在制造业中逐渐占据了主导的地位，如表 5—24 所示。

① 崔岩. 日本的经济赶超——历史进程、结构转变与制度演进分析 [M]. 北京：经济管理出版社，2009.

表 5—24　　重化学工业化率的变化

年份	制造业产值/10亿日元	重化学工业占制造业的比重/%				轻工业占制造业的比重/%			
		化学	金属	机械	合计	食品	纺织	其他	合计
1950	2 276	14.9	12.6	14.1	41.6	14.0	24.0	20.4	58.4
1955	6 780	12.9	16.8	15.0	44.6	17.9	17.4	20.0	55.4
1960	15 579	11.8	18.8	25.8	56.4	12.4	12.3	18.9	43.6
1965	29 497	12.3	17.7	26.6	56.6	12.5	10.3	20.6	43.4
1970	69 035	10.6	19.3	32.3	62.3	10.4	7.7	19.6	37.7
1975	127 521	14.1	17.1	29.8	61.0	11.9	6.8	20.3	39.0

资料来源：[日] 小宫隆太郎等编. 日本的产业结构 [M]. 北京：国际文化出版公司，1988.

但是，各产业的增长率有很大差别。以金属工业、机械工业和化学工业为代表的重化学工业的增长率在1956—1970年为15.8%，大于制造业的平均增长率，而以纺织工业和食品工业为代表的轻工业的增长率为7.97%，低于平均增长率，特别是纺织工业的低速增长和机械工业的高增长引人注目。在实际产值方面，重工业和化学工业的产值占整个工业中的比重不断上升，到1960年增至56.4%，而到1970年，日本的重工业和化学工业的比重上升至62.3%。粗钢产量从1955年的941万吨上升到1973年的11 932吨，增长了14.6倍。1971年以后每年出口钢材2 000万～3 000万吨，成为世界上最大的钢铁出口国。小汽车产量在1955年仅为2万辆，到1970年增至318.8万辆，成为仅次于美国的小汽车生产大国。

从重工业和轻工业的内部构成来看，在20世纪50年代初期，纺织工业在轻工业和制造业中占有重要的地位，是工业部门的第一大产业，1950年在全部工业中所占的比重达到24.0%，此后其所占比重不断下降，到1975年已降至6.8%，食品作为轻工业的第二大产业，其所占全部工业的比重也呈现若干下降的趋势。与此相反，重化学工业内部主要产业部门中的机械工业和金属工业比重均大幅度提高，尤其是机械工业的增长最快，到1975年，其在全部制造业中的比重已经上升到29.8%，成为工业部门的主导产业。

从重化学工业发展的国际比较来看，1960—1970年期间，1960年时，如表5—25所示，日本的重化学工业率在主要资本主义国家中几乎是最低的，但增长很快，到1970年其比率则是最高的。从这一时期制造业的增长速度和重工业化学提高的比率看，也显示了同样的趋势。

表 5—25　　主要资本主义国家的重化学工业与工业增长率

国家	重化学工业在工业生产中的比重/%		制造业年均增长率/% 1960—1970年	重化学工业提高的年均比率/% 1960—1970年
	1960年	1970年		
日本	53.7	68.9	14.0	15.2
美国	53.0	57.4	4.9	4.4
西德	58.9	62.4	5.6	3.5

续表

国家	重化学工业在工业生产中的比重/%		制造业年均增长率/% 1960—1970年	重化学工业提高的年均比率/% 1960—1970年
	1960年	1970年		
英国	58.9	61.0	2.9	2.1
法国	56.0	65.0	6.4	9.2

资料来源：孙执中．荣衰论——战后日本经济史［M］．北京：人民出版社，2006．

如前所述，日本重化学工业迅速发展的时期是从20世纪50年代中期到70年代。这一时期，技术革新和先进技术的引进是促进日本重化学工业的最根本的原因。战后以来，特别是高速经济增长时期，重化学工业的技术进步日新月异。以钢铁工业为例，1957年氧气顶吹转炉炼钢的比例只有0.4%，到1967年提高到67.2%，大大超过了美国的32.0%，联邦德国的30.8%和英国的20.5%。由此，转炉生产1吨钢所需要的时间，1967年降至1.17小时，大大低于电炉炼钢的4.90小时、平炉炼钢的3.99小时和高炉炼钢的2.20小时。①

在电子工业方面，日本在20世纪60年代末全面地采用了集成电路，研制成功了“全集成电路高速大型计算机”，同时研制了一些自动化机械，以提高效率和节省劳动力。1968年日本研制了世界上第一个“彩色照片传真装置”。进入70年代，日本进一步发展自主独创的科学技术，工业技术水平的提高，增强了产业的国际竞争力。

日本在发展重化学工业的过程中，能够迅速实现技术创新、技术进步，这与它从欧美各国引进大量先进技术是密切相关的。在欧美发达国家，作为新兴产业的重化学工业的发展都是以自主技术开发为主体的，而日本的自主开发技术较低，主要依靠进口技术和模仿性技术来实现跨越式发展，日本大量引进欧美发达国家的先进技术，在消化、吸收的基础上进一步开发，加速了重化学工业化的进程。从1950年开始，日本大量引进世界先进技术。1956—1964年日本技术引进的数量再度大幅度增加，年均引进的数量达到1 350件，到20世纪70年代以后又发展到年引进2 600多项新技术，其中机械类最多，占58%以上。由于大量引进先进技术，日本在技术革新和技术进步方面赢得了时间和效益，节省了技术研究和技术开发的成本，迅速缩短了与欧美国家之间存在的技术差距。

日本在重点推进重化学工业化以后，不仅重视技术引进，而且还更重视新技术、新产品的研究开发。长期以来，无论是从事科学研究开发人数的比例，还是科技投入占国内生产总值的比重以及研究开发费占企业销售额的比重，日本都处于发达国家中的最高水平。在技术投资方面，与各种仪器和设备等硬件投资相比，日本企业越来越重视软件投资。通过研究开发，日本不仅吸收了引进的技术，而且还进一步

① 刘昌黎．现代日本经济概论［M］．大连：东北财经大学出版社，2008．

创造出新的更高水平的技术，并独具日本特色。1971年，在全产业的研究开发费中，基础研究占9.1%，应用研究占25.9%，而新产品、新技术开发研究占65.0%。因此，日本制造业特别是重化学工业的生产技术不仅是世界一流的，而且也是欧美各国难以模仿的。① 这种高新技术的发明和应用，在一定程度上促进了日本重化学工业化的发展进程。

显而易见，日本在工业化发展的过程中，特别是高速经济发展期间重化学工业战略的成功实施，优化了日本的产业结构。日本在战后较早的阶段就确立了实现重化学工业化的发展战略，大力扶植诸如机械工业、化学工业、钢铁工业和汽车工业、电子工业等具有潜在动态比较优势的产业，对这些产业后来成为具有强大国际竞争力的世界先进产业创造了条件，其结果，大幅度提高了日本工业的技术水平和国际竞争力。其中造船工业和钢铁工业从20世纪60年代开始，汽车工业和家用电器工业从70年代开始，都具有了所向披靡的国际竞争力。重化学工业，特别是装备制造业的国产化，使工业发展对产业机械的消费转回国内，产生了“投资促进投资”的经济效果，实现了工业经济的良性循环，从而增强了日本经济发展的潜力。

5.5.2 石油危机后的工业高度化

1973年发生了第一次石油危机，原油价格大幅度提高。这使得绝大部分的石油依赖中东进口的日本陷入混乱。石油制品、基础化学制品等行业的生产成本剧涨。石油危机以后，随着日本经济的衰退，各工业部门的发展有所放慢，不得不“减量经营”。在这种情况下，日本政府提出了重新调整工业结构的政策，缩小了大量消耗能源的重工业和化学工业，扩大了知识密集型的高技术产业，使整个产业结构向节约能源型、技术密集型、高附加价值型的结构转变。因此，20世纪70年代以来，日本投向知识密集型的资本大幅度增加，产量增长也很迅速。日本发展高技术产业从开发半导体技术着手，大力发展电子技术。1970—1981年，数字式电子计算机、产业用机器人、数控机床以及集成电路等电子工业产品的产值大幅度增加。日本电子工业的产值到1976年突破5万亿日元，第一次超过汽车工业的产值，到1981年又增长到10万亿日元，年平均增长率高达20.4%。由于高技术产业的迅速发展使日本的工业结构发生了巨大变化。与此同时，产业合理化促使汽车产业成为日本的主导产业和主要出口产业，因为品质优良、高效节能、价格相对低廉的日本汽车产品在石油危机后显示了强大的竞争优势，1980年日本的汽车产量超过美国居世界第一位。

这一时期，重化学工业继续占有主导的地位。但是，各产业的增长率有较大差别。以金属工业、机械工业和化学工业为代表的重化学工业的增长率在1970—1980

① 刘昌黎. 现代日本经济概论［M］. 大连：东北财经大学出版社，2008.

年为 17.4%，而以食品工业为代表的轻工业的增长率为 18.3%，两者的年均增长率基本上不相上下。但从各产业部门的实际增长率来看，差别很大。这一时期钢铁冶金工业的年均增长率为 19.7%，是增长最快的工业部门，其次是机械工业、化学工业和食品工业，而纺织工业增长速度最为缓慢，年均增长率仅为 7.6%，大幅度低于制造业的平均增长率。

从重工业和轻工业的内部构成来看，20 世纪 70 年代以后，重化学工业发展速度虽然明显放慢，其中钢铁工业生产处于停滞不前的状态，但机械工业却继续保持了较快的增长速度，1970—1980 年，机械工业生产总值增加了 1.7 倍，超过了制造业生产总值的 1.6 倍，其中，电气机器工业增长最快，其次是一般机械和运输机械。由于重化学工业迅速发展，其占制造业总值的比重在 1975 年达到 65.2%，1980 年提高到 67.6%，其后基本上保持了这一水平。在轻工业中，食品工业在 1975 年达到 11.9%，继续保持最主要的轻工业部门，80 年代以后虽然有所下降，仍一直保持在 10%以上。而纺织工业严重衰退，则导致轻工业的地位有所下降。

如前所述，20 世纪 70 年代以后，日本的高端产业迅速发展，特别是机械工业发展最为迅速。1982 年日本的机床年产量达到世界第一位。1983 年汽车、半导体、计算机和原动机等日本机械工业超过美国居世界首位。而日本在纺织、钢铁、造船、家电等制造领域也处于世界领先水平。正是由于 70 年代后半期到 80 年代日本工业化的迅速发展，使日本制造业誉满全球。明治维新以来日本最初学德国，接着学美国，到了 80 年代日本达到了德国、美国等任何国家都未能达到的高度工业化水平。

表 5—26　　工业产品出口结构/的变化

产业部门	工业产品出口结构/%				
	1955 年	1960 年	1965 年	1975 年	1985 年
轻纺产品	57.6	51.9	34.9	15.5	12.1
食品工业	6.3	6.3	4.1	1.4	0.8
纺织、服装	37.3	30.1	18.7	6.7	3.6
其他	14.0	15.3	12.1	7.4	7.7
重化工产品	42.4	48.1	65.1	84.5	87.9
化工产品	5.1	4.5	6.5	7.0	4.4
非金属矿物	4.6	4.2	3.1	1.3	1.2
钢铁、金属制品	19.2	14.0	20.3	22.4	6.5
机械机器	13.4	25.4	35.2	53.9	74.7

资料来源：[日] 小滨裕久. 経済発展と構造変化. 経済共同研究 [M]. 1998—09；[日] 財務省. 貿易統計 (2007 年版) [M]. 東京：大蔵省印刷局，2008.

从出口结构来看（见表 5—26），纺织品和服装在 20 世纪 60 年代以前一直是最主要的大宗出口商品。当时机械机器出口比重很小，1955 年仅为 13.4%，而且缝纫机还是最主要的出口商品。但 70 年代中期以后，随着纺织品出口比重迅速下降，机械机器出口比重则呈现不断上升的趋势，1975年达到53.9%，1985年进一步增至71.8%。工业高度化的发展不仅提高了日本产业的国际竞争力，促进了其对外贸易的迅速发展，还改变了出口结构，使日本在国际分工中处于越来越有利的地位。

5.5.3 战后的工业部门

战后经济恢复时期结束后，随着高速经济增长的开始，日本迎来了重化学工业迅速发展的阶段，从而取代了长时期内一直处于以轻工业为主的发展模式。日本重化学工业是按照原材料工业→加工组装型工业→高新技术产业的顺序迅速发展起来的，特别是20世纪80年代以后以半导体、计算机为代表的高新技术产业的迅速发展，使日本的工业化在80年代中期发展到了顶点，并且继英国、美国、德国之后成了新的世界工厂，由此，日本工业结构完成了由劳动密集型向资本密集型的转变，目前正在向知识、技术密集型的方向发展。

5.5.3.1 原材料工业

原材料工业是日本制造业的重要部分，是支撑日本经济的基础产业，也是引领战后日本经济高速增长的最重要的产业。1960年原材料产业在制造业中的生产额中占45%，在制造业就业中占47%，[①] 其增长速度在各工业部门中也是最快的。随后，原材料产业在制造业中的比重逐渐下降，到1997年，原材料产业的生产额占制造业的比重降至29%，就业人员占制造业的比重也减少到28%，但仍占有重要的位置，其中，钢铁工业和化学工业成为原材料工业的主导部门。

钢铁工业作为重要的基础工业在日本工业中占有特别重要的地位，它一直是支撑日本工业的骨干产业之一，其发展在战后经济恢复时期得到了重视，第二次世界大战结束后，为了尽快恢复经济，政府把钢铁、煤炭作为重点增产行业，对这些行业给予优惠政策，客观上为钢铁工业的发展提供了巨大的消费市场。1953年，日本的钢产量已经恢复到战前的最高水平。随后是日本推进充实产业基础设施的高速增长时期，钢铁工业得到飞越性的发展。1960年和1970年，钢产量分别达到2 214万吨和9 332万吨，钢产量又先后超过法国、英国和德国，成为世界第三钢铁生产国（见表5—27）。随着日本经济迅速增长，对钢铁的需求量激增。在这种情况下，日本有选择地引进国外先进技术，一方面对原有老厂进行技术改造，另一方面集中力量新建一批现代化的钢铁联合企业，使炼钢设备能力增加，促进了钢铁工业的发展。1973年，钢产量首次突破1亿吨，达到1.2亿吨，接近美国和苏联。

---

① 丁敏. 日本产业结构研究［M］. 北京：世界知识出版社，2006.

表 5—27　　战后世界主要国家钢铁工业生产　　单位：万吨

国家	1950年	1955年	1960年	1965年	1970年	1975年	1980年
日本	484	941	2 214	4 117	9 332	10 231	11 140
美国	8 785	10 617	9 007	11 926	11 931	11 590	10 146
联邦德国	1 212	2 134	3 410	3 682	4 504	4 041	4 384
英国	1 655	2 011	2 469	2 742	2 831	2 010	1 128
苏联	2 733	4 527	6 529	9 102	11 539	—	14 793
中国	135	285	1 866	223	1 779	2 390	3 712

资料来源：[英] B. R. 米切尔编. 帕尔格雷夫世界历史统计·亚洲、非洲和大洋洲卷（1790—1993）[M]. 北京：经济科学出版社，2002；[英] B. R. 米切尔编. 帕尔格雷夫世界历史统计·欧洲卷（1790—1993）[M]. 北京：经济科学出版社，2002；[英] B. R. 米切尔编. 帕尔格雷夫世界历史统计·美洲卷（1790—1993）[M]. 北京：经济科学出版社，2002.

20世纪70年代的石油危机对钢铁等耗能型产业打击沉重，日本钢铁生产成本上升，在国内外市场上的价格竞争力下降。石油危机后日本经济放慢，企业设备投资进入低迷时期，国内对钢铁的需求下降，多种不利因素导致日本钢铁业增长速度下降，1974年以后，钢铁工业处于停滞状态，尽管如此，1980年日本的粗钢产量为1.11亿吨，超过美国成为仅次于苏联的世界第二钢铁生产国。此后，日本的粗钢产量维持在1亿吨左右。80年代后期日本经历泡沫经济，当时资产市场的价格暴涨刺激了投资设备的增长和建设投资的景象，进而增加了对钢铁的需求。在这种背景下，钢铁产量一度恢复到1亿吨大关以上，1990年达到了1.10亿吨。90年代初期开始的长期经济衰退，使钢铁工业受到冲击，加上世界性钢铁生产能力过剩、国内钢铁工业向海外转移等原因，日本粗钢产量开始持续下降，但由于1992年苏联解体，日本成为世界第一钢铁生产国。1995年和1997年粗钢产量曾有所回升，但随后又跌落下来。1996年日本的粗钢产量被中国超过退居世界第二，1998年美国钢铁产量又重新高于日本，日本位居世界第三。2002年，日本粗钢仅次于中国排在世界第二位。近年来，日本经济有所恢复，钢铁业的需求也有所增加，但总的来看，日本国内对钢铁的需求不大，内需不足是钢铁工业面临的最大难题，中国、韩国等亚洲国家的经济增长拉动了亚洲钢铁市场需求，也影响了日本钢铁产品的出口。

石油化学工业与钢铁工业一样也是重要的基础工业。第二次世界大战刚结束时，日本化学工业的生产能力低下，1945年的化学生产能力仅相当于1939年的17.5%。从1946年开始日本对发展化学产业实行了“倾斜政策”，主要以化肥和油脂、肥皂的生产为主，促进化肥的生产，硫铵生产量1949年就恢复到战前水平。其他许多部门如酸、碱、电石等也有了相应的发展。到20世纪50年代前期，化学产业生产能力已完全恢复到战前最高水平。与此同时，随着国外先进技术的引进和技术革新，合成纤维、合成树脂、合成橡胶等高分子化学工业取得了迅速发展，利用钢铁工业的焦炉气与高炉气在一些钢铁工业中心建立了与钢铁业相联系的化学工业。[①]

① 满颖之. 日本经济地理 [M]. 北京：科学出版社，1984.

自20世纪50年代末期起，石油化学工业获得了迅速发展，日本化学工业进入了以石油化学为中心的时代，使化学工业结构发生了变化，总的方向是无机化学的比重下降，有机化学的比重上升，同时化肥的比重下降，有机合成物类产品比重提高。1955年，无机化学部门占化学工业生产总额的56.5%。50年代后期，开始生产合成树脂、合成纤维原料等材料型产品。1960年以后，石油化学工业开始起飞，迅速发展成为化学工业最主要的生产部门（见表5—28）。到1970年石油化学产品的生产额增长了18.7倍，化学产业的生产增长了3.5倍。这一时期，廉价的石油是支持石油工业产业高速增长的重要因素之一。此外，日本国内汽车、家电、机械等主要产业的发展对石油化学产品产生大量需求，也是支持石油化学工业快速增长的重要因素。

表5—28　化学工业生产　单位：亿日元

产业	1955年	1960年	1970年	1980年
化肥工业	1 390	1 836	2 063	5 037
无机化学工业	770	1 851	5 118	13 463
有机化学工业	1 030	2 995	19 576	79 778
化纤工业	1 120	2 262	7 802	11 457
医药工业	885	1 547	9 330	28 938
石油、煤炭工业	—	3 716	17 911	151 977
合计	8 020	17 261	73 133	331 763

资料来源：[日] 日本矢野恒太記念会. 日本100年 [M]. 東京：国勢社，2000.

20世纪70年代日本石油化学工业的规模已经跃居世界第二位。这一时期日本石油化学产业的技术引进与出口，使日本化学产业较快地吸收了国际上先进的化学技术，比较及时地对外转移成熟技术，从而获得“专利”回报和技术市场份额。在积极扩大化学产品与美国、欧洲和亚洲之间的进出口规模的同时，日本在化学产业的国际分工中积极利用国际上各种资源的比较优势促进了化学工业的发展。70年代末到80年代初期，日本化学工业的发展进入巅峰时期，主要化学产品的产量或生产额在这个时期创出最高纪录。80年代初期化学工业在日本制造业生产额中占8%，在就业中占3.7%。到80年代末期，化学工业因有庞大的国内市场，一直是日本内需充足型产业。

电力工业是重要的基础工业。战后初期因设备遭到破坏，国民经济萧条，用电需求量减少，电厂开工不足，导致电力工业一度衰退。自20世纪50年代起，特别是1955年以后，因日本经济进入高速增长时期，在日本政府的大力支持下，通过引进先进技术，适时调整燃料构成，使电力工业迅速发展。发电量从1960年的1 115亿度增至2 087亿度，先后超过加拿大、联邦德国和英国，仅次于美国和苏联，居世界第三位。自70年代以后，日本成为世界上电力工业最发达的国家之一。随着电力工业的发展，电力工业部门结构发生了根本性的变化，由战后初期的以水电发电转变为以火电为主的模式。60年代中期开始利用地热和原子能发电，原子能发电在电力工业中的比重不大，但发展很快。①

20世纪70年代以后，电力工业发展迅速，支撑其发展的主要有四国电力、东北电力、北陆电力和冲绳电力等日本十大电力企业，另有一些非电力企业，如新日铁、三菱重工、日本造船等大企业，在日本进行电力改革后，也积极参与发电事业。这些企业的介入，对增强日本供电综合能力起了积极作用。1980年度，各主要电力企业向社会提供4 850亿千瓦/小时。②

这一时期，日本电力能源结构也发生了转变，除了火力发电外，还注重核电事业的发展，对电力工业的进一步发展做出了较大贡献，1980年，核电在电力总供给中占17%。东京地区和以大阪为中心的关西地区，都主要得益于核电。核能的利用改变了日本过分依赖石油的能源结构，降低能源风险，提高能源自给率，在一定程度提高了能源安全系数。日益成熟的核能利用技术还降低了日本电力成本，核能的发电给资源匮乏的日本带来巨大利益。在发展核电问题上，日本政府有意鼓励民间企业积极参与，但从企业的营业性考虑，核电站的盈利并不理想，因此企业的态度并不积极。而政府投入有限，日本要继续发展核电并非前途平坦，来自日本内部的压力和消极因素制约了日本核电的发展。

5.5.3.2　机械机器工业

机械工业是生产工业设备的部门，是工业发展和现代化的基础，也是战后发展最快的部门。战后初期，经济建设刺激了社会对各种机械的需求，机械设备投资和机械产品生产显示强有力的增长，机械工业在制造业中的比重迅速扩大，成为制造业中实力极强的产业。当时，机械工业主要生产纺织机械和缝纫机，1955年其生产额分别占机械工业生产总额的15.2%和8.3%的比重迅速提高，而纺织机械的生产比重则迅速下降。特殊产业机械的生产比重在20世纪70年代中期以后，当年机械工业的生产额占整个制造业的14.6%。60年代以后，一般机械的生产比重不断下降，但随后呈现上升趋势。从机械工业的变化来看，到1970年，机械工业在制造业中的比重扩大到32.3%，随后受石油危机的影响，机械工业的比重出现下降趋势，1975年降至29.8%。在摆脱石油危机影响后，机械工业稳步增长，1980年其比重增至34.6%。由于机械工业在日本经济中占有重要的位置，机械工业的生产和出口较大地影响整个日本经济景气的形势，机械设备投资成为反映日本经济波动的重要因素。

日本机械工业以工作机械的生产为主，工作机械工业是为国民经济各产业部门提供生产手段的工业。为了促进工作机械工业的生产，自20世纪50年代初期起，日

① 满颖之. 日本经济地理［M］. 北京：科学出版社，1984.

② 丁敏. 日本产业结构研究［M］. 北京：世界知识出版社，2006.

本政府实行一系列的政策和措施，奖励引进技术，协助日本企业进行设备更新，使日本工作机械工业得到发展。但工作机械无论在生产规模还是在生产技术上都落后于欧美发达工业国。在机械工业中工作机械作为日本工业的基础产业发展很快。第二次世界大战结束后，日本的工作机械产业在生产规模上落后于欧美发达工业国。1955 年日本的工作机械生产额 37 亿日元，仅相当于美国 1/65。1955 年以后，日本的工作机械产业进入快速发展，工作机械的生产额在 1962 年突破了 1 000 亿日元，比 1955 年增长 27 倍。到高速增长末期的 1974 年，日本工作机械的生产额已经达到 3 586 亿日元，居世界第三位。1981 年工作机械生产额又增至 8 500 亿日元，居世界第一位。70 年代中期以后的机械工业发展，特别是机器人工业的发展，对日本经济结构转型起了重要作用。机械工业比重的增加推动了技术密集型产业的发展，推动了产业结构升级。80 年代机械工业的自动化技术进步和自动化比率的提高，使日本机械工业进一步成为世界机械生产的强国，机床和产业机器人的生产规模都跃居世界第一。

在机械工业生产结构调整的过程中，随着技术的提高，机械工业产品结构明显得到改善。以机床为例，数控机床生产台数的比例 1970 年只有 0.6%，1981 年提高到 12.3%，由此，日本机械工业达到了国际领先水平，国际竞争力迅速提高。在产业机械中，作为机电一体化的产业最引人注目。多年来，日本一直是产业用机器人生产和应用最多的国家。这也是日本机械工业高度发达的重要标志。机器人工业的发展对日本社会向节能型、省力型和自动化社会的迈进做出重大贡献，对日本经济结构转型起了重要作用。机械工业比重的增加推动了技术密集型产业的发展，推动了产业结构的升级。

造船工业是日本工业化的先驱工业部门。早在第二次世界大战前，日本就重视造船工业的发展，成为推动日本工业化的动力。第二次世界大战后，为了解决原材料大量进口的运输问题，造船工业成为最先发展的制造业部门。1955 年，日本造船总吨位仅为 24.6 万吨，占全世界的 4.6%（见表 5—29），居世界第五位。然而到了 1960 年迅速增至 173 万吨，超过英国居世界第一位。从此，日本成为世界上最大的造船国。20 世纪 60 年代以后，大型船厂相继建立，并开始建造 10 万吨以上超大型油轮，70 年代日本的建造量继续上升，到 1975 年，造船总吨位达到 1 798.7 万吨，超过世界其他国家的总和，占世界下水量的 50.1%，这是日本造船工业发展的最高纪录。当时，20 万吨以上建造能力的造船厂全世界共有 38 个，而日本就占 12 个，如 1974 年在世界十大造船厂中，日本占 7 个，1975 年上升到 8 个，处于国际垄断地位，被誉为世界“造船王国”。战后日本造船工业迅猛发展的主要原因是：随着国际经济联系的扩大，世界船舶需求量增长；远洋渔业的发展，扩大了渔船的供给量；日本的自然条件优越，对造船业的发展提供了极为有利的条件。

表 5—29　　部分国家的新造船进水量

国家	1955 年			1965 年			1975 年		
	艘数	总吨数	比重	艘数	总吨数	比重	艘数	总吨数	比重
世界	1 447	531.7	100.0	2 280	1 221.6	100.0	2 632	3 589.8	100.0
日本	135	24.6	4.6	710	536.3	43.9	946	1 798.7	50.1
美国	30	11.2	2.1	130	27.0	2.2	127	100.4	2.8
英国	211	97.2	18.3	158	107.3	8.8	128	130.4	3.6
挪威	135	77.2	14.5	109	40.9	3.3	131	102.9	2.9
意大利	40	14.5	2.7	50	44.2	3.6	44	84.7	2.4
法国	51	24.8	4.7	108	47.9	3.9	58	130.1	3.6
德国	280	52.5	9.9	212	102.3	8.4	174	254.9	7.1
韩国	—	—	—	—	—	—	18	44.1	1.2

资料来源：［日］小滨裕久．戦後日本の産業発展［M］．東京：日本評論社，2001.

汽车工业①是日本工业的最重要部门之一。第二次世界大战前，日本汽车工业基础薄弱，技术落后，发展缓慢。战后初期，日本重视培育汽车产业，1950 年提出促成欧美汽车企业与日本汽车企业的技术合作，并对原有汽车企业进行改造和扩建，并将不少原属军工企业工厂转为汽车生产，1953 年，汽车产量恢复到战前最高水平。但是，当时日本汽车生产在数量、质量、生产技术和成本方面与汽车先进生产国相比差距很大，不能满足国民经济迅速发展的需要，于是，日本开始着手筹备建立现代化的大型汽车工厂。日本首先采取引进国外先进技术的方针，自 1952 年起引导日本汽车厂与欧美大汽车厂签订技术协作合同，1955 年又提出促进汽车国产化方针，制定有关进口汽车的限制条款等各种有利的政策，随着汽车制造技术的提高，使日本的汽车产业发展迅速，1960 年以后日本汽车产业进入快速发展时期。1959 年日本汽车产量仅 45 万台左右，1961—1962 年间提高到 100 万台。1967—1970 年是日本汽车生产进入大量生产的发展期。1967 年日本汽车产量超过德国，1968 年日本汽车产量达到 355 万台，成为继美国之后世界第二位汽车生产大国。

20 世纪 70 年代以后，随着日本汽车产业规模的扩大和汽车产业投资的增加，汽车产业继续保持近 15%的高增长率，日本的汽车产量进一步扩大。1980 年汽车产量首次突破 1 000 万辆，超过了美国成为世界第一汽车生产大国（见表 5—30）。这一黄金时期一直持续到 80 年代中期。随后，日本汽车市场的增长速度开始减缓，但出口依然强势，推动汽车产业的不断发展。这一时期，日本的投资水平很高。投资的重点在于扩大和更新固定资产、推出新产品和采用平台战略上，投资的分布在海外日益增长。平台战略的采用，简化了生产设备，优化了同类部件，使得汽车工业生产率进一步提高，竞争能力显著增强。

① 日本汽车产业主要集中在东海沿岸以横滨为东北端、以名古屋为东南端的区域，有利于产业链上下游企业的技术、资源、信息、人才的共享，能够节约交易成本，提高效率。主机厂与配套厂之间距离越近，产品的库存量就越低，交易成本也就越低。日本整车制造厂的零部件自制率仅在 30%左右，其余 70%的零部件从协作配套厂采购。

表 5—30　　战后世界主要国家汽车生产　　单位：万台

国家	1950 年	1955 年	1960 年	1965 年	1970 年	1975 年	1980 年
日本	3.2	15.5	76.0	191.8	528.8	693.7	1 103.2
美国	800.3	916.9	786.9	1 105.8	823.9	898.5	806.7
联邦德国	30.1	90.2	204.7	296.3	382.5	315.2	384.7
英国	78.4	123.8	181.1	217.7	209.9	164.9	130.8
法国	35.7	72.5	137.0	161.6	275.0	329.7	399.3
意大利	12.9	27.0	64.5	117.6	185.5	145.9	161.0

资料来源：[英] B.R. 米切尔编. 帕尔格雷夫世界历史统计·亚洲、非洲和大洋洲卷（1790—1993）[M]. 北京：经济科学出版社，2002；[英] B.R. 米切尔编. 帕尔格雷夫世界历史统计·欧洲卷（1790—1993）[M]. 北京：经济科学出版社，2002；[英] B.R. 米切尔编. 帕尔格雷夫世界历史统计·美洲卷（1790—1993）[M]. 北京：经济科学出版社，2002.

再从汽车工业就业情况来看，1981—1992 年间，由于生产扩大、生产率的提高，职工人数从 94.2 万人增加到 115.2 万人，年平均上升 1.8%。生产的增长、市场的开拓，使日本汽车工业在实施合理化措施的同时还能增加就业岗位。

电气机器工业也是日本最重要的工业部门之一。战后初期，日本工业开始走向全面发展时期，电力工业和许多重工业对重型电机的需求不断增加，与此同时，随着人们生活水平的提高，对民用电器的需求显著上升，促使电气机器工业迅速发展。到 1955 年，电气机器工业的主要部门是产业用电气机器、电信通信器材和家用电器，其生产额分别占电气机器工业生产总额的 38.5%、23.2%和 8.4%。1955—1970 年，生产额增长最快的是电信通信器材，增加了 41.1 倍，其次是家用电器，产业用电气机器增长也较为迅速。其结果，到 1970 年，电信通信器材成为最主要的生产部门，其生产额所占比重提高到 33.4%，产业用电器占 22.9%。20 世纪 80 年代以后，由于日本民用电器广泛进入国际市场，销售量逐渐增长，又使电气机器工业各部门结构发生了显著变化，即生产产业用电器机器的比例逐渐减退，而生产电子产品的比例逐渐增大。

在日本的电气机器制造业中，家用电器占有重要的地位。第二次世界大战后，日本国内出现对家电产品的旺盛需求，家电产业开始迅速发展，特别是电视机和电冰箱进入批量生产的阶段。1953 年日本电视机产量只有 1.3 万台，主要是黑白电视机。1955 年黑白电视机产量提高到 13.7 万台，1969 年达到 728 万台，随后黑白电视机产量逐年下降，被彩色电视机生产取代。彩色电视机 1955 年为 3.6 万台，1965 年上升到 231 万台。从 20 世纪 70 年代开始，日本家电产业的成长力和国际竞争力逐渐显露，80 年代这种成长力和竞争力达到顶峰，这一时期，家电产业成为日本的主导产业。1970 年家电的生产额为 2 万亿日元，1980 年增至 4.6 万亿日元。支撑日本家电迅速发展的主要原因是高效率的劳动生产率、生产网络和销售网络的优势以及独特的竞争战略和经营模式等。

5.5.3.3　高新技术产业

高新技术产业通常是指以最先进的高端技术为基础的新兴产业，主要包括微电子产业、信息产业、新材料产业、新能源产业以及生物技术产业等。在这些高新技术产业中，除了生物技术产业外，信息产业中的计算机工业、手机工业原属于电气机器工业，微电子产业、新材料产业、新能源产业中的许多部门都属于重化学工业，而生物技术产业中的生物制药产业在日本也属于化学工业。由此可见，日本的高新技术产业是以重化学工业部门为中心而发展起来的。[①] 其中半导体工业和计算机工业的发展最引人注目。

半导体工业属于微电子产业，是传统工业中的尖端产业，作为信息储存处理的关键部件，在新技术的领域中应用广泛，它具有高机能化、高密度化、小型化以及低消费电力化等特点。20 世纪 50 年代前期，美国的半导体产业一枝独秀。到 50 年代后期日本半导体工业开始发展，1960—1970 年，半导体元器件的生产额增加了 6.6 倍，明显超过了制造业增长 3.1 倍的速度。70 年代，半导体元器件的生产额虽然增长缓慢，但集成电路的生产迅速增加，并带动了半导体总额的增长。70 年代末到 80 年代初期，日本半导体企业在记忆装置的研制、生产领域获得成功，使日本半导体产业的国际竞争力逐渐增强，半导体产品也取得了飞速发展。

电子工业是日本的高新技术产业。日本的电子技术先进，电子制造业是日本出口主导型高新技术产业之一，在世界上一直处于领先地位。20 世纪 50 年代后期，日本通过引进先进技术以及进行了油压脉冲马达等方面的技术开发，从 70 年代石油危机以后，日本通过贯彻“省力化、合理化、节能化”的经营思想，发挥半导体技术和精密机械生产的优势，将数控机床和机器人、自动搬运机械等联系在一起，创造了电子计算机数字化自动控制的生产体系，使劳动生产率大幅度提高，1970—1996 年，电子计算机和电子设备成为发展最快的部门，其生产额分别增长了 21.6 倍和 13.2 倍。

计算机及其附属工业和半导体工业一样也是日本最重要的高新技术产业。日本的计算机工业起步较晚，在 20 世纪 70 年代以前，由于计算机技术的研究开发滞后，生产规模很小，1970 年的生产量只有 4 600 台，关键技术和重要零件都依靠从美国进口。计算机工业迅速发展是在 1980 年以后。从国际比较来看，日本计算机在 80 年代以前就落后于美国和欧洲，90 年代中期以后又落在了东亚发展中国家和地区的后面。其主要原因是，90 年代以来，日本着力推行海外化生产，把计算机关联初级产品转移到海外生产，然后再返销日本，而其核心技术和核心产品则留在国内生产，这样对日本的计算机生产和进出口结构都带来一定程度的影响。

5.5.3.4　信息产业

信息产业作为日本的一个产业部门随着信息技术的进步发展而来。由于信息产业具有高智力型、高渗透型、高增值、低资源消耗型特征，决定了它是高成长和扩张

① 刘昌黎. 现代日本经济概论［M］. 大连：东北财经大学出版社，2008.

性强的产业。随着信息产业的迅速崛起，日本信息产业的产值占国内生产总值的比重不断上升，已经在朝着主导产业方向发展。

从日本信息产业的生产结构看，大多数部门都属于产业大分类的服务业或第三产业，所占比重也很大，属于第二产业的只有信息通信设备制造业和信息通信相关建设业，所占比重也很小。

信息产业和信息化是两个相互区别而又有着密切关系的概念。其中，信息产业区别于工业、农业、商业、金融保险业等，是一种产业发展的形态；信息化区别于农业化、工业化、服务化，是一种社会发展的形态。因此，与工业和工业化的关系一样，信息产业和信息化也有着互为表里、互相促进的关系。从现阶段看，信息产业的发展主要是信息通信设备、器材制造业、信息服务业、信息通信相关服务业和通信业等产业的发展，信息化主要是企业信息化、政府信息化、家庭信息化以及社会信息化的发展。毫无疑问，信息通信设备、器材制造业、信息服务业等信息产业的发展，是企业信息化、政府信息化、家庭信息化和社会信息化的物质基础和基本条件，而企业信息化等信息化的发展，则为信息产品和信息服务提供了广阔的市场，是信息产业发展的社会基础和社会环境。由此可见，日本五年内建设“高度信息化社会”的目标之所以能够基本实现，在很大程度上是依赖于信息产业的迅速发展。以世界一流的制造业为基础，日本信息通信设备、器材制造业的技术水平和生产水平也堪称世界一流，与其相适应的信息服务业、信息相关服务业和通信业等，也有着世界最先进的服务手段设施建设，并同时促进了以计算机、手机为主的信息产品的迅速普及和信息服务的广泛利用，从而全面推动了信息化的发展。①

日本信息产业的飞速发展，得力于它所采取的一系列措施，特别是政府政策的扶持作用。自 20 世纪 60 年代中期开始，日本政府就开始重视信息产业的发展，制定了一系列政策和计划，优先发展信息产业。如 1966 年，日本官方公布了加强发展信息产业的一揽子计划，并具体落实开发工作，通过提高产品的附加值，加强知识密集度和大力发展软件生产。因此，80 年代以前，日本除软件生产速度比较缓慢外，集成电路、电子计算机、通信设备以及机器人等均有长足的发展。特别是工业机器人，依靠集成电路和电子计算机的应用，成为世界舞台上的一枝独秀。尽管机器人本身的产值并不占有重要地位，但机器人在生产领域对增强日本工业竞争力的作用是举世瞩目的。②

日本信息化的飞速发展在很大程度上还得力于全社会重视普及应用信息化成果，使信息产业的发展进入良性循环。以工业界为例，20 世纪 80 年代以前，日本工业企业及电子计算机的速度低于欧美，而 80 年代以后就大大超过了欧美各国。1986—

① 刘昌黎. 现代日本经济概论［M］. 大连：东北财经大学出版社，2008.

② 罗曼. 日本的信息产业［J］. 现代日本经济，1994 (5).

1990年，日本电子、机械、汽车部门普及电子计算机的速度平均增幅达20.0%，而欧美为9.5%～12.5%。80年代中期后，日本信息服务迅速崛起，其重要动力也来自信息化成果的广泛普及。对日本来说，缺乏信息人才是阻碍信息产业持续高速发展的一个主要困难。为此，有关当局早在80年代初就拟定了信息人才培训计划，并已奏效。日本培训信息人才的一个重要特色是以大企业为主，以民间为主，以合作培养为主。①

5.5.4　工业增长与劳动力供给

19世纪末的10年，日本制造业和建筑业如表5—31所示，均显示了较高增长率。20世纪10年代，工矿业生产年平均增长率有所下降，但随后呈现上升的趋势，到20世纪30年代制造业生产年平均增长率达到8.88%，创造了20世纪初期以来最高的纪录。与工矿业相比，建筑业生产相对缓慢，特别是在20年代显示了缓慢的增长，但随后上扬，1931—1938年期间建筑业生产年平均增长率达到9.47%，超过了工矿业的增长速度。

表5—31　　工业增长和工业就业者增长率

时期	工业年均增长率/%			工业就业者年均增长率/%			
	工矿业	建筑业	工业	矿业	建筑业	制造业	工业
1889—1900年	5.91	5.35	6.25	—	—	—	—
1901—1910年	5.82	4.17	6.44	—	—	—	1.55
1911—1920年	6.40	2.30	6.46	—	—	—	3.38
1921—1930年	4.82	6.33	5.57	−2.58	0.38	0.55	1.02
1931—1938年	8.88	9.47	7.17	8.98	0.20	4.58	3.06
1956—1960年	16.18	12.56	14.79	−1.34	5.61	−1.71	4.60
1961—1970年	14.61	12.03	13.41	−0.88	7.49	6.78	3.53
1971—1980年	7.20	3.47	6.13	−5.87	4.71	4.19	0.74

资料来源：[日] 南亮進. 日本の経済発展 [M]. 東京：東洋経済新報社，1992；[日] 人口問題協議会编. 日本人口の動向——静止人口をめざして [M]. 東京：大蔵省印刷局，1974；[日] 日本労働省. 労働経済白書（平成24年版）[M]. 東京：日本労働協会，2012.

从日本工业生产指数的增长率与欧美各国做比较如表5—32所示，可以看出日本在第二次世界大战以前（1889—1938年），远远高于同时期的美国和西欧各国。欧美各国的增长率中美国最高，其余依次为瑞典、德国、意大利、奥地利、比利时、法国和英国。

① 罗曼. 日本的信息产业 [J]. 现代日本经济，1994（5）.

表 5—32　　工业生产指数的增长率的国际比较　　(%)

期间	日本	美国	瑞典	德国	意大利	奥地利	比利时	法国	英国
1881—1900 年	4.49	4.87	4.77	3.93	1.92	3.76	—	1.54	2.22
1901—1910 年	3.73	4.86	3.43	4.04	4.84	3.23	3.20	2.49	1.32
1911—1920 年	7.09	3.05	−2.21	—	−0.75	—	—	—	−0.22
1921—1930 年	4.71	1.49	4.68	−2.79	3.22	−0.48	3.63	5.69	3.03
1931—1940 年	8.80	5.34	5.12	3.58	1.65	0.35	−1.11	−2.55	3.34
1951—1960 年	16.29	3.74	3.82	9.27	8.85	7.43	3.23	6.04	3.24
1961—1970 年	13.76	4.56	5.62	5.37	6.92	5.58	4.33	5.69	3.24
1971—1980 年	4.78	2.91	1.25	2.19	3.24	3.69	2.54	2.71	−0.11

资料来源：[日] 南亮進. 日本の経済発展 [M]. 東京：東洋経済新報社，1992.

20 世纪 50 年代和 60 年代日本制造业和建筑业生产年均增长率均有所上升，其中制造业的增加幅度很大，到了 70 年代以后，制造业生产出现数次剧烈的波动趋势，但一直到 80 年代还是显示了较高的增长率。建筑业在 60 年代保持很高的增长率，甚至接近制造业。但 70 年代以后呈现逐渐减退的趋势。但从总体上看，工业增长的速度还是较快的，在 20 世纪前 80 年制造业的年平均增长速度达到 6.8%，建筑业则保持在 7.2%的水平。

表 5—33　　工业就业人数与就业结构

期间	工业就业人数/千人				工业就业者占全产业就业者的比重/%			
	矿业	建筑业	制造业	工业	矿业	建筑业	制造业	工业
大正 9 年　1920 年	424	712	4 461	5 597	1.56	2.61	16.37	20.54
昭和 5 年　1930 年	315	979	4 708	6 402	1.07	3.31	15.89	20.27
昭和 15 年　1940 年	598	981	6 864	8 443	1.84	3.02	21.13	25.99
昭和 25 年　1950 年	591	1 531	5 690	7 812	1.66	4.30	15.97	21.93
昭和 30 年　1955 年	535	1 783	6 902	9 274	1.36	4.54	17.58	23.48
昭和 35 年　1960 年	538	2 679	9 544	12 804	1.23	6.13	21.83	29.19
昭和 40 年　1965 年	332	3 403	11 507	15 115	0.70	7.14	24.16	31.90
昭和 45 年　1970 年	222	3 943	13 541	17 897	0.43	7.57	25.98	33.96
昭和 50 年　1975 年	160	4 790	13 460	18 410	0.31	9.15	25.72	35.18
昭和 55 年　1980 年	110	5 480	13 670	19 260	0.20	9.82	24.69	34.51

资料来源：[日] 人口問題協議会编. 日本人口の動向——静止人口をめざして [M]. 東京：大蔵省印刷局，1974；[日] 人口問題協議会编. 日本の人口・日本の社会（昭和 63 年版）[M]. 東京：東洋経済新報社，1988.

这一时期，推动日本工业发展的重要因素是劳动力的供给。从表 5—33 可以看出，在 1920 年到 1950 年，日本的制造业就业人数从 446.1 万人增加到 569 万人，尽管工业劳动力占总劳动力比重在 20 世纪 50 年代以后有所下降，但工业劳动力的增长速度还是较快的。从制造业工人的就业来看（见表 5—33），1980 年以前一直呈现上升的趋势，只有 1975 年略有下降。制造业的生产工人在 1950 年为 569 万人，1980 年增加到 136.7 万人。

5.5.5　工业化与人口城市化概述

伴随着工业化而出现的是人口城市化（Urbanization）①。一般来说，伴随着经济增长，经济结构也发生巨大变化，其主要表现是产品的来源从农业活动转向非农业生产活动，即工业化过程。由于工业提供了更多的就业机会和高水平的工资，因此，吸引了大量农村劳动力，来自农村的人口迁移成为城市发展的源泉。同时人口城市化还具有消费市场这样有利于工业生产的条件，因而促进了城市附近的工业积聚，这样在近代社会，工业化的发展促进了人口城市化的成长，而人口城市化又加速了工业的积聚，从而形成了积极的循环过程。

同经历过工业化的许多发达国家一样，日本的人口分布经历了从农村向城市的人口移动过程。这一过程主要是从明治时期，随着以纤维工业和食品工业等轻工业为中心的近代工业化的兴起，农村的年轻劳动力为了寻求就业机会纷纷流向城市，加速了人口城市化的进程。在第一次世界大战后，随着重工业和化学工业的发展，日本逐渐形成了京滨、中京、阪神、北九州四大工业地带，使得农村人口进一步加速了向城市的移动。据统计，在1920年日本全国城市人口比重仅为18.0%，但此后增长迅速，到1945年增至27.8%（见表5—34）。

表5—34　　日本城市化水平的变化（1945—1980年）

年份	总人口/人	城市人口/人	城市化水平/%	年份	总人口/人	城市人口/人	城市化水平/%
1945	71 998 104	20 022 333	27.8	1965	99 209 137	67 356 158	67.9
1947	78 114 473	25 857 739	33.1	1970	104 665 171	75 428 660	72.1
1950	84 114 574	31 365 523	37.3	1975	111 939 643	84 967 269	75.9
1955	90 076 594	59 532 410	56.1	1980	117 060 396	89 187 409	76.2
1960	94 301 623	59 677 885	63.3				

资料来源：[日] 日本総務省統計局統計調査部国勢統計課．国勢調査報告 [M]．各年版。

① 发达国家的历史经验表明，在工业化的上升时期，人口城市化率与工业化率的变动方向是一致的，而且人口城市化率明显高于工业化率。只是到20世纪70年代以后，发达国家的第三产业迅速发展起来，其产值占国民生产总值的比重逐渐提高，而工业产值比重相应有所下降，出现了人口城市化率继续上升，工业化率下降的不一致情况。但从人口城市化与经济发展水平的关系上看，则两者的变化方向始终是一致的。人均国民生产总值越高，人口城市化水平也就越高。而人口城市化是城市人口的集聚和增长所形成的城市人口占总人口比例增长的过程，它是现代人口动态分布中最普遍的一种现象。人口城市化如上所述往往是同工业化密切相关的。随着农业人口向工业和其他非农产业人口转变，农村人口呈现向城市人口转化的倾向。尽管各国的经济条件不同，但生产力的发展改变了人口布局，工业化引起人口城市化，特别是在发达国家这种倾向是显而易见的。

人口城市化更严格地说，是指居住在乡村地区的农业人口转变为居住在城镇地区的非农业人口的过程，这个变动过程，不但包括人口通过迁移向城市集聚、由居住在乡村变为居住在城市的过程，而且还包括非农人口积聚的居民点由乡村转变为城镇，从而使其居民转变为城镇人口的过程。一般来说，人口城市化作为特定的社会经济发展过程，它的发展水平取决于与其相应的国民经济发展水平，特别是近代经济市场化和工业化所推进的经济结构向现代型转变的程度。

第二次世界大战结束后，由于战时的疏散及城市生活水平的下降，一部分城市产业工人为了解决住宅和粮食等问题纷纷返回农村务农，人口集中于城市的现象并不显著。但是随着工业化的迅速发展和城市雇用的扩大，农村人口向城市的人口移动迅速扩大，加速了人口城市化进程。另外，日本政府在1953年出台了《町村合并法》，将町周围的村合并进程加快，城市的数量迅速上升，1950年日本城市的数量仅为254个，到1960年便增至561个，到1955年，日本的城市化水平已经达到56.1%，城市人口首次超过农村人口。

这一时期，工业化的迅速发展，导致产业结构发生了显著变化，第一产业就业者的比重不断下降，主要向东京、大阪、名古屋为中心的三大城市圈集中，如东京市区1945年只有278万人，到1960年增至831万人，成为世界上最大的城市。1961—1965年人口流向三大城市圈达到高峰，这个时期，三大城市圈由于人口流入增加315万人，占人口总增加数的57.0%。从工业分布看，人口向着重工业和化学工业集中的太平洋沿岸集中。

自20世纪60年代初推行工业化政策以来，由于城市商业为农村剩余劳动力提供了大量就业机会，农户转移速度加快，农户人口急剧减少。据统计，1960年日本农户为606万户，1975年减至495万户。工业化快速发展，吸收了大量农民到城市就业，1965年日本第二产业增加值占47.9%，非农就业比重为75.3%，城市化达67.9%，第二、第三产业发展是城市化的主要动力。另外，日本工业化与城市化协调发展，也与日本工业的特点有关。日本轻重工业之间关系比较协调，轻工业的比较劳动生产率一直大大低于重工业，吸纳了工业化过程中大量从第一产业转移出的劳动力，而重工业则始终保持高技术密集性，比较劳动生产率高，技术进步快，从而为整个国民经济的发展提供了先进的技术设备。①

20世纪50年代中期以后到1975年是城市数量增长和城市地域范围迅速扩大的时期。在这一时期，城市增长了148座，年平均增长7.4座，城市面积扩大了50.6%，年平均递增2.1%。这一时期城市面积的扩张主要与日本经济处于重工业化阶段的高度增长相关。

进入20世纪70年代中期以后，日本的人口城市化仍然呈现上升趋势，全国城市人口比重由1960年的63.3%增至1975年的75.9%。但随后面向城市的人口移动趋缓，其主要原因在全国范围内移动性强的年轻人口趋向减少。与此同时，大城市中心部的人口开始向郊区转移，形成逆人口城市化趋势。80年代以后日本的人口城市化出现了一个新的趋势，即城市人口增速明显减缓，到1995年，日本全国城市人口比重升至78.3%，这标志着日本进入了人口城市化的低速发展时期。

---

① 高强. 日本美国城市化模式比较 [J]. 经济纵横，2002 (3).

日本政府长期以来对人口城市化和人口“过密”现象很重视，并多次颁布法令，以改变各地区人口和经济发展的极不平衡现象。早在1962年就颁布了促进新工业城市发展的规划，并在工业用地上做了规定，目的是阻止工业和人口在大城市过分集中，以稳定就业。1969年，日本政府又正式颁布了“全国综合开发计划”，目标在于疏散工业以促进全国各地区的协调发展。

由于官方政策的推动和日本进入后工业化，到20世纪80年代初期日本农村人口向大城市迁移的现象已发生了显著的逆转，其人口大量向着大城市周边地区扩散，致使人口“过密”地区范围扩大，平均人口密度下降。从城镇体系看，大城市特别是其中心地区，人口持续减少，而在其周围兴起了一大批中小城市。显而易见，中心城市较快的发展，使日本的人口城市化结构发生了一定的变化，1970—1980年间，100万人以上的大城市人口比重由27.6%降至26.1%，由此表明，随着工业化的迅速发展，城镇体系的发展中心已开始对中小城市倾斜。

5.6　产业结构与就业结构

5.6.1　明治维新以后的产业结构和就业结构

经济的发展伴随着产业结构[①]的变化，即随着人均国民收入水平的提高，改变了消费结构，产业结构由第一产业向第二产业移动，当国民收入水平进一步提高时，产业结构将向第三产业转移，与此同时劳动力的产业结构也相应变化。这就是人们所说的“配第-克拉克定理”。这一规律，17世纪英国经济学家威廉·配第（William Petty）在《政治算数》中已经有所阐述。后来，科林·格兰特·克拉克（Colin Grant Clark）在1940年出版的《经济进步的条件》一书中，通过开创性的统计分析与研究，揭示了人均国民收入与劳动力结构变动的内在联系。美国经济学家西蒙·库兹涅茨（Simon Kuznets）在克拉克的研究基础上，通过对57个国家的统计资料分析，对劳动力和国民收入在三次产业之间的分布进行了研究，不仅证实了“配第-克拉克定理”，而且得出了农业部门在国民收入中的比重不断下降，工业部门和服务部门比重不断上升的重要结论。这使得产业结构研究有了巨大的进展。无论是“配第-克拉克定理”所显示的产业结构变化还是库兹涅茨的相对国民收入理论，对于日本

---

① 产业结构指一个国家或地区的产业构成，反映各个产业部门所占比重的大小。世界各国的经济发展表明，产业结构是随着经济的发展和劳动生产力的提高而不断地从第一产业向第二产业和第三产业演变的。一般来说各国的产业结构通常采用“三次产业分类法”，日本在1949年制定了《日本产业标准分类》，其分类方法采用了克拉克的“三次产业分类法”。按照该分类标准，第一产业包括农林水产业；第二产业包括制造业、建筑业、矿业；第三产业包括批发零售业、为企业服务的商用服务业、家庭服务业、饮食服务业、文化产业、娱乐产业、运输业、信息业、自由业及其他、金融业、不动产业、能源供给业、公务服务，共13类。

的产业结构的变化来说基本上是适用的，产业结构的演变呈现出一定的规律性，存在着共同的发展趋势和特征。明治维新初期，日本是一个典型的农业国，在当时各产业国内生产总值构成中，农业比重很高，基础差，据统计，1880 年第一产业占整个产业的比重高达 67.1%，农业和渔业生产占全部生产的 2/3；第二产业的产值仅占 9.0%，工业基础较薄弱，一些重要的工业部门还没有建立起来；第三产业的产值虽然占 23.9%，但主要从事大米、鱼和蔬菜等销售，具有从属于第一产业的特征。从当时的就业结构看，第一产业劳动力比重为 82.3%，第二产业劳动力比重为 5.2%，第三产业劳动力比重为 12.1%，其中第一产业所占总就业人数的比重占有绝对的主导地位。

但随后由于食品、纺织业等轻工业的发展，刺激了近代日本经济的发展，产业结构也发生了变化，从表 5—35 可以看出，第一产业的国内生产总值比重的下降趋势是十分明显的，1898—1902 年减少到 48.6%，而第二产业、第三产业的国内生产总值比重的上升倾向是显著的，这在一定程度上显示出农业的滞后和工业化的进展。从就业结构的变化趋势看，第一产业劳动力比重持续降低，到 1908—1912 年减少到 63.0%，而第二产业、第三产业的上升趋势则比较明显。

表 5—35　　国内生产总值和就业人口的构成

期间	国民生产总值构成比重/%			劳动力构成比重/%		
	第一产业	第二产业	第三产业	第一产业	第二产业	第三产业
1878—1882 年	64.6	10.4	25.0	82.3	5.6	12.1
1883—1887 年	54.6	14.7	30.7	79.2	7.3	13.5
1888—1892 年	53.7	16.6	29.6	76.1	8.9	15.0
1893—1897 年	51.7	18.5	29.9	73.1	10.4	16.5
1898—1902 年	48.6	21.9	29.5	69.9	11.8	18.3
1903—1907 年	46.1	20.7	33.2	66.5	13.2	20.3
1908—1912 年	42.4	21.5	36.1	63.0	14.8	22.2
1913—1917 年	36.5	26.6	36.9	59.2	16.4	24.4
1918—1922 年	34.0	25.8	40.2	54.9	17.1	28.0
1923—1927 年	27.7	24.8	47.5	52.0	17.1	30.9
1928—1932 年	21.2	27.9	50.9	50.5	16.8	32.7
1933—1937 年	19.6	32.4	48.0	47.7	19.5	32.8
1938—1942 年	17.9	40.1	42.2	44.6	23.7	31.7

资料来源：[日] 南亮三郎，上田正夫. 日本の人口変動と経済発展 [M]. 東京：千倉書房，1975.

从各产业实际国内生产总值的增长率来看，如表 5—36 所示，第一产业产值的增长率始终比较缓慢，平均增长率仅为 1.3%，第二产业产值的增长率很快，在 19 世纪 90 年代，第二产业为 6.25%，随后不断上升，到第二次世界大战前，平均增长率达到 6.3%，远远超过第一产业、第三产业以及整个经济的增长率。而第三产业产值的增长率也明显高于第一产业。

表5—36　各产业实际生产总值的增长率

时期	第一产业产值增长率/%	第二产业产值增长率/%	第三产业产值增长率/%	非第一产业产值增长率/%	全产业产值增长率/%
1889—1900年	1.37	6.25	3.16	3.88	2.92
1901—1910年	1.66	6.44	1.55	3.10	2.62
1911—1920年	1.62	6.46	4.26	5.13	4.13
1921—1930年	0.75	5.57	0.44	2.91	2.41
1931—1938年	1.30	7.17	3.64	5.68	2.41

资料来源：[日] 南亮進. 日本の経済発展 [M]. 東京：東洋経済新報社，1992.

第一次世界大战以后，产业结构的变化继续不断推进，1918—1922年期间，第一产业的国内生产总值比重减少到34.0%，而第二产业的生产增长较快，该产值所占比重由1898—1902年的21.9%增至25.8%，而第三产业增长最快，这一时期该比重由29.5%增至40.2%。到1928年，工矿业生产所占的比重首次超过农业生产，"昭和恐慌"之后农业生产的比重维持在20%左右。至第二次世界大战前期的1938—1942年期间，第一产业产值所占的比重减少到17.9%，第二产业和第三产业则分别为40.1%、42.3%，其中第二产业产值所占的比重在1920年前后的基础上又增加了15%左右。

从就业结构的变化趋势看，第一产业劳动力比重继续呈现下降的趋势，到第二次世界大战前期1938—1942年减少到44.6%，而第二产业和第三产业劳动力比则分别上升到23.7%和31.7%。就业结构变动的基本趋势表明，从农业退出的劳动力大部分转入第三产业，这是工业化过程中的一个特征。不过第一产业劳动力的绝对规模仍然很大，在1938—1942年期间约占44.6%。

从以上分析中可以看出，日本的产业结构与就业结构变化的趋势基本上符合世界各国工业化加速阶段结构变化的一般规律。根据西蒙·库兹涅茨的研究成果，三次产业就业结构和产业结构变化的一般趋势是，在工业化初期，随着经济的发展，第一产业的相对国民收入比重和相对劳动力比重同时下降，第二、第三产业的相对国民收入比重和相对劳动力比重不断上升。到工业化中期，第一产业的国民收入比重和劳动力比重继续下降，第二产业的国民收入比重上升，但其劳动力比重的变化却微乎其微。这说明第二产业对国民收入的增长有很大的贡献，但发展到一定的水平后，不可能大量地雇用劳动力。而第三产业随着经济的发展，国民收入比重和劳动力比重均呈现上升趋势。这说明虽然第三产业的劳动生产率尽管有所提高，但仍有很强的吸收劳动力的能力。与"一般模式"相比可以看出，日本产业结构在战前已处于工业化中期阶段。

从按行业划分的就业人口的产业结构看（见表5—37），从事农业的劳动力由1920年的51.17%减少到1940年的41.74%，下降的趋势是十分显著的。与此相反，从事制造业的劳动力所占比重呈现了大幅度的上升趋势，而批发和零售业、金融保险

表 5—37　　按行业划分的就业人员产业结构

行业	就业人数/千人			构成比重/%		
	1920 年	1930 年	1940 年	1920 年	1930 年	1940 年
农业	13 949	13 955	13 557	51.17	47.12	41.74
林业、狩猎业	189	187	292	0.70	0.63	0.90
渔业、水产养殖业	534	568	543	1.96	1.92	1.67
矿业	425	315	598	1.56	1.07	1.84
制造业	4 461	4 708	6 863	16.37	15.89	21.13
建筑业	712	979	981	2.61	3.31	3.02
批发、零售业	2 663	4 130	4 098	9.77	13.95	12.62
金融保险业	131	194	274	0.48	0.66	0.84
房地产业	—	—	24	—	—	0.07
运输和通信业	1 047	1 169	1 373	3.84	3.95	4.23
电力、煤气、自来水业	92	122	143	0.34	0.41	0.44
服务业	1 949	2 484	2 896	7.15	8.39	8.92
公务	582	736	621	2.14	2.48	1.91
其他	527	72	28	1.93	0.24	0.07
合计	27 261	29 619	32 483	100.00	100.00	100.00

资料来源：［日］人口問題協議会編. 日本人口の動向——静止人口をめざして［M］. 東京：大蔵省印刷局，1974.

业，以及运输和通信业等服务部门劳动力的增长趋势也很快。这种就业结构的变化特别是制造业和服务业就业人口的增加对于当时的日本经济发展是有利的。

5.6.2　产业政策与产业结构高度化

第二次世界大战后的日本百废待兴，当时产业政策的目标是促进自主产业的形成。相应的产业政策是倾斜生产方式、产业合理化、产业扶持与振兴。

倾斜生产方式是指社会再生产链，特别是工业再生产链的纵向连续关系中，从最初投入的上游产业向最终产出的下游产业逐步推移、顺序发展的方式。主要通过原材料分配、复兴金融公库贷款、价格控制、差价补助金、进口物资的分配等当时一些直接控制手段实施的，带有很强的计划经济色彩。战后，日本政府选择钢铁和煤炭这两个基础材料工业作为经济复兴的突破口，通过集中性的资源投入促进这两个部门的增长，带动其他产业的发展。

产业合理化政策的实质就是通过设备更新和技术改进来促进基础工业成本降低的政策。其政策手段以间接控制为主，主要有租税特别措施、财政投资贷款、海运利息补贴、外汇配额等，其中租税特别措施包括重要机械和合理化机械的特别折旧、重要产品免税和重要机械进口免征关税等措施。

战后的日本产业政策是比较弹性的，日本政府着重实施了产业合理化政策，1950 年制定了《钢铁工业和煤炭工业的合理化政策纲要》，1951 年颁布了《关于我国产业合理化的方针政策》，1952年又颁布了《企业合理化促进法》，开始实施产业合理化政策。产业合理化政策实施手段以间接控制为主，主要有租税特别措施、财政投资贷款、海运利息补贴、外汇配额等。目的在于高度利用国内有限的资源，迅速重新启动工业化，拉动经济发展。

20世纪50年代后期，日本经济走上了高速增长的道路，产业政策对象从基础产业逐步转向了新兴和成长型产业，从原材料工业转向了加工工业，政策重点从“瓶颈”产业转向了“支柱”产业和“出口先导”产业。其重点扶植的产业包括合成纤维、石油化学、机械、电子业等。具体做法是：通过日本开发银行等金融机构提供特别贷款给予长期资金支持；在重点产业实行特别折旧制度；对重点产业技术设备进口实行免税支持；促进生产集中和规模经济的建立，允许成立“合理卡特尔”等。

在1960—1973年的高速经济增长时期，经济结构发生了急剧变化，这既是日本产业逐步现代化的结果，同时也是日本产业进一步现代化的原因。为适应经济结构的急剧变化，制定相应的产业结构设想，成为当时急需采取的对策。这种设想是紧密围绕着产业结构高级化而提出来的。当时确立合理产业结构的标准主要有两个：一是“收入弹性标准”，因为不论是国内需求结构还是对外贸易结构，如能向需求弹性高的商品这一方向转化，对于国内经济和对外贸易都是有利的；另一个是“生产率上升标准”，为了使收入弹性高的商品具备国际竞争力，最好把生产率上升快和技术发展迅速的产业作为发展重点。基于上述标准，日本选择了发展重化工业的道路，在提供廉价物资和原材料的同时，通过追求规模利益以及产品高级化和多样化，逐步增强国际竞争力和扩大出口。[①]

为实现这一设想，日本产业政策的目标是实现赶超。1963年，日本政府发表了《关于产业结构的长期展望》，把发展重化学工业、提高产业的竞争能力作为实施产业政策的重要目标。这一时期日本产业政策在政策体系、目标、手段和功能上都开始向适应现代市场经济方向发展并逐步完善。一是为适应贸易自由化和资本自由化而建立产业新秩序的政策。核心是以建立新产业体制和进行以规模经济为目标的产业改组，建立产业组织新秩序。二是调整设备投资政策。为防止生产能力过剩，政府对钢铁、合成纤维、石油炼制、石油化工和纸浆等产业的设备投资进行了干预，规定了起点规模等设备投资的政策。三是在机械产业中，调整生产领域、确立专业市场体制和实行共同化市场。四是继续推行产业扶持政策。在继续执行20世纪50年代制定的有关重点产业振兴临时措施法的基础上，对个别新兴的高新技术产业专门采取措施予以扶持。最终成功地实现，超过英国、法国、德国等国家，跃居为世界第二经济强国。

---

① 赵放．日本产业结构变化的影响因素和发展趋势［J］．日本学刊，1996（2）．

进入20世纪70年代，石油危机的爆发使得日本出口导向型经济受到很大的冲击，出现“滞胀”局面。究其原因，60年代的高速发展是以廉价而稳定的石油供应和保障产品顺利出口的国际机制为前提的。以此为转折点，日本开始改变产业结构。日本政府在1974年提出了《产业结构长期设想》，其主要内容是：产业结构必须有利于增进国民福利，有利于在质量上丰富国民的生活；从加强环境保护出发，促进工业的再分布；进一步促进产业高度化；要使产业结构能够促进国际协调和适应不断发展的国际经济变化。新的产业结构标准在继承了60年代两个标准的基础上又新增了两个标准：其一是“过密·环境标准”，以减低对稀缺生产要素的依赖程度；节省和有效利用资源、能源，增加社会公共设施投资，有效地防止公害，要求产业结构向有助于减轻环境负荷和积极改善“过密·环境”问题的产业发展。其二是“工作内容标准”，使工作变得更安全、舒适和充实。根据这种要求，产业结构应朝着能够更多地提供良好劳动场所的产业方向发展。为此采取了如下措施：振兴知识密集型产业，使之成为产业结构革新的动力；通过产品高级化和新颖化使现有产业顺利完成更新过程；迅速提高出口产品的知识密集化程度；在稳定廉价能源供应同日本产业结构变化的影响因素和发展趋势时，促进对资源和能源的节约。日本政府还提出产业结构知识集约型设想，把电子计算机、宇航等尖端技术为中心的知识密集型产业作为主导性产业发展。这些产业具有耗能少、附加价值高等特点，是摆脱能源制约、切实提高产品国际竞争力的有效途径。数年之内日本的重化学工业比重明显下降。产业结构向“资源节约型”“加工技术选择型”的方向发展。70年代中期，随着内外环境的急剧变化，日本又对上述设想进行修正和补充，重点强调了资源、能源的节省政策和储备政策，同时还提出了国内产业结构调整与广泛参与国际分工之间的协调问题。

5.6.3 第二次世界大战后的产业发展与就业结构

第二次世界大战以后，日本经济取得了高速发展，在不到20年的时间里就实现了工农业生产的现代化，成了资本主义世界的第二经济大国。经济的急剧发展，迅速地改变了各经济部门在整个国民经济中的地位和作用，从而使产业结构和就业结构等发生了变化，特别是20世纪50年代中期以来，随着工业化的推进，这种变化趋势尤其显著（见表5—38）。一方面，第一产业的国内生产总值比重不断下降，另一方面，第二产业的国内生产总值比重在1970年以前基本上呈现上升趋势，随后有所下降，从1970年的43.1%，降至1980年的37.8%。这意味着第一产业在战后产业结构中缩小的份额被第二产业所代替。此外，以需求的高度化、多样化和信息发达为背景，第三产业的国内生产总值比重在进入70年代以后占到国内生产总值的一半以上。

表 5—38 战后的产业结构与就业的产业构成

年份	国内生产总值构成比重/%			劳动力构成比重/%		
	第一产业	第二产业	第三产业	第一产业	第二产业	第三产业
昭和 22 年 1947	38.8	26.3	34.9	53.4	22.2	23.0
昭和 30 年 1955	19.2	33.7	47.0	41.0	23.5	35.5
昭和 35 年 1960	12.8	40.8	46.4	32.6	29.2	38.2
昭和 40 年 1965	9.5	40.1	50.3	24.7	31.5	43.7
昭和 45 年 1970	5.9	43.1	50.9	19.7	35.3	45.0
昭和 50 年 1975	5.3	38.8	55.9	14.0	34.1	51.8
昭和 55 年 1980	3.6	37.8	58.7	10.9	33.6	55.4

资料来源：[日] 日本総務庁. 国情調查 [M]. 東京：東洋経済新報社，1991；[日] 日本矢野恒太記念会. 世界国勢図会（2001/2002 年）[M]. 東京：国勢社，2001.

从不同产业的就业结构来看，第一产业的就业人口比重呈现明显下落趋势，从 1947 年的 53.4%下降到 1970 年的 19.7%，而第二产业和第三产业的就业人口比重不断上升，到 1970 年，第二产业的就业人口比重为 35.3%，第三产业的就业人口比重为 45.0%。同年实际国内生产总值结构也显示出农业的缩小和第二产业、第三产业的扩大。就业者的重大变化，是工业结构的重化学工业化和产业结构高度化的必然结果。

20 世纪 70 年代以后，第一产业的就业人数比重继续呈现下降的趋势，到 1988 年降至 7.9%。日本的家庭式小规模农业生产体制在一定程度上制约着农村劳动力向城市流动，从而使日本第一产业的劳动力比重明显高于美国、英国和德国，但低于法国和意大利。第二次产业的就业人数在经济高速增长期迅速增加，占全部就业的比重也明显上升，而在 70 年代两次石油危机以后，日本进入产业调整和低速增长阶段，整个工业开始向节省能源、减少污染和高度技术化的方向发展，第二产业就业人数的增长速度开始下降，其所占就业人口总数的比重也有所下降。第三产业的就业人数比重一直较高是日本就业结构的一大特征。第三产业的就业人数比重在 50 年代初期就已接近 30.0%，这反映日本经济在从传统经济向现代经济转型时，与现代工业的发展相适应的商品流通较为发达。以战后初期就已经恢复发展的服务业为基础，60 年代以来又迅速发展，使第三产业的就业人数比重持续上升。这种就业结构的变化反映了“经济服务化”的显著趋势。

从按行业划分就业人口的产业结构看，如表 5—39 所示，农业人口持续减少，从 1950 年的 1 720 万人减少到 1970 年的 1 008 万人，1986 年进一步减少到 500 万人以下，农业就业人口所占比重也呈现不断减退的趋势（见表 5—40）。商业、服务业和金融业等第三产业部门的就业人数则增长很快，制造业和建筑业也显示了不断上升的趋势。

表 5—39　　战后日本按行业划分就业人口数　　单位：万人

年份	农林渔业	建筑业	制造业	电水气	运输通信	商业	金融业	服务业
昭和 25 年　1950	1 720	153	628	22	158	396	36	328
昭和 30 年　1955	1 611	178	743	23	180	547	62	444
昭和 35 年　1960	1 424	267	1 081	23	220	691	70	525
昭和 40 年　1965	1 175	340	1 183	28	284	856	116	631
昭和 45 年　1970	1 008	394	1 376	32	321	1 006	138	764
昭和 50 年　1975	1 028	403	1 315	32	339	1 135	138	880
昭和 55 年　1980	577	548	1 367	30	350	1 248	191	1 001

注：商业包括批发、零售和饮食业；金融包括保险、不动产业。

资料来源：［日］人口問題協議会编. 日本人口の動向——静止人口をめざして［M］. 東京：大蔵省印刷局，1974；日本総務庁. 日本統計月報［M］. 2001 (1).

表 5—40　　战后日本按行业划分就业人口数的产业结构　　(%)

年份	农林渔业	矿业	建筑业	制造业	电水气	运输通信	商业	金融业	服务业	公务
昭和 30 年　1955	41.0	1.4	4.5	17.6	0.6	4.6	13.9	1.5	11.3	3.5
昭和 35 年　1960	32.6	1.2	6.1	21.8	0.5	5.0	15.8	1.6	12.0	3.0
昭和 40 年　1965	24.6	0.7	7.1	24.2	0.6	6.0	18.0	2.0	13.2	3.1
昭和 45 年　1970	19.4	0.4	7.6	26.0	0.6	6.2	19.3	2.1	14.7	3.3
昭和 50 年　1975	13.9	0.3	9.0	24.8	0.6	6.4	21.4	2.6	16.6	3.6
昭和 55 年　1980	10.9	0.2	9.6	23.6	0.6	6.2	22.7	2.9	18.6	3.6

资料来源：［日］渡辺真知子. 区域経済と人口［M］. 東京：日本評論社，1994.

这一时期，从日本各地区不同产业的就业结构来看，差异是显而易见的，这是由于生产力分布不平衡所决定的。由京滨、阪神、中京、濑户内和北九州组成的“三海一湾”地区面积只占全国 30%，到 20 世纪 80 年代末期集中了总人口的 2/3，工业总产值的 4/5 和商品零售总额的 69%，这些地区的就业人口以第二产业和第三产业为主，第一产业就业人口所占比重很小。据统计，1970 年，全国 47 个都、道、府、县中，第一产业低于平均数 17.8%的有 12 个，其中 10 个在“三海一湾”地区，最低的东京仅为 0.9%，而九州南端的鹿儿岛则达到 39.4%。1995 年，东京的第一产业就业人口所占比重降至 0.5%，而青森、岩手则分别高达 16.9%、16.7%。同年，日本第三产业比重为 61.9%，“三海一湾”地区的 10 个县（都、府）均高于这一平均数，而东京都的比重高达 72.1%。

如前所述，第二次世界大战后，日本产业结构和就业结构发生了巨大变化，导致其产业结构和就业结构变化的原因是多方面的，其中最为重要的是经济增长因素。经济增长明显地表现为收入的增长，而收入的增长必然导致人们需求结构的变化，即从低附加价值的初级产品转向高附加价值的工业品，进而又转向需求弹性较高的“服务‘商品’”，最终导致产业结构和就业结构的变化。

在经济高速增长时期，日本所面临的课题是如何在资源、能源薄弱的环境下，保证众多人口的稳定就业，并在不断扩大国际收支规模的同时，实现经济的高速增长。为此，产业结构必须向需求收入弹性高、生产效率提高快、技术发展迅速的方向转化。而在当时，重化工业是唯一具备上述条件的产业。但从比较优势来看，对于缺乏资金和能源，同时拥有丰富劳动力的日本来说，确立这种发展方向，绝非易事。日本能够比较快地实现这个转变，是与国内外有利因素分不开的。从国外因素看，这一时期，世界经济在国际通货基金（IMF）和临时性的（CATT）体制下，以欧美各国为中心，获得了较为迅速的发展，国际贸易迅猛增长。日本在固定汇率体制下，享受着低价进口原料、燃料的好处，出口也急剧增加。从国内因素看，高储蓄率为投资奠定了基础；“储蓄唤起投资”，为重化工业发展提供了市场；高素质劳动力的存在，为经济发展提供了保证；个人收入水平的迅速提高，为各产业部门提供了庞大市场；需求使日本产业结构变化的影响因素和发展趁势迅速扩大，产业规模效益得以充分发挥；为提高产品的国际竞争力，政府对企业采取优惠政策；实施“奖出限入”政策，保护本国工业和市场；通过公共工程建设，加强产业基础并提供市场。①

20世纪60年代末期，日本产业结构和就业结构发生了根本性变化，不论从产值或就业比重来看，第二产业都上升到顶点并开始回落，发展重点随即转向第三产业，这标志着日本产业结构和就业结构进入了成熟阶段，已建立起一种原材料和能源高消费型产业结构。

日本技术革新的开展也是促进产业结构和就业结构变化的一个重要因素。经济高速增长时期，是日本“批量生产技术革新”时代。这一阶段通过从国外引进技术，使钢铁、石化等重厚长大型产业大幅度提高了效率，开始了大批量生产。此外，在电器和汽车产业也开始引入批量生产体制。从该阶段的产业结构和就业结构变化特点来看，第一产业迅速向第二产业转移，并使后者逐渐趋向饱和，第三产业虽有增大，但其增长速度大大逊色于第二产业。到了20世纪70年代中期，日本进入了“节省能源技术革新”的时代。为了应付能源价格的高涨，积极进行有关节能方面的技术开发。为从根本上解决能源问题，第二产业内部开始进行结构调整，能源高消费型产业开始“减量经营”，而电子、汽车等产业则以自动化为标志迅速扩张，产业结构开始由能源高消费型产业向能源低消费型产业转移。第二产业整体比重开始回落后稳定保持在一定水平。

另外，战后日本产业结构和就业结构的转变是和政府发挥了重要作用密切相关的。日本政府的有关法令和方针政策、具体措施等对战后的就业结构变化也起了重要作用。

战后日本制定和颁布了一系列有关经济法律和政策，如：农业基本法、中小企业基本法、中小零售商业振兴法、特定产业振兴法案、产业结构转换促进法案、劳动

① 赵放．日本产业结构变化的影响因素和发展趋势［J］．日本学刊，1996（2）．

基准法、劳动关系调整法等。这些法律和政策都对产业结构和就业结构的变化起着直接的推动作用。

战后初期，日本政府实行了“农地改革”，摧毁了半封建的土地所有制，促进了农业中的资本主义关系的发展。其结果，就使大批农民流入城市，参加第二、第三产业的工作，变成出卖劳动力的雇用工人。进入20世纪60年代，产业结构的“转换”，工业迅速发展，又急需补充大量廉价的劳动力。为适应垄断资本的这一需要，日本政府在1961年制定了“农业基本法”，实行农业结构改革的政策。这样，随着农业现代化的发展，大批劳动力从农村流出，加入工业的行列里，形成大批廉价的产业后备军。[①] 战后日本的农村劳动力不断减少，仅1950—1980年的30年间就减少1 143万人，这些农业劳动力流入到第二、第三次产业部门，保证了就业结构变化的需要。这表明政府的有关法令、政策和措施对战后日本的产业结构和就业结构的变化起了重要的作用。

另外，日本政府向来很重视教育。第二次世界大战之后，日本对法西斯军国主义教育实行了“民主改革”，学习欧美资本主义的教育制度和方法，进行了第二次教育改革，推动了教育事业的发展，到20世纪80年代日本已经普及了高中教育，大学的升学率已占资本主义世界的第二位。日本教育事业的发展，不仅为政府培养了大批掌管国家机器的“官吏”和“学者”，而且训练出庞大的熟练工人和科学技术队伍，使就业队伍的文化水平显著提高。这些经过一定文化、科学技术教育、训练的劳动力，就业后都承担了相当的技术工作和管理工作等。因而从劳动力的质量方面保证了就业结构和产业结构的变化。[②] 日本政府通过制定教育法规、方针、政策，不断增加“教育投资”，真正地提高了劳动力的素质和能力，振兴了科学技术，从就业者的质量方面满足了产业结构和就业结构变化的要求，为就业结构、产业结构的变革培训出充足的技术工人和各种管理人员以及专门人材，对日本经济的迅速发展产生了巨大的影响。

5.6.4 技术进步与产业结构

技术进步是产业结构变动的另一决定因素，由于不同产业的技术进步形式、速度、效果不同，对产业结构的变动的影响也不同，但主导产业的技术进步成效对产业结构变动的影响作用更大一些。日本在不同经济发展阶段，成功地运用了技术革新。[③]

技术革新是以某种既存技术为基础，对其进行改良，以便更加适用于本国企业的实际情况，从而提高企业的生产效率。日本企业强大的技术革新能力特别体现在

①② 郭铁宣. 战后日本就业结构的变化 [J]. 吉林大学社会科学报，1981 (6).
③ 赵放. 日本产业结构变化的影响因素和发展趋势 [J]. 日本学刊，1996 (2).

技术引进上。企业根据自身的生产特点，改良先进技术，进行产品化开发，提高产品的质量和性能。

日本发展本国科学技术的一条捷径是大量引进外国的先进技术，据日本政府的统计，在1950—1970年的20年期间，日本共引进了26 000多项技术。为此，所支付的技术进口费用高达60亿美元。而引进技术之多超过了世界上任何一个国家。日本引进技术的最大特点是广揽博收，然后加以研究、区分，并加以技术革新，去粗取精，吸收世界技术的精华，为己所用。他们不仅从美国、英国、德国、法国、意大利等发达资本主义国家引进。而且还从苏联、东欧，甚至向泰国、马来西亚、新加坡、南非、委内瑞拉等不发达国家引进。据统计，到1977年，日本的技术引进扩大到46个国家和地区。日本钢铁工业技术是吸收了世界六大钢铁技术之大成，综合研制而得来的。电视业工业的基本零件是从世界各国引进的400多项技术生产的。石油工业主要是靠输入的300多项技术装备起来的。

在技术引进中突出重点，并根据不同时期不断调整其重点是日本技术引进的另一个特点。战后初期，日本技术引进的重点是钢铁、电力和煤炭等基础工业领域。20世纪50年代初期，引进的重点侧重于重工业和化学工业等方面。以后，随着日本工业技术的发展，引进的重点又不断转向电子、通信、机械、医药、石油、化工等所谓“知识密集型”的工业技术，随后又转向原子能、飞机、电子计算机和海洋开发、宇宙开发等尖端技术领域。①

日本在技术引进中，还特别注意根据本国的吸收能力和实际需要，引进切实可行的技术。他们很少购买成套设备，一般买一台努力仿制。以小汽车为例，20世纪50年代初期，主要引进的是小汽车的装配技术。50年代中期，引进重点转向小汽车的制造和工厂设计技术。到60年代中期以后，则主要是以提高国产车的质量和性能为目的的诸如车身设计、自动化装置、安全和防止污染等方面的改进。

日本在广泛吸收外国先进技术的同时，特别注意于改造，要求开花于“自主技术”的成长。据日本工业技术厅的调查，1963年，日本的企业研究费用有26%是专门研究引进外国先进技术的。日本的钢铁工业在1957—1961年间，对引进技术研究的费用约等于引进费用的2～3倍。20世纪60年代中期，机械行业研究经费的16.9%用于引进，68.1%用于该引进技术。日本对于引进技术的研究是非常重视的，以汽车的转子发动机为例，它于1961年从联邦德国引进后，为了克服技术上的缺陷，竟花费了6年时间才改进成功。日本制造半导体的技术大部分是从美国引进的，但日本却首先研制成功了半导体收音机。日本制造电视机的技术也是50年代从美国引进的，到1959年，已制造成了黑白电视机。以后，进而又在减少干扰、自动调节光度、自动控制电波频率等方面进行了改进。因而，后来反而向美国大量输出，并在国际

① 陈锋. 战后日本技术进步的要因与八十年代“技术立国”战略的制订［J］，世界经济，1984（2）.

市场上同美国竞争。制造机器人的技术也不是日本首先发明的，据记载，日本第一部工业机器人是川崎重工业公司利用美国梅尼申公司的专利权生产的，时间是世界上生产第一部工业机器人 9 年以后的 1968 年，但日本在机器人领域很快就超过了美国，在世界上处于遥遥领先的地位。

与此同时，日本还特别注意引进世界技术革新的最新成果。他们不但把注意力集中在外国应用成功了的最新成果的及时引进上，而且对那些已经实验成功，但尚未正式运用在生产中和实现商业化的技术，甚至对于实验性阶段的技术也加以引进。例如，低压合成聚乙烯和中压聚乙烯就属于这种先引进后再研究发展并投产的技术。据日本官方统计，1977 年，日本引进这种处于实验阶段尚未实现商业化的技术，占全年引进技术的 28.5%。

战后，日本利用当时有利的国际环境，从欧美等发达国家，特别是美国引进了大量的先进技术。根据日本长期信用银行的调查，在 1955—1970 年间，日本差不多吸收了全世界半个世纪开发的全部技术，节省了大约 90%的研究费用、近 70%研究开发时间。[①]

通过大规模的技术引进，日本迅速地缩短了与欧美发达国家的技术差距。据分析，20 世纪 50 年代初期，日本一般的生产技术水平落后于欧美国家 20～30 年，60 年代初期这一差距缩小到 10～15 年。到了 70 年代初期，日本则在大多方面基本上消除了与美国和欧洲国家的差距。日本工业技术院 1970 年的调查结果显示，日本生产的产品与国外的产品相比，把产品质量、性能和生产技术综合起来的技术水平，超过国外的占 30%，与国外相同的占 68%，不如国外的占 2%。[②] 战后日本的技术引进是围绕重化学工业展开的。1950—1972 年引进的甲种技术主要分布在一般机械、电机和化学等产业。

不同产业技术进步率的差异是导致产业结构变化的主要因素之一，因为技术进步率通过影响需求结构来影响产业结构的变化。它的作用机制有两种，一是各产业部门的技术进步速度不同，技术进步快的部门劳动生产率提高快，产品成本降低幅度大，对需求拉动作用大。这样，在投入量一定的前提下，技术进步越快的产业，经济效应提高越快，从而加速资本和劳动生产率等生产要素向这些产业流动，提高这些产业部门的生产量，扩大它们在整个产业结构中的比重。二是技术进步快的产业部门物价上升较慢，并引起产业结构的变化。例如，日本在 1960—1970 年期间，以 1960 年为基准，全国物价总指数上升了 113.6%，而钢铁的物价指数为 100.4%，基本上维持了 1960 年的水平上，[③] 这是钢铁工业技术进步迅速导致的结果。相对低的

① ［日］日本长期信用銀行. 調查月報，1971.

② ［日］日本科技厅. 日本科技白皮書，1971.

③ ［日］経済企画庁. 国民経済統計月報. 東京：大藏省印刷局，1971.

钢铁价格不仅使钢铁需求量大幅度增加，而且促进了汽车等工业的发展。

日本在20世纪60年代属于典型的后发展国家，当时的经济发展水平远远落后于美国。为了在短时间内赶上美国的经济发展水平，增强产业的国际竞争力是当务之急，产业的技术水平是产业竞争力的一个主要体现。日本作为后发国家，引进发达国家先进的技术和设备等，可以节省自主研制开发的时间，为此，日本技术贸易长期保持赤字状态。但恰恰是技术引进策略，使日本节省了自主技术研发的成本，并使制造业水平在短时间内赶上美国。

为了充分发挥技术引进策略的后发优势，必须实行倾斜发展政策。日本经济高速增长期的技术引进，主要集中在当时的主导产业，即钢铁、化学、运输机械等产业内，通过增强主导产业的技术水平，提高制造业整体的技术能力。

随着经济赶超阶段的结束，技术引进对产业的促进作用逐渐减弱，后发优势也随之消失，自主技术开发成为技术进步的主要形式。随着日本经济实力和产业技术水平的提高，1965年以后，日本有意识地进入了以自主开发为主的技术进步阶段。在20世纪70年代后期开始的微电子、新材料、生物技术为代表的第三次产业革命中，日本的自主开发技术能力得到前所未有的显示。尤其是半导体技术、集成电路的生产发展极为迅速，日本成为当时世界电子元器件的供应基地。

5.7　劳动力与劳动力市场

5.7.1　劳动力

日本人口增长增加了劳动力供给量，这种变化可以从表5—41中可以看出，从20世纪20年代初期到30年代末期，随着人口的快速增长，日本的劳动力规模在不断扩大，日本劳动力从1920年的2 589万人增加到1940年4 327万人，劳动参与率也保持70%以上的高水平。这一时期，日本的劳动力增长率大约平均每年以1.23%的速度增长，其主要原因是由于日本的生育率处于较高的水平，为劳动力规模的扩大打下了基础，而经济的稳定增长刺激了妇女的生育愿望。

第二次世界大战后，由于战争动员结束，大批军人复员，以及出生率上升，劳动力迅速增长。如1946—1947年劳动力的增长率高达4.4%，1951—1960年达到2.0%，1960年以后，劳动力的增长率略有下降，但在1961—1970年期间仍保持到1.9%的高水平，其结果，日本劳动力增长加快，从1950年的3 671万人增加到1970年的5 332.1万人。这一时期，伴随着高速经济增长和旺盛的劳动力需求，劳动力参与率也保持在67%前后的高水平。

20世纪70年代的第一次世界石油危机以后，随着日本经济进入滞胀阶段，经济增长速度趋缓和人口自然增长率的下降，使劳动力的增长率有所减缓，1976—1980年

表 5—41　劳动力与人口规模

年份	劳动力/千人	人口/千人	劳动力参与率/%	期间	劳动力纯增数/千人	劳动力年均增长率/%
大正 9 年　1920	25 886	55 963	72.8	1921—1930 年	2 662	1.03
昭和 5 年　1930	28 548	64 450	69.8	1931—1940 年	4 113	1.44
昭和 15 年　1940	32 661	71 933	71.1	1941—1950 年	4 049	1.24
昭和 25 年　1950	36 710	82 900	65.4	1951—1955 年	3 530	1.92
昭和 30 年　1955	40 240	89 020	67.3	1956—1960 年	4 125	2.05
昭和 35 年　1960	44 365	94 094	67.4	1961—1965 年	4 287	1.93
昭和 40 年　1965	48 652	98 883	66.0	1966—1970 年	4 669	1.92
昭和 45 年　1970	53 321	104 345	67.1	1971—1975 年	1 069	0.40
昭和 50 年　1975	54 390	111 573	64.2	1976—1980 年	2 286	0.99
昭和 55 年　1980	57 076	116 807	63.9			

资料来源：[日] 南亮進. 日本の経済発展 [M]. 東京：東洋経済新報社，1992；[日] 水野朝夫、小野旭. 労働供給制約と日本経済 [M]. 東京：大明堂，1995；[英] B. R. 米切尔编. 帕尔格雷夫世界历史统计·亚洲、非洲和大洋洲卷（1790—1993）[M]. 北京：经济科学出版社，2002.

降至 1%以下，尽管有所波动，但劳动力增长继续呈现较为迅速的趋势，1980 年上升达到 5 707.6 万人。这一时期日本劳动力规模扩大的最主要原因是妇女的比例有所增加，特别是属于劳动力年龄人口的已婚妇女。可以说战后日本劳动力供给充足是和女性的劳动力参与率密切相关的。

5.7.2　就业与雇佣政策

日本在第二次世界大战以来，失业率基本上在 1.0%～3.0%之间摆动，与其他发达国家相比，其平均失业率最低。这与日本采取以充分就业为目的的综合就业政策有着密切的关系。1946—1956 年是日本经济恢复时期。由于战后经济萎缩，1946 年的失业人口多达 1 300 万人。面对如何迅速消灭失业，使经济步入正常的轨道是摆在日本政府面前的首要任务。1946 年，大藏大臣石桥湛山根据凯恩斯的理论首先强调了充分就业的思想。在此期间，日本政府先后颁布了《职业安定法》《失业保险法》和《紧急失业救济法》等。这些法规对于保障劳动者的合法权利，迅速消解大量公开失业人口起到了重要作用。

1956—1973 年是日本经济高速增长时期。在经济高速增长的条件下，日本不但消解了大量的失业人口，而且出现了劳动力短缺状况。在此期间，日本政府先后颁布了通过《雇佣对策法》《最低工资法》《劳动标准法》以及《雇佣保险法》等法规的制定和实施，对保证雇佣和就业的稳定，使劳动力的供求在质量和数量方面相互协调起到了一定作用，从而促进了就业。

另外，日本在就业方面，融入人本主义管理方法，创立了独具特色的终身雇佣制。长期以来作为日本式经营模式的代表，受到许多经济学家和管理学家的关注。

1974—1983 年是日本经济危机和停滞时期。在失业人员骤增的形势下，日本政府颁布或修订了《就业保险法》《职业训练法》《特定萧条行业离职者临时措施法》等法规，通过立法等途径促使过剩劳动力由萧条部门转移出来。同时，对企业解雇职工的做法进行了限制，将就业调整补助金制度化，对维持就业的企业予以资助。由于有终身雇佣制的微观基础，在发达国家中，日本的失业率是最低的。

在日本的大中企业，基本上都实行终身雇佣制，即使没有实行终身雇佣制的企业，一般也重视维持雇佣稳定，即使在经济处于萧条时，也不轻易解雇职工，而是在企业内部通过缩短工作时间、调整工资水平等方式维持就业，尽量照顾职工的生计；企业内出现结构性过剩人员时，一般通过扩大营业部门和开发新产品等措施来吸收剩余人员；对于不能胜任本职工作的职工，企业则通过内部职业培训提高工作能力，将其安排在合适的工作岗位。因而，重视维持雇佣的稳定是日本企业的普遍倾向。它确保了支撑着日本经济的骨干企业在就业方面的稳定性。

上述分析表明，日本政府是推进“充分就业”的主体，是实现充分就业目标的主要形式。显而易见，日本政府是推进“充分就业”模式的主体，制定和颁布的有关雇佣的法规是实现充分就业目标的主要形式。而就“充分就业”这一目标而言，在不同时期所涵盖的内容也有所不同，就业政策实行初期是消解公开失业，在数量上确保就业的充分性，随后又转向消解隐性失业，开始在质量上确保其就业的充分性。从日本政府就业政策转换的轨迹来看，最初是对失业者采取事后生活保障对策；后来是对失业采取事先的预防措施；最后是着手构筑富有活力的各种劳动力市场。总之，日本政府就业政策的主导思想和具体措施是随着客观的日本经济形势而不断更新和变化的。

5.7.3 政府与劳动力市场

战后，日本政府通过规制和劳动力市场的干预大大加强了。早在20世纪50年代后期，日本政府先后颁布了《职业安定法》《失业保险法》和《紧急失业救济法》等法规。其中《职业安定法》明确指出，政府举办职业安定所，免费进行职业介绍事业和就业指导，以便通过周旋使求职者找到与其能力相适应职业，为招工者补充所需要的劳动力。职业安定所主要职能是：为企业招工和劳动者提供相互选择的场所，并对双方进行就业指导；对地区内职业开发，扩大就业进行指导；向上级提供综合的劳动力需求供给情况。这些法规对于保障劳动者的合法权利，强化早期劳动力市场的建设和扩大就业起到了重要作用。

20世纪60年代和70年代中期，日本政府又先后颁布了《最低工资法》《劳动标准法》以及《雇佣保险法》，其中《雇佣保险法》最引人注目。该法自1975年4月开始实施，规定失业保险的基本内容，并成为日本现行保险制度的基本立法。日本雇佣保险制度由善后与预防两部分构成，善后是对失业者的补救措施，包括失业登记、失业保险金给付，目的是对失业者进行一定程度的收入损失补偿，以保障其失业期间的基本生活水平。预防即促进就业，从雇主与雇员两方面开发就业机会，提高职业技能，尽量防止失业及重新就业后的再失业。另外，日本政府早就考虑到劳动力人口锐减可能给经济发展造成的消极影响。自 60 年代起，针对劳动力的减少，日本历届政府先后采取了一系列的积极对策。例如，通过教育结构的改革，加强人才的培养；推行人才派遣体制，以之作为有效利用企业外部人才的途径；从农林水产业、运输业、通信业、批发零售业等产业的非效率部门释放过剩劳动力，以充实其他劳动力紧缺行业等。尽管上述每项政策的实施都有不同的现实背景，但是也都有一个共同的原因，即劳动力市场上的有效劳动力供给严重不足。以加强人才培养的政策为例，当时日本正处于经济腾飞阶段，面临着技术人才严重短缺的局面。为了解决这一问题，日本政府才不遗余力地推进教育结构改革，加强科技人才的培养。1963 年，日本政府还在日本经济审议会上正式推出了《关于开发人的能力政策的咨询报告》，其目的无非还是为了通过提高劳动力的质量以解决未来可能出现的劳动力数量上的短缺问题。

1973 年世界经济危机时期，日本政府颁布或修订了《职业训练法》《特定萧条行业离职者临时措施法》等法规。1974 年又颁行了《就业保险法》，它是日本政府就业政策中最主要的制度。该法是在原《失业保险法》的基础上扩充而成的。这次修改和扩充是日本就业政策的一大转折，它标志着就业政策的重心开始由消极性的失业保险向积极性的抑制失业和促进再就业的对策的转换。该法规的主旨即在对失业者的生活予以补助的同时，还要改善就业结构，提高就业者的职能技能，抑制失业。该法规定：凡雇主不论其企业规模和行业都必须加入就业保险。险种分为正式工的普通就业保险、短工和季节工的临时就业保险等。该法还对企业解雇职工加以严格限制，企业辞退职工时须经过一定的程序，随意使用解雇权在法律上将被判无效。

为实现就业人口在部门之间和地区之间的平稳转移，日本政府于 1977 年颁行了《特别不景气行业离职者临时措施法》和《特别不景气地区离职者临时措施法》。这些法规的基本内容是：在减少失业、维持就业方面，除了提供就业保险中的就业调整补助金外，还设立了针对这些行业的就业安定补助金、职业转换补助金和职业训练补助金等；在促进离职人员尽快就业方面，对其发放为期 3 年的求职证，在此期间此类人员采取特别优待措施，对录用此类人员的企业提供就业开发补助金。1987 年通过的《地域就业开发促进法》，对于将劳动力人口从类似东京这样劳动力密集的大城市转移出来，并将拓宽就业渠道和对落后地区的开发结合起来，起到了重要的作用。

5.8 人力资源开发

日本的人力资源开发模式是在第二次世界大战以后日本经济复苏和高速发展时期形成的。人力资源作为最重要的经济资源，造就了日本经济的奇迹，对日本的经济腾飞具有举足轻重的作用。在经济的发展过程中，日本长期以来重视教育培养人才和加强员工系统的在职教育培训，以此来提高员工的素质，挖掘员工的工作潜力和进取精神，合理配置和使用劳动力。日本独特的人力资源开发模式引人注目。

日本企业在人力资源开发方面形成的一些特定制度及固有体系。一般来说，从第二次世界大战后到 20 世纪 50 年代中期是模仿美式“教育培训制度”的时期。当时日本正处在美军占领下进行的“美式改革”，因此日本企业在此大环境驱使下着手的人力资源开发战略，首先接触的也是从美国引进的一种第二次世界大战时期非常流行于美国企业的人力资源开发政策，即职业培训（Off－JT）政策。这项政策的内容包括对一般员工进行教育培训的督导人员训练（Training Within Industry，TWI）制；对企业现场骨干培训的管理培训计划（Management Training Program，MTP）；对企业管理干部、经营者开展的 CC 制教育讲座等，① 这些以教育培训为核心的制度对整顿企业经营秩序起到极其“切合实际”的作用，因此很快便在日本企业间得到普及。1955 年美军结束了对日占领以后，日本在企业内部管理层提出应创建符合日本企业的独特的“教育培训体系”。尽管这一日益高涨的呼声也得到了当时政府部门人事院和日本产业培训协会的高度重视，并起草拟订了一套“符合”日本企业组织的“培训计划”，但在推行过程中并不顺利。

从 20 世纪 50 年代中期至 1973 年石油危机爆发，是日本经济高度增长时期。受经济快速增长的影响，各企业组织都认识到教育培训的重要性，由此企业内部的人力资源开发也进入一个新时期。他们开始尝试着加入一些更适合日本企业自身特色的东西，如 KJ 法、NM 法等这些鼓励员工最大限度发挥自身创造性的内容。另外，这时期他们还引入了以行为科学为准则的一系列人力资源开发项目，其中最为著名的就是“集体培训”制度。1965 年日本经济联合会出版的《能力主义管理》给企业人力资源开发领域“吹入新风”，因为这本书中强调，企业应凭员工对企业的贡献和个人的能力计酬，而不应实行平均式的按工龄长短、职务高低计酬；企业的员工培训也不应仅局限于以适应本职工作为最终目标，而应着眼未来，以培养员工的开发和创造力为主要目的等，② 这是战后日本企业界第一次明确号召在人力资源管理方面实施战略改革。自此，新的人才开发政策如“公务员开发计划”“自己申告制度”“岗位轮换制度”“多技能教育制度”“目标管理制度”等制度不断出台。

20 世纪 70 年代在经历了两次石油危机之后，日本经济从高度增长转为低速增长，经营管理方面也进入了减量经营时代。③ 虽然企业通过内部整合实现了降低成本等企业组织瘦身目的，但从人力资源开发战略上看，这时期无疑是处于停滞时期。

---

① ［美］雷蒙德·A. 诺伊. 雇员培训与开发［M］. 北京：中国人民大学出版社，2001.

② ［日］今野浩一郎. 個と組織の成果主義［M］. 東京：中央経済社，2003.

③ 减量经营指两个方面的内容：一是企业内部调整雇佣，针对人浮于事的局面，调整正式职工的劳动的时间、停止新增职工、消减中途聘用、对中老年实行有奖劝退、引进微电子设备以提高企业效率；二是消减金融支出与库存。

企业瘦身的内容主要包括实现机械设备微电子化和员工年轻化，这一政策使企业中的中年或年龄偏高者的危机感日增，压力加大，导致企业内部矛盾和纠纷频繁发生，以致影响了日本企业长期以来倡导的“稳健型经营”目标。这时期涌现出一些新型企业管理方式，如“全面质量管理”（TQC）和技术创新活动等，以组建TQC小组、技术创新小组等形式，让每位员工不仅直接充当产品生产质量监督员，还允许他们针对生产中的技术问题提出相关改进意见，这些活动虽然一定程度上激励了年轻员工积极向上的工作热情，但从人力资源开发战略的角度看，这时期企业的人才培养尚缺乏全面性和连贯性。①

经历了20世纪70年代企业内部机制改革“阵痛”后，企业组织得到重整，生产成本降低，企业的国际竞争力大大提高。到80年代中后期，日本不仅成为纯债权国，而且成为仅次于美国的第二大经济实体。由此，日本式经营管理模式也开始备受注目。美国学者爱兹勒·F. 博盖尔所著的《日本第一》一书不仅翔实地介绍了战后日本经济起飞和高速发展的历程，而且指出日本获得经济成功与终身雇佣制、年功序列制、企业工会这些独特的企业经营模式息息相关。这激起了日本人重新审视日本式经营优越性的热潮。在人力资源开发与管理层，也有学者提出了日本式“企业内培训”是日本制造业达到世界领先水平的重要保障因素的观点；更有学者认为这个时期日本企业的人才培训体系的重心就在于“企业内培训”等，所以20世纪80年代中期之后，一种“企业内在职培训万能论”的论调风靡一时。②

日本人力资源开发的主要特点是以人为本，重视通过教育培养人才和加强员工系统的在职培训。在员工的培训中，主要是对职工进行企业精神教育，这种企业精神教育强调性格开发，如培养在困难时刻的忍耐力、承受心理压力、承担社会责任等，③ 培养他们对企业忠诚的“公司主义”、集体主义和团结合作的作风；在管理知识教育方面，除了让新职工了解企业的就业规则和管理体系外、各企业还重视对他们进行战略意识、自主管理意识和尊重人性的管理观念教育，并传授基本的工作技能和专业知识。④ 此外还注重教育与企业发展、市场需求的变化、国际化经营需要相结合，要求在职员工不断地接受新知识和新技能，强化电子学、英语及电子计算机应用技术等方面的学习，并通过对在职员工进行终身教育培训，把企业的未来与员工的未来紧密地联系起来。并注重挖掘员工的工作潜力、进取精神、与人合作的能力以及小组集体智慧等。日本在员工的培训中，坚持一般教育培训和重点教育培训相结合，迅速提高了现职员工的基本素质。它使日本企业以相对较低的代价，培养了大量适合本企业需要的经营管理人才。这些人才既精通本企业的传统经营管理方

① ［日］今井賢一，小宮隆太郎. 日本の企業［M］. 東京：東京大學出版社，1995.

② 张乃丽. 日本企业人力资源开发的新特征及其存在的问题［J］. 现代日本经济，2006（6）.

③ 白成琦编. 日本企业经营管理现代化经验与方法［M］. 吉林：吉林大学出版社，1985.

④ 金明善. 现代日本经济问题［M］. 沈阳：辽宁人民出版社，1983.

法，又在接受教育培训的过程中，很快掌握了先进的经营管理理论与方法。这就使企业原有的经营管理人才通过不断的知识更新，转变为更高层次的人才资源，从而使企业的现代经营管理人才不断得到补充。

日本企业之所以实行广泛的企业内部教育训练，其原因就在于就业人员现有的能力与企业要求的能力存在差距。这种差距是企业内部教育训练的出发点，消灭这种差距是实行教育训练的目的和必要性所在。在日本企业中新毕业生的集中定期录用方式长期居于支配地位，这就要求企业必须进行内部的教育训练，以使他们具有一定的职业经验，这对于企业来说是很有价值的。这一点表明，日本的企业不认为人的能力差距是天生的，而是可以开发的。日本企业的教育训练大致可以被概括为自我启发、职场内培训（On the Job Training，OJT）、脱产教育培训（OEFJT，Off the Job Training）这3种形式。所谓自我启发，就是就业人员个人按照自己的意图和判断去提高自己的能力，有时也由公司方面帮助解决所负担的函授教育费用。职场内培训是工作现场管理者直接针对部下进行的教育训练活动；OEFJT则是脱离工作岗位而进行的教育训练。脱产教育培训的主要形式有派出参加会议、研修、讲习会、留学等。职场内培训为人才培养的最传统的方式，为了弥补其局限性才实行脱产教育培训。日本企业中，由于现场层次上的知识、技术、窍门不一定标准化、体系化，所以这种培训实际是被委托给各工作岗位的上司们加以指导进行的。因而这种培训实际成了个人的试错性的体验学习。相比之下，脱产教育培训是以系统地获得专业能力为目标的，需要投入相当大的费用和精力，而且形成了制度。在这3种教育训练方式下，日本大企业最为重视的训练对象是“新职工”和“管理者”。

日本企业一直把对在职员工的教育培训放在首要地位。他们对企业各级领导层的教育培训尤为重视，并坚持中层以上管理人员“全员”参加（从科长、部长到董事、经理都参加）。世界著名企业家松下幸之助的信条是：“松下公司是造就人才的地方，同时也是造电器产品的企业”。他认为，办企业首先要有优秀的经营管理人才，而这种高素质的人才主要靠企业本身的教育培训培养出来，否则事业就不能成功。根据这个方针，该公司办起各种职工教育，如新雇员的入门教育培训、在职工人的教育培训、管理人员的教育培训以及优秀雇员的升级培训等。[①] 日本企业各类的教育培训，从20世纪40年代末开办《经营者讲座》以来，一直持续到80年代初期，并且不断地深入和发展。正因为如此，日本员工的素质始终处于快速提高中。日本企业通过对职工的教育培训，提高了企业的国际竞争力。[②]

① 范作申．日本企业内教育培训［M］．北京：经济管理出版社，2002.

② ［日］名和太郎．松下幸之助谈经营的神髓［M］．北京：国际商业出版公司，1983.

第 6 章　苏联的经济发展与人口增长

6.1　第二次世界大战前的人口与经济发展

俄国，领土面积居世界首位，人口在欧洲国家中最多，在 20 世纪最初的 10 年其人口增长迅速，从 1900 年的 1.329 亿人增至 1910 年的 1.607 亿人[①]。1917 年十月革命胜利后，其总人口在当年曾达到 1.846 亿人。但由于第一次世界大战的影响，苏俄人口开始减少，仅军队中因阵亡以及负伤和疾病致死的就达 200 万人左右，在作战地区居住的居民的死亡数也很大。又由于帝国主义的干涉与封锁，给新生的苏维埃政权造成极大的经济困难，甚至饥荒。初生的苏维埃政权又取得了 1918—1920 三年反武装干涉战争的胜利，但是大批白俄罗斯人逃往国外，又使人口大量损失。随着新经济政策[②]的实施，接近崩溃边缘的经济逐渐得以恢复。到 1920 年年底，苏联的国有企业达 3.7 万家，基本上实现了全国工业企业国有化。在农业领域，通过广泛组织农业公社、国营农场，加快了农业公有经济的发展。1922 年俄罗斯联邦、白俄罗斯、乌克兰和外高加索联邦共同成立了苏维埃社会主义国家联盟，即苏联。其后外高加索联邦的阿塞拜疆、亚美尼亚和格鲁吉亚，中亚的哈萨克、吉尔吉斯、乌兹别克、塔吉克和土库曼以共和国的形式加入苏联，后来摩尔达维亚自治共和国和波罗的海沿岸的爱沙尼亚、拉脱维亚和立陶宛也加入苏联。到 1925 年苏联工业总产值已达到 77.4 亿卢布，比 1921 年增加 4.5 倍。在农业方面，谷物的总产量接近战前水平，达到 7 247 万吨。国内商品流转总额大约为战前的 70%。1926 年和 1927—1928 年，苏联农业和工业分别恢复到第一次世界大战前的水平。伴随着国民经济的恢复，人口也在逐渐恢复。不幸的是 1932—1934 年期间在大规模的群众性集体农庄运动接近结束时，苏联又发生了一次大的农业歉收，饥荒夺走了数百万人的生命。随后由于医疗卫生工作的改善和医疗技术的进步，死亡率开始下降，而出生率依然保持 35.0‰

---

① ［英］B.R. 米切尔编. 帕尔格雷夫世界历史统计·欧洲卷（1790—1993）［M］. 北京：经济科学出版社，2002.

② 新经济政策的主要内容是：实行粮食税制，允许农民纳税后的余粮在市场上自由买卖，扩大了农民经营自主权；允许商品自由贸易，大力发展国营和合作社营商业，恢复批发市场，使流通领域活跃起来；在一定限度内允许私营经济存在，采用租让制、租赁制等国家资本主义形式，利用外资和国内的私人资本来恢复和发展生产力；改革经济管理体制，采用行政调节与经济手段相结合的方法，调整商品货币关系，满足市场需求量；加强企业管理，实行托拉斯制和经济核算制，并通过工资制度改革，克服在分配上的平均主义，提高企业的经济效益。

左右的高水平，到 1939 年人口增至 1.907 0 亿人。但在 1941—1945 年第二次世界大战期间，苏联人口损失更加惨重，出生率迅速下降，死亡率陡增，直接死于战争的超过 2 000 万人，总人口再次呈现下降趋势，到 1950 年其人口减至 1.785 5 亿人。人口的负增长在一定程度上影响了苏联的经济发展。

从 1928 年起苏联推行了第一个五年计划，经济进入全面发展阶段。第一个五年计划的目标是在短期内把苏联从一个农业国变成工业国。计划规定的基本任务是建立第一流的重工业，在此基础上对整个国民经济进行改造。第一个五年计划中，总投资达到 248 亿卢布，其中重工业的投资占资本总额的 86%。这一期间，国民收入完成计划的 91.5%，国民收入的年均经济增长率高达 16.8%，人口增长 0.6%，人均国民收入的增长率高达 16.0%。苏联经济的迅速发展与资本主义世界经济大危机和生产大滑坡形成强烈的反差。

从 1933 年起苏联实行了第二个五年计划。这个五年计划所规定的基本任务是掌握新技术，完成国民经济技术改造；加快发展轻工业、农业和运输业。这期间，投资总规模更大，并进一步向重工业倾斜。计划执行的结果，苏联经济增长依然较快，特别是工业年平均增长率达到 17.2%，同期农业年均增长率也显示了 9.0%的高水平。1938 年苏联开始推行第三个五年计划。随着工业生产的迅速发展，苏联国民经济结构也发生了显著变化，工业在工农业总产值中的比重，由 1913 年的 42%提高到 1940 年的 86%，重工业在工业产值中的比重也由 35%提高到 61%。

1941 年，德国的入侵，打断了苏联经济建设的进程，卫国战争时期，德国占领区内直接损失高达 679 亿卢布，加上战争中的支出，以及对经济发展的巨大影响，苏联总的损失达到 1 890 亿卢布。为了适应战争的需要，1941 年苏联经济迅速进入战时体制，并采取了一些措施，主要有：将西部地区的军工企业和大型机械、钢铁及化工厂等 1 360 个重要工业企业向乌拉尔及其以东地区疏散；将国民经济转入战时经济的轨道，机械工业大多直接转为生产各类军工产品；钢铁工业扩大生产军工产品所需的优质钢、特殊钢；大力发展东部地区的乌拉尔、伏尔加河流域、西伯利亚、哈萨克及中亚地区的基础工业等。由于这些措施的实施，使战争初期遭到严重破坏的苏联国民经济得到一定程度的恢复和发展。尽管如此，第二次世界大战，使苏联直接死亡人口超过 2 000 万人，人口的大幅度减退影响了经济发展的速度，到第二次世界大战结束时，苏联的工业总产值降至战前 50.0%左右的水平。但经过重新改组和经济调整后，在军事工业发展的带动下，苏联经济得到迅速恢复和发展。

6.2　第二次世界大战后的经济发展与人口增长

第二次世界大战以来，苏联的经济发展令人瞩目，到 20 世纪 50 年代初期，经过短暂恢复已超过了战前水平，国民经济进入快速发展阶段。从 1950—1984 年，苏联国民收入和工业总产值分别增长了 9.9 倍和 14 倍，经济增长速度快于发达资本主义国家。从 1951—1980 年间，苏联国民收入和工业总产值的年平均增长率分别为 7.4%和 8.7%，明显高于同期资本主义国家的 4.0%和 4.6%的发展速度。苏联经济的高速发展是在以优先发展重工业为核心的经济建设方针的指导下，在高度集中的计划经济体制下实现的。这种经济发展模式在较短时间内实现了国家经济发展的目标，推动了经济的高速增长。另外，随着经济的迅速发展，人口增长较快，特别是 60 年代后半期以后，政府强化鼓励生育的政策，使出生率有所上升，到 70 年代达到 16.5‰，由于出生率保持较高水平，人口的年均增长率达到 0.9%。

表 6—1　　苏联的人口增长与经济发展变化　　（%）

期间	国民收入年增长率	人口年增长率	人均国民收入年增长率	工业总产值年增长率	农业总产值年增长率
第一个五年计划时期（1928—1932 年）	16.8	0.6	16.0	19.2	9.4
第二个五年计划时期（1933—1937 年）	—	1.8	3.0	17.1	9.0
第三个五年计划时期（1938—1942 年）	−3.7	—	—	−1.6	−9.7
第四个五年计划时期（1946—1950 年）	14.6	0.9	12.0	13.5	5.3
第五个五年计划时期（1951—1955 年）	11.4	1.7	9.7	13.1	3.1
第六个五年计划时期（1956—1960 年）	9.1	1.8	7.3	10.4	7.3
第七个五年计划时期（1961—1965 年）	6.5	1.4	5.1	8.6	2.4
第八个五年计划时期（1966—1970 年）	7.7	1.0	6.7	8.5	3.9
第九个五年计划时期（1971—1975 年）	5.8	0.9	4.9	7.4	2.5
第十个五年计划时期（1976—1980 年）	4.3	0.9	3.4	4.4	1.8

资料来源：[美] 约翰·P. 哈特. 苏联经济现状 [M]. 北京：生活·读书·新知三联书店，1981；[苏] 吉·谢·哈恰图罗夫. 现阶段苏联经济 [M]. 北京：北京出版社，1981；[英] 安格斯·麦迪森. 世界经济二百年回顾 [M]. 北京：改革出版社，1997.

从 1946 年到 1950 年苏联执行了国民经济发展的第四个五年计划（见表 6—1）。其主要目标是重建被破坏的地区，使工业和农业达到并超过战前水平。这一时期，苏联的经济发展令人瞩目。在第二次世界大战期间，苏联的经济遭受到巨大损失。苏联的工业总产值降低到战前水平的一半，农业总产值仅相当于战前的 60%。从 1946 年起，苏联开始积极投入经济恢复工作，到 1950 年国民收入比战前增加了 64%，年平均增长率高达 14.6%，工业增长迅速，农业恢复则相对较慢。在经济恢复的过程中，由于出生率有所上升，人口的自然增长率由战前的 13.0‰增长到 17‰～18‰，到 1950 年，总人口达到 1.800 5 亿人。在第五个五年计划期间，苏联政府推行了优先发展重工业，提高劳动生产率，进一步发展国民经济所有部门的经济策略，经济增长较快，国民收入增长了 71%，年均增长率为 11.4%，工业总产值增长了 88%，1951—1955 年年均工业增长速度达到 13.1%，农业发展依然不景气，谷物生产始终未达到战前水平，到 1955 年，由于开垦荒地，才使谷物产粮超过战前水平。这个时期，出生率如图 6—1 所示，年均水平为 26.0‰左右，死亡率则保持在 8.5‰左右，使人口增长速度加快，总人口净增长 1 605 万人。

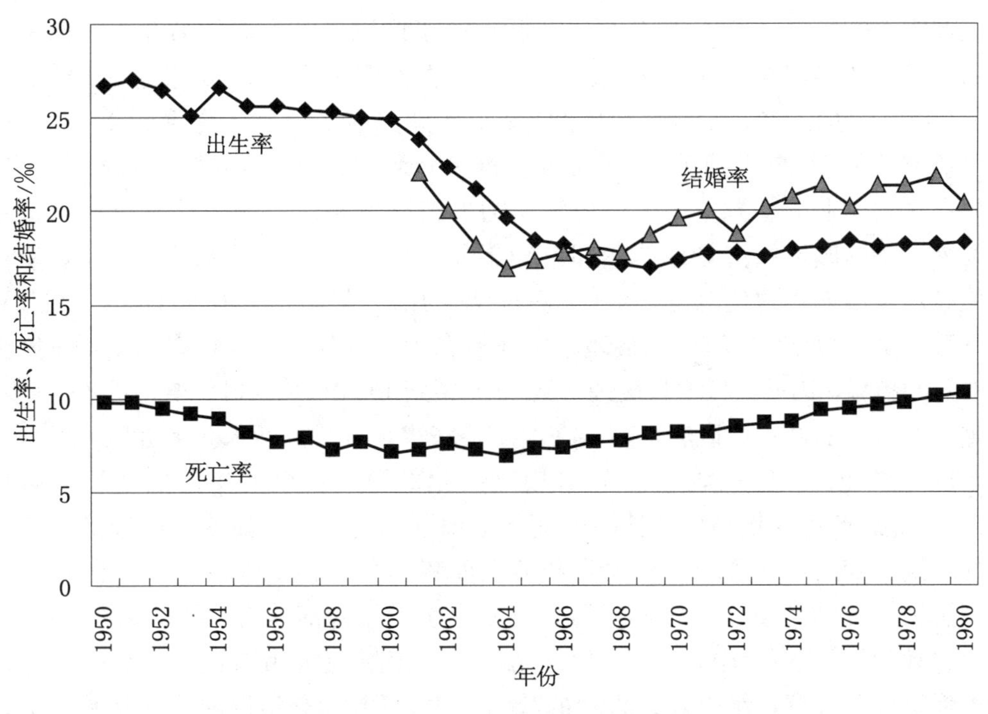

图 6—1　苏联的出生率、死亡率和结婚率（1950—1980 年）

资料来源：[英] B. R. 米切尔编. 帕尔格雷夫世界历史统计・欧洲卷（1790—1993）[M]. 北京：经济科学出版社，2002.

从 1956 年到 1965 年，苏联经济增长开始呈现下降趋势。第六个五年计划初期，政府首先采取了一系列措施，主要是：大面积开垦荒地，提高农产品收购价格，农庄自行制订农业生产计划，取消农庄义务交售制，强制推广种植玉米等。到 1958 年，农业生产获得连年丰收，农业总产值平均增长 9.2%。第六个五年计划的前三年国民收入年平均增长率为 10.0%，工业总产值的增长率为 10.3%。在这种经济形势下，苏联政府放弃了第六个五年计划，改为推行 1959—1965 年的七年经济计划，其主要目标是在优先发展重工业的基础上，大力发展经济。这一时期工业总产值增长较快，平均增长率为 9.1%，国民收入增长率则呈现下降趋势，仅达到 6.5%，农业总产值年均增长率仅达到 1.5%。七年经济计划后来将前两年纳入第六个五年计划，后五年改为第七个五年计划。但从增长速度看，国民收入、工业总产值和农业总产值都呈现不同的下降趋势。这个时期，出生率有所下降，从 1956 年的 25.7‰下降到 1965 年的 18.4‰，人口的年平均增长率则保持在 1.6%左右，总人口增长了 3 475 万人。

从 20 世纪 60 年代开始，苏联传统的经济发展战略是靠追加投资，增加新项目，主要是靠外延模式进行扩大再生产。这种方式可以使经济在一定时期内高速增长，但不能长期持续下去，60 年代后期国民收入年平均增长率尽管达到 7.7%，但苏联的国民经济出现比例失调的现象，农业和轻工业严重滞后，人民生活水平的低下制约了重工业本身的发展。进入 70 年代，苏联推行了国民经济发展的第九个和第十个五年计划，苏联的经济增长速度明显减缓，国民收入由 1971—1975 年的 5.8%下降到 1976—1980 年的 4.3%，工业总产值的年平均增长率从 7.4%下降到 4.4%，农业总产值增长率从 2.5%减少到 1.8%。苏联在这一时期计划的制订和执行的主要特点是：在优先发展重工业的基础上，保证经济实力的持续增长；更加注重农业和消费品工业的发展；不断改革经济管理体制和计划工作；放慢经济增长速度，强调效率和质量，使经济发展向集约化轨道转变。这一时期的前 5 年出生率有所下降，但进入 70 年代以后，逐渐回升，1975 年以后基本上保持在 18.2‰左右，死亡率和结婚率则呈现逐渐上升的趋势，因而人口增长缓慢，从 1965 年到 1980 年总人口仅增长了 3 464 万人。

进入 20 世纪 80 年代以后，苏联在改变经济增长方式方面未获得进展，经济增长继续呈现下降趋势，国民收入在 1981—1985 年的第十一个五年计划期间仅增长了 3.6%，工业总产值的年平均增长率也继续呈现下降趋势，从而使苏联经济进入低速增长的时期。随后，苏联继续确立生产的全面集约化、整个国民经济转向集约化轨道的经济发展方针。80 年代中期以后经济基本上处于停滞状态。1988 年，苏联试图打破中央计划经济的传统模式，实现计划经济与市场经济相结合的经济模式，以政治改革促进经济改革，结果导致激烈的政治动荡，到 1989 年以前，苏联基本上仍是粗放经济，经济效益没有提高，经济增长率继续下降，工业总产值增长率和农业总产值增长率均很低。这一时期，在经济低速增长的过程中，尽管出生率保持在 19.2‰左右的水平，但死亡率一直偏高，大部分年份在 10.0‰以上，使苏联成为世界上高死亡率的国家，影响了人口增长的速度。

6.3 人口分布与迁移

苏联人口分布很不平衡，人口平均密度在 1979 年仅为每平方公里 8.0 人，低于世界上绝大多数国家，人口密度水平不到世界平均数的 1/2。除了莫斯科、圣彼得堡两个城市外，全国人口密度最高的一级行政区莫斯科州仅达每平方公里 140 人，而自然条件恶劣的极北地区、森林地带及荒漠、半荒漠地区人口密度很小，如堪察加州的科里亚克民族区仅有 0.1 人。

苏联人口的分布与自然带及主要农业区的分布基本一致。西部地区的人口和人口密度远远高于东部地区，高加索地区和中亚的山间盆地与绿洲是人口分布的稠密地带。西部地区是俄罗斯民族兴起的地区，自然条件比较优越，长期以来工业和农业均比较发达，虽然面积占全国的 25.2%，1980 年却集中了总人口的 75.9%，平均密度达每平方公里 33.7 人。而一般称为西伯利亚和远东的辽阔东部地区自然条件较差，经济发展相对缓慢，因而人口数量及密度都低于西部地区。这一地区的面积占全国的 74.8%，人口占 24.1%，平均密度仅为每平方公里 3.8 人。

从人口地理分布上看，人口特别稀疏区占很大比重，绝大部分都位于列宁格勒（今称圣彼得堡，本章沿用当时的名称）北侧——伊尔库茨克的连线以北和以东，这一广阔地域的北侧为极地冰地带，南侧有少量的温带森林，由于气候寒冷，加上经济开发的历史较晚，绝大部分地区属于少数民族地区居住区，人口极度稀疏，泰梅尔、鄂温克、涅涅茨、科里亚克、楚科奇 5 个民族自治区，加上马加丹州和萨赫共和国合计占苏联总面积的 42%，1980 年人口却不到全苏联的 0.5%，人口密度很低，其中鄂温克族自治区人口密度仅为每平方公里 0.03 人，而泰梅尔族自治区人口密度为每平方公里 0.06 人，基本上属于无人区。

圣彼得堡至伊尔库茨克的连线以西和以南是俄罗斯的人口稠密区。区内除萨彦岭等少数山区、瓦尔代高地外，人口密度一般每平方公里都超过 10 人，大部分则每平方公里超过 20 人。从自然环境看，这一范围气候温和湿润，地势平坦，土壤肥沃，有着发展经济活动和分布人口的良好条件，人口较为集中，莫斯科周围、顿涅茨-第聂伯河流域工业区、哈尔科夫地区及德涅斯特河河谷地带的人口密度尤为稠密，莫斯科、列宁格勒和基辅等三大城市均位于此区。此外，在高加索地区也形成了人口稠密地带。

自战后以来，苏联时期的各加盟共和国和俄罗斯各地区人口的相对规模的变化是非常明显的（见表 6—2），除了自然增长率的差异外，人口的国内迁移起到了很大作用。19 世纪中叶以后，由于俄国资本主义的发展，加速了俄国欧洲部分的人口迁移。这种经济因素的迁移趋势主要是由欧洲北部地区及中央区向南方草原区移动。从 19 世纪末期到 20 世纪初期，随着西伯利亚大铁路的修筑，推动了向东移民的浪潮。从 1885—1914 年期间，涌向西伯利亚的移民有 450 万人。由于人口的迁移及自然增长的结果，在 1863—1913 年期间，整个俄罗斯的人口增长了一倍，而西伯利亚增长了两倍。

十月革命后，随着生产布局的不断东移和工业化、城市化的发展，人口多由农村向城市移动，移民主要来自欧洲地区的俄罗斯族。从 1926 年到 1939 年，由于东部地区发展工业的需要，大量的人口从俄罗斯中部地区、白俄罗斯和伏尔加河流域地区向乌拉尔、西伯利亚、远东及哈萨克地区移动。在苏联的欧洲地区人口主要向中央区、西北区等的一些工业城市移动。第二次世界大战期间，由于战争的因素，大约有 2 000 万人撤向东部地区，战争结束后又返回原地。

表 6—2　　**苏联各加盟共和国人口的增长**

加盟共和国	人口数/万人					自然增长率/‰		
	1940 年	1950 年	1966 年	1970 年	1979 年	1940 年	1965 年	1979 年
俄罗斯联邦	10 009.8	10 143.8	12 718.9	13 009.7	13 755.1	12.4	8.1	5.0
乌克兰	4 134.0	3 658.8	4 554.8	4 712.6	4 975.5	13.0	7.7	3.6
白俄罗斯	904.6	770.9	865.6	900.2	956.0	13.7	11.1	6.3

续表

加盟共和国	人口数/万人					自然增长率/‰		
	1940 年	1950 年	1966 年	1970 年	1979 年	1940 年	1965 年	1979 年
立陶宛	292.5	257.3	298.9	511.7	339.8	10.0	10.2	5.0
摩尔达维亚	246.8	229.0	336.7	356.9	394.7	9.7	14.2	9.7
拉脱维亚	188.6	199.4	227.9	236.4	252.1	3.6	3.8	1.0
爱沙尼亚	105.4	109.7	129.7	129.7	146.6	−0.9	4.1	2.6
乌兹别克斯坦	655.1	626.4	1 039.9	1 180.0	1 539.1	20.6	28.8	27.4
哈萨克斯坦	614.8	652.2	1 204.7	1 300.9	1 468.4	19.4	21.0	16.3
格鲁吉亚	361.2	349.4	450.5	468.6	501.5	18.6	14.2	9.6
阿塞拜疆	327.4	285.9	464.0	511.7	602.8	14.7	30.2	18.1
吉尔吉斯斯坦	152.8	171.6	261.5	293.3	352.9	16.7	24.9	21.8
塔吉克斯坦	152.5	150.9	255.6	290.0	380.1	16.5	30.2	30.1
亚美尼亚	132.0	134.7	223.9	249.2	303.1	27.4	22.9	17.3
土库曼斯坦	130.2	119.7	191.7	215.9	275.9	17.4	30.2	27.3
总　计	19 407.7	178 597	23 224.3	24 173.8	26 243.6	13.2	11.1	8.1

资料来源：中国科学院地理研究所、东北师范大学编. 苏联经济地理［M］. 北京：科学出版社，1983；［英］安格斯·麦迪森. 世界经济千年史［M］. 北京：北京大学出版社，2003；阎海琴. 世界人口［M］. 北京：社会科学出版社，2009.

20 世纪 50 年代，俄罗斯联邦人口的移动发生了变化，主要移往中亚、哈萨克、欧洲北部地区和远东地区。1953 年以后，俄罗斯联邦开始在草原地带大规模开垦荒地，并在西伯利亚新建了一批庞大的工业和基础设施项目，带动了大量的人口由西向东的迁移。从 60 年代到 70 年代中期，由于秋明油田的开发、东西伯利亚工业综合体的建设以及贝阿铁路的修筑，又使大量的人口向中亚、哈萨克及远东地区等新开发地区移动。同期俄罗斯联邦共移往其他加盟共和国 130 万人。从各加盟共和国的人口移动状况看，俄罗斯联邦、白俄罗斯及哈萨克是净迁出人口地区，俄罗斯联邦在 1966—1975 年期间净迁出 74 万人，与白俄罗斯形成向外移民的主要地区；哈萨克在 50 年代到 60 年代中期是人口净迁入地区，但 70 年代由于农村人口外流，又成为净迁出地区。人口净移入地区是乌克兰、中亚和波罗的海沿岸区，这些地区工业和农业均比较发达，有利于发展劳动力密集产业，因而吸引了较多移民。从人口迁移的原因看，经济型人口迁移最为典型，成为人口迁移的主流。

6.4　工业与劳动力就业

6.4.1　工业发展与劳动力就业

俄国十月革命前乃至革命胜利后的前期工业发展缓慢，工业产量落后于西方发达国家。在 1925 年的工农业总产值中，农业占主导地位，工业只占 1/3。在工业部门中，重工业落后，机器制造业、电力工业、冶金工业和燃料工业基础薄弱，汽车制造业和航空工业尚未建立。在这种情况下，苏联开始实行社会主义工业化。

1926年，苏联确立了国家工业化的方针：大力发展重工业，重点是发展冶金、石油、煤炭、电力等基础工业，特别是机器制造业。工业化的建立改变了以前工业部门残缺不全的状况，促进了工业的发展。在国家积极推进工业化的同时，扩建和改建了大批旧企业，其中最重要的有刻赤冶金厂、卡尔萨克派依炼铜厂、卢甘斯克机车厂和一些水电站等；开始建立斯维尔德洛夫重机厂、顿河罗斯托农机厂以及第聂伯河水电站等。1926年工业总产值超过战前水平。与1913年相比，重工业产值增加4倍，轻工业产值增加5倍，机器制造、煤炭、石油以及食品等工业产值已超过或接近战前水平。工业的复苏带动了其他产业的发展。

随着工业化的开展，工业生产能力显著扩大，1928年工业总产值比1925年增加80%，同年工业增长率高达21.6%，工业生产性固定资产也大幅度增加。苏联工业在世界工业中的比重由1913年的2.6%上升到4.7%。国家工业化初见成效。从1928年10月起，苏联工业化进入全面展开阶段。其主要内容是优先发展重工业，大规模开展工业化建设和技术改造。在工业方面，尽快实现电气化计划，发展钢铁工业和有色冶金工业，发展化学工业，进一步扩大煤炭、石油的开采，发展机械工业、造船业、电器工业等，以便用国产的生产资料保证重工业、轻工业、运输业生产的发展。这一时期，苏联的工业总产值每年递增19.2%，1929年工业总产值首次超过了农业总产值。1930年政府决定追加钢铁和有色金属、拖拉机、汽车、农机等部门的建设项目，增加了对重工业的投资。1928—1932年间，苏联建立了1 500个大型现代化企业，包括在马尼托哥尔斯克和库兹涅茨克的大型钢铁企业、乌拉尔重机厂、斯大林格勒拖拉机厂等一些欧洲最大的企业；建立了汽车工业、航空工业、精密机床制造业和拖拉机制造业等一些新兴的工业部门。工业化的推进使苏联的工业生产得到迅速发展，1932年工业总产值按1926—1927年价格达到343亿卢布，比1928年增加1.2倍。这样的高速度发展为世界罕见。

从1933年起苏联实行了第二个五年计划，国家工业化也进入了基本完成阶段。在这一期间新建立并投产的4 500个企业中，多数是大型重工业工厂，其投产的大型企业比1918—1932年投产企业总和还多21.6%。1935年加工工业工人在1 000名以上的大型企业在工人总数中的比重达到50.4%，其在发动机总功率中的比重达到68.8%，大幅度超过美国加工工业的集中程度。与此同时，建立了现代化大机器生产，除最先进复杂的机器外，一般机器设备均由本国制造。工业化改变了落后的产业结构，大幅度提高了工业经济的技术装备水平。到1936年，工业生产性固定基金中两个五年计划期间新建和完全改建企业的比重已达79.8%。1937年每个工人的动力装备增加到5 700度，其中电力装备达4 370度，超过德国。工业中一些重体力劳动基本上实现了机械化，如采煤机械化比重已达89.6%，超过英国、德国和美国。在更新和扩大工业经济技术装备的同时，苏联广泛开展了以掌握新技术为中心的社会主义劳动竞赛，从而大大提高了工人和工程技术人员的技术水平。由于工人技术的提高，设备利用率得到明显改善，劳动生产率大幅度提高，加快了工业的发展。1937年同1932年相比工业总产值增加1.2倍。苏联的工业产值超过了英国、德国和法国，跃居欧洲第一位。其占世界工业产值的比重由1928年的4.7%上升到1937年的10.0%，仅次于美国，居世界第二位。

第三个五年计划期间，工业投资的重点仍然是重工业，计划规定全部工业产值增加92%，其中重工业增加107%，大大加快国防工业、电力工业、机器制造业、化学工业的发展。在执行第三个五年计划的前三年，苏联工业发展较快，到1940年，工业总产值比1937年增加45.0%，其中重工业增加53.6%，轻工业增加33.3%。主要工业产品有不同程度的增长。增长最快的是机器制造业、化学工业和电力工业三个重要部门。这一时期，由于战争的威胁，苏联还加快了国防工业的发展，其总产值增加了1.8倍，年均增长率高达39%。1941年以后，由于德国入侵和卫国战争的爆发，影响了苏联的工业发展，但1938—1941年，工业总产值达到计划规定的86%，其中生产资料工业的产值比重完成计划的90%，消费资料的产值比重完成80%，工业结构进一步重型化。

战后初期，苏联的工业恢复迅速，1946—1950年的工业总产值的年均增长速度达到13.5%，20世纪50年代依然保持10%以上的增长速度，与此同时，电力工业、石油工业和钢铁工业等重要的重工业部门均有较大幅度的增长。进入60年代以后，苏联工业增长速度开始呈现明显的下降趋势，特别是1968—1970年期间，工业增长速度最高的只有8.5%，1969年增长速度只达到7.1%。工业增长缓慢的主要因素是劳动生产率提高缓慢，1960—1969年的劳动生产率年平均增长速度是5.1%，特别是化学工业、重型机器制造业、食品工业等部门的劳动生产率尤为低下。

在战后工业发展的过程中，工人和职员增长率的下降在一定程度上影响了工业增长的速度。据统计，1951—1955年期间工业就业人数增长了367万人，年平均增长率为4.4%，随后工业就业平均每年增长率基本上呈现下降趋势，1956—1960年降至3.6%，1961—1965年略有上升，1966—1970年又减少到2.9%。从工业各部门的构成看，1950—1970年期间就业增长最快的主要部门是电力工业和化学工业，就业人数分别从18.4万人和46.9万人增至64.5万人和156.8万人，分别增长了2.4倍和2.3倍。最大部门的机械工业在同期从430.7万人增至1 201.7万人，增长了1.8倍。燃料工业就业增长率最低为24.1%。20世纪60年代后半期大多数部门的就业增长率有所下降，只有建筑业和轻工业有所上升，1965—1970年的增长率超过1960—1965年的增长速度。

进入20世纪70年代以后，苏联工业的增长速度趋向缓慢的趋势。1970—1979年平均增长率为5.9%，但高于美国、日本和联邦德国等发达国家。工业总产值增长幅度较快，石油、煤炭、铁矿石、钢铁、化肥等20多种产品产量居世界第一位。电子、化工、航空航天等新兴工业得到较快发展。据苏联公布的统计资料，1976—1980 年，苏联在国民经济中工业产值占世界工业产值的 20%，工业竞争力仅次于美国，居世界第二位。当时苏联的重工业基础雄厚，能源、冶金、机械、钢铁、航空航天、采矿等部门的工业产品在世界上占有重要的地位。

6.4.2　工业结构

苏联是世界上工业发展较快的国家之一。从工业结构上看，门类比较齐全，主要的工业部门有能源工业、钢铁工业、机械工业、化学工业等。在苏联时期，俄罗斯的基础工业和重工业是整个工业体系的骨干，大多数重工业产品占苏联的 50%以上。从各工业部门的发展看，能源工业是俄罗斯发展潜力最大的产业部门，特别是石油工业、天然气工业、煤炭工业、电力工业等在工业中占有重要地位。

俄国石油工业较发达，早在 1901 年原油产量就达到 1 157 万吨，占当时世界石油产量的 50%。十月革命后，苏联石油工业发展较快，20 世纪 50 年代以来，原油产量增长尤为迅速，1951—1980 年平均增长率达到 9.7%。苏联的原油产量于 1975 年超过美国，居世界第一位。1980 年产量为 6.03 亿吨，占世界原油总产量的 20.2%。原油持续大幅度增产，主要依靠开发大油田。1978 年产量在 1 000 万吨以上的萨莫特洛尔、乌斯季一巴雷克、罗马什金、阿尔兰、马蒙托夫、费多罗夫和乌曾等 7 个大油田的产量占苏联总产量的一半以上，这些大油田的产量在 80 年代中期进入高潮，以后开始呈现下降趋势。

天然气工业是苏联发展最快的一个能源部门。战后初期，苏联开始在伏尔加河中游的萨拉托夫州等地开发天然气，但规模有限，到 1955 年天然气产量仅为 90 亿立方米。20 世纪 50 年代中期以后，随着天然气探明储量的迅速扩大，产量激增，其增长速度不仅超过了工业总产值的增长速度，也超过了发展较快的石油工业。1955—1980 年间，其产量增长了 47 倍，平均每年增长 170.4 亿立方米，1983 年天然气产量为 5 360 亿立方米，占世界总产量的 1/4 以上，仅次于美国，居世界第二位。

苏联的煤炭工业发展也较快。在建国初期，苏联就制订了优先发展煤炭工业的方针，建立了乌拉尔一库兹巴斯煤钢基地，加强了卡拉干达煤田和伯朝拉煤田的开发。到 1940 年，煤炭产量已达 1.6 亿吨以上。战后，在矿井建设、采煤机械制造等方面进行了大量工作，新开发了坎斯克一阿钦斯克等大煤田，产量逐年上升，从 1950 年的 2.6 亿吨增加到 1980 年的 7.2 亿吨，年平均增长率为 3.4%。这在世界主要工业国家中，发展速度是较快的。20 世纪 60 年代以来，煤炭产量的绝对增长量和年平均增长率都有所下降，这种状况在 70 年代更加明显，特别是 1979 年和 1980 年出现了连续减产。其主要原因是西部地区煤田地质条件恶化，井深不断增大，产量增长缓慢；矿山设备和劳动力不足，新矿建设速度迟缓。

电力工业是最早强调的工业部门。早在 1920 年，苏联就提出了全国电气化计划，电力工业发展较快，到 1935 年，苏联的发电量达到 263 亿度，超过英国、法国、意大利等工业发达国家，次于美国和联邦德国，居世界第二位。第二次世界大战期间，苏联南方地区的电力工业遭到严重破坏，致使电力工业的发电量大幅度下滑。战后，经过短时期的恢复和发展，1946 年电厂装机容量和发电量分别达到和超过战前最高水平，1947 年超过了联邦德国，成为世界上第二大电力生产国。20 世纪 50 年代以来，通过研制和成批生产大机组，兴建大电厂；扩大油、气燃料的比重等途径，使苏联电力工业得到较快的发展，发电量从 1950 年的 912.3 万度增加到 1980 年的 1.29 亿度，同期装机容量从 1 961 万千瓦增加到 2.6 亿千瓦。

除了能源工业外，苏联的钢铁工业发展迅速，生铁产量从 1913 年的 130 万吨增加到 1940 年的 530 万吨，同期钢的产量从 180 万吨增加到 930 万吨。战后，钢铁工业成为苏联重点发展的工业部门之一。20 世纪 50 年代至 60 年代，钢铁工业占全国工业总投资的 8%～10%，70 年代有所下降，但仍占全国工业总投资的 7.3%。自 50 年代以来，苏联钢铁工业通过改建、扩建原有企业，冶炼设备越来越趋向大型化。如高炉的平均有效容积从 1955 年的 749 立方米增至 1975 年的 1 258 立方米，每座高炉平均年产生铁从 1960 年的 40 万吨增加到 1975 年的 75.7 万吨。与此同时，平炉、转炉和电炉的最大容量不断扩大，轧机也向连续化、自动化、高速化方向发展。每台轧机年产钢材由 1960 年的 189 万吨提高到 1975 年的 453 万吨。因而，70 年代以前，苏联的钢铁工业发展速度较快，1951—1975 年的钢产量年平均增长率为 6.8%。从 1979 年起，苏联钢铁产品产量打破了战后持续增长的纪录，连续两年减产。1976—1980 年，钢产量年平均增长率仅为 0.9%，是战后各个五年计划中最低的。减产的主要原因是设备比较陈旧导致劳动生产率不高，铁矿石产量的增长率下降，产品的品种和质量不能满足经济各部门的需要等引起的。苏联所生产的各类钢铁产品，除满足本国需要外，尚有少量出口。

机械工业是苏联最重要的工业部门。十月革命后，苏联为了迅速实现国家工业化，在 20 世纪 20 年代和 30 年代建立了一批重型机械、汽车、拖拉机、机床、石油化工机械和造船等工厂，为以后机械工业的高速发展奠定了基础。到 1940 年，机械工业在工业产值中比重由 1913 年的 5.6%增至 15.0%。由于重视机械工业的合理布局，原来基础较差的乌拉尔、伏尔加河流域及西伯利亚等地区的机械工业得到了迅速发展。第二次世界大战期间，苏联机械工业遭到破坏。西部沦陷地区的一些机械厂相继东迁到乌拉尔、伏尔加河流域、西伯利亚、哈萨克和中亚。1942—1944 年，东部地区共建成 2 250 个大型机械厂，大部分机械厂转为生产军工产品。战时，东部地区机械工业得到了迅速的发展，特别是乌拉尔、伏尔加河流域和西伯利亚的机械工业增长了 8～10 倍。战后，第四个五年计划期间，不仅完成了西部地区机械工业的重建，而且以 10.7%的速度增长，主要机械工业产品的产量分别达到或超过战前的最高水平。20 世纪 50 年代以后，机械工业发展速度很快，1951—1975 年，苏联机械工业的年平均增长速度为13.1%，高于同期整个工业部门9.5%的年平均增长率，居苏联各工业部门的首位。

从与发达国家的比较看，1951—1970年苏联机械工业的年平均增长速度仅次于日本，但明显高于美国、联邦德国、英国和法国等国家，这一时期美国、联邦德国、英国和法国机械工业的年平均增长速度分别为5.1%、7.4%、2.9%和6.6%。进入20世纪70年代以后，苏联机械工业的年平均增长速度继续保持较高的增长趋势，1971—1975年为11.4%，1976—1979年为8.6%，超过了日本，居世界首位。苏联机械工业增长速度较快的主要原因是和不断加大投资的力度密切相关的。1960—1979年，机械工业的投资增长了4.1倍。从部门结构上看，苏联注重于发展飞机、舰艇、宇航、无线电电子等与军工有关部门的发展。如仅用于制造舰艇的投资就相当于整个民用机械工业总投资的1/3以上。

在苏联机械工业中汽车制造业历史较长。早在20世纪10年代，莫斯科的利哈乔夫已开始生产汽车，到1937年，汽车总产量已达到近20万辆。40年代西部工业企业向东迁移使汽车在伏尔加河沿岸形成了较密集的分布，但没有带来产量的增长，第二次世界大战期间汽车年产量曾降至7.5万辆。战后苏联汽车工业发展较快，1965年达到61.6万辆，居世界第八位，到1979年上升到217.3万辆，进入生产汽车大国的行列。苏联汽车工业分布较集中，西部地区约占全国汽车的95%以上。主要汽车工业中心大多位于机械工业基础较好、生产技术水平较高，便于实现生产的专业化和协作化，拥有大量数量劳动力，并接近优质钢的中部区和伏尔加河流域。

化学工业也是苏联最重要的工业部门之一。十月革命前，俄国化学工业基础薄弱，不仅行业不齐全，而且规模较小。1913年，俄国仅生产化肥、酸、染料、轮胎等几种产品。十月革命后，随着国家工业化的发展，化学工业发展较快，到20世纪30年代在重点发展化肥工业的同时，新建了合成橡胶、塑料、化学纤维等一批化学工厂。到1940年，不仅化工产量比1913年增长了6.5倍，而且技术水平有较大提高。卫国战争时期，苏联化学工业遭到严重的破坏，化学工业产品产量大幅度减产。从第二次世界大战后到50年代中期，苏联化学工业的重点是恢复、扩建和改建老厂，到1955年，化学工业产品产量比1940年增长了3.4倍。从1958年到60年代初期，苏联先后提出了加快发展化学工业和实现国民经济全面化学化的方针，并加大投资力度。60年代以后，苏联还通过从国外大量引进先进的化学设备和技术，来提高其生产能力和技术水平。在化工原料方面，由过去传统的煤炭、化工矿物原料、粮食、木材逐步过渡到以石油、天然气为主要原料，使化学工业得到较大的发展，50年代苏联化学工业的年平均增长速度为14.8%，高于美国、联邦德国、英国和法国。60年代其年平均增长速度达到12.6%，高于整个工业部门，在苏联各工业部门中仅次于机械工业，居第二位。1971—1978年期间，苏联的化学工业尽管有所下降，但仍达到9.1%的年增速水平，明显高于世界各国6.4%的平均水平。苏联解体以后，该部门由于原材料受到供应不足的影响，使化学工业产量呈现逐渐减少的趋势。尽管如此，俄罗斯化学工业水平较高，产品种类多，很多产品产量名列世界前茅。目前俄罗斯的合成橡胶、乙烯的生产能力居世界第一位。塑料产品也居世界前列。碱和化肥产量也很大，是主要的出口产品。

6.5 工业化与人口城市化

19 世纪末期到 20 世纪初期，俄国的工业化和城市化在欧洲国家是比较低的，特别是城市人口比重在 1897 年和 1913 年分别为 15%和 18%。十月革命后，由于实行计划经济，随着工业化进程的加快，城市职能也发生巨大变化。但由于受第一次世界大战的影响及国内战争的破坏，城市发展较为缓慢，但由于将一些工矿城镇列为城市，因而城市有所增加，1926 年达到 952 座，但城市人口比重与十月革命前相同，仍为 18%，停留在 1913 年的水平。

从 1928 年起，苏联开始执行以工业化为主要内容的发展国民经济五年计划，从而促进了城市的发展。由于在中央区、南方区及乌拉尔区的城市兴建新的企业，改造和扩建旧的工业企业，从而促进了这些地区城市的发展。随着一些新的工业基地的建设，形成了马格尼托戈尔斯克、新库兹涅茨克等一批工业城市。工业化的推进加速了人口城市化的发展进程，城市人口比重逐步上升，到 1940 年达到 33%，不仅速度比较快，而且具有显著的稳定性和持续性。

卫国战争时期，苏联西部地区 1 710 座城镇遭受战争的破坏，使人口城市化进程放缓。战后，苏联在恢复这些城市的同时，加强了城市工业企业的改造和扩建，大多数城市得到较快的发展。伏尔加一乌拉尔油田的开发，哈萨克煤炭一冶金基地的建设以及东西伯利亚一些大型水电站的修建等引起了许多新工业城市的出现。随着工业化的加速，城市人口比重呈现上升趋势，1961 年上升到近 50%，1970 年又增至 56%。这一时期，大城市的人口也迅速增长，100 万人口以上大城市从 1940 年的 2 个增至 1970 年的 10 个，其中莫斯科和列宁格勒的人口在 1970 年分别达到 708 万人和 395 万人（见表 6—3），而同期基辅、塔什干、巴库、哈尔科夫、高尔基、新西伯利亚、古比雪夫、斯维尔德洛夫斯克 8 个大城市的人口规模则在 107 万～176 万人之间，莫斯科和列宁格勒的人口规模远远超过基辅等城市，但这些城市的人口增长更为迅速，特别是塔什干和基辅的人口在 1959—1970 年期间分别增长了 49.4%和 47.0%，从而缩小了城市规模上的相对差别。尽管政府对莫斯科和列宁格勒实行控制人口增长的政策，但收效甚微，这两个大城市的人口增长远比苏联总人口的人口增长速度快。随着苏联工业化的发展，城市化率进一步上升，由 1970 年的 62.0%上升到 1975 年的 64.8%，其原因与工业的高度发展有关。这些城市多为工矿业点、森林采伐加工中心、地方性交通中心及行政中心，刺激了农村人口向城市迁移。从城市人口规模看，10 万人以下的中小城市增长较快，这些城市多为区一级政治经济中心，也有一些工矿城市；10 万～50 万人的中等城市发展很快，这些城市多为州级和部分加盟共和国的政治经济中心，有些是新兴的工业中心或以加工工业为主的综合性工业城市；50 万～100 万人的大城市发展非常迅速，由 1959 年的 3 个增加到 1980 年的 46 个；100 万以上的大城市则从 1970 年的 10 个增加到 1980 年的 20 个。进入 20 世纪 80 年代以后，苏联的人口城市化率进一步上升，到 1989 年达到 72.9%，已达到发达国家的平均水平。

表 6—3　　苏联主要大城市人口增长（1900—1980 年）　　单位：千人

城市	1900 年	1920 年	1930 年	1940 年	1959 年	1970 年	1980 年
莫斯科	989	1 050	2 029	4 137	6 044	7 077	8 203
列宁格勒	1 267	722	1 690	3 191	3 321	3 950	4 676
基辅	247	366	514	846	1 110	1 632	2 248
巴库	112	256	453	809	968	1 266	1 046
哈尔科夫	175	220	417	833	953	1 223	1 485
高尔基	90	106	222	644	941	1 170	1 367
古比雪夫	92	176	176	390	806	1 045	1 238

资料来源：［英］B. R. 米切尔编. 帕尔格雷夫世界历史统计·欧洲卷（1790—1993）［M］. 北京：经济科学出版社，2002；［美］约翰·P. 哈特. 苏联经济现状［M］. 北京：生活·读书·新知三联书店，1981.

6.6　农业发展与农村劳动力转移

工业革命以前，俄国的农业经济以西部为重心，但由于封建的农奴制较其他封建生产关系更加落后，俄国的农业与其他欧洲各国相比是最落后的。19 世纪中叶，俄国农奴制的松动开始出现于当时临近欧洲市场的西南、南方地区。随后废除了农奴制，使中央黑土区的农业得以迅速发展，大批农业劳动力进入西部城市工商业。19 世纪末期沙皇政府迫使 200 万俄国破产农民迁移东部，使商品性农业进一步东移。

苏联农业的特色发展是值得注目的。20 世纪初期，当时的俄国在“新经济政策”指导下，国家除了对农民所产部分剩余农产品征收粮食税外，允许农民在市场上自由销售其剩余农产品，以激励农民生产积极性和发挥市场作用。在这种政策指导下小型个体农户得以发展，农业生产发展较快。20 年代末期，苏联政府在农业部门进行大规模的社会主义改造，其特点是，大规模和迅速地实行集体化组建集体农庄；推行农业机械化；组建大批大型和超大型的专门化的国营农场，加强谷物、棉花等生产，形成较大面积的农业专门化地区等。但是，农业集体化运动带来农业生产大后退。整个 30 年代，农业发展极其缓慢，粮食产量一直未能达到农业集体化以前 1928 年的水平。

20 世纪 40 年代前期的第二次世界大战给苏联农业带来巨大的创伤。据统计，在战争期间，德国毁坏了40%以上的集体农庄、45%以上的国营农场和机器拖拉机站，烧毁数万个村庄。这就使基础较差的农业发展更加衰退。1946年，又遭受到严重的旱灾，使谷物等许多农作物大幅度减产。在农业生产持续低迷的情况下，政府建立了许多新的国营农场和一些新的拖拉机厂，并加速了农村水电站的建设。与此同时，政府还精简了大量的行政管理人员，使46.5万名行政人员直接参加农业生产。由于采取了许多有利于农业发展的措施，农业生产恢复较快。1947年，取消了战时和战后初期实行的粮卡制度。到50年代初期，农业生产基本上恢复到战前水平。1950年，棉花、甜菜、肉类和奶类等农产品的产量已超过1940年。1951年，全国播种面积已达1.53亿公顷，超过了战前1940年的水平。

20世纪50年代初期，苏联农业进入战后新的发展时期。在1954—1958年，苏联农业发展的主要特点是通过扩大播种面积这种粗放经营方式增加农产品生产。这一时期，苏联在西伯利亚和哈萨克斯坦共开垦荒地4 183.6万公顷，在开垦的新耕地上建立大型国营农场。由于耕地面积的大幅度增加，促进了农业生产的发展，农业产值增长50%以上，谷物产量年平均超过1亿吨。然而，1959年农业生产出现倒退的趋势，谷物产量比1958年减少1 520万吨，下降11%以上。60年代初期，苏联农业发展速度明显下降，1963年出现负增长趋势。农业急剧减产中，主要开荒地区的谷物总产量大幅度下降是一个重要因素，垦荒地区播种面积从1958年的8 070万公顷减少到1963年的6 500万公顷，谷物产量从5 838万吨减少到3 790万吨。

在农业生产持续衰退的过程中，大批农业劳动力为了寻求就业机会涌入城市，使城市人口迅速增长。据统计，20世纪50年代末期到60年代初期，苏联人口增加了2 900万人，其中城市增加2 800万人。由于农村劳动力的大量转移，1961年，苏联历史上第一次出现城市人口超过农村人口，城市人口所占比重达到52%。农村人口所占比重降至48%左右，农村劳动力特别是青壮年农村劳动力向城市部门的转移，在一定程度上既削弱了农业生产，又增加了城市农副产品供应的压力，影响了城市经济的发展。

20世纪60年代中期以后，苏联开始重视农业问题，对农业政策进行修补，把粗放经营方式和集约化经营方式结合起来，逐渐向集约化过渡。采取的主要措施是加快农业机械化、化学化和水利化的进程。在农业机械化方面，加大了农机供应量。到1980年，农业部门所拥有的拖拉机、谷物联合收获机和载重汽车分别比1965年增加60%、40%和70%。在这一时期，苏联还加速发展了畜牧业和饲料生产机器制造业，大量增加了畜牧业机器的供应量。随着农机的增长，农业机械化水平有较大的提高。在化学化方面，通过从外国进口化肥生产成套设备和兴建化肥生产企业，大大增强了化肥生产能力。1965年，苏联的化肥产量仅为美国的1/2，但到了1973年，超过美国，跃居世界第一位。1979年，苏联化肥产量按有效成分为2 214万吨，比1965年增长2倍。化肥总消费量与美国相当，其增长速度超过美国。在水利化方面，加大对农业水利建设的强度，不断扩大农田灌溉面积。由于采取了这些措施，苏联农业生产发展较快，1964—1968年农业总产值年均增长率为6.2%。1969年以后有所波动，特别是70年代农业增长率不断下降影响了苏联经济的增长。1971—1980年，苏联有6年的粮食较上一年减产，其中有4年减产幅度达到12%～28%；1979—1980年的连续歉收，使许多农副产品的产量下降。尽管如此，1971—1980年农业总产值年均增长率仍保持在1.2%的水平。

这一时期，在农业发展的过程中，大量的农村劳动力流向城市。整个20世纪70年代，农村人口涌入城市的规模平均每年为160万人，其中绝大部分是农业经济活动人口。由于农业劳动年龄人口流入城市过多，使苏联农业经济活动人口不断减少，1979年比1959年减少了1 517万人。1970—1976年间，农村劳动力转移最多的是俄罗斯联邦非黑土地带、中部黑土地带、乌拉尔、伏尔加河流域和白俄罗斯部分地区。农业劳动力的转移导致农业经济活动人口匮乏，农村地区性别结构失衡，以致影响了农业的持续发展。

第7章　欧洲共同体的经济发展与人口变动

7.1　欧洲共同体的建立与发展

欧洲共同体是世界上最大的经济一体化组织实体。1950年法国外交部部长罗伯特·舒曼（Robert Schuman）提出“欧洲煤钢共同体计划”，筹划将法国和德国等国的煤钢生产通过合理的共同开发置于一个共同的最高权力机构之下。这种统一的生产既可以实现法德和解，又为实现欧洲和平发展奠定了基础。德国出于加快恢复经济、打破战后孤立局面的考虑，表示欢迎舒曼的提议，意大利等其他国家也纷纷响应。1951年4月，法国、联邦德国、意大利、比利时、荷兰和卢森堡在巴黎签订了《欧洲煤钢共同体条约》（Treaty European Coal and Steel Community），又称《巴黎条约》（Treaty of Rome）。欧洲煤钢共同体的重要目标是通过煤和钢的共同市场上的发展，促进各成员国的经济发展、增加就业和提高生活水平。欧洲煤钢共同体的成立，大大促进了成员国之间的经济联系，加强了各国资本的相互渗透，从而为西欧实现全面的联合奠定了坚实的经济基础。该条约于1952年7月正式生效，欧洲煤钢共同体（European Coal and Steel Community，ECSC）正式成立。它建立了由专家组成的“高级机构”，代表共同体的利益，负责征税、制定最低价格和生产限额、影响投资决策等；其主要任务是稳定煤钢市场价格和协调供求，在6国之间创造一个煤钢的共同市场。从1953年2月到1954年8月，6国先后建立了煤、铁砂、废铁、钢、合金钢和特种钢的共同市场。

20世纪50年代中期，“比荷卢关税同盟”三国提出了建立共同市场，将欧洲煤钢共同体共同开发煤钢推广到其他经济部门的议案，时任欧洲煤钢共同体主席吉恩·莫内（Jean Monnet）则设计了另一个部门共同体，即欧洲原子能共同体。1957年3月，上述6国又在罗马签订了欧洲经济共同体（European Economic Community，EEC）条约和欧洲原子能共同体（European Atomic Energy Cmmunity，EAEC）条约，统称《罗马条约》，1958年1月该条约正式生效。《罗马条约》第二条规定：“共同体的目标应该是通过共同市场的建立和各成员国的经济政策的逐步接近，以促进整个共同体内经济活动的和谐发展、持续平衡地增长、增强稳定性、加速生活水平提高，使所属各成员国之间建立更加紧密的关系。”① 条约确定的主要内容有：建立

---

① John Pinder. The Building of the European Union. Third edition，Oxford University Press，1985.

关税同盟[①]，逐步废除进口货物的数量限制，建立统一的对外关税率和贸易政策；实现共同市场内部商品、劳动力、劳务和资本的自由流通；制定共同竞争规则，消除各种限制和歧视竞争的协定和制度；实施共同农业政策；制定共同的运输政策，统一运费；建立欧洲投资银行，促进一个共同的投资政策，特别是对开发共同市场成员国的经济落后地区的新工业企业提供资金协助；设立欧洲社会基金、海外领地开发基金；逐步协调经济和社会政策。《罗马条约》体现了超出经济一体化的性质，具有很强的自由市场原则导向，使共同体从交换领域到生产领域的经济环境发生重大改变，并成为后来不断扩大的欧盟经济一体化发展的基础。

《罗马条约》签订时，为减少建立关税同盟的障碍，使一体化目标稳步实现，《欧洲经济共同体条约》规定了一个12—15年的时间表，要求各成员国逐步降低平均关税，但可以自行在具体的商品关税上加以调节，特别在敏感商品关税的降低和取消上，允许成员国可以缓慢实施。对外统一关税的建立也采取了分阶段实施的办法。《罗马条约》签署后，欧洲经济共同体首先在建立关税同盟方面取得了进展。关税同盟建立的过程中，各成员国之间的贸易尤为迅速，在欧洲经济共同体成立的最初10年间，各成员国之间的贸易额翻了两番，成员国之间的贸易增长速度是对其他国际贸易增长速度的两倍；同一时期，欧洲经济共同体国家的国内生产总值的年平均增长率达到5%，高于美国、英国的经济增长速度。这些显著的经济成果加速了关税同盟的进程，在1968年关税同盟全部建成，提前实现了《欧洲经济共同体条约》设定的目标。

1965年4月签署的《布鲁塞尔条约》，决定将“欧洲煤钢共同体”“欧洲经济共同体”和“欧洲原子能共同体”三个共同体机构合并，统称“欧洲共同体”(European Community)，简称“欧共体”。但三个组织仍各自存在，以独立的名义活动。《布鲁塞尔条约》于1967年7月正式生效，欧洲共同体正式成立。然而，除了在关税同盟和经济一体化的其他一些方面取得重大进展外，20世纪60年代是欧洲共同体缓慢发展的时期。1965年在资助共同农业政策方面，由于法国反对欧洲共同体拥有独立的预算而发生危机，特别是计划于1966年实行的欧洲共同体部长委员会可以以有效多数投票做出决策的方式，被法国认为是对成员国主权造成威胁，并于1965年6月撤回了在欧洲共同体部长委员会的法国代表。这一危机在1966年达成“卢森堡妥协协议”，在协议中规定，凡是对成员国利益有重大影响的事物，必须经部长委员会一致同意。“卢森堡妥协协议”减慢了欧洲共同体的决策过程，也可以说是在欧

① 关税同盟（Customs Union）允许进行贸易的各成员国之间像在自由贸易区内一样没有关税或其他壁垒。它还对非成员国的贸易政策起协调作用（如设定共同关税率）。关税同盟的主要特征是：成员国相互之间不仅取消了贸易壁垒，实行自由贸易，还建立了共同对外关税。也就是说，关税同盟的成员除相互同意消除彼此的贸易障碍之外，还采取共同对外的关税及贸易政策。GATT规定，关税同盟如果不是立即成立，而是经过一段期间逐步完成，则应在合理期限内完成，这个期限一般不超过10年。

洲一体化过程中的一次倒退。尽管如此，到 60 年代末，关税同盟的建成和共同农业政策的实施，构成了欧洲共同体的两大支柱，促进了成员国之间的贸易和投资的增长，对共同体经济的发展产生巨大的影响，为最终建立共同市场奠定了基础。

关税同盟的建立对欧盟的发展起了极大的促进作用，它的主要成效是：各成员国之间连接成统一的商品市场，对外则确立统一的关税壁垒，在商品流通这一最基本领域将整个欧洲共同体与外界区别开来，强化了成员国之间的经济联系，促进了欧洲共同体内部的相互贸易和成员国的经济发展，相对减少了欧洲共同体对外部市场的依赖，使欧洲共同体进口额和出口额分别从 1958 年欧洲共同体成立之初的 121 亿和 120 亿欧洲货币单位增加到 1970 年的 735 亿和 827 亿欧洲货币单位；成员国之间贸易占欧洲共同体进口额、出口额的比重由 1958 年的 33.8%和 33.5%增长到 1972 年的 52.7%和 53.4%。此外，由于建立了共同的关税同盟，增强了共同体在世界贸易中的比重，在 20 世纪 60 年代共同体进出口总额分别从 1958 年的 21.8%和 23.2%增长到 27.0%和 28.3%。

在 20 世纪 70 年代世界经济发生了石油危机和持续的停滞膨胀，尽管存在着危机，欧洲共同体在 70 年代和 80 年代仍得到一定的发展和壮大。英国在 1961 年正式申请参加欧洲经济共同体。经过三次谈判，两度被否决，最后于 1972 年签署协议，从 1973 年正式加入，成为欧洲共同体新成员国。促使英国加入欧洲共同体的主要因素是：战后，英国经济相对落后，经济增长率 50 年代平均为 2.7%，60 年代为 2.6%，一直是主要资本主义国家中最低的。其结果，英国经济在资本主义世界的经济地位不断下降。1948—1970 年间，英国工业生产在资本主义世界所占比重从 10.2%下降为 6.1%，出口贸易从 11.7%降至 6.9%。战后初期，英国的经济规模在资本主义世界中居第 2 位，1967 年退居联邦德国、日本和法国之后。同时，国内通货膨胀严重，国际收支逆差巨大，国民经济处于缓慢发展的状态。因此，英国企图通过参加经济共同体来改善其经济状况。在英国对外关系上，英联邦的作用逐渐降低，而同西欧 6 国的经济贸易关系则日益发展。1970 年英国对经济共同体出口占全部出口的 21.8%，第一次超过了对英联邦的出口值。1962—1968 年，英国对西欧 6 国的投资增长了 1.3 倍。如果英国长期被排除在经济共同体以外，经济上要受到巨大的损害。

在英国加入欧洲共同体的谈判达成协议的同时，丹麦和爱尔兰也先后与欧洲共同体完成谈判，并于 1972 年举行共同体条约的签字仪式。1973 年条约生效后英国、丹麦和爱尔兰成为欧洲共同体的新成员国。这样，欧洲共同体从 6 国发展成为 9 国。欧洲共同体的第一次扩大，加强了欧洲共同体的经济实力。特别是英国这样一个具有世界影响的大国加入欧洲共同体，显然增加了欧洲共同体的国际影响，使它完全取得了代表西欧地区的资格，在资本主义世界中形成美国、西欧和日本并列的局面。

随后，希腊于 1975 年提出申请加入欧洲共同体。希腊是东南欧相对落后的国家，谈判的主要议题是农业政策、区域政策、竞争政策以及货物和劳务的自由流入。由于双方经济联系密切，经过谈判达成协议，希腊成为第二次扩大的唯一国家，1981 年起成为欧洲共同体的第 10 个成员国。西班牙和葡萄牙又于 1977 年相继提出申请，这两个国家是西南欧相对落后的国家，在农产品和劳动力等问题上谈判进展缓慢，经过双方近 30 轮的高层谈判，西班牙和葡萄牙成为第三次扩大的两个国家，1986 年正式成为欧洲共同体的成员国，使欧洲国家又从原来的 9 国发展成为 12 国，人口已占整个西欧的 90%。希腊、西班牙和葡萄牙 3 国申请参加欧洲共同体，主要是从发展经济的考虑出发的：通过贸易协定和减免关税，3 国和欧洲共同体的经济关系日趋密切。1976 年 3 国对欧洲共同体出口分别占各国出口总额的 50.0%、46.4% 和 47.7%；从欧洲共同体进口分别占进口总额的 39.3%、33.6%、33.9%；参加欧洲共同体后有利于双方贸易的进一步加强。3 国经济发展水平比欧洲共同体 9 国落后，农业所占比重也很高，参加后将从农业基金中得到价格支持和出口补贴的好处。而且，欧洲共同体还有用于开发落后地区的基金，3 国会成为重要的受益者。另外，欧洲共同体接受 3 国的申请也是主要基于同样的经济考虑。3 国参加有利于 9 国的工业品进入 3 国市场，从而增强欧洲共同体的经济实力。

20 世纪 70 年代末期，欧洲共同体的结构及其权力在一定程度上得到加强。在英国等国加入时，为解决农业拨款和共同体预算上的偏向问题，设立了地区发展基金。1979 年开始运作的欧盟货币体系，并成立了审计院，以帮助欧洲议会和共同体部长委员会管理共同体预算。

7.2　关税同盟

关税同盟是欧洲经济共同体的重要支点，是共同市场的基础，也是共同体经济一体化的起点。欧洲共同体实施《罗马条约》，第一步就是建立关税同盟。根据《罗马条约》，关税同盟的主要内容是：共同体应以关税同盟为基础。关税同盟适用于全部商品的交易，对内在成员国之间分阶段消减关税以及具有同等作用的任何捐税，达到共同体内部的商品自由流通；对外通过逐步拉平各成员国的关税率，筑起统一的关税壁垒，以抵制共同体以外的商品输入。这有利于加强成员国生产分工的专业化、协作化，为进一步经济一体化开辟了道路。同时对非成员国实施统一关税税率，第三国的产品在缴纳关税和捐税后，方可进入任何一个成员国市场，从而抵制了外部进口产品的倾销，保护了成员国的工业。关税同盟作为共同市场保护其经济利益和促进成员国生产的工具，而成为共同市场赖以建立和发展的基石。

成员国中联邦德国经济实力最强，产品成本低，出口竞争力也很强（见表 7—1）。20 世纪 50 年代，国民生产总值年平均增长 7.8%，工业生产年平均增长率达到

9.6%，劳动生产率平均增长5.7%，比其他成员国都高。1958年，联邦德国在共同体六国经济中所占比重是：国内生产总值占36.2%，工业生产占47.3%，出口额占29.3%，连年贸易顺差，黄金储备接近六国黄金储备总额的一半。①

表7—1　欧洲共同体各国在资本主义世界经济中的地位（1958年）　（%）

国家	在资本主义世界工业中的比重	在资本主义世界出口总额中的比重	在资本主义世界黄金外汇储备总额中的比重	经济增长率
共同体六国	19.0	21.7	21.1	—
联邦德国	8.5	8.5	10.2	7.8
法国	5.4	5.0	1.8	4.8
意大利	2.9	2.4	3.8	5.5
荷兰	—	3.0	2.7	0.9
比利时、卢森堡	—	2.8	2.7	—
英国	9.9	8.2	5.4	2.7
美国	45.9	16.5	39.0	3.2

资料来源：联合国经济和社会事务部. 联合国统计年鉴［M］. 1962；赵晓蕾. 外国经济史［M］. 大连：东北财经大学出版社，2013.

联邦德国经济由于商品竞争能力强并依赖国外市场，所以在对外贸易上采取低关税政策，欧洲共同体建立前，联邦德国关税总额中有79.5%的税率都是10%以下的低税率，而15%以上的高税率仅为1.9%。建立关税同盟，实行共同对外税率，联邦德国受益大于其他成员国，因而对建立关税同盟最为积极。联邦德国在成员国中率先于1957年7月批准了《罗马条约》②。

法国的经济实力和出口竞争力都不如联邦德国。由于工业品竞争力差，在20世纪50年代一直采用高关税保护本国市场。欧洲共同体建立前，法国关税总额中有61.3%的税率都是15%以上的高税率，低税率仅占23.8%。关税同盟建立前，法国关税率平均高出联邦德国40%～60%。降低和取消内部关税，法国减税的幅度大于联邦德国等其他成员国，势必扩大贸易收支和国际收支赤字，影响法郎地位。但《罗马条约》中包括了制定和执行共同的农业政策，规定了建立联系国制度，使法国在农产品出口及开发非洲法属殖民地方面得到不少利益作为补偿。作为共同体的主要发起国，法国需要利用成员国支持自己取得西欧的领导地位。此外，在制定关税同盟的具体规定时，其他成员国也对法国做了让步和照顾。例如，法国可以暂时保留出口补贴和进口附加税。这样，经过权衡利弊，法国同意参加关税同盟，批准了《罗马条约》。

意大利经济实力比法国薄弱，原来也实行高关税保护国内市场。关税总额中有63.9%的税率都是15%以上的高税率。消减内部关税和拉平关税率对意大利是不利的。但意大利垄断资本通过压低工资水平、扩大固定资本投资、采用新技术等方法，

①② 赵晓蕾. 外国经济史［M］. 大连：东北财经大学出版社，2013.

使意大利某些工业如汽车、化学产品等在西欧市场上有所改善。同时由于资本金不足，劳动力过剩，意大利希望通过共同市场吸引成员国资本，因而也同意加入关税同盟。[①]

荷兰、比利时和卢森堡 3 国经济实力弱小，自然资源不足，国民经济依赖对外贸易的程度更大。早在 1948 年，3 国就建立了关税同盟，并取消了 3 国间关税和贸易限额。1954 年 7 月和 1956 年 2 月又分别签订了关于资本自由流通和劳动力自由移动的条约，协调对外贸易政策，1958 年又建立了经济联盟。由于 3 国一直采取低关税政策，建立关税同盟，消除共同体内部的关税，对于它们当然有利，因而，荷兰、比利时和卢森堡 3 国对共同体同盟是积极支持的。

联邦德国、法国、意大利和荷兰、比利时与卢森堡 3 国尽管经济利益关系不同，但为了发展经济现代化生产需要广阔的市场。6 国建立共同市场，就可以保护和促进各成员国的工农业发展，免受其他国家主要是美国的廉价商品的竞争，在这方面 6 国的利益是一致的。共同体的关税同盟就是在此基础上，通过讨价还价，相互妥协而建立起来的。

根据《罗马条约》规定，关税同盟从 1958 年至 1969 年，成员国之间逐步取消关税壁垒和贸易限额，废除成员国之间在公路、铁路和水运运费率的歧视待遇，以使商品自由流通，并逐步实行统一关税率。关税同盟实施一年多以后，美国对欧共体国家大量倾销商品，使欧洲共同体加快了关税同盟的建立。1961 年年底，各国全部取消了对内部贸易限额，1968 年，内部关税全部削减完毕，在取消贸易限额和内部关税的同时，逐步实现统一对外关税税率，关税同盟完全建成。与此同时，各国引入了共同的关税政策，即一个适用于第三国货物的对外关税政策。内部关税的取消创造了新的出口机遇、促进了各成员国的经济增长。各成员国间贸易增长迅速，提高了投资的增长速度。[②]

欧洲经济共同体从 1973 年 1 月起，成员国从 6 国扩大为 9 国。在扩大的共同体中，英国、丹麦、爱尔兰 3 个新成员国之间，以及 3 国与原 6 国之间的关税，自 1973 年 4 月起分期削减，每年削减 20%，最后于 1977 年 7 月 1 日完全取消 3 国与 6 国之间的关税，建立 9 国的关税同盟。

在 20 世纪 70 年代，关税法规作为关税同盟的基础被欧洲经济共同体各成员国逐步建立起来了，目的是确保无论哪个成员国的货物进口到欧洲共同体，他们不仅要遵守同样的关税法，也要遵守同样的关税制度，以确保关税无论在什么地方，它所实施的方式都一样。

关税同盟的所有成员国对于第三国的货物都采用同样的关税和贸易政策。因此

---

① 赵晓蕾. 外国经济史［M］. 大连：东北财经大学出版社，2013.

② 张维. 关税同盟与共同体［J］. 国际税收，2000（7）.

不需要因为关税和对外贸易的问题而设立任何“内部边境”。共同的关税政策可以使得各成员国在面对非成员国的时候采取共同的政策。同时贸易法也已制定，从而使关税同盟变成了真正意义上的关税同盟。

7.3 共同农业政策

共同农业政策是欧洲共同体组织农业共同市场和推行农业一体化的计划和政策。共同农业政策通常与关税同盟一起并列为共同体经济一体化的两大支柱，是欧洲经济共同体活动中非常重要的内容。欧洲经济共同体在成立初期就十分重视农业部门的一体化建设，并在1957年签署的《欧洲经济共同体条约》中明确规定了共同农业政策的目标，并在条约生效后逐步制定和完善共同农业政策的具体方案和实行步骤，这使得欧洲农业部门成为一体化起步最早、成果最显著的主要部门之一。

欧洲经济共同体之所以将农业部门列为一体化建设的优先部门，是因为与工业相比，共同体国家的农业有其特殊性。农业是国民经济的基础部门，是唯一为社会提供基本食品的部门。同时，还为其他经济部门提供原料、资金、劳动力和市场，因此，农业的稳定与发展是经济发展的前提条件。正因为如此，在20世纪60年代欧盟发展取得的另一个成就是制定并实施了共同农业政策。《罗马条约》提出的一项主要目标是实行成员国之间农产品交易的共同市场及其相应的共同农业政策。从总体上看，欧洲共同体农业政策的主要内容是：建立内部农产品的单一市场，逐步消除成员国之间的各种贸易壁垒及补贴，统一价格和竞争规则，协调管理，保持汇率稳定；确立共同体内部优先制度，优先权原则体现在通过设置关税、差价税和出口补贴，甚至以补助的形式下调农产品价格，对农产品实行保护政策；建立共同农业政策财政统一制度；通过保证农业生产的合理发展，以及对所有生产要素特别是劳动力的最佳利用，来提高农业生产率；共同体用预算开支，收购并储存过剩农产品，实行单一价格，保护共同体内部市场免受外部低价产品和世界市场价格大幅度波动的影响。

在欧洲经济共同体实行共同农业政策的过程中，与欧洲农业指导与保证基金的建立与支持是密切相关的。欧洲农业指导与保证基金是共同农业政策得以正常运行的财政保证。该基金于1962年年初设立，1971年以前，由共同体向各成员国按规定的比例分摊，1971年以后，基金纳入共同体总预算，成为共同体的一项专项开支。该基金设立以来，一直是共同体财政开支的最大一项，最高时曾占到共同体财政开支的70%。它对整个共同体的活动发挥着重大制约作用，并且作为收入再分配手段对各成员国产生了一定的经济和政治影响。①

① 刘曙光，竺彩华. 解释全球经济［M］. 北京：中国经济出版社，2004.

由于采取了有效的共同农业政策，到1968年，欧洲共同体建立了20多个农产品共同市场组织，1969年欧洲共同体又取消了农产品在成员国内部的关税，实现了农产品在欧洲共同体内部范围内的自由流通，对非欧洲共同体国家的农业则增收差价税。20世纪70年代，世界市场上农产品价格波动剧烈，由于欧洲经济共同体执行了价格管理和干预制度比较到位，使得共同体免受世界市场供求和价格波动的影响，区内农产品市场的价格波动明显小于世界市场的价格波动，从而保障了区内农产品供给的稳定。

共同农业政策的实施，促进农产品自给率的提高，对平衡成员国利益，建立排外的农产品内部市场，促进欧盟各国农产品出口，起到了相当重要的作用；提高了各国的农业生产率，稳定了农产品的市场价格，保障了供应；共同农业政策的基本实现使各成员国的农业经济得到了发展，尤其是前期。1961—1969年，欧洲共同体农业生产率年平均增长了7.1%，1969—1973年，其农业生产率年均增长6.6%，超过同期工业生产增长率和国民生产总值增长率的增幅。农药、土壤改良等农业技术的革新与推广和农业机械的普及以及农业配套服务的发展都促进了农业生产的发展。

7.4　经济和货币同盟

欧洲货币制度是从欧洲货币联盟开始的，其起源可以追溯至欧洲经济合作组织于1950年7月1日建立的“欧洲支付同盟”以及1958年取代了该同盟的“欧洲货币协定”。“欧洲支付同盟”和“欧洲货币协定”虽然启动了欧洲货币联合的进程，但并未对欧洲货币一体化提出具体设想，当时的出发点主要是促进成员国经济和贸易的发展。欧洲经济共同体工业品关税同盟提前建成和共同农业政策基本实现以后，为了促使成员国之间贸易的进一步发展，共同体面临稳定各成员国之间的货币汇率、解决国际收支困难以及在成员国货币发生变动时，如何保持农产品的共同价格等一系列新问题，为了巩固和继续发展经济一体化，1969年12月共同体国家首脑会议正式提出把建立欧洲经济和货币联盟（Economic and Monetary Union，EMU）作为欧洲经济共同体的一项重要目标。①

根据欧洲经济共同体此后通过的《关于分阶段实现经济和货币联盟的决议》，经济和货币联盟在10年内分3阶段完成具体实施方案。从1971年开始的第一阶段，其主要目标是缩小成员国之间汇率的波动幅度，加强成员国经济政策和货币政策的协调，为了支援成员国稳定汇率的努力，设立货币合作基金。第二阶段的目标主要是进一步稳定汇率的努力，集中成员国的部分外汇储备，把货币合作基金转变为共同

① 赵晓蕾. 外国经济史［M］. 大连：东北财经大学出版社，2013.

外汇储备金，使资本流动逐步自由化，要求各成员国经济货币政策更加协调一致。第三阶段的目标则是使固定汇率向发行统一货币方向发展，建立共同体的中央银行，实现商品、劳务、人员和资本定量自由流动。[①]

欧洲共同体经济和货币联盟计划第一阶段的最大进展，是在1973年4月正式建立欧洲货币合作基金（European Monetary Cooperation Fund，EMCF）组织。其任务主要是通过市场干预，稳定欧共体成员国间的货币汇率，加强成员国间的货币金融合作；对国际收支逆差的成员国提供短期贷款；集中成员国的货币储备，作为划拨清算中心，起欧共体中央银行的作用。欧洲货币合作基金使用的货币单位是欧洲货币记账单位，相当于1971年贬值前的美元，含金量为0.888 671克，欧洲货币合作基金总部设在卢森堡，理事会秘书处设在瑞士的巴塞尔。日常活动由欧洲经济共同体中央银行委员会讨论决定。加强各成员国间的货币金融合作，向成员国提供短期信贷，以稳定汇价；以基金的欧洲记账单位代替美元作为成员国间的结算单位，形成结算中心，逐步集中成员国的货币储备，使基金组织成为共同体成员国的中央银行。

欧洲货币合作基金集中了成员国各20%的黄金储备和外汇储备，作为发行欧洲货币单位的准备。主要作用是向成员国提供相应的贷款，以帮助它们进行国际收支调节和外汇市场欧洲经济共同体在经济和货币联盟第一阶段取得某些进展的时候，发生了20世纪70年代初期的石油危机和严重经济衰退。经济危机、美元危机和能源危机的出现，导致共同体成员国纷纷陷入经济困境。此时以美元为中心的布雷顿森林体系崩溃，国际金融领域剧烈动荡，各国货币改而实行浮动汇率制。这使得欧洲经济共同体成员国未能进入经济联盟第二阶段达成一致，导致欧洲经济共同体向建设经济和货币联盟目标的第一次挑战失败。为了改变这种状况，采取了更为现实的做法，把货币统一化的目标暂时缩小到稳定共同体成员国货币汇率这一现实任务上。

1978年12月，欧洲经济共同体成员国达成建立欧洲货币体系的协议，其目标是在建立一个较为稳定的货币区，在共同体内保持了相互汇率的相对稳定。这包括三个组成部分：①设立欧洲货币单位（ECU，埃居）。它是欧洲货币体系的核心。它不仅作为成员国货币汇率的标准，而且是成员国货币当局对外汇市场进行干预的手段，同时它也成为各国的一种储备资产。②建立汇率的稳定机制和干预机制。参加欧洲货币体系的成员国对内实行可调整的固定汇率制，各成员国的货币对欧洲货币单位有一定法定比价，当某种货币偏离法定比价达到一定程度时，该国货币当局就应采取相应措施。③逐步建立欧洲货币基金，最终建成欧洲中央银行。其目的是保证欧

---

① 魏允哲，蔡国栋主编. 世界经济概论［M］. 北京：中国计划出版社，1999；池元吉主编. 世界经济概论［M］. 北京：高等教育出版社，2003.

洲货币体系的运行，稳定各国货币的汇率。[①]

由于当时基金拥有的资金十分有限，使用期限也比较短，因此基金的作用有限。1979 年 3 月，欧洲货币体系成立，要维持国际金融和保证它的正常运转，需要有相当雄厚的资金支撑。1979 年 4 月，欧洲货币体系的参加国（包括非正式参加的英国），各自以本国黄金和外汇储备的 20%用周转性转换方式存入欧洲货币合作基金，总额达 250 亿欧洲货币单位，并拟两年内建立欧洲货币基金（European Monetary Fund，EMF）。考虑到各国国际储备的变动及黄金、美元价格的波动，欧洲货币基金在滚动的基础上，每 3 个月重新调整一次。基金的主要目的是保证欧洲货币体系的正常运转，稳定各成员国间的汇率，并对国际收支逆差国提供信贷支持，使成员国能够有效地干预外汇市场。欧洲货币体系的建立和运行是欧洲经济共同体货币一体化进程的重要成果。

7.5　就业政策与劳动就业

对于一个国家或地区来说，经济增长、劳动就业状况是宏观劳动经济学领域最为关注的。劳动就业状况关系到国计民生，与经济发展密切相关。国家在经济发展过程中，须制定出各种就业政策和计划，通过就业结构调整来解决失业问题。在一个国家实施可持续发展就业战略中，除了重视劳动力资源的创造外，还要重视就业机会的创造，实现充分就业。

充分就业（full employment）这一概念始于约翰・梅纳德・凯恩斯（John Maynard Keynes，1883—1946 年）的就业理论。凯恩斯认为，充分就业就是“在某一工资水平下，所有愿意接受这种工资的人都得到工作”。[②] 针对充分就业问题，凯恩斯主张在消费需求和投资不足的情况下，只有政府通过干预经济政策来提高社会的有效需求，才能促进生产，减少失业，以实现充分就业。其主要措施是：实行扩张性的财政政策，用发行公债的方式扩大政府开支，通过赤字财政和通货膨胀政策，刺激经济，增加有效需求，从而保持充分就业；实行高额累进税政策进行收入再分配，以刺激消费，通过消费的增加来提高全社会的就业水平；实行政府干预对外贸易政策，扩大出口，以达到保持本国对外贸易顺差、繁荣经济与增加就业机会的目的。在他看来，在资本主义社会中除了自愿失业和摩擦失业外，还存在着非自愿失业，即工人在现行工资水平下愿意工作却找不到工作的现象。因此，国民经济处于“低于充分就业”的均衡状态是经常的，而充分就业只是短暂的，只有消除这种非自愿失业，才意味着实现了充分就业。

---

① 池元吉主编．世界经济概论［M］．北京：高等教育出版社，2003.

② 凯恩斯．就业、利息和货币通论［M］．高鸿业译，北京：商务印书馆，1999.

在凯恩斯以后，经济学家们对充分就业进行了研究，有些经济学家认为充分就业是指劳动力和生产设备都达到充分利用状态；有些经济学家则认为充分就业并不是等于零，而是总失业率等于“自然失业率”。除此之外，经济学家们还用定量分析的方法对充分就业与否进行界定。

就业与失业通常是世界各国普遍存在的一种经济现象。由于各国的国情不同，其就业状况各有特点，但就业与失业都具有普遍的规律。第二次世界大战后到20世纪70年代初期，是西欧经济恢复发展和繁荣时期，这个时期，西欧主要发达国家的就业增长比较缓慢，仅增长了20.0%左右，但基本上实现了劳动力的充分就业。第二次世界大战后，西欧主要发达国家的就业政策是：增加劳动力市场的自由竞争性，消除那些干扰工资作为价格信号等影响劳动力供求均衡的不利因素；通过国家干预，扩大社会总需求，增加就业岗位和就业机会。由于这些积极的就业措施使联邦德国、英国、法国和意大利等西欧主要发达国家的失业总人数显著下降，从1950年的368.8万人减少到1965年的134.9万人。到1974年，失业人数有所上升，但失业率较低，联邦德国、英国和法国的失业率在2.6%～2.8%之间，出现了充分就业的局面。

但随着20世纪70年代初期的石油危机和通货膨胀给发达国家带来的经济困难，西欧各国普遍陷入1974年和1979年两次经济衰退，各国政府采取提高失业率来稳定物价的中短期政策，减少了劳动力需求，使欧盟各国的失业人数和失业率都迅速上升。到了80年代初期，这些发达国家的失业总数从1970年的240万人增长到1980年的870万人，增长了2.6倍。时隔不久，大部分西欧发达国家在1980—1982年又发生了更严重的经济危机，经济增长率低下，世界贸易额大幅度下降，通货膨胀率上升，伴随着持续性的经济停滞，西欧主要发达国家的失业人数不断扩大，到1985年，失业人数增至1 600万人，占欧洲共同体劳动人口的12%，就业状况也始终得不到改善。1985年经济增长尽管得以恢复，英国、德国、法国、意大利仍出现高达11%的失业率，特别是青年人在失业人口中的比率占到25%～30%。欧洲高失业率实际上是在产业结构由重化学工业向机械工业，再向高科技产业转变过程中出现的。

从宏观人口经济学的角度来看，一国的就业人口规模主要取决于经济发展的水平和人口增长的变化。欧盟各成员国为了促进经济发展，总是把实现充分就业作为重要的劳动经济问题加以考虑，并制定相应的政策。集中体现在利用各种手段直接扩大劳动力需求和增加就业机会。

瑞典是积极推行劳动就业政策的最典型国家，它通过政府行政政策与工会政策的相互作用来实现充分就业。从20世纪60年代后半期到70年代末期，瑞典的就业增长率保持在1.2%的水平，失业率也一直低于5.0%，是发达国家中解决充分就业最好的国家。瑞典作为欧洲比较典型的福利国家，它的劳动就业带有比较浓厚的福利特点，其主要措施是政府通过提供资金援助，实行优惠政策，直接举办就业庇护工程、以工代赈工程，或鼓励各种形式的失业救济工程，或通过直接向企业订货的方式，扩大社会对劳动力的需求总量。此外，瑞典政府针对一些特殊性的就业群体提供庇护性就业岗位，如对青年人实行优先就业政策；对雇主雇用失业者实行补贴的政策，工资的 50％由国家补贴给企业；重视残疾人和妇女就业；鼓励老人再就业等。

与瑞典相比，英国、法国等欧盟成员国的就业政策在积极创造和提供就业机会、有效扩大劳动力需求方面显得逊色。英国在 20 世纪 60 年代和 70 年代前期已实现充分就业，这一时期平均失业率仅为 2.5％。但 70 年代后期，失业率显著上升，这种状况一直持续到 80 年代初期。在这种形势下，为了保证英国国内居民充分就业，英国政府制定了严格的劳务政策。其基本原则是：欧盟成员国内部人员自由流动；限制欧盟以外的国家对英国进行劳务输入。当英国国内劳务供给不能满足相关需求时，英国用人单位必须首先从欧盟成员国中招聘劳务，当确定没有合适人选后，才能从欧盟成员国以外的国家招聘劳务。这种制度大大改善了英国的就业状况。

法国在 20 世纪 60 年代失业率很低，这一时期平均失业率仅为 1.4％。70 年代中期以来，由于失业率迅速上升，政府制定了一系列就业政策，主要是以调整行业结构为方向，80 年代前期是以重工业和汽车业为主。但因失业率居高不下而改为直接减少无业人口。除了培训和增加以特殊群体人口为对象的救助性公益岗位外，还采取了有利于实施劳动市场的灵活政策，使劳动力市场经常处于不饱和状态，存在吸纳就业的空间。随着就业政策的不断调整，使法国自 80 年代初期以来出现的较为严重的失业问题得到缓解，从而达到了促进就业和再就业增长的目的。

7.6　第二次世界大战后的经济发展与人口变动

第二次世界大战后，欧盟主要国家经历了相似的经济增长历程。20 世纪 50 年代和 60 年代欧盟各成员国致力于解决经济增长速度问题，极大地推动了欧洲发展的进程，增强了成员国的经济实力。这一时期人口增长较为缓慢，但在一定程度上促进了经济发展。70 年代以后各成员国加速了区内区外的贸易发展，解决了经济与社会的均衡发展问题，经济增长方式逐步由粗放型向集约型转变，更加注重经济增长的质量和效益，提高了它在世界经济上的地位。尽管人口增长较为缓慢，但人口因素对经济的影响是显而易见的。

20 世纪 40 年代中期到 50 年代初是西欧主要发达国家的经济恢复时期。战后初期，西欧主要发达国家由于遭受战争重创，国民经济都受到严重挫伤，处于萧条的状态。西欧各国克服了物资匮乏、资金短缺、劳动力不足的困难，仅用了大约 5 年的时间，将经济恢复到战前水平。西欧经济的迅速恢复得益于国家对经济的干预和美国援助。战后，法国实行了“现代化和装备计划”；联邦德国实行政府对市场经济进行适度管理和干预的社会市场经济制度；英国则推行国有企业私有化政策。各国采取了优先发展农业和基础设施产业等一系列经济振兴政策，使各国经济逐渐复苏，有力地带动了经济增长。美国按照“马歇尔计划”向西欧各国提供了巨额资金和大量设备，加快了西欧各国的经济复兴。

从战后西欧主要发达国家的人口发展来看，与美国和日本相比人口增长相对缓慢。法国在战后由于实施了一系列鼓励人口增长的措施，出生率如图 7—1 所示显著上升，1947—1949 年平均为 20.5‰，1950 年以后一直趋于减退趋势，但下降速度比大多数欧洲国家慢，1981 年减至 14.0‰，明显高于联邦德国和英国。据统计，法国人口在 1981 年增至 5 390 万人，比 1944 年增长了 40%，年平均增长率为 1.0%，与战前相比有了显著改善。英国人口在战后同法国一样，也经历了生育高峰，20 世纪 60 年代前半期出生率达到 18.2‰，英国人口增长较为迅速。此后出生率一直下降，1977 年仅为 11.3‰，跌至低谷。此后受前一次生育高峰和外来的影响，出生率有所回升，使英国人口呈现长期低增长的趋势。

在这种情况下，西欧主要发达国家人口数量的增长在一定程度上有利于经济发展。西欧主要发达国家在经历了战后短暂的经济恢复之后，从 20 世纪 50 年代起经济开始起飞，出现了一个高速度发展时期。欧洲经济共同体国家在 50 年代保持了较高的经济增长速度，国内生产总值平均增长率为 4.6%，增长速度超过美国。特别是联邦德国经济的发展引人注目。联邦德国在战后进行了大规模的经济复兴，仅用了不到 5 年的时间恢复到战前水平，并很快再次超过英国和法国，成为西欧最大的经济强国。50 年代是联邦德国经济高速增长时期，其平均经济增长率高达 7.8%，比世界经济平均增长率高 3.4%。这一时期，法国的国民生产总值年平均增长速度为 4.8%，意大利为 5.5%。由于西欧国家经济的迅速发展，使其在资本主义世界经济中的经济地位不断上升。到 1957 年，法国、联邦德国、意大利、比利时、荷兰和卢森堡等西欧 6 国的工业生产已达资本主义世界的 20.8%。1958 年西欧经济共同体的成立，进一步促进了西欧经济的迅速发展，1961—1970 年，欧洲共同体国家国内生产总值平均增长率如表 7—2 所示，为 4.8%，其中，联邦德国的国民生产总值年平均增长率为 4.9%，法国为 5.8%，英国为 2.7%。从 50 年代西欧经济开始起飞到 60 年代中期，由于经济的迅速发展，使西欧在资本主义世界的经济地位迅速提高，到 1965 年，欧洲共同体在资本主义世界国民生产总值中所占的比重上升为 22.1%，已接近美国所占的比重。当然，欧洲共同体内部成员国的经济增长是不平衡的。其中，除英国以外，欧洲共同体大国联邦德国、法国和意大利处于领先地位。经济高速增长创造了大量就业机会。

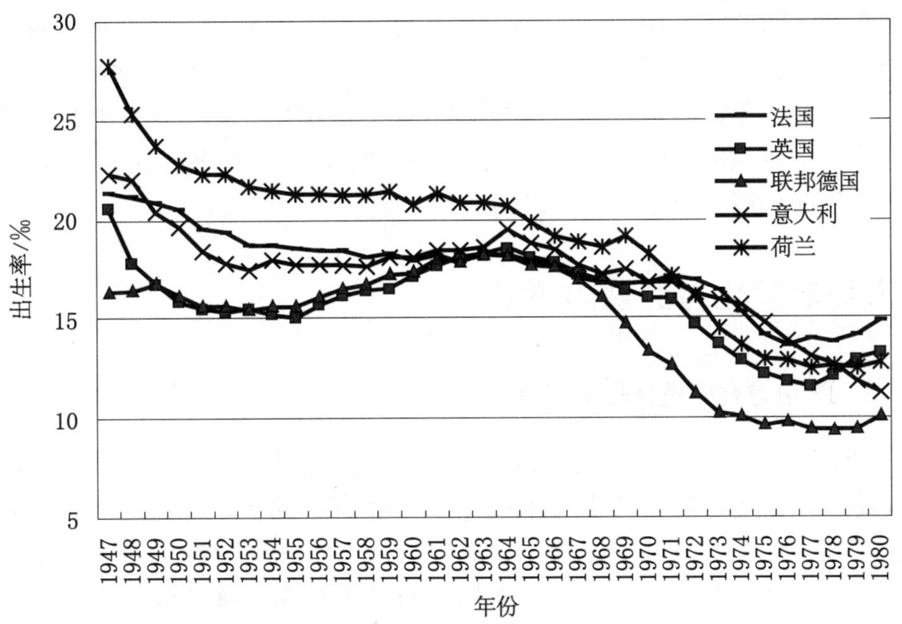

图 7—1　欧洲共同体主要国家人口出生率

资料来源：[英] B. R. 米切尔编. 帕尔格雷夫世界历史统计・欧洲卷（1790—1993）[M]. 北京：经济科学出版社，2002.

表 7—2　　欧洲共同体经济和人口增长率与美国和日本的比较

国别	国内生产总值增长率/%		人口增长率/%	
	1961—1970 年	1971—1980 年	1961—1970 年	1971—1980 年
欧洲共同体	4.8	3.0	0.5	0.4
美国	4.2	3.2	1.3	1.1
日本	10.5	4.5	1.1	1.1

注：1961—1970 年国内生产总值增长率和人口增长率为法国、联邦德国、意大利、比利时、荷兰和卢森堡等欧盟 6 国的统计资料，1971—1980 年统计数字包括 1973 年加入欧洲共同体的英国、丹麦和爱尔兰等欧盟 9 国。

资料来源：IMF，World Economic Outlook Database，2006；[英] B. R. 米切尔编. 帕尔格雷夫世界历史统计・欧洲卷（1790—1993）[M]. 北京：经济科学出版社，2002.

1961—1973 年，欧洲共同体 9 国的平均失业率仅为 2.2%。经过这 12 年的经济发展，欧洲共同体的经济实力大幅度加强。进入 20 世纪 70 年代以后，西欧主要发达国家的出生率低、死亡率低，人口发展趋缓，加上 1971 年世界货币风潮和以美元为中心的国际固定汇率制度解体以及 1973 年的石油危机的冲击下，德国的经济增长率下降，1970—1979 年的平均增长率仅为 3.1%，法国和英国等主要发达国家在这一时期由于遭受世界经济危机的影响，经济增长率也普遍下降。1974—1982 年间，欧洲共同体 9 国的国内生产总值年平均增长率降到 1.7%，1979—1983 年间出现了负增长，欧洲共同体 10 国的国内生产总值年平均增长率平均为−1.1%。在经济低迷的同时，通货膨胀率却不断加剧，1974—1983 年期间，通货膨胀率始终保持两位数的水平，经济萧条导致欧洲共同体10国的失业人数剧增，联邦德国、法国、英国和意大利等主要西欧国家到1983年都接近或超过10%。经济的衰退导致欧洲共同体在世界经济中的地位明显下降，与美国经济规模的差距再次扩大。而这一时期，西欧由于经济危机和人口减退的影响，也结束了经济高速增长的“黄金时代”，转而进入低速增长、通货膨胀和高失业率并存的时期。

7.7 人口老龄化与劳动力不足

7.7.1 渐进过程中的人口老龄化

人口老龄化作为年龄结构变动的趋势主要是由生育率和死亡率的下降引起的。欧洲在工业革命以后，随着科学技术的进步和经济的发展，人们的生活水平得到较大幅度的提高，而生活条件的改善、公共卫生和医疗技术的改进使死亡率大幅度下降，从而使平均预期寿命得到延长，老年人口越来越多，这就为欧洲人口老龄化的发展提供了前提。在欧洲的人口死亡率下降以后，随着经济和城市化的发展，出生率开始下降，从而导致人口老龄化的渐进过程。

人口出生率的下降首先出现于法国，接着是欧洲其他国家，因而人口老龄化现象首先是从法国等欧洲国家开始的。法国从18世纪末开始生育率下降，在人口老龄化渐进的过程中，1851年法国60岁及以上老年人口比重已达到10.1%，率先进入老年型人口国家的行列，1871年65岁及以上老年人口所占比重已达到7.4%。1890年瑞典进入老年型人口结构，65岁及以上老年人口所占比重已达到7.7%，1891年，挪威65岁及以上老年人口所占比重也达到7.6%，完成了老年型人口结构的过渡。进入20世纪后，欧洲国家的出生率普遍下降，20年代以后的英国和联邦德国相继成为老年型人口国家。1940年，全世界65岁及以上老年人口所占比重超过7.0%的国家有：法国、瑞典、挪威、英国、联邦德国、爱尔兰、瑞士、荷兰、奥地利、比利时、丹麦等国，其中，除了挪威和瑞士外，其他各国后来都成为欧盟成员国。由于这一时期欧洲国家出生率的下降比较缓慢，人口老龄化的进程也十分缓慢。到20世纪中叶，避孕技术在发达国家得到了发展，从而加快了欧洲国家生育率的下降和平均预期寿命的不断延长，1950年，欧洲65岁及以上老年人口比重上升到8.7%。

20世纪后半世纪，由于欧盟各国总和生育率的不断下降和死亡率的下降，导致人口老龄化的速度加快，1960年，法国、联邦德国和瑞典等国65岁及以上老年人口所占比重均超过10%，1970年又都上升到12%以上。从70年代开始，联邦德国、法国、英国、意大利、瑞典等主要欧盟国家的总和生育率低于维持出生和死亡平衡的更替水平（见表7—3），而且逐年递减，从而使人口老龄化程度不断加重。

表7—3 欧洲共同体主要国家总和生育率的变化

期间	联邦德国	法国	英国	意大利	西班牙	荷兰	葡萄牙	比利时	瑞典
1950—1955年	2.08	2.73	2.18	2.32	2.57	3.06	3.05	2.34	2.21
1955—1960年	2.32	2.71	2.50	2.35	2.75	3.09	3.04	2.51	2.23
1960—1965年	2.48	2.85	2.82	2.55	2.89	3.12	3.09	2.66	2.33
1965—1970年	2.33	2.61	2.52	2.49	2.93	2.74	2.86	2.34	2.12
1970—1975年	1.62	2.31	2.04	2.27	2.89	1.97	2.76	1.94	1.89
1975—1980年	1.44	1.86	1.72	1.92	2.63	1.58	2.42	1.71	1.65

资料来源：United Nations. *World Demographic Estimates and Projections*，1950—2025. New York，1989.

综上所述，欧盟的人口老龄化是人口发展到一定阶段后出现的一种不可避免的趋势，它标志着经济的发展和进步。因为只有在人均国民生产总值和生活水平上升以及医疗发达的国家，出生率和死亡率才会呈现下降趋势，人类的平均预期寿命才会延长，使老年人口规模不断扩大，老年人口比重不断增加，从而影响欧盟的经济增长速度。

7.7.2 劳动力不足

20世纪50年代初期以后，西欧各国的工业生产力高度发展，经济空前繁荣，于是出现了需要大量劳动力的问题。但是西欧各国由于出生率下降，在人口老龄化渐进的过程中人口增长比较缓慢，劳动力来源很少。特别是20世纪60年代初期劳动力严重不足。欧盟各国为了弥补这种不足，从50年代中期开始积极吸收外籍劳动力。

根据联合国的资料，1960—1970年期间，欧洲共同体各国中除了荷兰本国劳动力增长了12.9%外，法国和比利时的本国劳动力增长缓慢，分别增长了5.5%和1.2%，而联邦德国和卢森堡的劳动力大量减少，但外籍劳动力增长最多的是联邦德国，猛增了2.8倍，荷兰也增长了1.9倍。战后联邦德国的经济出现了持续的高速增长，但到了20世纪60年代，因劳动力不足影响了经济增长的速度，促使联邦德国招收大量外籍劳动力，主要是从意大利、东欧等国家输入。

这一时期荷兰和瑞典等国家也大量接受外国劳动力。其结果，到1970年，卢森堡每5人中就有1人以上是外籍劳动力，其他欧洲共同体各国则相对较少，但外籍劳动力占劳动力人口总数的比率为3%～7%。从整个欧盟6个成员国来看这个比率是持续上升的。在欧洲共同体各国经济繁荣时期流入的外籍劳动力主要来自离西欧各国较近的、贫穷的农业国。迁移的目的出于经济的原因，是为了寻找更多的就业机会和更高的工资。但是20世纪70年代初的石油危机给欧盟各国带来经济萧条，各国政府减少了劳动力的需求，在这种情况下，外籍劳动力的就业遇到困难，失业率增大。

20世纪70年代以后，欧洲共同体各国的总和生育率持续下降，1975—1980年降至1.9，低于人口正常更替所需的比例，基本是世界最低水平。这一过程开始于20

世纪 60 年代，首先发生在北欧地区的成员国。10 年后，地中海附近的成员国也开始了相同的下降趋势。与此同时，65 岁及以上老年人口系数不断上升，在人口老龄化渐进的过程中，劳动年龄人口系数不断下降，导致劳动力供给不足。在这种情况下，吸收外籍年轻劳动力入境，被大部分欧盟国家采用。外籍劳动力的流入使欧盟的人口增长，在一定程度上缓解了劳动力不足的压力。

第 8 章　德国的经济发展与人口变动

8.1　20 世纪前期的人口与经济发展

20 世纪初期，德国的人口呈现减退趋势，1901—1910 年下降到 28 万人。在第一次世界大战期间德国人口又减少 565 万人，致使人口增长率在 1905—1913 年维持在 1.35％的低水平（见表 8—1）。与此同时，战时德国经济破坏严重。在协约国的封锁下，1913—1918 年，德国的进口额缩减了 3/5，出口额减少了 3/4，整个工业生产下降 43％。农业生产也有所减退。1918 年的物价较 1913 年上升了 4 倍。

表 8—1　　德国人口经济的长期增长

期间	持续期间/年	10 年平均增长率/％		
		总产值	人口	人均产值
1880—1889 年至 1905—1913 年	24.5	32.9	13.5	17.0
1895—1904 年至 1925—1929 年	27.5	17.7	9.7	7.3
1925—1929 年至 1950—1954 年	25	26.5	12.5	12.5

资料来源：Simon Kuznets. *Economic Growth of Nations*. Cambridge，Mass，1971；［英］安格斯・麦迪森. 世界经济千年史［M］. 北京：北京大学出版社，2003.

1919 年 6 月签订的《凡尔赛和约》是一个对德国进行“惩罚”的国际条约。根据和约，德国丧失了 1/8 多的国土、1/12 的人口，以及 1/7 的耕地面积。和约剥夺了德国全部殖民地。德国的全部国外投资也被各战胜国没收。和约还规定了巨额的战争赔款和实物赔偿。到 1919 年，德国由于第一次世界大战的影响，导致人口死亡率上升和劳动力供给不足，工业生产大幅度低于战前水平，经济遭受严重创伤。

经历了 5 年的战后恢复，德国经济自 1924 年起进入了相对稳定期，在经济稳定发展的过程中，美国的资本起了主要作用。1923 年，在美国的策划下，协约国提出了“道威斯计划”。[①] 其主要目的是防止德国崩溃，使德国的经济得到恢复，并保证德国有偿赔款的能力。按照“道威斯计划”，德国进行了货币改革，稳定了通货；大批外国资本，尤其是美国资本流入德国，1924—1929 年德国共支付赔款 90 亿帝国马

① “道威斯计划”的主要内容是在协约国的监督与贷款帮助下，德国实行货币改革，稳定通货；进一步削减和具体规定 1924—1925 年度到 1928—1929 年度的赔款数额，由开始年度的 10 亿帝国马克逐年增加到最后年度的 25 亿帝国马克；作为接受赔款计划的条件，法国、比利时自德国鲁尔地区撤军。

克，而同一时期流到德国的外国资本仅长期贷款就达 100 亿～150 亿帝国马克，短期贷款就达 70 亿帝国马克。大量外国资本使德国经济很快从失败中复苏，并在 1927 年超过战前水平。重工业、特别是与军事相关的新工业部门的发展快于轻工业发展，是这一时期的重要特征。另外，随着国外贸易的恢复和发展，德国在恢复与加强欧洲传统市场地位的同时，重新打入了拉丁美洲和其他地区，其对外贸易总值超过战前水平。

1929 年，由于资本主义世界爆发了最严重的经济危机，很快波及德国。这次世界性经济危机不仅结束了德国相对稳定时期的经济繁荣，而且由于大量的外债和赔款负担使德国的经济危机加重。1930 年，德国的外债约 255 亿帝国马克，大约有半数是短期的。1930 年，协约国通过的“杨格计划”调整了德国的赔款，确定德国的赔款总额为 1 139 亿帝国马克，在 57 年内付清，平均每年 20 亿帝国马克。严重的经济危机使德国经济日渐恶化，而德国用于赔款的出口加剧了国际的萧条，阻碍了世界经济的复苏。在这种情况下，美国建议德国延期支付赔款。1932 年 6 月，协约国在洛桑会议上就德国最终赔款一事达成协议。作为德国的代价是用公债所得支付 30 亿帝国马克，从而结束了德国的赔偿义务，但并没有抑制德国经济的恶化。与没有经济萧条的 1928 年相比，1932 年是德国经济下降到谷底的一年，以不同时期的价格计算，这一年国民收入指数为 62%，毛设备投资为 30%，工业总生产为 61%，生产资料生产为 50%，消费品生产为 78%。这次经济危机使德国形成了人数众多的失业人员，最高时达到 800 万人，占就业人员的 43.8%，就业人数只占劳动力人口的 33.6%，半就业人数为 22.6%。据统计，在经济稳定发展结束前德国工业生产约有 1/4 出口，在 1928 年到 1932 年期间，德国出口从 123 亿帝国马克下降到 57 亿帝国马克。由于大量工厂倒闭，失业率大幅度上升，从 1928 年的 7.0%上升到 1932 年的 30.8%。危机期间，不仅打击了工业和农业，还爆发了深刻的信用危机，对外贸易萧条，进出口大幅度下降。1933 年以后，德国为摆脱经济危机，迅速走上军国主义道路，国民经济的军事化使德国经济迅速发展。

第二次世界大战爆发，又使德国经济进入战争状态。战争期间，德国工业生产进一步发展。1939 年德国的钢产量达到 2 373 万吨，比 1938 年增加 4.7%，1943 年煤产量达到 4.4 亿吨，发电量达到 739 亿度，分别比战前的 1938 年增加 16.5%和 33.6%。1938—1943 年间工业生产平均增长 19%，其中为军事需要的生产资料的生产增长迅猛，高达 63%，而消费资料的生产缩小 10%。从劳动力转移也反映了战时经济特点，1944 年从事军事工业工作的劳动力比 1939 年增长了 3 倍。工业增长的主要原因是工业投资的扩大引起的。据统计，1940 年德国的工业固定资本总额比 1935 年增加 20%，1943 年又比 1940 年增加 20%。这种工业固定资本投资的增长和工业的发展都是同直接生产战争物资部门的增长联系在一起的。至于民用物资的生产一直处于萎缩之中。战争结束后，德国虽然是战败国，但其工业能力并没有遭到重大的破坏。1945 年，德国的工业产量只减少了 10%。

这一时期，德国人口减少约1 050万人。其中因战争大约有380万军人阵亡，约310万平民受战争影响而死亡，因出生率迅速下降减少约260万人，因死亡率高于一般水平而减少约100万人。这些损失影响着德国的年龄结构和男女性别的比例，以及可能就业的人数。同时由于人口的迅速减退导致劳动力不足，从而影响了经济发展的速度。

8.2　第二次世界大战后的经济发展与劳动力

8.2.1　联邦德国的经济与劳动力

联邦德国经济是在遭受战争重创的情况下恢复和发展起来的。第二次世界大战使德国45%的工业设备遭到破坏，加上德国被分裂为两部分，以及被占领、管制等原因，战后初期联邦德国经济陷入低迷状态。1946年的工业生产仅及战前1938年的22.9%，工业中从事职业工作人数仅为战前的76%；通货恶性膨胀；原德国所有的国外市场和海外投资丧失殆尽；1947年它在资本主义世界对外贸易中所占的比重只有0.5%，而战前1938年为10.3%。

联邦德国经济从1948年开始恢复，由于特殊的原因，联邦德国经济恢复的速度晚于其他西欧国家。从1948年币制改革到1950年，联邦德国工业生产基本上恢复到战前1936年的水平，农业生产超过战前水平的2%。但这一时期失业人数呈现上升趋势。1948年6月，整个西部地区的失业人数约有45万人，到1949年6月，失业人数上升到150万人，1950年2月达到220万人，失业率在货币改革后的两年内从3.2%上升到12.2%。尽管失业现象严重，但经济增长较快，到1951年联邦德国的国民生产总值和工业生产超过了战前的水平。

联邦德国在战后进行了大规模的经济复兴，仅用了不到5年的时间恢复到战前水平，并很快再次超过英国和法国，成为西欧最大经济强国。1950年朝鲜战争的爆发，为联邦德国经济带来了转机，美国逐步取消了对联邦德国工业生产的限制，同年盟国取消对联邦德国造船和钢铁生产的限制，以后又取消了对铝、合成燃料、重型机床等战略物资的限制。美国大量购买联邦德国的钢铁、船舶，联邦德国经济开始迅速恢复，失业人数逐渐减少。1956年失业人数降到90万人。大规模的经济重建使600万人获得新的就业机会。

20世纪50年代和60年代是联邦德国经济高速增长时期（见图8—1），特别是50年代平均经济增长率高达7.8%，比世界经济平均增长率高3.4个百分点，高于法国、英国和意大利等西欧主要发达国家的平均增长率，60年代经济的平均增长率为4.9%。由于联邦德国经济发展速度较快，它在资本主义世界国民生产总值中所占的比重有所提高，由1950年的3.9%上升到1970年的7.5%，虽然被日本超过，但仍居第3位。

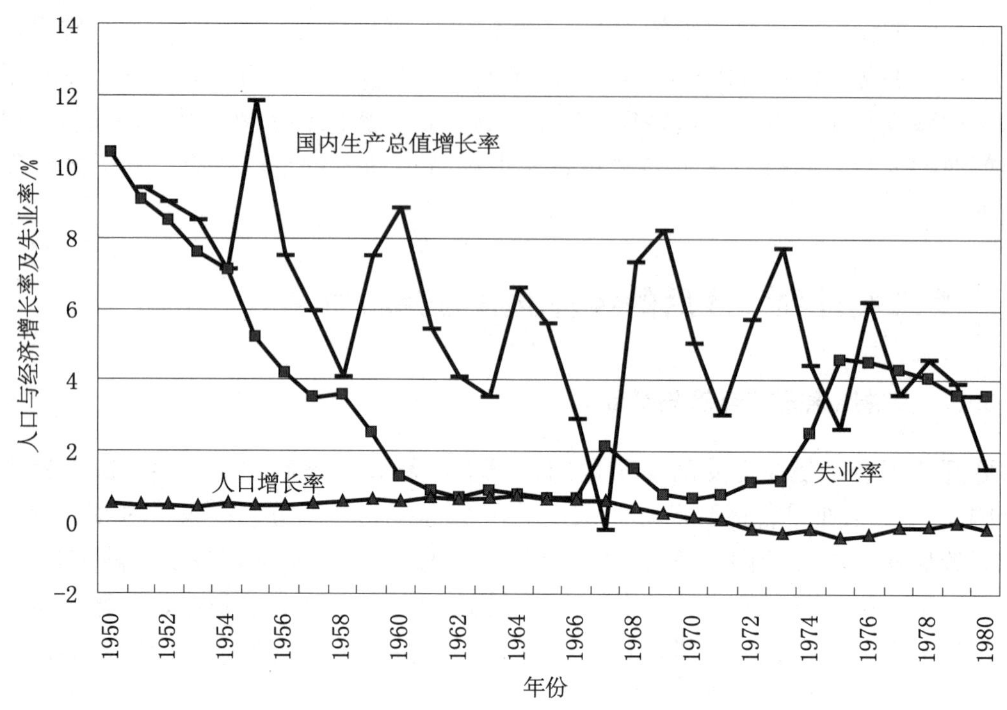

图 8—1　联邦德国的经济与人口增长率和失业率

资料来源：世界银行. 1999 世界发展指标［M］. 北京：中国财政经济出版社，1999；国家统计局主编. 国际统计年鉴（1995 年版）［M］. 北京：中国统计出版社，1995；［德国］克劳斯·格林. 联邦德国的社会市场经济［M］. 北京：中央编译出版社，1994.

这一时期，联邦德国的对外贸易发展也很快（见表 8—2）。为了刺激经济发展，联邦德国从 1950 年起开始大力发展对外贸易，1952 年联邦德国的出口贸易比重已超过法国，居发达国家第 3 位，1958 年又超过英国，跃居发达国家第 2 位。而且从 1952 年起对外贸易连年顺差，成为贸易出超国。

联邦德国经济增长的主要原因是，进行了大规模的固定资本投资，在这方面政府采取了诸如直接财政拨款、设立投资资金等刺激措施，以推动投资的扩大。据统计，联邦德国固定资本投资 1950 年为 183 亿马克，占当年国内生产总值的 18.6%，1970 年增加到 1 740 亿马克，占当年国内生产总值的 26.0%。除日本外，联邦德国的投资在国内生产总值中的份额在主要发达国家中最高。这个比率比战前高得多。联邦德国依靠高积累率，大力发展为国民经济提供先进技术装备的工业部门，如机器制造业，建立了石油化工、电子等一系列新兴工业部门，并对传统部门如钢铁工业进行了技术改造。从国民经济各部门之间的投资比例关系来看，第二次世界大战后，联邦德国物质生产部门的投资不到固定资本投资的一半。但在经济恢复和迅速发展的 20 世纪 40 年代末期和 50 年代上半期，其所占比重较大。从 50 年代下半期开始，物质生产部门的比重不断下降，1962 年占 38.5%，1970 年占 36.0%。虽然物质生产部门的投资在固定资本投资中的比例不大，但物质生产部门的设备投资在其总投资的比重很大，其中，采矿业和加工工业的设备投资占其总投资的70%以上，大规模地更新和扩大机械设备，促进了矿业和加工工业的迅速发展。而高度的农业设备投资则为工业生产提供了广阔的国内市场。

利用国外资本和引进国外先进技术也是刺激经济增长的主要因素。战后，以美国为主的外国投资大量进入联邦德国。自1946—1955年主要在“马歇尔”项目下，联邦德国从美国得到近40亿美元的贷款。这对于战后初期经济的重建，起了重要的促进作用。随后，美国对联邦德国的私人投资不断增大，1957年为5.8亿美元，到1975年达到87.3亿美元。外国资本的流入给联邦德国提供了资金，扩大了就业，增加了税收，带来了先进的技术设备，从而加速了经济发展。联邦德国的新兴工业在很大程度上是靠美国直接投资发展带来的。与此同时，联邦德国还大力吸引了国外先进技术，其形式是多种多样的。诸如进口国外的先进机器设备，聘请外国专家，派遣技术人员出国考察，进行技术交流，与外国合办企业等，其中最重要的是专利与许可证的进口。据统计，从1950—1970年，联邦德国用于购买外国专利与许可证的费用从0.22亿马克上升到12.61亿马克。国外专利与许可证的大量进口使联邦德国能够以较少的人力、物力和财力，并在较短时间里利用国外先进技术，革新原有的机器设备，迅速建立和发展新兴的工业部门，大幅度提高了劳动生产率，以此带动了经济的发展。

表8—2　　第二次世界大战后联邦德国的主要人口经济指标

项目	1950年	1955年	1960年	1965年	1970年	1975年	1980年
国内生产总值/亿马克	978	1 582	3 026	4 620	6 870	10 449	14 780
人均国内生产总值/美元	473	857	1 353	2 032	2 860	7 260	14 150
国民收入/亿马克	878	1 656	2 766	4 142	6 108	9 168	13 109
固定资本投资/亿美元	43	107	168	—	495	—	—
工业生产指数（1970=100）	23	40	59	75	100	104	123
农业生产指数（1970=100）	64	—	89	—	100	103	113
进出口贸易总额/亿美元	47	126	215	354	640	1 642	3 809
总人口/万人	4 785	4 920	5 322	5 862	5 943	5 983	6 157
人口增长率/%	1.6	1.0	1.0	1.3	1.2	0	0.4
就业人数/万人	2 157	2 376	2 595	2 703	2 682	2 718	4 795
就业率/%	46.0	48.3	47.8	46.1	44.2	44.0	45.4
失业人数/万人	158	93	27	15	15	107	89
失业率/%	10.4	5.2	1.3	0.7	0.7	4.6	3.6

资料来源：世界银行. 1999世界发展指标［M］. 北京：中国财政经济出版社，1999；国家统计局主编. 国际统计年鉴（2004年）［M］. 北京：中国统计出版社，2004；［英］B. R. 米切尔编. 帕尔格雷夫世界历史统计·欧洲卷（1790—1993）［M］. 北京：经济科学出版社，2002；国家统计局国际信息中心编. 国际统计和社会统计摘要（1993年）［M］. 北京：中国统计出版社，1993；国外经济统计资料编辑小组. 国外经济统计资料：1949—1976［M］. 北京：中国财政出版社，1979；中国社会科学院世界经济与政治研究所综合统计研究室编. 世界经济统计简编（1982年）［M］. 北京：生活、读书、新识三联书店，1982；［德国］克劳斯·格林. 联邦德国的社会市场经济［M］. 北京：中央编译出版社，1994；姚先国.［德国］H. 缪尔德斯. 两德统一中的经济问题［M］. 北京：科学技术文献出版社，1992.

另外，就业人数的增长对促进这一时期的经济增长是不可忽视的。战后联邦德国的经济发展，特别是20世纪50年代在很大程度上是依靠不断增长的就业人数。据统计，从1950年到1970年，联邦德国就业人数增长了24.1%（见表8—3），虽然低于日本和美国就业总人数的增长率，但明显超过了英国、法国和意大利等主要西欧各国。而在50年代，联邦德国就业人数增长了28.4%，在主要资本主义国家中除了日本外是增长最快的。

就业人数的增长对国内生产总值的增长之间的比值称为劳动弹性，它可以测量劳动力的增加对经济的贡献度，也是衡量经济发展是靠集约型模式还是粗放型模式的一项重要经济指标。1950—1970年，联邦德国的劳动弹性为0.150，日本为0.080。这表明，与日本相比较，联邦德国的经济发展更多地依靠就业人数的增长。

表8—3　　主要发达国家的就业总人数

国家	就业总人数/百万人					就业总人数的期间增长率/%		
	1950年	1955年	1960年	1965年	1970年	1950—1960年	1960—1970年	1950—1970年
联邦德国	21.6	23.8	26.0	27.0	26.8	20.4	3.1	24.1
英国	22.0	22.9	23.7	25.3	24.7	7.7	4.2	12.3
法国	19.2	19.0	18.9	19.8	20.6	−1.6	9.0	7.3
意大利	18.3	18.2	20.1	19.2	19.0	9.8	−5.5	3.8
美国	58.9	62.2	65.8	71.1	78.6	11.7	19.4	33.4
日本	36.5	41.1	44.6	47.5	50.9	22.2	14.1	39.4

注：这里的就业人员是指为挣工资或提供利润而从事任何工作的人，有工作但因病、休假、罢工而暂时缺勤的人，以及工作不少于1/3正常工作时间的家庭补贴成员。

资料来源：[德] 克劳斯·格林. 联邦德国的社会市场经济 [M]. 北京：中央编译出版社，1994.

进入20世纪70年代以后，在1971年世界货币风潮和以美元为中心的国际固定汇率制度解体的冲击下，1971年联邦德国爆发了经济危机。这是在进入70年代后联邦德国工业生产增长速度显著减缓的情况下发生的，因而危机持续时间不长。但在1973年的石油危机的冲击下，1974年第二季度又爆发了经济危机。这是联邦德国战后经历的一次最严重的经济危机。这次危机期间，1974年和1975年的工业生产以及1975年的国民生产总值都绝对下降，失业人数1975年和1976年持续两年超过100万人，失业人数的增加，扩大了失业救济等的支出。危机过后，联邦德国的经济增长仍呈缓慢态势，因而1970—1979年的平均增长率仅为3.1%。另外，通货膨胀率迅速上升。除了国际经济发展环境恶化外，还在于70年代初期爆发的战后联邦德国的经济危机，尤其是固定资本持续下降，1974年投资的减幅甚至超过了10%。为了减轻经济危机的程度和促使经济回升，政府采取了扩大财政支出，增加财政赤字的做法。其结果造成通货膨胀不断上升，最高的1973年和1974年接近了7%。为减少财政赤字，政府采取了经济紧缩政策，影响了国民经济的发展，形成了不同于50年代和60年代的缓慢增长局面。

8.2.2　民主德国的经济与劳动力

战后民主德国[①]仿效苏联的经济模式，坚持中央集权的计划经济体制，尽管经济效益不高，但在经济重建的过程中恢复较快，工业生产指数迅速增长，到 1946 年已达到战前 1936 年的 42%。1947 年，苏联占领区建立德意志经济委员会，负责制订经济计划。1948 年 7 月开始的半年计划是第一次计划工作的开端，紧接着就进行货币改革。到 1948 年年底，计划活动仅限于工业，而且特别重视迅速重建的工程。德意志民主共和国成立后，立即着手国民经济的恢复工作，较为重要的是 1949—1950 年的两年经济计划，其主要内容是：重建被毁坏生产设备；把财务计划作为生产计划的补充；通过加强物质技术的生产基础改进国营经济和个体农民经济之间的经济关系；预计的经济目标是达到战前水平，但是到 1950 年只达到 1936 年国民生产总值的 77%。

在 20 世纪 50 年代，民主德国实行了 1951—1955 年和 1956—1960 年的两个五年经济计划。第一个五年计划的主要目标是挽回第二次世界大战所遭受的经济损失，消除由于两个德国的成立而产生的经济上的比例失调现象；建立采矿业、冶金业、化学工业、动力工业和建筑材料工业在内的主要材料工业。在第一个五年计划时期，民主德国为了改善不平等的经济结构，建立起铸铁、冶炼和轧钢等方面的基本原料工业工厂以及冶金设备、重机器和电动机器制造等方面的生产资料工业工厂；与此同时扩大了机床、轻型电子技术和机器设备等现有的资本货物部门，通过出口消除了苏联在这一领域存在的匮乏现象。到第一个五年计划末期，全民经济成分已占工业总产值的 78.9%，被战争破坏的生产能力基本上已恢复，两个德国的成立所引起的经济上的比例失调现象已消除。在此基础上，民主德国于 1956 年制定了第二个五年计划，主要目标是进一步优先发展生产资料的生产，加强贸易和生产专业化，提高劳动生产率，争取每年经济增长 8%。50 年代后期，民主德国的经济发展依然迅速。按照民主德国的统计，50 年代民主德国的经济增长率为 10%，联邦德国为 8%（见图 8—2）。但按西方标准重新计算，民主德国的经济增长率只有 6.5%，联邦德国为 7.2%。联邦德国略快于民主德国。这一时期在经济增长的过程中，民主德国的失业人数和失业率均有所下降。民主德国 1950 年失业人数为 158 万人，失业率高达 10.2%，到 1960 年失业人数减少到 23 万，失业率下降到 1.2%，实现了充分就业。

---

① 第二次世界大战前，德国原是一个统一国家。1945 年 5 月大战结束，苏联、美国、英国和法国根据《雅尔塔协定》和《波茨坦协定》，分区占领了德国。1949 年 9 月，美国、英国和法国在德国西部占领区单独建立新货币制度，并成立了德意志联邦共和国，简称联邦德国，东部苏联占领区于同年 10 月成立了德意志民主共和国，简称民主德国。

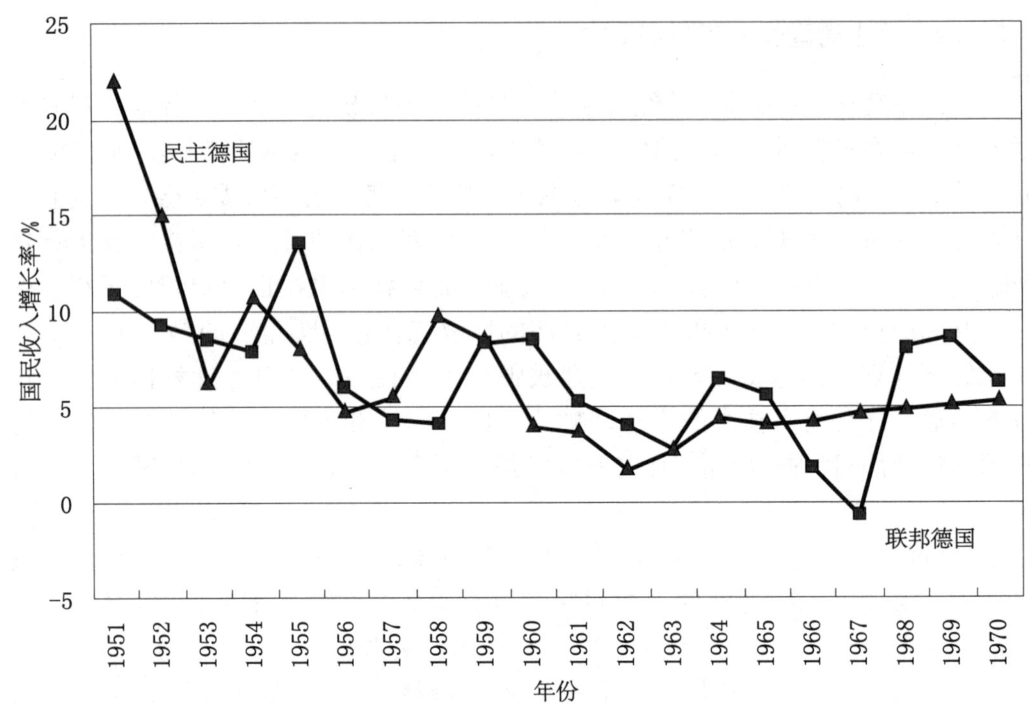

图 8—2 民主德国和联邦德国的国民收入增长率

资料来源：［德国］克劳斯·格林. 联邦德国的社会市场经济［M］. 北京：中央编译出版社，1994.

20 世纪 50 年代在国民经济迅速恢复并获得发展的形势下，民主德国又制定了 1959—1965 年的七年计划，提出要在几年内在人均消费水平上赶超联邦德国的主要经济目标。但由于脱离实际，计划于 1962 年不得不中断执行。1963 年，民主德国政府颁布了《德国经济计划与管理的新经济体制准则》，在全国范围内开展全面的经济体制改革，新经济体制的主要内容是：把部分权利从行政管理领域转到经济领域，调整经济组织机构，扩大企业自主权，把中央计划同以利润为中心的“经济杠杆”相结合。1967 年以后强调工业内部的“结构改革”，把经济划分为中央控制的最优部门和次优部门，最优部门包括电子、电气和仪表等尖端工业，由中央控制强化。60 年代实行的经济政策大大促进了经济的发展。根据民主德国的文献，60 年代国民收入每年实际增长率为 4.5%，联邦德国为 4.8%。在国民生产总值方面，从 1950—1967 年期间，按每一就业人员平均产值计算，民主德国的增长率为 4.0%，联邦德国为 4.4%。这反映两个德国的国民经济均处于良好的趋势。

但到 20 世纪 70 年代初期，国民经济的发展速度出现了减缓趋势。从 1971 年起民主德国在经济运行机制上加强中央集权使经济体制改革出现了复旧趋势，但由于两次石油危机，民主德国对经济体制作了调整，以适应外部经济变化。随后又实行了 1971—1975 年和 1976—1980 年两个五年计划，并开始在工业、建筑业和交通业方面大量组建联合企业[①]。在此期间，民主德国经济又出现高速增长的局面。在 1971—1975 年的五年计划建设中，生产性国民收入的年平均增长率为 5.5%，政府制定的五年计划指标均得到了超额完成，对外经济贸易方面，出口量大大超过了进口额。1976—1980 年，生产性国民收入的增长有所下降，年平均增长率为 4.2%。到 70 年代末期，民主德国经济形势发生了很大变化。苏联对其能源和原材料价格的大幅度提高，迅速扭转了民主德国的贸易顺差。同时也使民主德国所欠西方发达国家的债务上升到 120 亿美元。

还应该看到长期以来民主德国劳动力短缺，在一定程度上影响了经济增长的速度。事实上，民主德国长期以来在劳动力短缺的背后存在着隐性失业。到 20 世纪 80 年代末期，民主德国的许多退休工人不到退休年龄提前办理了退休手续，有 50 万～60 万人。此外还有 180 万～220 万劳动力在打短工，实际上处在失业、半失业状态，在官方统计中，这些劳动力不属于失业范围。但是如果考虑到民主德国物价稳定背后的消费品短缺和过度就业背后的隐性失业问题，这种稳定背后实际上潜藏着不稳定因素。

8.3　对外贸易

德国是世界对外贸易大国，长期以来，对外贸易是德国国民经济的重要支柱行业。据德国统计资料显示，第一次世界大战前进出口贸易占国民生产净总产值的比重达到历史最高水平，1910—1913 年间，出口占 17.5%，进口占 20.2%。第一次世界大战以后，这一比例虽有所下降，但 1930—1934 年间，比例仍保持在出口占 12%，进口占 10.1%。[②] 不仅在德国国内如此，在世界国际贸易市场中德国也是举足轻重的大国。第一次世界大战前，德国占世界贸易的比重曾高达 21.7%，第一次世界大战后所占比重虽有所下降，1936—1938 年间也达到 19.8%，[③] 可见德国在世界贸易体系中的地位。

从进口情况看，第一次世界大战结束后，进口贸易额呈上升趋势，且增长的速度较快。1920 年，进口额只及战前 1913 年进口额 108 亿马克的 1/3 强，至 20 世纪 20 年代后半期，进口额已恢复到第一次世界大战前的水平，仅 5 年时间，至 1925

---

① 1978 年民主德国做出了关于改组和新建联合企业的决定。到 1981 年年初，中央 10 个工业部所属的工业企业的改组、联合工作基本结束，1 万多个中央直属企业改组为 157 家联合企业。每个联合企业平均拥有 2.5 万人。联合企业是具有实力的经济单位，它的业务活动从科研到生产、销售，包括再生产的全过程。它是把生产、销售和科研连为一体的大型托拉斯式的组织。民主德国的经济效率与联邦德国相比偏低。1989 年以后经济形势逆转，这一个五年计划也就失去意义。

② ［英］B. R. 米切尔编. 帕尔格雷夫世界历史统计・欧洲卷（1790—1993）［M］. 北京：经济科学出版社，2002.

③ 滕茂桐. 战后英国的对外贸易［J］. 安徽大学学报（哲学社会科学版），1981（2）.

年，进口额首次超过战前最高水平，达到 124 亿马克，此后至 1930 年进口额均持续保持在 100 亿～140 亿马克之间，如图 8—3 所示。1929 年世界经济危机的冲击对德国对外贸易的影响已初见端倪，进口额虽还保持在 133 亿马克以上，但下降的趋势已明显，此后一路下滑，进入 30 年代便急剧减退，30 年代的进口额基本上只能维持在 20 年代初的水平，发展明显疲软，进入 40 年代后进口额逐渐有所回升。

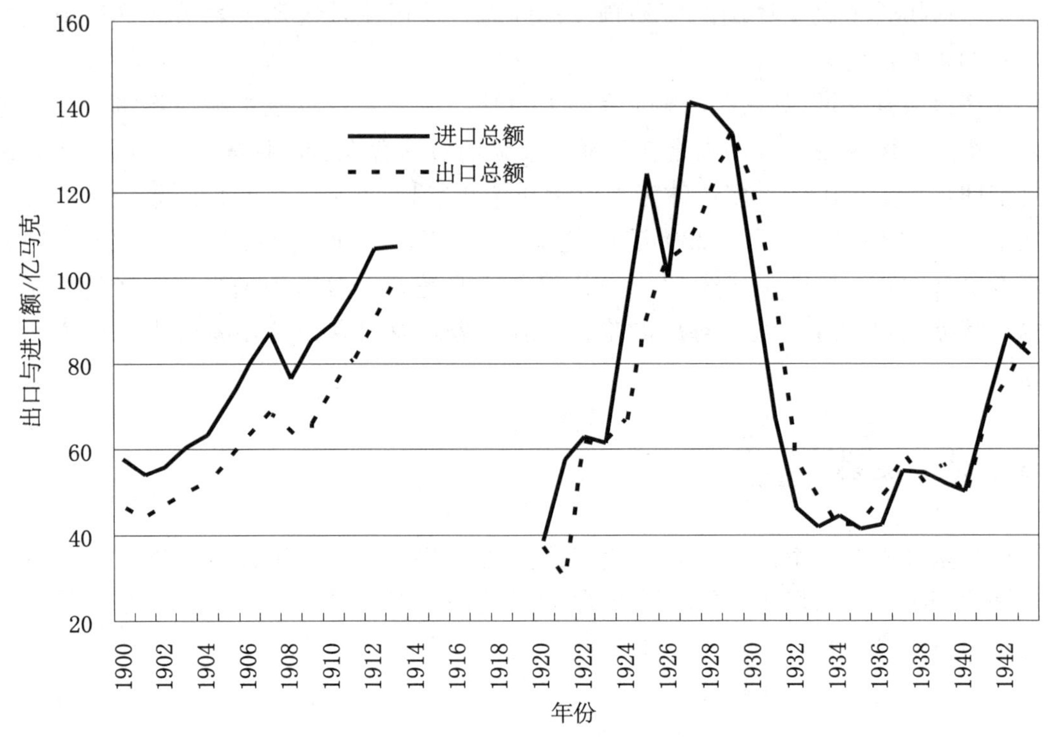

图 8—3　德国的对外贸易

资料来源：［英］B. R. 米切尔编. 帕尔格雷夫世界历史统计·欧洲卷（1790—1993）［M］. 北京：经济科学出版社，2002.

从出口情况看，与进口的发展趋势相似，第一次世界大战后初期出口陷入低迷时期，出口额一度只及战前的 36％左右，经过 6 年时间，稍缓于进口的发展速度，至 1926 年略高于战前出口 100 亿马克的水平，达到 104 亿马克。此后，出口额继续攀升，连续 5 年超过 100 亿马克，1929 年达到两次世界大战之间出口的最高水平 134 亿马克，此后便逐步下滑，至 1940 年近 10 年的时间里，出口额始终在 40 亿～50 亿马克徘徊。1941 年以后开始缓慢回升，但仍未恢复到战前的最高水平。

从贸易收支平衡看，第一次世界大战后初期，以入超为主。1927 年前，入超额呈上升趋势，最高的 1927 年，入超额曾超过 30 亿马克，1929 年开始，出超逐步成为主流，在世界经济危机期间，出超额一度高达 28 亿马克之多，经济危机过后的时间里，出超和入超的情况交替出现，但大部分年份数额相对较小，大致在 5 亿马克以下。总体来看，德国对外贸易中这一时期中入超的情况多于出超的情况，虽入超与出超的情况交替出现，但入超总额远大于出超总额，20余年时间里，入超总额高于出超总额超过100亿马克。可见这一时期德国进口的需求要大于出口，这也是当时的历史条件决定的，反映出第一次世界大战后德国迫切进口更多的物资以满足经济恢复和战备的需要。①

从总额看，这一时期德国对外贸易发展呈现出明显的波浪式轨迹：在第一次世界大战结束后呈上升发展态势，世界经济危机前达到了最高峰，此后迅速下滑，经济危机过后发展疲软，至第二次世界大战爆发前发展势头逐渐再现，又呈上升趋势，但发展速度低于第一次世界大战后的时期，也始终未能恢复到之前的发展水平。

第二次世界大战后，德国被一分为二，联邦德国由美国、英国和法国控制，实行市场经济，民主德国地区，由苏联管辖，实行社会主义计划经济。由于奉行自由的对外贸易政策，联邦德国很快摆脱了战后生产力低下、通货恶性膨胀、对外贸易下降、经济严重衰退的困境。1950年，国民生产总值恢复到第二次世界大战前的水平，为233亿美元，进出口贸易为47.03亿美元（见表8—4），其中出口额为19.93亿美元，约占国民生产总值的8.5%，在世界出口排名中由1947年的第34位跃居到第5位。1960年，联邦德国的国民生产总值达到720亿美元，贸易额为215.88亿美元，占世界贸易比重达到8.48%，出口额增加到114.16亿美元，占到国民生产总值的15.85%。联邦德国先后超过了英国、法国，成为欧洲头号经济强国，在世界上成为仅次于美国的第二大出口国。

表8—4　　第二次世界大战后联邦德国的对外贸易

年份	进出口		出口		进口		进出口差额/亿美元
	总额/亿美元	占世界贸易比重/%	总额/亿美元	占世界出口比重/%	总额/亿美元	占世界进口比重/%	
1948	21.91	1.83	7.91	1.36	14.00	2.26	−6.09
1950	47.03	3.73	19.93	3.21	27.10	4.23	−7.17
1955	119.50	6.16	61.24	6.45	58.26	5.89	−2.98
1960	215.88	8.48	114.16	8.28	101.72	7.42	−12.44
1965	355.25	9.13	179.13	9.43	176.12	8.85	−3.01
1970	641.76	9.93	342.28	10.80	299.47	9.20	42.81
1975	1 651.06	9.23	901.76	10.28	749.31	8.22	152.45
1980	3 808.62	9.27	1 928.60	9.48	1 880.02	9.06	48.58

资料来源：世界贸易组织. 中美德日四国货物对外贸易一览（1948—2012）. 2013-08.

20世纪60年代，进出口贸易持续上升，1965年达到355.25亿美元，1970年又增至641.76美元。随后，联邦德国的对外贸易除了1973年石油危机的影响而略有下滑外，其他绝大部分年份依然保持增长的态势。根据世界贸易组织的统计数据，1971

① 周建明. 两次世界大战之间德国的对外贸易［J］. 深圳大学学报（人文社会科学版），2012（1）.

年的对外贸易总值为731.38亿美元，贸易顺差为45.52亿美元，到1980年达到3 808.62亿美元，其中出口额为1 928.60亿美元，贸易顺差为48.58亿美元。到80年代初期，联邦德国继续保持了仅次于美国的世界第二大贸易国。

从联邦德国的对外贸易结构来看，长期以来，联邦德国的出口商品主要是工业制品，尤其是重化工业产品。战后联邦德国出口的迅猛发展，实质上也就是以重化工业产品为主的工业制成品输出的增长。联邦德国利用工业制成品在国际市场上比价优势，赚取大量外汇为本国的经济发展积累了巨额资金，从而推动了本国的工业生产飞跃发展，同时，又为扩大工业品出口提供了雄厚的物质基础。早在20世纪50年代初，联邦德国的工业制成品出口在联邦德国总出口中所占的比重已达70%；到了50年代中期，其比重已近80%，此后一直保持着这样的比重，历年不衰。这些工业产品主要为机械设备、车辆、化工产品、电气产品、钢铁制品等。特别是机械设备，其出口比重几乎持续上升，由1957年的23%增加到1977年的47%；而化工产品的出口比重也是平稳递升，在联邦德国总出口中始终保持12%左右，1979年甚至达到13.3%。联邦德国的工业品进口，大都来自西方工业国家，实际上占其总额的90%以上，而其中又以2/3来自欧洲共同体。

20世纪70年代后期以后，在国际竞争和矛盾日益加剧情况下，为了争夺世界市场，联邦德国的出口工业正不断加强技术革新，面向高精尖产品发展，借此来保持和提高联邦德国在国际市场上的竞争能力，抬高产品价格，赚取更大的贸易盈余。例如，联邦德国的奔驰轿车，始终保持名牌不倒的声誉，就是以质取胜。由于劳动力成本不断增长，联邦德国倾向于发展资本和技术密集型工业，而把劳动密集型工业产品更多地转向进口。联邦德国的每小时工资成本比美国、日本、法国和英国都要高。因此在国内生产费工时的产品远不如进口制成品便宜，这就是联邦德国在70年代以后有些制成品进口出现上升趋势的一个重要原因。据有关资料统计，联邦德国工业产品进口占国内需求的比重，1970年为16.6%，1974年为19.3%，1979年达到23.5%。其中比重上升最明显的产品是机械、车辆、电子设备和消费品，如乐器、玩具、陶瓷器、纺织品、服装等。①

联邦德国为了追求高额利润，以及为了对付来自劳动力低廉的发展中国家出口竞争的压力，不得不对贸易结构以及与此相适应的工业结构做必要的调整。联邦德国缩小国内生产要素投入条件差的部门，通过投资等各项经济活动，把本国那些部门的生产转移到发展中国家中，重点放在原料产地和低工资地区设厂生产，部分产品用来出口，部分产品返销联邦德国国内市场，例如金属制品、精密机械以及大量消费品就是如此。结果，随着国内劳动密集型部门的缩减，促使这些部门的资本转向国外，从而又带动了联邦德国扩大它对国外投资所需的生产设备的出口。②

①② 徐成光. 联邦德国的对外贸易结构［J］. 西欧研究，1984（1）.

8.4　工业与劳动力就业

8.4.1　工业生产与劳动力就业

在 20 世纪初期的第二次工业革命，德国已基本上建立起完整的工业体系。尽管经历了 1914—1918 年第一次世界大战，仍建立起重化机械、能源、煤炭、化工和电气工业等基础稳固的工业部门。

第一次世界大战德国失败后，1919 年 6 月，被迫与协约国在《凡尔赛和约》上签字，规定德国要进行大量的实物赔偿和巨额赔款，使德国丧失了 12％的国土，75％以上的铁矿资源，40％以上的生铁产量以及 34％以上的钢产量。割地与赔偿的结果使德国工业生产发生混乱，从 1919 年的工业生产倒退到 1918 年的水平。在这之后，工业生产有所恢复，1923 年德国在资本主义世界工业生产中占 8％，1928 年已上升到占 12％，超过了第二次世界大战前的工业水平。而且在电子工业、化学工业、精密机械和光学工业等方面居世界领先地位。

然而，1929 年爆发的经济危机，使整个资本主义世界的工业生产下降了 40％以上。如果以 1932 年的工业产值与 1929 年相比较，美国为 53.8％，英国为 80.0％，法国为 69.1％，意大利为 66.8％。经济危机对重工业部门的打击最沉重，使它的生产平均倒退了 20 年。以 1932 年的数字为准，德国的工业生产比 1929 年下降 39.2％，倒退到 1906 年的水平，这只是各类工业的平均值，反映不出特定行业所受到的巨大损失；煤和发电量只相当于 1929 年的 67.3％和 76.5％，生铁与钢产量分别倒退了 43 年和 33 年，只相当于 1929 年的 29.7％和 35.5％。大量中小企业倒闭，整个工业开工率仅为 1/3 左右，失业人数高达 600 万～800 万人，约占全国工人总数的 50％。这次经济危机严重地打击了德国的工业生产。

20 世纪 30 年代初期，通过国家所有制的发展，特别是国家对国民经济的管制，德国重工业的发展极为迅速，从 1932 年到 1938 年煤炭产量从 2.8 亿吨增至 3.8 亿吨。生铁产量从 393 万吨增至 1 805 万吨，钢产量从 762 万吨增至 2 266 万吨。这一时期，德国的工业发展速度不仅超过英国、法国等发达国家，就其产量而言，也大大超过英国、法国，例如德国的煤、生铁、钢、硫酸和发电量在 1938 年超过英国和法国两国总和。1939 年德国军火工业产量甚至超过英国、美国产量总和的 1 倍多。这时的德国工业基础是极其雄厚的。

第二次世界大战期间，德国工业呈现畸形发展，从 1938 年到 1943 年，全部工业生产增长 19％，其中，为军事需要的生产资料的生产增长 63％，而消费资料的生产缩小 10％。1939 年，从事军事工业的职工总数为 210 万人，到 1944 年猛增至 600 万人。这一时期，以军事工业和机器制造业为主体的德国战时工业有所发展，主要表现在工业结构的变化上，汽车工业、机床生产、军用化学品、石油、制铝工业和军用品等的发展是极其迅速的。但战时的军事工业发展在一定程度上影响了工业生产速度，例如，煤炭产量徘徊在 4 亿吨左右，生铁和钢还低于战前水平；工业生产中大量使用战俘和老弱人等，引起劳动生产率明显下降。整个德国的工业基础在不断地削弱。

第二次世界大战后的德国是一个一分为二的国家，但分裂后的联邦德国工业基础较好，它处于第二次世界大战前德国工业发达区域，集中了德国采煤、钢铁、金属加工和化学工业的绝大部分产区。且战时联邦德国受到的破坏也远比民主德国境内为少。因而，第二次世界大战后，联邦德国工业生产的发展速度很快。1950 年，联邦德国的工业生产恢复到了第二次世界大战前水平。20 世纪 50 年代中期，联邦德国的工业生产在 20 世纪中第 3 次超过英国，成为资本主义世界第 2 号工业强国。这一时期德国工业的迅速发展主要取决于以煤炭为主的采掘业和以炼钢为主的冶金业的贡献，而采掘业和冶金业又是劳动力密集型产业，对于吸纳劳动力就业，维护战后经济的稳定发展是必要的。从 50 年代中后期起，在多种因素的作用下，德国开始告别“煤钢时代”，发展新兴工业和进入“化工、电子时代”的工业现代化之路。这一战略性工业结构调整，促进了德国工业的迅速发展。就工业发展速度来说，1950—1981 年间增长了 4.1 倍，年平均增长率为 5.4 倍。这种增长速度不仅比 19 世纪 50 年代和 60 年代德国工业高涨期和 19 世纪末到 20 世纪初期的工业高速增长时期快，也比第一次世界大战之后德国工业再度迅速发展的时期快。

联邦德国的工业发展一方面是靠采用先进技术，提高劳动生产率取得的，据统计，1951—1975 年，工业劳动生产率年平均增长 4.4%，超过同期美国、英国和法国等主要发达国家的水平；另一方面是靠劳动力数量的增加取得的，工业中的就业人数从 1960 年的 807 万人增加到 1970 年的 1 084 万人。联邦德国从 20 世纪 50 年代起，就感到劳动力供给不足，在 1955—1968 年间先后与意大利、希腊和土耳其等国签订了招募工人的双边协议，使国外的劳动力大量流入联邦德国。1960 年在联邦德国工作的外籍工人为 27.9 万人，1970 年增至 180.7 万人。1974 年经济危机后联邦德国实行限制外籍工人流入的政策，外籍工人开始减少，但每年仍在 200 万人左右，75%左右的外籍工人集中在传统工业生产部门，为联邦德国的工业发展做出了重要贡献。

但是，联邦德国工业的增长速度也是不断下降的。在经济快速发展的 1951—1966 年，工业生产的年平均增长率为 7.6%，在经济平稳发展的 1967—1973 年，年平均增长率下降为 5.3%，在经济缓慢增长的 1974—1981 年，年平均增长率又下降为 0.8%。但总的来说，工业生产的发展速度同其他主要发达资本主义国家相比还是比较快的。各工业部门的发展速度也是不平衡的。例如 1950—1979 年，整个工业年平均增长 5.8%，在联邦德国工业现代化进程中，明显超过这个增长率的有石油加工业、化学工业、汽车制造业和电气电子工业等部门，而明显低于这个增长率的是钢铁工业、纺织业和采掘业等传统的支柱产业。这一时期，随着科技进步和工业现代化的发展，新技术、新材料在各部门的广泛应用，小汽车、电视机等耐用消费品迅速普及，使石油化学、机器制造、电气电子和汽车等部门得到了迅速发展。1979年，这些部门合计占工业销售总额的46.3%，占就业总人数的47.6%。而钢铁工业和纺织工业等一些传统工业由于市场上受到国内外同类产品的激烈竞争而趋向衰落。

另外，在工业化进程中，推动了德国产业结构和就业结构的发展。工业的持续增长，吸收了大量的农业就业人口，使农业就业人数从1950年的502万人下降到1980年的151.8万人。而20世纪50—60年代中期，工业的就业人数逐渐上升。随着工业结构的调整和经济增长方式的转变，自60年代中期起，工业的劳动力及新增劳动力不断向服务业转移。这一切都是工业现代化所带来的结果。

8.4.2　工业结构的变化

德国的工业结构以重工业为主。战前德国的机械、钢铁和化学等工业已很发达，重工业在工业生产中已处于支配地位。战后，在经济刚刚恢复的1950年，重工业的比重为60.8%，轻工业占39.2%。随着工业化的进展和先进科学技术的广泛应用，重工业在20世纪50年代和60年代得到优先发展。1970年重工业的比重上升到74%。但80年代以后这种结构发生了变化，德国的机械、汽车、电气、化学工业成为工业的“四大支柱”，其就业人数与销售额均占工业就业人数与销售总额的近1/2。煤炭、电力和钢铁等传统的工业部门仍有较强的竞争优势，新兴的石油加工等工业部门发展迅速。

煤炭工业是德国历史悠久的工业部门之一，但近代煤炭工业是在19世纪40年代开始的。1840年德国的煤产量达到430万吨。1871年以后，煤矿企业增加，运输条件明显改善，产量开始迅速增加，在1875年煤产量达到2 833万吨，到1895年突破1亿吨，到1913年增加到2.7亿吨，在不到40年增长了10倍多，德国的煤产量次于美国和英国，居世界第三位。1943年达到历史最高水平4.4亿吨。从某种意义上说，德国煤炭工业从机械化采煤到煤炭化学工业品的生产，充分有效地利用煤炭资源，成为德国迅速实现工业化的保障。从战后到20世纪50年代中期，采煤工业的发展还是迅速的。1956年煤产量达到2.3亿吨，比1946年增长1.2倍。随后，由于石油化学工业的建立和迅速发展，化工原料逐渐由煤转为石油和天然气，影响了煤炭工业的发展。自1965年以后，煤炭产量在波动中呈下降趋势，1972年降为2.1亿吨。由于长期开采，煤田的地质条件较差，矿井平均深度已超过850米，开采成本提高，加上钢铁工业、电力工业对煤炭的需求减少，使煤炭产量下降。

电力工业异军突起，成为确立德国工业优势地位的支柱产业。19世纪80年代，以维尔纳·冯·西门子（W. Von Siemens）为代表的德国企业家利用电灯的普及等契机，率先开始大规模发展电力工业。最大的电力生产商莱茵·维斯特伐里亚电气公司的供电网在莱茵河谷地纵横交错，从科布伦次一直延伸到荷兰边界。该公司的发电量在1900—1901年为270万千瓦。到20世纪初德国的电力工业就比较发达。1900年，德国的发电量为10亿度，而当时英国只有2亿度。1913年德国的发电量达到80亿度，接近于英国、法国、俄国和意大利四国的总和。到第二次世界大战前的1938年，德国的发电量增加到553.3亿度为英国的1.6倍，法国的2.7倍。战后初期，联邦德国的电力生产大幅度下降，1946年的发电量仅220亿度。为此，联邦德国政府不断加大电子工业投资，并根据需求，调整能源消费结构，积极发展电力工业。到1952年，联邦德国的发电量已经超过1938年的水平，1959年突破1 000亿度。70年代以来，核电发展迅速。核能已成为电力工业中仅次于煤炭的第二大能源。共建有核电站20多座，分散在全国各地，其发电量约占全国发电总量的1/3。德国核电技术先进，电站工作天数和有效发电时间均居世界前列。1980年联邦德国的发电量达到3 690亿度，比1950年增长了7.3倍。

钢铁工业发展也很快。1893年德国钢产量超过英国，达到303.4万吨，居世界第二位。20世纪30年代后期，德国为了扩军备战的需要，钢铁工业发展极其迅速。第二次世界大战后，联邦德国的钢铁工业为盟国所管制。1946年钢产量只有255.5万吨。由于生产能力造成的损失并不太大，为钢铁工业的恢复和发展提供了较为有利的条件。因而，德国西部的钢铁工业在充分利用老厂原有设备的基础上，加以改造和扩建，促进了钢铁工业的发展。1949年德国的钢产量超过法国。1952年“欧洲煤钢共同体”的建立对联邦德国年产钢限额的取消，加速了钢铁工业的发展。1955年联邦德国的钢产量超过英国，居世界第三位。1960年又达到3 410万吨。60年代以来，由于大规模采用现代化的新工艺，尽管钢产量几度波动起伏，但在1974年联邦德国钢产量达到历史最高水平，为5 323万吨，这一年生铁产量也达到4 022万吨。1975年以后由于世界经济不景气，市场需求相对减少；钢铁代用品增多，以及国际市场竞争加剧等原因，联邦德国钢铁工业明显衰退，产量下降，1977年钢产量降为3 899万吨，随后略有回升，但1980年只达到4 384万吨，大大低于1974年的水平，钢铁工业从业人数减少。

化学工业是德国原材料和生产资料工业最为重要的工业部门。早在19世纪70年代前期，德国就成立了42家化学公司，资本达4 200万马克。到1896年，德国已拥有108家化工股份公司，总资本达31 329亿马克。1880年，德国生产的合成染料占当时世界总产量的50%。19世纪末，德国利用原来的废物焦油大力发展焦油染料工业，用化学制品取代天然制品，使人类迈入“化学合成时代”，世界化学研究成果的2/3来源于德国。第一次世界大战前，以煤焦油为原料的染料、医药工业和以焦炉气为原料的合成氨、硫酸工业、烧碱工业是化学工业的发展重点。第二次世界大战后，由于开展大规模的研究与试制活动，利用廉价的石油和本国雄厚的化学工业技术基础，迅速以现代化的技术装备进行技术改造和设备更新，扩大了生产规模，提高生产能力，化学工业的增长较为迅速。1950年其生产指数为1936年的124%。1973年其生产比1950年增长8.7倍，年平均增长率为10.4%，超过了同期全部工业生产的年平均增长速度。但1973—1975年的经济危机，世界市场石油价格的暴涨，对联邦德国化学工业的发展影响较大。一方面联邦德国向原料、劳动力价格低的发展中国家投资兴建化工厂；另一方面缩减国内基础化工产品的生产，积极发展高附加值的精制化工产品和新技术产品。

机械制造业①是德国最大的工业部门，也是德国工业中从业人数最多的部门。19世纪末期，德国机械制造业迅速发展，这是德国在第一次世界大战前夕成为一个重工业占主导地位的资本主义工业强国的重要因素之一。第二次世界大战后，国民经济各部门的发展迫切需要机械制造业提供生产工具，欧洲发达国家对基础雄厚、技术先进的联邦德国机械产品也有很大需求，从而为机械制造业提供了广大的国内外市场。因此，在20世纪50年代中期，机械制造业已跃升为工业的最大部门。70年代机械制造的发展处于停滞状态。

汽车工业也是德国最重要的工业部门之一。德国是世界汽车工业的主要发祥地。自1886年制造了世界上第一辆汽车以来，汽车工业迅速发展。第二次世界大战后，联邦德国汽车工业的恢复和发展相当迅速。20世纪50年代和60年代，它的发展速度仅次于塑料加工工业和石油加工工业，超过其他工业部门。70年代其增长速度较为迟缓。但在此期间，许多种车辆的产量有一定程度的提高。其中通用汽车产量的增长最快，从1953年的1.9万辆增加到1980年的28万辆，同期，小汽车从36.9万辆增加到325万辆。

电气工业是德国制造业中最活跃的部门。19世纪末期以来，德国的电气工业迅速发展。第二次世界大战后，联邦德国电气工业恢复较快。1948年电气工业的生产指数为1936年的108%。1950年联邦德国电气工业生产比1936年增长近1倍。20世纪50年代上半期，盟国的限制取消后，电气工业的发展极其迅速，其增长率超过国民经济和工业的实际增长率。50年代后半期和60年代，它的发展速度仅次于塑料加工工业、石油加工工业和汽车制造业，超过其他工业部门。电气工业主要生产电机、变压器、蓄电池、电线电缆、家用电器等。电子工业起步比美国、日本晚，但发展极其迅速。政府制定了一系列电子工业发展计划，并给予各种优惠和扶植。这一时期电气工业的投资增长迅速，生产规模不断扩大，机械设备不断更新，就业人员的熟练程度不断提高，从而劳动生产率不断增长，促进了电子工业的迅速发展。70年代的增长速度有所减缓。

---

① 机械制造业在广义上包括一般机械制造、运输机械制造、电气机械制造、精密机械制造和金属制造等部门。按照联邦统计局的分类，联邦德国的机械制造业指的是一般机械制造业。

8.5 农业发展与农村劳动力

8.5.1 两次世界大战之间的农业发展

20世纪上半叶，受两次世界大战和经济危机的影响，德国农业发展缓慢。1914年8月，德国进攻比利时，英国以此为借口对德国宣战，第一次世界大战开始。1918年11月，德国签订停战协定，第一次世界大战宣告结束。历时4年多的战争使德国农业遭到巨大破坏。由于劳动力不足和化肥等生产资料的缺乏，1914—1918年间的农副产品比战前的1909—1913年间减少1/3以上，其中生猪数量减少了60%，谷物和马铃薯的产量也大幅度减少。

1924年，德国农业开始恢复。1929年德国的主要农副产品产量除了马铃薯外均低于战前水平，农业对国民经济的恢复起到了阻滞的作用。1929—1933年世界性经济大危机，使对美国资本依赖的德国经济遭受了历史上最严重的危机，德国农业也受到冲击。1933年农产品价格暴跌，农产品售后利润为65亿马克，比1929年减少了40%。1934年农产品大量减产。

1934—1936年，德国政府为建成“自给自足”的农业体系限制农民流入非农产业，并强迫从事过农业生产的劳动力回到农业部门，期望通过增加农业劳动力来提高农产品产量。随后又制定“战时全国粮食平衡表”来控制农产品播种面积、产品品种和农户的收入。随着这一政策的推行，使农业生产逐渐恢复，农产品自给率从1932年的75%增至1936年的81%，1938—1939年又上升到83%。

第二次世界大战期间，导致300多万名德国军人死亡，50多万人口死于大规模的空袭。大量人口的非正常死亡，使劳动力人口较大幅度下降，在一定程度上影响了工业和农业生产的速度。尽管德国在战争期间从被占领国家源源不断运回掠夺来的粮食等物资，改善了国民的生活；战时经济刺激和产生成倍增长的农产品需求，推动了主要的农产品生产，但无力挽回农业生产不断下滑的趋势。战争使农业生产遭到巨大挫折，主要农产品生产比战前下降2/3。

8.5.2 农业现代化、农村生产与劳动力

德国是工业高度发达的国家，长期以来，农业发展缓慢，大多数农产品依赖进口。从第二次世界大战后到1953年，德国农业生产逐渐得到恢复，这与1947年美国制定的《马歇尔计划》中经济拨款的44%投入农业生产有密切关系，同时工业经济的增长，对农业起了巨大的拉动作用。但是从总体上来说，20世纪50年代中期，德国农业仍属于传统的农业模式。1953年德国农业在国内生产总值中的比重为10.7%。农业占国内生产总值比重低的主要原因不是农业工业化，而是工业的恢复和高速发

展及第三产业兴起引起的。1950年农业就业人数占总就业人数的24.6%。农业产业结构没有实质的变化，农业现代化正处于起步阶段。

但是，从20世纪50年代中期开始，特别是1958年欧洲经济共同体成立，6国内部实行共同农业政策后，联邦德国的农业取得了较大发展。1950—1960年，农业生产年平均增长率为3.3%，1960—1970年年平均增长率为1.5%，1970—1980年年平均增长率为1.4%。这一时期联邦德国政府采取了一系列加快农业生产的措施，农业产品产量增长很快。谷物产量从1950年的1 027.6万吨增加到1980年的2 308.7万吨，年平均增长率为2.7%。虽然农业增长快，但由于需求量的增长，农产品自给率保持在80%左右。畜牧业增长也很快。1950年肉类产量为154万吨，1980年上升为469万吨。随着畜牧业的迅速发展，畜牧业产值已占农业总产值的2/3。

联邦德国农业生产的增长主要是靠农业生产集约化获得的。20世纪50年代初期，联邦德国拥有的农业机械数量不大，农业生产仍以畜力为主。50年代中期以后，随着工业的迅速发展，特别是农机、化肥、农药工业的发展，联邦德国从农业机械现代化和生物技术现代化两个方面加速了农业现代化的进程。一方面，在农业生产中大量使用拖拉机和联合收割机等其他农业机械，节省了农业劳动力，提高了农业劳动生产率。联邦德国农业中拥有的拖拉机1976年增至145.3万台。不仅拖拉机数量迅速增加，而且拖拉机的功率不断增大。每台拖拉机的平均功率由1955年的16马力增至1975年的55马力。在农业机械化迅速发展的进程中，不仅重视拖拉机数量的增加，还重视其他农业机械的应用，以实现农业生产的完全机械化。特别是联合收割机拥有量的迅速增加，使包括马铃薯、甜菜等的收割工作也实现了机械化。另外，田间作业，除了耕地和收割外，播种、施肥、锄草、脱粒、烘干等都实现了机械化。

另一方面，在农业现代化的发展过程中，通过生物技术现代化，即使用化肥、农药和培育良种等，提高了农产品单位面积产量和总产量。第二次世界大战后，化肥的施用和单位面积的施用量都大幅度增加。据统计，从1950—1975年，化肥施用总量由633万吨增加到1 601万吨，每亩耕地的化肥施肥量从52千克增加到121千克。在使用农药方面，联邦德国是世界农业研究与试制最多的国家。长期以来，拜耳公司和巴斯夫公司等大型农业垄断企业都配有化学合成、种子消毒、病理、除草、除虫等方面的专业人员。到1977年，联邦德国农业中允许使用的植物保护剂种类达1 649种，其中用来对付昆虫的381种，对付杂草的641种，对付菌类的213种，还有浸种剂、阻止发芽剂以及其他调节生长剂等。在培育良种方面，早在1953年政府颁布《农作物选种和种子保护法》，长期以来，联邦德国广泛开展育种的研究工作，重视新品种的培育和推广，其目标是高产、稳产、优质、抗逆性强的良种繁育。如小麦、大麦、马铃薯和饲料作物等不仅强化了种质资源的收集、保存和利用，同时还采用不同的育种方法选育新品种。事实上农业增产的30%～40%的贡献来自良种。到20世纪70年代末，农作物的种子公司达到300多家，专门培育、繁殖和经销种子。动物遗传育种方面，禽畜的育种机构也很多。人工授精、胚胎移植、杂交育种等技术已全面运用，农业技术人员逐步按市场的需要培育出一批新品种。70年代中期，联邦德国的农业现代化水平是欧洲经济共同体各国中最高的。1976年，平均每100公顷耕地的拖拉机马力数，共同市场9国平均为186马力，而联邦德国为344马力。每亩耕地化肥施肥量在主要发达国家中也位居前列。例如，1975年联邦德国每亩耕地化肥施肥量为121公斤，而美国、英国和法国分别为28公斤、84公斤和80公斤。此外，在病虫害与疫病防治、栽培与饲养管理、农产品加工与储运及现代生物技术等方面，联邦德国也走在世界前列。

由于农业机械化水平的迅速提高，农业中的各类劳动力，即经常从事农业的家庭劳动力和雇佣劳动力都在减少，但减少幅度最大的是经常从事农业的劳动力，其中，以雇佣劳动力最为突出（见表8—5）。1950—1951年度，联邦德国的农业劳动力共677.6万人，到1978—1979年度减为256万人，其下降幅度是极其显著的，其中，经常从事农业的劳动力从514.6万人减为129.5万人，而经常从事农业的雇佣劳动力从76.6万人减为10.3万人。在非经常从事农业的劳动力中，雇佣劳动力在20世纪50年代和60年代也很明显。另据统计，1950年在农业部门就业的劳动力占全国就业人数的比重为24.6%，1970年减少到8.5%，到1980年下降到5.9%。农业劳动力的转移，导致了土地集中和规模经营。1949—1960年间，拥有20公顷以上的农场年平均增加495个，1960—1970年平均增加4 464个。大农场的比重也从1949年的34.2%上升到1979年的50.9%。土地规模的集中，使农产品成本降低。在农业集约化过程中，德国制定了一系列政策措施，农业产品结构的调整，使农业现代化水平不断提高，农业劳动生产率得到迅速增长。1976年，联邦德国每个劳动力平均负担的耕地面积为5.4公顷，生产粮食10 309公斤，肉类2 795公斤。每一农业劳动力平均供养36人。

表8—5　　联邦德国各类农业劳动力的变化

年度	经常从事农业的劳动力/千人			非经常从事农业的劳动力/千人			总计
	家庭劳动力	雇佣劳动力	合计	家庭劳动力	雇佣劳动力	合计	
1950—1951	4 380	766	5 146	1 180	450	1 630	6 776
1955—1956	3 580	552	4 123	1 450	520	1 970	6 102
1960—1961	3 006	327	3 333	1 263	286	1 549	4 882
1965—1966	2 278	217	2 495	976	165	1 141	3 636
1970—1971	1 619	127	1 775	1 121	85	1 207	2 982
1974—1975	1 376	112	1 499	1 095	171	1 297	2 796
1978—1979	1 192	103	1 295	1 052	213	1 265	2 560

资料来源：德国联邦统计局．德意志联邦共和国粮食农林统计年鉴（1973年版），（1980年版）．

值得指出的是，德国通过30多年的农业现代化，彻底改变了小生产的自然农业的局面。由于机械化水平的迅速提高，联邦德国农业劳动生产率增长的速度比非农业部门快；农民作为最有活力的生产要素创造了劳动力不断减少而农产品的数量和质量不断提高的农业生产格局；农业用先进装备、技术和管理模式以取代落后、传统的生产经验；农业由现代化的管理体系经营，实行专业化、商品化和集约化的生产，农业科学技术的进步大量渗透在农业生产要素之中，大幅度地提高了农业生产率，促进了农业生产的发展。另外，欧洲共同体为德国农业现代化提供了优越的环境。就对外农业贸易来看，通过各种出口补贴和关税壁垒等统一措施，使欧洲共同体成员国内部农产品市场的出口竞争力不断提升，德国作为欧洲共同体成员国之一，有利的国际经济环境支持了德国占农业主体的外向型农业经济，同时也推动了德国农业现代化的蓬勃发展。

8.6　人力资源开发

德国的人力资源开发模式是在第二次世界大战结束后德国经济复兴和迅速发展时期发展的。战后初期，德国经济遭到了毁灭性的打击，而且还要支付巨额的战争赔款。但到20世纪末叶，德国不仅医治了战争的创伤，还一跃成为仅次于美国和日本的世界第三大经济强国。德国经济的重新崛起，一个重要的原因是德国拥有大量的高素质人才和丰富的人力资源。因此，探索德国的人力资源开发模式是有必要的。

德国在人力资源开发方面的职工培训是很有特色的，这一制度在德国企业已形成了一个形式多样、结构复杂的体系。在德国，职工培训有较长的历史传统。19世纪末，为适应工业发展的需要，工业界开始对青年工人进行大规模培训。到了20世纪60年末期，学徒工在企业和学校同时接受培训的双轨制培训制度开始实行。企业、学校各自负有明确的责任。学徒工培训统一实行双轨制，即在企业里学习实际操作，在学校里学习理论知识。第二次世界大战后，职工培训作为重建德国经济的一部分，受到极大的重视，国家用法律的形式规定了受训的专业，政府各部还制定了各类工作的培训标准。据统计，双轨制培训使德国2/3的15～18岁的青年人同时接受学校教育和在职培训。学徒工培训的专门培训课程一般需要3～3年半，也有很多职业培训只需要两年即可。具有较高资格或学习能力强的，时间还可缩短。学徒工的培训对德国经济发展和技术水平的提高起了重大的作用。战后初期，德国经济虽然受到巨大的破坏，但是技术人才大部分被保存下来了，正是依靠这批高素质技术人才，加上不断培养出的大批的熟练工人，才会有战后的“经济奇迹”，并使德国成为西方生产率较高的国家之一。

双轨制的学徒工培训期间，学徒工每周3天到4天在企业学习，1天到1天半在学校学习，双方共同负责培训，学徒工生活费由企业支付。例如德国的大型客货车生产厂家慢营车辆股份公司是个有100多年历史的老企业，其成功的重要因素之一就是把各级各层人员的培训当作系统工程来抓。企业对学徒工培训十分重视，一般投入了大量的时间、人力和财力。大型企业均建立了自己的培训中心，选聘具有资格证书或被认可的工程技术人员担任徒工培训的指导教师，用最现代化的设备、教学设施和手段对徒工（包括企业职工）进行专业技能培训。部分企业无能力单独组建培训中心的，则由国家及有关单位资助，几个企业联合建立培训中心。学徒工在这些培训基地从最简单的钳工基本功训练到学会操作使用现代化数控机床、计算机控制设备等，接受非常严格、规范而又系统科学的职业训练。学徒期满后经过严格的统考，给予合格者相应的学历证书和从业资格证书。

德国还十分重视人力资本投资。知识经济的显著特征就是知识经济化，知识成为经济发展中最重要的生产要素。而知识的获得依赖于对人力资本的投资。正因为人力资本对经济发展的促进作用，所以德国十分重视对人力资本的投资。以法兰克福航空公司为例，在该公司每年 20 亿马克的营业收入中，其中有高达 40%的费用花费在人员开支上。在所花费的人员费用中，培训费用占 45%，工资费用占 35%，福利费用占 20%。其中仅培训费用就占到营业收入的 18%左右。法兰克福航空公司之所以成为世界上效率及利润最强大的航空集团之一，这与航空公司大力进行人力资本的超前性投资是分不开的。

在选拔人才方面，德国把拥有一支高素质的人才队伍作为人力资源开发的战略，在选拔人才的手段上多种多样。主要的招聘模式是：不断到著名高校、研究机构招兵买马，积极引进其他企业的人才，通过猎头公司选用自己所需人才，从国际互联网上挑选人才，由本单位职工推荐人才等。

在人才聘任方面，实行公平竞争的择优机制，德国的社会招聘用人制度，实现人才流动的双向选择、合同管理，并使每个员工都有机会参与职位晋升的竞争。德国企业界认为，人力资本是通过对劳动力的投资形成的，人才流动有利于调剂余缺，达到人尽其才，才尽其用，产生较高的经济效益。因此，德国企业在人员使用上，都提倡公平竞争、优胜劣汰。就人才聘任而言，德国还提出了许多措施，主要包括：实行高薪制，让科技人才能实现自己的价值；给予晋升机会，让员工感到有吸引力；提供免费私车停车位、附加养老保险、带薪休假等社会福利，为员工创造良好的工作环境和机会。而不少企业的用人政策是“先内后外”，在内部职位竞争、择优上岗后，尚有空缺岗位再向社会招聘，一般有 60%～70%的岗位能从内部找到员工，从社会上招聘来的主要是大学毕业生、专家等。德国企业主管希望员工有独立解决事情的能力，且有坚强的意志和团队合作精神，因此在人才招聘时常常利用高薪吸引专业人员进来，提供很大的空间让他们尽情发挥。

战后以来，德国实施以人为本的管理模式，注重员工的职业培训、继续教育等，使德国人力资源的素质不断提高，主要表现在劳动力的智能高、技术熟练而精湛。人力资源素质的提高有利于促进经济增长，在一定程度上促进了德国的经济发展。

尽管德国的人力资源总量明显低于美国和日本等发达国家，但德国的劳动力素质是很高的。德国在其经济发展过程中，始终重视人力资源开发，把提高劳动力质量放在首位，由于拥有世界上高素质的劳动力质量对经济发展的影响是巨大的，人力资源所具有的丰富的知识和劳动技能成为比较优势的重要来源。

第 9 章　法国的人口与经济发展

9.1　两次世界大战期间的经济与人口变动

近代法国经济的发展是较为缓慢的，但到了 20 世纪初期，由于扩军备战的需要，法国的钢铁工业生产发展迅速。各种新兴工业如汽车、电气和石油生产也都发展起来，使法国的经济呈现上升趋势，1901—1913 年，法国国民生产总值的年平均增长率为 2.1%，明显高于 1871—1900 年的平均水平。这一时期，由于出生率保持在 18.8‰～21.3‰的较高水平，死亡率偏高，人口发展趋向缓慢增长态势。

第一次世界大战期间，由于法国是主战场，国民经济遭到巨大破坏。全国经济损失共约 2 000 亿法郎，1919 年工业产量只达到战前的 56.9%。农业生产也受到很大破坏，粮食产量大幅度下降。资本的损失是巨大的，法国在战前对外贷款与投资为 450 亿法郎，到战后反而欠了外债 70 亿法郎，内债欠得就更多，1914 年所负公债占全国财富的 12%，战后其比率显著上升。战争结束后，法国经济的最大损失莫过于人口，法国战时动员了 794 万人，合计占总人口的 1/5，其中 3/4 的人口属于壮年男性，到停战时，法国死亡 140 万人，70 万人残疾，还有数十万人丧失劳动能力，造成法国劳动力严重不足。

1918 年战争结束后，根据《凡尔赛和约》，法国收回了普法战争中失去的阿尔萨斯和洛林，获得巨大赔款，并以国际管理方式取得德国萨尔煤矿的开采权，这不仅扩大了法国钢铁生产能力，还基本上解决了法国长期缺乏原料的问题。同时，洛林的收回不仅使法国重新获得了巨大的铁矿，还扩大了法国原料基地和工业品市场，这就为战后法国的经济发展创造了有利的条件。1921—1929 年间，法国经济出现了短暂的高潮，国民生产总值的年平均增长率高达 5.9%，特别是工业发展速度更快，其产值年平均增长率为 8.2%。此外，从 20 世纪 20 年代中期起法国工业就业人口超过农业就业人口，1929 年，这两大产业的就业人口占全国就业人口的比重分别为 36.6%和 32.5%，这意味着法国已开始有由农业工业国家向工业农业国家发展。

这一时期，在经济增长的过程中，人口增长是缓慢的。出生率在 1921—1925 年维持在 19.3‰的低水平，1926—1930 年间又降至 18.2‰。这表明，法国的生育力又发生了新的跌落。出生率水平在 1929—1930 年跌到谷底。究其原因，经济大萧条以及由此导致的失业恐惧，使生育率低下。1920 年以后，法国也创下了死亡率下降速度缓慢的历史纪录。1926—1930年间，死亡率下降到16.8‰，而它在1906—1910年间就维持在19.1‰的水平。1920—1930年间，由于低出生、中死亡的效果，人口数量的自然增长数保持在极低水平，1921—1925年间平均每年增长8.4万人，1926—1930年间平均每年增长5.8万人。

进入20世纪30年代以后，法国经济出现衰退景象。1929年资本主义世界爆发了一场空前的经济大危机。1931年法国也进入经济危机，大批银行与企业纷纷倒闭、破产，生产下降，失业人数激增。但它的危机不同于其他发达国家的危机，它开始较晚而持续时间长。为了克服经济危机，法国政府采取了保守的财政政策，如减少退休金、工资和公共支出等。同时法国政府未能把握形势，让法郎贬值或放弃金本位制，这使法国的对外经济贸易，特别是出口处于不利地位。当1934年大多数发达资本主义国家经济开始从萧条走出来时，法国仍然陷入经济危机之中，仅1935年一年破产的中小企业就多达13 370家，在1 250万名工资收入者中失业人数高达200万人。直到1936年法国经济才略有回升，但从1937年下半年起，随着资本主义世界再次爆发经济危机，法国又陷入危机的深渊。1937年，法国在世界资本主义国家贸易中所占比重进一步下降，由1929年的6.4%降至5.1%。这种状况又使传统的外贸逆差更为严重。到1937年，法国的出口比1929年减少3/4。同时资本输出下降，对外投资的收入也由于外国债务人的破产而缩减。其结果，国际收支的逆差扩大，影响了经济发展的速度。到第二次世界大战前夕，当几乎所有的资本主义的国民生产总值已超过危机前的水平时，法国按1938年的价格计算，1939年的国民生产总值只达到危机前1929年的87.9%。

在人口方面，法国在20世纪20—30年代，由于出生率的下降造成在1934年后达到劳动年龄的年龄组的人数只有正常人数的一半。这种不足的一部分由1919年以后出生率的恢复有所补偿。法国用了20年时间恢复了第一次世界大战造成的人口损失。但人口调查记录的极低人口增长率不是自然的增长，而是由于高度的移民率引起的。1919年，法国人口中的外国人为115万人，1926年增至250万人。由于经济萧条，在1931年以后外国人移入减少，到1936年仅为220万人。然而它掩盖了人口的真实发展趋势，由于低出生率引起人口略微下降，1938年法国的出生率只有14.6‰，在当时是各国中最低的，事实上法国的人口正日益减少。

在两次世界大战之间的20多年中，法国的垄断资本得到进一步发展。在20世纪20年代经济高速发展的形势下，工业大规模的发展，有力地推动了各部门的集中化过程。据统计，在冶金工业中，10家大公司的产量占整个冶金部门的75%；在电气工业中，60%的产品为一家最大的企业所生产；在汽车工业中，3家汽车公司的产量占汽车总产量的75%。在此期间，银行资本的集中也加速了。银行通过控制地方银行、增设分行和支行以及通过合并等办法，加强了自己的垄断地位。此外，战争和经济危机也使国家垄断资本得到了发展，国家建立了一些国有化企业，对某些军工企业、铁路公司和银行实行了国有化。

第二次世界大战期间，法国经济遭到了巨大破坏。工业生产大幅度下降，1944年的生产指数只相当于1938年的38%，农业生产也出现严重衰退，交通运输受到的破坏更大，到战争结束时，只有17%的铁路网可以使用。据不完全统计，法国在战争期间所受的经济损失，按1945年价格计算，总计为48 930亿法郎，相当于战前法国三年的全部生产总值。第二次世界大战使法国人口死亡110万人，这些人口损失意味着死亡率上升。死亡率从1939年的15.5‰上升到1944年的17.6‰，导致劳动力不足和人口结构老化。到1944年，法国人口仅为3 830万人，比1901年的人口减少了7%。人口衰退对法国的经济发展也有一定程度的影响。

9.2 第二次世界大战后的人口经济发展

第二次世界大战后初期，法国经济面临着严重困难，当时通货急剧膨胀，工农业生产率极为低下，人口增长缓慢，经济上一蹶不振。据统计，1945年国民生产总值按1938年价格计算，仅相当于1939年的50.9%。为了促进经济恢复和发展，法国政府采取了一系列措施，如实行原材料配给制，将重要原材料分配给急需的部门；发行公债、更换纸币，以弥补财政赤字；实行定量配给制和物价管制，以抑制通货膨胀；鼓励人口增长，促使出生率上升；严格控制对外贸易，并对多种商品禁止出口。这些措施对战后经济的恢复和人口增长产生了一定效果。从1944年年底到1946年，政府先后将控制国家经济命脉的能源、交通运输和金融等方面的重要企业收归国有，加强了国家干预经济的能力。1947年，法国开始实施第一个经济计划（1946—1953年），把投资重点放在能源、交通运输、钢铁和农机等基础工业，力图通过这些部门的发展来带动整个经济的发展。通过上述政策措施，法国经济逐渐得到恢复，到1948年，经济有所回升，而到1949年，国内生产总值已超过1938年的水平。在人口方面，法国在战后由于实施了一系列鼓励人口增长的措施，出生率显著上升，1945—1949年平均为20.5‰，从而刺激了法国的人口增长。

经过20世纪40年代后半期的经济恢复，整个50年代成为法国经济持续稳定发展的时期（见表9—1）。50年代初期，法国的国内生产总值有了显著提高，1950年和1951年的经济增长率，分别高达7.9%和6.4%（见图9—1），经济增长的主要因素是朝鲜战争带来的外来需求和私人投资的激增。自1952年年初法国进入了一个衰退时期，经济增长有所放慢，不过在经过短时的衰退之后，1953年经济有所回升。1954年，法国实施第二个经济计划（1953—1957年），主要目的在于降低成本、提高产量和生产率，推行制造业的现代化。通过这些政策的实施，加快了法国的经济发展速度，1954—1955年经济增长率迅速上升，这两年黄金时代中经济增长的动力是投资，最主要的是私人投资，包括企业投资和家庭投资。1954年的人均投资额增长将近8%，1955年达到12%。投资的激增带来了生产力的大幅度提高，使物价出现了一个相对稳定的局面。在1956—1957年的经济繁荣时期，法国的经济增长率保持在5.3%～5.5%的水平。1958年经济开始衰退，当时法国决定把法郎贬值17.5%，同时1959年世界经济的复苏引起1959年外来需求的迅速上升。总的来看，这一时期法国的经济增长较为迅速，国内生产总值年平均增长速度为4.8%。由于出生率一直趋于减退趋势，人口的年平均增长率为0.2%，人均产值的年平均增长率为3.6%。

表9—1　　第二次世界大战后法国的人口增长与国内生产总值的变化

年份	国内生产总值/亿法郎	总人口/万人	人均国内生产总值/法郎	时期	国内生产总值增长率/%	人口增长率/%	人均国内生产总值增长率/%
1950	1 007	4 174	2 413	1947—1950年	11.3	1.1	7.8
1955	1 719	4 343	3 958	1951—1955年	4.5	0.8	3.7
1960	3 014	4 568	6 598	1956—1960年	4.7	1.0	3.6
1965	4 890	4 876	10 029	1961—1965年	5.8	1.3	4.4
1970	8 074	5 077	15 903	1966—1970年	5.3	0.8	4.5
1975	14 390	5 279	27 259	1971—1975年	3.5	0.8	2.9
1980	28 820	5 388	53 489	1976—1980年	3.1	0.4	2.6

资料来源：国家统计局国际信息中心编. 国际统计和社会统计摘要（1993年版）[M]. 北京：中国统计出版社，1993；世界银行. 1999世界发展指标 [M]. 北京：中国财政经济出版社，1999；[英] 安格斯·麦迪森. 世界经济千年史 [M]. 北京：北京大学出版社，2003.

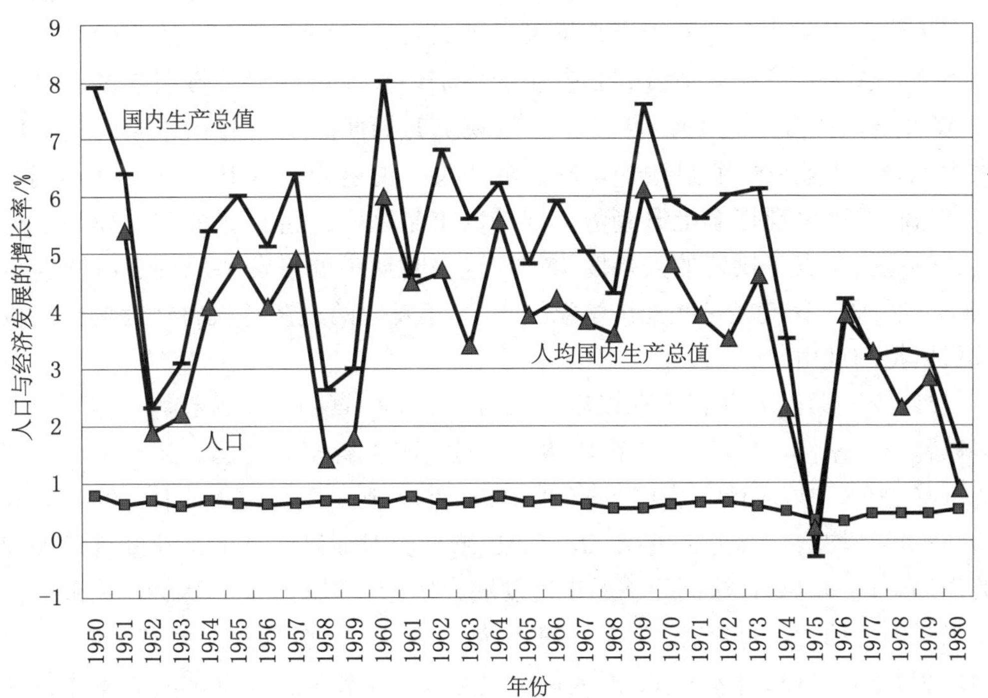

图9—1　第二次世界大战后法国的人口与经济发展的增长率

资料来源：世界银行. 1999世界发展指标 [M]. 北京：中国财政经济出版社，1999；[英] B.R. 米切尔编. 帕尔格雷夫世界历史统计·欧洲卷（1790—1993）[M]. 北京：经济科学出版社，2002.

这一时期，法国发展经济的最大特点是采用劳动密集型的技术设备。在发展工业时，主要采用大量投入劳动力的生产方式，强调企业生产的合理化。并在引进技术方面，主要引进费用少、利用劳动力多的一般机械。由于采用劳动密集型的技术设备进行生产，导致劳动力大规模从农业向工业和服务性行业转移。在1949—1950年间，第一产业的劳动力由555.5万人降至402.9万人，第二产业由666.4万人增至722.4万人，第三产业由682.9万人增至767.8万人。这一时期，工业也得到了较快的发展。在1950—1959年间，工业生产平均增长率达到6.1%。对外贸易结构也开始发生变化，20世纪50年代初期出口产品主要是糖、棉布和丝织品，到50年代末期出口的重化学工业产品已占主导地位，这一切都为法国经济的高速发展创造了有利的条件。

从20世纪50年代末期起，法国经济进入了15年左右的较高速发展时期，在继续实施第三个经济计划（1958—1960年）的基础上，计划总署相继制定了第四个（1961—1965年）和第五个（1966—1970年）经济计划。1959—1963年间，法国国内生产总值的增长率持续上升，这主要归结于外国需求一直维持在高水平上。自1959年四季度起，投资也重新出现加速上升的现象，一直到1961年高速增长持续不断。自1962年起，这两个促使经济兴旺的因素转弱。私营企业负债过多，使私营企业投资下降，而国营企业的投资却增长迅速。1964—1965年间，法国的经济增长率有所下降，这主要是家庭消费和私营企业投资增长速度明显放慢引起的。经济增长自1966年开始回升，到1969年基本上呈现上升局面。1970年由于家庭消费增长速度大大减缓而失业人数明显增加，使经济增长出现逆转。但1971—1973年间，法国的经济增长再次呈现持续上升趋势，国外需求是这次经济扩张的主要原因。这次经济增长的主要特点是投资的大幅度增加，这一时期中的投资率保持在占国内生产总值25%的水平。这就是某些经济学家把1974年发生的经济危机解释为典型的投资过剩危机所持的理由。

另外，20世纪50年代末期以后法国的出生率一直趋于减退趋势，但下降速度比大多数欧洲国家慢，1975年减至14.8‰，明显高于德国和英国。死亡率也呈现了缓慢的下降趋势。据统计，法国人口在1974年增至5 249万人，比1960年增长了14.9%，年平均增长率为1.1%。人口的适度增长对促进法国的高速经济发展起了积极的作用。这一时期，法国经济的迅速发展，使外国移民大增，因为国内的经济建设需要大量的劳动力，每年有10万～20万人入境，大部分侨民来自意大利、西班牙、葡萄牙和非洲。1962年高达85万人创历史纪录，主要原因是北非有大量居住在阿尔及利亚的法国人被遣返，移住法国。

这一时期，法国发展经济最显著的特点之一是进行大规模的技术设备更新，利用国际先进科研成果和发展中国家的廉价能源和原料，建立了资本密集型的产业结构。在工业方面，首先侧重于能源工业的发展，从使用煤炭为主转向以消费廉价的石油为主。同时，大量生产化纤、人造橡胶等合成材料。随着电子计算机等新技术的出现，钢铁、化工、汽车等重要工业都实现了大型化。在农业方面，整个农业实现了机械化、电气化和化学化。在对外贸易方面，采用了扩大出口的政策，增强了国际竞争力。这一时期经济增长速度达到了历史最高水平，在 1959—1974 年间，国内生产总值年均增长速度高达 5.7%，不仅高于美国、英国，而且高于德国。同一时期，法国经济实力快速增长，按当年价格计算，1973 年的国内生产总值首次突破 1 万亿法郎，人均国民收入首次突破 2 万法郎。在经济高速增长的带动下，20 世纪 50 年代末至 70 年代初期基本上实现充分就业，失业率始终控制在 2.8%以内的低水平。

20 世纪 70 年代中期以后，法国经济进入缓慢增长阶段。在石油危机引发的世界性经济危机中，法国经济反复衰退，特别是 1974—1975 年和 1980—1981 年的两次经济危机，导致法国经济总量上的严重失衡，财政赤字严重，通货膨胀率居高不下，法郎被迫实行了 3 次贬值，失业人数猛增。1975 年法国的失业率为 4.1%，1977 年失业率突破 5%大关，此后一路上升。尽管历届政府采取各种措施，不断进行经济结构调整，计划总署也先后制定了第六个（1971—1975 年）、第七个（1976—1980 年）和第八个（1981—1985 年）经济计划，但法国出现了战后以来最严重的衰退局面，在 1975—1983 年间，法国国内生产总值的年均增长率只有 2.3%，虽然高于美国、意大利、联邦德国和英国，但低于日本。特别是 80 年代初期以后的若干年，法国经济停滞不前，工业生产缺乏活力，外贸逆差连年增加，失业问题严重，整个经济处于萧条状态。

9.3 工业发展与劳动力就业

9.3.1 工业生产与劳动力就业

法国在第一次世界大战后扩大了资本和殖民地版图，促进了战后工业的恢复和发展。早在第一次世界大战期间，法国在南部兴建了一批新的工业部门，战后对这些企业进行大规模的技术更新。此外，还在北部重新建设新的工业中心。法国在这些地区投资 1 000 亿法郎，恢复或重建 8 000 个工业企业，到 1926 年，被破坏地区基本上得到了重建。20 世纪 20 年代中后期，法国工业出现高速增长，到 1924 年，工业生产总量第一次超过了战前水平。1924—1929 年，工业发展的速度年均达到 5%，其增长速度超过了美国、德国等发达资本主义国家，特别是建材业的高速发展，使建筑业的规模到 20 世纪 30 年代世界经济危机爆发之前始终保持较高水平。到 1930 年，法国在工业中的比重由 1920 年的 5%上升到 8%。随着工业的发展，法国的就业结构也发生了重要的变化，1926 年，法国工业劳动力第一次超过农业劳动力。

但 1929—1933 年的世界经济危机，使法国工业出现衰退景象，失业人数激增。

1931年，经济危机波及整个工业部门，同年工业生产下降17.5%，其中钢铁生产下降29%，破产的企业增加了60%。1931年失业人数达到8万人，到1935年增至200万人。相对重工业而言，经济危机对轻工业部门打击更大。1929—1935年，约有130家纺织厂破产，1931年纺织工业的生产指数仅相当于1913年的71.0%，1937年又降至65.0%。服装业和制革业的生产也有所下降。危机期间工业生产总指数下降了36.2%。据估计，这次危机大约使法国工业倒退到1911年的水平。1937年法国工业生产还没有恢复到危机前的水平。1939年爆发了第二次世界大战，战争期间，法国工业生产再次呈现大幅度下降的趋势。

第二次世界大战后初期，法国工业生产的恢复迅速，1948年的增长率为18.0%，这一年已恢复到战前1938年的水平，1951年超过战前最高水平，到1958年工业生产指数为1939年的两倍，特别是电力、煤炭、石油、汽车等方面更是迅速增长。1957年发电量为580亿千瓦时，化学工业产量增长了1倍，煤炭产量达到历史最高点，旅游汽车的生产从1952年的37万辆增长到1956年的64万辆。劳动生产率也大幅度提高。进入20世纪60年代以后，法国工业的增长速度较快，1960—1969年平均增长率为5.4%。在此期间，法国把发展重心转移到石油化工、电子和机电、汽车、宇航、造船、通信设备等新兴工业部门，以此为龙头带动整个工业的全面发展。由于国家对新兴工业部门实行倾斜政策，这些部门的投资大幅增加，其中专用机电设备和机械制造业的生产性投资每年增长率高达13%～16%，相当于整个经济部门生产性投资平均增长速度的一倍以上；家用电器、汽车和通信等部门的生产性投资也都以每年两位数的速度增长。经过10余年的快速发展，法国一跃成为世界先进工业国。

进入20世纪70年代以后，法国工业同其他主要资本主义国家一样，工业增长速度日趋缓慢。1970—1979年平均增长率进一步下降到3.5%，但高于美国、联邦德国和英国，同意大利不相上下，仅低于日本（见表9—2）。尽管如此，到70年代中期，法国的轿车、石油产品、合成橡胶居资本主义世界第三位；钢铁、造船居第四位；飞机制造、宇航工业、海洋开发等领域的技术水平均居世界领先地位。

表9—2　　主要发达资本主义国家工业生产年平均增长率　　（%）

国家	1951—1959年	1960—1969年	1970—1979年	1951—1979年
法国	4.8	5.4	3.5	4.9
美国	5.3	5.5	2.9	3.6
日本	7.2	11.6	6.1	8.2
联邦德国	6.9	5.8	2.2	4.7
英国	2.8	3.5	1.3	2.6
意大利	5.5	8.0	3.6	5.1

注：1951—1979年联邦德国的工业生产年平均增长率为1950—1979年的数据。

资料来源：国际货币基金组织. 国际金融统计（1981年版）［M］. 北京：中国金融出版社，1981；［英］B.R. 米切尔编. 帕尔格雷夫世界历史统计·欧洲卷（1790—1993）［M］. 北京：经济科学出版社，2002；［英］B.R. 米切尔编. 帕尔格雷夫世界历史统计·美洲卷（1790—1993）［M］. 北京：经济科学出版社，2002；［英］B.R. 米切尔编. 帕尔格雷夫世界历史统计·亚洲、非洲和大洋洲卷（1790—1993年）［M］. 北京：经济科学出版社，2002.

第二次世界大战后法国工业增长的主要原因是：首先，扩大资本积累与工业投资的迅速增长。战后法国保持着相当高的资本积累率，1950—1975年平均为25.5%，仅次于日本，居主要资本主义国家第2位。这对于大规模更新陈旧的生产设备，扩大工业部门的再生产和提高劳动生产率，都是必要的。1950—1975年，法国固定资本投资高达31 364亿法郎，1970—1975年，固定资本投资占法国国民生产总值的28.9%。法国固定资本投资的大部分是投入工业，如1960—1970年，在非金融企业的固定资本投资中，工业投资占40%以上，1971—1980年降到27%。50年代中期以前，工业投资的重点是基础部门，随后投资迅速扩大到其他工业部门，特别是重工业和化学工业，这就保证了重化工业的迅速发展，并带动了整个工业的发展。

其次，鼓励企业与专业化生产的发展。第二次世界大战后，特别是欧洲经济共同体成立后，出现了企业集中与合并的高潮。20世纪60年代初期以前，法国进行大量合并的是较小的企业，此后主要在大中企业之间进行。企业合并加强了大企业的优势地位，使一系列大公司发展成为巨大的跨国公司。同过去分散经营的中小企业相比，合并后的企业经济实力加强，在政府的支持下能把大量资金投入科学研究，用高薪聘请科学家、工程师，建立科研实验室，采用先进技术，进行新产品试制，并采用最先进的设备进行扩大再生产。企业合并与联合大大促进了生产专业化的发展，提高了生产能力和劳动效率。

最后，重视科学研究和在职人员的培训，促进了工业劳动生产率的提高。第二次世界大战后法国政府比较重视科技发展，科研经费是发达国家最多的国家之一，20世纪60年代科研与发展费用增长较快。科研经费占国民生产总值的比重由1960年的1.3%增至1967年的2.2%，80年代有所下降，但仍保持在1.3%左右的水平。在科研经费中，工业科研经费占一半以上，绝大部分集中在重化学工业部门。在这种情况下，法国的科技人员日益扩大。1974年，仅在科研与发展部门工作的科研人员已超过14万人，1982年增至26万人。法国在职人员的培训从20世纪60年代开始也受到重视。当时在职人员主要利用业余时间进行技术培训，以后允许在职人员利用工作时间进行技术培训。接受培训的人员有工人、技术人员、工程师和高级管理人员。由于他们的文化素质、技术水平和工作性质不同，培训的内容也有所不同。对工人的培训主要是提高文化素质、普及先进操作技术；对工程师和技术人员的培训主要是掌握新技术和新工艺；对高级管理人员的培训主要是加强现代化企业的经营管理水平。各类人员通过培训，技术水平和企业管理能力有了不同程度的提高，对法国工业发展起了很大作用。而科学技术的发展和在职人员技术素质的提高，促进了工业劳动生产率的不断提高。1951—1975年，法国工业劳动生产率年平均增长率为4.3%，大大超过战前的水平。科技进步及其所引起的劳动生产率的提高促进了战后法国工业的发展。

20世纪70年代后半期和80年代初期，法国工业生产出现逆转，生产下降，生产设备大量闲置，就业人数减少，尤其是纺织、钢铁、造船和煤炭等传统部门的生产更是低迷。为了振兴法国工业，法国政府采取了一系列政策措施。1984 年，政府通过了“工业结构改革计划”，确定冶金、煤炭、造船、汽车和通信为重点改革部门，同时对东北洛林和加莱老工业区采取改造和发展相结合的策略，使单一工业区变成拥有多种经济活动的现代化工业区，实现老工业区的“再工业化”。与此同时，政府制定了《工艺研究发展计划和指导法》《机床工业发展计划》《电子工业行动计划》《机器人研制计划》等旨在推动高技术发展的规划，从而刺激了工业的发展。

第二次世界大战后在工业发展的过程中，法国工业部门的劳动力就业经历了一个倒“U”形的发展趋势。战后到 20 世纪 70 年代中期，是法国工业生产的快速期。政府对工业的扶持，使这个部门的就业人数迅速上升。1949 年，法国工业就业人数为 663 万人，到 1973 年增至 824 万人，同期工业就业人数占全国总就业人口的比重由 34.5%上升到 39.5%。这一时期，法国工业部门的就业状况较为稳定，基本上不存在失业问题，达到了所谓的充分就业。其主要原因是：受较低的人口增长率的影响，法国在整个 50 年代和 60 年代工业劳动力增长缓慢，使劳动力供给量不足；工业的迅速发展对工业劳动力具有很大的需求量，就业机会多；传统工业对劳动者的技能素质要求不高，因而劳动力质量的供求结构失衡问题并没有显现。而工业就业人口的增长作为重要因素促进了工业生产的发展。但此后由于工业部门内部的调整，自动化和信息控制等新的生产方式的采用，使法国的传统工业不断被缩减，劳动密集型产业逐渐衰落，导致工业就业人数不断减少，工业就业人数占全国总就业人口的比重由 1974 年的 38.5%减少到 1981 年的 34.0%。

9.3.2 工业结构的变化

20 世纪初期，法国工业结构的主要特点是发展某些特产品、精美消费品和奢侈品等部门。到第一次世界大战初期，轻工业仍占主要地位。从 10 年代中期到 20 年代，法国的工业结构发生了较大变化，以基础工业和重工业为主的发展代替了以轻工业为主的发展。1914—1929 年间，冶金、机械、建筑等工业设备部门的生产约增长了 50%，而纺织、皮革、食品等消费工业增长则不超过 10%。随着工业化的加速，能源、钢铁等传统的工业部门得到发展，汽车、电气、航空、化学、石油加工、橡胶等新兴工业出现了，机器工业部门成为法国工业最重要的部门。30 年代深刻的经济危机和第二次世界大战，使法国工业遭到巨大的破坏。战后，法国工业增长的同时，能源工业、中间产品工业、机械工业、消费品工业以及建筑和公共工程等各工业部门的发展是不平衡的，工业结构也发生了重大变化。

法国的能源工业比较薄弱，动力资源比较贫乏，均需大量进口。主要有煤炭工业、石油工业、电力工业和原子能工业四个部门。煤炭工业是法国工业中日益衰落的部门。战后初期，法国政府为了恢复和发展工业生产，对煤炭工业实行了国有化，建立了法兰西煤矿公司，统一经营法国煤炭生产。1949 年法国煤产量达到 5 304 万吨，超过战前1937年4 430万吨的水平，1958年增至6 004万吨，创战后最高纪录。此后由于劳动力昂贵，煤炭开采成本高，造成煤炭生产日益衰退，1970年，法国煤炭产量降至4 010万吨，1980年为2 072万吨。与此同时，煤炭工业的从业人员也在不断地减少。1947年，法国煤炭工业的雇员高达35.8万人，1970年已减少到11.9万人。法国煤炭工业逐渐减退的主要原因是生产成本高，缺乏竞争力。法国煤炭资源不多，已探明的储量只有30亿吨，可供开采储量仅有2.5亿吨，特别缺乏炼焦用煤，不得不从德国、南非和波兰等国进口。20世纪70年代以来每年煤炭进口量都在2 000万吨以上，成为仅次于日本的世界第二大煤炭进口国。

在石油工业方面，法国的特点是石油开采与石油提炼工业极不相称。法国国内石油奇缺，开采量一直不高。1950年原油产量为15万吨，1970年增至231万吨。到1987年原油产量才360万吨，不到全国消费量的3%。每年需从中东、非洲和英国等进口原油1亿多吨。战后法国大力发展了石油提炼工业。战后初期炼油厂大部分设在沿海地区，以后随着铺设油管技术和石油提炼技术的提高，石油提炼工业由沿海转向内地。20世纪50年代中期石油提炼能力已基本上做到自给自足，1970年法国提炼原油能力超过1亿吨，从而使法国由过去主要进口原油产品变为主要进口原油。

电力工业一直是法国政府比较重视的部门。第二次世界大战后以来，电力工业有了很大发展，产量直线上升。1950年发电量为330亿度，1970年增加到1 406亿度。此后增长速度更快，1987年，发电量进一步增至3 800亿度，居世界前列。在电力工业中，核电占据主导地位。自20世纪70年代以来，核电工业的大规模发展，使法国的能源独立性得到了增强。火电站在50年代和60年代主要以烧油为主，能源危机后基本上改为以烧煤为主，且大部分在秋冬季运行。水力发电量在西欧诸国中，仅次于挪威，而居第二位。

原子能工业是法国战后逐步发展起来的新兴工业部门。由于法国能源不足，政府把发展核能看作是解决能源的重要途径。20世纪60年代初期以来，法国原子能工业发展很快，1958年核发电量只有0.04亿度，1970年达到51.5亿度。它在全国发电量所占的比重也有所提高，从1960年的1.0%上升到1970年的7.8%。法国有丰富的铀矿，探明储量达12万吨，在西欧国家中占首位，主要分布在卢瓦河流域。现在法国已建有核电站近59座、核发电量约占世界的15%，是仅次于美国的世界第二大核能发电大国。核电布局合理也是法国核电的一大特点。法国核电不仅分布在西部沿海，大量的核电机组还建在内陆濒河地区，基本靠近负荷中心。核电站所发电量直接输送各大用户，减少了电能的损耗，也避免了长距离、大功率输送的弊端，为地区经济发展及居民生活用电提供了有效的能源保障。同时，全国形成相互连接的大电网，确保电力供应的稳定及安全。此外，法国在积极开发可再生能源，包括太阳能、风力、地热、水力等。法国可再生能源发出的电占全部电力消费量的15%左右。

法国中间产品工业主要有钢铁工业和化学工业。钢铁工业是法国传统工业部门，历史悠久。法国铁矿资源丰富，储量居西欧首位。但其品位较低，含磷较高。战后初期，法国政府加大了对钢铁工业的投资力度，使钢铁工业的生产能力迅速扩大。由于大规模的投资，对整个钢铁部门来说，1950—1960 年不变价格的增长值增长了 6.8%，这一增长来自职工人数的增长 0.5%和资本总额增长 4%。同期，劳动生产率增长 6.3%。20 世纪 60 年代以后，法国的钢铁工业增长速度趋缓，1960—1974 年间，粗钢产量徘徊在 1 700 万吨～2 700 万吨之间，1974—1975 年的经济危机以后，钢产量趋于停滞或倒退，1979 年粗钢产量只有 2 300 万吨。

化学工业也是法国重要的工业部门之一，战后以来发展很快，特别是 20 世纪 50 年代末期到 70 年代初期发展更快。据统计，化学工业产值从 1950—1960 年平均增长率为 8.2%，1960—1970 年为 7.6%。以 1959 年为基数的化学工业指数 1950—1961 年每年平均增长 11%。以 1962 年为基数的化学工业指数，1962—1973 年每年平均增长 9.3%。雇用劳动者数由 1959 年的 32.2 万人增加到 1974 年的 44.3 万人，随后，其就业人员呈现下降趋势。法国化学工业主要生产有塑料、医学化工、香料、化肥和合成橡胶等。基本化学工业是建立在本国丰富的钾盐、岩盐、磷、黄铁矿和天然气等资源基础之上，而石油化学工业则基本上依靠进口石油进行生产。法国的塑料工业是战后发展起来的新兴工业部门，1952 年产量只有 4 万吨，到 1979 年增至 314 万吨。香料工业早在战前就享有世界声誉，战后又有了很大发展，产品 1/4 用于出口。制药工业是法国大有前途的部门之一，其特点是消耗的原料少、创造的价值大。1965—1975 年间，其销售量每年增长 10.5%，增长速度在整个化学工业中居第一位。法国还比较重视研制新药品种，每年投入市场的新药，居世界前列。化肥工业随着战后农业现代化进程的加速得到较快的发展。1950 年产量为 707 万吨，1976 年提高到 1 998 万吨，以后每年保持在 2 000 万吨左右，在资本主义世界中仅次于美国。合成橡胶是战后发展起来的另一个化学工业部门。1959 年产量只有1 万吨，1979 年增至 54 万吨。在资本主义世界中仅次于美国和日本，居第三位。此外，法国的硫酸和硝酸的生产在国际上也都占有重要地位。

法国的机械制造业是法国工业中最重要的部门，在整个工业中是比重最大的部门，其产值和从业人数都占全国的 1/3 以上。机械制造业是 20 世纪 70 年代以来发展最快的工业部门。主要部门是汽车制造、航空和航天、船舶、电子电器制造等。

汽车工业是法国工业的支柱之一。第二次世界大战后法国的汽车发展很快，1950 年产量为 35.8 万辆，随后汽车工业实现了一些出色的成就。从 1960—1970 年，按人均生产量的年平均增长率为 6.1%，同期，该部门就业人数增长 2.9%，资本增长 8%。20 世纪 70 年代以后法国汽车工业的产量，仍处在逐年增长的趋势。70 年代中期，法国汽车产量已突破 300 万辆大关。法国汽车工业以生产小轿车为主，其产量占汽车总产量的 90%左右，载重汽车只占 10%。法国主要汽车生产企业集团为雷诺和标致雪铁龙，各雇用职工 15 万人左右。法国汽车工业在对外经济贸易中占有重要地位。汽车产量有一半供出口，占出口总额的1/10左右。法国的汽车工业作为一个综合性的产业部门，与钢铁、冶金、金属加工、橡胶以及轻纺工业密切相关，在法国为汽车提供车上装饰、设备和其他配件的企业超过1.2万家。如果把商业销售以及其他与汽车直接有关的人员包括在内，其直接和间接为汽车工业服务的人员还有260万人，显而易见，汽车工业作为法国的支柱产业是举足轻重的。

航空和航天工业是法国第三大工业，仅次于汽车制造业和电子工业，在世界上就其生产能力和技术水平而言仅次于美国和苏联。战前法国航空工业比较发达，飞机的最高年产量1929年为3 200架。第二次世界大战中航空工业基本上遭到破坏。战后经过重建开始得到发展。1945年法国在国有化的格洛姆和罗尼的一些工厂的基础上建立了国营飞机发动机研制公司，此后又增加了一些发动机企业，当时国有化部门占总就业人数的53%。1946—1959年，法国已经研制了176种飞机原形，制造了8 560架一般飞机和直升机。随后，法国的航空工业迅速发展。在这一时期，为适应国家核战略的需要和国际发展航天事业的趋势，法国航空工业进而发展成为航空航天工业。20世纪70年代，是法国航空工业全面发展的时期，其营业额在10年间几乎翻了两番，从而赶上了英国航空工业的营业额。

法国的航天工业是在20世纪60年代开始逐步发展起来的。在研制和生产人造卫星、航天设备和战略导弹方面都具有较高水平。法国航空和航天工业的一个重要特点是在独立自主的基础上发展同其他国家的多边合作，制造了30多种航空定型产品。例如，“空中客车300型”中程大型客机就是法国同西欧国家合作发展的范例。采用这种联合制造的方式，可以利用各国的设备，节省建造新厂所需要的巨大投资，从而降低成本，同时还能发挥各国航空工业的特长。法国整个航空工业有200多家企业，以法国宇航为最大。法国航空和航天工业在1978年总从业人数为11.4万人。其中工程师、技术人员和高级技师占50%，工人占25%。在总就业人数中，担负生产任务的劳动力占47.9%，从事科学研究、设计和研制新产品的人员占30.1%，雄厚的技术水平和先进的生产能力促进了法国航空和航天工业的发展。

法国也是世界主要造船国之一。第二次世界大战中造船工业遭到严重破坏，战后逐渐恢复。从1950年起，法国加大了对船厂的扩建和改造，产量不断上升。1950年商船下水量为18.1万吨，1960年增至59.4万吨。20世纪60年代末到70年代初，法国各大、中船厂普遍进行了扩建和现代化改造，主要包括：重新调整船厂布局，增加新的加工车间；改善生产流水线；采用先进造船工艺，增添先进造船设备，使用电子计算机进行生产管理和生产程序控制。经过现代化改造后，法国船厂的生产能力得到大幅度提高。1971年达到111.2万吨商船下水量首次突破百万吨大关，使法国跨入世界先进造船国的行列，1974年进一步增至135万吨，比1950年增长6.5倍，从世界造船工业的第六位上升到第五位。

法国的造船技术驰名于世，特别是造价高、质量优良的专用船，如液化天然气船、集装箱船等的制造技术为国际广泛应用。造船工业主要分布在卢瓦尔河下游的南特、圣纳泽尔地区，是法国最重要的造船工业基地，南部的马赛是世界著名的船舶修造中心。1974—1975年经济危机以后，法国造船工业生产出现下降趋势，1978年商船下水量只有68万吨。为了促进造船工业的发展，法国政府制定了对该部门进行结构性改组的措施，建造大型的造船工业集团，同其他工业部门组成造船联合企业，通过集中与合并增强造船工业在国际市场上的竞争能力。

电子电器工业是法国战后逐步发展起来的新兴工业部门。从20世纪50年代末期起保持较高的增长速度。1959年电子电器工业的产值为115.9亿法郎，1974年增至496.2亿法郎，年平均增长率高达10.2%。在此期间，该部门的就业人数由26.3万人增至46.5万人，增长了77%。1975年以后这一部门仍得到很大发展。电子工业就技术水平和生产规模来说，在资本主义世界仅次于美国、日本和德国。产品包括电气设备、家用电子设备、专业电子设备和计算机等，其中电子显微镜、半导体激光器和光导纤维系统享有盛誉。巴黎地区是全国最大的生产基地。在电子工业中尤以电子计算机工业发展最为显著，从60年代中期起，一直保持高速发展，按台数计算年平均增长率超过25%，按发货量价值从1967年的3.5亿美元增加到1974年的10.9亿美元，提高了2.2倍。为了加强本国计算机工业的实力，法国专门成立了计算机代表处，负责指导、管理计算机工业和推广计算机技术。

在消费品工业方面，纺织工业是法国工业中重要的部门。纺织工业为法国传统工业，历史悠久。战后纺织工业曾一度得到发展，但纺织工业遇到的停滞次数要比全部工业生产多，有时甚至急速下降。1951—1952年下降了7%，1952—1957年增长32%，1957—1959年又下降7%，随后生产增长较快，1959—1974年增长83%，年平均增长率为4.1%。20世纪70年代后半期以来，由于经济危机的影响，出口下降，国内需求减少，生产恶化，1975—1979年生产平均每年下降1.3%，成为法国发展最慢的部门之一。

法国纺织工业包括棉纺织业、人造纤维和针织业。棉纺织业是纺织工业中最大的部门。棉纺工业主要分布在阿尔萨斯地区，其原材料100%依赖进口。20世纪50年代和60年代有一定的发展，70年代以来产量有所下降。1950年产量为25.1万吨，1970年降至23.7万吨，1979年进一步降至17万吨，比1950年下降32%。化学纤维工业是战后发展的新部门，50年代发展较快。60年代初期开始，人造纤维的生产停滞，合成纤维的生产则大幅度增加，由1960年的4.5万吨增加到1973年的26.6万吨。70年代以后法国的化学纤维工业发展迅速。把合成纤维加入经纱中是从丝织工业开始的，其后扩大到针织工业，接着又扩大到精纺毛织品。但法国同英国相比把合成纤维加入经纱的过程是比较慢的。这种突破是因为人造纤维与自然纤维相比具有技术上的优点。法国每年消费约60万吨纤维，其中2/3为合成纤维，1/3为棉花和羊毛纤维，法国羊毛工业分布在法国北部，加工原材料的羊毛80%从国外进口。

建筑和公共工程是法国最大的一个工业部门。战前建筑和公共工程部门在法国全部工业生产中的比重为12.6%，战后其比重明显提高，1952年增加到14.5%，

1962 年提高到 18.4%，1974 年进一步上升到 22.5%。1950—1975 年间大量地建设铁路、高速公路、火力电站和核电站、学校、工厂、农业设施、商业设施等。正是在这个快速发展时期，法国采用了先进的设备和技术，应用新型的材料，使法国建筑和公共工程走向工业化。该领域是雇用就业人口最多的部门。1974 年就业人口高达 197.6 万人。1974—1975 年的经济危机以后有所下降，但 1980 年就业人口仍达 181.1 万人。从技术方面来看，这个部门是比较弱的，同其他工业部门相比，其工程技术人员所占比重很小，一般工人所占比重很大。据统计，干部和技术人员只占 7.6%，而一般工人占 86.9%。在建筑和公共工程部门中，住宅建筑发展很快，20 世纪 50 年代平均每年建成住宅 18.6 万套，以后逐步上升，70 年代上半叶高达 49.6 万套，70 年代下半期以后法国住宅建筑开始减退。其主要原因是：由于经济危机的影响，政府对住宅建筑采取紧缩政策，减少了财政援助；国内对住房需求的减少；流入城市的人口减少，以及迁居法国的外籍移民趋于停止，都使住宅出现过剩。

9.4 农业发展与农村人口减退

9.4.1 农业生产的发展与农业现代化

法国农业长期以来是资本主义条件下的小农经济，经营分散，技术落后，直到 1830 年左右，才开始发展。不过，在 20 世纪 20 年代以前，由于战争和自然灾害等因素的影响，其发展比较缓慢。直到第一次世界大战结束以后，法国农业有较快的发展。1924 年，农业总产量达到 1913 年的水平，各种农产品也基本上达到战前水平。农业人口不断减少，但农业机械化和化肥的使用提高了劳动生产率，实现了农产品的增收。1913—1929 年农业年平均增长 1.4%。① 然而，1930 年的经济危机又沉重地打击了法国农业，其危机在 1932 年和 1935 年特别严重。农产品大量过剩导致价格暴跌，1931—1935 年，小麦的价格由每公担 184 法郎降为 74 法郎。加上垄断企业抬高工业品价格，致使农民的收入从 1928 年的 430 亿法郎减少到 1934 年的 180 亿法郎。从 30 年代末期到 40 年代中期，由于战争和农业危机的影响，农业生产再次呈现缓慢发展趋势。

第二次世界大战后法国政府开始注重土地规模效益。从 20 世纪 50 年代起采取一系列政策和措施来促进土地集中化，以提高经营效率。通过法兰西银行直接收购小块土地，租给或卖给大农场主，以加速土地集中过程，使农场数目减少，平均规模扩大。全国农场总数从 1955 年的 213 万个减少到 1980 年的 113 万个，拥有 50 万公顷以上土地的大农场的比重由 8%上升为 13%。农业生产的集中，使大农场和大合作社逐步取代了小农经济，成为法国农村经济的支柱，加快了农业现代化步伐。

从 20 世纪 50 年代中期起，法国农业经过恢复和发展后开始迅速发展。1950—

① ［法］佛朗索瓦·卡隆. 现代法国经济史［M］. 北京：商务印书馆，1991.

1979 年间，法国农业生产平均年递增率为 2.3%，其中 1954—1972 年间年递增 3.1%，居欧洲第一，在发达资本主义国家中也居领先地位。虽然由于经济危机和旱灾的影响，在 1974—1976 年，农业总产值下降了 6.3%，但在 1978—1979 年又增加了 11%以上。

第二次世界大战后，法国主要农产品总产量增长迅速，1950—1978 年，谷物总产量增长了 3 倍多，年平均增长率为 4.1%。高于同期联邦德国、英国、美国和日本，居主要资本主义国家第 1 位。其中小麦和玉米增长迅速。同期肉类和牛奶的产量增长也较快（见表 9—3）。

表 9—3　法国主要农产品产量　单位：万吨

农产品	1950 年	1955 年	1960 年	1965 年	1970 年	1975 年	1980 年
小麦	770.0	1 036.0	1 101.0	1 476.0	1 292.2	1 501.3	2 368.3
大麦	157.0	267.0	572.0	737.8	812.6	934.4	1 169.2
燕麦	770.0	1 036.0	1 101.0	1 476.0	1 292.2	194.8	192.4
玉米	40.0	109.0	285.0	342.0	758.1	819.4	935.8
肉类	190.1	245.5	278.0	280.9	304.0	341.6	375.4
牛奶	1 550.0	1 803.5	2 297.2	2 678.0	2 727.6	2 968.6	3 225.0

资料来源：[英] B. R. 米切尔编. 帕尔格雷夫世界历史统计・欧洲卷（1790—1993）[M]. 北京：经济科学出版社，2002.

随着农业生产的迅速发展，法国农业在世界农业中的地位有了显著提高。从 1954 年开始，法国谷物已能自给并陆续增加出口。从 1968 年起，食品、饮料和烟草的对外贸易由逆差转为顺差。自 1971 年起，法国已由农产品净进口国转为净出口国。1973 年，法国成为仅次于美国的世界第二大农产食品净输出国。1983 年，法国的小麦、甜菜及牛肉总产量都居西欧首位，同年农产品出口额达 144 亿美元，仅次于美国居世界第二位。

第二次世界大战后法国农业迅速发展的主要原因是同农业现代化密切相关的。农业现代化首先是从农业机械化①着手的。第二次世界大战后，法国在加速发展工业

① 法国加速实现农业机械化的主要措施是：政府通过制定法令、扶植大农户或大农场、增加投资、提供贷款等一系列经济措施，推动农业机械化迅速发展；在实现农业现代化的过程中，把改造小农经济的结构，加速扩大农场规模放在首位。20 世纪 60 年代法国政府又通过法令，限制 25 公顷以下小农场的发展，使大农场的数量上升，这对促进农业机械化也起了一定的作用；政府还向购买农业机器的农场提供偿还期长达 5～6 年的低息贷款；在税收方面，实行农用燃油免税 15%的政策，以促进农机销路的增加；及时把战时工业转向生产农业机械，发展本国农机工业；农业机械化注意做到适应各种不同农艺的要求，农机具配套齐全；从耕地、播种到收获进仓，各种作业都有适当的农机具可以应用；备件的供应和农机维修的商业网点遍布各地，且不断改进服务质量，如雷诺拖拉机公司，建立了一个完整的备件供应服务网，设有备件供应公司、中心仓库、分布国内外各地的 200 多个销售服务点，负责备件的供应和修理工作；严格实行农机产品标准化、系列化、通用化；法国农机企业的专业化程度很高，外协件一般都在 60%以上，这就大大有助于提高生产效率并保证产品的高质量；随着专业化和协作水平的不断提高，法国很重视农业机械的标准化、系列化、通用化的工作，制定了国家标准；生产多种型号拖拉机的企业，为了便于专业化流水作业和降低成本，都力求零部件尽可能做到通用互换；拖拉机和农机具的某些通用部件和易损部件的系列化和通用化，同这些零部件的专业化生产密切相关；重视引进先进技术，广泛进口先进农机具，并由“国立农机试验研究中心”进行试验比较，择优进口。这样就有助于农机的革新和质量的迅速提高。

的过程中，农业人口急速减少。为了解决农业劳动力不足的问题，法国开始重视农业机械化。1950年以前，动力牵引的农业机器已在那些先进的、专业化的农场和地区使用。自1955年以后，法国农村的农业机械化出现高潮。到1983年，法国农用拖拉机由1950年的13.9万台增至150万台。而且拖拉机的质量越来越高，功率越来越大。手扶机动犁、机动割草机、捡拾压捆机等其他机动器具也迅速增加，特别是联合收割机增长更快，从1950年的4 900台增至1983年的13.1万台。自20世纪70年代以来，法国机械化已超出种植业，在水利灌溉、水果种植、畜牧养殖及加工运销等大农业范畴全部实现了现代化。作业程度难度很大的如玉米、甜菜、苹果、葡萄、马铃薯等收获都由机械代替了手工。并且在若干农场之间建立了农业机械合作社。它是一种灵活而有效的组织形式，向农场提供一切农业机械服务。总之，到60年代末，法国农业已高度机械化，自70年代以后又进一步向综合机械化和自动化的方向发展。

在实现农业机械化的同时，法国也逐步实现了农业电气化。1958年，全国使用电力的农场已占到农场总数的97.6%。但是，当时农村用电主要是生活用电，农业用电的水平还不高，到1963年法国农业用电仅为1.8亿度，平均每亩耕地的用电量为0.6度。随后，随着农业机械化的进展，法国加快了农业电气化的速度。1974年，农业用电量增至64亿度，平均每亩耕地的用电量达到22.6度。现在电力已比较广泛地运用于农田作业、土壤加热、排水灌溉、畜牧业、产品加工以及其他农业生产领域。

在农业现代化的过程中，农业生产的化学化和生物技术现代化也是不可忽视的。在农业化学化方面，首先是大量使用化肥。战后，化肥的施用量大幅度增长。据统计，按有效肥的成分计算，化肥消费量从1949—1950年度的100.7万吨增至1972—1973年度的538.3万吨，化肥产量仅次于苏联和美国，居世界第三位。从每亩耕地化肥使用量来看，1950年为16公斤，1982年高达176公斤。而且化肥的质量越来越高。由氮、磷、钾等单一肥料发展到复合肥料。化肥的品种也不断增加。此外，还通过不同的地区、不同的土壤和不同的作物进行施肥，以及有机化肥和化肥的配合使用，大大提高了化肥利用率。其次是化学除草剂、激素产品和杀虫剂等也在农业生产中得到普遍的使用。这样既节省了农业劳动力，又提高了农业生产的效果。

在生物技术现代化方面，依靠分子生物学和细胞遗传学工程以及杂交、选种等技术，培育高产和气候适应性强的优良品种。由于高产量品种的育成，全国平均小麦每公顷的产量从1951年的16公担提高到1965年的32公担。耐寒、早熟杂交玉米的育成，使玉米的栽培扩大到北部和西部地区，并使玉米产量成倍增长。在畜禽方面，通过遗传工程的研究以及配种和选种，培育出优良品种，促进了畜牧业的发展。此外，耕作技术和栽培技术的改进，草的种植，含有多种养分的混合饲料的普及应用，以及以微生物代替化肥和以生物除虫害代替农药等，也加速了生物技术现代化的进程，为农牧业生产水平和生产率的大幅度提高创造了有利的条件。

法国同欧洲绝大部分国家一样，第二次世界大战后农业生产结构发生了很大的变化。第二次世界大战前，法国农业以种植业为主，战后逐渐发展为以畜牧业为主。1938年，农业总产值中，种植业和畜牧业分别为63%和37%；1955年为42%和58%；1980年畜牧业占53.5%，种植业占46.1%。20世纪80年代初期以后，法国农业实行多种经营、种植业和畜牧业并举的方针，使农业各部门得到全面的发展。

9.4.2 农业结构与农村人口减退

法国农业最初以种植业，尤其是以谷物生产为主，畜牧业和林业比较落后。从19世纪末以来，受世界农业危机的侵袭，逐步转向畜牧业。1937—1939年间，农业产值中畜牧业已占47.5%，种植业占52.5%。战后，随着谷物种植业的发展，从进口谷物转变为有大量出口的情况下，畜牧业得到更健康迅速的发展。从1950—1975年，畜牧业所占的比重，大体上均在55%～60%之间波动。近些年来，由于世界粮食的短缺，价格上涨，使种植业所占的比重有所上升，畜牧业才略有下降。

法国农业生产结构的特点，不仅表现在农牧业都很发达，而且在畜牧业和种植业内部都得到较全面的发展。从1978年法国农业总产值的构成可以明显看出这一点。该年农业总产值1 451亿法郎，畜牧业为783亿法郎，占53.9%，其中肉牛业占农业总产值的18.0%，是最大的农业产业部门，奶类、家禽和猪分别占16.4%、11.7%和7.8%。种植业668亿法郎，占46.1%。其中谷物占16.6%，果蔬类占12.4%。这种比较全面发展的农业结构，促进了法国国民经济的发展。

农业的全面发展还表现在土地利用结构的变化。在19世纪以种植业为主，曾经出现毁林开荒、开垦草地，引起了水土流失、水灾严重等问题。1862年法国耕地面积曾高达2 951.475万公顷。以后，随着农业向农林牧并重方向发展，将大量的耕地转还给林业和草场，耕地面积逐渐下降。1938年减至2 016.9万公顷，到1975年已减为1 698.8万公顷。草地从1938年的1 177.5万公顷增至1975年的1 350万公顷；这一时期林地面积增长也很快，1974全国森林面积已达到1 491.1万公顷，使农业生态系统日益得到改善。特别在山区和丘陵，由于采取了农林牧结合的措施，加大了森林和牧草的覆盖面积，对保护环境，保证农牧业生产的发展起着重要的作用。

随着农业和工业生产的发展以及农业结构的变化，法国的农业人口也呈现不断减少的趋势。农村人口占全国总人口的比重从1901年的61.4%下降到1931年的48.8%，法国从此成为以工业为主的国家。1936—1939年，农村人口外流年均10万～15万人。第二次世界大战结束后，法国农业人口不断下降，1954年为1 883万人，占全国总人口的44.0%，1975年进一步减少到31.6%。这种情况同法国以小农经济占优势是密切相关的。这一时期，从事农业的劳动力人口比农业人口下降得更快。在1954—1975年间，农业就业人口从503.6万人降至199.8万人，21年内减少了60%以上。这种状况不是法国特有的，随着农业现代化的推广，欧洲各国的农村人口和农业就业人口都大幅度地减少。需要指出的是，法国农村人口没有从事农业的劳动力人口减少得那样快，而减少的农村人口中又以从事农业的劳动力人口特别是年轻劳动力为多。结果导致农村地区人口老龄化，同时也不利于农业经济的发展。

9.5　人口分布与城市化

法国人口密度较低，各地自然环境差异不大，因此人口分布在工业革命以前比较均匀。18世纪后半期以来，随着工业化和城市化的进展，农业人口大量外流，各地区之间经济发展和人口分布出现越来越显著的差异。1845年，全国占总人口1%以上的省有47个，占2%以上的省有3个。到1936年，占1%以上的省减少到28个，占2%以上的省上升到8个。这充分表明人口已经向少数省集中。这一时期，人口增长最快的有巴黎、里昂等大城市所在地区及以洛林铁矿为中心的北方工业区各省。

第二次世界大战后，特别是20世纪60年代以来，在人口因素和经济因素的影响下，法国人口的分布发生了较大的变化。这些因素主要有：农业人口迅速下降，外国劳动力的涌入，前殖民地的法国侨民大量回国，煤炭、钢铁等传统工业部门的持续衰退，电子、航空等新兴工业部门的兴起，以及人口老龄化的逐渐加速使老年人口增多。在这些人口经济因素的作用下，一些传统的农业比重较大的地区人口持续减少；北方以煤、铁为中心的老工业区逐渐衰退，东南沿海和拉芒什海峡出现新兴的临海工业区；人口越来越多地向气候温暖的法国东南部地区和大城市的临近地带迁移，并且非常稳定。相反，从阿登经过中部高原到比利牛斯的内陆地区人口呈下降趋势，另外布列塔尼和诺曼底的内陆部分人口也在下降。总的来看，人口稠密区和人口稀疏区的差距拉大。

从20世纪70年代中期起，法国人口分布的主要特点是北方工业区由人口增长较快转变为低速增长，人口南下趋势更为强劲。1975—1980年间，人口保持高速增长的主要地区是：最南方的地中海沿岸，这里是世界级的旅游胜地，而东南部莱芒湖以南的阿尔卑斯山区，旅游业高度发达，外国移民多，人口增长幅度之大也超过全国10%的平均增长速度。

第二次世界大战后法国人口相对下降的主要有中部和西南部的布尔戈尼等6大区。由布尔戈尼、普瓦图－夏朗德、阿坤廷、南方－比利牛斯、利穆赞和奥弗涅6大区28省形成法国最大的人口衰退区，其人口密度也是最低的。全区合计占法国总面积的34.3%，1936年占总人口的21.2%。该区以中央高原和南方山地组成，仅西部有较大的平原，人口密度很低，林地占很高比例。区内矿产资源资源不丰富，农业占很大比重，人口长期外流。1936—1975年间，法国17个人口减少的省就有9个分布在这里，其中克勒兹省减少幅度高达28%。据统计，中央高原和南方山地中有不少山区，自19世纪30年代以来人口一直处于持续衰减的状态，这在世界上也是罕见的。

北部的北方、香巴尼和洛林3大区在20世纪10年代是以煤炭和钢铁等传统工业部门为中心的重要工业区，但受到两次世界大战的影响，工业生产一蹶不振。战后工业结构变化，使煤炭工业生产不断减产，钢铁工业中心因改用进口原料也移向沿海，大量人口为了寻求就业机会迁往南方，1975—1985年间全区10省中有5省人口绝对减少。

法国是世界上最早开始城市化的国家之一，早在19世纪初期城市人口占总人口的比重已达10%，当时巴黎和塞纳、下塞纳、纪龙德以及地中海沿岸的人口城市化发展较快，10个人口相对多的省聚集了全国城市人口的1/4。进入20世纪以后，法国的人口城市化进程开始加快，1931年城市人口占总人口的比重增加到51.2%，城市人口首次超过农村人口。尽管如此，法国基本上还是一个农业国家，当时法国对城市划定的标准很低，规定凡居民点人口在2 000人以上的为“城镇”，而实际上许多城镇各方面的条件与农村相差无几。

第二次世界大战以后，法国大力恢复和发展经济，借助执行马歇尔计划和美国提供的大量援助，发展基础工业，狠抓基本建设，大批农村劳动力进入城市，开始了法国的城市化进程。随着经济的高速增长，法国的城市化速度明显加快。据统计，1954—1975年间，法国的城市化率从56%上升至73%，城市人口净增1 450万人。[①]然而，从20世纪70年代中期起，法国城市的发展势头得到抑制，主要原因是农村人口外流趋势减弱、外国移民的规模放慢，城市人口增长减速。

就人口密度而言，巴黎区每平方公里为839人，而全国平均人口密度仅为100人/km^2。在全国的22个区中有5个区的人口密度高于这一平均值，如北部区和东南部的普罗旺斯一科特达祖尔区都是高度城市化的地区，而利穆赞、奥弗涅和科西嘉三个区的人口密度低，分别为每平方公里51人、44人和28人。20世纪80年代初期法国城市人口占总人口的75%主要集中在巴黎、马赛、里昂这样的特大城市和大城市，而中央高原南部以及阿尔卑斯南部地区的城市人口正在减少。

城市化的动力是工业化的迅速发展。5万人以下的小城市因工业化的兴起而得到发展，缩小与大中城市的差距。大中城市得益于第三产业的兴起而得到发展。如果从东北部下诺曼底区的卡昂市、南部朗格多克区的蒙彼利埃市画一条线，可以看到，西部地区大体上是农业、第三产业的城市占多数，而东部地区则主要是工业城市独占鳌头，也有少数靠第三产业而发展起来的城市，例如地中海城市蒙彼利埃的人口由1954年的10万人增长到1975年的21.1万人，其主要原因是第三产业和尖端工艺的兴起。

法国城市化的显著特色是巴黎的人口规模一直很突出。1968年，巴黎的人口为

① 霍立浦. 法国的城市化进程和存在的问题［J］. 全球科技经济，1987（10）.

260 万人，加上近郊的延伸，使整个城市区的人口增加到 820 万人，巴黎区的人口达到 920 万人，约占全国人口的 18%和城市人口的近 30%。而大中城市相对薄弱，居全国第二位至第三位的马赛和里昂的人口，1970 年则分别为 88.9 万人和 52.8 万人[①]，对经济的吸引力也远远低于巴黎。第二次世界大战后，法国一部分 10 万人口左右的中等城市发展较为迅速，如格勒诺布尔、蒙彼利埃等近 60 年来人口增长了 1～3 倍，但这些城市的人口规模为 20 万～40 万人，只能列为区域中心，但在一定程度上改善了全国的城镇体系结构，总体来看，巴黎这个特大城市占全国总人口的比重有所下降，而一批大城市及 2 万以下的小城市所占比重则趋于上升趋势，全国城市人口分布重心有所下移，这与法国的经济发展、发达的生产力、人口状况以及良好的地理条件是相互适应的。

---

① ［英］B. R. 米切尔编. 帕尔格雷夫世界历史统计·欧洲卷（1790—1993）［M]. 北京：经济科学出版社，2002.

第 10 章　英国的人口与经济发展

10.1　人口变动与经济发展

英国经济的发展从 19 世纪 80 年代开始趋于相对缓慢。随着经济减速和人口的大量外流，使英国人口增长的速度放慢。随后，英国在经济上长期实行放任自流政策，加上高科技含量的新技术难以在工业生产中推广应用，使英国不仅在传统的基本工业方面失去优势，而且在新兴工业方面明显处于劣势。1880 年和 1890 年，英国的工业生产先后被美国和德国超过。

尽管如此，到 19 世纪末英国在国际贸易、世界航运、国际金融领域以及对外投资兴建铁路方面仍保持世界第一位。英国的经济规模在世界经济中仍占有重要地位。

在 20 世纪最初的 20 年，英国经济已呈现逐渐衰落的景象，人口增长的速度呈现进一步下降的趋势。这一时期，英国经济由于出生率的下降、人口的大量外流以及在战时受到的严重创伤，生产发展缓慢，到 1913 年英国工业生产下降到仅占世界的 14.0%，钢铁和机械制造业以明显落后于美国和德国，丧失了“世界工厂”的地位。第一次世界大战使英国经济衰退，有 75 万军人死于战争，导致人口增长速度放慢，空前萧条，使其国际地位进一步下降。到 1919 年，经济的停滞，失业的增加，导致消费品短缺，物价持续上涨。1920—1921 年英国发生了经济危机，工业生产下降了 46.0%，失业率达到 14.8%。20 年代的英国虽然基本上摆脱了危机的冲击，但没有出现过经济的高速增长，而是长期处于萧条状态。其主要原因是工业部门结构和技术装备落后，国外市场竞争激烈，使其传统大宗出口产品煤炭和棉织品的外销量下降。与此同时，英国不顾国内生产成本与价格水平，按照战前汇率恢复金本位，进一步削弱了英国产品的国际竞争力，影响了英国经济的发展。在 20 年代，若以国民生产总值增长率和出口额来衡量，英国的经济表现在整个西欧是最差的。

这一时期，在经济发展的过程中，英国人口从 3 824 万人增长到 4 604 万人，每年平均增长率为 0.67%。人口增长放慢的主要原因是由于经济的衰落导致大量英国人移居海外。据统计，1901—1930 年间共有 241 万人离开英国迁往国外，主要迁往加拿大、美国和澳大利亚等发达国家。

1929 年，发达国家爆发了严重的经济危机，延续了 4 年之久，于 1932 年达到顶点。英国工业生产下降了 13.9%，失业工人高达 300 万人，出口贸易也下降 50.0%。

英国政府为了对付经济危机，加强国家对经济的干预，采取的主要措施有：放弃自由贸易政策，降低银行利率，鼓励国内投资，更新技术装备等。这些措施在一定程度上缓解了世界经济衰退对英国国内经济的影响。到1935年，英国经济出现了短暂的复苏。但在1937年，出口贸易只及经济危机前1928年的70%，国际收支几乎每年逆差。20世纪30年代的经济萧条导致英镑贬值、利率大幅度降低以及出生率下降，人口低速增长。

第二次世界大战使英国经济遭到更沉重的打击。在战争中，人口死亡达41万人，耗费了250亿英镑。由于船只损失，工厂无法及时维修等原因，国内资本共减少30亿英镑，同时出售的海外投资约10亿英镑，积欠了30亿英镑的新外债，丧失了战前黄金和美元储备的大部分，工业生产进一步下降，出口贸易减少了近70%。战时，政府加强了对经济的干预，建立了各种经济管制。依靠军事订货的军火生产和重工业虽迅速增长，但消费品生产大幅度缩减。特别是农产品因进口锐减而供给严重不足。

尽管如此，英国的生产机构在战争中所受的创伤相对较小，1946年又通过英美财政协定和马歇尔计划，得到美国的大量贷款和援助，经济恢复较快，到1948年，国民生产总值和工业生产均超过战前1938年的水平。在20世纪50年代和60年代，英国经济虽然有一定程度的增长，经济结构发生了变化，但同其他发达国家相比，英国的经济增长要缓慢得多，这使英国的对外经济贸易地位不断下降，国际收支危机和英镑危机频繁爆发。70年代，主要发达国家的经济陷入滞胀，英国的经济发展更为缓慢，1970—1979年英国经济平均增长率仅为2.2%，在主要发达国家中最低，而同期工业生产停滞，通货膨胀平均年率达12.5%，利率居高不下，产品竞争能力下降，失业率不断攀高，国际收支危机和财政危机并发。1980年，英国经济已经进入谷底，失业率开始上升，失业人数达到170万人。这是战后以来最严重的衰退时期。从战后的经济增长速度来看，英国的经济增长率为资本主义发达国家的末位。以1975年不变价格计算，1980年英国国内生产总值只比1950年增长1.1倍，年平均增长率仅为2.5%，而同期美国的经济增长率为3.4%，日本为7.4%，联邦德国和法国则分别为4.2%和4.7%。

英国经济增长缓慢的首要原因是危机频繁，长期处于波动状态。第二次世界大战后到20世纪80年代初期英国发生了7次周期性经济危机，历次危机阶段的持续时间为6～22个月。历次危机中以70年代中期和末期的两次更为严重，出现了生产萎缩、高失业率和高通货膨胀率同时并存的局面。第六次危机是因石油危机导致提价而引起的，自1973年11月至1975年8月持续22个月，时间比前几次危机更长。1974年和1975年，国内生产总值连续下降。1975年与1973年相比，国内生产总值下降了1.5%。1975年失业人数为120.1万人，通货膨胀率全年平均为24.2%，而食品价格上升了25.6%。第六次经济危机结束后，国内生产总值的增长率有所回升，1978年达到3.3%，但失业人数未见减少，通货膨胀率除了1978年外仍维持两位数。

1979年7月开始的第七次经济危机是战后最严重的一次。1979年的国内生产总值的增长率与危机前的1978年相比仅维持1.4%的水平，1980年进一步降低到负增长数，同年失业人数高达179.5万人，失业率为7.4%。即使在1981年5月度过最低点后，仍呈现严重的经济停滞。工业生产在低水平上徘徊不前。周期性经济危机是西方资本主义经济常见的现象。但对于英国来说，其情况比其他发达国家更为严重。

其次，英国的经济结构不合理，投资水平低，英国固定资产投资总额占国内生产总值的比重明显低于日本、联邦德国和法国；例如英国固定资产投资总额占国内生产总值比重1950年为13.2%，1974年提高到20.3%，1980年为17.8%。在发达国家中，英国的投资比率是很低的，1980年日本、联邦德国和法国的投资比重分别是30.0%、23.5%和21.6%。投资不足造成英国工业设备陈旧，产业结构落后。英国投资往往集中于一些传统工业部门，而新兴产业部门投资少，在传统部门技术设备也比较陈旧，导致劳动生产率增长缓慢。

再次，英国政府过早实行“福利国家”政策，造成税收负担过重，税后利润减少，对财政支出的压力增大。战后由于社会保障权益项目增加，使英国享受社会保障权益越来越多，因此，社会保障支出迅速增长。据统计，英国社会保障支出总额1949—1950年为103亿英镑，占国民生产总值的4.7%，到1979—1980年增加到449亿英镑，占国民生产总值的9.0%。这一时期的社会保障支出的平均增长率超过了经济增长率和政府财政支出增长率。过高的福利支出，抑制了投资规模的扩大，影响了经济发展的速度。

最后，在经济发展的过程中，英国人口在战后同美国、日本和法国一样，也经历了生育高峰，20世纪60年代前半期出生率达到18.2‰，英国人口增长有所回升，1950—1967年的人口平均增长率为0.56%，高于战前的平均水平。1968年以后出生率一直下降，1977年仅为11.3‰，跌至低谷。此后受前一次生育高峰和外来移民增加的影响，出生率略有回升，到1980年增至13.2‰。这一时期，英国人口呈现缓慢的上升趋势，从1968年5 395万人增至1980年的5 479万人。

10.2 国际移民迁移

英国是世界上向外移民历史最久、数量最大的国家之一，19世纪初期到20世纪70年代的170年期间，英国一直是人口的净移出国。第一次世界大战中以及第二次世界大战前后，由于来自南亚、西非、加勒比海地区、远东各前属英殖民地的移民大量流入，英国人口的移入数曾短时间超过移出数，但20世纪80年代中期英国第一次从整体上转变为人口的净迁入国，每年净迁入4万~6万人（见图10—1）。移民主要来自加拿大、澳大利亚、新西兰、南非和印度等英联邦国家，其次是欧洲共同体和美国，说明移往英国的移民在地域方向上有明显的选择性。

由于亚洲、非洲和拉丁美洲非白种人的迁入，英国的种族和民族发生了很大变化，在英国的统计中出现了白种人以外的少数民族，1984 年全国少数民族为 231 万人（不包括爱尔兰），占总人口的 4.2%。期内少数民族人口平均年递增 3.2%，除了其本身的自然增长外，还与来自发展中国家的迁入密切相关。少数民族大多分布在伦敦[①]、利物浦等大城市以及北方区、西北区的其他老工业城市，已形成了一些少数民族占优势的社区，对当地的经济发展有一定的影响。

图 10—1　国际移民迁移图

英国人口在经济活动上最大特点是农业人口比重很低，而且下降得很快。农业劳动力的相对比重由 1901 年的 8.7%下降到 1937 年的 4.1%。显然英国农业劳动力的这种大幅度减退同英国把本国作为“世界工厂”，依赖从殖民地和落后地区输入农产品的经济政策是分不开的。从第二次世界大战起，随着世界经济形势的变化，英国开始重视本国的农业生产，耕地面积和总产量有了巨大增长。在这种情况下，20 世纪 70 年代以后农业劳动力的绝对数减少不多，但在经济活动人口中的比重有所下降。

从总体上讲，英国是一个人口外流国家，到 20 世纪 80 年代初期，英国的国际移民遍及世界各地，他们成为美国人口、加拿大人口和澳大利亚人口的重要组成部分。不过，英国本身也吸纳了部分外国人口，特别是第二次世界大战以后，英国与西欧工业国家并驾齐驱，成为世界上热门的移居地之一。而且进入英国的移民，其国籍多是原来英国的殖民地国家，另外还包括来自意大利和西班牙的移民。

10.3　工业发展与人口城市化

10.3.1　工业发展

英国在自由资本主义阶段是工业最发达的国家，其工业生产长期居世界之首。但在第一次世界大战中，英国的工业遭受巨大损失，民用工业急速萎缩，但那些直接为战争服务的冶金工业、钢铁工业、化学和汽车工业等部门都得到发展，但就整个工业来说是在不断下降。停战后，英国的工业生产有所回升，1920 年英国工业生

① ［英］道布罗夫. 英国经济地理［M］. 北京：商务印书馆，1959.

产基本上恢复到战前水平，特别是电器工业和汽车制造业发展迅速，分别比1913年提高45.5%和63.3%。在1920—1938年间，英国由于经历了三次世界经济危机的挫折，传统工业部门的发展趋缓，但由于新兴工业的发展，工业生产的年平均增长速度为2.7%，反映了英国工业有所回升的趋势。

第二次世界大战，使英国工业遭到很大损失。据计算，在战争最后一年，英国的工业生产比战前降低了20%，而许多重要的工业产品的下降幅度更大。到1946年，英国工业生产才基本上达到战前水平。1947—1950年，英国的工业增长较快，年平均增长率为6.4%，但有些部门的工业产品有部分的缩减。

1952年，由于原料和设备的不足以及劳动力的缺乏，导致民用部门产量的缩减，影响了工业生产的发展。在1953—1955年间，工业生产开始停滞不前，这主要是由于英国保守党采用了限制国内消费的政策引起的。1956—1957年，汽车和许多耐用消费品的生产大幅度缩减。工业生产总指数也呈现下降趋势。1957年秋季，由于世界性的工业生产危机波及英国，使英国的工业生产总指数在1958年再次下落。英国工业生产下降的直接原因是加工工业投资的缩减和工业产品出口的下降。1958年，政府为了缓和危机对工业产生的影响，特别增加了对国有化经济部门的投资，削减了某些营业税，但未能阻止工业生产的下滑趋势。

1959—1960年间，英国的工业生产开始复苏，这两年的工业生产与1958年相比增长了13%，工业生产的增长是和投资和出口的增加有关的。投资总额的增长在很大程度上是由于扩大了对电力和铁路运输等国有化经济部门的国家投资并增加了对贸易和其他非生产性企业的私人投资。出口总额的增长则主要是增加了机器制造产品的出口，特别是小汽车和电器设备等产品的出口。

进入20世纪60年代，英国的工业发展相对较为顺利，1961—1970年的平均增长率为3.5%，虽然高于50年代的平均增长率，但在60年代末以后的数年间，工业趋向缓慢增长的态势，技术进步缓慢是导致这一时期英国工业竞争力下降的主要原因。石油危机过后，1976年工业生产开始上升，1979年达到高峰，工业产值为683.8亿英镑，占国内生产总值的41.8%，按可比价格计算，比1950年增长111.4%，平均每年增长2.5%，明显落后于其他主要工业国同期的增长速度。1979年，英国政府开始实行货币主义的经济政策，工业生产呈现迅速下降趋势。

第二次世界大战后，随着英殖民帝国的解体，原殖民地附属国民族工业的发展，冲击了英国的纺织业、冶金业和造船业等部门，使这些工业部门日趋衰落。特别是棉纺织业下降尤甚。例如1950年棉纱产量为43.3万吨，比第二次世界大战前的1937年下降了29.8%。这个部门的生产不断减产，使工人数量逐渐减少，许多企业倒闭。但由于毛纺织品、化纤和化纤织物迅速扩大，纺织工业按可比价格，1950年比1937年只降低4%左右，1964年超过战前水平，但20世纪70年代中期起陷入不景气。为了挽救纺织工业的衰落，政府和企业提供了大量投资以更新设备的现代化，关闭小企业和陈旧企业，加快化纤织品和针织品的发展速度，但成效不大。而毛纺织品因其质量高，在国际市场上还有一定的竞争能力。

冶金业发展也较慢。战后初期，由于工艺和设备落后，高炉利用系数、焦比和劳动生产率都不如其他主要工业国，冶金业的产量增长缓慢，但在1950—1973年间基本上呈现上升趋势，随后连续下降。1979年冶金业的营业额为102.7亿英镑，占工业的9.0%。同年雇用职工44.4万人，比1950年减少9.6万人，但占工业职工人数的比重基本上不变。

钢铁工业是战后发展缓慢的工业部门之一。1949年英国钢产量为1 580万吨，仅次于美国，居世界第二位。但随后钢铁工业发展缓慢。英国政府为扭转日渐衰落的局面，于1967年把14家主要钢铁公司收归国有，组成英国钢铁公司，从而控制了全国钢铁生产。英国钢铁公司成立后，为向大型化、自动化和专业协作化的方向发展，对现有企业进行大规模的技术改造。关闭了一批生产条件差的工厂，把一些联合企业改建为专业化的成品钢材厂；增加富铁矿进口；在矿石进口港附近，合并、改造了一批老厂，分别形成了六大钢铁工业基地，基本改变了长期以来分散的布局。尽管生产企业数锐减，但生产规模有所扩大，1970年粗钢产量为2 832万吨，是战后历史上最高年产量，1979年减少到2 140万吨，退居世界第八位。在生产率指标方面，英国一直落后于美国和日本等主要发达国家。例如，英国最大的钢铁企业“英国钢铁公司”，1978年人均钢产量仅为131吨，而日本、美国和德国则分别为372吨、274吨和225吨。由于竞争力低下，该公司在英国市场上不断缩小。20世纪70—80年代初期，英国钢铁工业设备和工艺比较落后，劳动生产率低下，成本较高，缺乏国际竞争能力。

造船业在战后初期，因开展油船建造有所起色。在20世纪50年代，平均每年造船约150万吨。60年代由于日本、瑞典等国家制造业的迅猛发展，使英国的造船工业又陷入衰退，在世界的地位日益下降，但船舶产量的一半以上供出口。1976年，英国造船、修船和建造部件的工厂近700家，其中500人以上的企业有59家，船台284座，职工17.8万人。1977年英国政府对19家造船公司实行国有化，但造船业的下滑趋势依然未改变。1984年英国下水商船仅为41.4万吨，明显低于战前的水平。

与纺织业、冶金业和造船业等日益低落的工业部门相比，化学工业、机械工业、航空工业电子工业等工业部门发展较为迅速。化学工业是英国战后发展最快的行业之一，在20世纪50年代初，它以煤和岩盐等原料为基础，60年代以后则以石油和天然气为主要原料，重点发展有机合成化学工业。在生产增长速度方面，化学工业的产量从1948—1960年增长了144%。增长最快的是塑料、合成橡胶、合成纤维等。化工产品大部供出口。石油化工的发展改变了煤和农产品做原料的有机化学体系，形成了以石油和天然气为主要原料的有机合成和石油化工产品为发展重点的比较完整的石油化工体系。由于北海油田的开发，使英国石油化学工业发展十分迅速。石油化学工业多分布在沿海的石油加工中心，如苏格兰东北部的威尔斯岛就新建了大型石油化工企业，其原料来自北海油田。1979 年化学工业的营业额为 124.3 亿英镑，出口 46.5 亿英镑，雇用职工 36.6 万人。到 1982 年化学工业的产值占工业总产值的 10%。一般化学制造在英国化学工业中居主要地位，制药、塑料、合成树脂、染料等的制造也发展迅速，产品的一半供出口。

机械工业作为英国的主导工业部门发展较快，1979 年营业额为 73.5 亿英镑，占工业的 6.4%。机械工业在英国加工工业占有重要地位，它与紧密相连的金属加工部门占加工工业产值的 2/5。其中占比重最大的是通用机器制造业。该行业门类齐全、技术先进。它主要制造金属切削机床、工厂成套设备、机械操纵设备、建筑和采掘设备、农业机械、办公室设备以及手工工具等，产品近一半供出口。英国是机床工业和动力机械的发源地，在 20 世纪 60 年代和 70 年代，它生产的金属切削机床和动力机械产品比较先进，是世界主要机床生产国之一，其农耕机械的最大出口市场是西欧各国。

航空工业也是战后发展很快的工业部门之一。它作为西欧最大和最完善的航空工业在 20 世纪 60 年代的产值占西欧航空工业销售总额的一半左右，1979 年营业额为 25.3 亿英镑，占工业的 2.2%，出口额占营业额的 40%。其产品主要有民用和军用飞机、直升机、飞机发动机、宇航飞行器、通信卫星、导航设备等。罗尔斯—罗伊斯公司是世界制造航空发动机的三大公司之一，基本上垄断了国内发动机的生产，产品遍及 130 个国家和地区。1977 年，英国政府对这个部门实行了国有化，1981 年保守党将其部分股份出售给私人。英国航空工业主要分布在伦敦的东南部、伯明翰和考文垂及西米德兰区。

第二次世界大战后，英国电子工业已有相当规模，出现了马可尼公司、普莱西公司、通用电气公司和国际计算机公司等重要公司，主要生产军用通信设备、雷达、导航设备和计算机。1946 年，英国开始了计算机的研究工作，于 1949 年成功地研制出英国第一台电子计算机——电子管内存自动计算机（EDSAC），1962 年推出 ATLAS 晶体管计算机（100 万次/秒）。这期间，英国机载预警雷达也得到迅速发展。20 世纪 60 年代至 70 年代初，英国电子工业发展缓慢，产值的年均增长率下降；但是军事电子工业仍继续发展，雷达、通信、导航等军用电子产品大量出口。在这一时期，英国的军用通信设备也逐步趋向标准化，在半导体有关技术迅速发展的基础上，建立起统一的通信设备标准。与此同时，英国卫星通信也得到迅速发展。70 年代，英国电子工业发展迅速，1973 年电子工业产值突破 20 亿英镑，年增长率高达 18.4%。从 1977 年起，英国电子工业被列为国家重点投资部门。70 年代后半期，在传统制造业因经济衰退而大幅度下降的同时，唯有电子工业保持稳步增长势头，产值逐年上升。

汽车工业在 20 世纪 50 年代和 60 年代发展较为迅速。据统计，1955 年英国汽车产量为 124 万辆，到了 1968 年增长到 222 万辆。但这一时期，英国的分期付款法案修改了 10 余次，因而造成国内需求起伏不定。在内需和外需比较疲软的情况下，英国汽车工业的产量和销量只能保持在一个较低水平，这样就影响了英国汽车业的发展。60 年代中后期，英国汽车工业大规模重组，组成了占垄断地位的利兰公司，实现了除劳斯莱斯之外的民族品牌大一统。自此，英国汽车产量蒸蒸日上，1972 年英国共生产各种汽车 233 万辆，达到历史最高水平。此后因劳动生产率较低，影响了出口。1979 年汽车产量为 160.7 万辆，职工为 77.0 万人，占工业的 13.2%，不仅劳动力所占比重比 1950 年扩大，绝对人数也有增加。汽车工业的产量在 70 年代后期低于德国和法国，由于缺乏国际的竞争力，英国汽车市场的大部分被日本、美国和联邦德国的产品所替代。这一时期，汽车工业作为英国的支柱产业发展相对较为缓慢。

10.3.2　工业化和人口城市化

伴随着工业化的迅速发展而出现的是人口城市化。人口城市化是城市人口的集聚和增长所形成的城市人口占总人口比例增长的过程，它是现代人口动态分布中最普遍的一种现象。人口城市化往往同工业化密切相关。随着农业人口向工业和其他非农产业人口转变，农村人口呈现向城市人口转化的倾向。尽管英国各地区的经济条件不同，但生产力的发展改变了人口布局，工业化引起人口城市化的倾向是显而易见的。

人口城市化迅速发展阶段是在 19 世纪开始工业革命之后。资本主义工业化从英国开始，逐步向德国、法国和美国等国家推进，后来欧洲的大部分国家也走上工业化，加速了人口城市化的进程。自 19 世纪初期，发达国家相继出现一批规模巨大的城市。最早实现了工业革命的英国，人口城市化最为迅速，也是世界上最早启动城市化进程的国家。19 世纪初英国有 106 个城市，它们的居住人口均在 5 000 人以上，而英国的城市化率[①]仅为 20.0%，其中只有大城市伦敦，它容纳了英国总人口的 10.0%左右。到 19 世纪中叶，由于工业化的迅速发展，引起了城市人口的急剧增加，英国的城市数增加到 265 个，1851 年英国城市化率超过 50%，成为世界第一个城市人口超过农村人口的国家，到 19 世纪末，其城市化比重进一步升至 75.0%左右，英国成为世界上第一个真正实现城市化的国家。主要的大城市发展见表 10—1。

---

① 人口城市化率是指某一时点上某地区以城市或城镇人口占总人口的比率来反映城市化的水平。其公式为：$U=\frac{P_u}{P_t}\cdot 100\%$。式中，$U$ 为人口城市化水平，P_u 为该地区城市人口数，P_t 为该地区总人口数。在计算和使用人口城市化指标时，要注意区分城市和农村的区域划分。目前，世界各国城乡划分标准差异很大，当比较两个国家的人口城市化水平时，一般来说首先要确定城乡划分口径是否一致。

表 10—1　　英国主要大城市人口的增长（1850—1980 年）　　单位：万人

城市	1850 年	1880 年	1900 年	1920 年	1950 年	1960 年	1970 年	1980 年
伦敦	263.5	477.0	658.6	748.8	834.8	817.2	745.2	767.8
伯名翰	23.3	43.7	52.3	92.2	111.3	110.7	101.5	100.7
曼彻斯特	30.3	46.2	50.5	73.6	70.3	66.1	54.4	44.9
利物浦	37.6	55.3	70.4	80.5	78.9	74.7	61.0	51.0
格拉斯哥	34.3	58.7	77.6	105.2	109.0	105.5	89.8	76.6
利兹	17.2	30.9	42.9	40.8	50.5	51.1	49.6	70.5
谢菲尔德	13.5	28.5	40.9	51.2	51.3	49.4	52.0	53.8
布里斯托尔	13.7	20.7	33.9	37.7	44.3	43.6	42.7	39.1
爱丁堡	20.2	29.5	39.4	42.0	46.7	46.8	45.4	43.7

资料来源：C. P. Hill. *British economic and social history*（1700—1975）. Edward Arnold，1977；巴顿. 城市经济学［M］. 北京：商务印书馆，1984；［英］B. R. 米切尔编. 帕尔格雷夫世界历史统计・欧洲卷（1790—1993）［M］. 北京：经济科学出版社，2002.

20 世纪 10 年代以后，由于世界性的经济危机和两次世界大战的影响，英国的人口城市化进程一度处于停滞状态，1911 年，全国城市人口比重达到 76%，此后增长非常缓慢，大约每 10 年上升 2%，1970 年达到 88.5%，随后到 20 世纪 80 年代初期基本上稳定在这一水平。

从表 10—2 的数据可见，从第二次世界大战后到 1980 年英国大多数大城市的人口都显著减少了，格拉斯哥、利物浦、曼彻斯特等“夕阳产业”分布集中的城市减幅尤甚，伦敦作为英国唯一的特大城市，自 20 世纪 70 年代以来也经历了持续的人口减少。这些大城市人口的减少，主要是人口向外迁移所引起的，他们大部分迁往原居住的大城市周围新兴的中小城市中，而郊区范围也越来越大，出现了卫星城市、中小城市群和城市带等特有的城市居住地。例如英国的伦敦不同于一般的城市，而是一种复杂的人口聚集体，形成了人口城市化的成熟阶段。与这一演变过程相应的是，20 世纪 70 年代中期以来英国的中小城市兴旺发达。

以上概述了英国的人口城市化的发展过程。从人口经济学的角度看，人口城市化的发展主要取决于工业化的进展，特别是发达国家的工业化与人口城市化密切相关。以英国为例，工业革命几乎与人口城市化同步发展，工业化迅速地改变了人们的生产方式和生活模式，使产品不断增加，劳动生产率日益提高，工业作为城市经济增长的主导部门，为城市提供了就业机会和高水平的工资，吸引了农村人口向非农人口转化并集聚和居住在城市，其居住方式和生活方式逐步脱离农村而转向城市，农村人口迁移成为人口城市化发展的源泉。随着城市人口的增长，城市的消费市场和劳动力市场促进了城市附近的工业集聚，从而吸引了更多的农村剩余劳动力和资本，工业化的发展促进了人口城市化的集中，并形成各种规模和不同类型的城市体系，形成了良性循环过程。

10.4　银行和货币

当英国工业在世界上占据垄断地位的时候，英镑也成为国际结算和各国外汇储备的主要货币，英国的银行体制日趋完善，伦敦成为世界最主要的金融中心。而国际贸易大多数通过伦敦进行结算，金融服务的收入在英国无形收入中占有相当的比例。

第一次世界大战时期，因军费开支和对外援助，财政支出大幅度增加，英国政府增加货币和国库券发行量，1920 年英国流通货币的数量是战前的 11 倍多，结果造成通货膨胀，货币贬值，迫使英国在战时事实上放弃金本位制，停止纸币兑换黄金。①

第一次世界大战对伦敦金融市场的影响是巨大的。法国人的银行一夜之间全部关闭，伦敦商品市场也因德国人的撤离受到突然打击。保险公司的业务激增，货币市场上有价值 3.5 亿英镑的汇票买卖，其中绝大多数都是承兑银行和清算银行签署或发行的。贴现市场的交易额，1910 年 10 月仅是战前的 5%，而资本市场则由于对海外投资的严格限制，完全转变成一个面向本国，特别是面向本国政府的市场。政府告贷数额与日俱增，财政部票据在战争初期是 1 500 万，战争末期已达 10 亿。而来自海外投资收益的消失和外贸赤字，使英国金融难以恢复其战前的水平。②

但是，第一次世界大战后的金融政策把目标重点放在恢复英镑的霸主地位及金本位制。1925 年当部分恢复金本位制后，由于英镑高估，英国经济很快就陷入萧条。与此同时，试图继续战前的大规模海外放贷的努力，导致资本紧缺，不得不靠保持高利率来吸引外国资本，高利率挫伤了企业投资的积极性，这无疑是对英国工业的沉重打击。而英镑的金本位对这一时期的经济产生了负面影响。战后一个时期，许多国家都出现了通货膨胀，但它们没有像英国那样采取措施去恢复战前的货币币值。坚挺的英镑货币对出口贸易产生了不利影响。在实行金本位期间，英国经历了空前的经济萧条和严重的失业。

世界性的经济大萧条对英国货币金融体系产生了巨大影响，从 1931 年开始，出现了 1.04 亿英镑的国际收支逆差。中欧国家发生财政崩溃后，英国银行动用美国和法国在伦敦的存款来贷款给德国改组工业，这使英国的财政状况雪上加霜。在危急发生后，美国和法国的存户要求提取这些存款，德国又不能偿还贷款，使英国的黄金储备迅速枯竭，英国恢复旧日世界金融市场的梦想最后破产，导致 1931 年 9 月被迫放弃金本位制。此后，英镑大幅度贬值，当年 12 月，英镑贬值 30%以上。1932 年 6 月银行利率降到了 2%，各种债券、甚至长期贷款的利率都下降了，从此开始了一个持续 19 年（从 1932—1951 年）的廉价货币时期。伦敦的低利率阻挡了国外热钱的

① 王章辉. 英国经济史 [M]. 北京：中国社会科学出版社，2013.

② 郭树清. 英国货币政策和金融管理的历史演变 [J]. 管理世界，1988 (2).

流入，减少了政府的债务负担，通货紧缩的过程得到抑制。廉价货币刺激了投资，使英国的不利地位发生逆转，转而在出口方面占据了有利地位，出口迅速增加，[①] 从而增加了经济活力，英国的国际贸易和国际收支状况得到改善。

第二次世界大战对金融业的影响与第一次世界大战相似。这次轮到日本和意大利银行关闭他们在伦敦的分支机构。政府公债急速上升，证券交易再一次严格控制。与上次不同的是战后恢复的政策大大改变了，政府直接控制取消得很慢，最突出的是外汇管制。战争一结束，工党政府就以其原有股票价值 3 倍的国家债券将英格兰银行收归国有。国会事先通过的"英格兰银行法"明确规定它是英国的中央银行。依照此项法律，英格兰银行的权力最终来自财政部，而财政部因拥有其股票，可对该银行行使管理监督之权力。[②]

第二次世界大战后的英国货币政策是偏紧的。1951—1959 年，政府四次宣布对分期付款购买活动的限制，八次强调要减少或放慢信贷增长。只有 1958 年一次，政府有意识放松了对信贷规模的控制，并且取消了对分期付款购物的限制。

金融体系的新变化多数在 20 世纪 50 年代就已开始了，对几大商业银行（清算银行）的严格控制导致了其他二类银行的蓬勃发展，这些银行多是规模不大没有分支机构的商人银行。另一种金融机构是互惠投资公司，50 年代开始普及、到 1968 年猛增到 176 家。此外投资信托公司，金融商社也有很大发展。由于它们的业务多不在中央银行直接控制的范围之内，生意颇为繁荣。事实上这是为开辟新的金融市场创造了新的金融工具。

战后，伦敦金融市场交易活动中心集中于伦敦，由英格兰银行、清算银行、海外银行以及贴现公司、商业银行、财务公司和保险公司等构成。伦敦金融市场按货币种类可分为英镑资金市场和欧洲货币市场。前者主要侧重于短期资金的借贷以及证券交易、外汇交易和黄金交易。后者则涉及欧洲美元等外币的同业拆放、工商贷款和欧洲债券等方面。在 1958 年英镑恢复部分自由兑换，西欧国家放松外汇管制，美国限制资金输出的情况下，伦敦在英镑资金市场以外，又形成了欧洲美元与其他欧洲货币的借贷市场，1979 年英国全面取消外汇管制，为居民的资金流动提供了方便。

经过先后两次世界大战，伦敦金融中心的重要性曾一度受到削弱。20 世纪进入 50 年代，美国国际收支不断出现逆差，导致美元大量外流。从 1957 年起，欧洲美元市场应运而生。伦敦凭借其原有的优越条件，逐渐成为这个市场的中心。外国银行为了发展欧洲货币业务，纷纷涌入伦敦城，设置机构。到 1982 年年底，外国银行在伦敦开设的分支机构达 449 家，世界上 100 家大银行中已有 94 家在伦敦设立分支机构，"伦敦城"的地位又大大加强，重新成为世界上最重要的金融中心之一。

---

① 王章辉. 英国经济史［M］. 北京：中国社会科学出版社，2013.

② 郭树清. 英国货币政策和金融管理的历史演变［J］. 管理世界，1988（2）.

10.5 对外贸易

对外贸易在英国经济中占有举足轻重的地位。海外市场是英国工业制成品的重要出口地，也是所需原料的重要来源。对外投资为英国的剩余资本提供了有利可图的增值空间。英国早期工业化的推进和20世纪头数十年经济的相对衰落与对外贸易的兴衰有密切关系，可以说对外贸易状况决定了经济发展的速度。

直到20世纪30年代初期，英国在世界贸易中所占的比重都是最大的，但从1876年以后，这一比重一直都在下降。英国在世界贸易中的比重1876—1880年是37.7%，1913年降至27.2%，1926—1930年降到21.0%（见表10—2）。1929年开始的世界经济危机使英国的出口贸易受到严重影响，出口额从1924年的8.01亿英镑减少到1929年的7.29亿英镑，1932年更减少到3.65亿英镑（见图10—2）。1924年的出口量只相当于1913年的80%。与此同时，进口却在增加，进口的主要产品是食品、饮料和烟草。进口的增加和出口的减少导致外贸逆差增加，国际收支状况恶化。货物贸易逆差在1921—1924年间平均每年2.25亿英镑，1925—1931年间又增加到3.96亿英镑，1932—1935年间有所减少，但到1937年又增加到4.32亿英镑。英国只能靠"无形收入"来填补货物贸易的收支缺口。但在30年代初期，"无形收入"也减少了，到1933年，来自船运、投资、金融和各种服务的收入减少了2亿英镑。[①]

表10—2　　战前英国在世界贸易中和其他工业国的比较

年份	英国	美国	德国	法国	日本
1876—1880年	37.7	4.0	—	16.2	—
1896—1900年	30.7	7.0	19.4	13.4	0.7
1906—1910年	28.8	8.2	20.6	12.5	1.1
1913年	27.2	9.7	21.7	11.7	1.4
1926—1930年	21.0	16.2	16.9	10.8	3.6
1936—1938年	18.6	16.3	19.8	6.0	7.0

资料来源：滕茂桐. 战后英国的对外贸易 [J]. 安徽大学学报（哲学社会科学版），1981 (2).

第二次世界大战后英国与以前的殖民地现在的英联邦成员国经济关系和贸易关系还很密切。这些新兴国家和地区有：中东地区、塞浦路斯、冈比亚、塞拉利昂、尼日利亚、坦桑尼亚、肯尼亚、乌干达、索马里、科威特、毛里求斯、马耳他、新加坡、沙捞越、斐济、百慕大、巴哈马、牙买加、特立尼达和多巴哥、圭亚那、洪都拉斯、新几内亚、西萨摩亚等。

第二次世界大战后，最初的年代里，英国的进口贸易和出口贸易，有半数以上都是和新旧联邦成员国进行的，尤其许多重要原料，来自这些国家和地区，如石棉、

① Sydney Pollard. *The Development of the British Economy*, 1914—1990. London, 1992.

可可粉、钻石、黄金、花生、黄麻、锰砂、报纸、白金、大米、茶叶、锡、羊毛、橡胶、铬、椰子干核、大麻等。

第二次世界大战后英国的贸易在不断地变化，变化中仍有传统的特点。战前基本上是以进口粮食和原料为主，然后输出价值较大的工业品。1945 年后，英国输向英联邦成员国及新兴国家和地区，重工业品、钢材、生产设备、建筑设备等的比重逐渐增加，而轻工产品的比重相对减少。据《泰晤士报》刊载，英国每年约输入 15 亿镑的农产品，除 60％来自英联邦成员国和前殖民地外，20％输自欧洲国家，20％是由世界其他各地进口的。

进入 20 世纪 60 年代后，英国的对外贸易额，随着国内生产总值的缓慢上升，在世界贸易总额中所占的份额远远落在日本和联邦德国的后面，美国的份额仍占到 20％。1958—1960 年和 1963—1964 年两次国内生产的景气，使进口的原料、半制成品和工业制品增加，这时英国的通货膨胀率略高于国外，以致出口贸易扩大遇到困难，国际收支中经常项目就难以取得盈余，再加上资金外流，最后迫使英镑于 1967 年 11 月贬值。随后英国国际收支中的经常项目逐渐好转，由亏损转变为盈余，直至 1971 年。1969 年和 1970 年英国采取了货币紧缩政策，使进口贸易有所抑制，而出口贸易则容易扩大，才赢得经常项目的顺差。

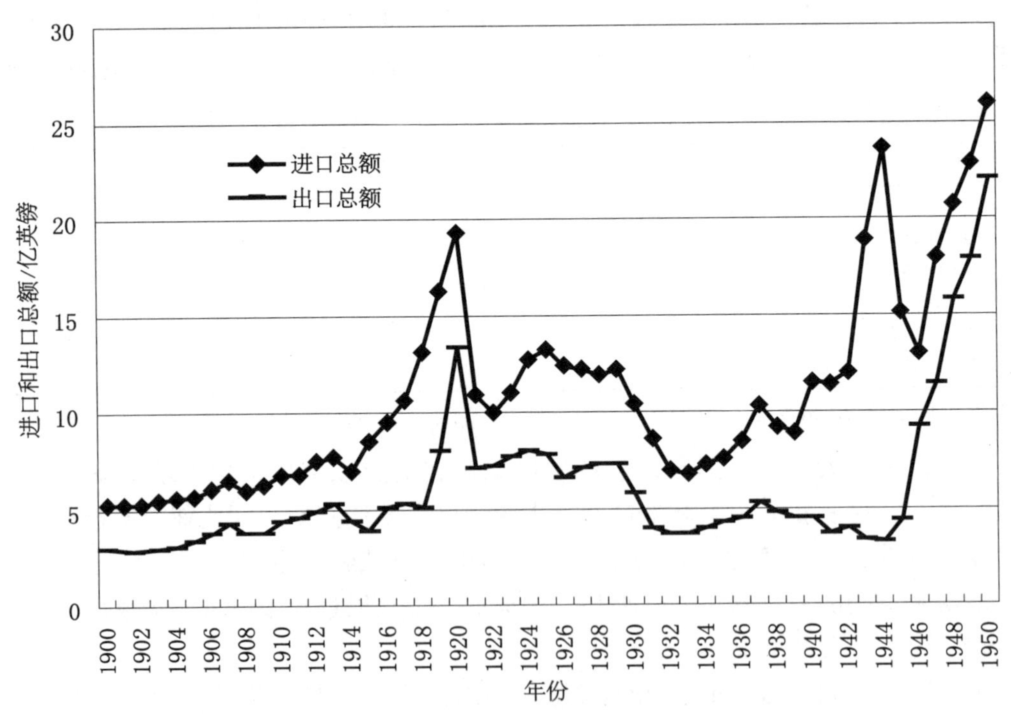

图 10—2　英国的对外贸易（1900—1950 年）

资料来源：［英］B. R. 米切尔编. 帕尔格雷夫世界历史统计・欧洲卷（1790—1993）［M］. 北京：经济科学出版社，2002.

进入 20 世纪 70 年代以后，1972—1974 年经常项目的逆差规模和速度几乎是空前的（见表 10—3），进口贸易猛增，从 1971—1973 年连续三年交易条件对英国不利，恶化了 25%。1972 年日本、美国、西欧都有不同程度的经济繁荣情况，食品进口价格在世界范围内上涨，这增加了英国为进口食品支付的外汇。从 1973—1974 年，由于石油价格骤然上涨 4 倍，英国为进口贸易多支付了 20 亿英镑。1974 年年底英镑汇价贬值 20%，经常项目逆差有增无减。截至 1976 年英镑汇率已贬值了 34%。经常项目的逆差，并未动用外汇储备弥补，而是以国外借款加以平衡的。

表 10—3　英国的对外贸易（1945—1980 年）　单位：亿英镑

指标	1945 年	1950 年	1955 年	1960 年	1965 年	1970 年	1975 年	1980 年
进出口总额	19.4	65.0	69.0	81.1	101.2	171.0	436.0	972.0
出口总额	4.4	39.0	30.0	36.1	43.2	81.0	196.0	474.0
进口总额	15.0	26.0	39.0	45.0	58.0	90.0	240.0	498.0
进出口差额	−10.6	13.0	−9.0	−8.9	−14.8	−9.0	−44.0	−24.0

资料来源：［英］B. R. 米切尔编. 帕尔格雷夫世界历史统计·欧洲卷（1790—1993）［M］. 北京：经济科学出版社，2002.

从进出口的商品结构来看，20 世纪 70 年代后期以来出口商品主要是制成品，其中 50%是机械、运输工具、化工产品。进口商品主要是工业原料、燃料和食品类。在 20 世纪 60 年代和 70 年代，制成品在英国出口总额中所占比重有所下降，而在进口总额中所占比重却显著上升；初级产品在进口总额中所占比重虽显著缩小，但依然较大。石油在 20 世纪 80 年代初期已成为英国对外贸易的重要支柱。①

从第二次世界大战后世界主要发达国家的对外贸易的国际比较来看（见表 10—4），以 1951—1981 年计算英国的对外贸易增长率是最低的。

表 10—4　英国与其他主要发达国家进出口贸易增长率　（%）

国家	1951—1973 年		1974—1981 年		1951—1981 年	
	出口年均增长率	进口年均增长率	出口年均增长率	进口年均增长率	出口年均增长率	进口年均增长率
英国	3.9	5.3	3.6	1.0	3.9	4.2
美国	6.0	6.7	4.5	2.5	5.7	5.6
联邦德国	11.6	11.5	4.5	3.6	9.7	9.4
日本	15.9	15.8	9.4	0.5	14.2	11.6
法国	8.4	9.4	5.2	4.5	7.5	8.1
意大利	11.7	11.1	5.5	1.1	10.0	8.5
加拿大	7.0	7.5	2.7	2.9	5.9	6.3

注：英国 1974—1981 年的出口增长率为 1974—1980 年的数字；英国 1951—1981 年的出口增长率为 1951—1980 年的数字。

资料来源：郭吴新，洪文达，池元吉，冯舜华主编. 世界经济（第二册）［M］. 北京：高等教育出版社，1989.

① 谢易. 英国对外贸易状况分析［J］. 对外贸易学院学报，1984（2）.

显而易见，第二次世界大战以来，英国对外贸易发展缓慢的原因和其经济发展迟缓有着密切的关系，但是还有其特殊的原因，主要是：英联邦对英国经济的作用在逐渐减少；美国向英国海外市场的扩占和对英国重要工业部门的渗透；英国的一些重要工业出口遭到世界上一些主要资本主义国家排挤和竞争。因此，英国对外贸易的增长也是缓慢的，并且经常出现逆差。尽管如此，英国仍不失为世界上一个经济大国。自从英国加入西欧经济共同体后局面有所改善，1979 年英国出口贸易占国内生产总值比重的 26.9%，明显高于 1949 年的 14.9%。英国凭借着伦敦作为国际金融中心的有利地位以及庞大的海外投资，每年还通过跨国公司、银行、保险公司和海运获得巨额的外汇收入。同时，北海石油的开发又无疑给英国经济的发展和对外贸易的活力注入“强心剂”。1980 年由于英国经济危机加剧导致进口锐减，但石油带动了英国整个出口增长，竟扭转了长期逆差的局面，顺差达 11.73 亿英镑。[①]

10.6 农业发展与剩余劳动力转移

第一次世界大战时期，远洋运输受阻，英国粮食和饲料进口锐减。面对这种局面，迫使英国政府为开垦荒地提供资助，对小麦和燕麦实行最低保证价格，并把战时粮价提高了两倍。1918 年英国谷物产量比 1913 年增加了 35.4%，出现了所谓战时“景气”。但战后英国进口了国外大量谷物，国内谷物价格逐步降低到战前正常水平。政府又取消了谷物保证价格，使农业危机迅速蔓延。1931 年谷物播种面积减为 196.3 万公顷，比 1918 年下降 41.7%，产量下降 20.6%。尽管如此，这一时期，畜牧业和水果蔬菜园艺业却得到了显著发展。甜菜业在英国政府的扶植下急速扩大。1938 年肉牛和乳牛饲养头数为 803 万头，比 1931 年增长了 10.4%，猪饲养头数也有所上升。因此，1938 年英国农业总产值中，畜牧业所占比重高达 71%，园艺业为 12%，而种植业仅为 15%。

第二次世界大战时期，由于德国击毁大量英国远洋商船，粮食进口大减，使英国食品供应不足。政府除实行食品配给制外，把发展农业作为国民经济的基本方针，加强对农业生产的支持和干预，采取的主要措施是：奖励垦荒，扩大农用耕地面积，促进农业生产；动员大量妇女接替从军的男劳动力从事农业工作，扩大农业机械化的规模；在全国各地设立生产管理委员会，负责安排农业生产，并进行监督。这样，随着耕地面积的不断扩大，谷物播种面积也迅速增加，1945 年谷物播种面积增加为 314.9 万公顷。虽然由于饲料不足，猪的饲养头数有所减少，但农业生产开始呈现上升趋势，1946 农业总产值仍比 1938 年上升 10.7%。

第二次世界大战后，英国耕地和农业劳动力都在减少，特别是农业劳动力由

---

① 谢易. 英国对外贸易状况分析［J］. 对外贸易学院学报，1984（2）.

1950 年的 116 万人减少到 1984 年的 60.5 万人，同期农业劳动力占全国劳动力的比重也由 5.3%减少到 2.7%。但由于农业技术的发展，农业机械化和现代化的普及，劳动生产率和专业化水平都位于欧洲的前列，农业生产增长迅速，农业总产值由 1950 年的 20.2 亿英镑增长到 1983 年的 53 亿英镑，年平均增长 3.0%，这是英国农业增长最快的时期，也快于同期英国工业增长的速度，然而由于第三产业发展很快，农业占国内生产总值的比重不断降低，由 1950 年的 6.0 降低到 1980 年的 2.2%，2001 年进一步降低到 1.0%，农业人口仅占总人口的 2.0%。

在英国农业生产中，畜牧业占主导地位，1950 年畜牧业占农业总产值的 69.9%，种植业占 20.9%，园艺业占 10.2%。战后种植业增长最快，1982 年占农业总产值的比重增长为 26.5%，谷物产量持续增长，1950—1980 年间平均每年递增 3.1%。除气候比较正常外，英国政府采取了各种鼓励农业发展的措施。谷物播种面积增加也是谷物产量上升的重要原因。从农作物品种结构的变化看，1980 年同 1950 年相比减少 78%，但大麦增长很快，小麦也有较大幅度增长（见表 10—5）。大麦增长快的主要原因是大麦单产高，品种多，更能适应在不同温度和多雨地区播种。园艺作物的总产值相当于种植业的 1/2 左右。畜牧业中，肉类、蛋类和牛乳都有所增长，但家禽肉增长最快，牛乳和牛肉增长较慢。此外，英国渔业发展缓慢，战后由于设备较陈旧、水域污染严重，远洋捕鱼也受限额的约束，因而导致捕鱼减产，1982 年捕鱼量为 74.9 万吨，低于 1936 年的水平。

表 10—5　　英国主要农作物产量（1945—1980 年）　　单位：万吨

农作物	1945 年	1950 年	1955 年	1960 年	1965 年	1970 年	1975 年	1980 年
小麦	220.9	264.6	264.0	303.6	416.5	423.1	448.6	847.0
大麦	213.0	173.4	297.7	423.5	795.6	736.9	832.4	1 012.7
燕麦	290.8	242.2	252.5	190.0	114.2	117.5	77.1	59.0
马铃薯	884.2	829.5	561.8	655.6	706.7	707.6	430.8	670.8
甜菜	394.8	530.2	462.9	733.1	681.3	641.2	486.4	738.0
谷物合计	—	778.1	877.9	952.8	2 714.3	1 325.2	2 275.3	1 947.4

资料来源：[英] B.R. 米切尔编. 帕尔格雷夫世界历史统计·欧洲卷（1790—1993）[M]. 北京：经济科学出版社，2002.

第二次世界大战后，英国农业从各方面进行改造，基本上实现了农业现代化和农业机械化，农业技术较为先进，对促进英国农业的发展起了有利的作用。其一是合理调整农牧业地区分布，积极开展农田水利基本建设。英国土地面积不大，由大不列颠岛和北爱尔兰东北部及附近许多岛屿组成，但地势、土壤、雨量、气候等差别很大。英国政府根据各地区特点，配置农林牧业，充分发挥优势，形成了四个大农业区。土地肥沃的东南部地区，光照充足，适于耕种，是以谷物为主的农业区；地势较高的英格兰北部，多平原和丘陵的英格兰中部和苏格兰南部平原，是以谷物和畜牧业为主的农业区；地势较高、土地条件较差、降雨量大的苏格兰南部，威尔士大部和苏格兰北部的广大草原区则以畜牧业为主，兼营林业；北爱尔兰则以畜牧业和种植马铃薯为主，兼营林业。在各个农业区内部，又按地区特点和传统习惯，形成谷物、蔬菜和水果等专业化生产基地，便于加强集中技术指导，提高土地生产效率。此外，农业机器、种子、农药和农具等由专业公司生产供应。在畜牧业生产方面不仅重视各种牲畜、家禽品种的合理配置，还重视不同品种的区域布局。这样通过合理配置农牧区域，有利于促进农业生产的发展。

兴修水利和农田基本建设，是刺激农业发展的重要因素之一。英国不少地区地势低，又受西风和北大西洋暖流影响，属于典型的温带海洋性气候，降雨量又大，形成了终年积水的低产田和沼泽地。20 世纪 60 年代以来，英国政府投入大量资金兴修农田排水工程，积极改造洼地，最大的排水系统是英格兰剑桥地区的防洪工程，它的建成使 40 万公顷的沼泽地变成肥沃良田，到 80 年代初期，这个地区的谷物产量已占全国产量的 10%左右。永久性草地多为土壤条件较差不宜种植农作物的坡地和河谷地，经过排水、补播、定期施肥和围栏分区轮牧，改善了牧区环境，大大提高了载畜能力。

农业机械化的迅速普及引人注目。第二次世界大战后，英国的农业机械化有很大提高，由于工业和科学技术的发展，提供的农业机具种类多，数量大。1982 年，英国拥有拖拉机 52 万台，平均每 12 个农业劳动力拥有 10 台拖拉机；联合收割机 5.8 万台。此外，中耕机、播种机、割草机、脱粒机和排灌机等机械的使用也很广泛。20 世纪 90 年代以来使用的拖拉机，绝大多数是大马力和液压传动，并装有电子监测和空调设备。甜菜和马铃薯收获有供单行分段作业和多行作业等多种机械，可以适应在各种条件下进行工作。除农场自有的各项农业机具外，全国有 1 700 个辛迪加农机服务公司，备有各种大型的专用农业机械，供农场租用。主要作业的机械化节约了大量农业劳动力。1950 年英国农业劳动力为 116 万人，1979 年减少到 64 万人，仅 29 年减少了 55.2%。同期，农业劳动力占全国劳动力的比重由 5.3%降低到 2.6%，其下降幅度是明显的。

英国农业生产使用的化肥对农业发展也起了一定的效果。战后，英国农业生产使用的化肥不断增加。平均每公顷耕地施用化肥从 1961—1965 年平均的 199 千克增至 1978 年的 296 千克。农用薄膜、灌水排水管道的采用也明显促进农业生产的发展。20 世纪 80 年代初期以后，电子计算机应用于自然资源勘测、自然普查、农作物和禽畜育种、经营效果的预测、农业生产和财务计划的编制等，大大提高了农场管理水平和经济效益。当然，各地区的农场管理和经济效益是不同的，工业发展较早的英格兰较高，而苏格兰和威尔士则相对较低，两者之间存在较大的差异。

第二次世界大战后，英国农业生产率有了显著提高，居世界先进行列。战后英国农业耕地每年减少 2 万多公顷，但农业总产值每年递增 3%左右。1960—1980 年劳动生产率提高 1.5 倍，年平均递增 4.7%。尽管英国耕地少人口多，但由于劳动生产率提高，战后英国农业产量自给率仍有显著增长。目前英国全部食品的自给率约达60%，小麦、蛋类和牛乳完全可以自给，小麦还出口一部分。但是，总的来说，英国农业生产仍然落后于国民经济的需要，一些食物如肉类和食糖等还有依赖进口。而且，英国发展农业主要依赖于高投入、高产量的生产办法，在农业高产的背后隐藏着高成本。因此，英国农业的基础是不稳定的。

农村剩余劳动力的转移是农业劳动力在农业、工业和第三产业之间的重新分配和重新配置。这种变化的基础，是经济发展水平和劳动生产率的提高，特别是同农业劳动生产率的提高密切相关的。英国资本主义发展较早，是最先面临农村剩余劳动力转移的国家。圈地运动开始后，随着大农场的建立，农村产业结构的调整和农业生产技术的进步，农业产量增加了，农村也产生大量剩余劳动力。

从19世纪末到第二次世界大战的爆发，是农村剩余劳动力转移时期。在这一时期，英国大量剩余劳动力继续移居国外，还由于科学技术的进步、农业生产率的提高，进一步向非农业部门转移。在这一时期，英国政府出台了《失业工人法》等一系列的政策，规定了对失业工人的救济措施和解决失业工人再就业的办法，使国家的济贫制度逐渐向福利国家制度发展。此外，英国政府逐步普及中等教育，提高农民的素质，使大量农村剩余劳动力在国家政策的保护下，向非农业部门转移。

英国农村剩余劳动力转移的另一个重要时期是在第二次世界大战之后开始的。战后，英国政府为适应经济一体化的要求，采取了鼓励农业科学发展的新政策，提高劳动生产效率，节省了农业劳动力，促进了农村剩余劳动力向非农业部门和第三产业转移。其采取的主要措施是：重视农业生产的发展，加大对农业的投资，使与农业有关的各种设施得到加强，减少了农业的劳动投入，促使农业剩余劳动力向非农业部门转移；鼓励扩大农场的规模，以取得规模经济效益，农场的合并和扩大，促进了农业机械化和电气化，节省了农业劳动力；重视农业科学研究和农学教育，提高农业劳动者的素质和劳动生产率，以减少农业人口；发展第三产业，吸纳农村剩余劳动力。

第 11 章　意大利的人口与经济发展

11.1　法西斯时期的经济与人口变动

20 世纪初期意大利的经济发展较为迅速，人口增长较快，大体上与英国、法国等主要欧洲发达国家的发展轨迹相似。1914 年第一次世界大战爆发，使意大利同战争有关的经济部门受到刺激并有所发展。它的铁矿石年产量从 1909—1913 年间的 33.4 万吨增加到 1917 年的 99.9 万吨。在第一次世界大战中，钢铁、化学和橡胶工业的产量增长了 1 倍以上。但战争给意大利经济带来的危害也是严重的。战争中，意大利阵亡士兵 60 万人，国内物价上涨 4 倍，政府支出增加 7 倍。1917 年意大利国民收入 381.0 亿里拉，1917—1918 年的战争费用却高达 186.1 亿里拉。由于战争的破坏，第一次世界大战后，意大利物价上涨，对外贸易受到限制，人口增长缓慢。

在第一次世界大战后经济的萧条中，贝尼托·墨索里尼（Benito Mussolini，1883—1945 年）上台，逐步推行一系列法西斯主义的经济政策。主要是：取消各种物价管制委员会；改革税制，简化税收手续，鼓励人们增加投资；对新的商业建筑物，25 年内免税；对于工业企业新建的厂房，实行减税。此外，还通过免征所得税吸引外国资本。在对外经济方面，在恢复同交战国贸易的基础上加强同国外的各种经济往来。经过数年的努力，经济出现好转的迹象。国民收入由法西斯上台前一年的 951 亿里拉增长到 1925 年的 1 151 亿里拉，人口从 3 769 万人增至 3 917 万人。工业部门从战时生产转入和平时期的正常生产。失业人口由 1921 年的 54.2 万人减少到 1925 年的 12.2 万人。至 1926 年，意大利已恢复到第一次世界大战前的水平。

1929—1933 年的世界经济大危机使意大利经济受到沉重打击。这一时期国内生产总值的年平均增长率仅为 0.1%，人均国内生产总值的年平均增长率为－0.7%。股票价格指数由 1929 年 2 月的 153 下降到 1932 年的 55.2。工业生产指数由 1929 年的 100 下降到 1932 年的 66.8。各种消费品，特别是农产品价格暴跌。1929—1933 年，对外贸易额减少 28%。失业人口也大幅度上升，由 1928 年的 43.9 万人增至 1932 年的 113 万人。在经济危机中，英镑贬值 30%，美元贬值 41%，但墨索里尼坚持维持里拉与黄金的比价，结果对意大利经济造成危害。1934 年，意大利政府宣布对外汇实行严格管制。在对外贸易方面，对一些商品实行进口许可证制度，到 1935 年年初实行了更加严厉的进口限制。

1933年以后，意大利经济开始恢复，1934—1938年，国内生产总值的年平均增长率为4.3%，人口的平均增长率为0.8%，人均国内生产总值也有所增长。在这一时期，为了拯救在危机中陷入绝境的企业，意大利政府组建了工业复兴的伊里公司。这家公司接管了意大利商业银行、意大利信贷银行和罗马银行所掌握的工业企业股权，对已接受的企业进行整顿。1937年伊里公司正式作为一家国有经济实体，专门对国有的工业股份进行管理。此后，伊里公司在电信、钢铁、机械、基础设施等部门展开了广泛的活动，对意大利的经济发展发挥了巨大作用。

1939年第二次世界大战爆发，意大利是这次世界大战的发动者和参战者，战争使意大利经济受到严重的损失。在战争中，意大利的经济逐渐下降，国内生产总值增长率从1939年的7.2%下降到1942年的－1.2%，1945年进一步下降到－21.7%，人均国内生产总值增长率也呈现大幅度下降趋势。到1945年，意大利的国民收入只相当于1938年的55%，在战争中，全国1/3的财富被完全毁灭，失业人口也大幅度增加。在财政方面，由于庞大的军费支出，财政支出不断上升，从1938—1939年度的近400亿里拉增至1941—1942年度的1 186亿里拉，1944—1945年度又猛增到3 313亿里拉，比1938年增长了7倍多。法西斯的战争政策导致了意大利经济的全面崩溃。

在法西斯时期经济发展的过程中，尽管经济的起伏较大，但人口发展却相对较为平稳。1914年意大利人口为3 753万人，随后，由于第一次世界大战的影响略有下降趋势，到1919年，减少到3 725万人。在法西斯时期，由于战争的需要，意大利采取了鼓励生育的政策，人口增长速度加快，1920—1929年人口增长率达0.9‰。20世纪30年代基本上保持这一水平。但1940年以后尽管出生率较高，平均预期寿命有所延长，由于战争导致死亡率上升，人口增长呈现递减趋势，到1945年，意大利人口为4 544万人。

11.2　第二次世界大战后的人口经济发展

如前所述，第二次世界大战期间，法西斯统治使意大利经济遭到毁灭性打击，人口呈现负增长趋势。战后，意大利政府为恢复国民经济，采取了抑制物价上涨、大量回笼流通中的过量货币等政策措施，并在对外经济贸易方面同美国和英国等发达国家进行。1947年外贸明显增长，超过战前水平。外贸的扩大和工业的迅速发展，加快了意大利经济发展的速度。到1950年，意大利经济已恢复到1938年的最高水平。第二次世界大战后，意大利出现了经济奇迹。从根本上说，是工业化发展和人口增长的结果。第二次世界大战的破坏将意大利原来就先天不足的经济推向凋敝不堪的境地。经济学家们都认为，在这种经济衰退的背景下恢复元气，至少需要10年，但意大利到1950年就完成了经济恢复任务，所用时间也是很少的。尤其是工业生产，恢复并超过战前的水平，还没用到3年时间。这一时期，人口也呈现逐渐上升趋势，作为积极的促进因素加快了意大利经济发展的进程。随后，意大利又接受了“马歇尔计划[①]”的经济援助。到1951年，意大利得到马歇尔计划援助共13.1亿美元，对推动意大利的经济发展起到了促进作用。

从1951年起，意大利经济出现较快增长，其中1951—1963年最为迅速，因而被西方广泛称之为“经济奇迹”。在这个经济高速发展时期，政府采用凯恩斯刺激需求的经济政策，利用当时国际贸易的迅速扩大，能源、原料和国内劳动力价格的低廉，以及欧洲经济共同体的建立，使国内生产总值年平均增长保持在5.9%，其中1953年和1961年分别高达7.5%和8.2%，如图11—1所示，增长最低的1954年也达到了3.6%，人口增长率则保持在0.6%左右的水平。

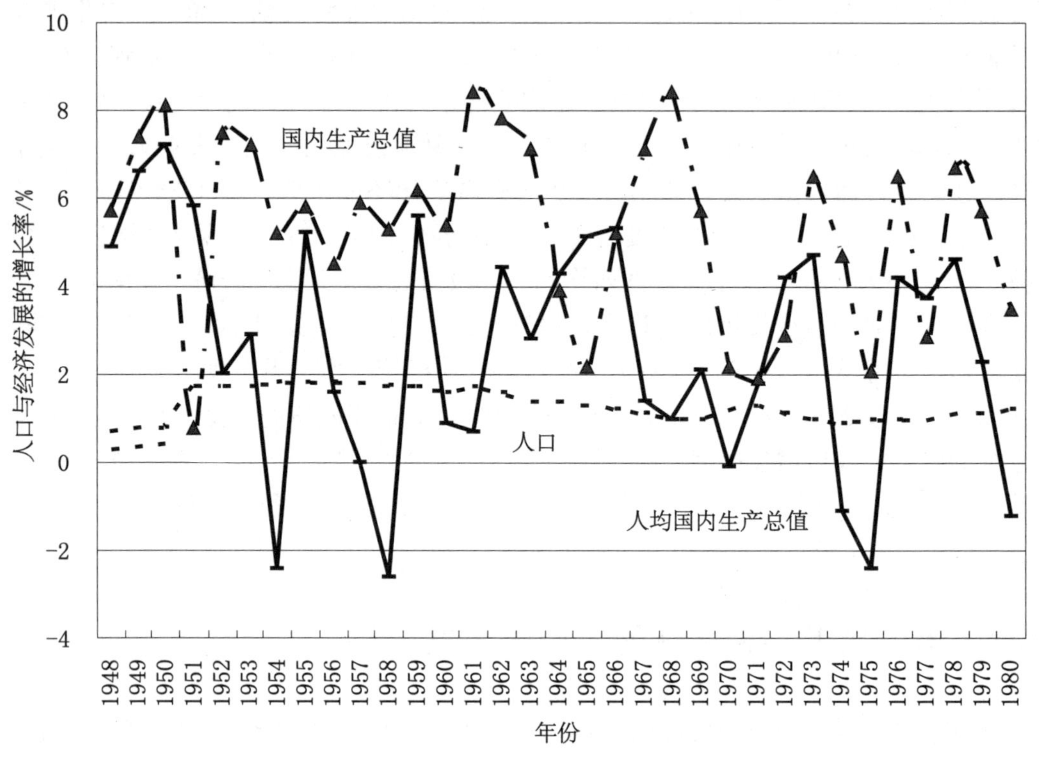

图11—1　1948—1980年意大利的经济和人口增长率

注：1948—1980年的国内生产总值增长率、人均国内生产总值增长率和人口增长率是根据安格斯·麦迪森《世界经济千年史》有关资料算出的。

资料来源：[英]安格斯·麦迪森.世界经济千年史[M].北京：北京大学出版社，2003；国际货币基金组织.世界经济展望[M].北京：中国金融出版社，2007；王洛林，李向阳.2010年：世界经济形势分析与预测[M].北京：社会科学出版社，2009.

① 第二次世界大战后不久，意大利就接受了“马歇尔计划”的16亿多美元的援助。意大利接受美援的目的有三个：一是为了改变自己的战败国的地位，通过接受美国援助以便在国际事务中获得平等的地位；二是利用美国援助恢复和发展经济；三是利用“马歇尔计划”所成立的机构，促进欧洲经济的合作，为日后建立欧洲共同体打下基础。意大利电力集团、菲亚特汽车制造公司、芬西德公司和法尔克钢铁公司，分别得到了这批援款。这些大企业利用此援款，引进先进的技术，更新设备，大大提高了劳动生产率。

1963—1973 年，意大利经济增长依然较快，但同经济高速发展时期相比，速度有所放慢，这一时期国内生产总值增长率降至 4.8%，人均国内生产总值增长率也有所放慢，人口增长率由于低出生低死亡的转换效果略有上升趋势，而劳动力在总人口中的比率则由于人口老龄化趋势的加速而降低，使就业率有所下降（见表 11—1）。20 世纪 50 年代和 60 年代，意大利经济的较快增长同当时有利的国际经济环境密切相关。例如世界市场的容量巨大，能源和原料价格低廉，以及马歇尔计划的经济援助等。这些因素对于意大利经济增长是起作用的。

表 11—1　　意大利劳动力市场

年份	总人口（P）/千人 (1)	劳动力（L）/千人 (2)	就业人口（P_l）/千人 (3)	失业人口（P_u）/千人 (2)—(3) (4)	劳动力率（LR）/% (2)/(1) (5)	就业率（lr）/% (3)/(1) (6)	失业率（ur）/% (4)/(2) (7)
1950	47 105	19 557	18 875	702	41.6	40.1	3.6
1960	48 967	21 554	20 329	1 215	44.0	41.5	5.6
1963	49 936	20 853	20 045	807	41.8	40.1	3.9
1965	50 840	20 611	19 501	1 110	40.5	38.4	5.4
1970	52 771	20 436	19 325	1 111	38.7	36.6	5.4
1973	53 981	20 491	19 185	1 305	38.0	35.5	6.4
1975	54 967	20 946	19 716	1 230	38.1	35.9	5.9
1980	56 121	22 372	20 674	1 698	39.9	36.8	7.6

资料来源：[意] 维多里奥·瓦利. 意大利经济与经济政策（1945 年—）[M]. 1982；[日] 日本矢野恒太記念会. 世界国勢図会（1994/1995 年）[M]. 東京：国勢社，1994.

另外，欧洲共同体的成立，不仅为意大利扩大了市场，增加了同其他成员国之间的贸易，而且还使意大利获得了各种优惠的贷款和补贴，为经济快速发展创造了有利的条件，同时，意大利的过剩劳动力大量流向其他成员国，增加了侨汇收入。欧洲共同体成立的头十年，即 1958—1968 年，意大利国内生产总值从 419 亿美元增加到 716 亿美元，年均增长率为 5.5%，这是战后其经济发展速度最快的 10 年。由此可见，欧盟对意大利是十分重要的。

从国内的经济因素来看，高积累是意大利经济在第二次世界大战后迅速发展的决定性因素之一。据统计，1952—1963 年，投资年均增长率高达 9.4%，其中固定资本投资年均增 9.3%。1963 年以后，由于经济大幅度变动，投资增长的平均水平虽有所下降，但还是比较高的。1964—1973 年，工业部门的固定资本投资仍然保持着年均 6.0%的增长速度。由于投资增长超过了国内生产总值和人均国内生产总值的增长速度，投资额在国民总产值中的比重有了显著提高。1951—1973 年，国民总产值增长 2.1 倍，人均国民总产值增长 1.7 倍，而投资额则增长了 2.9 倍。同期总投资在国民总产值的平均水平高达 20%左右。固定资本投资成为促进经济增长的主要动力。

劳动力的流动也是促进意大利经济增长的重要原因。意大利经济在技术装备和效率上存在着高效率企业和低效率企业。由于高效率企业经营规模大，技术装备良好，生产效率高，吸引了大量低效率企业的就业人员。而这些原来就业于低效率企业的人员实际上是过剩劳动力，其边际效率等于零。这种由低效率企业向高效率企业的劳动力流动扩大了高效率企业的就业人数，有助于提高全国的劳动生产率，从而促进了意大利的经济发展。

1973 年发生的第一次石油危机后，使意大利在战后建立的以廉价能源为基础的重化学工业结构出现了危机，经济增长速度放慢。1974—1982 年，国内生产总值年均增长率下降到 4.1%，人口年均增长率减少到 0.4%，人均国内生产总值年均增长率也有所下降。1983—1989 年，经济增长速度进一步下降，但仍达到 2.8%，超过了大多数发达国家。意大利经济发展速度在这一时期比其他主要发达国家快的主要原因是：实行开放性的经济，利用外资，吸引国外先进的技术，不断提高产品的国际竞争能力；积极参加欧洲共同体的经济建设，引进竞争机制，开放国内市场，积极参与欧洲市场和世界市场的竞争；根据国情，发挥自己的优势，推出大批名牌产品，在国际市场上独树一帜。

应当指出的是，1951—1973 年意大利经济有较快增长，但也存在着危机。1974—1975 年经济危机后，意大利致力于调整经济结构，使经济状况有所改善。经过近 40 年的发展，意大利经济结构发生了巨大变化，从一个工业和农业并重发展的国家发展成一个工业化国家。农业在国内生产总值中的比重从 1951 年的 20.0%下降到 1980 年的 6.4%（见表 11—2），工业的比重从 28.7%上升到 42.8%。意大利经济已经具有了所谓“后工业化社会”的某些特征。

表 11—2　　意大利产业结构　　（%）

年份	国内生产总值构成比重			劳动力构成比重		
	农业	工业	服务业	农业	工业	服务业
1951	20.0	28.7	51.3	43.9	29.4	26.6
1960	15.2	36.7	48.1	30.4	37.5	32.2
1970	8.1	42.9	48.9	18.9	42.1	39.2
1980	6.4	42.8	52.0	12.8	36.3	50.9

资料来源：[日] 日本矢野恒太記念会. 世界国勢図会（1994/1995 年）[M]. 東京：国勢社，1994.

另外，意大利经济与众不同之处还在于以中小企业为主。特别是 20 世纪 70 年代末以来，随着经济结构的变化及新技术革命的到来，中小企业不仅在数量上迅速发展，而且质量也有所提高。同其他发达国家相比，意大利中小企业所占比重很高。60 年代初期，以制造业为例，意大利企业平均规模 7.4 人，100 人以下的企业占雇员总数的 57.0%，100～499 人的企业占雇员总数的 21.6%，在全国 60.9 万家企业中，中小企业所占比例高达 99.7%；而联邦德国企业平均规模为 17.2 人，100 人以下的企业占雇员总数的 35.8%；法国企业平均规模为 10.5 人，100 人以下的企业占雇员总数的 46.2%。1981 年的意大利全国工业普查结果表明，中小企业所占比例仍高达 99.8%，因此意大利享有“中小企业王国”之称。这些企业覆盖面大、产品极为丰富，包括纺织品、服装、皮革制品、鞋类、首饰、家具、丝绸、塑料制品及灯具等产品。这些企业不仅容纳了大量劳动力，还是意大利对外贸易的支柱，因为意大利是个资源缺乏的国家，加工业的地位重要，对外贸易举足轻重，而中小企业基本上以加工为主，产品主要用于出口，因此它在国民经济中的地位得到加强。

经过第二次世界大战后将近 40 年的经济发展，意大利经济实力有很大提高，按不变价格计算，1984 年国内生产总值比 1950 年增加 3.4 倍。同期，工业生产增加 5.3 倍。1984 年国内生产总值为 6 121 120 亿里拉。战后以来，意大利在西方资本主义世界一直保持第 6 位，但它的收入水平和生活水平仍处在西方发达国家的中下水平。1983 年意大利人均国内生产总值为 6 209 美元，只相当于联邦德国的 58.4%和美国的 44.4%。[①]

在经济发展的过程中，人口增加对经济发展的作用是较为显著的。1950—1980 年间，意大利人口[②]从 4 711 万人增长到 5 612 万人，人口年平均增长率为 0.6%。这在发达国家还是较高的。此外，外国移民也是意大利人口增长的因素之一，由于人口增长较为迅速，在一定程度上加速了意大利经济发展的进程。

11.3　工业发展与劳动力就业

意大利在近代早期曾经是欧洲工业最发达的国家，但是它一直陷于严重的政治分裂，在发展机械化大工业方面也明显落后。虽然意大利在 1861 年实现了政治上的统一，到 20 世纪初期基本上完成了工业化，但工业方面明显落后于美国、德国、英国和法国等发达资本主义国家。19 世纪 60 年代以后，意大利鼓励推广工厂制度，国家铺设铁路、推广教育，以加快工业发展的进程。但是政府的这些积极行动增加了政府开支，使意大利的捐税幅度超过了欧洲的其他任何国家。

1914 年第一次世界大战爆发，使意大利的工业受到刺激而得到迅速发展，铁矿石年产量从 1909—1913 年间的 33.4 万吨增加到 1917 年的 99.9 万吨，同期，钢产量从 7.5 万吨增加到 110 万吨。褐煤产量从战争前 5 年的年平均 60 多万吨增加到 1918 年的 217 万吨，水力发电量从 1913—1914 年间的年均 23 亿度增长到 1918—1919 年间的 41 亿度。在第一次世界大战中，汽车工业的利润增长了两倍以上，化学工业和橡胶工业发展也很迅速。第一次世界大战结束后，意大利的工业发展依然较快，工

---

① 赵晓蕾主编. 外国经济史［M］. 大连：东北财经大学出版社，2013.

② 意大利人口在 2005 年为 5 788 万人，在欧盟中居第四位。人口分布很不均匀，绝大部分的人口集中在北部的经济发达地区，人口密度每平方公里为 190 人，是欧洲人口密度较高的国家之一。居民中 95%是意大利人，其余还有法兰西人、加泰隆人、撒丁人和弗留里人等少数民族。居民中 90%以上信奉罗马天主教。

业生产指数从1922年的100上升到1926年的166。

1929—1933年的世界经济危机使意大利工业发展受到影响，工业生产指数大幅度下降，失业人口增多。1933年以后，工业生产开始逐渐恢复。1938年，意大利参与了第二次世界大战。由于军用物资的生产急速膨胀，工业生产指数从1938年的100上升到1940年的110，1941年仍为103，但从1942年开始下降，到1944年下降到42。钢产量从1938年的232万吨减少到1943年的173万吨。在战争中后期，煤炭、电力、汽车和造船工业均出现大幅度跌落。

第二次世界大战后，意大利工业生产恢复比较迅速。1945—1948年，工业生产指数（1938年为100）由25上升到102，1953年已达到164。由于在境内发现石油和天然气等资源，石油工业恢复最快。机械、冶金和电力等工业部门都很快得到恢复。1951—1960年间，意大利工业生产年均增长率高达8.8%，低于日本和联邦德国；1961—1970年间，意大利工业生产年均增长率为7.2%，仅低于日本，超过欧美主要发达资本主义国家。从1950—1970年，各种主要工业品的产量（见表11—3），都有大幅度增长，特别是钢产量、汽车和石油的增长是迅速的。工业实力的增加使意大利与英国、法国、联邦德国的差距大幅度缩小。20世纪70年代初期以后，主要发达国家的经济增长缓慢，工业增长速度普遍放慢。1971—1980年，意大利工业年均增长率下降到3.5%，但它在主要发达国家中仍居第二位。

表11—3　**意大利主要工业品产量**

年份	纺织工业		冶金工业		汽车工业/万辆	燃料工业		发电量/百万千瓦小时
	棉纱/万吨	棉布/万吨	铸铁/万吨	钢/万吨		天然气/万立方米	石油/万吨	
1901—1910	15.0	—	12.7	36.7	—	26 590.0	—	7.5
1911—1920	17.4	—	34.5	96.1	—	30 335.8	0.2	31.9
1921—1930	18.0	11.9	39.6	151.7	5.1	76 208.6	1.0	76.4
1931—1940	17.3	12.1	71.5	196.1	4.1	75 611.6	7.3	141.6
1941—1950	12.0	9.5	47.1	165.3	2.7	112 016.4	8.7	191.7
1951—1960	20.6	15.7	169.4	536.7	28.2	211 044.0	95.0	400.8
1970	24.7	17.5	833.1	1 727.7	172.0	298 646.5	583.4	117.4
1980	23.1	20.4	1 214.9	2 650.1	144.5	340 680.5	425.9	185.7

资料来源：意大利中央统计局. 大区统计（1984年版）[M]. 1984；[英] B. R. 米切尔编. 帕尔格雷夫世界历史统计·欧洲卷（1790—1993）[M]. 北京：经济科学出版社，2002.

意大利发展工业所需能源和原料主要依赖进口，1/3产品供出口，工业具有明显加工出口的特点。意大利工业技术水平先进，基本上与欧美发达国家接近，有些还位居世界前列。其中相对领先的工业部门有钢铁工业、机械工业和石油化工等部门。此外，纺织工业和家用电器等方面也比较先进。

钢铁工业是意大利发展较快，规模较大的工业部门。战后，意大利的钢铁工业是在主要依靠进口铁矿和优质炼焦煤的基础上发展起来的。焦炭的100%、铁矿石的

90%和锰矿石的70%和废钢的30%依靠进口。1951—1974年，铸铁产量由95.3万吨增加到1 168.6万吨，钢产量由306.3万吨增加到2 380.3万吨。由于先进的炼钢技术促进钢铁工业的发展，1976年，意大利的钢产量超过法国，跃居西欧第二位。1974—1982年意大利的粗钢产量在欧洲共同体的比重由15.4%上升到21.9%。值得注意的是，从1950年起，意大利开始在沿海地区建立大型钢铁厂，利用廉价的海运，从国外进口优质的煤炭和铁矿砂，再输出制成品，以此减少了钢铁生产的成本，从而增强了产品在欧洲共同市场上的竞争力。20世纪60年代以来，在沿海建立了三大钢铁工业中心，即塔兰托、巴尼奥利和利尔尼利亚诺三大钢铁联合企业，其中位于意大利南部的塔兰托钢铁联合企业是意大利全国最现代化的生产特殊钢材的企业，年生产能力超过1 000万吨，是世界最大的钢铁生产基地之一。

机械工业是意大利最重要和最庞杂的工业部门，按产品性质分主要包括动力机械、汽车制造、机床、精密机械设备、数控机床、冶金机械和运输设备等。1951年，机械工业从业人员拥有92万人，占当时职工总人数的22%，产值占工业产值的18%，产品约1/3供出口。到1985年，机械工业从业人员增至160万人，占制造业就业人数的42%。同年，该部门出口额高达66万亿里拉，是制造业出口额最高的部门；进出口贸易顺差15.727万亿里拉，在制造业中居第二位。20世纪70年代以后，意大利机械工业处在变革和调整之中。从就业人员的变化来看，经历了由增加到减少的过程。1970—1974年，机械工业的从业人员以年均3.3%的速度不断增长，1975—1980年其增长趋势放慢，1980—1983年开始减退，年均递减2.6%。从生产效率来看，随着生产程序和产品革新的加快，低生产率的局面开始转变。1977—1983年，工厂在技术改造方面的投资有限，生产效率很低，年增长率仅为2.2%。

在意大利的机械工业中，汽车工业是最重要的部门之一。第二次世界大战后意大利汽车工业得到迅速发展，到1963年时达到118万辆，是1955年产量的4.4倍，年均增长率20%。1973年是意大利汽车工业生产的高峰年份，仅小汽车产量就高达182.5万辆。随后，小汽车产量一直没有超过这一水平。1983年，小汽车产量为139.5万辆，卡车为16.9万辆。在汽车出口方面，出口在汽车产量中的比重，1955年为27.8%，1968年上升到36.0%。1973年以后，世界汽车工业普遍遇到困难，但意大利出口一直超过100万辆，1983年出口比1968年增长84%。

意大利的轻型机械制造在第二次世界大战后也得到很大发展，其生产的打字机和缝纫机在第二次世界大战前就已闻名于世。战后，打字机和缝纫机制造业获得大量财政援助，特别是马歇尔计划的援助，很快恢复了生产。1947—1967年，打字机的产量从7.1万台增加到84.5万台。1941—1950年缝纫机的年均产量为19.7万台，1970年达到100.5万台的历史最高水平。20世纪70年代以后，这两种产品的需求不断下降。

意大利的家用电器虽起步较迟，但发展很快。20世纪50年代末，意大利的电炉、电熨斗、吸尘器、电风扇等小型家用电器以价格低廉的优势打入国际市场。此后，意大利的家用电器工业迅速发展，到1965年它已成为世界上第二大家用电器生产国，仅次于美国。其电冰箱、洗衣机的产量均居欧洲首位。意大利家用电器工业发展最快的时期是1967—1974年。随后，由于石油危机和世界经济危机的影响，家用电器的产量减少，但在国际市场上仍占有较大比重。

意大利的重型机械工业主要是制造发电机、涡轮机、铁路车辆、船舶等，但国内市场狭小，发展规模不大，其中，飞机制造业在20世纪50—60年代以后得到迅速发展。在资金少、技术力量薄弱的情况下，意大利航天工业的基本方针是：技术高难、资金多的项目以及大型飞机的制造尽可能参与国际合作；自己有能力设计生产的中小型飞机，尽量由国内制造。意大利航天工业的发展与军火工业密切相关，飞机制造公司既生产民用飞机，也生产军用飞机，某些航空设备及技术处于世界领先地位。在造船工业方面，战后生产恢复迅速。50年代初期，造船工业已成为仅次于汽车工业的第二大部门，年产量达到38.8万吨。1955—1960年，意大利造船生产占世界的4%～5%。20世纪70年代末以后，意大利造船工业陷入危机之中，1980年下水的船舶只有67艘，总吨位约17.1万吨。随后意大利造船工业的发展较为缓慢。意大利机械工业主要分布在西北以米兰和都灵为中心的地区。米兰是全国最大的机器制造中心，生产电气设备、机床、机车、汽车、飞机等多种产品。都灵是全国第二大机械制造中心，生产多种机械产品，其中汽车最为重要，都灵为世界四大汽车城之一，其汽车产量占全国的90%左右，著名的菲亚特汽车公司的总部就设在这里。

化学工业是意大利工业中重要的部门之一。20世纪50年代主要是利用本国的硫黄、钾盐、黄铁矿等资源生产化工产品。意大利的化学工业虽然不如德国、法国等发达国家，但技术有其独到之处。法乌塞尔公司和卡萨列公司的氮肥生产工艺50年代曾在国际上处于领先地位。60年代初，意大利氮肥产量超过132.3万吨，不仅满足了国内农业生产的需要，还成为重要的氮肥出口国。另外，法乌塞尔公司采用部分燃烧法生产乙烯的工艺、斯尼亚人造丝公司由甲苯生产尼龙的工艺，都曾作为技术专利出口美国、英国等国。60年代，利用进口石油和天然气资源，发展了石油化学工业，主要生产塑料、合成橡胶和合成纤维三大合成材料等产品。可以说50年代和60年代是意大利化学工业发展较为迅速的时期。进入70年代以后，由于石油提价，意大利化学工业陷入严重的“结构性危机”之中。石油价格的上涨影响了化学工业的成本结构。由于原料成本大幅度提高，塑料和合成纤维对传统材料的竞争能力大幅度减弱。此外，生物技术和遗传工程的发展也对化学工业的生产产生一定影响。在这种情况下，意大利化学工业产量有所下降。以最重要的乙烯部门为例，1980—1982年，乙烯产量减少了51%。意大利石油化学工业主要分布在西部沿海和西西里岛东部，米兰是最重要的基地，主要化工企业有蒙特爱迪生集团、埃尼集团的化学公司、斯尼亚人造丝公司等。70年代到80年代初期，利用国内硫黄、黄铁矿、天然气等发展的酸、碱等基础化学工业很不景气，产品亏损严重。针对此，意大利政府对化学工业进行了结构性改革，集中力量发展那些在技术和市场上已取得优势的产品，如聚丙烯、聚酯纤维以及各种电缆、轮胎等橡胶制品。

意大利缺乏能源和矿产资源[①]，相比之下能源工业是其工业中的薄弱部门。意大利的煤炭储量很少，仅有少量质次的褐煤，位于撒丁岛，年产量只有100万吨左右。1979年全国煤炭产量为212.3万吨。由于煤的储量少，品位低，开采成本高，煤炭产量逐年减少。意大利的石油储量也很少，直到20世纪50年代才发现阿布鲁齐、玛尔凯和杰拉等地的油田。1965年，原油产量233.9万吨，1973年又增至657.5万吨，随后有所减退。在天然气开采方面，由于天然气储量较丰富，50年代以来年产量基本上呈现上升趋势，1974年达到34.9亿立方米，随后徘徊在30.8亿～34.5亿立方米。

由于缺少煤炭，意大利注重用水力发电。1938年，水力发电可满足当时意大利对动力需求的30%。20世纪50年代以后，由于水力资源大多已被开发和能源消费总量的增加，水力发电的比重逐年减少。

纺织工业是意大利历史上最悠久的传统工业部门。早在中世纪末和文艺复兴时期，意大利的纺织品就已享有盛誉。工业革命后，由于逐步推广了大机器生产，纺织工业发展较快。尽管第二次世界大战后化纤工业竞争很激烈，但由于意大利的纺织行业具有高超技艺，在国际市场上经久不衰。1951年，意大利棉纱产量超过23.1万吨，创历史最高水平，使它成为仅次于美国的第二大棉纱出口国。为了迅速占领国外市场，意大利采取措施改造纺织工业，许多纱厂更新了设备。1950年全国有纱锭547.5万枚，20世纪50年代末减少到460.5万枚，但生产效率大大提高。60年代以后，纺织工业与其他产业相比虽然发展较为缓慢，但它仍然是一个不可或缺的基础产品部门。在意大利工业部门中占有重要地位。据1981年全国工业普查的资料，意大利从事纺织和服装生产的企业共计136 509家，比1971年增加4.5%，这些企业的就业人口为92.0万人，比1971年增加了5.4%。其中，纺织部门企业数增加10.7%，而就业人员减少了8.5%。纺织工业是典型的"夕阳工业"，在主要发达国家均呈现衰落趋势，如以1975年的纺织工业生产指数为100，1981年德国为80左右，法国和英国分别为90和95，而意大利为110。这种逆反趋势主要同意大利的传统产业有关，它的工业技术低于德国和法国等发达国家，对新产业开发相对不足。

在工业发展的过程中，随着工业化的深入和"后工业社会"的到来，工业劳动力的就业发生了巨大变化。这一变化基本上是以工业部门就业人口不断增加为特点的。

---

① 意大利矿产资源只有天然硫黄，汞、锌、铝土比较多，还有少量的天然气和石油。地热资源较丰富。亚平宁半岛上所产的大理石，是世界著名的建筑材料，也是意大利传统的出口商品之一。其他矿产资源贫乏，特别缺乏煤、铁、铜、镍、锰等发展工业的重要矿产。

1861年，在全国就业人口中工业仅占18.0%，随着工业化的进行和工业生产的发展，工业就业人口呈现明显上升的趋势，其就业人口所占比重也不断上升，1951年增至29.0%，1971年又进一步增加到42.1%。20世纪70年代中期以后，工业就业人口数和在就业总人口中所占比重都在下降。1975年工业就业人口从1971年的816万人下降到756万人，在就业总人口中的比重下降了4%。显而易见，工业就业人口素质的提高对意大利经济增长的贡献度是不容忽视的，而工业人口的稳定增长，在一定程度上刺激工业发展的同时，促进了意大利经济的发展。

11.4 农业发展与农村劳动力转移

11.4.1 农业发展与农村劳动力

意大利农业发展较为缓慢。1870年，意大利实现完全统一，当时农业灌溉面积只有300多万公顷，相当于全国农业和林业面积的10%左右。此后100年间又增加了1倍以上。农业灌溉面积偏少，在一定程度上影响了意大利农业生产的发展。

20世纪初期，意大利经济仍然以农业为主，农业人口占全国人口的一半以上，农业总产值在国内生产总值中的比重在40%以上。尽管如此，由于肥沃的土地不足，农业技术落后，意大利的粮食不能自给。20世纪20年代，全国对小麦的需求量每年为700万～800万吨，其中1/4依赖进口。在这种情况下，意大利采取了促进小麦增产的策略。为增加小麦生产，不仅采取了技术方面的措施，而且加强了关税对本国小麦的保护，大幅度提高了小麦价格。在各种有力措施的刺激下，小麦单产显著提高。每公顷产量从1909—1913年的1.05吨增至1931年的1.39吨。到1930年，在耕地面积基本上没有扩大的情况下，小麦总产量增加到800万吨以上，基本上取消了小麦进口。

在促进小麦生产的过程中，出现了大批小农户，但这些小农户农业用地占有量很少。据1948年的统计，占全国农户总数53.9%的小农户仅占全国农业用地的4.1%，而占全国农户总数3.2%的地主却占全国农业用地的26.0%。这种状况阻碍了意大利农业的发展。意大利政府在1950年制定了关于土地改革的法律。到1960年，将61.8万公顷的土地分配给10.9万农户。但小农场增多使农业部门总的经营效益下降。农民在土地改革中分到的土地，大多是贫瘠的土地，其生产效益较低。

政府在分配土地给缺地农户后，意大利政府在20世纪60年代推行了两个“绿色计划”。第一个“绿色计划”的总目标是增加农业部门的收入，向各类农场提供优惠贷款。第二个“绿色计划”的主要目标是压缩向小型农场的优惠贷款，同时压缩用于非生产方面的贷款，以有效地增强生产能力。第二个“绿色计划”的结果，使小型农场数目减少，大型农场得到加强。1961—1970年，拥有耕地50公顷以上的较大农场经营总面积增加了 76.6 万公顷，50 公顷以下的小型农场经营面积则减少了 22.7 万公顷。在政府帮助下，在 1950—1970 年的 20 年间农业总产值增加了 66%，其中谷物产量由 1 136 万吨增长到 1 615 万吨，肉类产量由 70 万吨增为 250 万吨。与此同时，农业机器设备的增加使农业劳动力大幅度减少，1951 年，意大利农业就业人口为 860 万人，1961 年减少到 620 万人，平均每年减少 24 万人，1971 年又减少到 360 万人。这些农业劳动力转向工业和服务业部门。农业就业人口占全国劳动力的比重也从 1951—1960 年的 35.6%降到 1961—1970 年的 23.3%（见表 11—4）。

表 11—4　　意大利农业在国内生产总值和全国就业人口的比重　　（%）

时期	农业占国内生产总值比重	农业就业占总就业比重	时期	农业占国内生产总值比重	农业就业占总就业比重
1901—1910 年	43.8	60.0	1941—1950 年	32.3	—
1911—1920 年	40.3	57.0	1951—1960 年	19.5	35.6
1921—1930 年	36.0	53.7	1961—1970 年	12.5	23.3
1931—1940 年	26.0	49.4	1971—1980 年	8.1	15.5

资料来源：戎殿新，罗红波，郭世琮. 意大利经济政治概论［M］. 北京：经济日报出版社，1988；［日］日本矢野恒太記念会. 世界国勢図会（2001/2002 年）［M］. 東京：国勢社，2001.

自 20 世纪 60 年代末期以后，意大利农业生产①的增长速度明显下降。1968—1973 年，农业销售额的年均增长率不到 1.0%，但农业技术设备的改进和农业人口的减少，大大促进了农业现代化的进程，使农业劳动生产率明显提高，其增长速度超过工业部门。1973—1981 年，农业劳动生产率年平均增长 4.6%，而工业部门只有 2.1%。1987 年农业生产增长率为 4.5%，也比工业高出 0.5%。这一时期，农业就业人口减少的速度放慢，1971—1980 年共减少 82.6 万人，平均每年减少 8 万人。1980—1983 年，农业就业人口处于稳定状态，维持在 270 万人左右。1986 年降到 257 万人。另外，农业就业人口的文化素质却明显提高。1971 年，农业就业人口中的文盲和无学历者占 39%，1981 年下降到 24%；同期，具有初中和高中学历的农业就业人口所占比重从 4.2%上升到 15.7%。

意大利农业的地区分布与自然条件关系密切。北部波河平原是意大利土地最富饶、农业经营最发达的地区，这里是小麦、玉米和水稻等主要谷物的种植区。北部的阿尔卑斯山区、波河流域以东和以北的亚平宁山区以及中央亚平宁山区以经营小麦、葡萄、橄榄和水果为主；广大南部地区主要生产小麦、玉米、甜菜、大麻和蔬菜。

在农业经济增长的过程中，由于工业化进程加快，从农业部门转移出大量农业劳动力，使农业就业人口基本上呈现不断下降的趋势。尽管如此，由于农业劳动力

---

①　意大利农业生产以草本和木本作物为主，小麦是最重要农作物，蔬菜在生产和出口中占有重要地位，是欧洲最大园圃蔬菜生产国之一。橄榄和葡萄是著名水果，分别占世界总产量的 1/4 和 1/5，另外还有柑橘、柠檬、苹果、桃和李子等。农场共有 300 余万个，多为中小型，大农场数量较少。农业主要集中于土地肥沃、水源充足的北部平原，主要产小麦、玉米、稻米、甜菜等。主要经济作物是甜菜和烟草，油料作物有花生、油菜籽和向日葵。

素质的改善使农业劳动生产率得到提高，从而推动了意大利农业经济的发展。

11.4.2 农业现代化的发展

农业机械化和现代化的实现是同意大利迅速的工业化进程分不开的。20 世纪 20 年代，意大利开始使用拖拉机，1924 年全国拥有拖拉机 5 840 台，其中有 46.5%依赖进口。到 1937 年全国拥有拖拉机增至 36 900 台。但当时意大利工业化程度仍然很低，农业机械化发展缓慢。畜力是农业的主要动力，到 1939 年畜力在农业动力中所占比重仍然高达 84.3%，而意大利农业现代化和机械化的较快发展，主要是在第二次世界大战之后。

第二次世界大战后意大利农业机械化和现代化水平较高。20 世纪 50 年代，政府制定了 12 年农业发展规划，实行农业贷款、稳定家畜产品价格等措施，60 年代，初步实现农业现代化。这一时期，意大利农业机械化也逐步加快。以拖拉机为例，50 年代平均每年增加 2.5 万台，60 年代平均每年增加 3.3 万台，到 70 年代前期平均每年增加 4.0 万台。每台拖拉机的平均功力也不断增大，由 1950 年的 28 马力增加到 1974 年的 42 马力。随后，意大利拖拉机台数增长速度放慢，但每年仍净增长 3 万台。到 80 年代初期全国拥有拖拉机 120 万台，比 1965 年增长了近 2 倍。

农业机械化的发展使每台拖拉机平均承担的耕地从 1951 年的 363 公顷下降到 1971 年的 33 公顷。1951—1970 年，农业机械总功率由 228 万马力增加到 3 593 万马力。按农业就业人口平均计算，1951—1976 年，每人占有的机械动力由 0.3 马力增加到 15 马力。农业机械的普及大大提高了农业劳动生产率。

在实现农业机械化过程中，意大利政府采取的鼓励政策与优惠措施发挥了一定的作用。主要有：为期 5 年的中长期贷款，维持农业贷款的低利率；鼓励农民购买国产农机；对于已经实现机械化耕作的农民给予一定的奖励。在税收方面，农业机械进口税减少 11%。在投资方面，第一个“绿色计划”期间，政府利用农业机械设备的投资相当于用水利建设、整治土地、改良土壤投资的总和，使农机总功率在 5 年之内增长了 1 倍多。在第二个“绿色计划”中增大购置农业机械设备的拨款，使农机总功率又增加 60%。

由于第二次世界大战后意大利农业机械化进展迅速，在农机配备密度方面与欧洲主要发达国家的差距大幅度缩小。1965 年意大利拥有拖拉机 41.9 万台，而联邦德国、法国和英国分别拥有 116.4 万台、99.6 万台和 46.5 万台，到 1978 年意大利拥有拖拉机已上升到 95.3 万台，已接近了联邦德国和法国拥有的拖拉机台数；同期意大利每 100 公顷耕地拥有的拖拉机台数从 2 台增至 5 台，德国从 8 台增至 11 台，法国从 3 台增至 4 台，而英国则始终保持在 2 台的水平。

意大利在生产和使用化学肥料方面也比较先进。20 世纪 30 年代初期，意大利开始生产和施用磷肥，并成为当时世界上第三大磷肥生产国。1950 年磷肥施用总量高达 133.39 万吨，随后，其施用总量有所下降。钾肥最初从联邦德国进口，第二次世界大战后，西西里岛钾盐矿的发现，促进了钾肥的生产。钾肥施用总量从 1950 年的 4 万吨增至 1970 年的 13.6 万吨。1960 年意大利已发展成为世界第七大化肥生产国。每公顷耕地平均施用的化肥量由 1950 年的 92 千克增至 1980 年的 328 千克。

在推广农作物优良品种和杂交品种方面，意大利取得一定的进展。到 20 世纪 70 年代中期，全国已建立 40 座大型良种加工厂，年生产能力达 40 万吨。水稻和玉米种子全部由种子公司提供，发芽率在 95％以上，其结果对于提高主要农作物单位产量的效果是明显的。1981 年平均每公顷小麦产量为 3 480 千克，玉米为 7 350 千克。硬小麦①和甜菜等主要农作物单位产量增长效果也较为显著。硬小麦平均每公顷产量从 1950 年的 1 170 千克增长到 1981 年的 2 070 千克；同期，甜菜则由 25 720 千克增至 54 040 千克。

总之，意大利农业现代化水平较高，现代化农业的建立促进了意大利农业的发展，特别是农业劳动生产率的提高尤为迅速。1951—1973 年，农业劳动生产率年均提高率为 6.9％，1973—1981 年为 4.6％。其中，谷物生产部门在 1951—1981 年期间增长了 5 倍，蔬菜和水果提高了 9.5 倍。这一时期，意大利在农业用地面积减少 300 万公顷，农业就业人口减少 70％的情况下，农业生产增长了近一倍，这正是现代化农业带来的经济效果。换句话说，农业现代化的迅速发展使农业部门降低成本，提高农产品效益，从而加速了意大利农业发展的进程。

① 意大利是最早从事硬粒小麦育种工作的国家之一。早在 20 世纪 20 年代，著名小麦育种家斯特朗佩利培育的“加佩利”品种，以其适应性强和品质佳闻名于地中海地区，是意大利硬粒小麦品种改良的重要亲本之一。现在的种植面积分别为第一、第二、第三的“加佩茵蒂”品种、“阿波罗”品种、“加佩利”品种和“克雷索”品种，其蛋白质含量均高达 14％。近几年，又培育了“诺巴”品种，经农林部谷物试验所组织的在意大利中部、南部和岛屿 20 个地方的区试，并与意大利种植的“阿波罗”“加佩茵蒂”“克雷索”“凡尔诺凡”等 25 个品种进行反复对照，证明该品种不但具有矮秆、早熟的特点，在中南、南部和岛屿、其秆高均为 95 厘米。且具备容重好的特点，每升为 810 克。

第 12 章　加拿大的人口增长、国际移民与经济发展

12.1　第一次世界大战前的经济发展与海外移民

19 世纪末到 20 世纪初，加拿大经济进入迅速发展阶段。横贯大陆的铁路干线的铺设使大批移民西进，掀起了开发中西部草原区的运动。横贯大陆的铁路干线建成，以铁路为主的全国交通运输网开始形成。大批移民西进，大片土地被开垦，农场数目激增，西部草原成为世界最大谷仓之一。新的矿产资源接连被发现，采矿、电力、钢铁、铁路设备、农业机械等近代工业部门发展。一批新城市出现，蒙特利尔和多伦多成为全国经济文化的中心。加拿大资本主义进入迅速发展时期。

加拿大在领土面积上是仅次于苏联的大国，作为发达的移民型国家，它的人口数量增长速度比美国更快。20 世纪初期，加拿大的出生率高达 50.0%以上，使人口的自然增长很快。此外，加拿大与美国一样，具有很高的移动性。随着实施自由移民政策，大批移民的迁入使加拿大的人口迅速增长。在 1900—1914 年间（见图 12—1）迁往加拿大的移民有 300 多万人，有 100 多万人来自英国，其他的海外移民主要来自美国、意大利、波兰、德国、俄国和乌克兰。1921—1931 年间，又有 130 万人迁居加拿大。据人口普查资料的统计，加拿大人口总数从 1901 年的 537 万人增至 1931 年的 1 038 万人。人口的迅猛增长和工业化刺激了加拿大的经济发展，在第一次世界大战期间，制造业增长了 1.78 倍，加拿大开始从农业国转变为工业国，1919 年在物质生产部门净产值中，制造业的比重占 44.0%。30 年代的经济大危机使加拿大工业减速，对于加拿大移民进程也有严重的遏止和影响，和世界其他各国一样，经济问题成了 30 年代加拿大的焦点。这种倾向马上就在移民政策上反映了出来。1931 年 3 月，所有的非农业人士被禁止移民加拿大，除非他们是英国人和美国人，并且拥有足够的资金保证他们能够生活。移民人数从 1931—1941 年只增加了 14 万人。而第二次世界大战又使加拿大从停滞状态中摆脱出来。加拿大远离欧洲战场，战争并没有给加拿大带来任何破坏，相反，战时的军事订货大大地促进了加拿大的经济发展。第二次世界大战期间，加拿大的经济发展速度超过其他主要发达国家，并新建了一批新的工业产品，到第二次世界大战结束时，加拿大已成为资本主义世界六大工业国之一。

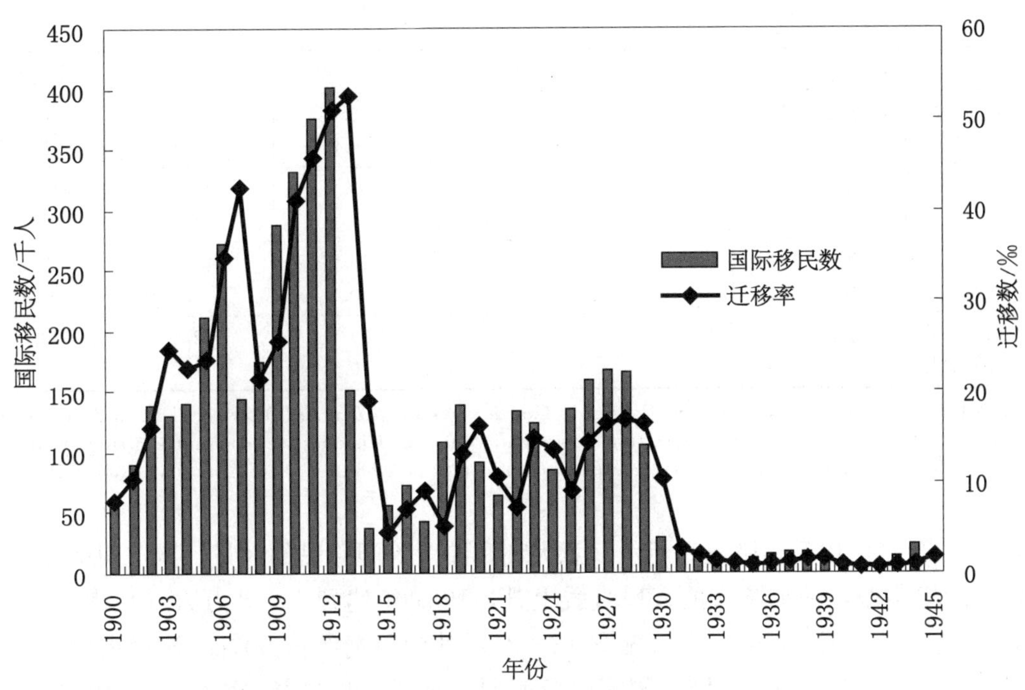

图12—1　战前加拿大国际移民（1900—1945年）

注：迁移率根据统计资料中各年国际迁移数和总人口计算得出。

资料来源：［英］B. R. 米切尔编. 帕尔格雷夫世界历史统计·美洲卷（1790—1993）［M］. 北京：经济科学出版社，2002.

12.2　人口增长及构成

在自19世纪70年代初期以后，加拿大的人口以英国和法国为主的外来移民大量进入（见表12—1），加上较高的自然增长率，使加拿大的人口持续上升，1901年达到537万人。

表12—1　　加拿大的部分外国裔人口（1871—1971年）

指标	1871年	1901年	1921年	1951年	1971年
加拿大法兰西裔总数/千人	1 082.9	1 649.3	2 452.7	4 319.2	6 180.1
占加拿大总人口比重/%	31.1	30.7	28.6	30.8	28.7
加拿大英国裔总数/千人	2 110.5	3 063.2	4 868.7	6 709.7	—
占加拿大总人口比重/%	60.6	57.0	55.4	47.9	—
加拿大日耳曼裔总数/千人	203.0	310.5	294.6	620.0	1 317.2
占加拿大总人口比重/%	5.8	5.8	3.4	4.4	6.1
加拿大乌克兰裔总数/千人	—	5.7	106.7	395.0	580.7
占加拿大总人口比重/%	—	0.1	1.2	2.8	2.7

续表

指标	1871 年	1901 年	1921 年	1951 年	1971 年
加拿大意大利裔总数/千人 占加拿大总人口比重/%	1.0 0.0	10.8 0.2	66.8 0.8	152.2 1.1	730.8 3.4
加拿大波兰裔总数/千人 占加拿大总人口比重/%	— —	6.3 0.1	53.4 0.6	219.8 1.6	316.4 1.5
加拿大日本裔总数/千人 占加拿大总人口比重/%	— —	4.8 0.1	15.9 0.2	21.7 0.2	37.3 0.2
加拿大中国裔总数/千人 占加拿大总人口比重/%	— —	16.4 0.3	39.6 0.5	32.5 0.2	118.8 0.6

资料来源：Palmer，H. *Ethnicity and Politics in Canada since Confederation*. Ottawa：The Canadian Historical Association，1991；Moodley，K. A. Multicultural education in Canada：Historical development and current stutas. In J. A. Banks & C. A. Banks，*Handbook of research on multicultural education*. New York：MacMillan Publishing USA，1995.

进入 20 世纪以后，随着乌克兰、意大利和波兰等国移民的大量流入（见表 12—2）和较高的出生率，使加拿大的人口直线上升，1931 年达到 1 038 万人（见表 12—3），1980 年进一步增至 2 404 万人（见图 12—2），其中英裔约占 50%，法裔占 30%，原住民占 1%，其余的是美洲别的国家以及亚洲、欧洲一些国家的移民。从 1900—1980 年的 80 年间，加拿大的人口平均年递增率高达 1.9%，是世界上人口增长最快的国

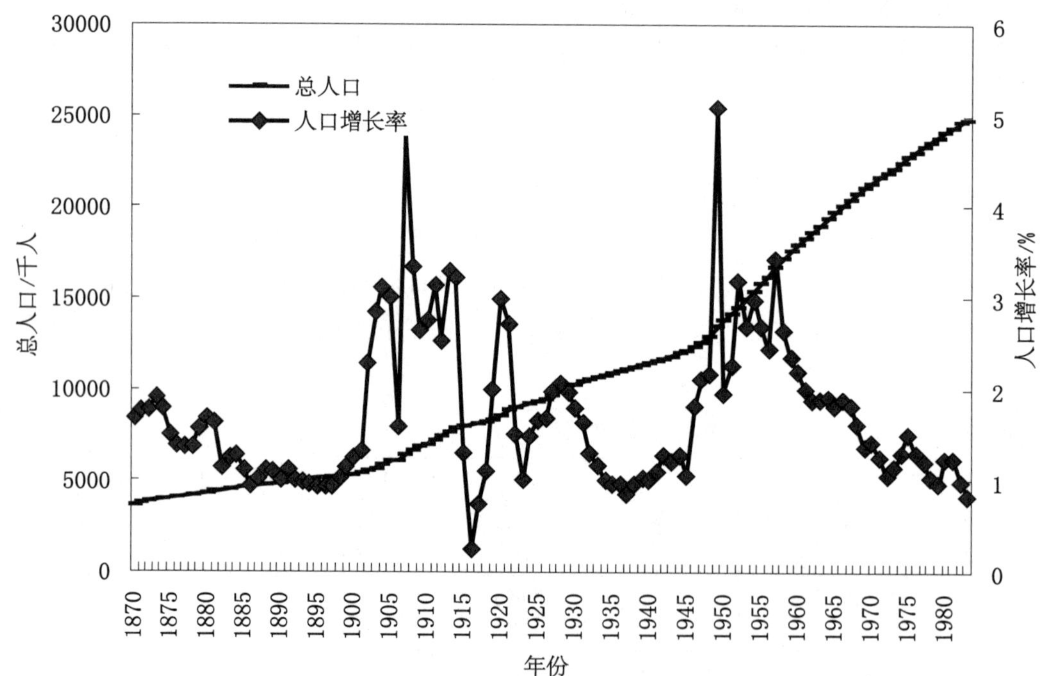

图 12—2　加拿大人口增长的变化（1870—1980 年）

资料来源：根据［英］B. R. 米切尔编. 帕尔格雷夫世界历史统计·美洲卷（1790—1993）. 北京：经济科学出版社，2002.

家之一。这一时期，加拿大的人口除了 30 年代以外都是净流入，平均递增率达 1.8%。

表 12—2　　加拿大的部分外国移民（1900—1978 年）　　单位：千人

期间	爱尔兰移民	西印度群岛移民	期间	日耳曼移民	乌克兰移民	意大利移民	波兰移民	日本移民	中国移民
1900—1909 年	21.3	0.4	1901—1910 年	20.9	84.9	58.1	73.1	13.4	23.4
1910—1919 年	42.2	1.1	1911—1920 年	18.2	63.4	62.7	35.4	7.2	31.2
1920—1929 年	88.5	0.3	1921—1930 年	73.0	58.9	26.1	47.7	4.1	5.6
1930—1939 年	19.8	0.6	1931—1940 年	4.9	8.2	3.9	4.1	1.0	—
1940—1949 年	24.1	2.9	1941—1950 年	16.0	22.8	20.7	36.1	0.03	2.5
1950—1959 年	65.6	10.7	1951—1960 年	235.6	14.2	250.8	40.8	1.1	20.9
1960—1969 年	27.6	46.0	1961—1970 年	75.5	3.8	190.8	17.4	4.2	45.4
1970—1978 年	23.0	159.2	1971—1978 年	—	—	37.1	8.0	5.2	56.7

资料来源：Wilson，D. A. The Irish Canada. Ottawa：Canadian Historical Association，1991；McLaughlin，k. The Germans in Canada. Ottawa：Canadian History Association，1991；Gerus，O・W & Rea，j. E. The Ukrainians in Canada. Ottawa：Canadian History Association，1991；Ramirez，B. The Italians in Canada. Ottawa：Canadian History Association. 1989；Walker，J The West Indians in Canada. Ottawa：Canadian History Association，1991；王昺. 文化马赛克　加拿大移民史［M］. 北京：民族出版社，2003.

表 12—3　　加拿大人口变动

年份	总人口/千人	人口增加率/%	期间	增加人口/千人	自然增长率/%	自然增长比重/%	净移民比重/%
1901	5 371	1.1	1901—1911 年	1 836	34.2	55.9	44.1
1911	7 207	3.0	1911—1921 年	1 581	21.9	80.3	19.7
1921	8 788	2.0	1921—1931 年	1 589	18.1	85.5	14.5
1931	10 377	1.7	1931—1941 年	1 130	10.9	108.1	−8.1
1941	11 507	1.0	1941—1951 年	2 502	21.8	92.3	7.7
1951	14 009	2.0	1951—1956 年	2 072	14.8	71.1	28.9
1956	16 081	2.8	1956—1961 年	2 157	13.4	77.7	22.3
1961	18 238	2.5	1961—1966 年	1 777	9.7	85.4	14.6
1966	20 015	1.9	1966—1971 年	1 553	7.8	70.2	19.8
1971	21 568	1.5	1971—1976 年	1 425	6.6	65.6	34.4
1976	22 993	1.3	1976—1981 年	1 351	5.9	75.9	24.1
1981	24 343	1.1					

资料来源：李剑鸣，杨令侠主编. 20 世纪美国和加拿大社会发展研究［M］. 北京：人民出版社，2005.

加拿大人口的自然增长率在发达国家中一直比较高，这是由于它移民多，年龄结构比较年轻，出生率偏高，死亡率低。从 19 世纪 90 年代到 20 世纪 20 年代，出生率始终保持在 27‰左右的水平，随后由于经济发展相对迟缓，人口大量外流，出生率逐渐下降，到 20 世纪 30 年代跌到 22‰左右，第二次世界大战后加拿大人口出生率又呈现回升趋势，并在 27‰左右的高水平上保持了近 20 年，直到 60 年代后半期开始出现明显下降的趋势，到 1979 年出生率降至 15.5‰，自然增长率为 8.4‰，但仍然高于欧洲的平均水平。加拿大人口出生率偏高，除移民因素和年龄结构因素外，与加拿大政府通过各种经济措施鼓励生育也是密切相关的。

加拿大人口死亡率的下降也比较快。早在20世纪30年代已下降到10‰以下，这在发达国家中是很低的。50年代以后加拿大人口死亡率继续呈现下降趋势，1979年降至7.1‰，若考虑年龄结构的影响，是世界上死亡率最低的国家之一。1975—1977年其人口平均预期寿命达73.6岁，由于出生率较高，加上外来移民相对年轻，因此加拿大的人口老龄化现象并不严重。因此，加拿大作为典型的移民国家，移民因素对未来的人口总量和年龄结构将产生举足轻重的影响。

12.3 人口分布与城市化

12.3.1 人口分布

加拿大是一个地广人稀的国家。1867年加拿大独立时，全国97%的人口分布在安大略及其以东地区，其中安大略和魁北克两省即占全国总人口的76.1%。20世纪初期，伴随西部大草原开发及加拿大初期工业化而到来的人口迁移高潮，其西部4省占加拿大总人口的比重从1901年的11.1%迅速上升到1921年的28.2%，东部6省占全国总人口的比重则下降到71.63%，其中安大略、魁北克两省人口所占比重则下降到60.3%。

20世纪30年代，世界性经济危机时期，也是加拿大唯一的人口净迁出期，随后的40年代则是净迁入人口最少的10年。此期间，东部6省中除以法裔人口为主体的魁北克省得益于较高的人口自然增长率，人口比重略有提高外，其余5省人口比重继续缓慢下降。由于大草原区大规模的农业开发已结束，草原三省中马尼托巴和萨斯喀、彻温两省人口比重从1921年占全国15.6%下降到1951年占11.6%，阿尔伯塔省人口比重持平。而位于太平洋沿岸的不列颠哥伦比亚省则因气候温和、林渔业资源丰富及拥有终年不冻的温哥华港而成为此期间人口迁入率最高的省份，占全国总人口比重从1921年的6.0%上升到1951年的8.3%。①

第二次世界大战后，圣劳伦斯海轮航道的建成，促进了五大湖下游低地区，尤其是靠近美国东北部工业区的安大略省南部地区工业的迅速发展，吸引了国内外的迁移人口，而魁北克及其以东的大西洋沿岸4省的门户地位则相对下降。1951—1985年的34年间，安大略省占全国总人口比重从32.7%上升到35.5%，同期总人口增长94.4%，而魁北克及其以东4省人口占全国总人口比重则从40.4%下降到35.1%，同期总人口仅增长55.7%，是人口净迁出区。中西部的马尼托巴省和萨斯喀彻温省则因主要是农业省，农场经营规模的扩大及对就业人员需求量的减少导致人口外流，

① 李玲. 加拿大的人口发展与人口迁移［J］. 人口与经济，2013（5）.

1951—1985年二省人口占全国总人口比重从11.5%下降到8.2%，同期人口仅增长28.2%。远西部二省中阿尔伯塔省因20世纪60年代起其丰富石油、天然气资源的开发规模的扩大及石油化学工业的发展而吸引了大量的国内外移民。不列颠哥伦比亚省南部作为加拿大唯一冬季温暖的地区，50年代起旅游业迅速发展，80年代初期已超过工业、林渔业成为最重要的产业部门。该省南部的温哥华岛不仅是著名的旅游胜地，也是加拿大退休人口的理想居住地。60年代初加拿大移民政策修改后，亚裔移民所占比例迅速上升，不列颠哥伦比亚省南部便成为亚裔移民的主要居住地。1951—1985年间，远西部二省占全国总人口比重从15.0%上升到20.7%，同期总人口增长148.3%。

尽管自20世纪以来加拿大是世界上人口增长最快的国家之一，但加拿大地广人稀，1985年年中，全国人口为2 517万人，人口密度平均每平方公里只有2.5人，且人口分布很不平衡，全国90%的人口居住在同美国接壤的南部狭长地带，而广大的北部寒冷地区人迹稀少。如果从苏比利尔湖口的苏圣马里向东画一条直线到达魁北克城，则线南直至美国和加拿大边界的狭长地带，这一地域占国土总面积不足3%，却集中了全国人口的57%，区内坐落多伦多、蒙特利尔和首都渥太华3个大城市，平均密度达到每平方公里67人。加拿大另一个人口比较稠密区位于草原3省的南部，面积占全国的6.2%，人口却占到15%，平均密度达每平方公里8人。加拿大第三个人口稠密区是东南角爱德华王子岛、新斯科舍和新不伦瑞克3省，它们的面积不大，但人口密度很大。

以上这三个人口稠密区合计占加拿大总面积的10%，人口却占到81%。国内其他地区，除在城镇周围有一些点状的人口较稠密区外，人口分布都极度稀疏，每平方公里不到1人。在加拿大领土中89%的土地没有永久性居住点。而西北、育空两地区面积相当于全国总面积的40%，但只有全国0.3%的人口，平均每55平方公里才有1人。

加拿大作为高度发达的移民型国家，具有很高的人口迁移流动性。受迁移变动和自然变动的影响，多年来，加拿大的人口一直在缓慢地向西迁移，省与省之间的人口变化十分显著。加拿大中部，特别是安大略省，比东部各省的人口增长得快，但它又远不如西部地区。20世纪70年代中期以后加拿大各省、区的人口发展速度差别很大，1977—1985年间，纽芬兰省和爱德华岛的人口分别只增加了2.8%和4.2%，而同期艾伯塔和不列颠哥伦比亚省人口增长最快，分别增长了23.6%和14.9%，促使加拿大人口分布重心大幅度的西移。

12.3.2　人口城市化

20世纪20年代以后，加拿大的人口城市化进程进一步加快，1950年城镇人口比重增至62.9%，1966年进一步升至70.2%。1976年6月加拿大的城镇人口为

1 736.7 万人，占全国总人口的 75.5%。1980 年以后城镇人口比重基本上稳定 76.0%左右。就地区而言，爱德华王子岛的城市人口仅有 44.2%，西北领地的城市化率更低，仅为 42.5%。而在工业化程度高的安大略省城市人口高达 83.3%，相对工业较发达的不列颠哥伦比亚、艾伯塔、魁北克三省的城市化率也高于全国的平均数。

加拿大作为高度城市化的国家是显而易见的。在加拿大全国城镇体系中，多伦多、蒙特利尔和温哥华是加拿大的三座特大城市。加拿大经济中心的多伦多是加拿大第一大城市，1981 年有人口近 300 万人，它作为安大略省的省会，位于加拿大心脏地区，接近美国东部工业发达地区，如底特律、匹兹堡和芝加哥等。汽车工业、电子工业、金融业及旅游业在多伦多经济中占有重要地位，加拿大最大的汽车制造厂设在此地。其高科技产品占全国的 60%。蒙特利尔是加拿大第二大城市，1981 年人口约 282 万人，坐落在渥太华河和圣劳伦斯河交汇处。过去曾在很长时期内为加拿大的第一大城市，由于多年以来打下的基础，其工业产值现仍居全国第二位。工业地位不容忽视，金融以及工商业也很发达。温哥华位于不列颠哥伦比亚省内，是全省的工业中心，也是加拿大的第三大城市。这三座 100 万人以上的大城市和渥太华、卡尔加里、埃德蒙顿三座 60 万人左右的大城市，在加拿大全国城镇体系中的地位是非常突出的，据统计资料显示，1950 年上述六大城市合计占总人口比重的 25.8%，到 1985 年，其所占比重呈现显著的上升趋势，增至 37.5%。而六大城市的土地面积合计为 31 635 平方公里，仅占全国总面积的 0.3%。尽管达到如此高度集中的程度，但六大城市 1985 年的平均密度仅为每平方公里 300 人，仍然低于许多发展中国家的人口密度，这从一个侧面可以说明，加拿大是一个地广人稀的国家。

12.4 农业发展与农村劳动力转移

20 世纪初期以后，加拿大农业迎来了繁荣发展的时期。农业开发尤为显著，成了一个重要的农产品出口国。第一次世界大战期间，加拿大的小麦、牛肉等农产品在欧洲找到了广阔的市场，使其农产品外贸顺差随之出现。特别是在 1917 年，凡加拿大可能出口的小麦英国都可以吸收，小麦价格因而猛涨到每蒲式耳 2.21 加元。加拿大农业受到如此强烈的刺激，出现了一派繁荣景象，在经济中保持着主导地位。

20 世纪 20 年代后期，加拿大的农业陷入深刻而持久的危机，农产品过剩，导致农产品价格下跌，从 1926—1932 年仅 6 年期间暴跌一半以上。由于农业危机同工业危机交织在一起，加上 1937 年又爆发了空前严重的旱灾，加拿大的农业遭受巨大的打击。生产急剧萎缩，从 1929—1938 年小麦产量减少 70%，倒退到约 20 年前的水平。第二次世界大战的爆发，给加拿大农业带来新的刺激，农业开始走出危机，积压的农产品逐步减少，农产品价格逐年上涨，农业生产再次增长。

但在 20 世纪 20 年代到 50 年代初期，加拿大的农业进入了一个新的发展时期，即在农业生产的过程中，随着工业的发展，基本实现了农业机械化。第一次世界大战后，加拿大的工业有了较大发展，工业化进程迅速，农场的机械大量增加，农场保有的收割机、捆扎机和脱粒机等半机械化改良农具的数量不断减少，农业因而进入机械化改造时期，一个拖拉机取代马匹、联合收割机取代各种改良农具、卡车取代马车的变迁过程迅速展开，到50年代初期加拿大的农业基本实现了农业机械化。

第二次世界大战后初期，加拿大农业有过一个短暂的繁荣时期。20世纪50年代初期开始，加拿大爆发了持续20年之久的历史上的第二次农业危机，主要表现在过剩农产品大量堆积和市场价格长期不振。进入50年代后，小麦积存量又迅速增加。50年代初期就恢复到战前1930—1936年的平均规模，50年代后半期，小麦积存量高达6亿多蒲式耳。到1970年，小麦产量为3.31亿蒲式耳，而积压的小麦超过10亿蒲式耳，相当于战前30年代大危机时期最高积存量的5倍。

战后加拿大农业危机期间，农产品价格呈现下跌和长期不振的趋势。战后初期，由于世界市场上食品缺乏，加拿大农产品销路扩大，价格逐步上涨。但随着农业危机的爆发，从1952年起，农产品价格下跌，从1951—1957年，农产品价格总指数下降了21%。此后，虽然有波动，但始终未恢复到1951年的水平。尤其是种植业农产品的价格下跌幅度更大，直到1972年还比1952年低16%。

20世纪70年代以来，国际农产品市场供给短缺，加拿大农业开始较快发展，1970—1986年，农业生产指数约上升了近60%。这一时期有相当多的农场拥有大量现代化农业机械，农业专业化分工越来越细，投入农业的劳动力不断减少，而农业生产效率却大大提高。1980年，加拿大农场占地面积约6 700万公顷，平均每人2公顷，仅次于澳大利亚，居世界第二位；在农业生产总值中，种植业产值约占62%，畜牧业占38%。1983年谷物收获面积3.24亿亩，占耕地总面积近一半；总产量4 821万吨，居世界第5位，人均产量居世界首位。其中小麦约占谷物收获面积的63%和总产量的56%。谷物生产商品化程度很高，如小麦出口量一般占年产量的2/3，占世界小麦出口量的30%左右，仅次于美国。其他主要作物有大麦、燕麦、玉米、油菜、亚麻、马铃薯、甜菜、烟草、蔬菜、水果等。

加拿大农业如此发达，是由多方面因素引起的，其主要原因首先是农业机械化向更高程度发展。这主要表现在：生产过程机械化程度和农业劳动生产率提高，更多作业用机械操作；种植业和畜牧业的主要作业已完成高度机械化，由于加拿大拥有的拖拉机和农业机械的功率增加，更多农场拥有现代化农业机械；农业机械的生产率提高，不断向高性能、高效率和联合作业方向发展，从而使加拿大的拖拉机和农业机械保有量出现逐年下降趋势。随着农业现代化的发展，加拿大农业人口和农业劳动力均呈逐年递减的趋势，可以说加拿大和其他发达国家一样，农业机械的保有量已从量变到质变，加拿大广大农户不仅使农牧业生产中的耕地、播种、施肥、喷药、除草、收割、脱粒和运输等作业高质量地实现了机械化，而且许多农作物的生产，如甜菜西红柿的种植和收获也全面实现了机械化作业。

其次是农业生产的高度专业化。加拿大的主要农产品的产地非常集中，谷物生产主要在中西部大草原三省，集中全国麦类产量的 90%左右，其中仅萨斯喀彻温一个省的小麦就几乎占了全国总产量的 3/5，而阿尔伯塔省的大麦又差不多占全国产量的一半。玉米的生产更加集中，安大略省的产量大致占全国总产量的 3/4。大湖——圣劳伦斯低地以畜牧业为重点，为全国最大的乳牛饲养区，然后是禽蛋类、猪和肉牛。农业生产专业化的发展，使农场的主业单一化，便于组织生产流水线和实现机械化，提高了农业劳动生产率。

在农业发展的过程中，出现了农村劳动力大规模转移的现象。1921 年加拿大各行业的总就业人口近 300 万人，其中农业就业人口所占比重为 37%。由于服务业的发展，农业就业人口逐渐减少，在第二次世界大战期间，其所占比重下降到 33%。战后随农业机械化的加快和劳动生产率的提高，加速了农村劳动力的转移，农业就业人口迅速下降，1952 年，农业就业人口占全国劳动力总数的 21%，1977 年在加拿大农场中实际从事农业的劳动力只有 47.4 万人，仅占全国劳动力总数的 5%。值得注意的是战后加拿大劳动力转移的速度是较快的，农业劳动力在加拿大各行业的总就业人口中所占比例虽然不大，但加拿大的农业却很发达，其农业人口经济活动类型具有发达国家的典型特征。

12.5 工业发展

从 20 世纪初到第一次世界大战前夕，加拿大工业发展较快，工业中的某些产业部门，如钢铁、造船、机器制造、采矿和木材加工等获得了长足的发展。20 世纪最初 10 年，工业和生产有较大增长，工业总产值的平均年增长率为 8.6%，工业产值在国民生产总值的份额逐渐增大。

在两次世界大战期间，加拿大工业得益于盟国大批军需订货的刺激而迅速发展。第一次世界大战期间，加拿大的有色金属开采和冶金生产能力有了比较大的提高，矿业生产增长 73%，制造业增长了 178%。由于战争的需要，1917 年钢铁制品产值比 1910 年增长了 2 倍多。从工业结构来看，木浆和造纸业逐渐成为最大的工业部门，与此相关，水电开发成为一个主要工业。采矿业随着新矿藏的不断发现而扩张。汽车制造、高速公路和飞机制造等部门雇用了大量的工人，导致工业的兴起。加拿大开始从农业国转变为工业国。1919 年，在加拿大行业生产总值中，制造业占 44%，这个水平一直保持到 1929 年。20 世纪 30 年代的经济危机给加拿大工业以沉重打击，但第二次世界大战又使加拿大工业从停滞中摆脱出来。第二次世界大战期间，加拿大工业的发展速度超过了其他主要发达国家，并建立了一批如电子元件、合成橡胶等新兴工业部门。到战争结束时，加拿大已成为在资本主义世界六大工业国之一。

就各行业就业人员的数量而言，制造业直到第二次世界大战时才超过农业。1921年就业人员总数近300万人，其中制造业仅占19%，而农业占37%。随后，由于服务业的发展，制造业的人数相对减少。在第二次世界大战期间，制造业就业人数占总就业人数的17%，农业就业人数占总就业人数的33%。

第二次世界大战后初期，加拿大工业生产经历了一个较短的恢复阶段，以后发展速度加快，且速度快于战前。在1946—1974年的28年间，加拿大工业生产平均增长率达到5.3%。20世纪70年代后期加拿大的工业生产持续增长，1980年为5.6%。这主要是因为：战后美国扩军备战，并进行大规模战略物资的囤购，从而扩大了对加拿大原料产品的需求，刺激了加拿大工业的生产；技术进步与工业现代化的发展，提高了劳动生产率；熟练劳动力的输入和西欧、日本等发达国家的恢复和发展，也促进了加拿大工业生产的发展。

加拿大矿产资源蕴藏量丰富，采矿业发达，是仅次于美国和苏联的世界第三大矿产国。许多矿产产量在世界上有着重要地位。其中，石棉、镍、锌、银的产量居世界首位；石膏、钾盐、硫黄产量位居世界第2位；铜、铅、黄金和铁的产量居世界第3位。其特点是矿种多，分布广、产量大和出口比重高。

加拿大采矿业中，石油和天然气的生产占有重要地位。第二次世界大战前，安大略、阿尔伯达和西北区都有一些油田发现，但开采量不大。到了战后1947年和1953年，阿尔伯达的埃德蒙顿以南和西南的勒杜克及彭比纳等地先后发现了巨大油田，并开始生产。这样加拿大在战后较短的时间内成为一个较大的产油国。从1953年起，石油取代了煤，成为加拿大最重要的燃料。1947年，全国原油产量为770万桶，到1976年增至52 580万桶。1975年，加拿大政府成立了加拿大国家石油公司，拥有资本5亿元。这家公司主要是勘探和发展加拿大的石油和天然气，促进了石油工业的发展。

加拿大天然气的蕴藏量很丰富。第二次世界大战后，天然气的开采发展很快，从1947—1976年，产量平均每年约增长15.5%。天然气和石油的开采主要集中在中西部，尤以阿尔伯达的油气资源最为丰富。

煤的蕴藏量主要集中在西部地区，约占95%。加拿大早期的采煤业大部分都集中在大西洋省份新斯科舍和新不伦瑞克。1960年，大西洋各省的煤产量约占全国的50%，其余主要来自萨斯喀彻温、阿尔伯达和不列颠哥伦比亚。从20世纪50—60年代，煤的使用受到石油和天然气的竞争，因而煤矿开采处于不利状态，产量自1950年达1 914万吨以后逐步下降。进入70年代后，火力发电厂和冶金工业需用的煤显著增加，使阿尔伯达和不列颠哥伦比亚两省的煤产量迅速增长，西部的焦煤开采已成为加拿大矿业中的一个新兴部门。全国煤产量从1969年的1 067万吨增至1976年的2 810万吨，其中出口额从138万吨增至1 297万吨，约占加拿大产量的46%。

加拿大的采矿业对国外市场依赖很大。它生产矿产品除一小部分用于国内需要外，大部分销往国外市场，在世界矿产品的出口总值居第1位。1975年，矿产品的出口总值占加拿大全部矿产值的82.0%。加拿大出口的矿产品主要是运往美国，其次是日本和欧洲经济共同体国家。战后加拿大采矿业的内部结构和地区配置都有所变化。大致以20世纪70年代为界，金属矿的比重有所下降，但燃料矿的比重迅速上升。矿业发展的地区偏向性也有所改变，中部地区原是采矿业的生产中心，80年代初期以后已转移到中西部地区，产业布局明显变化。

加拿大工业发达，技术先进，门类也比较齐全，其主要工业除了采矿业外，有电力工业、钢铁工业、汽车工业、纸浆和造纸工业等。

加拿大电力工业建立很早，在动力工业中占主要地位。第二次世界大战后，加拿大电力工业的发展速度很快。从1963—1973年，发电能力平均每年增长7.9%，1973年发电量达到3 357亿度，1986年发电量增至4 686亿度，人均发电量为1.83万度，居世界前列，且大部分是廉价的水电。长期以来，水力发电在加拿大电力工业中占很大比重，但近些年来，火力发电量比重有所提高，其主要原因是由于接近经济开发区的水力资源大部分已被利用，不得不增建火力发电厂；石油和天然气的大量开发为火力发电提供了丰富的廉价燃料；核发电的增长也使水力发电的比重有所下降。此外，值得注意的是自1967年正式建立第一座核电站以来，加拿大的核能发电在加拿大电力工业中占的比重逐渐提高。

钢铁工业是加拿大的重要工业部门。钢铁工业生产在第二次世界大战前是相当薄弱的。在20世纪20—30年代，加拿大每年生铁产量最高时为110万吨到120万吨，钢锭和铸钢最高时达到150万吨左右。第二次世界大战期间，钢铁工业发展较快，生铁增至180万吨，钢锭和铸钢达到300万吨。战后初期，这两项产品有所下降。但40年代末期以后由于汽车工业、房屋建筑等部门迅速发展，钢铁工业也成为一个发展较快的工业部门。同时，铁矿的发现和开采也推动了钢铁工业的发展。从1949—1976年生铁的平均年增长率为7%，钢锭和铸钢的平均年增长率为6.3%。加拿大发展钢铁工业的资源条件优越，已探明铁矿储量365亿吨，最大产地是东部的拉布拉多矿区。

汽车工业是加拿大最重要的工业部门之一，也是发展最快，外资所占比重最大的部门。加拿大的汽车工业是在第二次世界大战期间兴起的，早期以通用、福特和克莱斯勒三大汽车公司为首的美国资本垄断了加拿大汽车工业。1947年，美国司蒂别克公司在安大略设立了一座大型汽车厂，后来又并入美利坚公司，成为加拿大汽车制造业的第四大公司。1968年，这4家公司占加拿大汽车工业产值的94.8%。汽车工业主要分布在南部靠近美国的安大略半岛的温莎、查塔姆和多伦多等城市。该地区以及蒙特利尔、魁北克市等地，还有铁路车辆和船舶制造中心的温莎市与美国的汽车城底特律隔河相望，就近装配由美国运入的汽车零部件。1969年加拿大汽车产量为132.7万辆，1977年增至177.5万辆。加拿大汽车工业基本依赖于美国，其3

家主要汽车生产厂，即通用、福特和克莱斯勒都是美国三大汽车公司的子公司，产品亦是美国车型。小汽车产量的80%左右供出口。

纸浆和造纸工业是加拿大的传统工业部门，在世界上占有突出的地位。在20世纪50年代中期，纸浆和造纸工业作为加拿大的主导工业部门，雇用人数超过30万人，按支付工资、投资总额和净产值，均占第1位，它的生产总值比全国小麦还要多一些。纸浆和纸张是加拿大对外贸易中最大的出口产品，占全国总出口量的大约1/4。据统计，早在1881年，全国有41家纸浆和造纸厂，产值为250万美元。但当时主要用破布和亚麻为原料造纸，而不是木浆。第一次世界大战后，加拿大的新造纸工厂很快遍布了从新斯科舍到不列颠哥伦比亚的广阔地区。此后加拿大新闻纸的生产进入一个迅速发展的时期，产量从1913年的40万吨增加到1953年的570万吨，产值为6.33亿美元。到1974年，全国的纸浆和造纸厂增至147家，生产纸浆和造纸不仅需用大量木材，还需要大量电力、化学品和净水，加拿大具备这些生产条件，因而，加拿大的纸浆和造纸工业长期以来很发达。纸浆和造纸工业主要分布在魁北克省，以蒙特利尔、三河城和魁北克市为中心，产量占全国38%，纸张和纸板产量占全国44%。1985年加拿大新闻纸产量为899.3万吨，产量和出口量均居世界第一位，另外纸浆的产量和出口量也居世界前列。纸浆的产量仅次于美国，出口量则居世界首位。加拿大是世界最大的新闻纸生产国和出口国，世界上一半以上的新闻纸是由加拿大提供的。

总的来说，第二次世界大战后，加拿大的工业发展很快。随着采矿业和公用事业的发展，加拿大的制造业也发生了巨大变化。第二次世界大战前，加拿大制造业中占主导地位的是农产品和矿产品的加工工业；战后一些新技术工业，如汽车、飞机等交通工具的制造获得了较大发展。加拿大的农业机械、电机、林业和矿业机械的某些产品也已跨入世界先进水平，并有部分出口。以多伦多为中心是加拿大的轻型机械工业区，哈密尔顿是重型机械制造中心。加拿大作为后起的资本主义国家，它拥有丰富的未开发的自然资源，由于吸收从世界各地涌来的移民，它的人口也增长较快，这些特殊的条件使加拿大的工业发展迅速。

12.6　第二次世界大战后的经济变动与国际新移民

第二次世界大战后的初期，加拿大经济经历了一个较短的恢复阶段。从战争中走出来的加拿大经济与欧洲主要发达资本主义国家相比，显得更为朝气蓬勃。预料中的战后衰退并未真正出现，失业人数也没有多大增加。从1945—1948年的3年中，国民生产总值增加了25%以上。1948年虽然出现了一段短暂的衰退，但影响不大。另外，第二次世界大战后最初的年代，加拿大移民政策依然非常封闭。但是，随着不断增长的鼓励移民的院外活动、为外国难民提供的运输条件的改善，以及加拿大劳动力市场的实际需求，加拿大政府开始逐渐拆除移民壁垒。1947—1950年之间，大量没有资助人的无家可归者被允许进入加拿大。为加拿大的经济发展提供劳动力。

随后，加拿大经济进入了较快发展期，从1950—1976年，在美国侵略朝鲜和侵略越南的军事需求刺激下，以及大量外国资本涌入和国内科学技术进步的影响下，劳动生产率大大提高，使加拿大该时期的国内生产总值年均增长率达4.4%，高于美国和英国，仅居日本和联邦德国之后。1970年，在发达资本主义国家中按人口平均计算国内生产总值，仅次于美国和瑞典，居世界第3位，到1976年居世界第4位。经济发展较快的主要原因是：战争需求的刺激；充足的劳动力供给和外国熟练劳动力的输入；资本输入的急速扩大，技术进步和工业现代化、专业现代化的发展，提高了劳动生产率，促进了经济发展。

在1951—1980年间，人口增加很快。这一时期加拿大增长了1 083万人，年平均增长人数为36万人，其主要原因除人口的自然增加外，移民因素也是不容忽视的，特别是20世纪70年代移民净增长占人口增长的40.6%，这种增长幅度对加拿大的经济发展是有利的。从移民的结构来看，在50年代和60年代，美国和英国的移民增长较快，如图12—3所示。这主要是加拿大政府在1947—1957年的经济繁荣时期逐步地放松了对英国、美国和欧洲的移民限制，但对于来自其他国家的移民依然实施

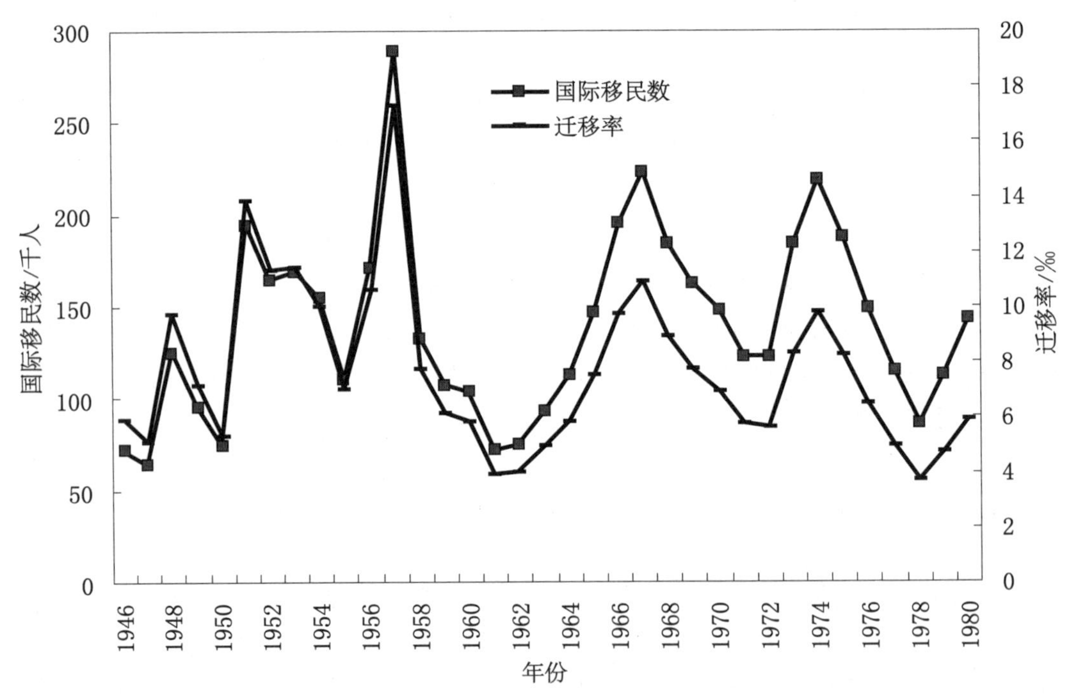

图12—3 战后加拿大国际移民（1946—1980年）

资料来源：[英] B.R. 米切尔编. 帕尔格雷夫世界历史统计·美洲卷（1790—1993）[M]. 北京：经济科学出版社，2002.

非常严格的限制。1962 年，加拿大废除“白色移民”政策。1966 年加拿大的移民中，来自欧洲国家的移民占 87%。但从 70 年代起，亚洲移民的增长引人注目，主要来自中国台湾和香港地区以及印度、菲律宾、印度尼西亚和黎巴嫩等国。此外，在签署了日内瓦难民公约和 1967 年条约之后，加拿大吸收了大量来自诸如乌干达、智利、印度支那等地的难民。

第 13 章　澳大利亚的人口与经济发展

13.1　联邦成立后的经济发展

1901 年，澳大利亚联邦的建立标志着澳大利亚民族国家的形成。澳大利亚联邦政府成立后，改变了过去各殖民区各自为政、互设贸易壁垒的局面。鼓励各州发展农牧业生产，倡导统一各州铁路轨距，兴办公共工程，扩大福利措施，设立联邦银行，统一金融。这些措施有力地推动了国内统一市场的形成和经济的发展。

澳大利亚联邦成立后，其经济是典型的外向型经济，始终与国际市场保持着联系，处于世界经济大循环之中。澳大利亚的经济从一开始就与对外贸易有关，如渔业、羊毛贸易等。而英国将澳大利亚作为原料产地和商品市场，无疑为澳大利亚经济进入国际市场提供了良机，使澳大利亚的经济发展得以与世界经济的发展相协调。澳大利亚不仅使羊毛和黄金成为其民族经济的特色，也为澳大利亚在世界经济及其贸易中赢得重要地位，而且以此刺激和带动经济的发展，澳大利亚国民收入从 1890 年的 6 400 万英镑增至 1930 年的 7.3 亿澳镑[①]，1939 年进一步上升到 7.79 亿澳镑。与此同时，对外贸易发展也很迅速，1881—1890 年，澳大利亚海外贸易年均总值为 5 894 万英镑，1921—1931 年达到 2.548 3 亿澳镑，1931—1941 年则为 2.379 6 亿澳镑。[②] 经济的外向性不仅有力地刺激和调节了社会生产活动，而且还增强了经济的独立性。

这一时期，澳大利亚经济有着很深的殖民化烙印，这就是对母国经济的依附性和长期以农牧业为主要支柱。其原因主要是澳大利亚经济是从英国经济中缓慢地脱胎而来，尽管性质有所变化，但与英国的千丝万缕的联系则依然保存，英国仍是澳大利亚的主要海外贸易对象，直到第二次世界大战前，澳大利亚的海外贸易活动仍大致以英帝国为范围。[③]

殖民化使澳大利亚经济发展所需的资金由殖民财政拨款逐步变为资本投资，英国市场需求在很大程度上决定着澳大利亚的经济生产。所以说，虽然澳大利亚经济逐渐有别于英国经济，但从其生产上看，它仍是英国的原料产地、投资场所和商品

---

① 此时澳镑与英镑的比价为 100∶100.

② ［澳］格林伍德. 澳大利亚政治社会史［M］. 北京：商务印书馆，1960.

③ 王宇博，张曙. 试析早期澳大利亚民族经济［J］. 南京理工大学学报（社会科学版），1999（3）.

市场。而澳大利亚也需要英国的市场、资本和商品，以维持经济的持续发展。这也是澳大利亚政府制定相关政策的依据。至第二次世界大战前，澳大利亚的对外贸易主要是同英国和英联邦国家进行，其中 90%以上的农牧业产品出口到英国。澳大利亚工业生产尽管得到关税政策的保护，但英国的技术、设备和资金对它还是举足轻重的。以铁路为例，到 1904 年，在澳大利亚铁路建设的贷款中，83%来自英国；在 1914 年前，澳大利亚是英国机车的第一大买主。① 英国从自身经济利益考虑，使澳大利亚经济难以彻底脱离对英国的依赖。

这种与本土化相矛盾的缺陷所造成的负面影响突出体现在 1929—1933 年的世界经济危机中。澳大利亚当时初尝苦果，国民收入从 1928—1929 年度的 7.68 亿澳镑跌至 1931—1932 年度的 5.28 亿澳镑，低于 1919—1920 年度的 5.5 亿澳镑。② 就此而言，国民经济后退了 10 年。危机期间国民生产总值平均每年递减 25%。从失业率上来看，这场经济危机对澳大利亚的冲击力度仅次于德国，高于其他发达国家。1932 年是整个危机期间失业率的高峰时期，德国的失业率为 43.8%，澳大利亚为 28.1%，加拿大为 26.6%，美国为 24.9%，英国为 22.1%，日本为 6.8%。在 1930—1934 年间的平均失业率德国是 31.8%，澳大利亚 23.4%，加拿大 20.7%，英国 19.2%，美国 19.0%，日本 5.6%。③ 国际市场的急剧萎缩使澳大利亚农牧业产品的价值大幅度下跌，1928—1931 年年初，澳大利亚出口总值几乎下跌 50%。英国在自身难保的情况下，已无暇顾及依赖于它的澳大利亚。1929 年 1 月，澳大利亚向英国提出贷款计划，但一向对澳大利亚慷慨的英国只批准了计划数的 16%。这无疑加剧了澳大利亚的经济危机。1929 年年底在国际贸易交换中，澳镑出现贬值现象，与英镑的比价由 100∶100 变为 130∶100。这对已债台高筑的澳大利亚来说可谓是雪上加霜。

经济危机的打击使澳大利亚人有所醒悟。当时的澳大利亚贸易部部长 F. 斯特威特指出："经济危机教训了澳大利亚人，那就是对外贸易不能再靠等待，而要自己去寻找。现在已显而易见，帝国市场的容量不是无限的。如果我们还打算重新获得我们以前的生活水平，那么，对外贸易必须得到繁荣和发展"④。1933 年 2 月，澳大利亚联邦政府做出了"向东方"派遣贸易专员的提议，联邦议会予以通过。1934 年，澳大利亚政治家 J. G. 拉萨姆"肩负贸易和外交使命"，率一代表团出访亚洲后，立即建议澳大利亚政府，"我们应尽力发展和改善同我们近邻的关系。他们的命运，对我们而言是极为重要的，这不仅表现在经济方面，而且也表现在和平与战争这些重要问题上"。此举对日后澳大利亚的政府决策和外交活动产生了重大的深远影响，被认为是澳大利亚国家政策趋于自主的大转变。随着贸易伙伴的增加，澳大利亚逐渐

① F. Crowley. *A New History of Australia*. Melourne，1974.

② ［澳］格林伍德. 澳大利亚政治社会史［M］. 北京：商务印书馆，1960.

③ R. Ward. *A Nation for a Continent*. Richmond，1981.

④ T. Millar. *Australia Pace and War*. Canberra，1978.

改变了在对外贸易中主要与英国交往的传统做法，推出了以保护本国经济利益为宗旨的“贸易转移政策”。在澳大利亚对外贸易中，澳英贸易占主导地位的状况开始出现弱化现象。从1936年起，英国和日本的纺织品在澳大利亚市场上展开了激烈竞争。①

农业在20世纪上半期有了较大的增长。小麦播种面积增加了1倍，加上耕作技术的改良，产量增加了2.5倍。澳大利亚成为世界主要小麦生产国之一。畜牧业也有很大发展，羊毛、乳制品和肉产品的产量都不断增长。

这一时期工业发展较为缓慢，英国工业品充斥澳大利亚市场，阻碍了工业的发展。在两次世界大战中，由于英国输出的减少和军需品的增加，工业得以比较迅速的发展，在1941—1944年，工业产值增加了42%。

澳大利亚联邦成立后，经济虽取得了相当大的进展，但直到第二次世界大战，澳大利亚仍保留着殖民地经济的主要特征。英国资本基本上控制着澳大利亚的经济命脉。农业和采矿业依然是最重要的经济部门，继续为英国提供原料和粮食，工业制品则主要从英国输入。② 这种状况直到20世纪40年代才有所改观。

13.2 第二次世界大战后的经济发展

第二次世界大战结束后，当欧洲国家忙于重建时，澳大利亚经济则迅速转轨，军工生产被调整为民用生产，进而高速发展。1945—1946年度澳国民财政收入为13.63亿澳镑，随后一路飙升，1950—1951年度达到31.01亿澳镑。20世纪50—70年代是世界资本主义经济快速发展的黄金时代，澳大利亚经济发展也比较快，从1952—1965年，澳大利亚国内生产总值以平均每年略低于5%的速度递增。这种速度虽仅及日本和西德战后重建速度的一半，但却高于英国和美国。1967—1970年经济增长率为6.0%。1969年澳大利亚国民经济总产值为380亿美元，在当时位于美国、苏联、日本、联邦德国、法国、英国、意大利、加拿大、印度之后而居世界第10位。1969年人均国民经济生产总值达到2 520美元，居世界第8位，被列入富裕国家之列。澳大利亚联邦政府采用凯恩斯理论，积极介入国民经济的管理，以强调经济增长和工业化为目的，通过实施财政政策和货币政策宏观调控手段，维持经济持续增长。③

进入20世纪70年代，经济危机与经济滞胀困扰世界资本主义经济，澳大利亚经济也受到影响。尤其是1974—1975年世界经济危机也冲击了澳大利亚经济，造成通

① 王宇博，张曙. 试析早期澳大利亚民族经济［J］. 南京理工大学学报（社会科学版），1999（3）.
② 赵晓雷主编. 外国经济史［M］. 大连：东北财经大学出版社，2013.
③ 王宇博. 战后澳大利亚的经济本土化历程［M］. 南通师范学院学报（哲学社会科学版），2001（3）.

货膨胀和失业率猛增。自 1973—1974 年度通货膨胀率从前一年度的 6.1%跳至 12.9%后，至 1979 年 8 月，它一直徘徊在 9.5%～13%之间；失业人数在 1978—1979 年度到达 40.4 万的最高纪录；而国内生产总值增长率则从 1973—1974 年度的 5.1%跌落到 1974—1975 年度的 1.4%，此后长期波动在 0.4%～3.19%之间。[①] 澳大利亚政府采取了扩大政府支出，增加社会保障和福利费用等措施，以图激活经济，产生了一定效果。

20 世纪 70 年代以前，澳大利亚政府强调自给自足、进口替代和扩大国内多元化生产能力，因此，战后澳大利亚经济发展主要是靠国内需求上升来带动的。70 年代末，澳大利亚开始注重发展外向型经济，以增加出口来带动国民经济的发展。

第二次世界大战以来，制造业一直是增长势头最大的部门。其产值在 20 世纪 50 年代占国内生产总值的 29%，60 年代占 28%左右，制造业发展则主要以多元化为目标，这种努力减少了对进口产品的依赖，建立了比较完整的国民经济体系。制造业还向多样化发展，造纸、化学、汽车、机器、仪器、金属制造等新兴行业发展迅速。到 70 年代初期，制造行业已相当完备，门类也比较齐全，进口占国内市场供应的很小部分。[②] 此外，为了转向专业化政府力求使产品结构合理化，并调整了工业地区分布和企业组织。在政府政策的指导下，一些电子元件、大型船舶停产，而许多新产品，如新颖食品、医疗器械和文化用品等则陆续投产。一些制造业，如汽车和造船也进行了整顿。但制造业在高关税和配额的保护下，效率放慢，自 70 年代开始在生产、就业和出口中所占的比重不仅没有上升，反而有所下降，到 1980 年，在国内生产总值中的比重下降到 20%。

从第二次世界大战后经济的发展轨迹来看，与外资的引进是密切相关的。外国资本的引进使澳大利亚经济本土化发展得以明显体现，自主性大为加强，其积极作用是显著的：外资的流入弥补了澳国内资本的不足，有助于提高澳大利亚经济生产能力，对其经济增长有一定的促进作用；由于外资主要来自现代工业技术的发源地——欧美国家，因此，随着外资在澳大利亚设立公司、开办工厂和购买澳企业，新技术和新工艺随之进入澳大利亚，诸如汽车制造、石油炼制、化学工业、电子技术等资本集约化与技术集约化程度较高的新兴工业在澳大利亚得以迅速发展，加快了其工业化进程；外资企业的先进管理技术和制度也为其所吸引、借鉴和移植。此外，由于引进外资是在双方互利的公平原则下进行的，澳大利亚经济的发展和繁荣也使外国资本从中获取巨额利润。因此，在澳大利亚投资领域，外资的投资、使用和效益的运作过程呈现良性循环[③]，有力地推动了澳大利亚的经济发展。

① 陈国庆. 战后澳大利亚经济［M］. 天津：天津人民出版社，1984.

② 赵晓雷主编. 外国经济史［M］. 大连：东北财经大学出版社，2013.

③ 王宇博，张曙. 试析早期澳大利亚民族经济［J］. 南京理工大学学报（社会科学版），1999（3）.

在澳大利亚经济本土化的深化发展中，表现为澳大利亚经济由依附转向独立，由追随变为自主，经济发展已被牢固地确立在独立自主的地位上，随着澳大利亚民族中的独立意识不断增强，与英国的“母国情结”趋于淡化。澳大利亚不再简单地是西方国家的原料产地、商品市场和投资场所，而是与他们地位平等的贸易伙伴，在合作中牢牢地掌握着本国的经济命脉，全力维护自己的经济利益，促进了自身的发展。

13.3　人口分布与城市化

澳大利亚不仅是一个地广人稀的国家，而且是一个人口分布极不平衡的大陆。全国约有 3/4 的人口集中在沿海地区，尤以东南沿海一带人口最为集中。广大的内陆人口非常稀少，还有不少地区始终是荒无人烟。东部的维多利亚、新南威尔士、昆士兰三州面积仅占全国总面积的 35.8%，人口却占全国人口的 77.1%。西澳大利亚、澳北区两州，面积占全国总面积的 50%，而人口仅占 9.4%。人口密度以维多利亚州为最高，每平方公里达 15.4 人，为全国平均人口密度的 8 倍；澳北区最低，每平方千米只有 0.09 人（见表 13—1）。

表 13—1　　澳大利亚区域人口分布

州名	面积/万平方公里	占总面积比重/%	1921 年		1979 年		人口密度/人/平方公里
			人口/万人	占总人口比重/%	人口/万人	占总人口比重/%	
新南威尔士州	80.16	10.43	209.2	38.70	507.58	35.21	6.30
维多利亚州	22.76	2.96	152.8	28.20	385.33	26.73	15.40
昆士兰州	172.72	22.47	75.1	13.90	219.64	15.23	1.20
西澳大利亚州	252.55	32.88	49.1	9.10	124.19	8.61	0.49
南澳大利亚州	9.84	12.81	33.1	6.10	129.43	8.98	1.30
坦斯马尼亚州	6.78	0.89	21.3	3.90	41.77	2.90	6.10
澳北区	134.62	17.53	0.3	0.06	11.57	0.80	0.09
首都直辖区	0.24	0.03	0.2	0.04	22.11	1.54	92.50
合计	768.23	100.00	541.1	100.00	1 441.72	100.00	1.87

资料来源：张善余编著. 世界人口地理［M］. 上海：华东师范大学出版社，2002；王远程. 澳大利亚的人口及其分布［J］. 河南师大学报（自然科学版），1982（1）.

人口分布的这一特点，和澳大利亚的自然条件和历史发展有很大的关系。澳大利亚大陆，有 2/3 以上的面积属于干旱和半干旱地区，这些地区降水量极少，水源奇缺，大部分为不宜住人的荒漠和半荒漠地带，殖民初期就阻碍了移民向这一带地区推进。到 20 世纪 80 年代初期，内陆地区，也只有那些发现了有价值的矿产地，或设有重要军事设施的地方，才有一些不大的村镇，人口密度几平方公里才有一人，人口非常稀少。大陆边缘的沿海地区，雨量充沛、水源充足、土地肥沃。欧洲移民首先在这一带立足定居，建立殖民据点或殖民区。并在此开垦荒地，从事耕作和建设，使之成为澳大利亚最早的重要农、牧区。随着 1851 年金矿的发现，对外联系增强，沿海地区逐步形成了许多经济中心，并发展成为全国的大港埠和工业城市。由于这一带开发早，不但生产水平较高，而且又集中了全国绝大部分城市，促使经济中心高度集中于沿海。因此，人口密度大，形成了一个从罗克汉普顿到怀阿拉的人口密集弧形带①，为全国人口的集中区（见图 13—1）。

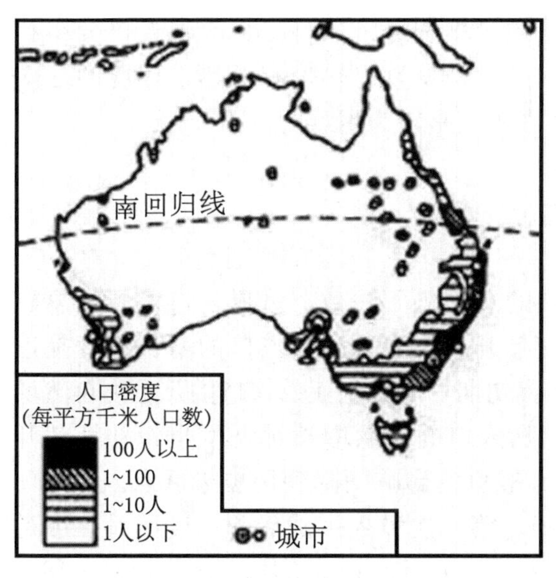

图 13—1　澳大利亚人口分布密度图

在 19 世纪后期，澳大利亚经济发展和人口分布一直高度集中在东南沿海地区，19 世纪 90 年代，新南威尔士州成为全国人口最多的州，但在 20 世纪 20 年代后比重趋于下降趋势，情况类似的还有维多利亚州、坦斯马尼亚州和西澳大利亚州，除此以外的其他各州的人口比重都有大幅度提高，如昆士兰州和南澳大利亚州。昆士兰州人口迅速增长的背景除了养牛业和工矿业的发展外，还在于农业的异军突起，不仅在国内农业经济中占有极大比重，在世界市场上也崭露头角。南澳大利亚州幅员辽阔，金属矿藏极其丰富，20 世纪 60—70 年代，以铁为主的采矿业发展迅速，对整个经济起到了很大的促进作用，这也在一定程度上促进了该州的人口增长。

人口城市化是澳大利亚人口地理分布的又一特点。早在 1933 年城市人口就占全国总人口的 63.8%，居世界主要国家的首位。1980 年达 88.8%，仍居世界发达国家第一位。人口城市化的程度远远超过世界平均水平。因为澳大利亚是一个由移民建立的国家，近代技术和生产的发展，城市工业和各种服务行业的建立都非常迅速，大大增加了对劳动力的需求；农业高度机械化和商品化，产生大量的农村剩余劳动力，他们不得不去城市寻找工作；澳大利亚的土地制度也促进了城市人口的聚集。例如东南各州全部适于耕种的土地，几乎都掌握在大土地所有者手中，他们居住在沿海的大城市，只有中小农场主直接经营农场，并大量雇用季节性农业工人，这些工人过着不固定的生活，在农闲季节就聚集在城市里。此外，一般移民进入澳大利亚后，只能在干旱地区得到一块土地，生产和生活没有保障，因此，他们很大一部分也在城市落户。这就大大增加了城市人口，提高了人口城市化的程度。②

总的来看，澳大利亚人口分布的不均衡性是非常典型的，澳大利亚有一半的土地只居住了全国 0.3%的人口，而 84%的人口都集中在全国 1%的土地上，这种人口

①② 王远程．澳大利亚的人口及其分布［J］．河南师范大学学报（自然科学版），1982（1）．

分布状况在世界上也是独特的。在澳大利亚的自然和经济条件下，改善人口分布状况的主要途径是减小大城市的人口集中度，以及开发具有热带和亚热带环境的辽阔北方，而广大乡村地区人口稀疏的状况，看来改变是较为困难的。①

13.4 人口增长、资源与国际移民

澳大利亚人口的发展，和世界人口发展的总趋势不一致。世界人口发展的总趋向，是人口增长速度加快，人口增长率迅速上升。而澳大利亚人口的增长速度是逐年减慢，人口增长率下降。到20世纪80年代初期，澳大利亚的人口主要是由自然增长与移民增长两种形式长期发展组合而成。从人口的自然增长看，20世纪初期就开始下降，到30—40年代，因经济衰退和世界战争的影响而降到历史最低点。1931—1940年平均增长率只有8.9%（见表13—2）。第二次世界大战后曾一度回升，可是到60年代又再次下降，并低于世界平均水平。1978年为0.82%，仅及1861—1870年的1/3，1981年为0.9%，只及世界平均水平的一半。由于人口自然增长率的日益下降，极大地影响了澳大利亚人口的发展。②

表13—2　　澳大利亚人口增长的变化

年份	人口总数/千人	自然增长率/‰	期间	人口纯增数/千人	净移民数/千人	总增长率/%
1900	3 765	15.0	1891—1900年	524	25.1	16.2
1910	4 425	16.3	1901—1910年	660	34.8	17.5
1920	5 360	15.0	1911—1920年	935	206.8	21.2
1930	6 463	11.3	1921—1930年	1 103	324.0	20.6
1940	7 039	8.1	1931—1940年	576	−10.2	8.9
1950	8 179	13.7	1941—1950年	1 140	362.8	16.2
1960	10 275	13.8	1951—1960年	2 096	822.0	25.6
1970	12 507	11.6	1961—1970年	2 232	898.0	21.7
1980	14 695	7.9	1971—1980年	2 188	442.0	17.5

注：总增长率、人口纯增数和净移民数根据统计资料算出。
资料来源：［英］B.R.米切尔编.帕尔格雷夫世界历史统计·美洲卷（1790—1993）［M］.北京：经济科学出版社，2002.

移民是澳大利亚人口增长的一个重要因素。虽然移民增长率在逐年下降，但因移民延续时间长，规模大，对澳大利亚人口的发展仍然起着重要的作用。最早向澳大利亚移民的是英国，始于1788年。第一批移民是从英国本土遣送到这里来服苦役的囚犯，以及一部分军人和管理人员。他们成为澳大利亚除土著人以外的最早的居民。随后在半个多世纪，澳大利亚一直是英国流放犯人的殖民地，人口增长缓慢，到1850年总人口大约只有50万人。1851年在维多利亚州发现金矿后，迅速出现了一股

① 张善余编著.世界人口地理［M］.上海：华南师范大学出版社，2002.
② 王远程.澳大利亚的人口及其分布［J］.河南师范大学学报（自然科学版），1982（1）.

移民的热潮，1858 年总人口首次突破 100 万人。此后，随着经济的发展，海外移民源源不断到达，全国人口一直以较高的速度增长，到 1900 年达到 377 万人。

20 世纪最初的 20 年，人口移入下降。1914—1918 年因第一次世界大战，移民停滞了 5 年，战后才有所发展。30 年代经济危机时期，移民减少。1939—1945 年因第二次世界大战，中断了人口流动，向澳大利亚的移民处于停顿状态。

1947 年，澳大利亚政府从国家安全和经济开发考虑都需要增加人口，就积极鼓励和协助移民，并与欧洲各国协议移民计划的实施，促使移民不断上升，此后，大约有 347 万人①移居澳大利亚，其中 80%在澳大利亚定居。第二次世界大战后外国移民成为这个国家的主要劳动力，特别是熟练技术工人的移入，促进了澳大利亚工业的发展。因此，一些澳大利亚经济学家，把这种移民称之为“无形的投资”②。1972 年以后，由于经济不景气，移民规模才开始缩减。

澳大利亚幅员辽阔，资源也很丰富。在自然资源中，矿产资源和能源居于最重要的地位。据统计，澳大利亚有 80 余种不同矿藏。在矿产资源中，铝土矿储量居世界首位，占世界总储量的 35%。澳大利亚是世界上最大的铝土、氧化铝、钻石、铅、钽生产国，黄金、铁矿石、煤、锂、锰矿石、镍、银、铀、锌等的产量也居世界前列。同时，澳大利亚还是世界上最大的烟煤、铝土、铅、钻石、锌及金矿出口国，第二大氧化铝、铁矿石、铀矿出口国，第三大铝和黄金出口国。

在能源资源中，最重要的是铀的藏量。澳大利亚的铀藏量占世界总储藏量的 10%～20%。其次是煤，占世界总储藏量的 9%，石油和天然气也很丰富，已探明的有原油储量 2 400 亿公升，天然气储量 13 600 亿立方米，液化石油气储量 1 740 亿公升。澳大利亚人口在 1980 年只占世界总人口的 0.3%左右，而它的能源蕴藏量却占世界总蕴藏量的很大份额。辽阔的国土面积、丰富的自然资源、较少的人口，是澳大利亚成为世界上按人口平均计算最富裕国家之一的重要条件。

---

① 赵晓雷主编. 外国经济史［M］. 大连：东北财经大学出版社，2013.

② 王远程. 澳大利亚的人口及其分布［J］. 河南师范大学学报（自然科学版），1982（1）.

第 14 章　中国的人口与经济发展

14.1　人口波动与经济发展

20 世纪初期以来，中国的人口发展缓慢，特别是在 20 世纪前 25 年，人口增长速度比较低，而且由于经常出现流行病、荒年以及连年的国内战争使这种增长很不稳定。在 1937—1945 年的抗日战争中，中国死亡人数超过 1 800 万人，其中士兵死亡人数约 148 万人，其余为平民，伤残人数为 1 700 万人，而全国死亡和伤残的大量人口中大部分是青壮年人口，人口的减退导致劳动力供给不足。1946—1949 年的国内战争，中国人口也受到了重大损失，使中国的人口增长始终处于波动状态。人口增长的不稳定性在一定程度上影响了经济发展的速度。

中国作为经济落后的国家，自资本主义列强侵入之后，由于采矿业、纺织业、交通运输业和金融业等部门基本上被外国资本控制，经济发展异常缓慢。1929—1933 年席卷世界的经济危机，不仅给西方各国带来了严重破坏，也给中国经济带来巨大冲击，在这种背景下，中国工商业遭受沉重打击，中国经济出现了严重衰退。世界经济危机爆发初期，中国对外贸易额下降了 11%。1931 年以后，西方各国货币贬值，变相使中国产品价格相对上升，使中国对外国的进口增多，出口量减少。如果以 1929 年中国出口贸易额为 100%计，1930 年以后则呈现下降趋势，1931 年为 89.5%，1932 年降至 48.8%，1933 年进一步减退到 38.7%。这一时期，中国的出口贸易额在世界经济危机期间急速下降。1932 年年底银价上涨，尤其是英国、日本和美国等发达国家先后放弃金本位，实行货币倾销政策后，中国物价惨跌，工商业不振，尤其是货物出口处于不利地位。1934 年美国提高银价后，中国物价下跌更快，同年 10 月国民政府开始征收白银出口税，但国内工商业每况愈下，资金周转不灵，银行借款不能及时偿还，银行不能及时收回贷款，导致挤兑风潮，许多银行倒闭，贸易锐减的趋势已经难以遏制，中国的经济萧条也更加严重。与此同时，中国的丝纱业、纺织业、茶业、面粉业、煤业、水泥业等都受到严重冲击，导致中国经济发展直线下降。中国的国民收入 1934 年比 1931 年下降了 25.7%，其中农业国民收入在同期下降了 24.1%，而工业发展水平与发达国家的距离进一步拉大。到 1936 年，除棉布外，钢、生铁、煤炭和电力等主要工业产品产量都大大低于美国、英国等发达国家的水平，甚至有的只及这些国家的几十分之一。

1937 年以后到新中国成立前夕，由于连年不断战争的影响，在人口缓慢增长的同时，中国经济处于长期萧条甚至后退的状态。到 1949 年，主要工业产品大幅度下降，其中钢为最高产量的 17%，铁为最高产量的 14%，煤为最高产量的 50%。综合来看，工业总产量大约比战前低一半左右，其中重工业大约下降了 70%，轻工业大约下降了 30%。工业产值的下降导致了失业人口大量增加。在农业生产方面，农业产值比最高年份下降了 20%以上。总之，新中国成立前夕，中国的经济运行被严重破坏，人口增长处于不稳定的状态，半殖民地半封建经济已经走向崩溃的边缘。

14.2　新中国成立后的人口增长与经济发展

经济发展从人口经济学（population economics）[①] 的角度来看，与人口增长密切相关。美国经济学家西蒙·库兹涅茨（Simon Kunzites）在《关于经济增长的六篇演讲》中指出，经济发展的主要特征是人口的持续增长率与人均产值增长率密切相关[②]。库兹涅茨论述的是经济发展的基本概念。如果将国民生产总值的年均增长率称为经济增长率时，则其公式为：

$$Y = P \times \frac{Y}{P} \tag{14—1}$$

式中　Y——国民生产总值；

P——人口。

由此可计算国民生产总值的年均增长率（G）、人口增长率（p）和人均国民生产总值增长率（y），即：

$$G = \frac{Y_1 - Y_0}{Y_0} \tag{14—2}$$

$$p = \frac{p_1 - p_0}{p_0} \tag{14—3}$$

式中　Y_1—— 期末国民生产总值；

---

① 人口经济学作为一门新兴的边缘学科，主要是考察人口变动对经济增长或经济发展的影响，同时研究人口变动的经济因素以及人口现象和经济现象的相互关系等。人口经济学属于应用经济学的范畴。美国人口经济学家朱利安·L. 西蒙（Julian L. Simon）认为，人口经济学是地地道道的经济学科，该学科要分析人口规模与经济发展之间的关系，即表现为人口增长对经济条件的影响、经济条件对生育率的影响以及人口增长的经济决策等。而人口经济学作为应用经济学正是横跨在人口学和经济学之间，研究人口变量群与经济变量群的一种学科体系。日本人口学界的泰斗南亮三郎指出："人口经济学理论是研究人口与经济的关系。""人口经济学的内容极其广泛，根据研究者的不同而存在着若干差异。"日本人口经济学家大渊宽认为，人口经济学是研究"人口变量群和经济变量群的多元的相互依存关系的体系"，各变量的内部也存在着相互依存的关系。人口经济学作为应用经济学正是横跨在人口学和经济学之间，研究人口变量群与经济变量群的一种学科体系。中国学者张纯元认为："人口经济学研究人口与经济的关系，阐明人口经济运动过程中人口与经济相互关系及其变化的客观规律，即人口经济规律。"

② 人口对国民生产总值以及经济发展的影响，最明显地反映在它对人均国民生产总值的影响上。人均国民生产总值是由国民生产总值总量和人口总量决定的，它是衡量一个国家经济发展程度的主要经济指标之一，也反映了人口对经济发展的影响，因而人均国民生产总值作为经济因素和人口因素的一个变数，与人口和经济发展是密切相关的。

Y_0—— 期初国民生产总值；

P_0—— 期初人口；

P_1—— 期末人口。

$$y=\frac{\frac{Y_1}{P_1}-\frac{Y_0}{P_0}}{\frac{Y_0}{P_0}} \tag{14—4}$$

由式（14—2）—式（14—4）导出：

$$1+G=P(1+p)(1+y) \tag{14—5}$$

$$G\approx p+y \tag{14—6}$$

式（14—6）表示：国民生产总值的年均增长率（G）等于人口年均增长率（P）与人均国民生产总值的年均增长率（y）之和。由此可见，人均国民生产总值增长率作为经济发展水平的最重要指标之一是显而易见的，而人口增加速度一般来说对于经济发展水平也具有重要的影响。在这个意义上人口增加和人均国民生产总值的变化对于经济发展水平的动态分析是不可缺少的。

本章节所述的新中国人口经济情况，有关数据尚未包括港澳台的。

新中国的经济发展从长期的趋势来看，国民生产总值、总人口以及人均产值基本上持续增长，同时由于“大跃进”和“文化大革命”等政治因素有较大的变化。从各个时期的变化来看，在经济恢复时期，中国基本上完成了封建的土地改革，废止了外国资本的各种特权，没收官僚资本的铁道、交通运输、银行和工业等，将其国有化。与此同时，限制了私营企业部门的经营范围和经营方式，扩大了国营企业部门的规模，并在此基础上实行民主改革，使国营企业的劳动生产率有较为显著的提高。此外，国家通过调整工商业，开展城乡物资交流，促进了市场流通。这样随着一系列经济恢复政策的实施，国民经济全面恢复并初步发展，经济形势明显好转。工业和农业主要产品的生产量基本上达到新中国成立前的最高水平，交通运输业、国内商业、对外贸易等各个领域也有所发展。国民生产总值的年均增长率为 19.3%（见表 14—1），人均

表 14—1　新中国成立后各个时期人口增长与经济发展速度的比较　（%）

期间	人口年增长率	国民生产总值年增长率	人均国民生产总值年增长率	工业总产值年增长率	农业总产值年增长率
经济恢复时期（1949—1952 年）	2.0	19.3	17.3	34.8	—
第一个五年计划时期（1953—1957 年）	2.4	7.3	4.9	20.3	3.9
第二个五年计划时期（1958—1962 年）	0.8	−0.6	−1.7	5.3	−5.2
经济调整时期（1963—1965 年）	0.8	15.1	12.4	21.6	11.3
第三个五年计划时期（1966—1970 年）	2.5	7.4	4.4	13.7	3.2
第四个五年计划时期（1971—1975 年）	2.7	5.9	3.5	9.1	3.2
第五个五年计划前期（1976—1978 年）	1.4	7.8	4.4	10.2	2.4

资料来源：国家统计局编. 中国统计年鉴（2001 年版）[M]. 北京：中国统计出版社，2001.

国民生产总值的年均增长率为 17.3%，为后来的大规模经济建设奠定了基础。另外，随着经济的恢复和医疗卫生的改善，人口增加趋势明显加快，由于出生率保持较高水平（见图 14—1），而死亡率迅速下降，人口的年平均增长率达到 2.0%的水平。

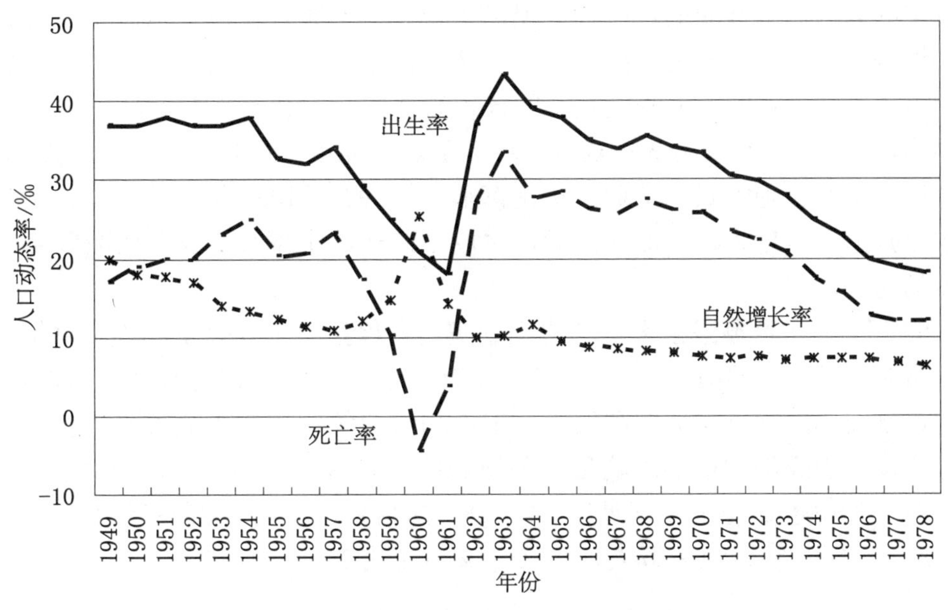

图 14—1　新中国的人口动态（1949—1978 年）

资料来源：国家统计局编. 中国统计年鉴（1984 年版）. 北京：中国统计出版社，1984.

第一个五年计划时期，随着社会主义经济体制的转换，进行了有计划的经济建设，同时对农业、手工业和资本主义工商业进行了社会主义改造，农业部门除小规模的自留地被集团化外，非农业部门则基本上国有化。与此同时，随着积极的经济振兴政策的实施，制定了比较现实的国民经济计划，国民经济得以迅速发展，国民生产总值为新中国成立初期的 2.6 倍，年均增长 7.3%，人均国民生产总值年均增长 4.9%。此外，国家重点进行了社会主义工业化建设，学习苏联的重工业优先发展方式，建立和扩建电力工业、煤炭工业、石油工业、钢铁工业、有色金属工业和基本化学工业，以增强国民经济的能源基础和原材料基础；建立制造大型金属切削机床、发电设备、冶金设备和汽车、拖拉机等机器制造工业，以增强中国生产工具的制造能力；与各项重工业的建设相适应，建设纺织工业和其他轻工业，建设面向农业的中小型工业企业。工业化的推进使工业生产以前所未有的速度急剧发展，年均增长率达到 20.3%的水平。特别是重工业的发展极其迅速。农业增长则相对较为缓慢，最重要领域的粮食生产仅略有增加，农业生产的停滞主要归结为投资不足。该期人口发展速度明显加快，1953—1957 年，总人口净增 5 857 万人，出生率年平均为 34.80‰，人口增长率为 2.4%，明显超过了经济恢复时期的水平。这个时期由于经济的持续发展，并没有重视人口控制问题，这样就形成了新中国成立后第一次人口增加的高峰期。

然而，在第二个五年计划期间，中国开展了“大跃进”运动，它是以钢铁工业为中心制定的高指标来推动的，违背客观经济规律、不顾效益地把全国主要资源集中于发展钢铁工业，使得国民经济陷入了失调和混乱，经济发展经历了困难和后退的局面。由于苏联模式的重工业优先发展方式的推进，工业生产在1958—1959年间还较为顺利，虽然其中含有夸大的成分。不久随着工业生产的扩大和生产定额的增加，由于忽视了生产管理方式，工业危机逐渐形成，1961—1962年间生产量连续急剧下降。农业减退也很显著。1959年以后，农业生产连年负增长。农业的减收影响了经济发展的速度。

1960年7月苏联撕毁了大量的协定和契约，停止了重要设备和物资供给，给中国经济带来无可估量的损害。由于这些因素使经济后退，经济增长率呈负增长趋势，基本建设规模逐渐缩小，消费和储蓄、工业和农业等的比例也显著不平衡。这个时期人口变动由于经济减退的影响处于不稳定状态。1959—1961年，出生率大幅度降低，人口增长率也显著下降（见图14—2）。其结果，总人口从1959年开始急剧下降，1960年净减少了1 000万人，1961年又净递减348万人。

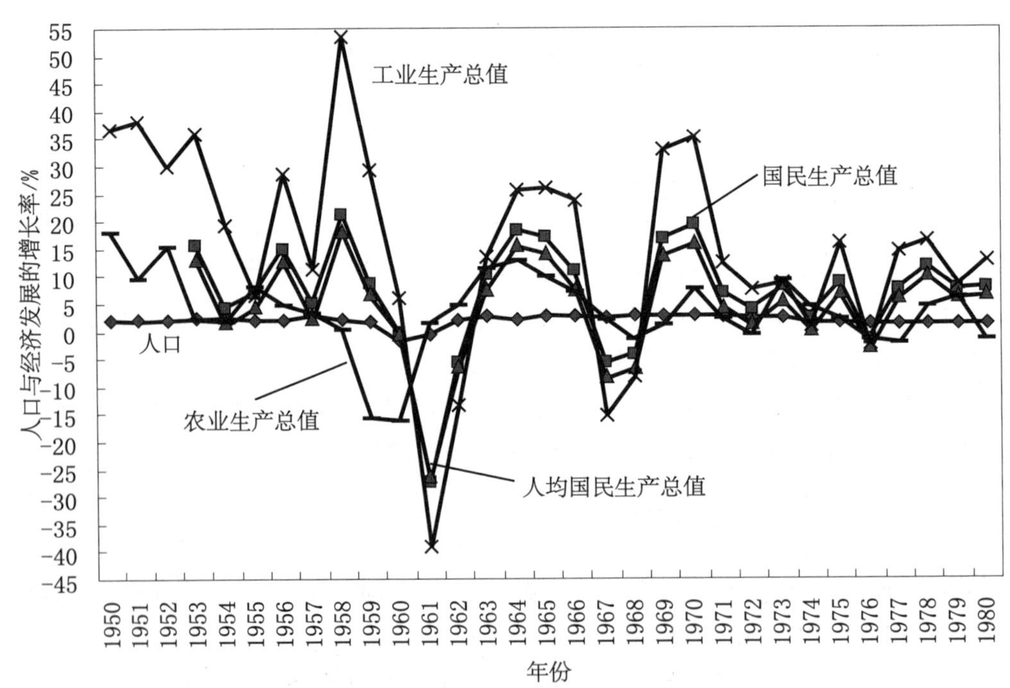

图 14—2　中国的经济、人口及工农业增长率（1950—1980年）

资料来源：国家统计局人口和社会科技统计司编．中国人口统计年鉴（2002年版）[M]．北京：中国统计出版社，2002.

1963—1965年，中国经济处于调整时期。当时，政府深刻认识到“大跃进”运动导致经济的不平衡和经济衰退，提出经济工作的重点是：贯彻以农业为基础，工业为主导的发展国民经济的方针。在经济体制方面配合经济调整采取了压缩工业基本建设规模，大幅度降低工业生产计划指标，精减工业部门职工，停办大批经济效益差的工矿企业等一系列措施。经济调整政策基本上是加强了综合平衡，使各种比例关系逐步趋向协调。此外，试办“托拉斯”，改革企业管理体制，用经济的办法管理经济。这些措施取得了一定的经济效果，从而使经济全面恢复，大量的经济指标创造了新中国成立后的最高水平，工业和农业的增长幅度极其显著，年均增长率分别上升到21.6%、11.3%。工业的恢复使各种工业部门发生巨大变化。最引人注目的是石油工业、化学工业的急剧发展，其生产总额大约是1957年的5倍。电子工业、精密机床制造、精密仪器制造、原子能以及有机合成等一些新型工业部门也得到发展。农业的迅速恢复则主要是投资比重增加的效果。另外，化学肥料使用量的增加和灌溉系统的改善，提高了土地的生产性，刺激了农业生产。这样由于工农业生产的恢复，经济增长速度加快，年均增长率上升到15.1%的高水平。与此同时，这个时期人口的再生产随着经济的迅速发展大幅度上升，年均出生率达到40.13‰，人口年均增长率显示了0.8%的水平，总人口的净增加超过了5 000万人。

1966—1976年的“文化大革命”使中国经济遭到巨大的挫折和损失，经济建设的正常秩序被破坏。1966年进入了第三个五年计划时期，由于“文化大革命”的冲击，企业管理的强化、地方中小企业的整理以及农村局部地区试行包产到户生产责任制等政策被否认。1967年，包括经济管理部门在内的各级管理机关基本上陷入瘫痪，大多数企业停工停产，正常的生产秩序和经济生活处于极端无序状态，特别是经济指导方针受到“左”的错误的支配，给国民经济带来严重的后果，经济全面衰退，国民生产总值的增长率在1967年由于生产效率的减退比上年下降了5.7%，1968年又进一步下降了6.5%。工业总产值在同期也连续显示了负增长趋势。1969年经济开始回升，首先是工农业开始好转。1969年工农业总产值达到2 613亿元，超过了1966年的水平。1970年，政府采取了稳定农村的政策、内地建设铺开、加快发展地方“五小工业”等措施，国民经济发展较快，工业总产值和农业总产值比上年分别增长35.2%、7.7%；其他主要经济指标也有较大增幅，大体上完成了计划。

第四个五年计划期间，国民经济计划的制定与实施继续受到的干扰。而1971年经济的畸形发展造成了“三个突破”的严重情况（所谓“三个突破”，即国营企业职工突破5 000万人，工资总额突破300亿元，粮食销量突破800亿斤），导致经济发展出现了失调的问题：基本建设投资总额过大，迫使积累在国民生产总值中的比重上升，突破了国民经济的承担能力；农业增产速度较慢，农产品不足；轻重工业发展比例不协调，重工业发展过快，轻工业发展相对过慢，造成市场消费品紧俏。1972—1973年，开始对经济进行调整。主要措施是削减基本建设规模，适当调整投资结构，增加农业投资，减少重工业投资；加强劳动工资管理，控制职工人数与工资总额；解决粮食购销差额问题；调整“四五”计划中的高指标。经过以上措施，“三个突破”得到了有效控制，经济形势有所好转，1973 年国民经济计划主要指标都完成和超额完成。国民生产总值和工农业总产值都有不同程度的增长趋势。到 1973 年年底经济有所起色，但从 1974 年展开“批林批孔”运动，经济又遭到严重的干扰和破坏，工农业生产急剧下降，铁路运输堵塞，财政出现赤字，市场供应紧张。四届人大后，对国民经济进行了全面整顿工作。以铁路运输和钢铁工业为突破口，采取重工业优先和整顿农业的经济发展方式，使经济形势迅速回升。1975 年与上年相比，国民生产总值增长 8.7%，工业总产值增长 15.8%，基本建设加快，国家财政状况有所好转。但同年 11 月，“四人帮”煽起“反击右倾翻案风”，各级经济管理机构再度遭受冲击，刚刚回升的国民经济又受到挫折。

“文化大革命”期间，尽管经济波动较大，处于缓慢发展局面，人口增长趋势却极其显著。由于“文化大革命”的影响，家庭计划生育等人口抑制政策被中断，人口再生产基本上处于无政府状态，出生率在 1966—1970 年的第三个五年计划时期以 34.50‰左右的水平推移，人口年均增长率显示了 2.7%的高水平，净增人口超过了 1 亿人，形成了第二次人口增加的高峰期。1971—1975 年的第四个五年计划时期，随着经济的恢复，人口增势逐渐趋缓，出生率由 1971 年的 30.65‰下降到 1975 年的 23.01‰，人口年均增长率与 1966—1970 年相比，呈明显下降趋势。

在 1976 年开始的第五个五年计划时期，经济处于激烈动荡的局面。1977 年，国民生产总值的增长率为 7.6%。然而由于“文化大革命”遗留的经济政策失误并没有得到纠正，因而在经济的指导工作上又出现了盲目追求经济发展的高指标，认为经济的新的跃进局面已经开始。1978 年 3 月，政府通过了 1976—1985 年发展国民经济的《十年规划纲要》，制定了以钢铁工业为中心的重工业发展优先的高速增长政策，由于基本建设投资迅速扩张，积累率攀高，国民经济比例关系严重失调。这一时期，人口年均增长率继续呈现下降趋势，由 1971—1975 年的 2.7%减少到 1976—1978 年的 2.2%。

从中国人口增长的影响与经济发展的重要指标中的国内生产总值的关系来看，新中国成立以后国内生产总值的增长速度较快，然而，中国人口是庞大的，这个时期总人口则以前所未有的增长速度急速上升，仅 30 年就净增加了近一倍（见表 14—2）。人口的迅速增长作为阻碍因素显著地抑制了国内生产总值的增加速度。

表 14—2　　国内生产总值的增加和纯增长人口的消费变化

年份	增加的国内生产总值/亿元	国内生产总值增长率/%	纯增长的人口/万人	人口增长率/%	纯增长人口的消费/亿元	增加的消费总额/元	人均消费额/元
1955	51.0	6.8	1 199	1.99	11.3	52.0	93.5
1960	18.0	−0.3	−1 000	−1.49	−10.3	47.0	103.2

续表

年份	增加的国内生产总值/亿元	国内生产总值增长率/%	纯增长的人口/万人	人口增长率/%	纯增长人口的消费/亿元	增加的消费总额/元	人均消费额/元
1965	262.1	17.0	2 039	2.89	25.2	61.0	123.4
1970	314.8	19.4	2 321	2.88	32.0	78.0	138.0
1975	207.4	8.7	1 561	1.72	24.5	71.0	156.9
1978	422.2	11.7	1 285	1.35	23.5	147.0	182.7

注：纯增长人口的消费、增加的消费总额以及人均消费额等根据《中国统计年鉴》的统计资料算出。
资料来源：国家统计局编. 中国统计年鉴（1992 年版）[M]. 北京：中国统计出版社，1992.

表 14—2 显示了国内生产总值的增加和新增长人口的消费变化。从表 14—2 可见，国内生产总值的增加和消费总额的增加从 1955 年以后到 1975 年是较显著的。然而这个时期除 1960 年由于自然灾害等引起的人口减少外，人口上升趋势也是明显的。人口的迅速增长不仅仅消费了消费额的大部分，也抑制了储蓄额的增加，影响了国内生产总值的增长。

显而易见，新中国成立以来到改革开放的 1978 年以前，中国经济经历了较为曲折的发展过程。1949 年以后，随着一系列经济恢复政策的实施，国民经济全面复兴，在经济转轨前的大约 30 年间，由于“大跃进”和“文化大革命”等政治因素的影响，经济增长出现了时而停滞时而后退的局面，同时也取得了一定的成果。而中国人口增长产生的经济效果，与先进诸国相比是低下的。在中国当代经济发展的初期，人口增长是急速的。到 20 世纪 70 年代中期为止，作为经济因素之一的人口抑制问题，基本上没有被重视，首先提出实行计划生育主张的马寅初先生被当作宣扬马尔萨斯人口论来批判，致使人口增长速度越来越快，特别是 50 年代和 60 年代两次人口高增长阶段的年平均人口增长率分别达到 2.1%、2.7%的高水平，人口纯增长部分仅仅 20 年就增长了近 3 亿人口。“批了一个马寅初，多了 3 亿人”。人口的迅速增长抑制了国内生产总值和人均国内生产总值的增长速度，使劳动力就业问题深刻化，成为经济发展的阻碍因素。

14.3　对外经济发展与人口迁移

14.3.1　对外经济发展

新中国成立初期，由于主要资本主义国家在贸易方面对中国实行封锁、禁运政策，中国进出口贸易的市场主要是苏联和东欧国家，从那里进口了大量的重要物资和原材料，如钢材、石油和化肥等。1953 年起，中国的对外贸易围绕着第一个五年计划的主要任务，有计划地积极扩大出口，并大力推进经济发展所必需的机器设备、工业器材和原材料以及其他重要物资的进口。这一时期的进口，主要以工业化所必需的生产资料为主，包括钢铁、有色金属、重型机器、汽车和煤炭等。到 1957 年，生产资料进口的比重高达 92%；出口产品，除了传统的土特产品以外，还增加了棉布、稀有矿产品、水泥等工业用品的出口；进出口总额达到 31 亿美元（见表 14—3）。这期间中国对外贸易的发展和进出口产品结构的变化，为推动社会主义工业化奠定了重要的物质基础。

表 14—3　　中国对外贸易的变化

年份	进出口总额/亿美元	出口总额/美元	进口总额/亿美元	进出口差额/亿美元	进出口增长率/%	出口增长率/%	进口增长率/%	外贸依存度/%
1952	19.4	8.2	11.2	−3.0	−1.1	7.8	−6.7	9.5
1957	31.0	16.0	15.0	1.0	−3.3	−3.1	−3.4	9.7
1962	26.6	14.9	11.7	3.2	−9.5	0	−8.1	6.6
1965	42.5	22.3	20.2	2.1	22.4	16.1	30.3	6.9
1970	45.9	22.6	23.3	−0.7	13.9	2.7	27.3	5.0
1975	147.5	72.6	74.9	−2.3	1.2	4.5	−1.2	9.7
1978	206.4	97.5	108.9	−11.4	39.5	28.5	51.0	9.2
1980	381.4	181.2	200.2	−18.8	30.0	32.1	27.4	12.6

资料来源：国家统计局编. 中国统计年鉴（2002 年版）[M]. 北京：中国统计出版社，2002.

但 1958 年，在国民经济“大跃进”的“左”的错误思想指导下，对外贸易也提出了脱离实际的高指标，在盲目扩大进口的同时，超越国力扩大出口。1959 年进出口贸易猛增到 43.8 亿美元，比 1957 年增长了 41.2%。其后，由于“大跃进”和自然灾害，使中国国民经济衰退，制约了对外贸易的发展。1959 年中苏关系恶化，对苏联和东欧贸易急剧下降，进出口贸易重点转向西方资本主义国家和发展中国家市场。为了实现主要贸易对象的转移，有关部门改变了生产工艺，使商品的品质、规格、花色、品种等各个方面适应了资本主义市场的需要。在贸易方式上，改变了过去只采用出口带电汇条款信用证和进口货到付款等方式，开始采用国际贸易中通行的灵活方式，以利于扩大对资本主义市场的进出口贸易。

20 世纪 60 年代前期，西欧成为中国进出口贸易的主要市场。对西欧国家的进口和出口总额中所占的比重平均都在 20%左右，最高年份达到 30%。从西欧进口的主要商品是机电设备、化工原料、化肥和有色金属等。对西欧市场出口的商品主要是畜产品、茶叶、纺织品和服装等。这一时期，中国对日本的贸易也逐渐恢复和发展，1965 年对日本进口额和出口额在中国进出口总额中所占比重分别增至 13%和 9%。对日本市场出口的商品主要是农副产品和纺织品，进口商品主要是机械设备、钢材、汽车等。到 1965 年，对外贸易迅速回升，进出口贸易达到 42.5 亿美元，比 1962 年的 26.6 亿元增长了 59%，平均递增速度 16.8%，不仅保持了收支平衡，还接近 1959 年的最高水平。

20 世纪 60 年代后期，由于“文化大革命”的影响，国民经济遭到严重破坏，对外贸易受到干扰，一大批出口商品生产基地被迫停产或改产，出口商品的花色品种减少，质量规格下降，使大量出口商品长期滞销和积压，在对外贸易中已发挥重要作用的“以进养出”业务被迫停止，来料加工、定牌生产等灵活多样的贸易做法被取消。在进口方面，机械与设备的进口比重则有所回升，工业原材料的进口大幅度增长，以化肥、农药为主体的农用物资的进口也有较明显的增长，并开始从西方国家引进技术设备，主要项目有冶炼、硅半导体材料、合成纤维、塑料、重型卡车制造和合成氨成套设备与技术。但由于受“文化大革命”的干扰，引进工作于 1968 年被迫中断。在全国动乱的冲击下，中国对外经济贸易自 1967—1969 年连续 3 年基本处于停滞状态。1969 年对外贸易总额只有 40.3 亿美元，低于 1965 年的水平，致使中国对外贸易经历第二次较大波折。

20 世纪 70 年代前期，随着中国对外关系的广泛发展，中国先后同美国、日本等主要发达国家建立了外交关系，并与欧洲经济共同体建立了正式关系，为双边贸易关系的正常发展创造了有利条件，特别是中国与美国和日本的贸易增长较快，到 70 年代中期，美国在中国进口和出口总额中所占比重分别上升到 5%和 1.7%，70 年代末，进一步呈现显著上升趋势。1975 年，日本在中国进口和出口总额中所占比重分别上升到 32%和 20%。这一时期，中国对西欧国家的贸易也继续扩大，1975 年进口总额中所占比重增至 25%，出口比重则保持在 14%以上。与此同时，由于当时比较有利的国际形势，使中国对外贸易也有所上升，1975 年进出口贸易总额达 147.5 亿美元，创历史以来最高水平。但 1976 年进出口贸易总额出现下降趋势。这期间的进口主要以工业生产用的原材料为主，出口商品中工矿产品有所增加，主要是从 1973 年起开始出口石油，1975 年以后石油成为出口创汇最多的产品。

改革开放以前，中国的对外经济贸易长期处于上升缓慢的态势，进出口总额的规模狭小，到 1977 年仅为 148 亿美元，位居世界第三十二位，对外经济的发展模式基本上属于内向封闭型发展模式。1978 年在研究当代世界经济特点的基础上，把对外开放作为基本国策，提出要在“自力更生的基础上积极发展同世界各国平等互利的经济合作，努力采用世界先进技术和先进设备”；并提出社会主义现代化建设要利用国内资源和国外资源；要打开国内市场和国外市场，发展对外经济关系。随着外贸体制改革和对外经济政策的转变，中国的经济发展模式朝着开放的、综合利用国外发展要素的模式转化，对外经济贸易也进入了一个新的发展时期。

14.3.2　人口迁移

20 世纪 50 年代初期以后，随着中国计划经济体制的逐渐形成，为大规模的经济发展提供了前提条件，也为人口迁移提供了可能，但由于人口迁移政策和户籍管理制度的制约，抑制了大规模的人口迁移态势。从计划经济体制下的中国人口迁移，可以看出人口迁移的发展趋势与经济的恢复和发展密切相关。

20 世纪 50 年代前期和中期，随着第一个五年计划的实施和社会主义工业化的推进，逐步改变了中国不合理的工业布局，政府把沿海城市的部分工厂企业迁往中西部地区，加强新兴工业的建设，使大批科学技术人员、工人、干部以及家属随同迁移；国家在重点建设苏联援助的 156 个重点项目的同时，兴建和发展了一大批中小工矿企业，从农村吸纳了大量劳动力。此外，国家还有计划地把东部人口稠密地区的剩余劳动力迁往黑龙江、宁夏、新疆等边远地区。由于当时还没有实施控制人口迁移的政策，城市劳动力的不足，使大量的农民流入城市。这使 1954 年以后人口迁移量（见图 14—3）持续上升，到 1957 年，人口迁入量和迁出量分别增至 2 743 万人和 2 592 万人。由此可见，在经历短暂的经济恢复时期后，在没有严格控制措施的情况下，这一时期，人口迁移随着经济的发展而趋向活跃态势。

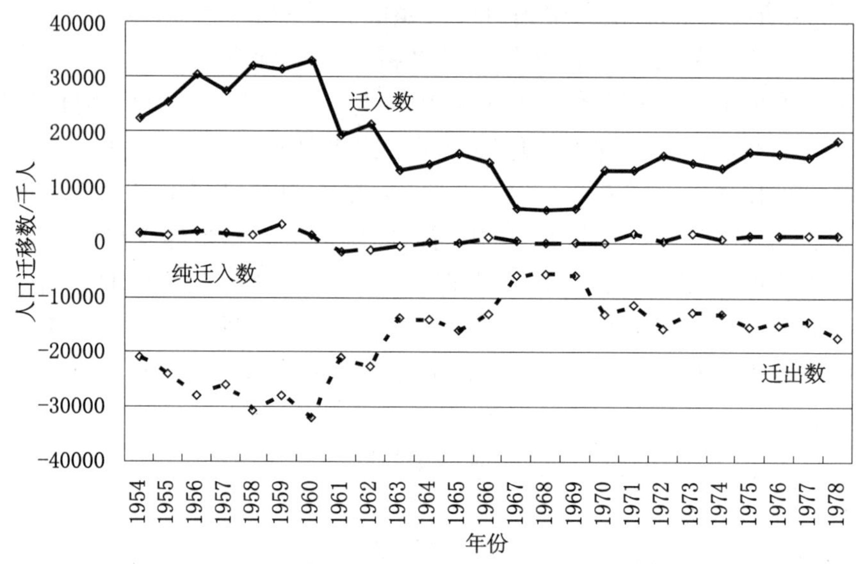

图 14—3　中国改革开放前的迁移人口数

资料来源：国家统计局人口统计司，公安部三局编．中华人民共和国人口统计资料汇编［M］．北京：中国统计出版社，1979.

1958—1960 年的“大跃进”时期，使中国的工业生产以前所未有的规模进行。由于城市工业经济建设的需要，使农村劳动力大规模地迅速流入大中城市。据国家统计局不完全统计，仅在 1958 年，全国工业和建筑业中增加新职工 1 900 万人，其中，从农村招收的为 1 000 万人左右，而大量非正式招工进入城市的农民从事非农业部门生产经营活动者则未统计在内。而同年全国农村劳动力比上年减少了 3 800 万人，大规模的农村人口流出，影响了农业生产。

1961 年起随着经济调整计划的实行，人口迁移量急剧下降，从根本上控制了农村劳动力过快向城市迁移的趋势。1960 年 9 月，政府提出缩减各类企业现有的非生产人员以及事业单位和机关团体的工作人员，并规定在今后三五年内，一切企业、事业停止从农村招工。1961 年 6 月，政府又提出，在 1960 年年底城镇人口为 1.29 亿人的基础上，三年内减少城镇人口 2 000 万人以上，精减城镇人口的对象是 1958 年以后参加工作的来自农村的新职工。由于压缩城镇人口政策的实施，使大规模的城镇人口向农村回流。此外，政府为了有效地控制农村迁移人口，实施了严格的城乡户籍制度管理、商品粮供给制度，使自发性人口迁移减少，1963 年人口迁移量减至 1 300 万人，1967 年进一步减少到 600 万人。

这一时期除了上述的 20 世纪 60 年代初期大规模的农村向城镇人口迁移和回流外，值得注意的是城镇知识青年上山下乡而形成的较大规模的城镇人口迁移。1964 年 1 月，政府发出了《关于动员和组织城市知识青年参加农村社会主义建设的决定》，把上山下乡作为安置城镇劳动力就业的主要方向。至 1966 年上半年，全国共有近 130 万知识青年由城镇迁移农村（见图 14—4）。据不完全统计资料推算，1969—1977 年约有 1 700 万知识青年上山下乡到黑龙江、内蒙古和云南等边远地区。1977 年政府在《关于处理户口迁移的规定》中规定，下乡知识青年，因病残或家庭有特殊困难，可以返回城镇落户。此后，下乡知识青年大幅度下降，而大批知识青年返城。50 年代以来的中国人口迁移主要是政府计划型人口迁移。由于城镇工业、建筑业等产业发展吸纳的农村人口和知识青年上山下乡都是在政府统一计划安排下进行的，而严格的城乡户籍制度管理和商品粮供给制度使非自发性人口迁移显著减少，且主要流向为经济落后的边远地区，计划主导型人口迁移模式是其最主要特征。这种计划主导型的城乡人口迁移忽视了人口流动的市场规律，限制了农业人口向城镇非农业领域的迁移，导致非农产业的扩张能力低下，从而使中国的城镇化水平长期处于停滞状态。从人口迁移的规模和变化来看，它与国民经济的发展，尤其是农业部门的发展密切相关。农业的发展成为制约人口迁移的重要因素。

图 14—4 知识青年上山下乡雕塑

14.4 经济结构、产业结构与就业结构

14.4.1 经济结构的变化与多元化之一

当阐述一国的经济结构处于劳动生产率低的传统农业部门和劳动生产率高的工

业部门并存的状态和两部门之间存在经济上的差异的时候，通常称为二元经济结构理论。其代表学说是刘易斯的理论模式。威廉·阿瑟·刘易斯（William Arthur Lewis）认为经济发展中国家存在着二元经济结构①：传统的农业部门和现代工业部门，前者所占的比重很大，后者所占的比重则相对较小。经济发展依赖现代工业部门的扩张，而现代工业部门的扩张需要农业部门提供丰富的廉价劳动力。从经济开发论的角度来看，中国的经济结构在1949年是典型的二元经济模式。新中国成立初期，中国的经济发展尚处于开发的初期阶段，工业部门的基础薄弱，农业部门的生产成为国民经济的主体部分，农业部门的劳动力人口占总劳动力人口的90%以上，呈现了典型发展中国家的趋向。在这种形势下，中国以经济快速发展为目的，展开了工业部门的工业化。

1953—1978年间，为了推进工业化的进程，政府制定了重工业优先的工业发展战略。重工业优先的工业发展战略在工业化初期阶段以牺牲消费为代价，把有限的资金和技术的大部分集中起来，投向重工业部门。而重工业优先的工业发展方式需要大量资本积累，仅依靠中小规模的工业是不充分的，还要依靠从农业部门中取得更多的积累资金，这样对重工业投资采用了所谓优先发展重工业的积累资金方式。在这种体制下，政府实施了压低农产品价格、提高工业制品价格、对农民征税等一系列政策，使农业部门的积累资金转向工业部门，促进了现代工业部门的发展。

另外，农业部门由于农业生产合作社的推进，生产基础不断扩大，使农业生产的“规模经济”迅速发展。而“规模经济”增长产生的农业部门的积累资金成为重工业部门扩大的重要资本。

然而，工业部门受重工业优先发展和压低农业部门的农产品价格等产业政策的影响，使经济结构产生了各种各样的扭曲。其一是工业部门以国营企业为中心采用高度集中的计划体制，排斥市场机制，导致企业缺乏活力，经济效益低下。这种古典的统制经济模式使国民经济不能有效地运营，计划生产定额缺乏以物品测量为中心的使生产性向上的诱因。而不合理的价格体系抑制了企业追求利润最大化的经营。

其二，农业部门的积累资金持续不断地转向工业部门，却又没有确立农业部门的剩余劳动力供给工业部门的体系。其结果就是农村的贫困和剩余劳动力的积累。城市居民和农民20世纪60年代以后的经济差距逐渐扩大。而农民流入城市被严格控制。对农业劳动力的制约，抑制了城市工业部门的发展，使城市工业雇用劳动力的来源受到一定程度的影响。

以上从经济开发论的角度阐述了改革前的中国经济结构的变化。从刘易斯提出

① 二元经济结构是一种关于发展中国家人口流动与经济发展关系的模式。威廉·阿瑟·刘易斯（William Arthur Lewis）于20世纪50年代中期提出的。

的传统的农业部门和现代工业部门并存的二元经济结构模式来看，其对中国而言大体上是适用的。但中国经济结构在农业部门和工业部门的劳动力流动方面基本上处于互相分离的状态，农业部门的剩余劳动力不能供给工业部门，使城市部门的优化劳动力组合不能顺利进行，因而在客观上虽然存在二元经济结构，但也并不是完全适用的。

改革开放以后，中国经济结构由二元经济模式转向为现代的工业部门、传统的农业部门、准现代的乡镇企业部门和城市的非正式部门并存的多元经济模式。特别是准现代的乡镇企业部门的兴起改变了传统的经济发展战略和经济运营的模式，加速了经济结构的转变过程。

14.4.2　经济结构的变化与多元化之二

从经济比较体制论的角度来看，经济体制改革前，中国是以计划经济和自给自足的农村经济的双重结构为其基本特征的。其中前者是中国经济结构的主体。

新中国成立初期，国家的计划经济主要是通过财政、征税、市场以及价格等经济的手段，间接的管理来运行的。1950 年政务院财政经济委员会设立了计划局，制定了 1950—1952 年三年恢复国民经济的计划，对工业、建设业、交通和运输业部门的生产和资本投资制定了统一规划，并对国营化的工业企业部门制定了一系列经济计划。为了开展大规模的经济建设和实行第一个五年计划的需要，在 1952 年成立了国家计划委员会，负责制定全国的中长期经济计划工作。计划经济管理的基本原则是统一规划，分级管理；计划经济管理的主要方法是通过自上而下颁发计划控制数字，自下而上编制和呈报计划草案，自上而下批准和下达计划任务，实现综合平衡。在 1953 年政府实施了第一个五年计划。这个时期形成的经济结构在工业部门方面，导入了苏联的经济构造模式，中央的经济管理部门对国营企业实行直接计划，下达指令性计划指标，企业所需主要生产资料由各主管部门按计划供应，其产品由商业和物资部门收购。到 1957 年，中国高度集中的计划经济体制已基本建立起来。

然而，在计划经济体制下，经济管理和计划决策权限主要集中在中央政府的经济管理部门，地方政府和企业则基本上没有自主管理权和经济计划决策权。这种中央高度集中的计划经济体制由于缺乏必要的微观经济基础而使宏观管理和经济计划决策逐渐趋向官僚化。整个国民经济运行纳入了单一指令性计划指标管理系统，经济结构失调严重影响了地方和企业的经济发展。从 1957—1970 年，中国的计划经济体制曾进行过三次重要的调整和变革。

1958—1959 年，进行了第一次计划经济体制的改革。这次改革是为了调动地方发展经济的积极性，扩大地方的经济管埋和计划决策权限。1958 年 8 月，中共中央和国务院做出了《关于改进计划管理制度的决定》，主要是对中央和地方的计划决策权限重新做了规定，减少了国家计划委员会管理的工业产品和统配物资，扩大了企业的管理和计划决策权限，改变了企业的隶属关系，中央各部所属企业除了一些特别重要的特殊性和实验性的企业外，均下放给地方政府管理。另外，计划经济的方式实施“以地区综合平衡为基础、专业部门和地区相结合的计划管理体制”的“双轨”体制。所谓双轨制是由各省、市、自治区对该地区内所有企业进行全面规划，中央各部对部属企业和地方管理的同类企业也进行全面规划，由国家计划委员会根据这两方面的计划经过综合平衡，制定出全国的计划。这种方式使全国划分为若干经济协作区，各自具有自立的经济体系的地方经济圈逐渐形成。

第二次是 20 世纪 60 年代上半期计划经济体制的改革。这次改革主要是对 1958—1960 年“大跃进”期间出现的经济混乱局面的调整。针对当时国民经济比例失调和农业、轻工业大幅度减产，国家财政逐年出现赤字，市场供应不足，通货膨胀加速等情况，1961 年，中央连续发出调整计划经济管理体制的决定，强调国民经济计划的综合平衡，加强工业管理、财政金融业管理以及商品流通和物价的管理等，提出要正确处理农业、轻工业、重工业的关系和积累与消费的关系。经过一系列的调整，计划经济管理的许多方面基本上恢复到 1957 年的状况。这次改革调整了国民经济比例关系，促进了经济发展。1964 年开始，中央政府在一些方面又进行了经济管理和计划决策权的下放，扩大了地方对财政、物资、投资等方面的权限，并做了一些探索性的尝试，如试办托拉斯、改革企业的管理体制等。

1969—1970 年，展开了第三次计划经济体制的改革。中央直属大企业的大部分下放到地方管理，实行“由上而下、上下结合，以块为主、条块结合”的计划管理模式。此外，物资、财政管理、基本建设等方面的经济管理权限也委托地方管理。但这次中国模式计划经济体制的权限分化并没有从根本上变革其经济结构的形式，更没有触及计划与市场关系的问题，而是中央政府高度集中的经济管理权限下放到地方政府和企业而已。改革前的中国经济，基本上采用以经济计划的综合平衡为主的经济模式。另外，宏观经济计划的运行依然是中央高度集中的计划经济体制。如国民经济增长速度、重大的产业结构关系、大型建设计划的确定以及地方经济的配置等，均由中央政府来运营。

计划经济体制集中动员大量的资金、物资、技术力量，对国民经济的复兴起到了重要的作用。但在这一过程中也逐渐形成了僵硬的计划经济模式，出现了组织机构膨胀、行政机关和企业职责不分、价值规律和市场体系受到轻视以及生产结构、经营方式和其他经济制度的复杂化等弊端，成为阻碍中国经济发展的重要原因。

20 世纪 50 年代初期农村自给自足经济是以小农经济的形态进行的。小农经济经营规模零散，生产效率低下。政府为了克服小农经济的后进性，土地改革以后，在农村推行了农业生产互助合作。1958 年 8 月以后，农村实行人民公社化体制。体制成立初期，由公社统一管理，在分配上大搞平均主义，实行工资制和粮食供给制。在这种体制下，不考虑社员的劳动投入量，实行均等的按需分配。这种不顾客观经济条件，否认按劳分配和商品经济的行为，严重挫伤了农民的生产积极性。另外，在商品流通领域禁止商品生产和商品交换。自由市场的贸易和社员的自留地、家庭副业也被废止。而这种高度民主集中型的人民公社管理体制并不适合农村生产力的发展，1959 年开始农业生产连续三年大幅度减产。

在这种情况下，人民公社体制在 1962—1965 年的经济调整期，进行了较大的变革，政社合一和实行公社、生产大队、生产队三级所有，三级核算，以生产队为基础的体制。人民公社基本的生产单位下放到相当于初期生产合作社规模的生产队。自由市场的贸易和社员的自留地、家庭副业也重新恢复。20 世纪 60—70 年代后期，人民公社自给自足的农村经济体制基本上没有明显变化。总之，改革以前的中国经济结构，由于经济基础薄弱、重工业发展战略的倾斜以及高度集中的计划经济体制的确立等因素变化缓慢，基本上属于二元经济结构模式。

14.4.3　产业结构与就业结构

经济的发展伴随着产业结构的变化，即随着人均国民收入水平的提高，改变了消费结构，产业结构由第一产业向第二产业移动，当国民收入水平进一步提高时，产业结构将向第三产业转移，与此同时劳动力的产业结构也相应变化。这就是人们所说的“配第一克拉克定理”。这一规律，17 世纪英国经济学家威廉·配第（William Petty）在《政治算数》中已经有所阐述。后来，科林·格兰特·克拉克（Colin Grant Clark）在 1940 年出版的《经济进步的条件》一书中，通过开创性的统计分析与研究，揭示了人均国民收入与劳动力结构变动的内在联系。美国经济学家西蒙·库兹涅茨（Simon Kuznets）在克拉克的研究基础上，通过对 57 个国家的统计资料分析，对劳动力和国民收入在三次产业之间的分布进行了研究，不仅证实了“配第一克拉克定理”，而且得出了农业部门在国民收入中的比重不断下降，工业部门和服务部门比重不断上升的重要结论。这使得产业结构研究有了巨大的进展。无论是“配第一克拉克定理”所显示的产业结构变化还是库兹涅茨的相对国民收入理论，对于中国产业结构的变化来说都不完全适用，尽管如此，产业结构的演变呈现出一定的规律性，存在着共同的发展趋势和特征。

新中国在成立初期，国民经济十分薄弱，产业结构很不合理。在当时各产业的国内生产总值构成中，农业比重很高，但基础差；现代工业基础薄弱，工业结构残缺不全，一些重要的工业部门还没有建立起来，属于典型的农业国。1953 年以后，随着苏联的经济援助和农业、手工业、资本主义工商业的社会主义改造以及重工业优先的工业化的进展，中国经济在 20 世纪 50 年代发展较为迅速，产业结构也发生了变化，特别是第一产业的国内生产总值比重的下降和第二产业的国内生产总值比重的上升倾向是显著的（见图 14—5）。当时强调“农业是基础”，实际上却长期忽视对农业的投入和农业生产技术的改良，农业严重落后于工业，生产效率低下。工业方面则采用了优先发展重工业的策略，忽视了轻工业的发展；在重工业内部，强调“以钢为纲”，大力发展钢铁工业和机械制造业，忽视了能源工业和其他原材料工业，影响了重工业内部的协调发展，尽管如此，重工业的发展仍较为迅速。这一时期，从就业结构变动的趋势来看，与产业结构的变动相比稍显弱势，但第一产业的减退和第二、第三产业的上升较为明显。这主要是优先发展工业的效果。特别是 1958 年开始的“大跃进”期间，由于城市的重工业的发展，大约有 3 000 万农村劳动力流入城市，致使就业结构急速转变。

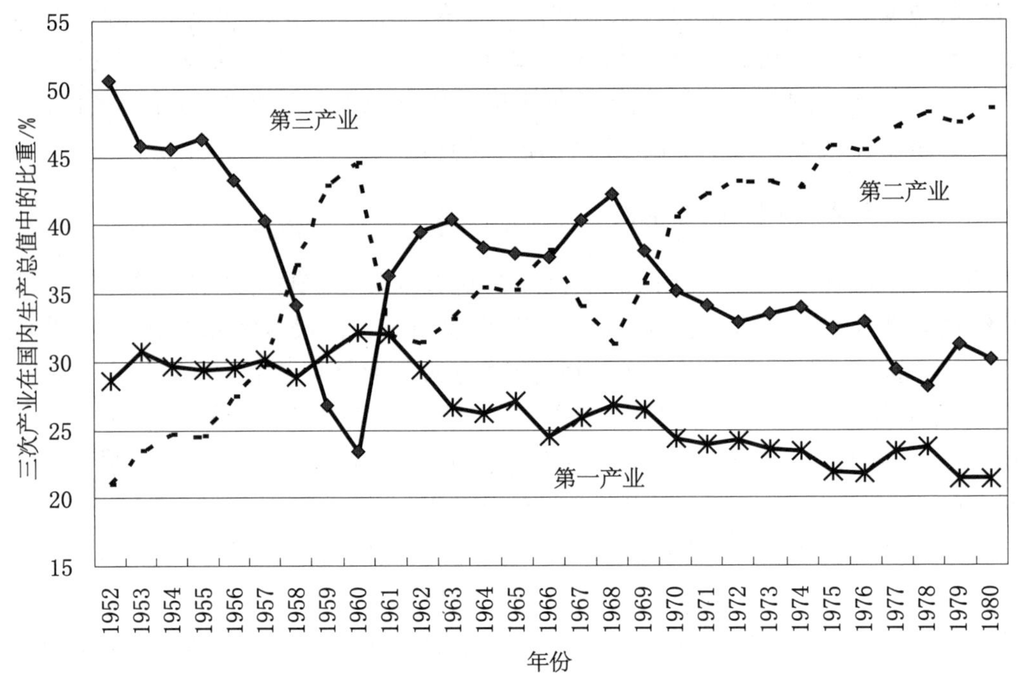

图 14—5　三次产业在国内生产总值中比重变化

资料来源：国家统计局编．中国统计年鉴（2001 年）［M］．北京：中国统计出版社，2001；国家统计局编．中国统计摘要（2011 年）［M］．北京：中国统计出版社，2011．

20 世纪 60 年代前期，政府推行了一系列产业调整政策。其主要内容是：贯彻以农业为基础、工业为主导的发展国民经济的方针；调整国民经济各部门的主要比例关系，如工业和农业、工业内部、农业内部以及消费和积累之间的关系等。这样在 60 年代，第一产业的国内生产总值比重呈现上升趋势，70 年代初期以后随着工业化的推进，其比重逐渐降低；第二产业的国内生产总值比重 60 年代初期显著上升，70 年代初期超过农业以后，一直处于国民经济中的主体地位；第三产业在 60 年代初期呈现下降趋势，1963 年以后，起伏变化并不显著。就业结构的总体趋势在 60 年代趋向平稳，70 年代中期以后第一产业的下降和第三产业的上升趋势比较明显，而第二产业基本上处于静止状态。

从就业结构变化的趋势来看，如图 14—6 和表 14—4 所示，第一产业劳动力比重持续降低，尤其显著，第二产业劳动力比重在 1963 年以后有所上升，而第三产业劳动力比重则也呈现缓慢的上升状态。就业结构变动的基本趋势表明，从农业中退出的劳动力大部分转入第三产业，这是工业化过程中的一个特征。不过第一产业劳动力绝对规模仍然很大，约占劳动力总量的 68.67%。

从以上分析中可以看出，中国的产业结构与就业结构变化的趋势基本上符合世界各国工业化加速阶段结构变化的一般规律。根据库兹涅茨的研究成果，三次产业就业结构和产业结构变化的一般趋势是，在工业化初期，随着经济的发展，第一产业的相对国民收入比重和相对劳动力比重同时下降，第二、第三产业的相对国民收入比重和相对劳动力比重不断上升。到工业化中期，第一产业的国民收入比重和劳动力比重继续下降，第二产业的国民收入比重上升，但其劳动力比重的变化却微乎其微。这说明第二产业对国民收入的增长有很大的贡献，但发展到一定的水平后，不可能大量地雇用劳动力。而第三产业随着经济的发展，其劳动力比重上升速度快于国民收入比重上升速度。这说明虽然第三产业的劳动生产率的提高并不快，但有很强的吸收劳动力的能力。与“一般模式”相比可以看出，中国产业结构在 20 世纪 80 年代初期正处于工业化初期阶段。

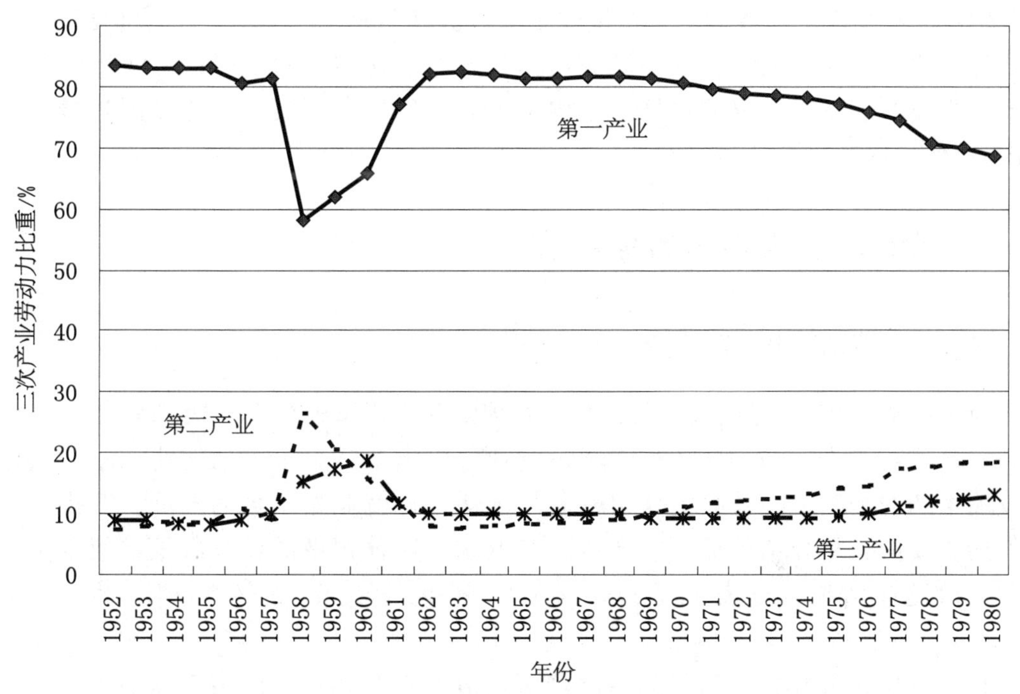

图 14—6　三次产业劳动力比重的变化

资料来源：国家统计局编. 中国统计年鉴（2001 年）[M]. 北京：中国统计出版社，2001.

表 14—4　　中国按三次产业分从业人口产业结构

年份	总数/万人	从业人员/万人			构成/%		
		第一产业	第二产业	第三产业	第一产业	第二产业	第三产业
1952	20 279	17 317	1 531	1 881	83.5	7.4	9.1
1957	23 771	19 309	2 142	2 320	81.2	9.0	9.8
1965	28 670	23 396	2 408	2 866	81.6	8.4	10.0
1970	34 432	27 811	3 518	3 103	80.8	10.2	9.0
1975	38 168	29 456	5 152	3 560	77.2	13.5	9.3
1978	40 152	28 318	6 945	4 890	70.5	17.3	12.2
1980	42 361	29 122	7 707	5 532	68.7	18.2	13.1

资料来源：国家统计局编．中国统计年鉴（2007 年）[M]．北京：中国统计出版社，2007；国家统计局编．中国统计摘要（2011 年）[M]．北京：中国统计出版社，2011.

显而易见，中国产业结构和就业结构的变化在总体上较为迟缓，还存在不少问题，主要表现在农业基础薄弱，对经济发展的作用下降。20 世纪 80 年代初期中国农业所占比重高于一部分中等收入国家，但在国内生产总值实际增长率中，农业对经济增长的贡献均在 5%以下，这说明第一产业结构升级缓慢，农业劳动生产率和农产品技术低下，农业劳动力的综合素质偏低。此外，第二产业尤其是工业所占比重虽然很高，但自身素质不高。基础工业与加工工业的增长不协调，加工工业的发展快于基础产业的发展，造成加工工业供过于求；机械工业、电子工业、石油化工、汽车工业等产业的主导地位没有真正形成，不能充分带动经济的发展；工业部门的劳动力比重明显低于发达国家的水平，影响了工业的发展。而第三产业发展较慢，仍相对滞后。

14.5　劳动就业人口与就业制度

14.5.1　劳动就业人口的变化

新中国成立初期，随着国民经济的恢复和生产关系的变革，劳动就业人口逐渐增长。1952 年 7 月，政府为了扩大城镇就业，提出了《关于劳动就业问题的决定》，在发展生产的基础上，采取了介绍就业与群众自行就业相结合的方针。安排劳动力就业的主要措施是介绍就业、生产自救等形式。这种积极的就业政策，使全国劳动就业人口迅速增长（见表 14—5），到 1952 年达到 2.072 9 亿人，比 1949 年增长 14.6%。

1953—1957 年中国实行了与多种经济成分并存和相适应的劳动就业政策。这个时期，中国的经济成分有国营经济、集体经济、公私合营经济、国家资本主义经济、私人资本主义经济和个体经济。生产资料所有制结构是以国营经济为主体的多种经济成分并存的所有制结构。与生产资料所有制相适应，在劳动就业方面，通过多种经

表 14—5　　中国按城乡分的从业人员数　　单位：万人

年份	社会劳动者合计	城镇					农村劳动者
		小计	国有单位	集体单位	其他单位	个体经营	
1949	18 082	1 533	494	94	221	724	16 549
1952	20 729	2 486	1 580	23	—	883	18 243
1957	23 771	3 205	2 451	650	—	104	20 566
1962	25 910	4 534	3 309	1 012	—	216	21 373
1965	28 670	5 136	3 738	1 227	—	171	23 534
1970	34 432	6 312	4 792	1 424	—	96	28 120
1975	38 168	8 222	6 426	1 772	—	24	29 946
1978	40 152	9 514	7 451	2 048	—	15	30 628
1980	42 361	10 525	8 019	2 425	—	81	31 836

资料来源：国家统计局编. 中国统计年鉴（1992 年）[M]. 北京：中国统计出版社，1992；国家统计局编. 中国统计摘要（2011 年）[M]. 北京：中国统计出版社，2011.

济成分、多种渠道安排了近 1 000 万新成长起来的劳动力。到 1957 年，全国劳动就业人口由 1949 年的 1.808 2 亿人增加到 2.377 1 亿人，农村劳动者由 1.654 9 亿人增至 2.056 6 亿人，城镇职工由 1 533 万人增至 3 205 万人，全民所有制单位职工和集体所有制单位职工的增长趋势也是明显的。

1958 年以后，由于“大跃进”运动发生了重大失误，导致经济发展的失调和就业政策的混乱。在全面跃进的“左”的思想指导下，多种经济成分并存的所有制结构向单一的全民所有制结构转换，采取了限制集体经济、取消个体经济的错误政策，使劳动就业政策失去了综合平衡。在 1958—1960 年的“大跃进”期间，经济增长呈现大起大落，劳动就业的规模也相应出现了“大增大减”。1958 年年底，全民所有制单位职工增至 4 534 万人，与 1957 年相比增加了近 1 倍。就业人数不正常的增长，不仅造成了劳动力资源的极大浪费，也严重影响了劳动生产率的提高。城镇人口激增使商品粮和消费品供应不足，并使城镇面临着严重的就业问题。1960 年年底，中央政府提出了调整、巩固、充实、提高的方针，大幅度压缩基本建设规模，调整严重失调的国民经济结构，减少城镇就业职工人数。从 1960—1963 年，全民所有制单位职工减少 1 597 万人，随着就业政策的调整，有效地解决了城镇劳动力的过剩问题。

在 1963—1965 年的经济调整时期，随着经济的迅速发展，扩大了劳动就业的多种渠道。采取的主要措施是：扶植和发展集体所有制企业，组织待业人员参加各种集体性的手工业和商业工作或各种临时性工作；在全国大中城市设立就业介绍所，调配劳动力资源，对多余劳动力进行技术培训和教育，介绍就业或自谋职业等。到 1965 年，城镇的劳动就业问题基本上得到解决。当时全国劳动就业人数增加到 2.867 0 亿人，其中城镇职工为 5 136 万人，农村劳动者为 2.353 4 亿人。

1966 年以后，生产的停滞和社会秩序的混乱，使劳动力就业问题逐渐呈现显性化趋势。1967—1976 年，近 2 000 万城镇知识青年“上山下乡”，本应严格控制从农村向城镇的劳动力流入，但城镇知识青年的大量流出，使城镇劳动力不足，不得不吸收大量的农村劳动力，“文化大革命”期间，约有 1 300 万农民流入城镇。20 世纪 70 年代末期，大部分“上山下乡”的城镇知识青年先后返城工作，更加重了城镇就业的压力。

另外，在这一时期，采取了歧视集体所有制企业、个体经营者等非全民所有制单位的经济政策。经济结构基本上仅剩下全民所有制经济和集体经济，而城镇个体经济所剩无几。1966 年，全国城镇个体劳动者尚有 156 万人，其后逐年递减，到 1976 年仅剩下 19 万人，使城镇的就业问题日趋显性化。但是，由于在城镇实行了统包统配政策，在农村实行自然就业，全国劳动就业人数仍然持续增长，由 1966 年的 2.980 5 亿人增至 1978 年的 4.015 2 亿人，增长 34.7%，而城镇职工和农业劳动者的增长趋势较为迅速。

20 世纪 70 年代末期，沉重的就业问题亟待解决，使得劳动就业政策有了重要的转变。改革的重点是改革统包统配的就业政策和坚持多种经济成分并存，充分发挥它们提供就业机会的作用。其后，政府采取了有效措施，扶植、发展集体所有制经济和个体经济，扩大劳动就业机会。

14.5.2 就业制度的变化

中国的就业制度是随着全民所有制的扩大而逐渐趋向集中的。这种集中就业制度的主要特点是统包就业、统一调配。主要表现在：国家和劳动部门对城镇劳动力实行统包统配，企事业单位不能自行招工，不能随意解雇职工。职工一旦被录用后，便以国家职工的身份固定下来，既没有选择职业的自由，也不能流动。这样，就业的渠道日趋单一化，仅剩下国家统一分配的渠道，从而也就逐渐形成了僵化的就业制度。

在国民经济恢复时期，政府对旧社会遗留下来的外国企业、官僚资本主义企业的职工以及国民党政府的旧公教人员，采取了统包就业的政策，量才使用。当时，城镇失业人员达到 470 万人，农村中处于破产状态的农民高达数千万人。为了调整畸形的经济结构，政府取缔了许多旧企业，导致较大规模的工人失业，形成了严重的就业压力，针对这一形势，政府采取了多种救济措施。1950 年，出台的《关于救济失业工人的指示》，规定了“以以工代赈为主，以生产自救、转业训练、还乡生产、发给救济金为辅”的救济原则，对要求就业的人员实行政府介绍就业与自行就业相结合的方针。1952 年，政府颁布了《关于劳动就业问题的决定》，首次提出劳动力的统一介绍要逐步向统一调配过渡，其主要内容是：国营企业和私营工商企业需要雇用职工时，要预先提出所需人员的条件和待遇，报送劳动局审查，由劳动局所属的劳动力调配机构统一介绍，从指定的登记失业人员中选择；限制劳动力在城乡和部门之间的流动；在职工调动方面，允许各产业部门或企业主管部门所属企业的职工在本系统内调整，但大批调动到外地的，需要征得地方劳动部门的同意；新建、扩建的工矿企业需要增加劳动力时，应提出年度、季度的增加劳动力计划，上报劳动力调配机关，由调配机关按计划调配供应劳动力。与此同时，为了避免增加新的失业人员，对各种公私企业的多余职工，采用统包的政策，由原企业照发工资，不得随意解雇。而当时对大量失业人员，除了劳动部门进行失业登记，并介绍就业外，还大力鼓励失业人员自谋职业。与此同时，政府还采取转业训练、组织生产自救以及发放救济金等措施，为失业人员创造再就业的条件。这些政策对解决当时面临的劳动就业问题，对加速国民经济的恢复和发展，起到了重要作用。

对于农村劳动力，政府采取了限制其自由进入城市的政策。新中国成立初期，由于二元经济结构的影响，城乡的收入差别仍然显著，农民去城市寻找就业机会的现象较为普遍，加剧了城市的失业现象。为了配合当时的城市失业治理措施，政府采取了限制农村劳动力自由流动的政策。从 1952 年开始，禁止各单位未经劳动部门许可擅自到农村招收工人。限制农村劳动力流入城市对于缓解当时巨大的就业压力起到了一定的作用，但这一政策阻碍了中国二元经济结构中剩余劳动力的转移，从而影响了二元经济向多元经济的转变，影响了经济发展的进程。

1953 年，中国进入大规模的经济建设时期，随着生产资料所有制结构的变化和全民所有制的扩大，对需要就业人员实行包下来的范围也逐渐扩大。同时，国家对劳动就业的管理权限趋向集中化，企业职工人数由中央政府下达的指令性指标决定，劳动力也由政府统一介绍、调配。1955 年以后，企事业单位的用人自主权进一步削弱，逐步形成由各级劳动部门统一管理劳动力的制度，其集中表现是 1955 年政府确定招工和职工调配实行“统一管理、分工负责”的原则，明确规定招工必须经过劳动部门批准才能进行，实际上取消了用人单位自行招工的权利，将招工权集中于劳动部门。具体办法包括：在招工方面，企业招用工人和技校学生，统一经过劳动部门进行；机关和事业单位招工要报当地劳动部门备案；部门之间和地区之间劳动力余缺由劳动部门进行调剂。20 世纪 50 年代中期，政府和劳动部门对城镇劳动力就业包下来的政策已扩大到所有国营、集体和公私合营企业。对大中专学生、技校毕业生实行国家统一分配，对城镇复员军人实行归口包干。与此同时，个体经济与私营经济的发展受到限制，形成了单一的全民所有制经济，于是各类人员通过劳动部门安排到全民所有制单位就业。1957 年，政府在《国务院关于劳动力调剂工作中几个问题的通知》中提出：“各单位对于多余的正式职工和学员、学徒，应积极设法安置，不得随意裁减。”其后，国家对新成长的劳动力一律实行包下来的政策，统一安排工作。这一制度的实质是完全取消用人单位在招工方面的自主权，在全国范围内实行劳动力的统一配置，这种统包统配和以固定工为主要特征的就业制度，不仅使就业的压力越来越重，而且也不利于提高劳动生产率，降低了企业的经济效益。

1958 年以后，政府针对统包统配政策的弊端，开始进行多种用工形式的试点，主要是采用固定工和临时工，以固定工为主的方式。在一些生产具有很强的季节性的工厂里，除了保持一定数量的固定工外，到生产季节再录用一部分作辅助性劳动的临时工。同时，严格限制企业辞退职工。但由于当时“左”的错误思想干扰，这种设想始终不能实施。到 1963 年，全国尚有 200 万城镇劳动力未得到安置。为此，在对城镇劳动力实施统包统配的同时，采取了较为灵活的措施：一方面，劳动部门组建集体企业开辟新的就业途径，增加工作岗位；另一方面，有计划地动员部分知识青年上山下乡，提倡从事家庭副业和自谋职业。这些措施有效缓解了当时的就业压力。在十年动乱期间，统包统配的政策达到了顶峰，进一步成为安置劳动力就业的主导政策。特别是 1971 年在全国范围内进行了将临时工转为固定工的工作，全国的用工制度基本上成为单一的固定工制度。

1976 年以后，这种传统的统包统配政策的弊端逐渐显现。由于职工由国家劳动部门统一分配和管理，企业没有用工自主权和选择权，无法根据企业的实际情况调整用工的数量和用工质量，影响了企业的积极性；助长了职工的平均主义思想，使之缺乏工作动力和进取精神。此外，由于劳动力市场的不健全，失业保险制度不健全，职工基本上不能转业，企业也不能根据生产经营需要解雇劳动力，这样劳动就业问题不但没有从根本上得到解决，而且使企业内部潜在失业呈显性化趋向，处于低效率经营的状况。这样在计划经济体制下的僵化劳动就业制度中出现的问题逐渐被人们认识，国家也开始着手进行劳动就业制度的改革。

20 世纪 70 年代以后，随着经济体制改革的实施和社会主义市场经济体制的逐步确立，传统的计划经济体制下的就业管理体制发生了重大的转变。这些转变主要表现在以下几个方面：一是劳动力的就业方式，由原来的统包统配，主要靠政府安置，逐步转变为择业和用工双方通过劳动力市场进行双向选择及自主择业，国家只对残疾人和复员转业军人等一些特殊群体采取安置性措施；二是企业用工制度由原来的固定工和临时工，以固定工为主，转变为合同工制度，合同制的实行，使得企业和职工在用人和择业方面有了比较充分的自主权；三是国家逐步下放对劳动用工的管理权限，新增职工的雇用、工资分配方式的确定等均由企业自主决策，国家不再直接干预。这使企业成为市场的主体，可以根据市场的变化进行各种生产要素的合理配置。这样基本上也就打破了僵化的统包统配政策。

14.6　计划经济体制的变革与人口政策

1949 年新中国成立以后，政府通过没收官僚资本和推行土地改革等政策的实施，建立了以国有经济和集体经济为主体的社会主义公有制度。为了适应这种公有制的运行，中央集中的计划经济管理体制逐渐形成。1950 年，政务院财政经济委员会设立了计划局，制定了包括工业生产、交通、农业等在内的全国经济计划。而全国实行财政经济工作统一，使国家掌握了主要的收入、资金和重要的物资，迅速改变了新中国成立初期资金和物资管理上的混乱状态。这对于稳定物价、实现财政收支平衡都起了重大作用。1951 年，政务院财政经济委员会正式下达了工业、交通的生产以及基本建设的统计指标。其中，工业计划主要是为国营企业制定的。为了规范经济的发展，在 1952 年年底成立了国家计划委员会，负责制定和组织实施全国的经济计划工作，从此开始建立起以计划体制为中心的经济管理体制。随后，除了西藏自治区和港澳台外，全国县以上各级地方政府先后建立了各级计划委员会，中央各部门也充实了已有的计划管理机构。1953 年，国家计划委员会制定了全国国民经济年度计划，并向地方政府下达了计划目标数字。

1953 年，中国开始实施第一个五年计划，与此同时，苏联模式的中国集权计划管理体制产生。当时，在中央政府的统一指导下，采用了中央和省、市、自治区二级管理为主的管理体制。1956 年又成立了国家经济委员会，负责年度计划经济工作。国家计划委员会负责中长期计划工作。计划经济管理的基本原则是统一计划，分级管理；计划经济管理的主要方法是通过自上而下颁发计划控制数字，批准和下达计划任务，实现综合平衡；对国营企业直接下达指令性计划，国家计划委员会管理的统一分配物资由 1952 年的 112 种增加到 1957 年的 231 种，中央各部门管理的物资由 115 种增加到 301 种；在劳动工资管理方面，用工形式逐步向单一化发展，并形成了统包统配的劳动制度。这样中国高度集中统一的计划管理体制已基本形成，其主要特点是大集中、小分散。在生产和流通中允许一部分工业生产资料进入市场，给企业一部分自主权，并注意发挥税收、信贷，特别是价格在生产和流通中的调节作用。然而，这种经济体制中央集权和自上而下的管理体系对企业管理过死，在计划管理、财务管理、物资管理以及福利设施等方面包揽过多，束缚了地方和企业的主动性和积极性，特别是工业、交通、基本建设等部门集权的直接管理，切断了地区内不同部门、企业之间的横向联系，影响了地区内的经济联系和专业化协作。

1958 年，针对高度集中的计划管理体制的弊端，进行了下放管理权的经济体制变革：改变了企事业的隶属关系，中央各部所属的企事业单位 88%下放给地方，其中包括多数大型骨干企业，重点企业和铁路、交通、邮电等关系国家经济命脉的企业，扩大了企业的管理权，并把适宜地方管理的企业，如零售商业、手工业、纺织工业、轻工业、建筑业以及部分重工业中部分中小企业等下放给地方管理；在人事管理权上，国家只委派厂长、副厂长和主要技术人员，其余人员由企业自行调配；在下放计划管理权限上，实行“以地区综合平衡为基础、专业部门和地区相结合的计划管理制度”，即以地区为主的条块结合的制度，并具体规定地方可以对本地区的工农业生产指标、建设规模以及投资使用等方面进行调整和安排，对重要产品的超产部分，可按照一定的分成比例自行支配使用；扩大地方财权，把大部分财政收支划归地方支配，中央只掌握一些中央部直接管的企业收入；下放商品流通、物资管理权以及劳动管理权等。

在经济体制改革初期推行人口控制政策。人口控制政策的出台是以1953年的人口普查为契机进行的。当时在乐观的人口思想下，对于人口的发展并没有采取有计划的控制政策，节制生育被认为是马尔萨斯之流的人口经济学说而受到批判，同时受苏联鼓励人口增加政策思想的影响，误认为人口增长是社会主义人口规律，因而采取了严格限制人工流产和禁止做绝育手术[①]等鼓励人口增加的政策。然而，随着经济的复苏和医疗条件的改善，死亡率急剧下降，而生育处于无计划状态，人口增长迅速，年均增长率在2.0%以上，仅经济恢复时期的3年就增长了3 315万人，对当时较为落后的经济形成巨大的压力，而1953年农作物的减产引起农业危机，粮食不足呈现表面化趋势。在这种情况下，政府开始重视控制人口增长的问题，1953年8月，政务院发出了《避孕及人口流产法》，开始倾向于鼓励人口控制。1954年卫生部发出《关于改进避孕及人工流产问题的通报》，强调对节育不加限制，避孕药具在市场销售和不加限制，标志着在生育政策上有了改动。1955年3月中共中央发出了《关于控制人口问题的指示》，宣传和推广节制生育，提倡有计划地生育子女。邵力子等学者也力主倡导生育节制。1956年9月，在《关于发展国民经济第二个五年计划的建议的报告》中指出："为了保护妇女和儿童，很好地教育后代，以利民族利益的健康和繁荣，我们赞成在生育方面加以适当的节制。"这是控制人口思想首次用政府文件公布于众。1957年7月，马寅初发表了《新人口论》，客观地估量中国人口发展的态势，分析了人口增长过快与资金积累、轻工业原料以及粮食生产等之间的一系列矛盾，提出了实行计划生育，控制人口数量，提高人口质量的主张。此外，王历耕等人的《广泛宣传迟婚和计划生育》、吴景超的《中国人口问题新论》以及陈达的《节育、晚婚与新中国人口问题》等倡导控制人口论，在当时都产生了较大的影响。

但是，1958年以后的数年间，中国人口政策思想出现了误导，缺乏对中国人口问题本质的认识，忽视了人既是生产者又是消费者的二重性，片面夸大人作为生产者的"人手论"，并认为人口增加是经济发展的原动力，没有控制的必要性，错误地批判了马寅初的《新人口论》以及其他学者节制生育的主张，将其不加分析地排斥为马尔萨斯反动人口论，这样刚刚萌发的人口控制思想和人口控制理论变成了"禁区"。此后的20年关于中国人口问题的讨论和研究销声匿迹。

1961年以后，随着国民经济的调整，在管理体制方面采取了一系列的变革，制定了农业、工业、商业、手工业、教育和科学等方面的工作条例或规定，其中比较重大的措施有：收回下放的企业和各项权力，下放的企业和事业陆续收回，商业、邮电、银行等企业先后归中央部门管理；加强计划的统一集中管理，扩大了计划的范

---

① 20世纪50年代初期实行的是限制节育，鼓励而不是控制人口增长政策。政府在1952年出台了《限制节育及人工流产暂行办法》，对于实行绝育和人工流产手术做了严格规定。

围；加强基本建设的统一管理，基本建设基金由地方财政包干改为由中央财政专项拨款，控制并减少部门、地方、企业的预算外资金。加强财政金融管理，国家预算从中央到地方实行一本账，严格控制财政支出，加强财政监督等。与此同时，为了克服物资供应渠道混乱，1963年设置了国家物资管理总局，其后将其改为国家物资管理部。1964年试办托拉斯，先后办起了汽车、烟草、纺织机械等12个工业公司。当时设想把多头的行政领导改为由托拉斯统一领导。国家通过主管部门向托拉斯下达计划，托拉斯对完成国家计划全面负责，并对所属分公司、工厂以及科学研究、设计等单位实行统一的经营管理。

与此同时，随着国民经济的调整和经济体制的变革，经济状况逐渐好转，1962年人口出现了补偿性的巨大增长，形成了年增长率高达2.6%的生育高潮。政府察觉到人口快速增长同经济发展不协调，于1962年年底发出《关于认真提倡计划生育的指示》，提出：在城市和人口稠密的农村提倡节制生育，适当控制人口自然增长率，使生育问题由毫无计划的状态逐渐走向有计划的状态。这样，有计划地控制人口增长成为一项既定的人口政策开始实施。为了开展控制人口工作，1964年，国务院计划生育办公室成立，统管全国的计划生育活动，重申提倡计划生育要坚持自愿的原则，不搞硬性规定，并提倡晚婚。1965年，政府又提出了提倡口服避孕药并免费发放，提高节育技术，加强计划生育工作的宣传教育和技术指导等一系列控制人口增长的政策和措施。可以说，以有计划地控制人口增长为基本内容的人口政策已经初步形成。

1966—1976年，中国处于经济体制大变动的时期，实际上是以扩大地方权力为中心的行政管理权的转移。一方面盲目地向地方下放企业，调整企业的隶属关系，国务院各部的直属企业的绝大部分下放到地方管理，由于下放过快，原有的协作关系被打乱，使生产效率显著降低，造成经济效益下滑；另一方面实行财政、基本建设和物资分配的“大包干”，简化税收、信贷、劳动工资等制度。所有这些都是为了对高度集中的计划管理体制加以变革，实行地方分权，让各地区自成体系。

在人口政策方面，1966年开始的“文化大革命”，使国家的经济系统陷入混乱状态，刚刚开始不久的人口控制工作被迫停顿，尽管政府在1970年提出“要继续提倡晚婚和计划生育，免费供应口服避孕药”，但实质上控制人口增长长期处于无计划状态，人口依然急剧增长。1966—1970年间平均每年净增加人口达到2 000万人以上，早已潜在的人口过度增长问题日趋显现，人口压力加重，影响了经济发展的速度。

面对上述现实，20世纪70年代初期，政府再次强调人口必须有计划增长，使人口增长与国民经济发展相适应。1971年，国务院转发卫生部等《关于做好计划生育工作的报告》批示，要求使晚婚和计划生育变成城乡广大居民的自觉行动，强调了晚育。1973年把人口增长指标列入国民经济计划，国务院成立计划生育领导小组，负责全国的计划生育工作，各个地区、基层单位也开始陆续建立计划生育工作机构。

随后控制人口增长的政策开始在全国范围内实施，中国人口政策开始形成，并被概括为“有计划地增长人口的政策”，并提出了“晚、稀、少”作为政策的基本要求，鼓励男女青年晚婚晚育，鼓励夫妇拉长两胎之间的间隔，鼓励一对夫妇少生子女。对待少数民族，则“采用有利于人口增长和生产发展的适当措施”，但对于个别子女过多有节育要求的，也给予指导和帮助，实际上仍是鼓励少数民族的人口增长。

上述情况表明，改革前中国计划经济管理体制的变革暴露出不可避免的弊端，主要表现在：经济管理和决策权限过度集中在中央政府，地方政府和企业基本上没有自主管理权和决策权；将国民经济运行纳入单一指令性计划指标管理，统得过多过死，影响了经济的发展；片面强调公有制经济特别是国有经济的作用，排斥非公有制经济的发展，脱离了中国现阶段生产力的发展水平；排斥市场机制和竞争机制，违背了市场经济的发展规律；在社会分配制度上，平均主义盛行，社会发展的激励机制不足，生产效率低下；长期实行的倾向性人口政策，经历了由鼓励人口增加逐步转向节制人口增长的过程，以及生育处于无计划的状态，使人口迅速增长，影响了资本积累和国民收入水平的提高。这种变革没有改变高度集中统一的计划经济管理体制，更没有触及计划与市场的关系，使中国的国民经济整体水平落后；而人口的高速增长又严重影响了经济增长速度，使得经济发展长期处于低水平的徘徊状态。

14.7 农村体制、乡镇企业与农业经济

14.7.1 农村体制

新中国成立后，在农村开展了土地改革运动。土地改革的根本目的是将封建地主的土地所有制改变为农民的土地所有制，解放农村生产力。经过土地改革，农民获得了土地、牲畜和农具等生产资料，调动了农民的生产积极性。到 1952 年年底，以彻底废除封建地主土地所有制、实现以“耕者有其田”为核心的土地改革在全国基本完成。其后，各地农村陆续推行了生产互助组和初级农业生产合作社。它们以自愿互利为原则，实行劳动与生产资料之间的互换，由于在农户小块土地私有的基础上实行灵活多样的劳动互助形式，有助于解决贫困农户缺乏劳动力和牲畜等问题，因此，初期的互助和合作比较顺利，特别是初级农业生产合作社的发展，较合理地利用了土地和其他生产资料，促进了农业生产的发展。这种经营体制显示了较好的制度效应，是由土地私有制向公有制过渡的有效形式。但从在农村大规模推行高级农业生产合作社开始，这一情况发生了极大的变化。

1955 年 7 月，中央召集省委、市委、自治区党委书记会议提出《关于农业合作化问题》的报告，标志着农业合作化运动的社会主义高潮已经到来。此后，农业合作化迅速发展，各地农村纷纷从初级农业生产合作社向高级农业生产合作社过渡。高

级农业生产合作社实行土地集体所有，耕畜和大型农具等按照自愿互利原则作价归公，从而实现了主要生产资料公有制。在经营管理方式上实行生产资料集体公有基础上的统一经营、共同劳动，统一核算、统一分配。其规模一般相当于后期人民公社制度下的生产大队。到 1956 年年底，不仅实现了全国农业的合作化，而且基本上实现了高级农业生产合作社的普遍化。

农业合作化刚完成不久，农村又掀起了人民公社化运动。人民公社化的前奏是小社并大社。1958 年 3 月，中共中央召开成都会议，提出把小型农业生产合作社有计划地合并为大型农业生产合作社的建议。此后，各地开始了并社工作。1958 年 8 月，中共政治局扩大会议通过了《关于在农村建立人民公社问题的决议》。会议指出：把规模较小的农业生产合作社合并和改造为规模较大的、乡政合一的、集体化程度更高的人民公社，是形势发展的必然趋势，人民公社是加速社会主义建设的一种重要的组织形式。9 月，全国人民公社化运动迅速进入高潮；10 月，人民公社在全国基本建立。据 1958 年 11 月初的统计，全国共建立起人民公社 26 500 个，加入农户 12 690 多万个，占总农户的 99.1%。这样仅仅在几个月中，全国农村人民公社的体制便建立了起来。

人民公社体制的基本特征是“一大二公”和“政社合一”。“一大”即规模大，初期的人民公社多为几乡一社，平均规模为 4 797 户，规模最大的人民公社则有 2 万多户。“大”还体现在公社的范围上，公社内部包括农林牧副渔业。“二公”是与合作社相比，人民公社实现了更高程度的公有化，把土地、牲畜等基本生产资料全部归公有，农户的全部自留地和家庭副业也转为公社所有，实行公社一级核算。公社财产经常在内部无偿平调。这种把合作社和社员个人的财产无偿收归公社所有和无偿平调的做法，违背了自愿互利原则和等价交换的原则，损害了合作社和社员的利益。而人民公社实行“政社合一”的体制，将国家政权在农村的基层机构与农民基本的集体经济组织合二为一，把国家管理社会的行政功能渗透到农村经济组织内部，包括各级政权、民政司法、文教卫生等事业，归公社统一掌握，用行政来管理经济。按照建立人民公社最初的设想，是将整个公社作为一个经济核算单位，原来的高级社只是生产作业区，不实行单独的经济核算。生产资料和劳动力可以在全公社范围内调动，而公社这个“经济核算单位”实际上由乡政府直接管理。在这种体制下，农村出现了单凭行政命令来进行经营管理，忽视了经济效益，不按经济规律办事，使农村的生产力受到了破坏，影响了农民的生产积极性。

在严峻的经济形势下，政府相继出台了一系列政策，对人民公社体制进行了调整。早在 1958 年年底，政府提出建立公社、生产大队、生产队三级管理机构，生产大队是分片管理社员，进行经济核算的单位，盈亏由公社负责；生产队是组织劳动的基本单位。公社给生产大队和生产队必要的权力，以发挥其积极性；对社员要“各尽所能，按劳分配”，调动社员的积极性，促进农业生产发展。1959 年 2 月，政府确定了人民公社体制改革的方针，提出人民公社应“统一领导，队为基础；分级管理，权力下放；三级核算，各计盈亏；分配计划，由社决定；适当积累，合理调剂；物资劳动，等价交换；按劳分配，承认差别”；确定以生产队为基础，同时还规定生产大队下属的生产队有小部分所有制，以调动生产队和社员的积极性。

1962年2月，中共中央发出《关于改变人民公社基本核算单位问题的指示》，决定实行把基本核算单位从生产大队下放到生产队，使生产队有生产管理权和分配权，进一步解决分配上的平均主义和管理的过分集中，并强调人民公社体制的调整绝非是权宜之计，要至少保持30年不变。同年9月，党的八届十中全会又通过了《农村人民公社工作条例》，明确提出实行“三级所有，队为基础”的经营管理体制；人民公社要坚持自愿互利和等价交换的原则，取消工资制和供给制，实行按劳分配；恢复自留地、家庭副业和集市贸易。在此之后，以生产队为基本核算单位的“三级所有，队为基础”的农村经营管理体制一直比较稳定地运行到实行农村经济体制改革之前。

总体上看，人民公社政社合一、统一经营以及经过调整形成的“三级所有，队为基础”的经营管理体制不符合生产关系要适合生产力发展需要的基本规律，实行政社合一的高度集中的管理模式，忽视了农业生产的特点，用管理工业的办法管理农业，在生产方面搞指令性计划，大部分农产品由国家统购派购，使农业生产效率低下，其自身在改革的过程中存在的种种弊端逐渐显现，成为阻碍农村经济发展的主要因素。尽管如此，实施人民公社体制对农业生产也起到了一定的积极作用。在农村体制改革的20多年间，人民公社体制配合了工业化特别是重工业优先发展的经济战略，加速工业化的进程，为经济发展提供了低廉的农产品和原始积累。同时这种制度将原来独立分散的农业生产者组织起来，在资金短缺、技术高度匮乏的条件下，运用行政手段管理经济的方式，进行大规模的农田水利基本建设，有效地改善中国农业的生产条件。然而，在农村经济体制改革的过程中，农村集体化制度的变革，付出了沉重的代价。也正因为如此，在农业领域，掀起了一场根本性的经济制度改革。

14.7.2 乡镇企业

乡镇企业发展的前身是由人民公社或生产队经营的社队企业开始的。1958年，在农村掀起了人民公社运动，农村大办工业，仅1年时间，全国大部分人民公社办起了以钢铁冶炼、建筑材料、农机具修理和制造、农副产品加工以及交通运输为主的企业。到1959年，包括社办工业企业在内的社队企业多达70万个，总产值超过100亿元。但是，大多数社队企业规模小，资金短缺，经济效率低下，经营范围仅仅生产一些低档次产品和承担简单的加工业务而已。

由于人民公社化运动和农村工业化的推行，对农村经济带来巨大冲击，1959—1961年间的农业大幅度减产，使农村失去了发展企业的基础，刚刚兴起的社队企业大幅度收缩。1961年，农村社队企业减少到4.5万个，产值下降到19.8亿元。20世纪60年代初期，社队企业的组织形式基本上没有大的变化，但对社队企业的经营范围却有了明确的限制。1960年年底，政府对农村社办工业的经营范围做了划分，提出社办工业应主要生产经营为农业生产服务的生产资料工业、农副产品加工业、传统的手工业产品和出口产品，对采掘、建材等工业品，可根据实际条件斟酌是否生产经营，而对纺织、日用化工等轻工业产品则禁止生产经营，这在一定程度上限制了社队企业的发展。1962年，政府在《农村人民公社工作条例》中提出：人民公社在今后若干年内，一般不办企业。已经营的企业，不具备正常生产条件的一律停办。农村社队企业发展进一步缩小，大量劳动力回流到农业。到1965年，社队企业仅有1.2万个，产值为5.3亿元。

20世纪60年代末期，为了推行农业现代化，政府提出，在有条件的情况下，农村可由集体办小型工厂，促进了社队企业的发展。到1970年，农村社队企业回升到4.5万个，产值增至26.6亿元。1971年，为了实现农业机械化，政府推行了10年计划，并确定了发展社队企业，在农村实现农业现代化的方针。70年代中期，政府采用了鼓励社队企业发展的政策，指出：社队企业要为农业和工业服务，要充分利用本地资源，发展种植、加工和采矿业等，并对社队企业发展的产业领域、市场环境以及组织制度等方面进行了规定。其后，一部分人民公社和生产大队办起了小规模的炼铁厂、化学肥料工厂以及发电站等，社队企业发展较为迅速，由于“文化大革命”期间城市工业处于停滞和半停滞状态，农村市场上的工业产品严重短缺，从而为社队企业的发展提供了市场。到1978年，社队企业数量已达到152.4万个，总产值达到385.3亿元。

14.7.3 农业经济

1949—1952年国民经济恢复时期，农业的恢复和发展受到重视，推行的主要措施是土地改革和互助化合作运动。土地改革自1950年6月起至1953年年初，随着《土地改革法》的推行，废除封建地主土地所有制，使农民获得大量的土地和其他生产资料。据统计，土地改革中获得经济利益的农民约占农业人口的60%～70%。全国受益农民约有3亿人。土地改革，使全国3亿多无地、少地的农民无偿地获得7亿亩的土地和大批耕牛、农具、房屋以及其他生产资料，被封建生产关系束缚的农村生产力得到了解脱。这使农民的生产积极性大为高涨，促进了农业生产迅速发展，成为经济恢复时期农业增长的主要动因。1952年全国农业总产值达461亿元，比1949年增加了48.5%。

1953—1957年的第一个五年计划时期，政府在农村大规模地展开了以农业合作化为标志的初级农业生产合作社和高级农业生产合作社运动，在政策推行前期发展较为平稳，尤其是土地入股分红，刺激了农民的生产欲望，产生了一定的积极效果。

此外，国家对发展农副业生产给予了支持性贷款，组织农民进行大量的农田水利基本建设，并促使城乡物资交流。这些农业振兴政策的推行，使农业生产得到了迅速恢复和较快发展。1953—1957 年，全国农业总产值年平均增长 4.5%；粮食总产量增加了 8 124 吨，年平均增长 6.0%。尽管后来对粮食、棉花等主要农产品实行统购和定量供应政策，但是农产品供应与人民的购买力基本上是协调的。这一时期农业得以较快发展，主要是由于农村体制改革取得的经济效果。土地制度变迁，使农民占有了土地这一农业最基本的生产资料，解放了农村生产力；而早期互助合作运动，使分散的农民通过互助合作，发挥集体劳动的优势，克服了传统农业经营的局限性，提高了农业生产力的水平。

1958—1962 年间，全国农村开展了大规模兴修水利、改良土壤，贯彻执行《农业发展纲要》，盲目追求农业“大跃进”，同时在农村所有制方面提倡“一大二公”，片面强调公有化对农业生产力发展的作用，并从 1958 年秋开始迅速在农村实现了人民公社化体制。与此同时，全国农业劳动力骤减 4 000 万人，其中绝大部分流向城市从事重工业工作。由于“大跃进”和农村制度变迁的影响，农业生产遭受重创。1958 年的农业年增长速度明显放慢，由 1957 年的 5.57%减少到 1958 年的 2.48%，1959—1961 年连续下降，出现负增长的局面。造成农业衰退的原因是人民公社化运动。人民公社在“大跃进”期间，实行“政社合一”，管理高度集中，否定了农民家庭作为农业生产经营的单位，剥夺了农民的自主权。而平均主义的集体分配则从根本上抑制了农民的生产积极性，使农业生产受到巨大损失。

国民经济发展的失调和农业的衰退，使整个国民经济进入了调整恢复时期。从 1963 年起，继续贯彻“调整、巩固、充实、提高”的八字方针，强调农业是国民经济的基础，按照农业、轻工业、重工业的次序安排经济发展计划，调整工农业比例关系，恢复国民经济的综合平衡。对农业采取了增加投资，改善农业生产条件，大量增加化肥等现代农业生产资料的生产，城市人口下放农村，减少粮食征购，提高农产品收购价格等政策。在农村制度调整上，采取了在人民公社内部实行“三级所有，队为基础”，恢复以生产队为基本核算单位，重新确立按劳分配的制度，允许社员经营少量的自留地和小规模的家庭副业，恢复农村贸易集市等政策措施。由于采用了较务实的经济政策，农村经济迅速恢复，并从 1963 年开始回升，1965 年全国农业总产值比 1962 年增加 37.2%，年均增长 11.1%，粮食等主要农产品产量大体上都恢复到 1957 年的水平。这是新中国成立以来农村发展受挫后出现的第一次高速度恢复性增长。

1966 年“文化大革命”开始，农业恢复增长的趋势再次下滑，1967—1968 年，除了粮食和棉花基本持平外，其他农产品连续减产。“文化大革命”的持续，对国民经济的第三个和第四个五年计划的完成产生了消极影响。“三五”计划所规定的“大力发展农业生产，解决人民吃穿用问题”的基本任务无法贯彻执行。这一时期影响农业经济发展的主要政策措施是：在农业体制上，继续坚持“一大二公”的人民公社体制，并掀起了“农业学大寨”运动；在农业发展方针上，实行“以粮为纲”侧重发展粮食种植，忽视了农业内部的产业联系，造成农业结构失衡；在农业技术上，人民公社积极推广应用杂交水稻、杂交玉米和杂交高粱为代表的高产新品种和农业新技术，为生产队提供无偿的科技与服务；在保持农田肥力的基础上，改革耕作制度，通过提高复种指数来提高土地生产率，积极推广多熟制，提高单位耕地的产出量。这一系列措施，促进了农业技术进步，在一定程度上抵消了农业体制政策不利因素的影响，使农业增长没有倒退。1978年全国农业总产值比1966年增长了54.5%，年均增长3.1%，粮食总产量增长了56.7%。这一时期，农业结构变化不大，但种植业产值的比重有所降低，由于农村人口增长的压力和农业增长的相对缓慢，主要农产品的人均占有量仍然比较少。

第 15 章　印度的经济发展与人口变动

15.1　经济发展

印度从第一次世界大战到 20 世纪 30 年代，经济有所发展，特别是工业有了较为迅速的发展。这一时期，印度的经济活动人口从事第一产业的比重始终在 70%左右，其主要原因是人口快速增长，超过了非农产业发展对劳动力的需求，致使庞大的农村劳动力无法从农业部门转向工业部门。20 世纪 30 年代后期，外国工业品进口的缩减和竞争的削弱，为印度工业的发展提供了机会。印度殖民当局依靠不断增加军事订货及输出工业制品，刺激了钢铁、电力、纺织以及某些化工部门的发展，使全国工业生产总值指数由 1939—1940 年的 110.3 增至 1943—1944 年的 126.8，从而增强了经济发展的实力。尽管在这一期间，印度经济发展有了显著提高，但由于受殖民地经济的影响，其发展不得不继续倚赖外国垄断资本，在一定程度上影响了其发展的速度。

1947 年印度宣布独立时，国民经济处于崩溃的边缘。为此，印度政府着手恢复长期殖民统治所破坏的民族经济，但并没有制定切实可行的宏观经济政策，从而使独立初期的印度经济特别是工业生产仍然继续下降。工业生产指数（1946 年为 100）从 1948 年的 115.4 下降到 1949 年的 106.1，到 1949 年主要工业总产值只相当于第二次世界大战时期的 60%～70%。农业生产指数（1949—1950 年度为 100）也从 1947—1948 年度的 99.2 下降到 1950—1951 年度的 95.6。直到 1950 年印度经济还没有从英国殖民统治的控制中完全恢复过来。

在这种经济形势下，为了加速国民经济的恢复并促进经济发展，印度政府于 1950 年成立国家计划委员会，并从 1951 年起开始实行经济发展的第一个五年计划。其主要目标是：纠正殖民统治造成的国民经济失衡，使国民经济均衡发展；保证国民收入不断提高；迅速发展农业以便在尽可能短的时期内解决粮食问题；控制通货膨胀，为加速经济发展创造条件。

为了实现该计划期间经济发展的目标，印度政府采取了一系列经济政策措施。在农业方面，加大总支出的力度。“一五”计划期间印度公营部门的总支出为 237.8 亿卢比，其中农业和灌溉投资为 60 亿卢比，占公营部门总支出的 31%。同时，印度政府还在农村开始进行土地改革运动。从 20 世纪 50 年代初期起用赎买的方法从拥有大量土地的地主手中获得土地，然后将其转售给无地或少地的农民；推行租佃改革，规定地租的数量和佃农的永佃权，使租金合理化等，使该计划期间印度的农业获得较大的发展。谷物和豆类等主要粮食产量从1951—1952年度的4 010万吨增加到1955—1956年度的5 170万吨；整个农业生产的年增长率也从1951—1952年度的1.8%增至1953—1954年度的7.5%，1954—1955年度虽有所下降，但仍保持在3.0%（见图15—1）。

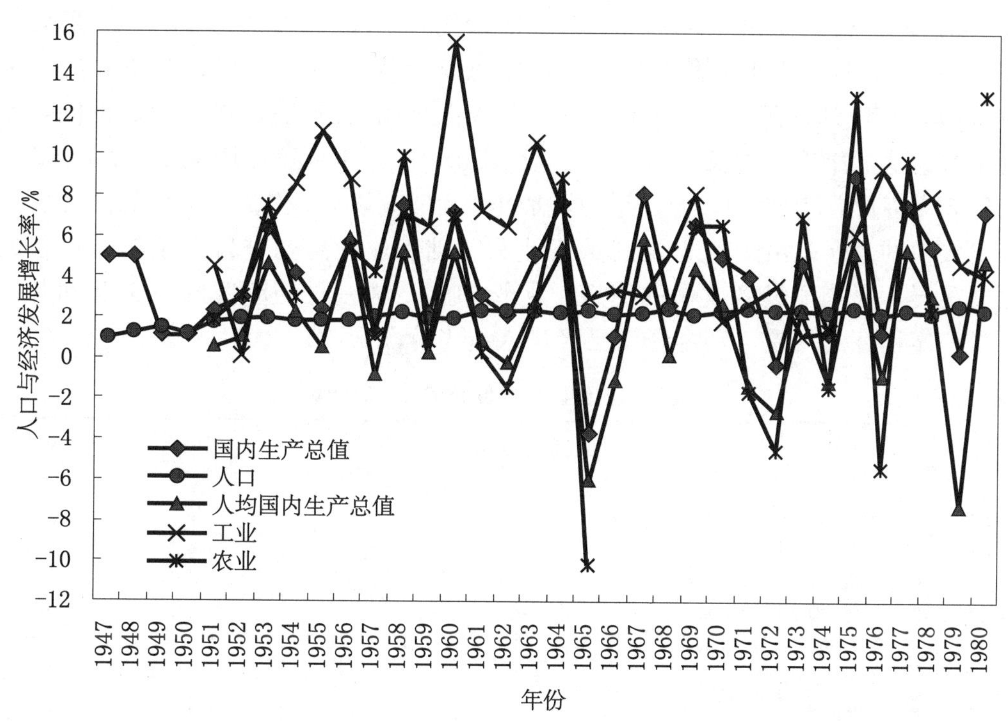

图15—1 印度的经济、人口及工农业增长率（1947—1980年）

资料来源：文富德. 印度经济——发展、改革与前景［M］. 成都：巴蜀书社，2003；［英］安格斯·麦迪森. 世界经济千年史［M］. 北京：北京大学出版社，2003.

同时，为了促进经济发展，印度政府在1948年颁布了工业政策决议明确规定，政府部门对发展经济负有全面责任，凡是基本的工业或公用事业的工业，或只有国家才能提供资金的重工业，均由政府经营。印度政府还于1951年公布《工业法》，并于1952年开始实施。1956年，印度政府对1948年的工业政策决议进行了调整，进一步扩大了公营部门的生产范围，使工业发展较为迅速，从1950—1951年度到1955—1954年度，印度工业增长了25%。

从1951年开始第一个五年计划以来，印度经济有较大发展，国内生产总值的年增长率从1951年的2.3%增至1953年的6.1%，1954年和1955年有所下降，但仍高于1951年的水平。从1951—1952年度到1955—1956年度国民收入从1 673亿卢比增至1 995亿卢比，年平均增长率为3.6%；同期人均国民收入也从466卢比增至508卢比，年平均增长率为1.7%。第一个五年计划的顺利完成，使久经殖民统治破坏的印度经济得到恢复，并为印度经济进一步发展奠定了重要基础。

为了加速经济发展，从1956年开始印度实施第二个五年计划，实行优先发展重工业和基础工业的经济发展战略。该计划执行的结果，以农业为主的第一产业发展起伏波动。从1956—1957年度增长5.4%到1957—1958年度下降4.2%，1958—1959年度又增长9.9%，1959—1960年度却下降0.8%，1960—1961年度又增长7.0%。同时工业、建筑等第二产业的发展也有起伏，1956—1957年度增长8.8%，1957—1958年度却下降1.0%，1958—1961年度则增长较快，在该计划期间，印度国内生产总值的年平均增长率为4.0%（见表15—1）；印度的国民收入也从508卢比增加到559卢比，增加10.0%，年均增加1.9%。应该说，“二五”计划的经济发展还是比较快的。但是由于优先发展重工业和基础工业，需要进口大量机器设备的产业发展缓慢，影响了经济发展的速度。尽管如此，这一时期印度的重工业和基础工业有了一定程度的发展，印度经济已经进入起飞阶段。

表15—1　独立后和调整时期印度经济与人口增长　（%）

期间	国内生产总值年均增长率	人口年均增长率	人均产值年均增长率	工业生产年均增长率	农业生产年均增长率
“一五”（1951—1956年）	3.6	1.8	1.8	7.5	4.2
“二五”（1956—1961年）	4.0	2.1	2.1	6.6	4.3
“三五”（1961—1966年）	2.8	2.2	0.2	9.0	−1.1
年度计划（1966—1969年）	3.9	2.2	1.5	1.6	6.3
“四五”（1969—1974年）	4.0	2.3	1.0	4.5	3.0
“五五”（1974—1979年）	4.9	2.3	2.7	5.9	4.3
年度计划（1979—1980年）	0.3	2.5	8.2	1.1	15.6

资料来源：文富德. 印度经济——发展、改革与前景［M］. 成都：巴蜀书社，2003；［英］安格斯·麦迪森. 世界经济千年史［M］. 北京：北京大学出版社，2003.

在第三个五年计划时期，印度政府考虑到农业生产的增长情况仍然是制约印度经济发展的重要因素，因此该计划继续执行“二五”计划制定的优先发展重工业和基础工业的发展战略，把大部分工业投资集中在重化工业、电力和交通运输等部门，扩大机器制造、合金工具、特种钢和铁合金等的生产能力，并注意吸收外国投资和外国技术。由于优先执行优先发展重工业和基础工业的发展战略，以制造业为主的第二产业获得较快的增长。从1961—1962年度至1956—1966年度的五年期间，第二产业的年平均增长率高达6.9%，但这一时期以农业为主的第一产业年平均增长率基本上为零增长。因此该计划期间印度整个经济增长情况不太理想，从1961—1962年度到1965—1966年度，印度国内生产总值的年增长率分别仅为3.1%、2.1%、5.1%、7.6%和−3.7%。年均国民收入增长率仅为2.2%。与此同时，随着人口迅速增加，每年新雇用劳动力的人数不断上升，印度劳动力失业问题逐渐尖锐起来。

失业人数不断上升，从“一五”计划期末的 530 万人增加到“三五”计划期末的 960 万人，同期失业率从 2.9%上升 4.5%。

由于连续两个五年计划优先发展重工业和基础工业的发展战略，在一定程度上忽视农业生产的发展，致使粮食生产缓慢，甚至低于人口增长的速度，从而使印度经济陷入严重的结构性危机中。在这种情况下，印度政府中止了新的五年计划，转而从 1966—1967 年度到 1968—1969 年度实行经济发展的年度计划。

在三个年度计划期间，印度政府采取了增加粮食生产等一系列政策措施，积极培育农作物高产品种，扩大高产作物的播种面积，同时还扩大灌溉面积，增加化肥使用量和加强农作物保护等。在工业方面，把工业发展重点放在“三五”计划已经动工的未完过程，使其尽快形成生产能力，以增加工业生产，并调整了计划投资结构。经过了 3 个年度计划的执行，印度的经济结构得到一定程度的调整。“绿色革命”的开展，使印度的农业生产有了较大的发展，短短 3 年间谷物和豆类等主要粮食产量从 1966 年的 7 260 万吨，增加了 32.97%，使同期印度的粮食净进口量也从 1 030 万吨下降到 570 万吨。同时，新建工业项目相继完工投产，印度的工业生产也逐渐有所发展，第二产业的年增长率从 1966—1967 年度的 3.4%上升到 1968—1969 年度的 5.2%。同期，运输、通信和贸易等部门的年增长率也分别达到 2.6%、4.4%、4.6%。1966—1969 年国内生产总值的年平均增长率也达到 3.9%、15.6%、6.0%、4.2%。

经过三个年度的计划调整，印度经济结构逐渐得到调整，经济得到恢复。于是印度政府从 1969 年起又开始实行经济发展的第四个五年计划。发展目标是稳定经济增长。在继续推进“绿色革命”运动、大幅度增加粮食产量的同时，该计划发展工业的重点是，抓紧完成在建的工业项目，尽快增加工业生产能力以满足经济发展特别是进口替代和进出口的需要，并建立新兴工业，促进经济发展。为了实现经济发展的基本目标和各种主要增长目标，印度采取了增大公营部门投资、加大对农业投资的力度、对大银行实行国有化、加强对外国直接投资的控制等一系列措施。这样农业生产在 1969—1970 年度至 1970—1971 年度的增长情况良好，但 1971—1972 年度和 1972—1973 年度有所下降，1973—1974 年度有所回升，这一时期，农业生产的年平均增长率为 2.8%。计划期间，工业生产也是起伏波动，以制造业为主的第二产业的年增长率分别为 8.1%、1.8%、2.7%、3.5%和 1.1%；工业生产的年平均增长率为 3.9%。正因为如此，各年的经济增长率（见图 15—1），也出现较大的波动，5 年间国民收入年平均增长率为 3.3%，人均国民收入年均收入增长 1.2%。由于经济增长未能达到预计指标，劳动力失业问题也很严重，寻找工作的人数达到 4 000 万人。

1974 年印度开始实施第五个五年计划，但计划初期，印度正处于严重的经济危机之中，1973 年的第一次世界石油危机导致印度国内通货膨胀，人民生活水平低下，影响了经济增长速度。因此该计划期间印度经济发展的主要目标是：稳定经济增长，消除贫困，在继续大力发展农业的同时，也发展工业，并规定计划期间的经济增长目标是年均增长率达到5.5%。为了实现计划期间的经济发展目标，印度采取了继续加大政府的投资力度、支持农业发展、消除贫困、促进就业等一系列措施。针对人口增长过快的问题，印度政府加大了人口增长的控制力度，严控人口增长。不仅对自觉控制人口的家庭给予诸多奖励，对计划生育搞得不好的单位和个人实行处罚，而且还对各地规定适龄人口进行绝育的指标，于是在全印度各地掀起了实行绝育的浪潮，并出现过激现象，但人口控制的效果是显著的。这一时期，经济发展状况较好。由于自然灾害的影响，计划期内印度农业生产依然出现波动，尽管如此计划期间农业增长率仍达到4.9%的高水平，并实现了粮食基本自给。工业生产的年均增长率则达到6.2%。尤其值得注意的是这一时期印度国内生产总值的年均增长率达到4.9%，为独立后各五年计划期间的最高增长率。

1979—1980年度，印度再次实行了年度计划，并实行了农村综合发展，加强对中小企业的支持，放松对外资和私营企业发展的限制，促进经济全面发展等措施。但由于发生了第二次世界石油危机，使严重依赖石油进口的印度经济出现了衰退，工业和农业增长率均呈现下降趋势，国内生产总值也较上一年下降5.2%。

总的来看，自1947年独立以来，尽管印度经济逐渐恢复，并从1951年起连续实行经济发展的五年计划，使印度经济有所发展，然而由于人口增长过快和经济体制等原因，印度经济增长缓慢，从20世纪50年代初期到70年代末期，经济的年均增长率仅为3.6%，大大低于许多发展中国家的年均经济增长率。而这一时期在经济增长的过程中，印度政府尽管制定了人口政策，注意控制人口增长，但是由于措施不力等多种原因，其人口控制效果欠佳，印度人口仍以超过2%的年增长率增加，不仅使印度劳动力失业问题逐渐严重，而且影响了印度的经济增长速度。从70年代末期起，印度政府对经济政策进行了调整，从而使印度经济打破了长期的低速增长，在20世纪80年代出现了加速增长的趋势，与此同时人口增长开始减速，在一定程度上促进了经济增长。

15.2 人口增长与人口分布

印度作为世界人口大国，在1871年人口达到2.07亿人，到1920年增至2.49亿人。20世纪20年代初期以后，印度人口增长速度明显加快，从此进入了史无前例的高速增长时期。从1921—1946年，印度人口从2.54亿人增至3.41亿人，年平均增长率达到1.3%。独立后印度人口迅速增长，从1947年的3.60亿人增至1980年的6.79亿人，同期人口年均增长率高达2.7%。从中国和印度这两个世界上人口最多的国家比较来看，20世纪后半期，印度的人口增长速度超过中国，1950年印度人口相当于中国人口的65.7%，1980年已上升到67.5%。

印度的人口问题一向受到国内的广泛重视，是最先制定人口控制政策的国家之一。早在 1952 年开始的第一个五年经济发展计划中，成立了人口计划生育委员会，提倡进行“限制家庭规模，实行人口控制”活动。1957—1980 年的经济发展计划认识到实行计划生育，降低人口增长率，使人口增长水平与经济发展水平相适应是十分必要的。在开展计划生育活动的最初几年，只提供了绝育和避孕套两种避孕方法。1966 年，开始推广子宫内避孕器。1968 年把节制生育行为作为一项社会活动，大规模促进避孕套的需求和使用。1978 年还提高了法定结婚年龄。但这些计划生育措施并未收到应有的效果，如 1974—1979 年的第 5 个五年经济发展计划规定人口年平均净增 1 000 万人，实际上净增长 1 200 万人。

印度人口增长较快的一个重要原因是出生率长期偏高，从 20 世纪 20—30 年代，长期维持在 45.2‰～46.4‰之间，40 年代有所下降，50 年代和 60 年代波动于 41.6‰上下（见表 15—2）。事实上，印度政府早在 20 世纪 50 年代就开始控制出生，1952 年开始推行家庭生育计划，是世界上最早控制生育的国家，到 20 世纪 50 年代后期，政府制定了全国范围的家庭计划生育方案，中央和各邦都成立了家庭生育计划局，并广泛开展计划生育教育，尽管如此，印度的出生率在 20 世纪 50 年代高达 41.4‰，60 年代继续保持高出生率的态势。

表 15—2　　印度人口增长（1890—1980 年）

年份	总人口/万人	时期	出生率/‰	死亡率/‰	自然增长率/‰
1900	23 573	1891—1901 年	45.8	44.4	1.4
1910	25 087	1901—1911 年	48.1	42.6	5.5
1920	25 267	1911—1921 年	49.2	48.6	0.6
1930	27 862	1921—1931 年	46.4	36.3	12.1
1940	31 795	1931—1941 年	45.2	31.2	14.0
1950	35 900	1941—1951 年	39.9	27.4	12.5
1960	43 400	1951—1961 年	41.4	22.8	18.6
1970	53 908	1961—1971 年	41.9	16.7	25.2
1980	66 360	1971—1980 年	34.5	14.7	19.8

资料来源：Kingsley Davis. *The Population & India and Pakistan*. Princeton University Press，princeton，1951；Registrar General. *Vital Staties of India for* 1961. New Delhi，1964；［日］南亮三郎．アジア人口と経済［M］．東京：アジア経済研究所，1974；［英］安格斯・麦迪森．世界经济二百年回顾［M］．北京：改革出版社，1997.

面对这种高出生的模式，印度政府从 20 世纪 60 年代后期把家庭计划生育作为一项最优先的计划来看待，并提出用 10～12 年把出生率从 41.2‰降低到 25.0‰左右，这样随着家庭计划生育的广泛实施，出生率有了明显的下降，从 60 年代的 41.9‰降到 70 年代的 34.5‰。同大多数发展中国家一样，印度农村的出生率明显超过城市，据 1991 年抽样调查，农村出生率为 30.9‰，城市出生率为 24.3‰。影响印度出生率的还有一个重要的因素，即普遍的早婚。据统计，1930 年女子的初婚平均年龄一度为 12.7 岁，1961 年和 1971 年已分别提高到 15.8 岁和 17.1 岁。但由于生理发育的特点，结婚年龄从13岁提高到17岁对降低出生率的影响不大，而17岁以后的几年则是关键性的年龄，对降低出生率的影响很大。据估计，如果把女子的平均结婚年龄提高到21岁，出生率可降低24%。

印度人口增长较快的另一个重要原因是死亡率降低较为迅速，同控制出生率相比较，印度在降低死亡率上的人口效果是显著的。20世纪10年代，印度的平均死亡率高达48.6‰，略低于这一时期的出生率，这是19世纪中叶有人口动态资料以来的最高纪录。此后，死亡率持续明显下降，50年代降至27.4‰，70年代降至14.7‰。从死亡原因来看，印度属于典型的发展中国家类型，死于营养性和传染性的疾病占很大比重。自从1943年孟家拉大饥荒造成数百万人死亡以后，没有出现过类似的大规模死亡现象，但少量的饥荒性死亡仍然存在，主要是全国大约有40%的人口长期处于营养不良或半饥饿状态。而过去印度各种流行病如鼠疫、霍乱、天花、流感、疟疾、结核病、痢疾等长期肆虐，使死亡率到50年代末期始终较高。60年代以来，随着医疗条件的改善、医药技术的进步和卫生防疫事业的发展，这些疾病的发病率和死亡率都有不同程度的下降，但至今仍是导致死亡的主要原因。其中最突出的是疟疾，1960年以前占死亡总人数的58%以上，此后由于灭蚊防疫工作的开展，这一比重有所下降，但70年代以来发病率又明显回升。

印度是一个以农业人口为主体的国家，人口分布主要特点是：人口密度大，分布相对均匀，地理空间利用比较充分，人口稀疏区范围很小。从印度人口的城乡结构分布看，20世纪上半叶，农业人口占总人口的比重始终在85%以上。自印度独立以后，农业人口占总人口的比重有所下降，1961年农业人口占总人口的82.0%，以后逐步呈现缓慢下降趋势，到1980年降至69.5%。而这一时期，印度城市人口所占比重仅增加了9.8%。与其他国家相比，印度的人口城市化发展速度偏低。根据联合国的估计，1950年世界人口城市化的比重大约为30%，到1980年增至39.1%。而印度的人口城市化很低，从1951年的17.3%仅增加到1980年的27.8%。从全国各地区的分布看，印度农业人口与城市人口的分布并不均衡。城市人口比重最高的是德里，达到93.0%，最低的是喜马偕尔邦，仅为9.8%。在昌迪加尔、果阿、米佐拉姆、拉克沙德韦普、泰米尔纳拉等中央直属区和邦，城市人口比较密集，人口城市化比重均超过40%。

与世界上其他国家相比，印度人口分布的显著特点是密度高，1981年印度人口为每平方公里216人，不但高于世界平均人口密度的6.5倍，也远远高于亚洲和中国的平均密度。从印度的区域人口分布看，密度在每平方公里150人以上的地区约占国土总面积的34%，而中国该比率不足14%。在印度20个邦中，人口密度最高的是西孟加拉邦（见图15—2），每平方公里为912.6人，其次是喀拉拉邦，每平方公里为818.5人，这两个邦进入了世界上人口最稠密地区的行列，而人口密度很低的梅加拉亚也达到每平方公里102.5人，远远超过许多国家的人口稀疏区。

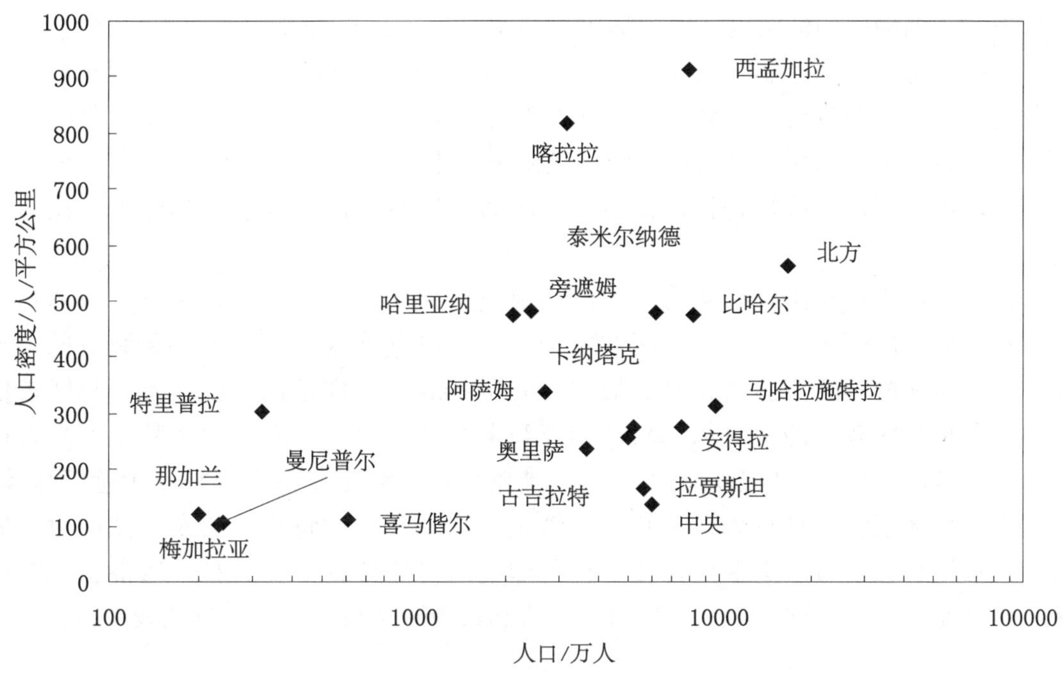

图 15—2　印度的区域人口和人口密度

资料来源：Gore，R. *An age－old challenge grows*. National Geographic，1979.

印度人口分布的另一个特点是与其他国土面积相仿的国家比相对比较均匀，但国内各地区存在一定的差异，大致分为高密度区、中等密度区和低密度区三种类型。高密度区的人口密度为每平方公里 350 人以上，集中了全国所有的大城市和相当一部分中小城市。这类地区主要是恒河大平原和印度半岛沿海宽约 200 公里的狭长地带。恒河大平原面积大约占全国的 19％，集中了全国总人口的 38％。其人口密度以恒河东部最高，最为密集的地区包括西孟加拉邦、比哈尔邦北部、北方邦东部以及德里、亚格拉等大中城市地区。印度半岛沿海地带分东海岸和西海岸两部分。东海岸带冲积平原广布，人口稠密区较宽，在马哈纳迪河、哥达瓦里河等河流的中下游平原及三角洲，居民密集。西海岸带南段气候湿热，是印度唯一的热带雨林气候区，全国的热带经济作物基本上集中在这里，人口高度密集，喀拉拉邦人口密度居全国第二位。西海岸带的中段和北段，人口密度趋于下降趋势，人口稠密区仅限于孟买、浦那、巴罗达等工业城市附近。中等密度区的人口密度为每平方公里 175～350 人。主要包括印度半岛的广大内地、恒河平原南侧丘陵及古拉吉特平原，这里的地形以缓丘和平顶高原为主，受水利条件所限，人口常沿河分布。此外，孟买——马德拉斯、加尔各答——孟买等主要交通干线两侧的人口也比较稠密。而以比哈尔邦南部为主体的乔塔那浦尔高原是印度重要的矿产资源区，近几十年来各类重工业发展迅速，涌现出一批新城镇，也成为人口比较密集的地区。低密度区的人口密度则为每平方公里 175

人以下，范围最广的低密度区位于国家的中央，这里地形崎岖，农业生产水平低下，人口密度在每平方公里100～150人，主要包括中央邦大部和马哈拉施特拉东部。另一低密度区位于印度西端，是全国最干旱的地方，以沙漠和半沙漠为主，包括拉贾斯坦、古吉拉特二邦西部，人口密度一般仅为每平方公里25～40人。第三个低密度区位于印度东端，布拉马普拉河以南，该区居民以少数民族为主，其中米佐拉姆邦的人口密度最低。

同总人口规模相比，印度的人口迁移规模不大，但多年来一直保持着大体相同的移动方向。印度人口的净迁入区主要集中在经济发展水平高、工业和城市比较集中的孟买所在的马哈拉施特拉邦、加尔各答所在的西孟加拉邦，以及人口密度较低而自然条件相对较好的中央邦、阿萨姆邦和卡纳塔克邦等。而其他邦基本上是人口的净迁出区，人口迁出较多的有北方邦、比哈尔邦、泰米尔纳德邦以及旁遮姆邦等，这些净迁出区通常都具有人口密集或经济发展水平较低的特点。从人口流动地域划分的人口迁移方向看，由乡村迁往乡村是印度人口迁移的主要类型，通常占半数以上，其次是由乡村迁往城市，由城市到城市和城市到乡村的迁移流则比较少。

15.3 绿色革命、农业发展与农村劳动力

15.3.1 绿色革命与农业发展

印度是世界上主要的农业国之一，农业在印度经济发展中占有重要的地位。印度土地肥沃、雨量充足，年无霜期长，对于发展农业生产，具有优越的自然地理条件。但印度农业生产对气候变化的依赖程度较高，加上水力失修，肥料缺乏，土壤因旱涝、碱性腐蚀而逐渐恶化，使印度农业生产力十分低下。农业生产力的停滞使19世纪下半期的印度饥荒频繁。据统计，这一时期农村发生了24次饥荒，因饥荒死去的达2 000万人以上。进入20世纪初期以后，印度的农业生产发展依然极其缓慢。据统计，1901—1946年间，印度的土地面积增加了13%，粮食作物面积仅增长了1%，而印度的人口增长了38%。因而独立前的印度饥荒频繁，仅1943年的孟加拉大饥荒，就使数百万人死亡。从农业年平均增长率来看，20世纪前半期仅为0.8%，从1922—1947年独立时的25年，年平均增长率降至0.3%，其中粮食作物生产呈现下降趋势。

独立以后，印度虽然是一个农业大国，但农业基础十分薄弱。尽管印度政府努力促进农业生产，粮食产量也逐渐有所增加，但由于粮食产量的增长没有大幅度超过人口增长，从而导致粮荒不断，政府不得不大量进口粮食。在第一个五年计划期间，印度政府把发展的重点放在农业上，通过土地改革、乡村发展计划和合作化等措施增加农业生产，使印度的粮食生产在此期间增长了20%，粮食进口量也从1951

年的 410 万吨减少到 1956 年的 140 万吨。但是由于从 1956 年起印度实行优先发展重工业和基础工业的经济发展第二个五年计划，使印度的农业生产受到影响。1956—1966 年间，农业生产很不稳定，每隔两三年就出现一次减产，有时甚至出现大幅度倒退。同时，印度贯彻大力发展工业的政策，使粮食生产减产。1963 年，印度的粮食比 1962 年减少 220 万吨，到 1964 年印度缺粮达 1 100 万吨，粮荒席卷了全印度 34 个地区。1966 年印度的粮食产量比上年又减少 1 700 万吨，造成粮食的需求进一步增加，粮食缺口愈来愈大。从 1961 年开始，印度的粮食进口量迅速增加，当年进口 349 万吨，1964 年增加到 626 万吨，1966 年达到了 1 034 万吨。这一局面迫使印度政府不得不解决粮食问题。

事实上，从 20 世纪 50 年代末期开始，印度就尝试引进新技术来解决粮食问题。1959 年在印度政府主持下，成立了一个由美国福特和洛克菲勒基金会资助的印美专家小组，在考察印度农业现状之后，草拟了一份关于《印度的粮食危机及克服办法》的计划，在此基础上又制定了农业集约化发展方案，并从 1960 年开始实施。在重视现代投入的前提下，选择一些自然条件好，交通比较便利的地区进行集约耕作。通过政府的大量投资，进行农业技术改造，提高单位面积产量，达到粮食增产的目的。1965 年农业集约耕作计划推广到 114 个县。1966 年，政府开始实施高产品种计划的农业发展新战略，使用从墨西哥引进的高产小麦新品种，在美国、日本及有关国际组织的支持下，绿色革命于 20 世纪 60 年代中后期正式开展起来①。到了 60 年代后期，旁遮普、哈里亚纳、北方邦西部以及其他一些自然条件好的地区发展更为迅速，出现了成片的绿色带，粮食产量有了显著增加，从而使印度成为一个粮食基本自给并有大量储备和略有出口的国家。

印度的绿色革命②是以推广高产品种为中心的农业技术改良。其主要内容是采用高产良种、提高化肥施用量、扩大灌溉面积、改良耕作技术等。高产良种的培育和推广使用是绿色革命的核心。20 世纪 60 年代，印度科学家利用墨西哥矮秆春小麦材料，选育出一系列适合本国种植的高产矮秆小麦品种，并大面积推广使用。另外，通过“全印协作水稻改良计划”的实施，选育出了一批具有多种抗性、矮秆、耐肥、不易倒伏等特点的系列水稻良种。由于这些良种的产量高，一般比当地品种高 2～3 倍，因此，在政府的大力推广下，高品种的种植面积不断扩大，促进了印度的水稻生产。在 1965 年，全国小麦和水稻高产品种农田面积仅为 1 万公顷，1970—1971 年度增加到 920 万公顷，占全国耕地面积的 6%左右。1980—1981 年度扩大到 4 310 万公顷，1985—1986 年度达到 5 542 万公顷。优良品种的使用和推广，改变了印度农业的

① ［苏］梁士琴科. 苏联国民经济史（第 2 卷）［M］. 北京：人民出版社，1954.

② 印度的绿色革命实质上是一场农业技术革命，它促使印度实现了从传统农业向现代农业过渡过程中的一次飞跃。绿色革命所带来的包括良种技术、灌溉技术、施肥技术、农机技术和植保技术在内的一整套农业新技术，彻底改变了印度农民的传统耕作方式，加上政府从资金和物质投入上对农业的大力倾斜，使得印度的农业获得迅速发展。

面貌。

绿色革命促进了化肥和农药的推广使用。种植高产品种需要大量肥料，印度政府为了保化肥的供应，兴建和扩建了一批大中型化肥厂，使化肥的生产能力从1965—1966年度的61.1万吨扩大到1978—1979年度的436.7万吨。但仍不能满足需要，因而每年都要耗费巨资进口化肥。由于采取了许多有效措施，使化肥施用量有了较大幅度增长：从1965—1966年度的78.5万吨增加到1980—1981年度的525万吨。此外，施肥技术也不断改进，逐渐采用有机肥和化肥搭配施用的方法。新品种的引进和化肥用量的增加，也同时导致了农作物病虫害的增多。为此，印度政府把农药施用作为关键和优先作业，鼓励国内企业尽可能提高农药产量。1965—1966年度农药施用总量为7 000吨，1986—1987年度增加为7.2万吨。

在农田水利方面，通过建造管井来开发利用地下水资源，是印度农田水利建设的一大特色，并被认为是导致绿色革命的一项关键投入。为了加强地下水开发的组织管理，印度政府专门成立了“中央地下水委员会”，制定了“地下水勘探与监测计划”，并组织各级银行机构和信贷机构为打井提供优惠贷款，鼓励农民打井抽水，灌溉农田。20世纪70年代后期，印度政府除了重视大中型水利建设外，强调扩大自流井、管井和水渠等小型灌溉系统的建设。1965—1966年印度的灌溉面积占全部耕地的19.9%，到1985—1986年度提高到35%。灌溉技术也有一定程度的提高。原来大多数都以人工提灌、地面沟畦式灌溉为主，70年代以后动力使用比较普遍，并逐步过渡到喷灌。在旁遮普、哈里亚纳等邦，灌溉系统比较完整，基本上实现了机械化和自动化。灌溉条件的改善，有力地供给了高产新品种的水分需求。

绿色革命还推进了农业机械化。随着绿色革命的推广和深入，新品种推广导致了复种指数提高，农作物的精耕、复种、生产规模的扩大，都需要提高农业机械化程度。为此印度政府组织农机科研和试制攻关，引进国外样机和技术，鼓励国内发展农机制造业，使农业机械国产能力得到迅速提高。进入20世纪70年代以后，农业机械发展较为迅速，以拖拉机为例，1951年仅9 000台，平均每10万公顷耕地使用7台，1978年达到30.7万台。为了提高农业机械生产能力，农用水泵、收割机、脱粒机等农机具的生产和利用，均得到了同步发展。此外其他机械的生产和使用也有了极大发展，到70年代初期，农业可得动力为0.278马力/公顷。

通过持续近20年绿色革命的发展，印度农业生产有了明显提高。一方面，新技术的引进和推广利用，使农作物总产量和单产水平获得显著提高。在绿色革命初见成效的1964—1965年度，印度的粮食产量仅为8 957万吨，1978—1979年度增加到1.3亿吨，创历史最高纪录。另一方面，绿色革命的推进，促进了农业体系的完善和发展。绿色革命发展迅速的旁遮普、哈里亚纳、北方邦西部农村成为商品粮基地，农业资本主义经营方式在这些地区发展了起来。

但是绿色革命在全国发展很不平衡。绿色革命期间，农业条件较好的旁遮普和哈里亚纳等邦的农业效益最为显著，而比哈尔和奥里萨等邦的农业生产状况并没有多大改善，这无疑扩大了地区之间农业生产不平衡现象。值得注意的是，在绿色革命期间，印度政府采取了多种向小农户和边远地区贫穷农户倾斜的政策，但由于这些农户的经济基础薄弱，难以利用绿色革命带来的各种新技术，导致这些农户与大农户的贫富差距扩大，而农村贫困现象也基本上没有得到缓解。印度在进入20世纪80年代以后推进了农业绿色革命向纵深方向的发展。在地区分布上，结合印度农村干旱、半干旱地区发展计划以及水域综合发展计划等，将绿色革命向东部地区和其他各邦干旱地区扩展，依据不同地理气候带研究推广一系列产量高的农作物品种，经过努力，使原来落后地区的农业生产有了很大起色。

15.3.2　农业生产与劳动力

从19世纪中叶到20世纪40年代中期，印度的农业生产长期处于停滞状态，特别是农业生产低下。据统计，从1891—1947年，英属印度粮食总产量的年平均增长率仅为0.1%。印度农业发展缓慢在很大程度上是由于英国的殖民统治造成的。除了关心从印度的土地上征收尽可能多的税收外，英国殖民政府对印度农业的发展漠不关心，使印度的农业呈现逐渐衰落的现象。这一时期，印度手工业的衰败也间接抑制了农业的发展。手工业的衰落造成大规模的失业，许多人流离失所，更多的劳动力返回农村从事农业工作。据统计，19世纪中叶，印度约有55%的人口依赖农业为生，到1901年上升到68%，1931年进一步增至72%。

独立以后，印度政府努力促进农业生产，采取了各种农业政策措施，开展土地改革，发起“农业革命”等，同时还不断扩大粮食作物的种植面积，使印度播种面积从1950—1951年度的9 730万公顷扩大到1980—1981年度的10 583万公顷。与此同时，农业生产技术明显改善，单位耕地面积上的化肥消费量和农机数量增加了数十倍，农业总产值的年均递增率达到2.7%，比独立前的25年快了近10倍，人均粮食产量也提高了大约13倍。但同其他一些发展中国家相比，其农业发展速度并不快。1960—1990年间，所有发展中国家的人均农业产值增长30%，而印度仅增加20%，农业生产水平较低。这种落后性主要表现在：因耕作粗放，导致土壤侵蚀，地力耗减，每年不得不把大批耕地轮歇抛荒休闲，实际耕种面积有所减少；农业生产技术落后，化肥消费量和拖拉机数量等均大幅度低于世界平均水平；单产水平低下，除茶叶外，其他主要农产品均低于世界平均单产，从发展经济学的角度看，农业增产的潜力是巨大的。

印度的农业以种植业占重要地位，其中又以粮食作物为主，大约占农作物总播种面积的75%和种植业总产值的55%。水稻是印度的主要粮食作物，其种植面积占农作物面积的30%左右，产量占全部粮食的30%～40%，主要产于雨量充沛的印度南部的喀拉拉邦、泰米尔纳杜邦和东部的奥里萨邦和东北部的阿萨姆邦等地区。独立以来，许多原来盛产水稻的地区扩大了种植面积，一些原来没有种植水稻的地区也开始种植稻谷，随着水稻种植区的不断扩大，使水稻的产量迅速增长（见表 15—3）。

小麦是印度另一种重要的粮食作物，仅次于水稻。主要产于旁遮普邦、哈里亚纳邦、北方邦和中央邦等地区。其主要特点是种植面积所占比重不大，但在粮食总产量中的比重却较高，原因是它的单位面积产量高，增长速度较快。“绿色革命”以来，由于推广先进技术，小麦产量增长速度远远超过其他农作物。独立时期小麦仅占印度粮食总产量的 10%，到 1980 年已提高到 15.6%，对国家实现粮食自给起了关键性的作用。

印度的杂粮种类比较多，主要包括玉米、小米、大麦等。印度的玉米主要产于北方邦北部和比哈尔邦东部，种植面积占全部耕地的 3%左右，自独立以来增长较快。小米主要产于南部高原地区，还有中部、西部和北部的一些邦，其种植面积高达全部耕地的 11%以上，但因单产太低而使总产量增长缓慢。而豆类自 20 世纪 60 年代以来由于种植面积基本上呈现下降趋势使豆类增长不快，特别是 80 年代以来呈现明显的下降趋势。

印度的农作物种类繁多。自独立以来，印度的主要经济作物油菜籽、花生、甘蔗和黄麻等的产量都有不同程度的增加（见表 15—3），其中花生、甘蔗和棉花等种植面积均居世界首位，水稻、油菜籽和茶叶等居世界第二位。但大多数农作物因单产量不高，其产量相对较低。

表 15—3　　独立以来印度主要农作物产量的变动　　单位：万吨

指标	1950—1951 年	1960—1961 年	1970—1971 年	1980—1981 年
粮食	5 080	8 200	10 840	12 960
谷物	4 240	6 930	9 660	11 900
水稻	2 060	3 460	4 220	5 360
小麦	650	1 100	2 380	3 630
杂粮	—	980	810	1 040
豆类	—	1 270	1 180	1 060
油菜籽	—	700	960	940
花生	570	480	610	500
甘蔗	3 300	11 000	12 640	15 420
黄麻	300	530	620	620
茶叶	—	30	40	60

资料来源：印度政府财政部. 1990—1991 年度经济调查（1991 年）[M]. 印度政府财政部经济处，1991；印度政府财政部. 2001—2002 年度经济调查（2002 年）[M]. 印度政府财政部经济处，2002.

棉花是印度的主要经济作物，其种植面积约占世界棉田面积的 14%，但因单位面积产量低，其总产量不足世界棉花总产量的 11%。印度的棉花主要产于北方邦、中央邦、马哈拉施特拉邦、古吉拉特邦等地。其产量从 1950—1951 年度的 303 万包

（每包重 170 公斤）增加到 1977—1978 年度的 710 万包。20 世纪 70 年代后期，印度农业部门重视棉花的栽培技术，积极推广人工杂交品种，使产量有所上升。同时印度棉花多为短纤维棉，质量不高。因此棉花不能满足印度工业生产的需要，不得不进口长纤维棉花来保证纺织工业的生产。

印度是世界上黄麻的主要生产国家之一。印度黄麻主要产于西孟加拉邦，奥里萨邦、阿萨姆邦和比哈尔邦等地区也生产少量黄麻。从 1949—1950 年度到 1969—1970 年度黄麻的种植面积由 67 万公顷增加到 78 万公顷，同期总产量从 329 万包（每包 180 公斤）增加到 565 万包。20 世纪 70 年代后期，黄麻总产量基本上呈现上升趋势。印度黄麻除在本国加工制成麻制品出口外，还有相当一部分原麻出口。1960—1961 年度黄麻及其制品的出口收入高达 13.5 亿卢比，占当年印度出口总额的 21.0%。随后黄麻及其制品的出口收入继续呈现增长趋势，1980—1981 年度增至 33 亿卢比。

印度的油料作物主要包括花生、油菜籽、芝麻、亚麻籽和黄豆等。独立后，印度油料作物的产量有较大增长，1949—1950 年度为 504 万吨，到 1975—1976 年度增至 1 017 万吨，产量增长了 1 倍。但由于人口增长迅速，印度油料作物产量的增加仍不能满足国内的需要。花生在印度油料作物中占重要地位，它主要产于古吉拉特邦、安得拉邦、马哈拉施特拉邦、卡纳塔克邦及中央邦等地。其种植面积从独立初期的 1950—1951 年度的 449.4 万公顷增加到 1977—1978 年度的 717.5 万公顷，随后种植面积总体上有所下降。尽管如此，其总产量仍有所上升。

甘蔗也是印度的主要经济作物之一。其主要产于北方邦和比哈尔邦，种植面积约占全国的 60%，产量为全国的 70%以上。在旁遮普邦、马哈拉施特拉邦、安得拉邦和泰米尔纳杜邦等地也产甘蔗。甘蔗的种植面积在 1950—1951 年度大约为 167 万公顷，1976—1977 年度增至 286.6 万公顷。同期，其产量增长迅速（见表 15—3），从而使蔗糖成为印度重要的出口商品之一。

印度的畜牧业不太发达，其主要原因是天然牧场不多，1976 年为 1 295 万公顷，仅占土地总面积的 3.9%左右。为此印度政府在 20 世纪 50 年代制定了发展牧场、促进畜牧业发展的计划。1962 年建立了草场和饲料研究所，加强草场和饲料栽培等，但效果不显著，尽管如此，印度的畜牧业还是获得一定程度的发展。到 1981—1982 年度，印度畜牧业产值为 1 086 亿卢比，占当年农业总产值的 18%。养牛总数的增加，使印度牛奶产量增长迅速，从 1950—1951 年度的 1 700 万吨增加到 1980—1981 年度的 3 175 万吨。70 年代末以来，畜牧业的发展对于农村经济增长产生了积极的影响，但畜牧业及相关产业的生产技术有待进一步提高以达到国际标准。例如印度的奶牛平均每头每年产奶量大幅度低于日本和泰国的奶牛，因而应加大选种、管理等方面的力度，才能获得更大的经济效益，加快畜牧业的发展。

同畜牧业一样，印度渔业也不太发达，但发展较快。渔业总产量在 20 世纪 50 年代初期为76万吨，到了70年代初期增长到150万吨。在渔业发展的过程中，从事渔业及联合工业拥有的劳动力从70年代后期的100万人增至600万人。印度渔业发展较快的主要原因是地理位置优越、三面环海，有为数众多、终年不冻的海湾、海峡和海岛，具有发展深海渔业的良好条件；有广阔的河流系统、巨大的运河灌溉网、水库、池塘、咸水湖和河口等，发展潜力大。印度的鱼产品十分丰富，除了鲜食品外，还生产鱼油和各种鱼类制成品，其中最重要的是鱼油，可作药品、润滑剂和肥皂等。印度的鱼产品除了国内需要外，还大量用于出口，60年代末期，平均每年的贸易额为4 000多万美元，70年代以来，出口额进一步增长。在世界鱼类出口产品方面仅次于泰国、韩国、印度尼西亚和中国，列第五位。尽管独立后印度的渔业有较大的发展，但是由于世界市场的竞争力加大，印度的鱼类市场有缩小的危险，而且劳动生产力低下。事实表明通过组织一体化水产品生产，可以实现渔业规模效应，节约生产成本，也有助于保存和扩大现有的渔业出口市场。

从总体上看，印度农业发展不快，但从实际农业产品产量看，居世界前列，农业规模仅次于中国，仍然保持传统农业的发展模式。在农业中种植业占比重很大，而畜牧业自独立以后始终在25%～30%徘徊。在种植业中，主要是粮食作物和经济作物增长比较缓慢。尽管通过绿色革命在引进农业新技术、提高单位产量等方面取得了一定的成效，但农业生产率较为低下，农业生产模式仍然是粗放式的经营占主导地位，农业增长速度较为缓慢。

值得注意的是在印度农业发展的过程中，农业劳动力的增长对农业发展的因素是不可忽视的。自20世纪初期以来，印度从事农业的劳动力增长较快，从1901年的9 089.3万人增加到1981年的2.592 8亿人，在一定程度上刺激了农业的经济发展。20世纪70年代初期，印度的经济活动人口中从事农业的比重依然保持在70%以上，到90年代初期，仍有64%的劳动力从事农业及相关产业，其下降趋势极其缓慢，这在世界上也是少见的。主要原因是农业人口增长过快，超过了非农产业发展对劳动力的需求，致使农业剩余劳动力无法转移，造成严重的失业现象。

15.4 工业发展与人口城市化

15.4.1 20世纪前期的工业发展

进入20世纪以后，原有的纺织等工业部门稳定增长，钢铁等新兴工业也在印度逐渐建立起来。随着英殖民者逐步将印度变成商品销售市场和原料市场，印度的市场条件得到改善。工业部门增加，产值与产量都获得极大增长，尤其是棉纺织业和钢铁工业发展迅猛。从1913—1914年度至1938—1939年度，印度的棉纺织厂从264家增加到415家，织机从9.7万台增加到19.9万台，棉纺织工人从26.1万人增加到

44.2 万人。同期，麻纺织厂从 64 家增加到 107 家，织机从 3.6 万台增加到 6.8 万台，麻纺织工人从 21.6 万人增加到 29.9 万人。印度的制糖工业发展也很迅速，从 1929—1930 年度的 27 家增至 1943 年的 160 家，成为仅次于纺织业的第二大工业。此外，造纸、制革、玻璃等部门也有显著的发展。

在重工业方面，20 世纪初期印度建立了钢铁工业。塔塔钢铁公司 1911 年出第一炉铁，次年出钢，1913—1914 年度的生铁产量为 15.5 万吨，钢产量为 7.8 万吨。第一次世界大战开始后，塔塔钢铁公司通过向英国提供在近东战区的军需物资获得巨额利润。1916 年以后塔塔钢铁公司的产量稳步上升，生铁产量从 1916—1917 年度的 14.7 万吨增至 1927—1928 年度的 64.4 万吨，1939 年又增至 150 万吨。钢产量从 13.9 万吨增至 1944—1945 年度的 92.3 万吨。在采掘工业中，煤炭工业规模最大，煤产量在第一次世界大战结束时曾达到年产 2 000 万吨，1938 年上升到 2 830 万吨。

第二次世界大战使印度某些产业停滞不前。尽管大规模制造业和采矿业就业人数从 1938 年的 200 万人增至 1944 年的 280 万人，但是生产率却因为战时工业迁移而下降，特别是棉纺织品产量下降，黄麻工业迅速衰落。另外，钢产量有所提高，在 1938—1950 年间增加了 50%。采矿业产量也有少量增加，同期煤炭产量从 2 800 万吨增至 3 000 万吨。发电量则增加了 1 倍，但 1950 年印度发电量仅为 51 亿千瓦时。其他大幅扩张的产业有水泥、化工和机械。

需要指出的是，在当时的殖民地、半殖民地国家中，印度本国资本较其他发展中国家雄厚，集中程度更高，印度的民族工业已具备和外国资本抗争的实力。据统计，1943 年在印度纺织、建筑、钢铁、食品、化学和建材等主要工业部门雇用职工 1 000 人以上的大型工厂中，印度民族资本开设的工厂数为 331 家，雇用工人 89.9 万人，分别占全印度的 64.6%和 62.6%。外国资本和殖民当局开办的工厂为 181 家，雇用工人 53.7 万人，分别占总数的 35.4%和 37.4%。到独立前，印度民族工业所以能得到较快的发展，其主要原因是：印度资产阶级在两次世界大战中靠战争获得巨额利润，为扩大投资提供了积累；战争期间，英国需要印度提供大批军用物资，同时印度的进口因战争而减少，为印度资本的发展提供了良好的机会；农业劳动力的转移为工业的发展提供了大量的廉价劳动力。尽管 20 世纪前半期，印度民族工业有较大发展，但工业产值仅占工农业总产值的 20%，在工业部门的从业人员仅占总就业人数的 10%，而在农业部门的就业人数则占 70%以上。从第二次世界大战后到独立前夕，印度的产业结构和就业结构变化不大，工业的发展主要集中在棉纺织、钢铁以及其他的一些加工部门和机器修理部门，机器制造业还没有建立。对于印度的民族工业而言，轻工业得到较快发展，而大部分重工业还处在极其滞后的状态。

15.4.2 独立后的工业发展

长期的殖民统治，使印度的现代工业基础薄弱，不仅机器设备等现代工业品需要大量进口，而且基本工业消费品也需要进口。独立后，为了尽快把印度从落后的农业国建设成为现代化的工业强国，印度政府非常重视现代化工业的发展。把工业化作为国民经济发展计划的战略目标的同时，印度政府制定了一系列促进工业发展的政策措施。印度政府不仅允许私营经济的存在，支持其发展，同时通过赎买的方法把大力兴起的私营企业变成公营企业。印度政府还利用财政投资和外国援助等方式，建立了一大批新的公营企业。从而不仅使印度的能源、纺织、钢铁等传统工业得到进一步发展，而且也使机器制造、化学等新兴工业迅速发展。

印度的能源工业主要包括煤炭、石油、电力三大部门。为了满足经济发展所需要的能源，印度政府发展了煤炭工业。1951 年，全国煤炭开采量为 0.32 亿吨，随后增长迅速，到 1977—1978 年度，包括褐煤在内的煤产量超过 1 亿吨。20 世纪 70 年代初期，印度成立了印度煤炭公司。煤炭工业在 1978 年拥有 50 万职工。由于印度国产石油和石油产品不能满足需要，国际石油价格又不断上涨，使煤炭工业在国民经济中占有重要的地位。在第一次石油危机后，印度调整了能源发展战略，推动印度煤炭产量不断增长，从 1970—1971 年度的 0.763 亿吨增加到 1980—1981 年度的 1.19 亿吨（见表 15—4）。

表 15—4　　独立以来印度主要工业产品变动

指标	1950—1951 年	1960—1961 年	1970—1971 年	1980—1981 年
煤/万吨	3 230	5 520	7 630	11 900
石油/万吨	30	50	680	1 050
铁矿/万吨	300	1 090	3 250	4 220
生铁/万吨	169	431	699	955
钢/万吨	147	348	614	1 033
汽车/万辆	1.7	5.5	8.8	12.1
轿车/万辆	0.8	2.7	4.7	4.9
水泥/万吨	270	800	1 430	1 860
棉布/亿平方米	42.2	67.4	76.0	83.7
化纤布/亿平方米	3.0	5.5	9.5	13.5
发电量/亿千瓦时	51	189	558	1 108

资料来源：印度政府财政部. 2001—2002 年度经济调查 [M]. 印度政府财政部经济处，2002.

石油工业建立很早，但是直到独立初期，印度在这方面进展不大。独立后，印度在克里希纳、哥达瓦里、马哈拉迪等地及孟买近海大陆架等地区进行石油开发。当时国内石油需求的 95%依赖于进口。从 20 世纪 50 年代中期起，印度政府将石油工业收归公营，并引进外国资本，先后建立了一大批炼油厂。90 年代以来，印度又在泰米尔纳杜和孟加拉湾进行石油天然气开发，从而使印度的石油产量逐渐有所增加，从 1950—1951 年度的 30 万吨增加到 1980—1981 年度的 1 050 万吨。但由于经济发展对石油天然气的需求不断增加，印度石油工业仍不能满足国内需要，使国内需要的一半仍靠进口来解决。

在增加煤炭开采和石油天然气的同时，印度政府还重视电力工业的发展，不仅大力发展火力发电工业和水力发电事业，还积极发展原子能发电事业，从而使印度的电力工业由火力发电、水力发电和原子能发电等三个部分组成。1951 年，印度电力工业装机容量仅 230 万千瓦，1979—1980 年度已达到 2 849 万千瓦。同期，发电量从 58.6 亿度增至 1 047 亿度。从其构成来看，火力发电一直占主导地位。其中火力发电主要以煤炭为燃料，只有很少部分用石油做燃料。

纺织工业是印度规模最大的工业部门。无论在国民生产总值中所占比重、雇用人数或在出口中所占比重都具有重要地位。印度棉纺织工业分为机器生产和手工生产两大部分。独立以后，印度的棉纺织工业有了一定程度的发展，棉布产量从 1950—1951 年度的 42.2 亿平方米增加到 1980—1981 年度的 83.7 亿平方米，印度的化纤纺织工业和混纺工业也获得了发展。20 世纪 50 年代末期印度注重发展化纤工业，1960 年人造丝制品为 5.5 亿平方米，1978 年增至 9.4 亿平方米；化纤布的产量从 1950—1951 年度的 3 亿平方米增加到 1980—1981 年度的 13.5 亿平方米。混纺布的产量增长也很迅速。印度还是世界上最大的黄麻生产国。黄麻工业历史悠久，到 1947 年，黄麻工厂超过 100 家。独立后，黄麻工业有一定程度的发展，主要集中在加尔各答附近的胡格利河沿岸地区。

钢铁工业作为传统的工业部门发展很快。独立前夕，印度已有塔塔钢铁公司、印度钢铁公司和迈索尔铁厂 3 家钢铁企业，总设备能力为 150 万吨。独立后，印度利用外国资金和技术新建 4 家大型国营钢铁公司，促进了钢铁工业的发展，钢产量从 1956 年的 172 万吨增加到 1966 年的 660 万吨。1976 年印度政府又接管了印度钢铁公司，从而形成了以公营为主体的钢铁工业。到 20 世纪 70 年代末期，全国有 7 家大型钢铁联合企业，除塔塔钢铁公司为私营企业外，比莱钢铁公司等 6 家均为公营企业，设备能力为 1 140 万吨，有 175 家小型钢厂，设备能力为 400 万吨。印度还有以生产特种钢为主的 2 家合金钢厂，其设备能力都在 100 万吨以上。公营钢铁厂的发展促进了印度钢铁产量的不断增加。1977 年印度年产钢 981.6 万吨，到 1980 年增至 1 033 万吨。印度的钢铁工业分布相对集中，绝大部分聚集在东起加尔各答、西至比莱，横贯乔塔那格浦尔高原的狭长带状地域。印度钢铁工业的发展主要表现在粗钢设备能力和产量的增长较快。但国民经济建设急需的合金钢、特种钢等由于技术所限，远不能满足国内需要。

机械工业是印度独立后发展最快的工业部门。独立前，印度的机械工业基础比较薄弱。独立后，印度积极引进外资和技术，大力发展机械工业，使该行业迅速发展起来。1972 年，机械工厂的数目约占印度注册工厂总数的 13%。根据印度报刊资料，

1970 年全印度有组织的机械工业的生产资本为 333 亿卢比，总产值为 347.3 亿卢比，到 1976 年，分别增至 686.1 亿卢比和 932.7 亿卢比，同期在机械工业部门就业的职工人数从 130 多万人增至 185 万人。机械工业的发展增强了印度的设备自给能力，带动了整个工业的发展。同时大型机械厂一般都附设小型辅助工厂，投资不多，劳动力使用密集，有利于扩大就业。印度的机械工业包括范围很广，到 20 世纪 70 年代末期已能生产冶金、发电、锻铸、采矿、化肥、水泥等大型设备和机车、各类轻工机械产品。此外，飞机、汽车和船舶等的制造也有一定基础。

化学工业则基本上是独立后建立和发展起来的新兴工业部门。独立前，印度的化学工业极不发达，生产产品单一，仅有一些生产烧碱、硫酸之类的小型化工厂。独立后，特别是 20 世纪 50 年代中期推行优先发展重工业和基础工业的发展战略后，印度开始大力发展化学工业，建立了一大批生产化学纤维、化学药品、农药、化肥及石油化工产品等的工厂，促进了化学工业的发展，化学工业产值从 1955 年的 120 亿卢比增至 1977—1978 年度的 446 亿卢比，占全国工业总产值的 13.2%。1976—1977 年度，全国已有 4 152 家化学工厂，雇用职工 37 万人。从 60 年代中期起，印度还逐渐发展起石油化学工业，建立了国家有机化学公司、印度联合碳化物有限公司等化学工业基地，主要生产苯胺、苯酚、柠檬酸及合成纤维、人造橡胶和塑料等。随着一大批化学工厂的建立和生产技术的提高，印度的化学工业发展速度有所加快。

电子工业和信息产业则是印度新兴的工业部门。印度电子工业起步于 20 世纪 50 年代，70 年代后期开始迅速发展，特别是 80 年代中期，其产量以年均 30%以上的速度增长。现在，印度已能生产从普通消费电子到尖端宇航电子，从简单电子元件到复杂的计算机系统等。尤其是家用电器和软件业发展迅速。从 1984 年开始，这两个部门分别以年均 90%和 50%左右的速度增长。

15.4.3 工业化与人口城市化

独立后，印度政府为了保护和发展本国工业，避免受到来自外部低成本工业品的冲击，早在第二个五年计划（1956—1961 年）期间，为了尽快实现工业现代化，采取了优先发展重工业和基础工业的战略。其主要目标是：增加钢铁和氮肥等重化学产品的生产；发展重型机器制造业；扩大水泥、铝、染料、磷肥等生产资料货物及重要药品等设备的生产；更新黄麻工业、棉纺业和制糖业等传统工业的机器设备；在实际生产水平尚未达到生产能力的部门，充分利用现有设备及时扩大消费品工业的生产能力等。为保证重工业优先发展，印度政府对国内市场实行保护政策，对非国内生产的工业品实行高额进口关税，促进工业品的进口替代，以求在自力更生的基础上实现工业化。与此同时，为了实现工业化的经济发展战略，推行以国营企业为主，国营企业和私营企业并存的混合模式。

第三个五年计划（1962—1967 年）时期，印度强调进一步扩大钢铁、化工、燃料、电力等基础工业和机器制造业，实现进一步的工业化。该计划期间内，随着工业化的推进，印度建立了一大批重工业和基础工业，如波卡罗钢铁厂、兰契重型工程技术有限公司、巴拉特重型车辆公司等，制造业产值显著上升，从而使印度建立了包括冶金、采矿、机械、汽车、化工、建材、煤炭、电力、原子能和各种轻纺工业在内的门类比较完整的工业体系。

1969年开始的第四个五年计划，主要目标是优先发展促进出口、代替进口的工业，继续发展冶金、采矿、机械、汽车、化学、建材、电力和交通运输等部门，提高自力更生的能力，逐步减少对外依赖。第五个五年计划（1974—1979年）的主要目标是发展促进出口、取代进口工业，强调发展农业、基础工业和消费品工业等。为了加快工业化的速度，印度政府自20世纪50年代初期以来，在每个五年计划实施的过程中，进行了大规模投资，其中70%～80%用于重工业和基础工业，带动了整个工业的发展。在此期间，印度工业生产增长了4倍多，年平均增长率为5.3%。

从地区的人口城市化看，南部各邦，尤其是马哈拉施特拉、泰米尔纳德、卡纳塔克等工业化程度高的邦人口城市化都比较迅速，这在大中城市的分布上看尤其明显，其中全国最大的工商业中心孟买所在的马哈拉施特拉邦人口城市化率达39%。随着城市人口的增长，城市的消费市场和劳动力市场促进了城市附近的工业聚集，从而吸引了更多的农村剩余劳动力和资本，工业化的发展促进了人口城市化的集中。

从城镇人口集聚来看，1951年印度共有2 900个城镇，1991年增至3 697个。从各类城市的发展看，自20世纪后半叶以来，10万人口以上大中型城市发展很快，其占全国城镇人口的比重由1950年的41.8%增至1991年的64.9%，2万～10万人的中小城市呈现相对停滞状态，而2万人口以下的小城镇则有显著的衰退。在大城市中，孟买和德里的人口发展迅速，从1950—1980年分别增长了1.9倍和4.3倍。印度的人口城市化率不高，但由于农村存在大量剩余劳动力，一部分劳动力为了寻求工业、建筑业和服务业等部门的就业机会流向城市，从而加速了人口城市化的发展。

15.5　产业结构的调整与就业结构

产业结构作为经济结构的基础是随着生产力的发展而不断变化的。产业结构的变动对经济增长有着决定性的影响。美国经济学家钱纳里将经济增长理解为经济结构的全面转变。他认为随着人均收入的增长，农业占国内生产总值的比重逐渐下降，而工业和服务业所占比重则呈现上升趋势。而在劳动力就业结构中，农业所占就业人口的比重也趋向下降趋势，工业所占比重变动缓慢，而第三产业则呈现上升趋势。从印度独立后到20世纪70年代，产业结构基本上呈现如上所述的变化。

按三次产业分类法，印度的统计资料通常把农林牧渔业划分为第一产业，第二产业包括制造业、建筑业、矿业、水电气供应业等行业，第三产业则包括交通、通信、贸易、金融、行政管理以及各种服务业。自独立以来，印度的三次产业发展速度不同（见表 15—5），导致了产业结构发生了显著变化。

表 15—5　　独立以来印度按三次产业划分产业结构和就业结构　　（%）

年份	国内生产总值构成比重			劳动力构成比重		
	第一产业	第二产业	第三产业	第一产业	第二产业	第三产业
1950—1951 年	55.8	15.2	29.0	73.7	8.0	18.3
1960—1961 年	45.8	20.7	33.5	72.3	11.3	16.4
1970—1971 年	45.2	21.9	32.9	71.7	13.4	17.1
1980—1981 年	38.1	25.9	36.0	69.5	12.6	21.2

资料来源：Uma Kapila. Structural Transformation of the Indian Economy in the Last Decade of the 20th Century and Future Prospects from Raj Kapila & Uma Kapila ed. India's Economy in the 21st Century, pp. 167；［英］B. R. 米切尔编. 帕尔格雷夫世界历史统计·亚洲、非洲和大洋洲卷（1790—1993）［M］. 北京：经济科学出版社，2002；文富德. 印度经济——发展、改革与前景［M］. 成都：巴蜀书社，2003.

独立初期，印度经济的产业结构不合理，第一产业占国内生产总值的比重很高，而工业基础薄弱，属于典型的农业国。随后，印度采取了追赶型的重工业发展战略，工业增长较快，贸易、商业服务、餐饮等服务业增长也很快，从而使第二产业和第三产业占国内生产总值的比重逐渐增大，第一产业所占比重逐渐缩小，到 1980—1981 年度，第三产业所占比重接近了第一产业，从而使印度经济从传统型的产业结构向现代型产业结构转变。

从就业结构的变化看，独立以来，印度第一产业劳动力所占比重下降幅度较大，从 1950—1951 年度的 73.7%下降到 1980—1981 年度的 69.5%，而同期农业工人的比重由 19.7%上升到 26.4%，这说明印度的农业生产结构发生了较大的变化。与此同时，第二产业劳动力所占比重则有所上升，特别是制造业比重增长较快，反映了各种现代化工厂吸收劳动力数量有一定的增长，但由于劳动密集型产业发展不充足，对劳动力转移的作用不大。而第三产业劳动力所占比重的上升趋势较为缓慢，其主要原因是劳动力过快增长超过了同期第三产业发展所产生的就业需求，即随着劳动力的增加和经济的增长，第三产业的就业人数也在增加，但该产业所吸纳的新增劳动力所占比重很小。在印度，第三产业的增长主要是生产性服务部门，或与计算机相关的服务部门。这些部门所需要的更多的是高技术人才，而不是普通的劳动力，因而在一定程度上抑制了对普通劳动力的吸纳。

综上所述，可以说印度独立以来产业结构发生了较为显著的变化，但这种变化主要体现在国内生产总值和国民收入方面，而在就业结构方面变化相对不大，劳动力并未明显地从第一产业向第二产业和第三产业转移。虽然印度第一产业占国内生产总值比重有所下降，但仍吸收了最多的劳动力，这些滞留在第一产业中的多余劳动力成为剩余劳动力，降低了该产业的劳动生产率水平。而第三产业占国内生产总值比重尽管显著上升，但却未能更多地吸收剩余劳动力。印度产业部门就业结构的缓慢变化表明，印度现在的就业结构还是传统型的模式，第二产业和第三产业的发展并未导致就业比例的相应上升。换句话说，各产业部门的经济增长与就业结构变化相背离。印度正在走向一条不以自然资源和简单劳动力实现增长的发展途径，这是发展中国家实现经济赶超的一个新的尝试，给绝大多数发展中国家带来深刻启示。

第16章　东亚的人口与经济发展

16.1　20世纪前期的经济发展与人口变动

20世纪初期以后，东亚[①]各国的经济发展是曲折的。20世纪最初的10年，印度尼西亚经济有所发展，特别是第一次世界大战期间，欧洲的工业品无法输入，使印度尼西亚的各种小型工业，如编织业、皮革业、陶瓷业和卷烟业等得到发展。30年代，由于受世界经济危机的影响，荷兰东印度政府实行经济调整，收敛出口导向，扩大印度尼西亚国内市场需求。岛际贸易开始兴旺，带动岛屿交通运输业的发展。1942年日本占领印度尼西亚，日本政府仍延续荷兰东印度政府的扩大内需政策，为其战争利益服务，使印度尼西亚经济结构遭到破坏。第二次世界大战结束后，日本投降，印度尼西亚宣布独立。但荷兰殖民主义政府卷土重来，印度尼西亚在40年代后期进行了反对殖民主义的独立战争，印度尼西亚经济处于低谷时期。这一时期，印度尼西亚的出生率是比较低的，1932—1934年平均仅为27.5‰，在东亚各国中属于最低的。第二次世界大战中，由于日本的入侵，印度尼西亚的出生率显著下降。由于低出生率的效果，印度尼西亚的人口增长在1913—1950年间比较缓慢（见表16—1），在一定程度上影响了经济增长的速度。

表16—1　　东亚国家或地区的人口经济增长率（1870—1950年）　　（%）

国家或地区	国内生产总值年均增长率		人均国内生产总值年均增长率		人口年平均增长率	
	1870—1913年	1913—1950年	1870—1913年	1913—1950年	1870—1913年	1913—1950年
中国	0.56	−0.02	0.10	−0.62	0.47	0.61
韩国	—	0.30	—	0.33	0.26	0.71
新加坡	—	4.71	—	1.50	3.18	3.16
中国香港地区	—	—	—	—	3.25	4.21

① 随着东亚其他发展中经济体在20世纪80年代后期经济的快速发展，越来越多的东亚发展中经济体的经济模式被一些经济学者归类于东亚模式。至少存在六种划分法：(1) 日本和亚洲“四小龙”（韩国、新加坡、中国香港地区和台湾地区）；(2) 日本和亚洲“四小龙”以及马来西亚、泰国和印度尼西亚等东盟三国；(3) 亚洲“四小龙”和马来西亚、泰国、菲律宾和印度尼西亚等东盟四国；(4) 中国、亚洲“四小龙”和东盟四国；(5) 中国、日本、亚洲“四小龙”和东盟四国；(6) 中国、日本、亚洲“四小龙”、东盟三国和越南。凡是经济发展快的经济体，都被归类于东亚模式，并被认为加入了“雁行”行列。本人则采用第4种分类法，即中国、亚洲“四小龙”和东盟四国。

续表

国家或地区	国内生产总值年均增长率		人均国内生产总值年均增长率		人口年平均增长率	
	1870—1913年	1913—1950年	1870—1913年	1913—1950年	1870—1913年	1913—1950年
中国台湾地区	1.95	2.87	—	0.61	0.91	2.24
印度尼西亚	2.04	1.05	0.75	−0.20	1.28	1.25
马来西亚	—	3.54	—	1.50	3.19	2.01
菲律宾	—	2.23	—	0.01	1.45	2.22
泰国	1.35	2.23	0.39	−0.06	0.95	2.28

资料来源：［英］安格斯·麦迪森. 世界经济千年史［M］. 北京：北京大学出版社，2003.

马来西亚的经济发展也比较滞后。20世纪初期，英国为了在马来西亚（含马来亚、沙捞越和沙巴）掠夺更多的原料，强行推行单一经济，破坏了传统的粮食生产，同时还把马来西亚作为其工业品的销售市场，到30年代，英国向马来西亚输出的工业品一般占当地进口总值的60%以上。与此同时，农业经济结构发生重大变化，从20世纪初期起，橡胶、椰子、菠萝、茶等作物的种植规模不断扩大，进一步瓦解了这一地区的自然经济。1929—1933年发生的世界资本主义经济危机，民族资本经营的橡胶园、锡矿场及工厂企业纷纷破产，使马来西亚经济处于萧条的状态。1941—1945年间，马来亚、沙捞越和沙巴沦为日本殖民地，当地的农业、工业矿业等几乎全部停产，使马来西亚经济进一步恶化。日本投降后，英国殖民者又重新占领马来西亚、沙捞越和沙巴，使马来西亚经济发展畸形，在国民经济中，沙捞越以石油、沙巴以木材、西马以橡胶和锡为支柱；农业中单一经济作物的生产大于自给性作物；工业极其落后，只有原料加工业有所发展。这一时期，马来西亚的出生率比较高，1932—1935年平均为37.2‰，1936—1940年又增至40.7‰，而死亡率则保持在20.0‰左右的水平。由于高出生低死亡的人口效果，人口增长率在20世纪前半期一直较高，在东亚各国和地区中处于中等水平。

20世纪初期，新加坡的经济发展较快，特别是由于获得了大量可供加工和转口贸易原料，使新加坡的转口贸易迅速发展，贸易额从1911年的5.2亿元增至1917年的10.1亿元。1913年以后，橡胶、锡和石油贸易使新加坡成为荷属印度而不是马来西亚的出口通道。1921—1929年间，世界各国消费的锡和橡胶大约有一半是从新加坡输出的。但由于新加坡的转口贸易经济严重依赖于世界资本主义市场，在1929—1933年资本主义经济危机期间，橡胶和锡的销路突然停滞，价格低落，使新加坡的经济受到打击。30年代后期，新加坡的经济开始恢复，到40年代依然保持较高的经济增长。其结果在1913—1950年间，新加坡的年均经济增长率为4.7%，在东亚各国中显示了最高的增长率。这一时期，值得注目的是人口增长是新加坡经济功能扩展的结果。20世纪初期，新加坡的劳动力已经很充足。从1901—1921年，新加坡人口每年增长3.0%，从1921—1931年每年增长2.4%。人口的高增长率保证了劳动力的供给弹性，特别是新增的人口主要是强壮男性移民，其中中国移民占有很大的比例（见表 16—2）。

表 16—2　　新加坡人口及新加坡市各族人口（1901—1936 年）

年份	总人口/千人	新加坡人口/千人	华人比重/%	印度人比重/%	马来人比重/%	欧洲人比重/%	其他人比重/%
1901	229.1	193.1	73.5	8.1	13.6	1.4	3.4
1911	303.3	259.6	74.7	9.4	10.8	1.9	3.2
1921	418.3	350.4	78.0	7.9	9.8	1.5	2.8
1931	557.4	445.7	76.4	9.3	9.7	1.5	3.1
1936	603.2	490.2	76.3	9.7	9.2	1.7	3.1

资料来源：［英］W. G. 赫夫. 新加坡的经济增长——20 世纪的贸易与发展［M］. 北京：中国经济出版社，2001.

东亚各国和地区在 20 世纪的前 20 年里，由于出生率较高，人口增长速度有所上升，特别是新加坡、马来西亚和中国香港地区增长较快，而印度尼西亚、菲律宾和泰国的人口增长速度也超过世界平均水平。从 30—40 年代，东亚各国的人口增长速度超过了发达国家，但由于第二次世界大战的影响，许多国家的经济遭受重创，与此同时，主要发达国家在一定程度上放松了对这一地区的经济控制，这就为东亚的经济发展提供了有利的契机。

16.2　第二次世界大战后的经济发展与人口增长

第二次世界大战后，东亚大多数发展中经济体相继获得独立。由于长期的殖民掠夺，这些国家在独立初期经济发展缓慢。其共同特征是：经济结构畸形，制造业薄弱，农业部门结构单一，主要生产西方国家所需的农产品；地区发展不平衡，城市与农村之间、沿海与内地之间的经济差距悬殊；大量的人口和劳动力分布在农村，生产力与人均收入低下。

战后东亚各国人口增长迅速。人口加速增长的主要原因是经济的发展和医疗卫生条件的改善，导致死亡率在 20 世纪 50 年代以后下降（见图 16—1），而出生率持续保持在 40‰以上的水平（见图 16—2）。进入 20 世纪 70 年代中期以后，东亚各国和地区陆续实行计划生育政策，出生率开始迅速减退，与此同时人口增长率开始下降（见表 16—3）。一些人口稠密的国家如印度尼西亚、泰国生育率也较大幅度下降。但大多数东亚国家的人口增长却依然很高。

在这种人口持续增长的状态下，东亚各国的经济逐步得到发展，经济增长速度较快，超过了发达国家的经济发展速度。20 世纪 50 年代，东亚各国的国民生产总值的年平均增长率为 4.7%，超过了同期发达国家的 4.1%。60 年代以来，一些新兴工业化国家和地区在东亚迅速突起。这些国家工业生产发展较快，在经济结构和经济发展水平上接近发达国家，主要包括新加坡、韩国、泰国以及中国的台湾和香港地区。

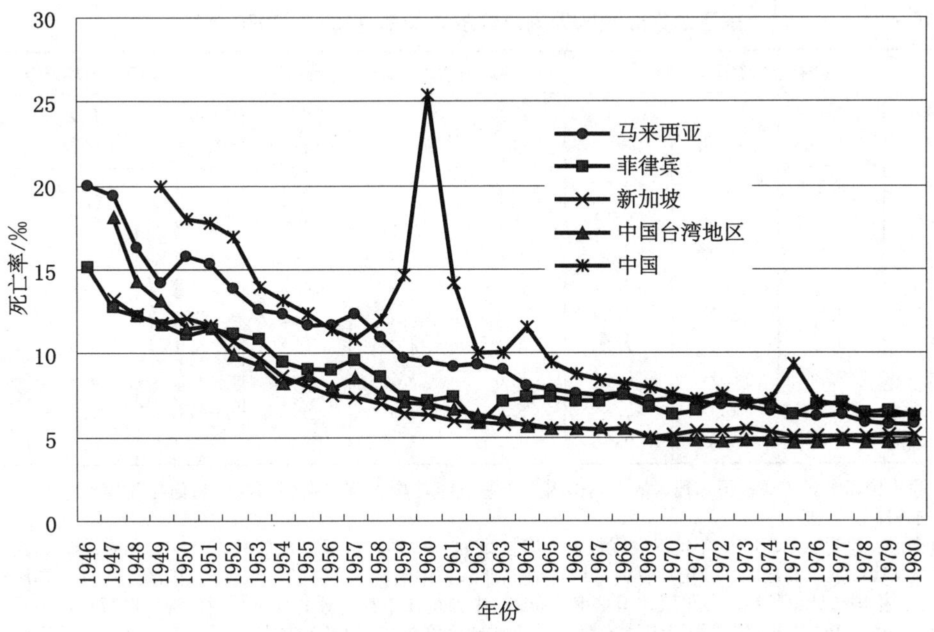

图 16—1　东亚部分国家或地区的死亡率变化

资料来源：［英］B. R. 米切尔编. 帕尔格雷夫世界历史统计・亚洲、非洲和大洋洲卷（1790—1993）［M］. 北京：经济科学出版社，2002.

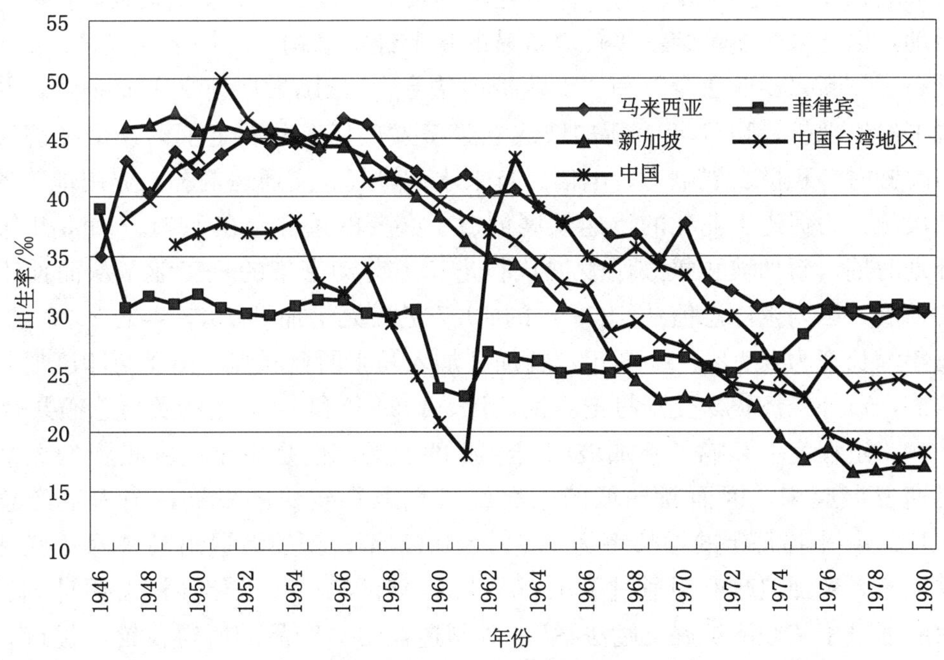

图 16—2　东亚部分国家或地区的出生率变化

资料来源：［英］B. R. 米切尔编. 帕尔格雷夫世界历史统计・亚洲、非洲和大洋洲卷（1790—1993）［M］. 北京：经济科学出版社，2002.

表 16—3　　东亚国家或地区的人口经济增长率（1950—1980 年）　　（%）

国家或地区	国内生产总值年均增长率			人均国内生产总值年均增长率			人口年平均增长率		
	1950—1960 年	1960—1970 年	1970—1980 年	1950—1960 年	1960—1970 年	1970—1980 年	1950—1960 年	1960—1970 年	1970—1980 年
韩国	5.1	8.6	9.5	3.9	6.1	8.4	2.2	2.7	1.1
新加坡	5.4	8.8	8.5	0.5	5.5	7.1	4.9	3.3	1.4
印度尼西亚	4.6	3.9	7.6	2.3	1.3	4.9	2.3	2.4	2.7
马来西亚	2.9	6.5	7.8	−0.4	2.7	5.3	3.3	3.8	2.5
菲律宾	6.6	5.1	6.3	3.1	1.7	3.2	3.5	3.4	3.1
泰国	8.1	8.4	7.2	4.7	4.7	4.2	3.4	3.7	3.0
中国	7.3	8.1	6.3	5.6	5.5	4.3	1.8	1.6	2.5
中国香港地区	9.2	10.0	9.3	5.6	7.1	6.7	3.6	2.9	2.6
中国台湾地区	8.1	9.3	9.7	4.2	6.2	7.6	3.9	3.1	2.1

注：除中国以外，东亚各国和地区的人均国内生产总值年均增长率根据国内生产总值年均增长率减去人口年平均增长率求得。

资料来源：世界银行. 1996 年世界发展报告 [M]. 北京：中国财政经济出版社，1996；国家统计局国际信息中心编. 亚洲发展中国家和地区社会统计资料汇编 [M]. 北京：中国统计出版社，1992；国家统计局编. 国际统计年鉴 [M]. 北京：中国统计出版社，各年版；国家统计局编. 中国统计年鉴 [M]. 北京：中国统计出版社，各年版；[英] B. R. 米切尔编. 帕尔格雷夫世界历史统计·亚洲、非洲和大洋洲卷（1790—1993）[M]. 北京：经济科学出版社，2002；[苏] 乌尔拉尼斯主编. 世界各国人口手册 [M]. 成都：四川人民出版社，1982；[英] 安格斯·麦迪森. 世界经济千年史 [M]. 北京：北京大学出版社，2003；沈益民编. 近三十年世界人口普查和人口概况 [M]. 北京：群众出版社，1983.

新加坡在 20 世纪 50 年代为了促进经济的发展，提出了工业化政策，积极推行工业化活动，以此来改变单纯依赖转口贸易的畸形经济结构，发展多元经济。1959 年，政府颁布了"新兴工业法令"和"工业扩展法令"，鼓励发展新兴工业企业，并在进口关税上给以保护。1961 年，新加坡成立经济发展局，并制定了第一个经济发展计划。与此同时，积极发展电力、电信、自来水、煤气、交通运输和工业用地等各种经济基础设施，为促进工业化的迅速发展创造了必要的条件。在 1961—1965 年第一个五年计划时期，新加坡积极鼓励发展代替进口、劳动密集的轻工业，从而使工业有较快的发展，国内生产总值从 1959 年的 19.7 亿美元增加到 1963 年的 26.8 亿美元，平均每年增长率为 8.1%。1963 年，新加坡加入马来西亚联邦，由于与印度尼西亚的贸易摩擦，对外经济贸易受到打击。据估计，1964 年和 1965 年的贸易总额共减少 25 亿元，在一定程度上影响了新加坡国民经济的发展。但是由于国家投资的经济基础设施迅速发展起来，因而新加坡的国民经济仍取得较快的发展，国内生产总值从 1963—1965 年平均每年的增长率为 7.0%。1965 年，新加坡退出马来西亚联邦，成为独立国家。新加坡政府便通过了 1966—1970 年的第二个五年经济发展计划。1967 年，政府通过了"经济扩展奖励法案"，对制造业出口产品的所得税给以优待，并设立"国家生产力中心"以提供咨询服务和训练计划，促进生产力的提高和良好的工业关系的建立。此外，新加坡政府还优先支持贸易、造船和其他制造业的发展。为了减少劳工成本，提高产品的出口竞争力，吸引外国投资，1968 年新加坡国会通过

"雇佣法令"和"工业关系法令"。随着第二个五年经济发展计划的实施和大量外资的涌入，新加坡以出口为目标的石油提炼、造船、电子电器等制造业迅速发展起来，进一步奠定了雄厚的工业发展基础。国内生产总值从 1966 年的 33.3 亿美元增至 1970 年的 58 亿美元，年平均增长率达到 12.4%，固定资本总额形成从 1965 年的 6.3 亿美元增至 1971 年的 24.7 亿美元，就业人数由 50 万人增至 70 万人，随着经济的迅速发展，失业率由 8.9%降至 4.8%。

在 20 世纪 50 年代初期，由于朝鲜战争爆发，韩国的经济受到严重破坏，直接经济损失达 30 亿美元。1953 年朝鲜战争结束后，韩国进入经济恢复时期。1953—1961 年，美国和联合国为韩国提供了 23 亿美元的无偿经济援助，扶持韩国恢复和发展经济。这一时期，韩国利用美国和联合国提供的巨额经济援助，在关税壁垒的保护下，运用优惠政策扶植产业和发展进出口替代产业，纺织、制糖、水泥、玻璃等工业都取得较快发展。农业除了 1956 年因歉收农作物产量有所下降外，也取得较快的发展。1953—1962 年，韩国经济年平均增长率为 3.7%，人均国民生产总值年平均增长率为 0.7%。1962 年，韩国开始实施第一个经济开发五年计划，从此韩国步入经济开发时期。"一五"计划的主要目标是：摆脱经济的恶性循环，奠定自立经济基础；调整不均衡产业结构，大力发展农业生产；建立肥料工业、石油化学工业、纤维工业和水泥工业，替代消费品进口；扩大出口规模；重点开发能源、交通和通信等不发达部门。1962—1966 年间，按 1960 年不变价格计算，国民生产总值年平均增长率为 8.5%（见表 16—4）。国民生产总值的高速增长，主要靠工业部门年平均增长率高达 15%的快速增长实现的。1967 年，韩国实施第二个经济开发五年计划，主要目标是：实现产业结构的现代化，进一步促进自立经济的确立；发展农林水产业，实现粮食自给；建立钢铁、机械、石油化学等基础工业部门，奠定工业高度化的基础；扩大对外经济贸易，改善国际收支；增加就业，控制人口增长。1967—1971 年间，按 1965 年不变价格计算，国民生产总值年平均增长率为 11.4%。国民经济的主要产业部门，除了粮食和煤炭的产量未能完成计划指标外，其他产业部门都超额完成了计划指标。特别是工业部门平均增长率高达 21.4%，在国民经济中起着主导作用。

表 16—4　　韩国的主要经济指标（1954—1991 年）

指标	1954—1961 年	第一个五年计划 1962—1966 年	第二个五年计划 1967—1971 年	第三个五年计划 1972—1976 年	第四个五年计划 1977—1981 年
经济增长率/%	4.4	8.5	9.7	10.1	5.5
人口增长率/%	2.9	2.8	2.2	1.7	1.6
人均 GNP/美元	75	269	380	547	766
投资率/%	12.0	15.1	26.4	27.8	35.5
国民储蓄率/%	3.7	6.1	13.1	18.2	23.9
海外储蓄率/%	—	8.8	12.9	9.8	11.2
第一产业比率/%	41.3	33.0	32.8	25.6	19.2
第二产业比率/%	13.8	23.5	17.9	26.3	32.9

续表

指标	1954—1961 年	第一个五年计划 1962—1966 年	第二个五年计划 1967—1971 年	第三个五年计划 1972—1976 年	第四个五年计划 1977—1981 年
第三产业比率/%	44.9	43.5	49.3	48.1	47.9
出口总额/亿美元	2	7	35	223	756
进口总额/亿美元	28	25	114	276	900

资料来源：[韩] 朴昌根. 韩国产业政策 [M]. 上海：上海人民出版社，1998.

中国台湾地区在 20 世纪 50 年代初期致力于经济恢复，主要是制止经济混乱，抑制通货膨胀，稳定货币金融体系。同时，在农村实行土地改革，积极发展农业，到 1952 年，台湾地区的经济基本上恢复到战前水平。从 1953—1962 年是台湾地区发展替代进口工业的阶段。1953 年，台湾地区开始发展面向内销市场的进口替代工业，大力发展消费品工业，同时限制进口来保护消费品工业的发展。这一时期首先发展棉纺工业，然后又建立了合成纤维、塑料、合成板等工业，还发展一些重工业。到 1962 年，非耐用消费品需要基本上得到满足，有些产品开始进入国际市场。工业生产的发展，就业机会的增加，使原有的较高的失业率下降；进口的减少，节约了外汇，减少了进出口贸易的逆差。由于实现了进口替代，台湾地区经济开始快速增长，1953—1962 年，国民生产总值平均增长率为 6.9%，农业生产平均每年增长 4.8%，不仅粮食有余，而且农业的经济作物大幅度增长。工业生产平均每年增长 11.7%。工业消费品在岛内市场销量大增，基本上做到了自给，实现替代进口工业化，为向出口工业化的转变准备了条件。从 50—60 年代初期，台湾地区在经济增长的同时，人口也快速增长，人口每年增长率为 3.5‰，人口的快速增长在一定程度上促进了经济发展。从 1963 年开始，台湾地区主要发展劳动密集型产业，主要有纺织品、食品、化学品、家具、非金属矿物制品、金属制品、电子电器产品、橡胶及其制造品等。到 70 年代初期，台湾地区的出口加工工业迅速发展，并以对外经济贸易带动了整个经济的全面发展。从 1963—1972 年，台湾地区经济的年平均增长率高达 10.1%，成为世界上经济增长最快的少数地区之一。其制造业发展尤为迅速，同期增长率高达 20%以上。

香港地区经济也开始快速发展。1950 年，朝鲜战争爆发，美国对中国实行禁运，使香港地区的转口贸易受到沉重打击。随后，香港地区开始发展工业。20 世纪 50 年代初期，以上海和宁波为主的江浙企业开始投资香港，促进了香港地区工业的发展，使其纺织业、陶瓷业和金属制造业先后进入东南亚和欧美市场。与此同时，制造业占香港地区本地生产总值的比重从 1950 年的 9.0%增至 1955 年的 21.8%，成为香港地区最大的经济行业。1959 年，香港地区产品出口首次超过转口贸易，使香港地区经济从转口贸易经济开始向城市工业经济转型。60 年代初期以后，香港地区经济开始起飞。为了推动工业的发展，香港地区工商界积极发展服装、塑胶、化工、电子等轻工业，逐步使香港地区成为亚洲的制造业中心地区之一。60 年代，香港地区的工业化迅速发展，到 1970 年，制造业占本地生产总值的比重已上升到 31.0%，达到历史最高水平，制造业的就业人数占全部就业人口的 47.7%。这样，香港地区经济已完成了以转口贸易为主向港产品出口贸易为主的转变。

泰国在 20 世纪 50 年代初期为了发展国民经济，成立了发展国家经济院，专门负责制定和实施经济发展计划。1954 年，泰国政府颁布奖励投资工业条例，鼓励私人资本和外国资本对工业进行投资，并规定凡在条例批准下兴建的工厂可获得优惠待遇，包括免税等。采取这些措施后，泰国工业有较快的发展。1961 年，泰国实施了第一个六年计划。其主要目标是：鼓励发展新型出口行业、小型工业和农村工业以及新技术开发等，促进外向型工业的发展；为私营部门提供财政基金、国内税和关税减免等财务方面的支持，提供信息技术咨询等；改进农产品市场结构、增加基础建设投资、发展市场机制的政策，加快农业生产。1961—1966 年间，国民生产总值年平均增长率为 8.1%。制造业的年平均增长率为 12.7%。1967 年，泰国实施第二个五年计划，主要目标是以优先发展出口和地方工业为主，收到良好的经济效果。1967—1971 年间，国民生产总值年平均增长率为 7.2%。

这一时期，韩国、新加坡两国和中国台湾、香港两个地区在经济发展上具有共同的特点：经济增长较快，特别是在 20 世纪 60 年代的年平均经济增长率韩国、新加坡两国分别为 9.7%、7.0%，中国台湾、香港两地区分别为 8.2%、6.4%；由于工业特别是制造业的迅速发展，使这些国家和地区摆脱了传统的经济结构，由农耕时代进入工业时代，第二产业和第三产业逐渐上升到国民经济中的主要地位，产业结构发生了很大变化；在出口品贸易总额中制成品比重显著上升，新加坡和中国香港地区在 85.0%～96.0%之间，韩国、泰国也超过了 50.0%，实现了劳动密集型制成品出口扩张。

印度尼西亚和菲律宾的经济发展与韩国、新加坡、泰国和中国台湾地区、香港地区相比则相对缓慢。印度尼西亚从 20 世纪 50—60 年代中期采取了一系列发展经济的措施，并从 1956 年起实施“八年全面建设计划”。但由于国内政局长期不稳定，影响了印度尼西亚国民经济的发展。按 1960 年固定价格计算，1961—1965 年，印度尼西亚国内生产总值的年平均增长率只有 1.0%，1965 年人均国民收入只有 90 美元。1966 年印度尼西亚经济开始出现转机，1967 年和 1968 年先后颁布了有关外资和本国资本投资的条例，重点发展进口替代工业，产品主要满足国内的需求，从而开始了进口替代工业化阶段。经过三年的经济恢复时期，印度尼西亚政府从 1969 年实施第一个“五年建设计划”使印度尼西亚经济发生较大变化，1966—1970 年的年平均经济增长率为 6.8%。

菲律宾在 20 世纪 50 年代期间，为了促进经济发展，实施了限制消费品进口和外汇管制等经济政策，以此来保护和促进新兴的进口替代工业，同时也缓和严重的国际收支危机，使菲律宾经济有所发展，到1960年，菲律宾的国民生产总值达到116.8亿比索。1960年以后，菲律宾政府被迫解除对进口贸易和外汇的管制。1965年，菲律宾政府一方面积极引进外资解决经济建设的资金来源问题；另一方面在发展代替进口工业的同时发展面向出口工业，重点发展中小型工业，创造就业机会以解决失业人口问题；并进行土地改革和重视农村开发，大力发展农业。因此菲律宾经济在1960—1970年间有了比较迅速的发展，国内生产总值的年平均经济增长率为5.1%。

从20世纪70年代初期开始，韩国和中国台湾地区在继续发展外向型经济，加速扩张轻纺织业产品出口的同时，利用贷款实行重化工业的进口替代；新加坡通过调整新兴工业政策，加速发展重化工业；香港地区通过引进发达国家的资金技术和管理经验，积极发展电子工业为中心的资本和技术知识密集型产业及其他加工业等。东亚各国的经济高速发展，主要包括韩国、新加坡两国和中国台湾、香港地区等亚洲“四小龙”和印度尼西亚、马来西亚、泰国和菲律宾等亚洲“四小虎”，特别是韩国、新加坡两国和中国台湾、香港地区的经济发展引人注目。

韩国经济在20世纪70年代初进入高速增长时期。1972年，韩国执行了第三个经济开发五年计划。其主要目标是：建设钢铁、机械、造船、化工等重工业和化学工业部门，促进工业结构现代化；加强农业建设，促进农业机械化；增加电力、交通、运输、通信等社会公用设施；继续扩大出口规模，改善国际收支状况。1972—1976年“三五”计划期间，韩国经济经受了世界性的1972—1973年农产品和矿产品短缺、1973—1974年石油上涨的冲击，经济增长率依然较高。按1970年不变价格计算，国民生产总值年平均增长率计划增长8.6%，实际增长11.2%，在发展中国家创造了这个时期经济增长率最高纪录。1977年韩国执行了第四个经济开发五年计划。其主要目标是：确立自立开发的基础，提高国内储蓄率；扩大重工业和化学工业在制造业中的比重，实现产业结构高度化；实现输出产品高级化和市场多边化；推动技术革新，提高经济效益，建立有效的经济管理体制。“四五”计划期间，韩国爆发了经济危机，国民生产总值年平均增长率计划增长为9.2%，实际只达到5.8%。1979年国民生产总值由1978年的11.6%下降到6.4%，1980年国民经济继续下滑。国民经济出现衰退的主要原因是：1979年爆发的世界石油危机，石油暴涨，制约了韩国经济的发展；出口产品受到新贸易保护主义的限制，国际贸易环境更加严峻；重工业和化学工业投资失控，导致国民经济比例失调。这些使国民经济受到了沉重打击，终于爆发了经济危机。

新加坡经济在20世纪70年代继续保持较高的增长。1971年，新加坡政府提出一个十年经济发展计划（1971—1980年）。1972年又制定一个公共工程五年计划（1973—1977年），主要发展公共事业、交通和运输、工业区和公共建筑。其结果不但为工业现代化提供了雄厚的基础设施，也促进了经济的发展，尽管新加坡受到资本主义世界经济危机的影响，制造业生产和对外贸易总额有所下降，但在1974年和1975年，新加坡国内生产总值仍分别获得6.8%和4.1%的实际增长率（见图16—3）。70年代中期以后，新加坡的经济增长率持续呈现上升趋势。到1979年，除了建筑业和农业外，大多数经济部门的产值都有所增长，其中尤以交通运输业的增长幅度最大，其次为制造业。

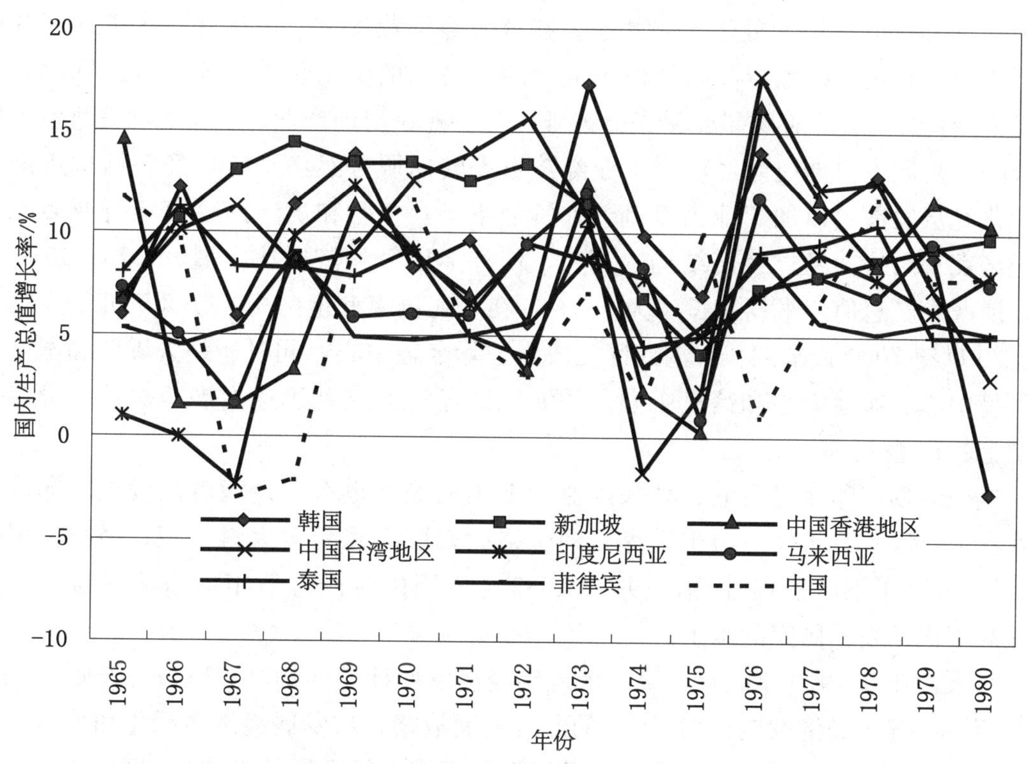

图16—3　东亚国家或地区的国内生产总值增长率（1965—1980年）

资料来源：国家统计局编. 国际统计年鉴［M］. 北京：中国统计出版社，各年版；黄范章，魏燕慎. 东亚经济蓝皮书［M］. 北京：经济科学出版社，2006；国际货币基金组织. 世界经济展望［M］. 北京：中国金融出版社，2007.

中国台湾地区从1973年推行第6个四年经济计划。由于农业的迅速发展，一部分农作物用于加工出口。与此同时，台湾地区实施“以轻养重，以贸易促进农工”的经济开发战略，并设立了亚洲第一个出口加工区——高雄出口加工区，使台湾地区经济开始向外向型方向起飞。1976—1981年，台湾地区又实施第一个六年经济计划。台湾地区经济出现了巨大进展，工业和农业发展很快，尤其是出口贸易大幅度上升。1980年，台湾地区提出一个十年经济发展计划（1980—1989年）。这一阶段，台湾地区进行工业结构的调整。由于工业化的顺利进行，使台湾地区到20世纪80年代初，作为“四小龙”之一进入世界新兴工业化之列。随后，台湾地区通过建设现代化的高科技园区和一系列优惠政策，引进发达国家的尖端技术和对高科技产业的投资，大力发展以电子工业为中心的知识密集型产业，促进了产业结构的升级。经过产业调整，使台湾地区经济在世界经济中的地位有所提高。

香港地区经济在20世纪70年代初期，随着第二次石油危机的爆发发生了巨大波动，出口贸易市场萎缩，使经济低迷。1973年，香港地区股票市场价值大泻，跌去市值70%以上，金融业处于萧条状态。在这种经济背景下，1974年，香港地区开始推行工业多元化，以生产高附加值来应付欧美各国的贸易保护主义。与此同时，实行经济结构多元化，使香港地区的金融业、旅游业、房地产业、运输业和信息业等服务业迅速发展，香港地区经济由工业经济形态转向服务经济形态，经济结构逐渐由工业化经济发展向以加工业为基础，外贸为主导，金融和房地产建筑等行业多元化的经济发展结构。经过经济结构的调整，使香港地区经济迅速发展，1970—1980年间，地区生产总值年平均增长率为9.3%，在东亚国家和地区中，仅低于韩国居第二位。20世纪70年代末期，香港地区已成为国际金融中心，同时还是区域性和国际性的贸易中心、航运中心和信息中心。香港地区经济的这种迅速发展，被誉为世界经济史上的奇迹。

这一时期，印度尼西亚、马来西亚和泰国的经济也有一定程度的发展。印度尼西亚在20世纪70年代，由于世界石油价格大幅度上涨获得大量外汇，经济发展较快。按1973年不变价格计算，1970—1980年，国内生产总值年均增长率为7.6%，明显高于同期发达国家的水平。

马来西亚在1970年制定了第二个五年经济发展计划（1971—1975年）后，采取了与第一个五年经济发展计划[①]不同的经济发展战略，从发展经济多元化和发展进口替代工业的经济模式转向面向出口的经济发展模式，经济增长较快，1970—1975年，国内生产总值年均增长率为7.0%，其增长的主要原因是：马来西亚政府扶植和发展了电子器械、纤维、衣料等劳动密集型和面向出口的产业，促进了工业产品的出口；扩大就业导致雇佣人数的增长。1976年起，马来西亚又实施了第三个五年经济发展计划（1976—1980年），仍取得了较高的经济增长，1976—1980年，国内生产总值年均增长率增至7.0%，这一时期经济发展主要依靠于出口橡胶、石油与天然气、木材等初级产品和电子与电机产品、服装与纤织品等少数几种工业部门；国民生产总值对出口贸易的依存度高；出口市场主要集中在发达国家。

泰国在20世纪70年代的经济发展是比较顺利的。1972年，泰国开始实施第三

① 马来西亚联邦在马来西亚第一个五年经济发展计划（1966—1970年）中，提出了发展经济多元化和发展进口替代工业的经济发展模式，侧重发展消费品工业，如食品加工、纺织等。此外，金属产品、橡胶加工等也有所发展。当时，马来西亚工业化主要依赖私人企业，政府则提供基础设施。进口替代这一发展战略对于保护幼小的民族经济和减少国际经济波动的影响有积极的作用。

个发展计划（1972—1976年），仍保持了高速增长。这一期间国内生产总值的年均增长率为6.5%。1977年，泰国又开始推行第四个发展计划（1977—1981年），与前三个经济发展计划相比，主要是着重解决由于世界石油危机引起的国内经济发展问题。泰国政府一方面努力增加出口产品生产，以弥补进口石油巨大的开支；另一方面颁布一系列法令，限制能源消费，采取多种鼓励性的和强制性的节能措施，鼓励发展低能耗工业，加大了泰国经济的活力和弹性。这一时期泰国经济得到迅速发展，1977—1981年间的年均经济增长率高达7.2%。

总的来看，第二次世界大战后东亚各国家和地区由于高出生率的效果带来的人口增长迅速，大大超过了发达国家人口增长的平均水平，而人口数量的增长有利于经济发展，使一部分东亚国家和地区的经济发展较快，特别是韩国、新加坡等新兴工业国和中国台湾、香港等新兴工业地区已达到发达国家和地区的平均水平，这些国家和地区由于产业结构的升级和劳动力素质的不断提高，也在一定程度上促进了经济发展。而马来西亚与发达国家经济发展的平均水平相比尚有差距；印度尼西亚和菲律宾等东亚国家人口尽管增长较快，但由于产业结构相对滞后、劳动力素质偏低，导致劳动生产率低下，经济发展呈现相对缓慢的趋势。

16.3 农业发展与农村劳动力转移

16.3.1 农业经济

东亚各国家和地区拥有优越的农业自然条件，主要种植作物有稻谷、甘蔗等。在东亚的农作物生产中，稻谷一直占有重要的地位，这主要同东亚的自然条件密切相关，特别是印度尼西亚、马来西亚、菲律宾等国的气候特点是高温高湿，又分布着大面积的洪泛冲积平原，对种植稻谷有利，而当地人口稠密，广大农民有着长期的生产经验，也是重要的因素。

从农业生产结构上看，在东亚的粮食生产中，稻谷一直产量较高，其中泰国的稻谷生产尤为迅速，稻谷产量1925年就达到500万吨，稻谷出口量从1910年的88万吨增长到1930年的124万吨，到第二次世界大战前每年出口稻谷为100万吨左右，居世界第二位。在经济作物中，橡胶占有优势地位，它是殖民地时期马来西亚、印度尼西亚、泰国等国除粮食以外最重要的农作物。橡胶自1876年从南美洲移植到东亚后，到19世纪末期，东亚的橡胶产量仅占世界的1%，但到了1920年，天然橡胶产量已跃升到80%以上，而橡胶的生产中心则一直在马来西亚，其产量自1912年起长期居世界首位。马来西亚90%以上的橡胶园集中在西海岸内侧海拔50～300米的浅丘阶地，这里地形雨量丰沛，气候湿润，排水良好，有利于胶树的生长，到20世纪20年代，这里已成为世界上首屈一指的天然橡胶产地。与此同时，东亚大部分地区的农业对世界市场形成了严重的依附性。这一时期东亚地区的农业经济作物发展较为迅速，到 30 年代中期，天然橡胶产量占到全世界的 87%，马尼拉麻、木棉、胡椒占 95%以上，椰子、烟草等也占有重要地位，但农业经济基础是脆弱的。

从第二次世界大战后到 20 世纪 50 年代末期，东亚发展中国家和地区农业增长率较快，但印度尼西亚、菲律宾等一些国家农业未受到充分重视，农业增长缓慢，从而造成部门发展不协调。60 年代初期以后东亚发展中国家和地区农业增长率加快，但是各国的发展速度在各个时期是不同的。

马来西亚的农业发展相对而言是比较快的。早在 1961—1965 年，马来西亚农业产量平均增长速度达到 4.0%。1966—1970 年间，随着国家增加对农业的投资，年均增长率上升到 5.3%，这是独立以来发展最快的阶段。20 世纪 70 年代以来到 80 年代初期，先后受两次世界经济危机的冲击，加上 1977—1978 年遭到旱灾，农业减产，其年增长率分别降至 1971—1975 年的 4.8%、1976—1980 年的 3.9%。据统计，1965—1980 年间，马来西亚农业总产值增长 97.8%，反映了马来西亚在这一时期农业劳动生产率的提高。马来西亚自 1959 年起重夺“橡胶王国”，此后，绝大多数年份中，它都是世界最大的天然橡胶产销国。1978 年其产量、出口分别占世界天然橡胶产销总量的 43.2%和 48.2%。马来西亚还是世界最大的棕油生产国和出口国。1980 年，其生产和出口的棕油分别占世界棕油产销总量的 62%和 80%。它在热带硬木及胡椒等经济作物中也是最大产销国之一。随着农业生产的发展，粮食自给率从独立前不足 50%增至 85%。

这一时期，泰国农业发展很快，1961—1980 年平均增长率为 5.2%。从第二次世界大战后到 20 世纪 50 年代末期，泰国农业尤其是种植业的发展是以扩大耕地面积和灌溉面积为主要手段。60 年代初期以后在继续扩大耕地面积和灌溉面积的同时，政府增加对农业方面的投资，兴修水利工程以及成立促进农业厅加强农业技术措施等。从 1961 年开始实施的四个经济发展计划均占有相当比重如第三个五年经济发展计划农业和水利方面的投资为 136.9 亿铢，占 13.7%。第四个五年经济发展计划农业和水利方面的投资为 325.9 亿铢，占 14.6%。此外，重视农业科学技术的研究和应用，对促进农业生产的发展起了很大的作用。

农业增长在中国台湾地区比较突出。从土地改革基本结束的 1953—1968 年是高速稳定增长时期，年增长率最高时达到 5.8%，最低时也在 4.0%以上（见表 16—5)。从台湾地区粮食生产看，主要农作物稻米的产量 1953—1968 年增加 53.0%，其他粮食作物增长 65.0%左右。由于长期奉行农产品低价格政策，以“农业培养工业”终于导致 1969—1972 年第五个“四年经济建设计划”期间农业生产急剧下降。经过一系列农业政策的调整，到 1979 年，农业生产率又恢复到 5.3%。

表 16—5　　中国台湾农业经济的重要统计指标（1953—1980 年）　　（%）

期间	农业增长率	农作物增长率	农业生产含占国内生产总值比例	农业就业人口所占比例	农产品出口占总出口比例
1953—1956 年	4.9	4.0	33.6	54.3	91.8
1957—1960 年	4.2	3.1	31.5	51.0	62.9
1961—1964 年	5.8	4.8	20.9	49.6	59.5
1965—1968 年	5.7	4.5	24.9	43.8	45.0
1969—1972 年	1.5	0.0	16.4	35.9	21.5
1973—1976 年	3.3	2.7	14.2	30.1	15.2
1977—1980 年	1.6	−0.5	10.3	23.2	11.0
1953—1980 年	3.8	2.6	—	—	—

资料来源：廖正宏等. 光复后台湾农业政策的演变［M］. 中研院民族学研究所，1986.

韩国的农业发展与上述各国相比显得逊色。据联合国粮农组织的报告，1952—1971 年韩国农业年均增长率在东亚名列前茅。不同之处在于韩国没有一个较明显的高速增长，而是时高时低。农业生产年增长率在 1954—1960 年仅 2.5%。进入 20 世纪 60 年代以后，韩国的农业制度和农业政策开始趋向完善，农业逐渐从停滞中摆脱出来。1962 年实行第一个经济开发五年计划，对农业部门制定了一系列有关发展农业生产的立法性措施。这期间颁布了《土地改良事业法》《开垦促进法》和《农村振兴法》等，改组和扩充了农业科学研究院。这一系列政策和措施对农村经济起了重要作用。1960—1965 年农业生产的年均增长率提高到 5.6%，同期，粮食生产由 527.5 万吨增加到 700.6 万吨。从 60 年代中期开始韩国已出现农业增长的危机，一直持续到 70 年代初期，其结果 1965—1973 年农业生产的年均增长率又降至 2.2%，1973 年以后又开始回升，到 70 年代末期增至 8.8%。70 年代中期前后，韩国政府采取了一系列减轻农民负担、降低农业生产成本、增加对农业的投资与信贷、推行机械化措施，并鼓励农民合作经营，扩大耕作面积。采取这些措施后，农业生产很快恢复到较高的增长程度。

第二次世界大战后，东亚发展中国家和地区农业发展较快的重要原因是农业生产技术有所提高。特别是“绿色革命”对农业生产技术的提高具有重要的作用。20 世纪 60 年代后期，一些新型的高产小麦和水稻品种首先在拉丁美洲的墨西哥和东亚的菲律宾试种成功，随后包括一些东亚国家在内的发展中国家迅速推广，随着“绿色革命”的深入发展，大幅度提高了粮食产量，并吸收了大量农村剩余劳动力，减轻了农村人口压力。由于新型高产良种的生长从播种、育苗、栽种、施肥、灌溉到收获等一系列环节，比传统农作物产品需要更多的劳动力投入，而且生产期大大缩短，由原来一年一熟提高到一年两熟或三熟，农业劳动密集程度提高。因此，“绿色革命”促进了东亚各国和地区粮食的增长，也增强了农业吸收劳动力的能力，减少了农业剩余劳动力的数量。

东亚地区农业部门构成中，以种植业为主，畜牧业除中国外十分薄弱。在各国农业生产总值中，种植业所占比重普遍达到70%～80%。在东亚地区的种植业中，粮食作物主要有稻谷、玉米、小麦等。稻谷是东亚地区分布最普遍、产量最多的谷类作物。第二次世界大战后，东亚地区稻谷发展较快，特别是70年代以来随着“绿色革命”的深入，有了新的发展，但由于农业结构的多样化，其相对地位有所下降，但稻谷仍然是全区农业生产的核心，在各国耕地总面积一般占50%～80%，在农业总产值中占30%～40%。

从稻谷的产量看，印度尼西亚在东亚地区占有重要地位，稻谷占其粮食的90%以上。其主要产区是爪哇岛和马都拉岛。全国稻谷收获面积1965年为732.8万公顷，1981年增至937.6万公顷。大米产量1965年为1 750万吨，1980年提高到2 016万吨，平均每年增长4.7%。泰国也是东亚地区生产稻谷的主要国家之一。20世纪50年代，稻谷出口额占出口总额的50%以上，70年代以后由于多种经营的发展，其所占比重逐渐下降，约占出口总值的10%～15%。

橡胶为东亚地区重要的经济作物。马来西亚作为东亚橡胶的生产中心，自20世纪50年代末期以来继续保持世界第一位。从60年代起，马来西亚橡胶在国民经济和种植业的相对地位逐渐下降，1970年，橡胶在国内生产总值、农业总产值和出口产值中分别占13.0%、47.8%和33.4%，1980年分别降至9.0%、25.0%和16.4%。印度尼西亚也是世界主要橡胶生产国之一，大部分在民间小胶园内种植，其中大约3/4产于苏门答腊，尤其是以棉兰为中心的火山丘陵区，其余主要产于加里曼丹岛。泰国长期是世界第三橡胶生产国。泰国橡胶在1951年起超过斯里兰卡，仅次于马来西亚和印度尼西亚。70年代泰国橡胶的产量和出口量均占世界11%左右。其生产基本上集中在克拉地峡以南的热带雨林气候区。

油棕是从西非引进的。20世纪30年代以后在印度尼西亚和马来西亚开始种植，逐步发展成为世界上油棕产品的重要产地。从50年代中期起，油棕开始成为马来西亚发展的重点。到1956年，油棕种植面积为11.5万英亩，仅次于橡胶、稻谷和椰子的种植面积。1960年起，马来西亚政府开始推行农业结构多样化的发展方针，鼓励私人把老胶园、老椰子园改种油棕，1965年又规定新耕地要将60%的面积种植油棕，以逐步改变单纯依靠橡胶收入的作物构成。60年代以后，油棕种植获得迅速的发展。从1966年起，马来西亚已经发展成为世界最大的棕油生产国和出口国。1978年其棕油产量、出口量分别为178万吨和151万吨，占世界棕油产量和销售总量的46%和70%。油棕生产的迅猛发展，不仅在一定程度上扭转了马来西亚以往的单一橡胶经济，而且使油棕超过稻谷、椰子、蔗糖等，成为东亚第二大出口作物。印度尼西亚的油棕在战前大幅度超过马来西亚，但在战后发展不快。70年代以后，印度尼西亚的油棕产量加快，从1970年的21.7万吨增至1980年的67.7万吨，1971—1980年平均每年增长12.1%。

在东亚地区经济作物生产中椰子也是引人注目的。椰子为东亚又一种在世界上占绝对优势的出口作物。菲律宾作为椰子生产中心素有“世界椰王所在国”之称，早在20世纪50年代菲律宾椰子生产量居世界第一位。60年代，椰子作为菲律宾最主要出口的经济作物，椰产品出口的年均外汇收入占出口产品外汇收入的28.1%。自70年代以来，菲律宾推行出口产品多样化政策之后，其所占收入的比重有所下降。尽管如此，由于世界市场对椰产品的需求增长，菲律宾的椰子生产大体上保持上升趋势。1981年椰子产品产量达463万吨，比1977年增加20%，产量的增长主要靠种植面积的扩大。印度尼西亚也是世界主要椰子生产国之一，战后印度尼西亚椰子产品产量和出口量均居世界第二位，但由于1976年以后生产停滞不前，国内消费量又不断增长，出口减少，其出口量远低于菲律宾。

16.3.2 农业发展模式

东亚地区由于地域宽广、人口众多、农业自然条件差异较大，以及各个国家和地区农业发展的进程不同等原因，在农业发展的过程中存在各种不同类型的模式。但这一地域内的大多数国家和地区由于地理位置临近、人口稠密、农业结构相近、农业劳动力丰富，在农业生产方式和农业发展进程等方面有一些共同的特点，因此，可以笼统地称为东亚农业发展模式，其主要特点可以概括如下几个方面。

东亚地区人多地少，自然资源条件差异较大。东亚地区直到20世纪60年代中期以前，农业发展水平整体低下，农业生产力水平相对落后，主要靠扩大耕地面积来增加产量，农业发展属于粗放型模式。特别是印度尼西亚、马来西亚、菲律宾和泰国等东亚国家耕作方式和农业技术相对落后，农业劳动力丰富但整体素质偏低，农产品出口以初级产品为主，并以发展劳动密集型农业作为优势产业。但60年代中期以后，东亚地区农业科技有了突破性进展，农业科技重大进步带来了“绿色革命”，加速了农业增长方式的改变。

东亚地区内部农业分工复杂，农业经济交流与合作密切。20世纪60—80年代初期，日本作为亚洲唯一的发达地区与东亚其他国家和地区基本上形成了垂直型国际分工格局，即日本向东亚各国出口工业制成品和东亚各国向日本出口原料及初级农产品的分工体系。80年代中期以后，日本开始调整其产业结构，转换出口与海外投资战略，将许多劳动密集型和资本密集型产品的生产转向东亚国家和地区，这时亚洲“四小龙”和东亚其他国家迅速发展外向型工业，部分改变了向发达国家供应生产原料和农业初级产品的局面。但是这些农业国对发达国家的工业制成品依赖性强，有利于发达国家和这些国家的国际经济协作。同时，东亚各国和地区之间存在着水平分工，在农业内部之间具有一定的产业互补性。

但东亚各国和地区在农业发展的过程中存在着脆弱性。东亚一些国家随着工业部门的迅速发展，农业部门相对被忽视，从而造成农业衰退和经济结构的畸形发展，各产业部门发展不平衡。如韩国在20世纪60年代以后，随着工业化的加速，投资迅速增长，从而造成农业投资缓慢，制约了农业的发展，使粮食自给率不断下降。需要大量进口粮食等农副产品。而一些东亚发展中国家由于农村基础设施薄弱，农业后发优势不足，农业投资不足，农业劳动力素质不高，这些不利因素影响了农业的可持续发展。

总体上看，东亚大多数国家和地区在从传统农业向现代农业过渡的过程中，基本上经历了农业增长方式的转变，即逐渐实现由粗放型农业增长模式到集约型农业增长模式的转变。东亚大多数国家和地区一般在20世纪70年代以后，逐步重视农业发展模式的转变，并不断加快转变速度。对于人多地少的东亚地区来说，集约型经营模式是现代和未来农业发展的方向，走“集约经营”的道路更具有紧迫性和现实性。更重要的是强调知识集约、技术集约，以及科学技术对稀缺要素的替代性，逐步实现劳动密集型与技术密集型相结合的发展模式，达到农业资源的最佳利用。

16.3.3 农业结构调整与农村劳动力转移

东亚地区现代农业发展的过程，也是农业结构不断调整的过程。农业在产业结构中的比重逐步下降，农业部门内部结构不断变化。农业相对比重下降是世界经济发展和农业现代化过程中的普遍现象，随着产业结构的演变，农业在国民经济中所占比重逐渐下降的同时，农业人口所占比重和农业劳动力占劳动力总数的比重都趋于下降趋势。据统计，1961—1980年，世界农业劳动力占总劳动力的比重从61.0%下降到45.0%。其中，韩国、马来西亚等东亚发展中国家和中国台湾地区农业劳动力占总劳动力的比重均低于世界平均水平。

就农业结构调整而言，农产品供求关系的变化对其影响是巨大的。从农产品的供给方面看，它具有与工业产品不同的特点，因为农业生产是一个周期相对较长的生物生长过程，从决策到市场供给存在着时滞，而土地等农业基本要素数量的有限性，又制约着农业生产规模的无限扩大，从而导致由于在农业部门的失业或半失业引起农村劳动力向工业部门或服务业部门转移。从农产品的需求看，因农产品是人类基本生活的必需品，同时在东亚各国和地区的居民消费结构变化缓慢，农产品的可替代性较差，因此，东亚地区的农产品缺乏需求弹性，无论其需求价格弹性和收入弹性均较小，限制了农业生产发展的水平，从而加速了东亚地区农业部门的劳动力向非农业部门的转移速度。

农产品供求不平衡也是影响农业增长与结构调整的主要因素之一。由于自然因素的不确定性和居民消费水平和消费结构的变化，造成了农产品供需不稳定和不平衡，这种不稳定和不平衡在东亚地区表现在一定时期内农产品供过于求或供不应求，农产品供求关系的变化在一定程度上影响到农业发展和农业结构调整。自20世纪70年代以来，东亚地区的居民生活水平不断提高，主要体现在消费品种的多样化，在对食物的需求方面，人们对畜产品、水产品、蔬菜和水果等副食品的消费量不断增加，对粮食类食物消费量逐渐减少，消费结构的变化导致农业内部结构的变化。近年来，随着东亚各国经济增长和居民消费水平的提高，东亚地区农业生产结构发生了重要变化，种植业在农业中所占比重有所下降，畜牧业、水产业等所占比重不断上升。与此同时，农业内部就业结构也发生了变化，从事种植业劳动力所占比重逐渐减少，而从事畜牧业、水产业等劳动力所占比重则呈现有所上升的趋势。

但是，产生农业调整的原因并非只是农产品供求关系的问题，例如在韩国等东亚国家和中国台湾地区，由于农业受到国际市场竞争的冲击，因而不得不进行农业结构调整。其结果，这些新兴工业化国家和地区一方面由于受到土地等农业资源的限制，另一方面主要是通过引进发达国家的工业技术来发展经济，工业迅速增长的同时，农业比较优势的下降速度很快，农业保护政策在这些新兴工业化国家和地区广泛采用，在农业比较优势有所下降的情况下也出现了农业结构调整的问题。

显而易见，从上述东亚各国和地区的农业结构调整，可以看出是与农村劳动力转移密切相关的。另外，东亚各国和地区实施的较宽松的劳动力迁移政策也是农村劳动力向非农业部门转移的主要原因之一。

东亚发展中国家和地区自 20 世纪 50 年代以来除了城市国家新加坡和港口城市的中国香港外，对于劳动力迁移的限制较少；至于劳动者在部门间的流动，东亚发展中国家和地区则基本上不限制。

第二次世界大战后初期，东亚发展中国家和地区的农村劳动力所占比重大约在 70%～80%。为了保证农业劳动力转移的速度适中，既不造成大规模农村劳动力涌入城镇，又不使相当规模的隐蔽和半隐蔽失业固定在农村，东亚发展中国家和地区一般采用的主要做法是：实行土地制度改革；增加对农业的投入，提高农业劳动生产率，促进农业的发展；通过提高复种指数，发展多种经营和出口农业，增强农业部门自身吸收劳动力的能力，使从传统的农业部门分离出来的农村劳动力逐渐转移到现代的工业部门。由于上述各项政策的实施，使东亚发展中国家和地区较快地实现了农村劳动力的转移。从东亚各国和地区农村劳动力的转移看，韩国是最快的，1955—1980 年，韩国农业劳动力占劳动力总数的比重从 80.6%下降到 37.8%（见表 16—6）。其次是马来西亚，从 1947—1980 年间，马来西亚农业劳动力占劳动力总数的比重从 65.1%下降到 34.5%。此外，中国台湾地区农村劳动力的转移速度也比较快。与韩国、马来西亚等国相比，泰国、印度尼西亚和菲律宾则逊色得多，特别是泰国农村劳动力的转移是东亚各国和地区中最缓慢的，从 1947—1980 年间，泰国农业劳动力占劳动力总数的比重仅从 84.8%下降到 71.9%。而作为农业大国的中国，农业劳动力的转移速度却慢得多，在东亚发展中国家和地区中是最低的，中国在 1952—1980 年间，农业劳动力占劳动力总数的比重仅从 83.5%下降到 68.7%，仅比泰国略低。这说明中国农业劳动力就业结构还属于传统型模式。

表 16—6 东亚部分国家或地区的就业结构

国家或地区	年份	劳动力构成/千人			劳动力构成比重/%		
		农业	工业	服务业	农业	工业	服务业
印度尼西亚	1961	23 516	2 666	5 834	73.5	8.3	18.2
	1971	20 943	3 484	11 305	58.6	9.8	31.6
	1980	28 834	6 955	15 928	55.8	13.4	30.8
韩国	1955	6 436	563	991	80.6	7.0	12.4
	1970	5 157	2 020	2 955	50.9	19.9	29.2
	1980	4 795	3 588	4 300	37.8	28.3	33.9
马来西亚	1947	1 235	194	468	65.1	10.2	24.7
	1970	1 359	387	990	49.7	14.1	36.2
	1980	1 383	784	1 843	34.5	19.6	45.9
菲律宾	1948	4 875	853	1 363	68.8	12.0	19.2
	1960	5 162	1 052	1 731	65.0	13.2	21.8
	1975	6 703	1 836	3 840	54.2	14.8	31.0
中国台湾地区	1940	1 434	265	544	63.9	11.8	24.3
	1956	1 501	450	751	55.6	16.6	27.8
	1970	2 243	801	2 034	44.2	15.8	40.0
	1980	2 204	2 447	3 144	28.3	31.4	40.3
泰国	1947	7 628	211	1 158	84.8	2.3	12.9
	1960	13 222	1 513	2 286	77.7	8.9	13.4
	1980	16 643	1 824	4 673	71.9	7.9	20.2
中国	1952	173 170	15 310	18 810	83.5	7.4	9.1
	1970	278 110	35 180	31 030	80.8	10.2	9.0
	1980	291 220	77 070	55 320	68.7	18.2	13.1

注：东亚各国和地区的劳动力构成比重根据统计资料计算得出。
资料来源：[英] B. R. 米切尔编. 帕尔格雷夫世界历史统计 · 亚洲、非洲和大洋洲卷（1790—1993）[M]. 北京：经济科学出版社，2002；国家统计局编. 中国统计年鉴（2002 年）[M]. 北京：中国统计出版社，2002.

16.4 工业发展与就业结构

16.4.1 工业发展

东亚拥有丰富的矿产资源。早在殖民地时期，印度尼西亚①、马来西亚和菲律宾

① 第二次世界大战前，印度尼西亚采矿业主要由荷兰和英国资本所垄断。20 世纪 50 年代以后，除了石油和天然气以外，其他矿业的生产均由印度尼西亚政府所控制。70 年代以后，在印度尼西亚采矿业中，美国资本的投入已超过荷兰和英国资本而居首位。印度尼西亚采矿业的主要产品有石油、天然气、煤、锡、铁矿沙、金、银等。石油开采是采矿业的主要部门，也是印度尼西亚工业的支柱。70 年代世界石油价格大幅度上涨，促使印度尼西亚石油迅速增长。目前，印度尼西亚是除中国以外东亚地区生产出口石油最多的国家。

等已发展成为亚洲矿业比较发达的国家。第二次世界大战后，采矿业生产依然是东亚地区重要的经济部门，特别是20世纪90年代以后，印度尼西亚、马来西亚等采矿业生产始终占国内生产总值的10%以上。此外采矿业还促进了炼油工业、冶金工业等多部门工业的发展。

东亚近代化的石油生产于1893年在印度尼西亚发端，不久，在马来西亚也开始生产石油。第二次世界大战前夕，印度尼西亚和马来西亚成为世界重要的石油产地。战后，印度尼西亚作为除中国外东亚地区生产出口石油最多的国家，其石油勘探和开发很活跃，特别是其海域石油总产值迅速上升。1977年印度尼西亚石油产量达到8 426万吨，其中87%输往美国和日本。同年印度尼西亚石油出口值达73亿美元，占印度尼西亚出口总值的67.3%。石油工业已成为印度尼西亚工业的支柱。马来西亚石油工业比较发达。自20世纪60年代以来，随着东马来西亚、西马来西亚的近海油田陆续发展与投产，原油产量除个别年度外，直线上升。1978年的原油产量为1 086万吨，比1968年的产量20万吨增长了52.7倍。在东亚地区中，仅次于中国和印度尼西亚。随着石油工业的发展，石油在马来西亚的国民经济中的地位越来越重要。1978年，其产值在矿业总产值中所占比重已由1970年的不到20%上升到43.2%，原油及部分炼油产品在出口总值的比重由4%提高到16%。新加坡的炼油业也很发达。早在独立初期，石油工业已是新加坡经济的支柱。60年代工业化的实施，外国跨国公司先后投资新加坡兴建炼油厂，使新加坡石油工业快速发展。到60年代后半期，新加坡已成为东亚除中国外最大的炼油和石油产品加工中心。炼油业占全部工业产值近1/3。从1974年起，新加坡已是世界第三大炼油和石油供应中心。这一年，炼油业产值占全部工业产值的比重达到42.7%。以后，随着电子工业及其他产业的迅速崛起，炼油业所占比重开始逐渐下降。

同采矿业相比，东亚地区制造业的发展更引人注目。韩国虽然实现工业化是在20世纪60年代以后，但制造业十分发达。按1975年不变价格计算，1962年制造业占国内生产总值的比重为9.1%，1971年增至19.4%。80年代初期以后，一些产业部门的生产和出口方面居世界领先地位，特别是钢铁、造船、机械、电子、汽车等制造业均在世界占有重要的地位。新加坡制造业的发展也比较迅速，1959年，制造业在国民经济中的比重仅为8.6%，1980年增至23.9%。在新加坡经济的增长过程中，制造业对经济增长的贡献是巨大的。如1960—1984年间的年平均增长率，制造业为12.7%，超过了同期整体经济8.9%的年平均增长速度，反映了新加坡的制造业对工业化过程的加速和经济快速增长所体现的实际作用。中国台湾地区的制造业也很发达。1960年台湾地区制造业在GNP中所占比重仅为19.0%，1980年已上升到36.0%，随后制造业所占比重有所下降，但制造业在工业化时期起了重要的作用，表现在1965—1980年间GNP的年平均增长率为9.9%，而制造业达到14.6%的高增长率。马来西亚的制造业在20世纪60年代比较落后，1965年制造业在GNP中所占比重仅为 9.1%，但马来西亚进行快速的产业结构转变后，制造业在 GNP 中所占比重逐渐上升，1980 年增至 20.6%。泰国的制造业发展也是值得注目的。1951 年泰国制造业在 GNP 中所占比重仅为 10.3%，1970 年上升到 15.9%，1982 年进一步增至 19.5%。就泰国制造业年平均增长率看，1960—1970 年间为 11.4%，1970—1982 年间为 9.9%，而同期中等收入发展中国家的制造业产值年平均增长率分别为 7.3%和 5.5%，均低于泰国。菲律宾的制造业发展较快。50 年代菲律宾积极发展进口替代工业，使制造业占国内生产总值的比重不断上升，由 1946 年的 4.8%增至 1960 年的 17.2%，在一定程度上改变了菲律宾的产业结构。进入 70 年代以后，菲律宾积极推行以出口创汇的工业为重点的工业发展战略，促使制造业有了更大的发展，在国内生产总值的比重进一步上升到 1980 年的 26.1%。从以上东亚各国和地区的制造业发展可以看出在工业化上都取得较大进展。早在 70 年代，韩国、新加坡已成为“新兴工业化国家”，中国台湾和香港地区则成为“新兴工业化地区”，马来西亚和泰国已经接近了这一水平，而菲律宾则相对滞后。

除此以外，各国之间工业化水平的差异还表现在制造业内部，尤其是轻工业和重工业的比例上。在印度尼西亚和菲律宾，食品工业、纺织和服装工业分别占制造业的 50%和 40%左右。而韩国和新加坡制造业的结构重心早已由轻工业转为重工业。韩国在 20 世纪 60 年代轻纺工业是主导产业，到 70 年代转变产业结构而开始培育钢铁、机械和石油化工等重工业。新加坡在 50 年代食品加工、纺织和服装等是主导产业，自 1965 年从马来西亚联邦脱离后，工业化推动了新加坡的产业结构转型，开始发展炼油、石油化工、修造船、电子电器等部门，特别是电子工业是其发展最快的部门，这些工业已成为新加坡的主要支柱。泰国、马来西亚和中国台湾近年来制造业的迅速转变也引人注目。显而易见，东亚各国和地区的差异反映了这些国家和地区正处在工业化的不同发展阶段上，其差异在制造业内部是显著的。

16.4.2 工业化发展进程

东亚地区的工业化发展进程是在较短时期内结束进口替代，进入出口导向型模式。在工业发展的进程中，东亚各国和地区是多样性的，并具有非同步性和差异性的特点。韩国、新加坡、马来西亚等都是比较典型的新兴工业化国家。与其他大多数发展中国家一样，这些国家都经历了漫长的殖民主义统治时期，由此导致经济结构单一，以发展初级产品的生产为主。各国独立后，都将推进工业化作为促进经济发展的策略，从而逐步走向外向型工业化模式。

韩国的工业化发展进程较快，早在 20 世纪 50 年代初期开始实施进口替代战略。当时，朝鲜战争结束不久，工业和农业生产极其落后，工业消费品和日用消费品奇缺，在这种形势下，韩国为了推行进口替代的经济发展战略，保护国内或地区内幼稚产业的发展，采用高关税、高估韩元、不允许外国人在韩国进行直接投资等多种限制办法。通过关税壁垒或非关税壁垒，限制了外国产品尤其是工业制成品的进口，保护了国内工业的发展。1953—1960年的8年间，韩国工业平均每年增长10.8%，1955年高达20.9%。但这期间得到发展的工业主要是以食品工业和纤维工业为主的轻工业，重工业比例很小。尽管如此，工业的迅速发展解决了战后生活用品短缺问题，开始了工业化进程。20世纪50年代后期，韩国又发展了电力、水泥等工业。韩国的工业化很快受到国内市场狭小的制约，迫使政府重视出口导向战略，并采取了一系列措施，主要有：大力引进外国资本和先进技术；优先发展服装、鞋类等劳动密集型工业部门；发展出口工业，建立出口商品基地和出口自由加工区；从财政、金融、税收上给出口企业以各种优惠和支持；将韩元大幅度贬值，以提高出口商品在国际上的竞争力。1965年又建立了统一管理的外汇制度。这些措施使工业品的出口迅速增长。1960年，韩国的出口额仅为3 283万美元，到1964年已超过1亿美元，出口额年平均增长率为39%。从70年代中期起，韩国在出口导向型的经济发展战略下，更加重视发展重化学工业，提出了优先发展重化学工业的工业化战略，以改变整个工业结构的畸形状态。在这一时期，韩国政府将钢铁、造船、电子、汽车、石油化工等部门作为战略产业部门，实行倾销政策，增强了这些产业部门的生产能力。到70年代末，韩国的钢铁、船舶等若干主要部门都进入发达国家的行列。

中国台湾地区的工业化发展也很快。1953年以后，台湾地区开始发展面向内销市场的进口替代工业，主要包括棉纺工业、合成纤维、塑料、合成板等轻工业，还发展一些重工业，同时以限制进口来保护消费品工业的发展。到1962年，非耐用消费品需要基本上得到满足，有些产品开始进入国际市场。这一时期，工业生产平均每年增长11.7%，工业在整个国民经济中所占比重也由17.9%迅速提高到27.8%。工业消费品在岛内市场销量大幅度增加，基本上达到了自给，实现了替代进口工业化，为出口工业化的转变准备了条件。20世纪60年代初期，台湾地区的内销市场已开始饱和，替代进口工业的继续发展受到岛内市场狭小的限制，在这种情况下，台湾地区在60年代初调整其工业发展战略，积极发展外向型工业。从1963—1973年间，以发展劳动密集型产业为中心，主要有：纺织品、食品、家用电器、化学品、木材及木制品、皮革及皮制品、橡胶及其制品、非金属矿物制品、金属制品等产品。制造业的发展极其迅速，同期增长率高达20%以上。1974年，台湾地区提出“经济转型升级”的新措施，其核心内容是“工业升级”，将经济发展的重点由劳动密集型工业逐渐转移到技术密集型和资本密集型工业上来。实施“工业升级”战略后，以纺织、食品、家用电器等轻工业为主的出口加工工业逐渐转型升级为以微电子元件及其设备、汽车制造等为主要内容的技术密集型工业及重工业。与此相应，出口产品的结构也发生相应的转化，重化学工业产品外销逐年增多。到80年代初期，电机、电器类产品在出口商品总额中所占比重已上升到第一位，传统的纺织类产品和轻工业的出口仍占有较大比重。

新加坡的工业化是独特的。在1959年实行内部自治后，新加坡政府采取了以工业化为主导向多元化经济发展的策略，同年颁布和实施了“新兴工业法”和“工业扩展法”，以减免税收来吸引投资者投资于新兴工业，并在进口关税上予以保护。1961年开始开辟了裕廊工业区，以集中力量发展新兴工业。由于这些措施的实施促进了新加坡进口替代工业的发展。进口替代产品主要以食品加工、木材加工、纺织、服装和电子工业品的装配为主。这类加工工业资金周转快，投资效率高，产品有销路。因而，到20世纪60年代中期，进口替代工业发展很快。但随后国内需求减少使国内已饱和的进口替代工业的市场萎缩。在这种情况下，新加坡政府提出“反经济衰退计划”，并实行经济战略的转变，由“进口替代”战略转向出口导向战略。1968年以后，新加坡进入出口导向工业化时期，新加坡生产和出口的产品主要有纺织品、服装、电子产品、金属制品、食品、塑料制品等。70年代中后期，新加坡政府大力推行发展资金密集型产业，改造工业结构，减轻经济对劳动密集型产业的依赖。在工业领域，新加坡集中力量发展石油精炼、合成纤维、工业机械、燃气轮机、光学产品等产业。由于实施出口导向战略，不仅使国内制成品产业得到发展，而且使国内产品在出口产品中所占的比重有所上升。1979年，新加坡政府又明确提出进行“第二次工业革命”，进一步推动工业向资本及技术密集方向发展；重点生产和出口飞机部件、自动化器材组件、电子计算机及配件、光学仪器、通信设备、高级化学品等。1980年以后，新加坡开始大力发展资本与技术密集工业，不仅使其出口贸易得到迅速发展，而且推动了产业结构的不断调整和升级，逐步淘汰劳动密集型产业，加速了新加坡工业化的进程，经济实力位居东亚“新兴工业化国家”之前列。

菲律宾在20世纪40年代末在东亚地区率先建立进口替代工业，推行工业化进程。1950年开始实施“进口管制法案”，对进口工业品采取全面的控制，以此来保护和促进新兴的替代工业的发展。随后在50年代，菲律宾工业获得较快的发展，一些进口替代工业品的生产有了迅速发展，从而减少了对进口的依赖。菲律宾的这种发展进口替代工业政策在经过50年代较为迅速的发展后，到60年代基本上处于停滞不前的状态。其主要原因是：依靠进口的原料、机器、中间产品价格暴涨，成本增高，当地产品无法同进口商品竞争；进口替代工业是面向国内市场的，而国内市场容量有限，限制了进口替代工业的持续发展；长期的贸易保护制度造成企业经营效率和生产效率低下的现象。菲律宾政府意识到工业化方针需要转向，在1967年颁布了《投资奖励法案》，1969年设立出口加工区，1970年又颁布了《出口奖励法案》，开始由进口替代转向面向出口。由于面向出口工业的发展，菲律宾制造业产值的年平均增长率从60年代的6.7%提高到70年代的7.2%，并较大幅度地改变了出口商品结构和提高了出口贸易额增长率。

马来西亚联邦在1957年成立后立即开始了工业化进程，重点发展食品工业、纺织工业等劳动密集型的进口替代的消费品工业。1958年发布了《先驱工业法令》标志着进口替代工业发展的开始。1965年，马来西亚联邦制定了第一个经济发展计划

（1966—1970 年），提出了发展经济多元化和发展进口替代工业的战略，侧重发展消费品工业。此外，如金属产品、橡胶加工等也有所发展。20 世纪 60 年代中期开始，制约马来西亚进口替代战略发展的内在因素表现越来越明显，迫使马来西亚政府对工业发展战略进行调整。1968 年，马来西亚通过了《投资鼓励法》，鼓励扩大制成品的出口。1969 年，马来西亚政府提出"新经济政策"，强调马来西亚通过工业化途径实现经济现代化；增加马来西亚人在生产领域尤其是初级产品生产的所有权，减少外国人在工业领域的所有权；以工业化为中心，实现经济均衡发展。从 1969 年至 70 年代末期，马来西亚侧重发展以出口为主的电子电器业、车辆装配业等劳动密集型加工工业。其中，经营电器与电子元件组装的企业增长最快。而橡胶、木材产品加工业继续得到扩展，但以非资源为基础的出口工业无论从增长率还是从增加就业水平衡量，均比传统的橡胶、锡矿的出口加工工业以及木材产品加工业显得重要。这一时期工业发展从国内市场转向国外市场。

泰国从 1954 年开始发展进口替代工业。1954 年颁布的《鼓励工业发展法案》，是泰国发展进口替代工业的开端，也是实施工业化的起点。20 世纪 50 年代后期，泰国政府建立了 100 多家国营工业企业，垄断工业生产，导致企业经营效率低下。1959 年，泰国设立投资委员会实施政府的工业投资政策。1960 年，投资委员会颁布《鼓励工业投资法案》，在曼谷地区开辟工业区，大力鼓励国内外私人投资。60 年代泰国建立和发展的进口替代工业部门主要有纺织、造纸、炼油、玻璃制品、汽车装配、电气机器装配等工业部门。这些工业的建立和发展满足了国内市场的需要。但泰国的进口替代工业的发展是建立在有限的国内市场的基础上的，它不可能享受大规模生产的经济利益，因此工业制品的成本经常高于国际市场价格水平，缺乏出口竞争力。到了 60 年代后半期，泰国的进口替代工业的发展已经受到国内市场饱和的限制，许多进口替代工业企业到了 1968 年已达到发展的顶峰，随后生产开始趋向下降的趋势。1970 年，泰国政府改变了工业企业投资的批准标准，转向鼓励民间资本投资于那些主要使用原料和劳动密集型的面向出口工业企业。1971 年，泰国开始重视发展进口替代工业，尤其是发展能够充分利用本地原材料和劳动力工业，这样促进了 70 年代面向出口工业的发展。在这一时期发展起来的面向出口工业主要是进口材料、部件，利用国内低廉劳动力进行装配加工重新出口的纺织、电子、电气机器等的面向出口工业。70 年代，泰国工业制品的出口贸易有了迅速增长，1970—1980 年间的年平均增长率高达 11.7%。

印度尼西亚的工业化比东亚其他国家和地区要晚。由于政府政策失误，印度尼西亚自 1945 年独立以后工业停滞，经济发展缓慢。1951 年，印度尼西亚政府开始实施《工业发展紧急计划》，由政府拨款投资，建设了一批制铁厂、皮革厂、纺织厂、印刷厂等国有企业。并通过向本土私人企业提供进口配额和贷款，发展进口替代工业。从 20 世纪 50 年代后期到 60 年代前期，印度尼西亚政府强调走工业化道路，食品、纺织、印刷、橡胶制品、化学、建筑材料、冶金等工业部门发展较快。这一时期工业化的主要特点是通过对外资实行国有化和政府投资，提高印度尼西亚的总体工业发展水平。1966年印度尼西亚工业出现转机。1967年和1968年先后颁布了有关外资和本国资本投资的条例，重点发展进口替代工业，产品主要满足国内的需求，从而开始了进口替代工业化阶段。1969年，印度尼西亚开始实施第一个五年计划，将发展进口替代工业放在首位，优先发展支持农业的进口替代工业，重视发展农产品加工业、原料加工业、劳动密集型工业。1974年开始实施的第二个五年计划，重点发展以石油为主的原料加工业。为了安置更多的劳动力就业，更加重视发展劳动密集型工业，纺织品、水泥、化肥、电器工业等发展很快。从1979年实施第三个五年计划开始，印度尼西亚将发展进口替代工业与出口替代工业放在同等重要的地位。政府将工业开发的重点放在生产最终产品，并优先发展钢铁工业和其他金属工业、交通运输工具、化工原料、建筑材料以及制成品生产。

中国香港地区的工业化没有经历过进口替代发展阶段，这在亚洲是个例外。这是香港受殖民统治的历史所造成的。处于英国殖民主义管辖之下的香港，20世纪50年代初期，以上海和宁波为主的江浙企业开始投资香港，促进了香港地区工业的发展，使其纺织业、陶瓷业和金属制造业先后进入东南亚和欧美市场。与此同时，制造业占香港本地生产总值的比重从1950年的9.0%增至1955年的21.8%，成为香港地区最大的经济行业。1959年，香港地区产品出口首次超过转口贸易，使香港经济从转口贸易经济开始向城市工业经济转型。60年代以后，香港地区经济开始起飞。为了推动工业的发展，香港工商界积极发展服装、塑胶、化工、电子等轻工业，逐步使香港地区成为亚洲地区的制造业中心之一。与此同时，香港地区利用其海港优势，从外国输入各种原料和半成品，在本地加工，除了很少一部分供本地消费外，90%以上的产品销往国外，这是香港地区工业化直接起步于出口替代的主要原因。香港地区面向出口的劳动密集型工业是以加工型轻纺工业为先驱的。到1970年，制造业占本地生产总值的比重已上升到31.0%，达到历史最高水平，制造业的就业人数占全部就业人口的47.7%。这一时期，香港地区经济已完成了以转口贸易为主向港产品出口贸易为主的转变。70年代中期以后，香港地区扩大了出口替代的发展，电子、塑胶等新兴劳动密集型出口工业也发展起来。

16.4.3 工业内部结构升级与就业结构

20世纪70年代中期以后，世界上大多数发达国家对工业结构进行了调整。总体趋势是工业部门从资本密集型产业向技术密集型产业转化。中国台湾、香港地区和韩国、新加坡、马来西亚、泰国等东亚国家抓住国际环境提供的有利机遇，有选择地确定了面向出口的主导产业。主要是纤维、钢材、通信机械、电器等产业部门，通过积极引进外国资本与技术，促进了工业内部结构升级。

从东亚各国和地区的工业内部结构看，这些国家和地区首先发展进口替代工业的策略是利用国内已存在的工业消费品市场发展内向的工业，借此提高工业消费品的自给程度，逐渐改变工业内部结构。新加坡主要是通过国家投资，大量引进发达国家的资本和经验，重点发展以造船、电子电器、炼油业等制造业为支柱的资本密集型新兴工业部门。为了实现工业向技术密集型升级，新加坡采取了创造良好的投资和经商环境，吸引外国资金和技术流入和积极培养高级科技人才等一系列措施，推动了“工业结构升级”。中国香港地区在纺织、服装、钟表等传统工业上有所发展，通过更新设备、改进技术，对产品进行深加工，达到提高产品的质量的目的。中国台湾地区则致力于发展重化学工业。在实现对资本货物和中间产品进口替代的同时，促进产业结构的升级。但台湾地区在重化学工业实施的过程中，尽管石油化学工业迅速发展，但钢铁工业发展趋缓，而造船工业进展缓慢。因此，台湾地区的重化学工业的发展对工业内部结构的升级是有限的。而韩国也注重发展重化学工业。韩国政府自 20 世纪 70 年代中期以来对重化学工业的发展提供财政支持和倾斜的激励制度。重工业发展的主导产业是电子、汽车制造、造船工业、有色金属和钢铁等。韩国以重工业带动的产品结构升级有力地促进了该国工业的发展。

在东亚各国和地区工业内部结构升级的过程中，随着产业结构的不断变化，就业结构的演变则呈现比较一致的趋势。韩国自 20 世纪 60 年代初期以后，工业产出在 GDP 中所占的比重从 1962 年的 11.1%增至 1988 年的 33.2%，1989 年以后有所下降，由于 60 年代初期以后，韩国的劳动密集型工业的迅速发展，工业部门所雇用的就业人数也相应增长。该部门的就业人数从 1955 年占总就业人数的 7.0%增至 1993 年的 33.3%。马来西亚的就业结构也呈现类似的趋势。马来西亚自 60 年代中期以后，制造业产出在国内生产总值中所占的比重从 1965 年的 10.4%增至 1980 年的 35.8%。由于 70 年代以后，马来西亚的劳动密集型制造业发展较快，制造业就业人口所占比重增长很快，从 1965 年的 8.4%增至 1980 年的 28.3%。而 60 年代中期以后，中国、泰国等东亚各国和中国台湾地区随着产业结构的逐步升级，工业占总就业人数的比重也逐渐上升（见表 16—6），这反映了这些国家和地区的工业化获得了不同程度的进展。而值得注目的是，自 60 年代初期以来，中国香港地区在工业部门就业人数所占的比重逐步下降。而这一时期，由于大量工业剩余劳动力逐渐流向服务业，使服务业部门就业的人数所占的比重则逐渐上升，这反映香港产业结构的变化已处于更高的阶段。

16.5　劳动力市场的形成与发展

16.5.1　战后的就业

在东亚各国和地区中，新加坡是城市国家，中国香港地区是港口城市，因而不存在农业和农村人口问题。而中国、印度尼西亚、马来西亚、菲律宾、韩国等其他东亚发展中国家和中国台湾地区在第二次世界大战前存在着二元经济结构，即传统的农业部门和现代的工业部门，前者所占比重很大，后者所占比重则相对较小，其人口的绝大部分居住在农村。20 世纪 50 年代初期，中国的农业产值在国内生产总值中所占的比重约为 51%，农业劳动力占社会总劳动力的比重高达 83%；韩国的这两项指标则分别为 45%和 60%以上。战后初期，印度尼西亚和泰国的农业人口占总人口比重在 85%以上。当时，不仅农村存在大量过剩劳动力，城市的失业现象也很严重。

为了解决就业问题，东亚各国和地区在第二次世界大战后实行了有利于迅速实现工业化的发展策略，逐渐扩大工业部门对劳动力的需求，从而使大量的农村剩余劳动力流向工业部门，特别是中国台湾地区的这种流动趋势在战后以来尤为显著（见表 16—5），韩国、马来西亚也尤为如此，这反映了这些地区和国家的工业化获得不同程度的发展。而这一时期，中国香港地区在工业部门就业人数所占的比重则由 1960 年的 52.0%下降到 1990 年的 24.5%，在服务业部门就业人数所占的比重则由 40.0%升至 74.6%。这反映了香港产业结构的变化已处于更高的阶段。

从 20 世纪 70 年代开始，随着经济的快速发展，韩国、新加坡和中国台湾、香港地区当时陆续实现了充分就业，甚至出现一时劳动力短缺的现象。例如，新加坡的失业率早在 1957 年就达到 4.9%，进入 70 年代以后，失业率呈现继续下降的趋势，1980 年降至 3.5%，1990 年进一步下降到 1.7%，随后在 90 年代，新加坡的失业率稳定在 1.0%左右；韩国的失业率在 60 年代中期至 80 年代前期保持在 3.8%～6.0%的水平；中国台湾地区的失业率由 50 年代初期的 6.5%降至 80 年代初期的 1.0%左右；中国香港地区的失业率自 60 年代到 70 年代末期基本上在 2.5%～4.9%的水平波动。80 年代初期以来，东亚各国和地区均适当从国外输入一些非熟练劳动力，以及高科技与管理人才。东亚各国和地区之所以实现了充分就业，主要是因为通过培育劳动力市场，较好地实现了就业的扩大和农村剩余劳动力的转移。

16.5.2 扩大劳动力就业的措施

从东亚各国和地区的情况看，政府扩大劳动力就业的主要措施是：实行以市场为基础的经济增长策略，扩大就业量，重视劳动者的教育和专门技术培训，有利于扩大就业的劳动力市场政策。

经济发展初期，东亚各国和地区推行劳动密集型的就业政策。在劳动力资源丰富而资金短缺的条件下，发展劳动密集型加工制造业，使企业在经济中发挥巨大的作用。据统计，在 1966—1985 年间，韩国的企业数量迅速扩大，由 22 718 家增至 44 037 家，增长了近 1 倍；就业人数由 57 万人增至 235 万人，年平均增长率为 8.0%。中国台湾在 1966—1976 年间，企业数量大约由 28 000 家增至 70 000 家，增加了 1.5 倍；就业人数由 59 万人增至 191 万人，年平均增长率为 12.4%。中国香港制造业部门的企业数量由 1960 年的 5 599 家增至 1980 年 45 025 家，同期，就业人数由 23 万人增至 91 万人，年平均增长率为 7.0%。新加坡制造业部门的就业人数由 1970 年的 12 万人增至 1980 年的 32 万人，年平均增长率为 10.2%，同期，新加坡的就业人数则由 73 万人上升到 112 万人，年平均增长率为 4.4%（见表 16—7）。

表 16—7　　新加坡劳动力增长率（1947—1980 年）

年份	劳动力人口/人	男性劳动力/人	女性劳动力/人	时期	劳动力增长率/%	男劳动力增长率/%	女劳动力增长率/%
1947	357 535	310 484	47 051	1947—1957 年	3.0	2.4	6.3
1957	480 267	393 797	86 470	1957—1970 年	3.2	2.4	6.1
1970	726 676	539 223	187 453	1970—1980 年	4.4	3.1	7.5
1980	1 115 958	730 606	385 352	1947—1980 年	3.4	2.6	6.6

资料来源：[英] W. G. 赫夫. 新加坡的经济增长——20 世纪的贸易与发展 [M]. 北京：中国经济出版社，2001.

东亚各国和地区还十分重视普通教育和专业技术培训，使劳动者具备适应各种就业机会的技能。20 世纪 40 年代后期和 50 年代，东亚各国和地区在注重发展高等教育的同时，推行了以普及初等教育和扫除文盲为主要内容的教育计划。随后，又加大教育投入的力度，东亚各国和地区的教育投资在政府支出总额中所占的比重一般都高于世界平均水平，即使在 80 年代中期以后许多发展中国家削减教育投资时，东亚各国和地区的教育投资在政府支出总额中所占的比重仍略有增长。由于普遍重视普通教育，到 70 年代中期，东亚韩国、新加坡和中国台湾、香港地区的受教育者在总劳动力中所占的比重大约高达 84%。即使是教育水平在东亚属于较落后的印度尼西亚在 80 年代中期接受过教育者在总劳动力中所占的比重仍占 73%，而同期泰国所占比重也达到 70%以上。

加强对劳动者的专业技术培训是东亚各国和地区重视教育的又一个方面。专业技术培训的对象是即将就业者、技术水平不高的在职工人、处于转型期的工人、处境不佳的结构失业者，其目的在于培养和提高劳动者的专业技能，扩大他们的就业机会。为了促进职业培训的发展，韩国、新加坡等国家和中国台湾地区均先后颁布了“职业培训法”或“专业技术培训法”，使专业技术培训受到法律的保护与支持。东亚各国和地区还采取一系列鼓励措施，提高企业和个人对教育事业的参与率。政府规定，凡拥有一定数量职工的企业都可创办职工学校和专门技术学校，或者出资派人到专业技术培训机构学习，每年应接受培训的职工人数不得少于在职职工的 5%～15%，否则依法缴纳培训费；创办学校的企业可得到当局提供的优惠贷款和其他形式的补助金。东亚各国和地区鼓励职工参与职业培训的主要政策是：接受专业技术培训的职工均需通过有关考试；凡考试合格者发给证书，并给予相应的工资待遇，以及录用和升迁机会。这些措施有利于培养适用人才，改善劳动力的质量，从而扩大劳动就业。

而适宜的劳动力市场政策对于扩大就业具有重要作用。第二次世界大战后，东亚发展中国家和地区一般不制定最低工资法、雇员税法和就业保障法等[①]干预劳动力市场的法规，工资一般由劳动力市场的供求关系决定，因此，廉价的劳动力成本是其具有国际竞争力的主要因素，也是这些国家和地区在对外经济贸易方面出口导向贸易政策成功的主要原因。而出口的不断扩大又使劳动力就业量相应增加，这就形成了经济增长与扩大就业之间的一种良性循环。与此同时，使劳动力市场不发生扭曲的政策还有利于促进对外经济贸易自由化。事实表明，东亚发展中国家和地区对劳动力市场的不干预政策推动了经济的迅速发展，因此，它不仅扩大了劳动力就业量，而且使实际工资的增长速度快于那些干预劳动力市场的发展中国家。

16.6 产业结构转换与就业结构

第二次世界大战后，东亚发展中国家和地区经济的增长与产业结构的变化是密切相关的。特别是20世纪60年代以来，东亚经济的高速增长是与产业结构由农业向工业部门加速转换的趋势相伴随的。韩国、印度尼西亚、马来西亚、泰国、中国台湾地区表现为从农业部门向工业部门转换，而新加坡、中国香港地区则由服务业部门低生产率活动向工业部门转换。在发展现代工业部门的同时，中国香港地区和新加坡还发展了现代金融业部门，成为国际性金融中心。东亚发展中国家和地区在产业结构向工业转换的过程中，与发达国家的产业结构转换模式是不同的，欧美先行工业化国家的产业结构是按农业向轻工业和重工业过渡，然后向服务业的产业发展顺序自行转换的。而东亚发展中国家和地区的结构转换是复杂的，韩国和中国台湾地区具有农业快速下降和工业迅速上升的特点，中国香港地区和新加坡则具有工业迅速下降和服务业显著上升的特点。而印度尼西亚、马来西亚、泰国和菲律宾是通过国家干预等手段，提高经济部门的储蓄率，增加投资，牺牲农业，逐渐促进工业的发展。

威廉·阿瑟·刘易斯（William Arthur Lewis）认为，发展中国家是由两个完全不同的部门组成的。他在1954年发表的《无限劳动供给下的经济发展》一文中提出了二元经济结构发展模型，也称为无限过剩劳动力发展模型，其目的是论证发展中国家农业劳动力向城镇工业部门流动的两部门人口流动模型。刘易斯认为，发展中国家一般存在着二元经济结构，即发展中国家的经济结构由传统的自给自足的农业部门和现代工业部门组成。在传统农业部门，不可再生性的土地是生产的基础，耕

① 第二次世界大战后，大多数发展中国家把实现收入分配的平等作为重要的社会目标。为此，它们制定了“最低工资法”，向雇主征收“雇员税”，实施“就业保障法”，国有部门非熟练工人的工资标准普遍高于私营部门，而且对劳动力市场通常不作反映。这些法规的特点是具有高估劳动力价值的效果。世界银行专家的研究成果表明，平均实际工资增加10%，就会导致就业减少0.03%～0.04%。

地面积的扩展是有限的，生产技术简单而变化缓慢。另外，农村人口持续增长，劳动力遵照“共同体原则”(Communality Principle)，参加劳动产品分配。其结果使得相对于土地资源，劳动力过剩，处于不充分就业或隐蔽性失业状态。在其他要素不增加的条件下，一部分劳动产值和边际生产率接近于零或负增长。正因为如此，刘易斯认为，将这些剩余劳动力从农业部门抽出来不会减少农业生产。在高劳动生产率的现代工业部门，生产规模的扩大和生产速度的提高超过人口增长速度，使劳动就业人口的边际效益递增，人口平均收入不断提高。

传统的、人口过剩的农业部门和高劳动生产率的现代工业部门在经济结构和收入上的差异，导致仅能维持生存的农业部门的剩余劳动力会源源不断地转向现代工业部门，为城市现代工业部门所吸收。这种转移过程可用图 16—4 说明。

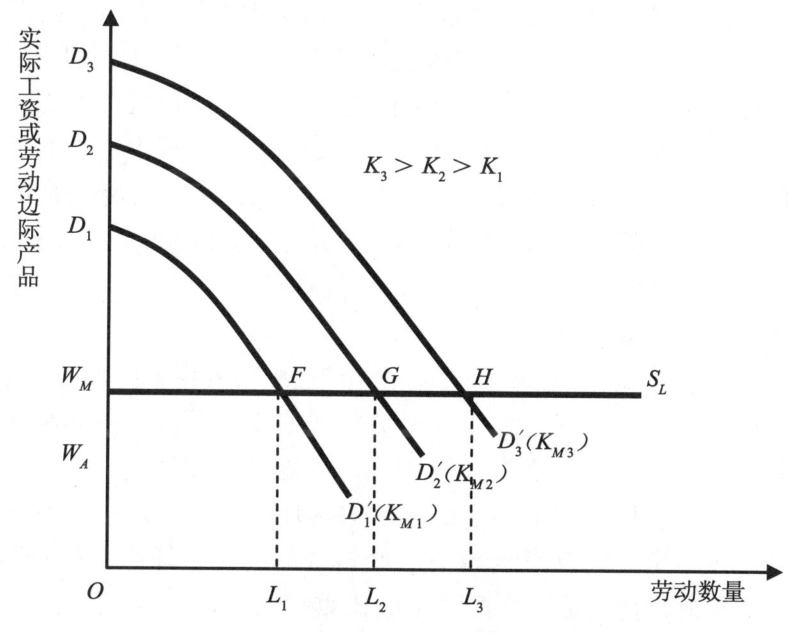

图 16—4　农业剩余劳动力转移与工业增长

图 16—4 中，纵轴表示实际工资或劳动边际产品，横轴表示劳动数量，OW_A 表示传统农业部门维持最低生活水平的平均实际收入水平，OW_M 则表示工业部门的实际工资水平。在这一工资水平上，农村劳动力的供给被假定为无限的或完全有弹性的，可以用劳动力供给水平线 W_MS_L 表示。假定工业部门增长的初期阶段，资本供给固定为 K_{M1}，当资本供给固定为 K_{M1} 而逐渐增加劳动量的投入时，就会有一条由递减的劳动边际生产量决定的劳动需求曲线，并在图中由左上方向右下方倾斜的曲线 D_1D_1' 来表示。根据利润最大化的决策原则，工业部门将雇用劳动力直到他们所生产的劳动边际产品与实际工资相等时为止，也就是劳动供给曲线 W_MS_L 和劳动需求曲线 D_1D_1' 相交之点 F 为均衡点，此时，工业部门的总就业量为 OL_1。工业部门的总产

量由点 OD_1FL_1 围成的面积表示。总产量中以工资形式支付给工人的工资总量为矩形 OW_MFL_1，总产量中的剩余部分为利润总额 D_1FW_M 。由于刘易斯假定这些利润可以再投资而形成资本，从而工业部门的资本形成将从 K_{M1} 增长到 K_{M2} 。这一增长的资本投入导致工业部门的劳动边际生产率提高，于是，劳动边际产品曲线即劳动需求曲线由 D_1D_1' 向右上方 D_2D_2' 移动，此时，雇用的劳动数量为 OL_2，工业部门的劳动力供给曲线 W_MS_L 和新的劳动需求曲线将在 G 点建立一个新的就业水平。当工业部门的工资总额和利润总额分别增长到 OW_MGL_2 和 W_mD_2G 的同时，总产量也增长到 OD_2GL_2。这部分扩大（W_mD_2G）的利润又可以再投资而形成资本，使资本总额由 K_{M2} 增加到 $K_{M\#}$ 。投入资本量再度扩大后，劳动边际生产率又进一步提高，工业部门再扩大劳动雇用量也增长到 OL_3。

刘易斯认为，发展中国家只有通过现代工业部门把所有农村中隐蔽性失业的过剩劳动力完全吸收干净为止①，才能使收益递减转变为收益递增，国民经济发展方式由停滞转变为稳定增长，随着经济活动由传统农业部门向现代工业部门的转移，就发生了产业结构的转变。根据刘易斯的模式，发展中国家经济发展的目标之一是提高经济部门的储蓄率，通过增加投资，促进工业部门的发展，将农村的剩余劳动力从农业部门转移到工业部门。中国台湾地区、韩国、印度尼西亚、马来西亚、泰国以及菲律宾的经济结构从农业为主向工业部门转移的过程，基本上是与发展经济学家刘易斯的二元经济发展模式一致的。

东亚各国和地区自 20 世纪 60 年代以来，产业结构发生了巨大的变化。农业在整个国民经济中的地位有所下降，工业特别是新兴工业在经济中的影响逐渐加大，服务业迅速发展（见表 16—8）。在工业结构上，东亚各国和地区建立了具有灵活弹性的结构形式，从而有效地利用了多变的国际市场环境。东亚地区原有的工业基础比较薄弱，工业门类不全，50 年代时仅有一些传统的纺织、纤维、食品等劳动密集型的加工工业，工业总产值占国民生产总值的比重很小，进入 60 年代后，工业发展迅速，工业结构发生很大转变，特别是“四小龙”劳动密集型产业在国民经济中的地位有所下降，资本和技术密集型产业逐渐崛起。新兴产业如汽车、家电、化纤、精密仪器等工业部门的发展较为迅速。

---

① 一些经济学家指出，刘易斯模式中所说的无限剩余劳动供给在现实中不可能存在。他们认为，发展中国家的传统农业部门虽然生产率低，但资源配置是有效率的，不可能存在零值边际生产率的剩余劳动，因而也就不可能存在对现代工业部门的无限劳动供给。当农业部门一部分劳动流向现代工业部门后，农业产出将减少。尽管如此，刘易斯提出的二元经济结构发展模式对于某些发展中国家是适用的，对于描述经济发展过程中产业部门之间的互动关系和产业结构的变动过程产生过重大的影响作用。但这个模式的基本假设条件与多数发展中国家的经济现实不完全相符，“零”值劳动力只是一定社会、经济条件下的产物，并不是发展中国家农业中普遍存在的经济现象。而传统农业部门向现代工业部门的转移，既需要有大量资本和科学技术的投入，还需要有解决大量农业剩余劳动力的就业出路，这些条件在多数发展中国家是不具备的，但该模式提出的工农业两个部门或二元经济结构性的差异导致了农村劳动力转移的见解是较为精辟的，具有较高的学术价值。

表 16—8　　东亚部分国家或地区的产业结构　　（%）

国家或地区	农业占国内生产总值比重			工业占国内生产总值比重			服务业占国内生产总值比重		
	1950—1954 年	1970—1974 年	1980 年	1950—1954 年	1970—1974 年	1980 年	1950—1954 年	1970—1974 年	1980 年
韩国	45.0	26.0	14.9	13.0	30.0	41.3	42.0	57.0	43.8
新加坡	—	2.0	1.2	—	32.0	38.0	—	66.0	60.8
印度尼西亚	56.0	39.0	24.0	11.0	25.0	41.7	33.0	36.0	34.3
马来西亚	44.0	29.0	22.9	—	28.0	35.8	—	43.0	41.3
菲律宾	36.0	29.0	25.1	23.0	32.0	38.8	41.0	39.0	36.1
泰国	49.0	26.0	23.2	12.0	27.0	30.8	38.0	47.0	46.0
中国	—	39.0	30.1	—	47.0	48.5	—	14.0	21.4

资料来源：［英］B. R. 米切尔. 帕尔格雷夫世界历史统计·亚洲、非洲和大洋洲卷（1790—1993）［M］. 北京：经济科学出版社，2002；［日］日本矢野恒太記念会. 世界国勢図会（1994/1995 年）［M］. 東京：国勢社，1994.

从新加坡的产业结构变化看，在东亚各国和地区中变化较快。它在 20 世纪 60 年代末期建立了以制造业为中心的工业发展模式，以图改变单纯依赖转口贸易的单一经济结构和解决失业问题。由于市场的限制，70 年代新加坡除了发展制造业外，还带动对外贸易、金融、交通运输和旅游业的发展，实现了多元化的产业结构。进入 80 年代，新加坡在新技术浪潮的推动下，着重经济重组，产业结构向高技术化调整，重点发展电子工业和生物工程，将一些劳动密集型产业转移到印度尼西亚和马来西亚。同时还注重发展国际金融业、通信业和国际贸易服务业，促进了产业结构现代化，从而使它成为世界性的商业、金融、电信服务中心。从新加坡的各产业就业人口结构变化看，1957 年新加坡农业就业人数占总就业人数的比重为 6.9%，工业和服务业的就业比重则分别为 21.2%和 71.9%。到 1970 年，农业的就业比重降至 3.5%，工业的就业比重由 21.2%增至 29.3%，服务业的就业比重则由 71.9%减少到 67.2%。80 年代以后农业的就业比重呈现进一步下降的趋势，而工业的就业比重则呈现上升的趋势。

韩国在 20 世纪 50 年代的经济恢复时期，特别是在 1955—1961 年的 7 年间其产业结构虽有波动，但变化不大。这一时期，韩国的三次产业结构是典型的两头大、中间小的欠发达型产业结构。第一产业和第三产业占国民生产总值的比率分别平均为 44.0%和 45.3%；第二产业的比重很小，平均每年为 10.7%。60 年代初期，在全球新技术革命的推动下，国际分工开始出现新格局，一些发达国家致力于利用科技新成果发展收益更高的资本和技术密集型产业，把一些劳动密集型产业逐步转移到劳动力成本低的发展中国家和地区。韩国乘此良机，利用本国廉价的劳动力，建立了比较发达的劳动密集型产业，如印刷、成衣工业等，同时扩大出口，加快了经济发展速度和资本积累，使产业结构有了明显的改善。在韩国第一个五年计划初期的 1962 年，第一产业占国民生产总值的比率为 43.3%，而到第三个五年计划初期的 1972 年，这一比重已降至 26.9%；同期第二产业的比重则由 11.1%上升到 19.8%，第三产业的比重也由 45.6%上升到 53.2%。70 年代，世界发生了两次能源危机，发达国家又把一部分耗用原料、燃料的重化工业部门向新兴工业化国家和地区转移，韩国抓住机会，发展了以汽车、造船、钢铁、石化为代表的重化工业。进入80年代以后，韩国实行“科技立国”的策略，产业结构高技术化使韩国产业进一步发展。

中国台湾地区的产业结构变化也较大（见表16—9），工业在台的产业结构转换和经济增长中起了重要的作用。1953年台湾地区工业在国民生产总值中所占的比重仅为17.7%，1980年已上升为46%，之后展现了工业比重逐渐下降，而服务业迅速上升的典型的产业结构模式的转变。制造业在工业化时期起到重要的作用，表现在1965—1980年间国内生产总值的年平均增长率为9.9%，而制造业则达到14.6%的高增长率。

表16—9　　中国台湾地区产业结构及各产业部门增长率　　（%）

指标	各产业占国内生产总值的比重			各产业年均增长率	
	1953年	1970年	1980年	1965—1980年	1980—1990年
农业	38.4	18.0	8.0	2.3	8.0
工业	17.7	34.5	46.0	13.7	8.5
服务业	43.9	47.5	46.0	9.5	8.8
国内生产总值	100.0	100.0	100.0	9.9	8.0

资料来源：Council for Economic Planning and Development，*Taiwan Statistical Data Book*，1988；［韩］安忠荣.现代东亚经济论［M］.北京：北京大学出版社，2004；黄范章，魏燕慎.东亚经济蓝皮书［M］.北京：经济科学出版社，2006.

马来西亚在20世纪50年代前期农业占国民经济的比重较高，工业相对落后。在20世纪60年代，马来西亚主要采取进口替代战略，以迅速提高国家经济实力。从70年代初开始，大力发展出口导向型制造业。80年代中期以后，注重发展制造业和建筑业等工业、服务业，努力摆脱资源产品出口型的经济模式。

泰国的产业结构变化也比较明显。20世纪50年代初期，泰国产业结构较为单一，工业十分落后，尤其是制造业生产力低下，大部分工业消费品依赖进口。1950—1954年间，泰国的工业在国民生产总值中的比重仅占12.0%，主要是纺织、碾米等手工业。而农业部门在国民生产总值中所占的比重则高达49.0%。50年代以后，泰国大力推动本国工业化的发展，以促进经济的快速增长及经济多元化的发展，改变了单一的产业结构。1960年，泰国农业、工业和服务业在国内生产总值的比重分别是40.0%、19.0%、41.0%，到1980年，分别是23.2%、30.8%和46.0%。80年代初期以后，泰国进一步加快产业结构的调整，随着汽车、家电、化工等新兴工业部门的崛起，产业结构的变化很大。

印度尼西亚产业结构的变化相对较晚，早在20世纪50年代前期农业占国民经济的比重高达56.0%，在东亚各国和地区中是最高的，属于典型的农业国。60年代以后，随着工业化的发展，农业对国内生产总值的贡献率逐渐下降，到1980年降至24.0%，工业和服务业在国内生产总值中所占的比重则分别由1960年的14.0%和

32.0%分别上升到 41.7%和 34.3%。80 年代中期，为了改变经济过分依赖石油天然气的局面，政府调整经济发展战略，促进非石油产品出口。

中国香港地区自 20 世纪 60 年代以后工业在国内生产总值中的比重有所下降，服务业比重大幅度上升。其主要原因是：工业部门已经成熟；为应对劳动力短缺而对产业结构进行新布局，进一步发展出口贸易、金融、旅游和信息产业。到 1980 年，制造业部门占国内生产总值的比重为 18.0%，而服务业占 73.0%。香港地区已蜕变为一个服务中心，提供各式各样、需要高技术水平和专业投入的生产者服务业。

东亚地区产业结构的转变牵动了就业结构的变动。表 16—6 表明，东亚各国和地区在经济发展的过程中都经历了劳动力从农业部门向其他部门的转移，特别是工业化的进展加速了这种转移的速度。20 世纪 60 年代以后，随着新加坡制造业和建筑业的迅速兴起，创造了大量的劳动就业机会，促进农业部门和服务业部门的劳动力向制造业部门转移。香港的劳动力转移也与其经济发展密切相关。随着香港国际服务业的飞速发展，农业与工业部门的劳动力源源不断转移到服务业部门。韩国、印度尼西亚、马来西亚、泰国、菲律宾和中国台湾地区的就业结构的变化则明显表现为农业部门劳动力大规模向工业和服务业部门转移。

16.7　人口增长与外国移民

东亚作为世界人口最稠密的地区之一，人口增长速度很快。第一次世界大战以后，东亚各国的人口增长进一步加速，特别是菲律宾、泰国、中国台湾、马来西亚、中国香港、新加坡等国和地区的人口规模大幅度增长，到 1950 年经 37 年，均增长了 1 倍以上（见表 16—10）。印度尼西亚的人口增长速度也很快。这些国家和地区人口迅速增长的主要因素之一是出生率持续偏高的人口效果。此外，中国、印度等外国移民继续大量迁入也是其迅速增长的主要因素。这一时期，印度尼西亚、菲律宾、马来西亚、新加坡等国得到大规模经济开发，而当地劳动力的数量及其劳动力素质均不能满足需求，外国移民正是在这种背景下大量迁入的，其外国移民主要来自中国，其次是印度等南亚各国。

表 16—10　　东亚国家或地区的人口发展（1913—1980 年）　　单位：千人

国家或地区	1913 年	1950 年	1960 年	1965 年	1970 年	1975 年	1980 年
中国	437 140	546 815	667 070	715 185	829 920	916 395	981 235
印度尼西亚	49 934	79 043	95 254	105 093	119 470	130 485	147 490
菲律宾	9 384	21 131	28 557	33 317	36 850	44 447	51 092
泰国	8 689	20 042	27 513	32 062	36 370	42 272	47 026
韩国	16 070	20 846	24 784	28 705	32 240	35 281	38 124
中国台湾地区	3 469	7 882	11 155	12 928	14 565	16 001	17 642
马来西亚	3 084	6 434	8 428	9 648	10 390	12 267	13 764

续表

国家或地区	1913 年	1950 年	1960 年	1965 年	1970 年	1975 年	1980 年
中国香港地区	487	2 237	3 075	3 598	3 959	4 396	5 063
新加坡	323	1 022	1 646	1 887	2 075	2 263	2 414
东亚	528 580	705 452	867 482	942 243	1 085 839	1 203 807	1 303 850
亚洲	977 604	1 381 877	1 686 557	1 865 142	2 092 669	2 344 965	2 580 039

资料来源：［英］安格斯·麦迪森. 世界经济千年史［M］. 北京：北京大学出版社，2003.

20 世纪后半叶，由于经济的迅速恢复和发展，东亚各国的人口增长持续保持高速增长的态势，到 1980 年，东亚各国的人口规模均增长 1 倍以上。造成人口增长的主导因素是其自然增长率持续偏高，80 年代比世界平均数高 0.4‰。此外印度尼西亚、马来西亚、新加坡、菲律宾等国人口增长的另一个因素依然是中国等外来移民的流入，这些国家一直是世界上华侨和华人最集中的地区，截止到 80 年代初期共有 2 000 多万人，占世界华侨和华人的 90%。其分布的相对比重以新加坡为最高，1980 年占该国总人口的 76.9%（见表 16—11）；在马来西亚占 1/3。这些来自中国的移民为各国的经济发展做出了贡献。

表 16—11　　新加坡人口增长率与各民族人口增长状况（1931—1980 年）

年份	总人口/千人	华人比重/%	印度人比重/%	马来人比重/%	其他人比重/%	时期	总增长率/%	自然增长率/%	移民增长率/%
1947	938.1	77.8	7.7	12.1	2.4	1931—1947 年	3.3	1.7	1.6
1957	1 445.9	75.4	9.0	13.6	2.0	1947—1957 年	4.4	3.6	0.8
1970	2 074.5	76.2	7.0	15.0	1.8	1957—1970 年	2.8	2.7	0.1
1980	2 413.9	76.9	6.4	14.6	2.1	1970—1980 年	1.5	1.4	0.1

资料来源：［英］W.G. 赫夫. 新加坡的经济增长——20 世纪的贸易与发展. 北京：中国经济出版社，2001.

20 世纪 70 年代初期以来，东亚各国的经济发展比较迅速，但人口增长过快造成巨大的人口压力，粮食不足、失业率高、生态环境遭到破坏等问题，在相当程度上与人口压力有关。正因为如此，东亚大多数国家为了促进经济发展，在节制生育、改善人口分布等方面采取了一系列措施，泰国和印度尼西亚的人口抑制效果尤为显著。但由于高出生率和人口年龄构成等方面影响，在 80 年代以后东亚地区人口增长速度仍偏高，但占亚洲总人口的比重不会再增大。

第 17 章　西亚的人口与经济发展

17.1　石油工业与海外移民

在西亚[①]工业的发展过程中，石油资源作为工业生产的能源和原料，进行大规模开采的时间不长。西亚石油业发端于 1891 年，这一年英国的石油公司在伊朗钻了第一口油井。1908 年，英国殖民主义者在伊朗的苏莱曼找到了商业性油田，喷出了工业性油流，西亚石油生产由此开始。1927 年伊朗打成了日产 9 万桶的油井后，波斯湾石油开始供应世界。20 世纪 30 年代，巴林、科威特、沙特阿拉伯、卡塔尔等国的油田被相继发现，促进了西亚石油业的发展。1940 年，西亚已有伊朗、沙特阿拉伯以及伊拉克等 5 个国家开采石油，年产约 1 600 万吨，占世界石油产量的 4%。但在 20 世纪前期，西亚石油业发展不快，在世界上的地位并不突出。其原因在于当时各主要工业国均以煤炭为基本能源，石油消费量不大，而且这里又远离世界主要工业地带，运输费用太高，这些因素限制了波斯湾地区石油业的发展。

第二次世界大战前，英国几乎垄断了整个西亚的石油业。战后，美国倚仗其巨大的经济实力，逐渐排挤了英国，成为西亚石油的最大掠夺者[②]。到 1952 年，美国资本控制西亚石油的比重已从战前的 14%增加到 63%，同期英国则由 80%下降到 30%，此后长期维持在这一比率上。西亚石油的生产成本远远低于世界其他产区，但在垄断集团的操纵下，资本主义各国的原油售价却都是大体相同的，这样，西亚石油为西方石油财团带来巨大的经济利益。而各产油国本身的经济却长期处于

---

① 西亚地处亚洲西南部，指东起阿富汗、西迄土耳其的亚洲西部地区，又称西南亚。它包括分布在伊朗高原上的阿富汗、伊朗；阿拉伯高原和高原以北的美索不达米亚平原上的伊拉克、叙利亚、黎巴嫩、巴勒斯坦、约旦、沙特阿拉伯、科威特、也门、阿曼、阿拉伯联合酋长国和卡塔尔；小亚细亚半岛上的土耳其；波斯湾内的巴林；地中海东部的塞浦路斯等 17 个国家和地区。总面积为 718 万平方千米。国际上使用很广的“中东”这个名词，其范围没有明确的界线，通常指以西亚为主的地跨亚、欧、非三洲的地区，包括西亚国家（除阿富汗）和地区以及北非的埃及。波斯湾简称海湾，海湾国家即指波斯湾沿岸的伊朗、伊拉克、科威特、沙特阿拉伯、巴林、卡塔尔和阿拉伯联合酋长国等国家。

② 目前在 8 家控制西亚石油资源的最大石油垄断公司中，美国占了 5 家，即新泽西美孚石油公司（现名埃克森石油公司）、纽约美孚石油公司（现名莫比尔石油公司）、加利福尼亚美孚石油公司、得克萨斯石油公司和海湾石油公司，它们主要属于美国大垄断资本集团洛克菲勒财团。其余 3 家分别是英、荷壳牌石油公司，英国石油公司和法国石油公司。20 世纪 50 年代后期起，日本、德国、意大利等国石油资本也不断渗透，但总的规模远不如美国和英国。几十年来，资本主义国家和国际垄断资本在西亚石油的生产、加工和销售中榨取了巨额的利润。

落后状态，工业基础非常薄弱。为了维护国家主权，收回经济效益，保护石油资源，西亚各石油国同石油垄断财团进行了长期的斗争。1960 年 9 月，包括伊拉克、伊朗、科威特和沙特阿拉伯等在内的发展中国家的主要产油国联合成立了“石油输出国组织”，逐步冲破了西方石油公司长期垄断原油价格的特权，大幅度提高了石油税率，并进而基本实现了石油业的国有化。这样，西亚各国的石油收入有了巨大的增长。

20 世纪 50 年代以后，西方发达国家能源逐步转向液体化，石油化学工业迅速发展，工业与军事的现代化等对石油需求量大大增加，其消费量急剧上升，大大刺激了波斯湾石油业的发展。此外，大型和巨型油轮的相继出现，降低了海上石油运费，对波斯湾石油资源的开发起了促进作用。在这种形势下，西方发达国家纷纷涌向西亚，对这一地区的石油资源进行大规模的掠夺式开采，科威特、沙特阿拉伯、阿联酋等国的大油田陆续得到开发，西亚石油产量开始逐年跃升。战后初期到 20 世纪 50 年代末期的 15 年期间，石油产量年平均递增 1 500 余万吨，到 1960 年原油产量高达 2.8 亿吨，占世界总产量的 26%。1961 年以后西亚的石油业发展进一步加速。据统计，1961—1973 年的年平均增长率为 10%～12%，超过同期世界年均增长率。西亚的石油生产从 1953 年开始超过拉丁美洲，1965 年又超过美国，产量跃升到 4.2 亿吨，占世界总产量的 28.3%，从而成为世界最大的产油中心。

从 20 世纪 70—80 年代初期，海湾国家的石油业进入迅速发展期，尤其以沙特阿拉伯和科威特最引人注目。70 年代，沙特阿拉伯作为石油储量居世界首位的海湾地区大国，其石油产量迅猛增长（见图 17—1），石油出口量从 1970 年的 378.6 万桶/日增加到 1980 年的 922.3 万桶/日；石油收入 1976 年为 335 亿美元，1980 年增至 1 042 亿美元。从 70 年代末起，沙特阿拉伯的石油发展战略从单纯增加原油产量转变为控制原油产量，着重发展石油、天然气加工工业和石油化学工业。科威特的石油储量仅次于沙特阿拉伯。1975 年科威特回收外国石油公司的所有租借地和股权，发展独立自主的石油工业，促进了石油工业的飞速发展，其石油产量从 1972 年的 12.0 亿桶增至 1981 年的 40.8 亿桶，石油收入则从 1971 年的 9.6 亿美元猛增至 1980 年的 190 亿美元，10 年内增长近 20 倍。

与此同时，沙特阿拉伯、科威特、阿联酋等海湾国家在石油工业国有化上采取了重大行动，控制了国民经济的主导权，加上石油危机的爆发，促使石油飞涨，到 1980 年上涨了 20 倍。巨额石油收入带动了中东产油国经济迅速增长，但劳动力资源的严重不足，不能适应现代经济发展的要求。在这种背景下，外国劳动力和移民纷纷涌入沙特阿拉伯、科威特等海湾国家，1977 年在海湾 6 国的总人数达到 198 万人，1985 年又猛增到 515 万人，使海湾地区迅速崛起为与西欧、北美洲并列的世界三大劳务市场之一。但与西欧、北美洲不同的是，海湾地区的外籍劳动力在数量上超过了本国劳动力，在劳动力总数中占据了绝对优势，这种劳动力流动现象在世界上是绝无仅有的。由于外籍劳动力的剧增，刺激了石油工业国的经济迅速增长。据统计，石油生产国国民生产总值的年平均增长率 1970—1980 年为 5.7%，超过了一般发展中国家。许多石油生产国已成为世界上高收入的国家，1982 年阿拉伯联合酋长国的人均国民生产总值高达成 23 770 美元，科威特为 19 870 美元，沙特阿拉伯为 16 000 美元，超过了大多数发达国家的水平。

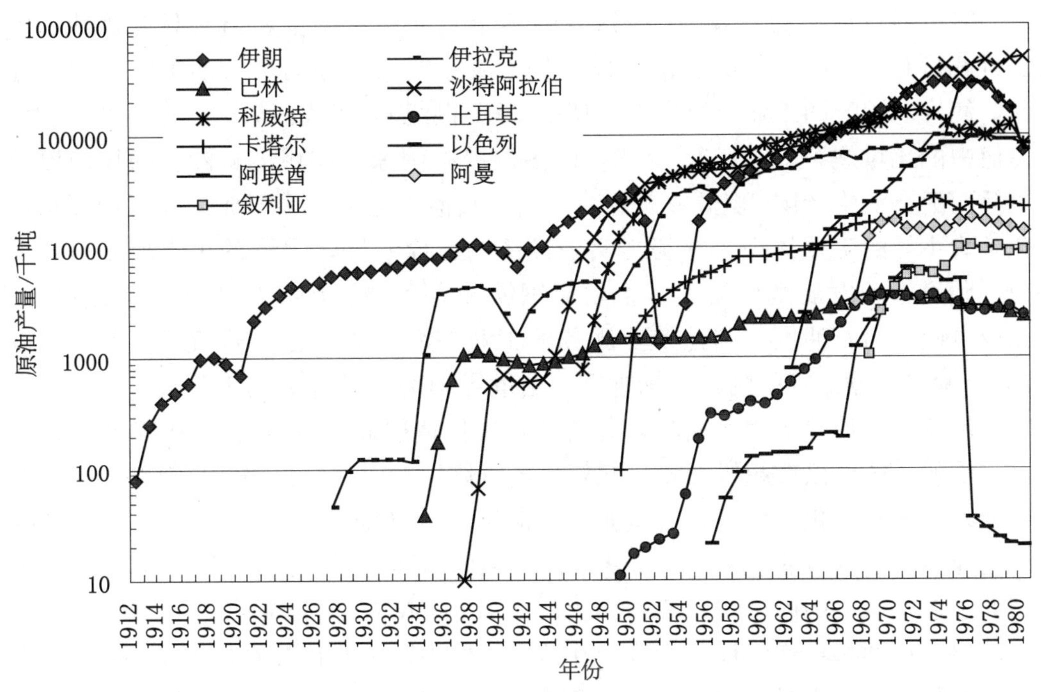

图 17—1　西亚各国原油产量的变化

资料来源：［英］B. R. 米切尔编. 帕尔格雷夫世界历史统计·亚洲、非洲和大洋洲卷（1790—1993）［M］. 北京：经济科学出版社，2002.

这一时期，西亚地区的石油开采业规模虽然很大，发展速度也很快，但长期以来石油加工工业十分薄弱。为了改变单纯出口原油的状况，伊朗、科威特、沙特阿拉伯等海湾国家加强炼油工业和石油化学工业。伊朗先后建起了阿巴丹、哈尔克岛和设拉子等石油化工基地，合计年炼油能力为 5 325 万吨；科威特在 1976 年已形成了 3 420 万吨的石油加工能力；沙特阿拉伯的腊斯塔努腊炼油厂是世界上最大的炼油厂之一，此后又在利雅得、伯里等地先后建立起了一批炼油厂，其加工能力接近 1 亿吨。伊拉克的巴格达、劳扎塔因，卡塔尔的多哈，巴林的麦纳麦等都建起了炼油厂。然而，西亚各石油生产国的炼油工业和石油化学工业的生产能力与其原油生产能力相比，是微不足道的。直到 1981 年，西亚地区的炼油能力仅为 1.7 亿吨，占本地区原油产量的 1/6，而且有 1/3 炼油业分布在非石油输出国。

17.2 非石油工业的发展、工业化与劳动力

第二次世界大战结束后，西亚的大多数国家基本上以农业为主，工业极其薄弱，即使是石油工业发展也很缓慢，1946 年，这一地区的石油总产量还不到 3 500 万吨，约占当时世界总产量的 9.8%。在该区的 8 个石油生产国中，当时只有伊朗、伊拉克、科威特和沙特阿拉伯的石油开发已处于生产阶段。随后，石油工业在这一地区崛起，使许多国家的工业有所发展。特别是 20 世纪 60 年代以后，工业生产在国内生产总值中的比重逐渐上升。70 年代，许多发展中国家，如伊朗、沙特阿拉伯以及伊拉克等西亚石油生产国①积极发展石油化工和其他工业，逐步形成了以石油开采和石油化工为主导的工业体系，并努力实现经济的全面发展，采取的主要措施是：大力兴建基础设施和发展基础工业；把发展钢铁和有色金属等基础工业作为建设重点。在工业方面，为石油生产与建筑业服务的工业在海湾诸国已初具规模。其中，制造 1 420 毫米口径输油管的阿瓦士钢管厂，是世界同类型最先进的工厂之一；巴林、科威特、沙特阿拉伯等 7 个产油国合办的“阿拉伯造船修船厂”已于 1977 年投产，不仅可以修船，还可以造超级油轮。此外，还有炼铝、建材、机械、炼钢等工业。海湾地区独特的海水淡化工程也随着工业和生活用水的增加而大量兴建。到了 70 年代后期，西亚各国的制造业已经有一定基础。根据世界银行的资料（见表 17—1），西亚各国的工业生产在国内生产总值中的比重基本上都呈现上升趋势。

值得注目的是在 20 世纪 60 年代开始时，作为与工业化关系最密切的制造业除了以色列以外其他所占的比重均很低，即使是在工业基础较好的土耳其，制造业在国内生产总值中的比重只有 12.6%。到了 70 年代，以色列、土耳其、塞浦路斯等非产油国的制造业和采矿业有了显著增长。到 1981 年，制造业在这些非产油国中的比重均较高，其中以色列的制造业比重很大，达到 25.5%，土耳其和塞浦路斯也有所上升。至于沙特阿拉伯、伊拉克、科威特、阿联酋、阿曼等石油生产国从 60 年代后期开始，随着石油开采业的高速发展，制造业也有所发展。到 1981 年，其产值在国内生产总值中的比重大约在 5%。

20 世纪 70 年代后期以来，尽管西亚工业化取得了快速的发展，有些国家还建立了较完善的工业体系，但与西方工业国家相比，西亚国家的工业发展仍然比较落后，石油经济仍是工业的主导部门，其产业结构的不合理状况没有得到根本改善，特别是

① 石油生产国包括沙特阿拉伯、阿拉伯联合酋长国、卡塔尔、巴林、科威特、伊拉克、伊朗和阿曼 8 国。石油是各国经济命脉，石油业在国民生产总值、国民收入和出口值中的比重都居绝对优势。且建筑业、运输业、加工业和商业都是以石油生产为其发展基础。战后经济发展非常迅速，人均国民生产总值居世界前列。单一经济结构常受国际市场，特别是能源市场的影响，为此，各国正在调整经济发展战略，逐步向多样化发展。劳动力资源不足，每年从国外进入大量外籍工人和技术员，成为世界重要劳务市场。国营企业为主，各种经济成分并存。

表 17—1 西亚部分国家工业部门在国内生产总值中所占比重的变化 (%)

国家	工业占国内生产总值的比重			制造业占国内生产总值的比重		
	1960 年	1970 年	1981 年	1960 年	1970 年	1981 年
伊朗	21.9	28.8	42.0	11.0	13.8	12.0
伊拉克	41.8	35.4	62.7	9.6	9.7	5.6
沙特阿拉伯	—	53.8	75.7	—	9.6	5.0
科威特	—	63.7	67.3	—	4.2	3.5
阿曼	—	77.1	—	—	0.2	1.0
阿联酋	—	—	—	—	—	3.8
以色列	36.2	38.4	35.0	27.1	25.1	25.5
约旦	—	—	18.7	—	—	14.2
黎巴嫩	20.5	20.4	21.8	12.8	13.6	13.0
叙利亚	—	25.7	31.0	—	22.8	25.6
土耳其	20.5	27.1	30.9	12.6	16.9	21.9
塞浦路斯	27.0	28.4	34.7	11.7	12.2	18.4

资料来源：世界银行. 1990 年世界发展报告［M］. 北京：中国财政经济出版社，1990；世界银行. 2006 年世界发展指标［M］. 北京：中国财政经济出版社，2006.

海湾国家的工业结构仍是利用石油生产的比较优势来促进石油化工和其他工业的发展。随着高新工业技术的出现，世界各国工业产品在技术领域的竞争越来越激烈。西亚一些国家在工业技术革新方面曾做过一些尝试，其中较成功的是科威特。科威特于 1972 年在日本的协助下创立了科威特科学研究协会，该机构与国际相关组织在发展最新工业技术方面进行长期合作，并在水资源、纺织和节能方面取得了明显的成果，这些高新技术在科威特工业中得到了广泛运用，促进了科威特工业的迅速发展。但从总体来看，西亚地区的工业技术革新比较落后，在一定程度上制约了西亚工业的发展。

在工业化发展过程中，工业劳动力的增长对工业部门的发展起到推动作用。从 20 世纪 60 年代初期到 80 年代初期，除了伊朗、伊拉克以外，叙利亚、以色列、土耳其和塞浦路斯等西亚国家的工业劳动力都呈现上升趋势（见表 17—2）。与此同时，以色列、土耳其和塞浦路斯等国家的工业劳动力所占总劳动力比重也有所上升，工业劳动力的增长及其所占比重的上升在一定程度上促进了工业的发展。

表 17—2 西亚部分国家工业劳动力及所占总劳动力构成比重

国家	年份	工业劳动力构成/千人				工业劳动力占总劳动力构成比重/%			
		工业	采矿业	制造业	建筑业	工业	采矿业	制造业	建筑业
伊朗	1956	1 077	24	718	335	18.6	0.4	12.4	5.8
	1966	1 857	26	1 321	510	27.1	0.4	19.3	7.4
	1976	3 036	90	1 744	1 202	32.0	0.9	18.4	12.7
伊拉克	1957	265	4	181	80	14.8	0.2	10.1	4.5
	1977	667	37	308	322	21.8	1.2	10.1	10.5
	1987	654	45	267	342	17.5	1.2	7.1	9.2

续表

国家	年份	工业劳动力构成/千人				工业劳动力占总劳动力构成比重/%			
		工业	采矿业	制造业	建筑业	工业	采矿业	制造业	建筑业
叙利亚	1960	181	4	124	53	16.5	0.4	11.3	4.8
	1970	324	28	188	108	21.0	1.8	12.2	7.0
	1981	662	10	323	329	33.3	0.5	16.3	16.5
以色列	1961	242	4	178	60	34.1	0.6	25.1	8.4
	1972	346	—	262	84	31.3	—	23.7	7.6
	1983	400	—	322	78	27.7	—	22.3	5.4
土耳其	1960	1 267	77	900	290	7.5	0.5	5.3	1.7
	1970	1 845	111	1 303	431	12.2	0.7	8.6	2.9
	1980	2 905	132	2 008	765	15.6	0.7	10.8	4.1
塞浦路斯	1946	41	—	35	6	24.7	—	21.1	3.6
	1960	58	5	33	20	24.7	2.2	14.0	8.5
	1976	61	3	35	23	30.0	1.5	17.2	11.3

注：工业占总劳动力构成比重根据《帕尔格雷夫世界历史统计·亚洲、非洲和大洋洲卷（1790—1993）》和《国际统计年鉴》的统计资料算出。

资料开源：［英］B. R. 米切尔编. 帕尔格雷夫世界历史统计·亚洲、非洲和大洋洲卷（1790—1993）［M］. 北京：经济科学出版社，2002.

值得指出的是，在伊朗以及人口不多的石油生产国，工业所占的劳动力比重通常要比土耳其这样工业化发展较为迅速的国家的工业劳动力比重大。实际上从西亚各国的工业化发展进程看，西亚石油生产国之间以及非产油国家之间都有一定的差距。

西亚石油生产国中，沙特阿拉伯、阿拉伯联合酋长国、卡塔尔、巴林、科威特和阿曼 6 国的工业化不仅起步晚，而且基础薄弱。在 20 世纪 50 年代和 60 年代，这些海湾国家除了一些传统的手工作坊外，只有屈指可数的炼油、水泥和发电等工厂，其规模和产量微不足道。进入 70 年代以后，随着石油工业的迅速发展和石油收入的大幅度增长，这些国家开始积极推进工业化，通过出口石油利用巨额的石油资金来建设既能立足于国内市场，又能保证独立发展经济的工业体系。在具体实施方面，沙特阿拉伯、阿拉伯联合酋长国和巴林把经济发展多样化放在首位，积极发展天然气加工业和石油以外的工业。科威特和卡塔尔的重点则是向国外投资。不过这些国家工业化的基本方针基本上是相同的，以发达的石油工业为基础，借助外国的技术援助，推动新兴工业部门的发展。到 90 年代，不仅在 60 年代已经出现的建筑业及其建筑材料、电力工业以及日用消费品工业等部门得到发展，而且新建的具有相当规模的石油化学工业、冶金工业、金属加工工业、船舶修理和汽车修造等生产型工业迅速发展起来。

伊朗、叙利亚和伊拉克等国虽然以石油资源为主，但这些国家工业化起步早，有一定的工业基础，工业发展取得较明显效益。伊朗是工业化起步较早的国家，第二次世界大战后，伊朗的食品、纺织和建筑材料工业有较快发展。从20世纪60年代起，政府大量投资石油化工、钢铁等重工业部门，加强道路、电力等基础建设。70年代以后开始着重发展电视、电冰箱等电器工业生产和汽车、机械等重工业。到1975年伊朗已建立了比较全面的工业体系，包括电力、汽车、钢铁、机械、食品加工、纺织等部门，并开始向电子、原子能发电和机器制造业等方面发展，但电子电器工业规模相对较小。

叙利亚工业起步较早，在第二次世界大战期间，由于国内商品短缺刺激了工业的快速扩张，但大多数工业规模较小，主要是食品加工业，规模较大的是纺织工业。1950年，政府通过免税和低廉的信贷提供投资刺激，推动了工业发展，1950—1958年间工业增长率达到12%。20世纪60年代中期，政府对工业的国有化进行改造，创建了以公共工业部门作为核心的国有工业体系。进入70年代以后，工业发展的重点集中在自然资源的开发，特别是石油和磷酸盐的出口和生产能力的提高，以及钢铁和耐用消费品的进口替代等方面，把制造业发展放在优先的地位。在这一方针指导下，以进口替代为主导的工业发展较快，主要产品有纺织食品和建筑材料等，同时，还发展了钢铁、机械和运输设备、家电产品组装等其他工业产品。

伊拉克在20世纪50年代末期制定以初级产品出口和石油工业为主导的工业化策略，不久又颁布鼓励工业发展的法令，对主要工业部门实行国有化。这些措施在一定程度上推动了工业发展。20世纪70年代后期，由于利用当地原料发展替代进口工业，因而制造业有较大发展。70年代以来先后在祖拜尔兴建大型钢铁联合企业，在巴士拉兴建汽车修配厂、化学肥料厂，在巴格达兴建拖拉机装配厂。与此同时，钢铁、机械制造等工业部门也有所发展。

在非产油国家之间的工业化水平也有明显的差别，既有以色列、土耳其和塞浦路斯等工业化程度较高的国家，也有约旦和黎巴嫩等工业发展速度较快的国家，也有原民主也门和阿拉伯也门等现代工业依然很落后的国家。

在西亚地区，土耳其是工业化起步较早的国家，早在1939年开始生产钢，随后建立了一批钢铁厂，钢铁工业的发展成为土耳其工业化的基础。20世纪50年代，土耳其开始建立机械工业，主要生产重工机械、建筑机械、机床、压缩机、车床、空调、纺织机以及食品加工机等。这一时期，汽车工业也有所发展，并成为土耳其的主要工业部门。1954年建立了第一个汽车修配厂，生产吉普车，1955年和1963年分别开始生产卡车和公共汽车。从60年代以后，土耳其采取了鼓励工业化的措施，工业增长较快，与此同时，工业在国内生产总值中的比重也有所上升，从1965年的24.9%上升到1988年的36%。在工业部门中，制造业生产的增长速度快于工业增长速度，其产值在国内生产总值中所占的比重从1960年的13%提高到1988年的26%。其中食品加工、纺织服装和建材制品面向出口，钢铁工业和电器工业发展也比较迅速，整个制造工业的发展出口倾向不断加强。

与土耳其隔海相望的地中海岛国——塞浦路斯虽然工业发展历史较短，但以出口生产为目标的加工工业发展很快。在20世纪70年代，塞浦路斯广泛引进发达国家的资金和先进技术发展制造业，以保证其产品在国际市场上的竞争力，工业增长速度较快。主要工业除了加工工业外，食品工业、纺织和服装工业、电力工业等部门。由于本国原料缺乏，市场狭小，资金短缺，劳动力充足，政府积极发展劳动密集型工业。为刺激私营工业，政府对私人企业给予低息长期贷款，优惠利率，对进口原材料、设备免征进口税。这大大促进了加工工业的发展。除此之外，塞浦路斯的采矿业和电力工业也有一定的发展。

约旦的人口规模尽管很小，劳动力资源不足，但在20世纪70年代工业发展较快，工业建设初具规模，发电、化肥、钾盐、水泥、建材和磷酸盐等许多工业企业相继建立，其中钾盐、水泥和化肥等向阿拉伯国家出口。与此同时，食品工业、纺织和服装工业也有一定程度的发展。

与约旦相邻的黎巴嫩，在20世纪60年代和70年代初期发展较快，特别是制造业迅速扩大，1974年占国内生产总值的比重达到20%，出口工业占整个出口总额的75%，其加工工业的发展水平在西亚各国是比较高的。但1975年以后由于旷日持久的内战和以色列的入侵，黎巴嫩的工业发展受到严重的影响，大约有250家工业企业被毁，相当于损失了工业固定资本的1/5，1976年工业生产有所恢复，但只达到战前的2/3，1978年进一步冲突又阻碍了工业的发展。进入80年代以后，工业发展低迷的同时，工业投资迅速萎缩，1980年为14.7亿美元，1983年为9 300万美元，1986年进一步降至1 600万美元，工业生产下降了3.7%。制造业工人也有所减少，由1975年的13.9万人减少到1985年的4.5万人。80年代后期，黎巴嫩的工业产值和出口额都有所回升，其主要原因是由于本国货币的贬值，以及内战造成国内农业和服务业产值大幅度下降，但事实上，黎巴嫩的工业发展形势并不稳定。

至于以色列工业发展比较特殊，其工业化在西亚各国中是最高的，已达到发达国家的水平。以色列虽然自然资源匮乏，但拥有较高的劳动力资源素质和先进的科学技术，那些来自欧美的犹太人具有教育水平高和技术起点高的有利条件。同时，以色列和发达国家特别是美国的利益，在很多方面是一致的，获得大量的外国援助。在这种独特的背景下，以色列工业化发展不仅速度快，而且一开始就具有出口的倾向。1967年战争以后，以色列开始研究、开发和生产一系列的高技术国防产品。在国防工业的带动下，整个工业发展迅速，尤其金属制品、电子和电器工业。20世纪60年代末期，以色列开始对工业发展战略进行调整，发展重点由以进口替代为主的劳动密集型产业转向高技术和出口导向型工业。70年代以后，电子、生物技术、机械电子等工业得到迅速发展。产品除了供国内消费外，出口量的比重也逐年增加。工业出口值由1971年的7.8亿美元上升到1987年的87.1亿美元。从1980—1987年，工业出口总值增加了57%，其中仅金属制品、机械和电子、电器产品的出口就占工业出口总额的 31%。以色列的工业化发展速度和工业效益是其他西亚国家无法比拟的。由于政治和历史的原因，以色列的工业发展是独特的，不属于西亚地区工业发展的典型之例。

17.3　农业发展与农村劳动力转移

17.3.1　农业发展

西亚农业历史悠久，早在 18 世纪农业生产力比较发达，种植了多种粮食作物和经济作物。进入 19 世纪以后，欧洲殖民主义者开始了对西亚的侵略扩张，处于重要地理位置的西亚便成了英国、法国、俄罗斯和德国等国竞相争夺的目标。苏伊士运河建成后，英国、法国在西亚陆续侵占了大片殖民地，土耳其和伊朗则沦为半殖民地。由于外国资本的掠夺和长期封建生产关系的束缚，西亚农业长期处于缓慢发展的状态，农业生产多分布在河谷平原和沙漠中有地下水可以灌溉的绿洲上，主要粮食作物是小麦、大麦、豆类以及稻谷等，经济作物是棉花、烟草、甜菜等。直到第二次世界大战结束，西亚大多数国家均以农、牧业为基本经济部门。

20 世纪 50 年代和 60 年代，西亚各国普遍把发展重点放在工业方面，出现厚工薄农的倾向，由于农业投入不足，除了土耳其以外，各国农业生产出现萎缩或缓慢发展状态。70 年代初期以后因其他工业部门尤其是石油工业的迅速发展，农业在西亚生产总值中的比重大幅度下降，主要是沙特阿拉伯、科威特、阿拉伯联合酋长国和阿曼等石油输出国。这一时期非石油输出国农业所占比重也趋于下降趋势，但速度较缓慢，农业的落后，使西亚成为农产品净进口地区。

20 世纪 70 年代中期以后，西亚各国普遍加强了对农业的重视，采取了许多措施，农业落后状况有所改善，农业生产基本上呈现增长趋势，特别是 80 年代，这种上升趋势较为明显。从西亚部分国家的联合国粮农组织统计资料看，以 1979—1981 年平均农业生产指数为 100，1982—1988 年这 7 年中，除了原民主也门 1982 年和原阿拉伯也门 1982—1984 年的农业生产指数略低于 100 外，阿富汗、伊朗、伊拉克、以色列、约旦、沙特阿拉伯、土耳其等其他国家都超过了 100，其中沙特阿拉伯最为突出，1985—1988 年农业生产平均指数高达 306.5%，在西亚各国中居第 1 位。约旦的农业增长速度也比较快，同期农业生产平均指数为 148.7%。除了这两个国家外，伊拉克、伊朗和土耳其等国农业增长也比较明显。

从西亚各国的农业发展看，土耳其和沙特阿拉伯的农业增长最引人注目。土耳其作为西亚地区传统的第一农业大国，一直注重于农业生产。从 20 世纪 50—80 年代，土耳其人口增长了 1.2 倍，而农业生产增长近 3 倍。与此同时，土耳其为了提高农业生产效率，不断完善其农业政策。采取的主要措施是：增加农业固定投资；调整农业内部生产结构；发展农业科学技术，实施“绿色革命”计划，在农村组织农业合作社等。其结果使土耳其的农业生产长基本上保持了稳定的上升趋势，从60年代中期到80年代中期，农业生产的年均增长率为3%强的水平。小麦和大麦产量均居世界前列，土耳其也是西亚少数几个较早实现粮食自给的国家之一。

沙特阿拉伯在20世纪60年代农业发展较为缓慢。70年代以来，沙特阿拉伯为了摆脱农产品主要依赖出口的状况，开始重视农业的全面发展，依靠雄厚的石油资金对农业悉心高投入，主要表现在：大量增加农业基本建设的投资和贷款；对农产品的价格实行高额补贴；鼓励从事农业生产，沙特阿拉伯可以无偿从国家领取一定数量的土地进行种植；雇用大批有种植经验的外籍劳动力等。由于采取有力措施，1970—1975年第一个五年计划期间农业年增长率为3.6%，第二个五年计划上升到5.4%。农产品产量迅速增加，小麦、高粱、玉米、大麦等都有大幅度增加。进入80年代以后，由于政府对农业的倾斜政策，逐步改变了农业单一生产，向以生产粮食为主的农、林、牧、副全面发展农业，使农业生产多样化，农业得到迅速发展，80年代后期沙特阿拉伯成为西亚地区农业发展最快的国家。

伊朗农业经济在20世纪50年代以前由于封建性的土地制度，长期处于落后状态。60年代初期，伊朗推行了土地改革运动，但未收到预期的效果，伊朗农业仍然处于较低迷的状态。到了70年代中期，政府对农业的投资大幅度缩减，农业投资仅占总投资额的6.6%，致使农业经济逐渐萎缩，1973年农业总产值占国民生产总值的比重为18.1%，1977年降至8.0%。国家每年不得不大量进口农产品，其结果伊朗农业生产进一步恶化。由于本国生产的农产品价格过低，农民丧失了经营土地的积极性，大量农村劳动力流向工业部门。1973年伊朗农村劳动力占总劳动力的46.2%，到1976年锐减至30.0%。1979年年初，伊朗伊斯兰共和国成立后，提出了“以农业为中心”的发展策略。政府在制定第一个五年计划（1983—1984年度，1988—1989年度）时，又提出振兴农业，实现粮食自给，建立不依靠石油的经济体制，并增加了对农业的总投资额，农业投资在五年计划中占总投资额的15.5%。从1983年起，政府又对响应振兴农业号召的农民免税10年，并对增长者给予物质奖励。由于农业政策的调整和一系列促进农业发展措施的实施，伊朗农业进入80年代以后呈现稳步恢复和发展的趋势。

伊拉克农业在20世纪50年代是重要的生产部门，但60年代以后，随着石油工业的大规模发展，农业在国民经济中的地位不断下降，农业生产逐渐衰退。到1980年，农业在国内生产总值中的比重已下降到7.0%，有60%的粮食需求要依靠进口，农业劳动力占全国总劳动力的比重下降到43.0%。为了改变农业不断萎缩的状况，伊拉克政府从70年代中期开始纠正重工轻农的倾向。通过增加农业投资、兴修水利、扩大农田基本建设、加强农业技术改造、提高农业机械化水平和输入劳动力等一系列措施，促进农业经济的发展。

叙利亚农业在20世纪40年代和50年代初是增长最快的部门，随后有所减速，但增长较快。60年代由于土地改革使农业产量停滞不前。1953—1976年，农业对GDP的贡献只增加3.2%，接近人口增长率。70年代中期，政府偏重石油工业的发展，农业投资大幅度减少，农村人口大量流入城市，致使农业生产逐渐衰退，1976—1984年，农业增长率下滑至每年2%，农业在经济中的地位迅速下降，1985年农业在国内生产总值中的比重从1976年的22.1%下降至16.5%。80年代中期，政府开始重新重视农业，将农业放在发展国民经济的首位。为了落实优先发展农业的方针，政府在1985年对农业投资大幅度增加，包括荒地开垦和灌溉。除此之外，政府还提高农产品价格；大力发展面向出口的农产品加工工业；建立了许多农业科学技术咨询中心等措施，农业增长速度明显加快。

约旦农业生产在20世纪50年代和60年代一直较低。70年代中期，政府对农业政策进行了较大调整，1976—1980年第一个五年计划农业投资大幅度上升，在国民经济计划总投资中，农业投资比例由1973—1975年的10%上升到18%，1981—1985年第二个五年计划又增至22.3%。在增加农业投入的同时，政府还对农业发展的具体方针进行调整，从而促进了农业的发展，从1973—1984年，约旦农业年均增长率达到5.4%，80年代后期以来，农业生产继续呈现增长的趋势。

以色列的农业在西亚是比较先进的。以色列自1948年建国时，大批移民流入，需要大量的基本生活消费品，给农业带来巨大压力。随后，以色列实行优先发展农业的政策，主要措施是：建立有效的农业生产组织；加大对农业的投资，积极推进农田基本建设，开垦荒地，兴修水利；加强农业技术培训，改良土壤，提高劳动生产率；调整农业内部结构等。由于采取了有效的措施，以色列农业发展较快。20世纪60年代初期，以色列土地开垦饱和，农业单产徘徊，沙漠改造缓慢。60年代中期发明滴灌后，国家大力扶持，农产品产量直线上升，沙漠改造突飞猛进，可耕地持续增加，农业发展有所改观。70年代以后，以色列开始改变农业生产结构，从以粮食生产为主，转向发展高质量花卉、畜牧业、蔬菜水果等出口创汇的农产品，用高科技、现代管理不断提高农业效益，形成高投入、高效益、高产出的特色，使以色列农业发展很快，从1978—1986年，以色列的农业生产年增长率约为7.5%。

值得注目的是，西亚的阿富汗、土耳其、叙利亚、约旦、塞浦路斯和也门等国家的经济是以农业为主的经济。这些国家的农业生产在国内生产总值中占20%～50%。一般来说，西亚农业的显著特点是农业生产分布不平衡。全区现有耕地6 860万公顷，垦殖指数为9.6%，但各国之间相差悬殊，沿地中海国家一般垦殖指数可达30%，而阿拉伯半岛上的国家一般不足1%。西亚大多数地区气候干燥，主要特征是干旱少雨，大陆性强，因此水利灌溉成为发展西亚农业的关键，近年来西亚的灌溉事业有所发展，目前整个西亚约有1 600余万公顷的水浇地，占全部耕地面积的1/3，这对促进西亚农业生产的发展起了一定的作用。

17.3.2 农业劳动力转移

传统低生产效率农业部门的劳动力向较高生产效率产业部门的自由流动，是经济发展的一般规律。第二次世界大战以前，西亚大多数国家以农业为主导部门，各国的农业发展尽管比较缓慢，但由于工业部门极其薄弱，农业部门的剩余劳动力未能随着工业化的推行而实现转移。20世纪60年代以后，随着海湾国家石油工业的迅速发展和西亚各国工业化的普遍推进，使各国的农业剩余劳动力迅速向工业部门转移。

20世纪50年代和60年代，西亚各国普遍把发展工业化看作发展经济的重点，从而导致农业在国内生产总值中的比重不断下降。在这种厚工薄农的倾向下，西亚各国农村积存的剩余劳动力从农业部门分离出来，向非农业部门转移。从1960—1986年（见表17—3），伊拉克、伊朗、叙利亚、约旦、土耳其、塞浦路斯、以色列等国的农业劳动力占总劳动力比重均有所下降，而这些农业剩余劳动力转向非农产业，尤其是工业部门。从各国的就业结构看，农业劳动力转移最快的国家是叙利亚和约旦，农业劳动力占总劳动力比重均下降20%以上，其次是伊拉克、土耳其和伊朗等国，其所占比重大致下降了13%～18%。这意味着农业剩余劳动力程度明显降低，开始向劳动力有限供给转化。

表17—3　西亚部分国家农业劳动力及所占总劳动力构成比重

国家	年份	农业劳动力/千人	农业劳动力比重/%	国家	年份	农业劳动力/千人	农业劳动力比重/%
伊朗	1956 1966 1976 1986	3 315 3 168 3 615 3 191	55.0 44.9 35.0 28.3	伊拉克	1957 1977 1986	858 944 493	47.5 30.8 13.2
以色列	1948 1956 1961 1972 1983	38 105 96 66 61	11.4 14.9 13.5 6.0 4.2	土耳其	1945 1950 1960 1970 1980	5 809 10 744 9 737 10 231 11 101	75.9 85.1 75.0 67.7 60.0
叙利亚	1960 1970 1981	513 748 489	46.8 48.4 24.6	塞浦路斯	1946 1960 1976	62 95 51	37.3 40.4 25.1
约旦	1961 1979	138 46	35.4 10.3	黎巴嫩	1970 1991	102 70	18.9 8.3

注：农业占总劳动力构成比重根据《帕尔格雷夫世界历史统计·亚洲、非洲和大洋洲卷（1790—1993）》和《国际统计年鉴》的统计资料算出。

资料开源：[英] B.R. 米切尔编. 帕尔格雷夫世界历史统计·亚洲、非洲和大洋洲卷（1790—1993）[M]. 北京：经济科学出版社，2002；[日] 日本矢野恒太記念会. 世界国勢図会（1994/1995年）[M]. 東京：国勢社，1994；[日] 日本矢野恒太記念会. 世界国勢図会（2001/2002年）[M]. 東京：国勢社，2001；国家统计局编. 国际统计年鉴（2010年版）[M]. 北京：中国统计出版社，2010.

17.4　人口增长与人口城市化

17.4.1　人口增长

西亚大多数国家在 19 世纪已沦为殖民地或附属国，经济落后，其人口再生产处于高出生高死亡的模式，人口增长（见表 17—4），从 1820—1913 年的 93 年间仅增长了 1 391 万人，年平均增长率仅为 0.6%。从 20 世纪 20 年代开始，随着经济的发展和医疗技术的进步死亡率开始下降，而出生率依然保持较高的水平，其结果使自然增长率逐渐提高。据统计，土耳其在 1927—1935 年间，平均每年死亡率已低于 20‰，1945—1950 年间又降至 9‰左右。塞浦路斯自 1923 年以后死亡率已低于 20‰，1945 年进一步降至 10‰以下，仅 22 年期间完成了从高死亡率向低死亡率的转换模式。而以色列则从 1925 年开始死亡率低于 15‰，1930 年以后进一步下降到 10‰以下。这一时期，大部分西亚国家由于死亡率呈现逐渐下降的趋势，同时又保持较高的出生率，因而人口增长在 20—40 年代增长较快。

表 17—4　　西亚各国的人口数量动态

国家	人口数量/千人					人口增长率/%	
	1820 年	1913 年	1950 年	1970 年	1990 年	1950—1970 年	1970—1990 年
阿富汗	3 280	5 730	8 150	17 087	13 675	3.8	−1.1
巴林	—	104	115	215	490	3.2	4.2
伊朗	6 560	10 994	16 357	28 662	58 435	2.8	3.6
伊拉克	1 093	2 613	5 163	9 440	17 271	3.1	3.1
以色列	332	700	1 286	2 889	4 514	4.1	2.3
约旦	217	348	561	2 300	3 254	7.3	1.8
科威特	—	—	145	744	2 143	8.5	5.4
黎巴嫩	332	649	1 364	2 469	2 713	3.0	0.5
阿曼	317	421	489	720	1 785	2.0	4.6
卡塔尔	—	—	25	142	453	9.1	6.0
沙特阿拉伯	2 123	2 800	3 860	7 740	14 870	3.5	3.3
叙利亚	1 337	1 994	3 495	6 258	12 386	3.5	3.5
土耳其	10 074	15 000	21 122	34 869	56 098	2.5	2.4
阿联酋	—	—	72	190	2 014	5.0	12.5
也门	2 953	3 284	4 461	4 203	11 590	−0.3	5.2
塞浦路斯	—	286	494	615	740	1.1	0.9
西亚合计	28 458	45 099	68 715	125 026	202 431	3.0	2.4

资料来源：[英] 安格斯·麦迪森. 世界经济千年史 [M]. 北京：北京大学出版社，2003；[英] B. R. 米切尔编. 帕尔格雷夫世界历史统计·亚洲、非洲和大洋洲卷（1790—1993）[M]. 北京：经济科学出版社，2002；刘国平主编. 世界经济统计 [M]. 北京：经济科学出版社，2002.

第二次世界大战后，随着经济的发展，特别是 20 世纪后期开始的“石油繁荣”，西亚各国相继出现了人口快速增长的转变，表现出明显的高出生率、低死亡率、高自然增长率的人口再生产类型，成为世界人口增长最迅速的地区之一，60 年代人口年平均自然增长率为 27.5‰。70 年代中期石油大幅度涨价后，沙特阿拉伯、科威特、伊拉克、阿曼、阿拉伯联合酋长国、巴林和卡塔尔等产油国因石油收入剧增而迅速发展，带动了产油国的经济繁荣，也促进了其他阿拉伯国家的经济发展，从而使西亚的人口增长速度进一步加快，70 年代人口年平均自然增长率上升到 29.2‰，80 年代超过 30‰。远远超过发展中国家的平均水平。但是人口增长在各国之间是不平衡的。经济发展迅速的国家人口增长较快，经济发展相对停滞的国家则较为缓慢。

20 世纪 70 年代末期到 80 年代初期，西亚各国人口自然增长率一般在 25‰～35‰之间。按照这样的人口增长速度，西亚人口每年增长 700 万～800 万人。从西亚地区阿拉伯国家的人口动态看，1950 年人口为 6 872 万人，1970 年达到 1.25 亿人，仅 20 年期间增长了 81.9%。随后人口增长速度继续加快，1990 年达到 2.03 亿。

西亚地区人口迅速增长的主要原因是与各国政府鼓励生育政策或对人口增殖采取放任自流的人口政策是密切相关的。例如沙特阿拉伯、阿曼、阿拉伯联合酋长国、卡塔尔和阿曼等国长期以来一直推行鼓励人口增长的人口政策，出生率水平很高；叙利亚、也门和科威特等国虽然没有明确的人口政策，但倾向于保持现有的人口增长速度。西亚地区人口最多的国家——伊朗实行了节制生育的人口政策，出生率水平已开始下降，西亚地区另一个人口大国土耳其的出生率水平较低，也正在实行以家庭节育计划为基础的人口政策。西亚的绝大多数居民是穆斯林，其特点是：子女多，妇女普遍早婚。这一地区的大部分国家由于采取鼓励生育政策或放任自流的人口政策在一定程度上促成了西亚各国高生育率的形成和人口的迅速增长。

17.4.2 人口城市化

西亚是世界上城市起源最早的地区之一，但人口城市化进展缓慢。20 世纪 50 年代以后，随着经济的发展，特别是 70 年代开始的“石油繁荣”使西亚的人口城市化进程逐渐加快，城市人口比重从 1950 年的 22%跃升到 1995 年的 60%，同期，百万人口以上的大城市由 2 个增加到 21 个。在 1990 年的世界最大城市行列中，伊朗的德黑兰为 647 万人，土耳其的伊斯坦布尔为 622 万人，伊拉克的巴格达为 384 万人。

20 世纪前期，西亚的人口城市化很低，城市集中分布主要在伊朗、土耳其和东地中海沿岸国家。50 年代以后其分布范围不断扩大，主要集中在阿拉伯半岛，尤其是波斯湾沿岸的产油国城市化发展迅速。石油工业的兴旺，加速了农村人口向城市迁移，加上 60 年代后数百万外籍劳动力积聚在城市，使这些国家的人口城市化进程加快。在阿拉伯半岛上，1965—1990 年间，科威特城市人口占全国总人口的比重从 78%上升到 95%，超过发达国家的平均水平。沙特阿拉伯同期所占比重从 39%增至 78%，阿拉伯联合酋长国则从 41%增长到 83%（见表 17—5）。沙特阿拉伯和阿拉伯联合酋长国等波斯湾沿岸的产油国已达到发达国家的城市化水平。而阿曼的城市人口所占比重偏低，1990 年仅为 62%，已接近发达国家的平均水平。

地中海东部美索不达米亚的城市人口比重上升也很快，在20世纪60年代中期，除约旦外一般都在50%以上，到90年代初期均上升到70%以上。其中，西亚地区经济最发达的以色列城市人口占全国总人口的比重从81%上升到90%，黎巴嫩从50%增至83%，伊拉克和约旦则分别为51%、46%上升到70%和72%。以色列城市人口比重迅速上升是和外国移民的大量迁入密切相关的。1948年以色列独立，宣布了《以色列立国宣言》，鼓励移民，向犹太人和流亡者聚集开放。到90年代末期，共有300万人移居以色列，主要集聚在城市，加速了以色列人口城市化的发展，在西亚各国中仅低于科威特，已超过发达国家的平均水平。黎巴嫩、伊拉克和约旦等国位于地中海东岸地区，受到发达国家工业革命的影响，工业、商业和贸易等部门发展较快，促进了城市人口的增长，但由于工业化水平不高，制约了人口城市化的发展。

西亚地区靠近北部三国的城市化水平与波斯湾沿岸的产油国明显偏低。阿富汗是农业经济为主的国家，农业人口占绝对优势，1965年城市人口比重仅占9%，到1990年增至18%。伊朗自20世纪60年代以后开始了迅速的城市化。1956年第一次人口普查时，城市人口占总人口比重为30%，而到1966年和1976年两次人口普查时分别升到38%和47%。这20年中城市人口增长1.8倍。进入20世纪80年代以后伊朗的人口城市化进一步加速，1990年为56%，2004年又上升到67%。伊朗发展最迅速的城市是德黑兰，从1933年的36万增长到1990年648万，增幅达17倍。同期石油工业中心阿瓦士从3.2万人增至72.4万人，增长了21.6倍，古都兼新兴重工业城市伊斯法丹从10万人上升到112.7万人。土耳其的工业化水平较高，但城市人口比重偏低，1965年仅为34%。70年代以后有所加速，到1990年达到59%，低于西亚的平均水平，但其城市人口的绝对数量很高，其中伊斯坦布尔和安卡拉的城市人口比多数波斯湾沿岸的产油国的总人口还多。这是因为土耳其的人口规模庞大。

表17—5　　西亚部分国家人口城市化　　(%)

国家	城市人口占总人口比重		城市人口年平均增长率	百万以上城市人口占总人口比重	最大城市人口占城市人口比重
	1965年	1990年	1965—1990年	1990年	1960年
阿富汗	9	18	6.0	11	33
伊朗	37	56	4.8	22	26
伊拉克	51	70	5.1	29	35
以色列	81	90	3.0	48	46
约旦	46	72	4.6	27	31
科威特	78	95	7.1	48	74
黎巴嫩	50	83	4.5	42	27
阿曼	40	62	7.9	—	—
沙特阿拉伯	39	78	7.6	30	15
叙利亚	40	49	4.6	26	57
土耳其	34	59	3.9	22	18
阿联酋	41	83	16.9	—	—

资料来源：世界银行. 1990年世界发展报告［M］. 北京：中国财政经济出版社，1990；世界银行. 2006年世界发展指标［M］. 北京：中国财政经济出版社，2006.

从西亚各国城市人口发展看，城市人口仍然保持快速增长的势头，特别是在石油经济强有力的吸引之下，海湾地区以渔猎和畜牧为生的农村劳动力进一步向海湾西海岸的城市集中，致使这些城市的人口越来越密集，德黑兰在1900年只有20万人口，到1980年生活在德黑兰及其郊区的人数上升为453万人，同期，马什哈德从7.5万人增至63万人。

一般来说，人口城市化的发展主要取决于经济发展和工业化的结果。战后西亚的人口城市化主要是由于石油工业的兴起，尤其是20世纪70年代石油价格的上涨，一度出现“石油繁荣”，石油美元源源不断流入这一地区，石油生产国以充足的资本发展新的产业，扩大了城市规模，吸引了大量农村人口迁入城市，使城市人口迅速增长。即使是西亚一些非石油生产国，也从石油过境、石油加工、劳务输出和产品输出中得到经济效益，经济发展速度比较快，从而加速了人口城市化的发展进程。

17.5 第二次世界大战后的人口增长与经济发展

第二次世界大战以前，由于殖民主义的掠夺和传统封建生产关系的束缚，西亚经济的发展极其缓慢，大多数国家均以农业为基本经济部门，而工业的发展除了石油工业有所发展外是微不足道的。自20世纪60年代以后，波斯湾地区石油产量激增，西亚成为世界上石油储量①、产量②和出口量最多的地区，是名副其实的“世界油极”。石油工业的迅速崛起促进了整个地区经济的发展，真正的高增长出现在20世纪60年代前半期，经济增长率不断上升，尤其是60年代后半期到70年代前半期，经济增长率始终保持在8.5%左右的高水平（见表17—6、图17—2），经济增长速度之快在世界各大地理区域中居首位，总的水平显著超过其他发展中地区和世界平均水平。这一时期在经济高速增长的过程中，人口增长速度也很快，人口增长率稳定在2.9%左右，因而人均生产总值以每年5.0%的水平不断增长。

---

① 西亚是世界上石油储量和产量最大而又最为集中的地区，同时又是世界上最大的石油输出地区和西方国家最大的能源基地。西亚目前已探明的石油储量达500亿吨，占世界的54%，资源极为丰富，其中沙特阿拉伯一国占世界石油储量的1/4，超过所有发达国家的总和，虽然西亚大多数国家都有石油蕴藏，但全区石油总储量的99%以上集中分布在3个高原之间的山麓丘陵、平原和波斯湾海底的约100万平方千米的范围内。一般所称的西亚石油或中东石油，实际上主要是指波斯湾地区的石油。目前世界上石油储量超过40亿吨的国家有8个，其中5个分布在波斯湾沿岸。由于这里储油丰富，按目前情况，可以开采的时间比世界其他采油区更长。

② 西亚的石油产量很大。近些年来，该地区年产量一直在8亿～10亿吨，占世界总产量的30%，远远超过其他任何地区。其中，沙特阿拉伯、伊朗、伊拉克、科威特、阿联酋等国都是年产过亿吨的大产油国。1979年，西亚生产石油10.7亿吨，这是它历史上产量最高的一年，约占世界总产量的34%。此后，由于世界石油消费量减少等原因，西亚石油产量有所下降，但目前该地区的石油产量依然占到世界石油产量的30%。西亚石油产量虽大，但本地区仅消费了其中的6%，其余均提供出口，在世界石油市场上占有非常突出的地位。这里大约提供了世界石油贸易量的半数以上。

表 17—6　　战后西亚的人口与经济增长

期间	年平均增长率/%			期间	年平均增长率/%		
	总产值	人口	人均产值		总产值	人口	人均产值
1951—1955 年	6.4	2.7	3.2	1966—1970 年	8.5	2.7	5.6
1956—1960 年	6.3	2.9	3.2	1971—1975 年	8.5	3.0	5.4
1961—1965 年	6.9	2.8	4.5	1976—1980 年	3.7	3.1	0.4

资料来源：安格斯·麦迪森. 世界经济千年史［M］. 北京：北京大学出版社，2003；国际货币基金组织. 世界经济展望［M］. 北京：中国金融出版社，2007.

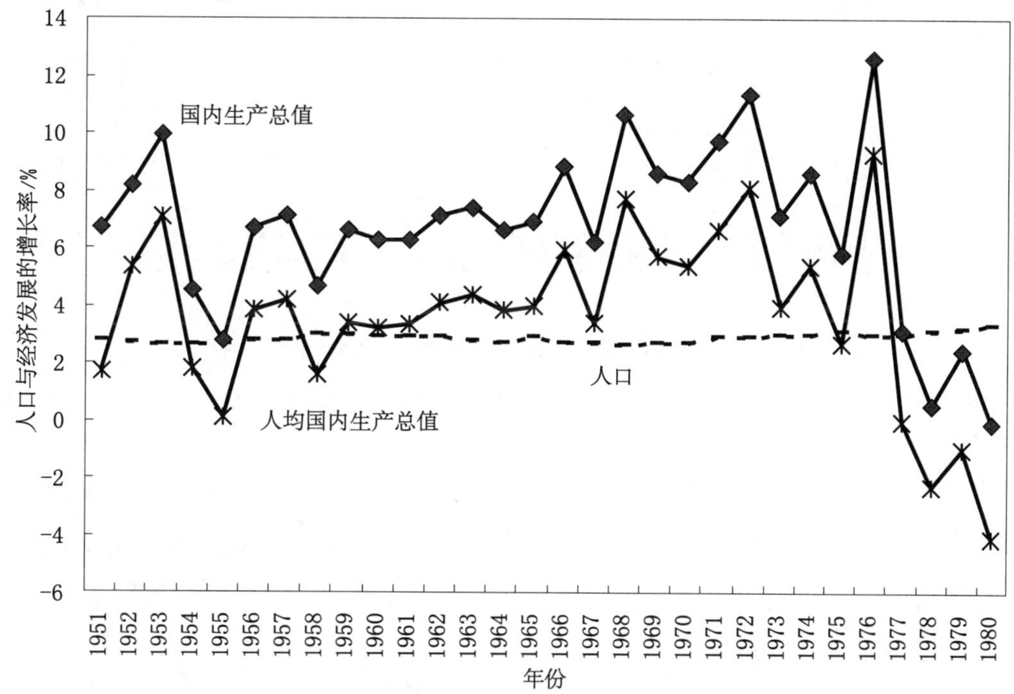

图 17—2　第二次世界大战后西亚的人口与经济增长（1951—1980 年）

资料来源：［英］B. R. 米切尔编. 帕尔格雷夫世界历史统计·亚洲、非洲和大洋洲卷（1790—1993）. 北京：经济科学出版社，2002；［英］安格斯·麦迪森. 世界经济千年史. 北京：北京大学出版社，2003.

20 世纪 70 年代后期，尤其是 1977 年以后，经济增长率大幅度下降，这种经济低迷主要是由于石油产量和价格的双重下跌引起的（见图 17—3）。80 年代，由于石油产量继续低迷，加上阿富汗战争、两伊战争和海湾战争的破坏性影响，使西亚经济发展受挫，而人口增长速度又高于经济增长速度，因而人均生产总值多年负增长。

在西亚经济发展的过程中，人口增长作为经济增长最主要的因素是值得注目的。西亚由 17 个经济体组成，其中 10 个是重要的石油生产国，这些国家由于石油繁荣创造了对外国劳动力的巨大需求，使外国移民源源不断流入西亚各国，促进了各国的人口增长。从 1950—1980 年，阿拉伯联合酋长国人口增长了 12.6 倍，其中人口增长率在 1968—1980 年间连续 13 年显示了 10%以上的高增长（见图 17—4），创造了人类

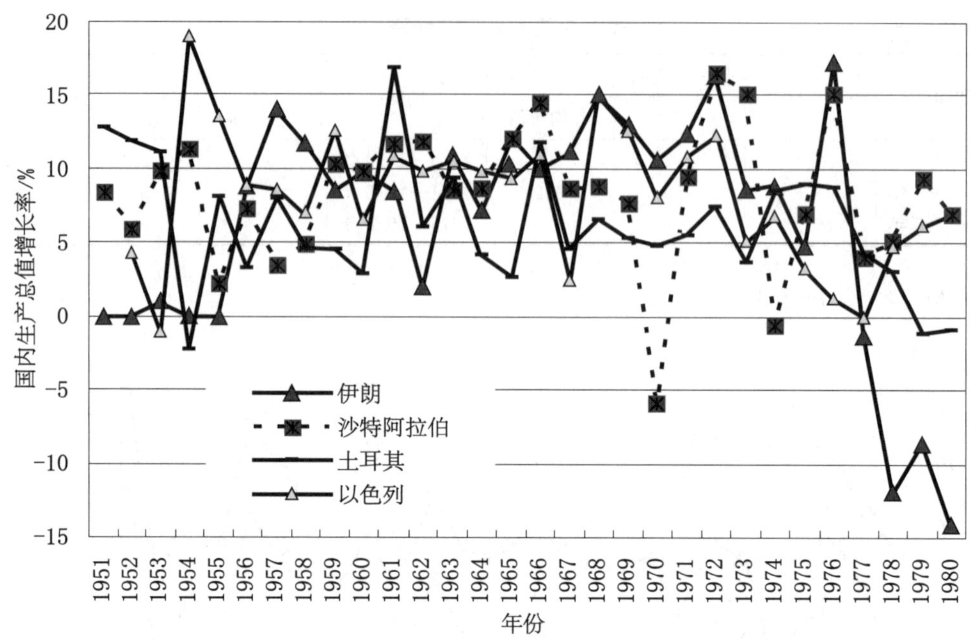

图 17—3　战后西亚主要国家经济增长（1951—1980 年）

资料来源：根据［英］安格斯·麦迪森. 世界经济千年史. 北京：北京大学出版社，2003；国际货币基金组织. 世界经济展望. 北京：中国金融出版社，2007.

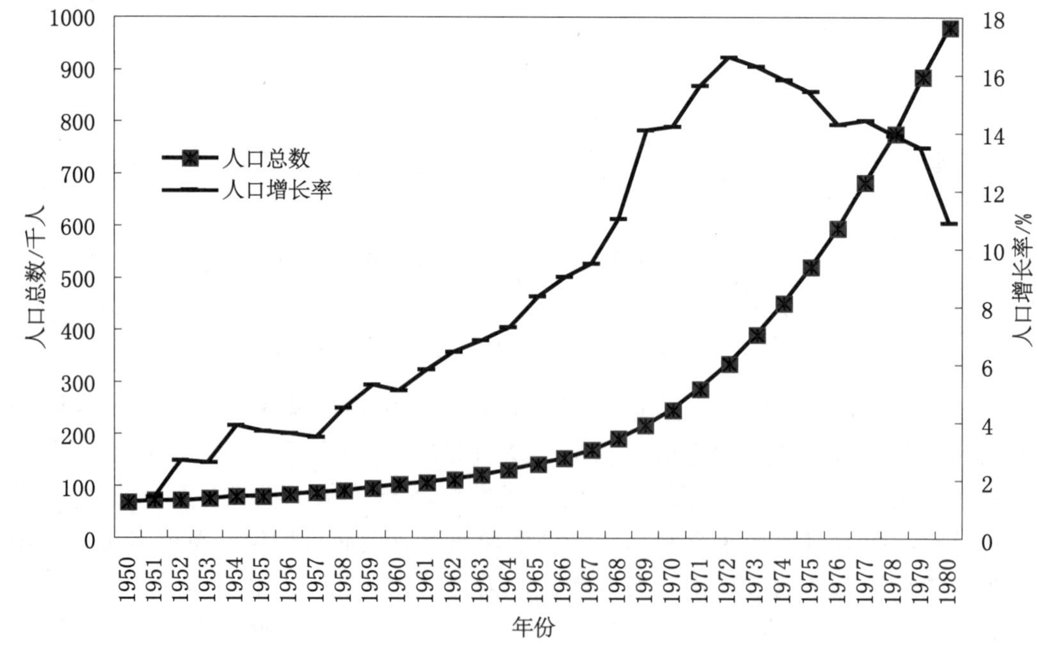

图 17—4　阿拉伯联合酋长国的人口增长

资料来源：［英］安格斯·麦迪森. 世界经济千年史［M］. 北京：北京大学出版社，2003；国家统计局编. 国际统计年鉴（2003 年版）［M］. 北京：中国统计出版社，2003.

历史上未曾有的纪录。另据统计，从 1950—1980 年，科威特人口增长了 8.4 倍，卡塔尔人口增长了 8.2 倍，约旦人口增长了 2.9 倍，这些国家人口增长的幅度远远超过世界上绝大多数国家，而沙特阿拉伯、叙利亚、阿曼等国家人口增长速度也很快，分别增长了 1.6 倍、1.5 倍和 1.4 倍，超过了世界平均的增长水平，人口快速增长在一定程度上促进了西亚经济的持续发展。

第 18 章　非洲的人口与经济发展

18.1　殖民地晚期的人口与经济发展

在 19 世纪 80 年代，欧洲列强从奴隶贸易开始转向瓜分殖民地，以开辟广阔的原料产地和销售，有力地冲击了传统的非洲经济结构。①

在欧洲列强瓜分殖民地的过程中，由于停止了奴隶贸易，非洲的人口开始有所回升，到 1900 年增至 1.3 亿人左右。而埃及成为非洲人口最多的国家之一，它的人口由 1800 年的 350 万人增至 1900 年的 1 000 万人左右，年平均增长率为 1.1%。这一时期，非洲基本上处于殖民地或半殖民地半封建的状态，生产力发展异常缓慢，加上奴隶贸易的猖獗，使大量的青年劳动力流向美洲和欧洲，导致劳动力不足，从而影响了许多国家的经济发展。

进入 20 世纪以后，非洲的人口开始持续增长。据统计，从 1900—1950 年，非洲人口由 1.3 亿人增长到 2.2 亿人（见表 18—1），非洲人口的平均年增长速度为 1.0%，超过了世界人口的平均水平（0.8%）。从人口的自然增长来看，在 20 世纪前 20 年，非洲的人口增长较为缓慢，但在 20 年代和 30 年代，人口增长速度加快，年平均增长率均为 1.5%，在世界各大洲的人口增长速度中仅低于拉丁美洲。到 40 年代，世界人口的增长有所放缓，年平均增长率为 0.9%，而非洲人口的年平均增长率依然显示了 1.4%的高水平。

表 18—1　　20 世纪前半期非洲与各大洲人口增长的比较

地区	人口数/百万人						人口年平均增长率/%				
	1900 年	1910 年	1920 年	1930 年	1940 年	1950 年	1900—1910 年	1910—1920 年	1920—1930 年	1930—1940 年	1940—1950 年
欧洲	295	344	329	355	380	392	1.5	−0.4	0.8	0.7	0.3
苏联	130	154	158	179	195	180	1.7	0.3	1.3	0.9	−0.8
亚洲	950	940	966	1 120	1 244	1 368	−0.2	0.3	1.5	1.1	0.9
非洲	130	130	141	164	191	219	0.0	0.8	1.5	1.5	1.4
北美洲	81	101	117	135	146	166	2.1	1.5	1.4	0.8	1.3
拉丁美洲	64	79	91	107	128	164	2.1	1.4	1.6	1.8	2.5
大洋洲	6	7	10	11	12	15	1.5	2.5	1.0	1.0	1.4
全世界	1 656	1 755	1 812	2 071	2 296	2 505	0.6	0.6	1.4	1.1	0.9

资料来源：布鲁克. 世界人口——民族与人口手册［M］. 乌鲁木齐：新疆人民出版社，1985.

① 王珏. 世界经济通史（中卷）［M］. 北京：高等教育出版社，2005.

埃及作为非洲人口大国在 20 世纪前 30 年人口增长迅速，据人口普查资料，埃及人口从 1900 年的 1 019 万人增至 1930 年的 1 477 万人。随后，出生率长期保持在 44.0‰左右的高水平，随着死亡率的下降，人口增长进一步加快，到 1950 年上升到 2 046 万人（见图 18—1），比 1930 年增长 38.4%，年平均增长率为 1.9%。这一时期，埃及的经济发展较快，特别是第二次世界大战期间，英国在埃及的大量军事订货和军事建筑，以及外国工业品的骤减，刺激了埃及工业的发展。在各类工业生产中，增长最快的是纺织工业和水泥工业。战时工业的繁荣，使埃及的经济发展较为迅速。

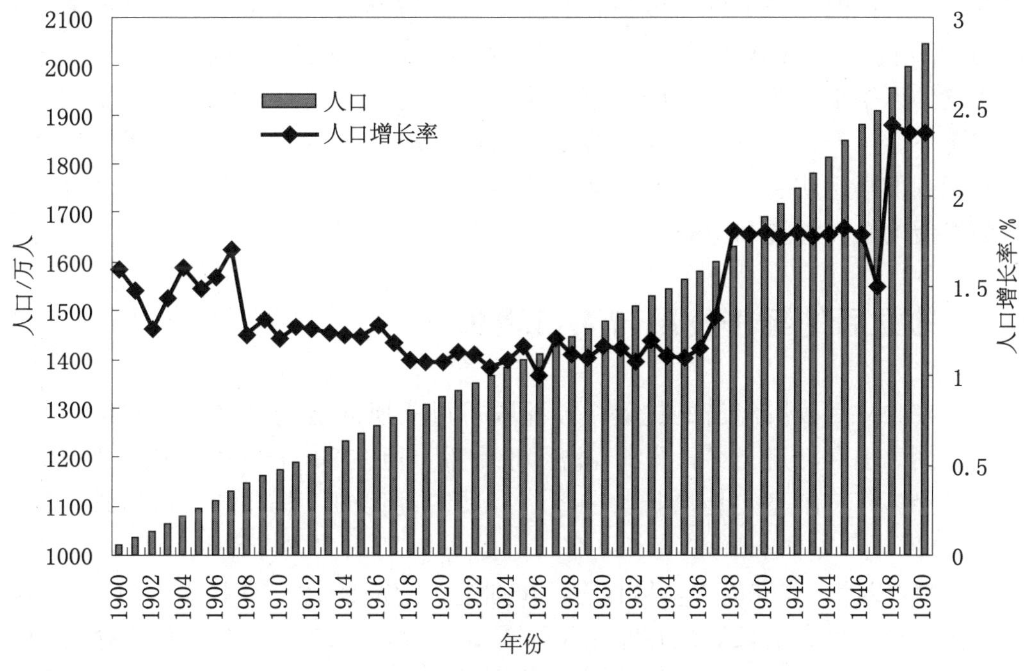

图 18—1 埃及人口和出生率（1900—1950 年）

资料来源：［英］B. R. 米切尔编. 帕尔格雷夫世界历史统计·亚洲、非洲和大洋洲卷（1790—1993）［M］. 北京：经济科学出版社，2002.

南非共和国在 20 世纪头几十年里人口增长较快，据人口普查资料，南非人口从 1904 年的 517 万人增至 1911 年的 597 万人，年平均增长速度为 2.1%。随后，南非人口在 1921 年增至 693 万人，到 1946 年进一步增至 1 126 万人，仅 25 年期间增长 62.5%。这一时期，南非共和国的人口大幅度增长，是因为人口的高出生率和高自然增长率所造成的，而各种族的出生率有显著差别。例如，1936 年，南非欧洲人的出生率为 25.3‰，南非亚洲人的出生率为 41.0‰，而混血种人的出生率则高达 46.6‰。

在非洲的其他地区，如北非的阿尔及利亚和突尼斯人口增长较快。根据人口普查资料，阿尔及利亚人口从1901年的473.9万人增至1911年的556.4万人，在1921年又达到580.4万人。突尼斯人口从1911年的193.9万人增至1926年的216万人。东非的赞比亚、西非的尼日利亚和加纳等国在20世纪头几十年里，人口增长也比较快，根据非洲人口最多的国家尼日利亚的普查资料，尼日利亚人口从1911年的1 600万人增至1931年的1 955万人，年平均增长率达到1.1%，而赞比亚人口从1920年的95万人增至1930年的132万人。

中非大部分国家则人口增长速度较低而且不稳定。如刚果（现在的扎伊尔）从1900—1920年人口不但没有增加，反而减少了数百万人。居民恶劣的居住条件、经济的落后，长期的营养不良和传染病的频繁流行等导致这里的死亡率水平是世界上最高的。20世纪30年代以后，这些国家的人口开始迅速增长，以农业为主的经济结构和传统的以手工业劳动为主的小家庭生产方式是导致其人口增长的主要因素。在这种状况下，生产力的发展主要靠劳动力数量的增加而不是劳动力素质的提高，它直接刺激人们早婚多育。在工业方面，这些国家除了加工工业发展较快之外，其他工业的发展均极其缓慢和微弱。

18.2 独立后的经济发展与人口增长

非洲在独立后发展经济的进程中，即取得过前所未有的经济增长实绩，也遭遇了经济长期衰退和低迷。尽管非洲经济困难重重，但在20世纪80年代以来开始出现转机，已经多年持续稳定地增长。在经济发展的过程中，非洲的人口增长迅速，从1950年的2.3亿人增至1970年3.6亿人，这一时期人口的年平均增长率为2.4%。进入70年代以后，非洲的人口增长进一步加速，特别是1973年以后人口增长率超过拉丁美洲，成为世界增长最快的地区（见图18—2），1983年人口增长率达到创纪录的3.0%，随后人口增长有所减弱，但仍保持世界最高的增长速度。而人口增长在一定程度上促进了非洲经济的发展。

非洲自第二次世界大战后以来经济有所发展，20世纪50年代国内生产总值平均增长率为4.1%，60年代增至5.1%，但低于亚洲和拉丁美洲的经济增长速度（见图18—3）。与1950年相比，1970年全非洲国内生产总值增加了1.4倍，人均国内生产总值提高了53.9%，人口增长也很快，从1950年的2.28亿人增至1970年的3.60亿人，人口的年平均增长率达到2.3%。

20世纪60年代，独立后的非洲各国政府深刻认识到要摆脱经济贫困，必须要推行经济现代化，通过大规模的资本积累与投资，优先发展工业化和城市化。因此，60年代非洲经济发展战略的特点是工业化、计划化和国有化。为了加快经济发展速度，优先发展某些特定的重点部门和基础工业部门，各国普遍制定了经济发展计划，这些计划具有一定的连续性。埃及是最早实现计划化的非洲国家，在计划经济的指导下，

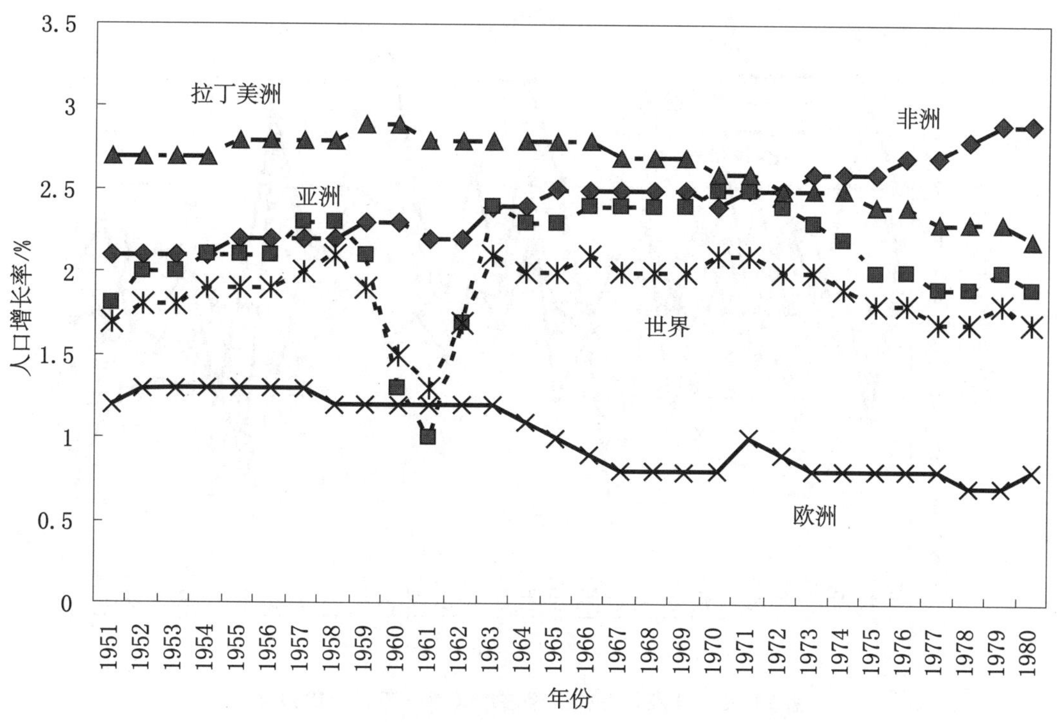

图18—2　非洲与各大洲人口增长率（1951—1980年）

资料来源：［英］安格斯·麦迪森. 世界经济千年史［M］. 北京：北京大学出版社，2003；国家统计局编. 国际统计年鉴［M］. 北京：中国统计出版社，各年版。

冶金、化学、石油等部门迅速发展起来。尼日利亚的经济发展计划重点支持石油、电力、钢铁和运输业的发展。工业化战略的推行使许多非洲国家的工业企业发展较快，形成了相当的规模。这一时期阿尔及利亚、尼日利亚、斯威士兰、吉布提、博茨瓦纳、科摩罗群岛、津巴布韦和多哥等8国的经济发展尤其突出，经济增长率均在7.0%以上（见表18—2）。20世纪70年代前期，非洲经济开始减速，国内生产总值年均增长率降至3.5%（见表18—3），人口增长率上升到2.6%，由于人口迅速增长，影响了人均国民生产总值增长的速度。1976年非洲经济开始回升，经济增长率达到6.6%，为第二次世界大战后罕见的较高水平，1977年开始呈现下降趋势，但1979年和1980年又保持较快的增长水平。70年代，科特迪瓦经济增长较快，人均国内生产总值在1979年达到1 169亿美元，被联合国列为中等收入国家。这一时期，非洲的经济发展出现了一些失误，主要有：国有化速度发展过快，国有经济占的比重过大，阻碍了私营经济的发展；在推进进口替代工业化战略过程中，忽视了农业的发展，农业投资不足，农产品价格偏低，影响了农业发展，使经济增长缺乏稳定的基础。

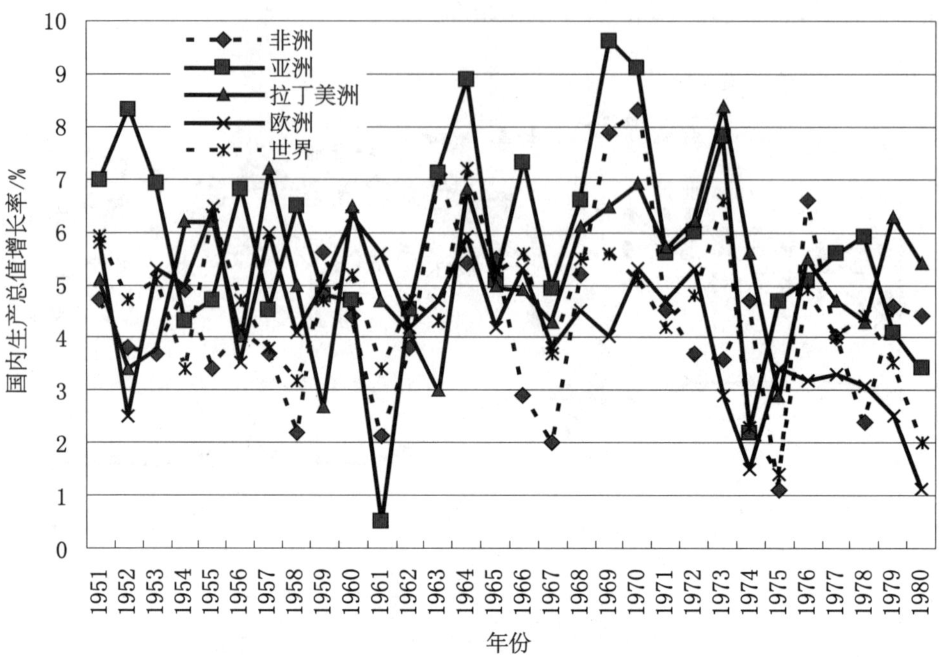

图 18—3 非洲与各大洲经济增长率（1951—1980 年）

资料来源：[英] 安格斯·麦迪森. 世界经济千年史 [M]. 北京：北京大学出版社，2003；国家统计局编. 国际统计年鉴 [M]. 北京：中国统计出版社，各年版。

表 18—2　　非洲各国的经济增长率（1950—1980 年）　　（%）

国家	1951—1960 年	1961—1970 年	1971—1980 年	国家	1951—1960 年	1961—1970 年	1971—1980 年
阿尔及利亚	4.9	7.4	8.9	摩洛哥	2.1	5.1	6.3
安哥拉	3.9	4.9	−3.5	莫桑比克	4.0	5.9	−1.5
贝宁	1.1	3.0	4.4	纳米比亚	5.4	6.3	5.2
博茨瓦纳	3.3	8.3	14.2	尼日尔	4.8	3.1	1.5
喀麦隆	4.2	4.0	5.4	尼日利亚	4.2	7.3	4.4
佛得角	5.2	5.5	6.0	留尼汪	5.6	9.3	1.9
中非共和国	4.0	1.6	8.9	卢旺达	4.9	4.2	7.9
乍得	4.0	0.9	−2.1	塞内加尔	4.1	2.6	1.9
科摩罗群岛	5.7	8.0	−2.3	塞舌尔	5.7	4.8	7.5
刚果	4.3	4.7	6.7	塞拉利昂	5.0	5.1	1.9
象牙海岸	5.1	10.5	6.6	索马里	4.7	5.5	4.0
吉布提	5.4	11.8	2.9	南非	5.4	6.6	3.3
埃及	3.8	4.8	10.1	苏丹	6.4	1.3	3.6
加蓬	4.4	4.4	4.5	斯威士兰	6.5	14.9	5.6
冈比亚	5.4	4.4	4.7	坦桑尼亚	4.0	6.8	3.7
加纳	6.1	2.6	−0.6	多哥	5.1	9.5	2.0
肯尼亚	4.9	7.8	5.7	突尼斯	4.2	5.4	8.4
利比里亚	4.9	5.7	−0.2	乌干达	3.6	6.5	8.2
马达加斯加	4.0	3.2	0.6	赞比亚	8.5	4.6	1.4
马里	4.2	3.5	4.7	津巴布韦	8.8	7.9	2.1

续表

国家	1951—1960 年	1961—1970 年	1971—1980 年	国家	1951—1960 年	1961—1970 年	1971—1980 年
毛里塔尼亚	4.9	6.7	1.3	其他 15 国	5.6	10.3	2.2
毛里求斯	5.4	0.8	6.4	非洲合计	4.1	5.1	4.4

资料来源：[英] 安格斯·麦迪森. 世界经济千年史 [M]. 北京：北京大学出版社，2003；刘国平主编. 世界经济统计 [M]. 北京：经济科学出版社，2002.

表 18—3　　非洲人口经济增长率（1951—1980 年）

期间	国内生产总值年均增长率/%	人口年均增长率/%	人均产值年均增长率/%	期间	国内生产总值年均增长率/%	人口年均增长率/%	人均产值年均增长率/%
1951—1955 年	4.1	2.1	2.0	1966—1970 年	5.3	2.5	2.7
1956—1960 年	4.0	2.2	1.7	1971—1975 年	3.5	2.6	1.0
1961—1965 年	4.8	2.4	2.4	1976—1980 年	4.4	2.8	1.6

资料来源：[英] 安格斯·麦迪森. 世界经济千年史 [M]. 北京：北京大学出版社，2003；国际货币基金组织. 世界经济展望 [M]. 北京：中国金融出版社，2007.

尽管如此，非洲一部分收入较高的国家为了改变落后的经济结构，在自力更生的基础上，利用原有的优势，发展传统的原料和经济作物的生产，用出口原料和经济作物的收入购买发达国家的先进技术和设备来发展民族工业和新兴产业，逐步实现了工业化。随着工业化进程的加速和人口的迅速增长，这些国家的经济发展较快，其经济增长速度超过了发达国家。但在国内生产总值的部门构成中，农业和矿业的产值还在 35.0%以上，还没有摆脱农业国的状况。而非洲的大部分最不发达国家大都是原料生产的农业国，农业在国内生产总值的比重平均为 49.0%。制造业在国内生产总值中平均只占 9.0%，明显低于发展中国家 18.0%的平均水平。这些国家经济增长极其缓慢，1970—1982 年经济增长率为 3.0%。由于人口增长过快，按人口平均的经济增长率更低，仅为 0.8%，1980 年的人均国民生产总值只有 226 美元，明显低于发展中国家 1 091 美元的平均水平。总的来看，非洲独立后人口增长尤其显著，大大超过了发达国家人口增长的平均水平，而人口数量的增长在一定程度上有利于经济发展，使一部分非洲国家的经济发展较快，但大多数非洲国家由于产业结构相对滞后、劳动力素质偏低，导致生产力低下，经济仍然处于落后状态。

18.3　农业发展和人口因素

18.3.1　农业发展

第一次世界大战以后，非洲的农业有所发展，经济作物发展较快，特别是可可和咖啡的发展引人注目。1920 年可可产量已达到 17.9 万吨，直到第二次世界大战前的 1934—1938 年，可可的产量仍不断增长，年平均产量为 49 万吨。这一时期，咖啡生产增长也较快，从1920年的1.1万吨增至1929年的5.7万吨，1944年又增至17万吨。咖啡产量较高的国家，主要有科特迪瓦、安哥拉、马达加斯加和肯尼亚等。埃塞俄比亚也是生产咖啡较多的国家，咖啡在其经济中占有重要地位，在20世纪40年代，咖啡的出口收入占埃塞俄比亚全部出口收入的60%左右。

热带经济作物生产在非洲的展开，使大多数国家逐渐形成一种或数种经济作物主导产品的生产结构，经济作物生产改变了非洲传统的农业生产结构，自给自足的传统农业结构趋于解体，而与欧洲市场的联系逐渐加强。值得指出的是该时期非洲各国因广泛种植出口经济作物，国民经济很大程度上依靠一种或数种经济作物的输出，而传统的粮食作物生产面积逐渐缩小，粮食不能自给，不得不从海外进口粮食。大部分非洲国家自独立后，开始对畸形的农业内部结构进行了调整，但由于受单一经济体制影响，并未得到根本的改观。

非洲多数独立于20世纪60年代，基本上都是农业国。农业在国民经济中占有重要的地位，一般而言，农产值占国民生产总值的1/3、出口的1/2，就业人口的2/3。然而，独立后的非洲农业自70年代以来由于农业经济政策的失误和自然因素的影响，非洲农业生产发展缓慢，甚至出现停滞和倒退，而且下降趋势遍及大多数国家。进入80年代以后，非洲农业依旧持续低迷，对国民生产总值的贡献率仅为17%左右，成为影响经济发展的不利因素。

非洲国家在独立初期，执行进口替代工业化发展战略，把工业作为优先发展部门，将农业置于为工业服务的次要地位，因此，对农业的投资非常有限。许多非洲国家用于农业的投资不足政府公共支出的10%。在这种情况下，一些国家还把仅有的资金重点放在发展经济作物上，同时把最好的土地、大部分的水利设施、劳动力、化肥和农药都用来发展经济作物。这种农业政策使粮食生产长期处于停滞状态，据统计，在20世纪60年代前半期，非洲占世界谷物总产量的5.2%，比殖民统治时期有了明显上升（1934—1938年间占4.6%），但随后谷物生产发展缓慢，1969—1971年其所占比重减少到5.0%，1979—1981年进一步下降到4.5%。

非洲农业发展缓慢的主要原因是耕作方法和农业技术落后，生产力水平低下，拉大非洲农业与世界平均水平的差距。非洲大多数农作物生产，除剑麻、甘蔗等经济作物外，多以分散的小农经营为主，生产技术在20世纪60年代以后很落后，到了70年代依然没有改观。从生产经营方式看，原始传统农业耕作方式在非洲许多国家基本没有改变，迁徙种植、轮种和轮作休闲等经营方式是撒哈拉以南非洲国家的主流。农业生产的90%依靠使用简单的手工工具，农药、化肥、良种也未被广泛使用，农业机械化、水利化水平很低。据联合国粮农组织统计，1965—1980年间，非洲的土地灌溉面积平均每年增加4.4%以上，但1980年以后，基本上处于停滞状态。非洲平均每公顷化肥使用量仅相当于世界平均水平的1/5，而且分布不合理，占非洲15%耕地的北非地区使用量几乎占一半，占85%的撒哈拉以南地区使用量也占一半，农业动力也远远低于其他各大洲。这些使非洲的农业生产水平低而不稳，谷物单产不及世界平均水平的 1/2，咖啡、棉花、烟草等经济作物的单产也只达到世界平均水平的 2/3。

其次，农业发展缓慢与其自然条件密切相关。从总体上看，非洲是一个干旱的大陆，虽可划分为 12 个气候区，但 37%属干旱地区，13%属于半干旱地区，23%属于半湿润地区。因此，非洲发展农业的自然条件有些先天不足。非洲土壤贫瘠。与世界其他大洲相比，非洲既没有欧洲和美洲那样大面积的草原黑钙土，也没有亚洲和南美洲那样辽阔的草原冲积土，而有机质含量较低、结构性差，铁铝土和荒漠土的分布就占了非洲总面积的 2/3。以砖红壤、红壤和砖红壤化红壤为代表的铁铝土是非洲最主要的农用土壤资源。由于这些土壤养分不高，开垦后缺乏有机质，不能常年耕种，必须进行撂荒或轮作。非洲水分条件分布不均，多数地区水分不足，这对非洲农业生产也十分不利。尽管刚果盆地河网密布，东非大湖区湖泊成群，尼罗河上游沼泽广布，但是包括撒哈拉沙漠、纳米布沙漠在内占非洲总面积 29.6%的土地几乎没有地表径流。再加上一些河网稀疏、地表径流稀少地区在太阳的强烈照射下，水分快速蒸发，导致全非 60%的土地处于干旱的威胁下，50%的土地受到荒漠化威胁。还应该看到，非洲大部分地区的降水在一年内分布不稳定，而雷阵雨又是降水的主要特征。降水过于集中而猛烈，对农业生产不利。因此，不利的自然条件使得非洲粮食生产很难满足快速增长的人口需求。

此外，农业发展缓慢与非洲的动荡有关联。非洲长期以来一直是世界上最为动荡的地区。大约 1/5 的非洲人生活在因冲突而卷入严重混乱的国家。自 20 世纪 60 年代以来，除了独立战争，大约有 20 个非洲国家至少经历了一次内战。战争一方面破坏了生产力，干扰了农业生产，打乱了正常的粮食供应渠道；另一方面加大了农产品需求和紧急援助，使农产品供求失衡的状况日益恶化。例如，非洲面积最大的国家——苏丹，虽然发展农业的潜能巨大，但持续 16 年的内战使 250 万人丧生，大量人口无家可归，影响了农业的可持续发展。同样，发生在安哥拉、布隆迪、索马里、几内亚比绍、利比里亚和塞拉利昂等国的内战与冲突，严重破坏了农业的正常生产。

18.3.2　农作物生产与分布

非洲大多数国家独立以后，大都采取措施调整畸形的农业内部结构，但改进不大。在农业生产中，除了少数石油和矿产出口国外，大多数国家以种植单一农作物为主，农业经济主要依靠经济作物的输出，粮食生产不能自给。传统的小农经济仍是非洲农业生产的基础。

非洲的经济作物自 20 世纪 50 年代以来在农业内部结构中占有举足轻重的地位，特别是可可、咖啡、橡胶和油棕，以及花生、棉花等经济作物是非洲大多数国家最重要的出口产品。非洲是世界可可的最大产区，产量和出口量均占世界大半，但主要分布在加纳、科特迪瓦、象牙海岸、尼日利亚和喀麦隆等。可可原产于南美洲，19世纪后半叶引进非洲。20世纪初期，非洲可可产量约1.9万吨。随后，在欧美各国可可消费量不断增加的情况下，世界可可生产迅速增长，同时，非洲逐步超过南美洲成为世界可可的主要供应地。1940年以后，因病虫害危害，非洲可可一度处于停滞不前的状态。在50年代，随着世界市场价格的上涨，非洲可可集中产区加强了扩大种植等措施，使产量迅速上升，从1953年的47.5万吨增至1964年的119.7万吨。1965—1966年由于世界市场上可可价格下跌，使非洲可可产量在70年代又进入停滞不前的状态。

咖啡也是非洲重要的经济作物，其产量仅次于拉丁美洲，在世界咖啡总产量与总出口量中均占1/4左右。主要生产国有科特迪瓦、乌干达、埃塞俄比亚、安哥拉、喀麦隆、扎伊尔、肯尼亚、马达加斯加等八国，约占全洲总产量的88%。非洲的咖啡生产在20世纪50年代随着世界咖啡价格的上涨迅速增长。1955—1966年间，全非洲产量从45万吨增至103万吨，增长了1.3倍，其占世界总产量的比重由16.1%上升到24.9%。60年代以后，随着世界市场上出现咖啡过剩和价格下跌，发展速度有所减缓，1976—1980年与1961—1965年相比，产量仅增长15.8%。但随后非洲咖啡的产量有所上升，以科特迪瓦产量最多，其出口收入占国家出口总额的25%。

在非洲的纤维作物中，棉花生产比较发达。非洲棉花的生产早在欧洲殖民主义入侵前就开始种植。1904年，埃及有1/4以上的耕地用来种植棉花。随后乌干达和法属赤道非洲的棉花种植面积也在扩大。到1934—1938年间，非洲各国的棉花生产已占世界棉花总产量的1/10。第二次世界大战导致非洲棉花产量急剧下降。20世纪60年代初期以后，非洲棉花年均产量有所上升，从1961—1965年的90万吨增至1976—1980年的105万吨，同期非洲年产量占世界总产量的比重从8.6%降至8.0%。虽然非洲棉花产量在世界上所占比重较低，但非洲是世界长绒棉和超级长绒棉的主要产地，仅埃及和苏丹两国就占世界长绒棉的60%以上。

在其他经济作物中，橡胶主要产于西部非洲和中部非洲沿海诸国。19世纪末，巴西橡胶树开始引进非洲，1926年费尔斯通公司在利比里亚租借土地建立种植园后，发展较快。到1938年非洲橡胶产量占世界橡胶总产量的1.3%。第二次世界大战以后，非洲的橡胶种植不断扩大，从1945年的5.6万吨增至1958年的12.5万吨。20世纪70年代以后，非洲橡胶产量继续增长，以1976—1980年与1961—1965年相比，产量增长36.3%，橡胶产量占世界橡胶总产量的比重达到5.9%。这一时期，尼日利亚、利比里亚、扎伊尔等国是非洲主要橡胶生产国。喀麦隆、象牙海岸等国为执行出口多样化方针，橡胶生产也有明显发展。

非洲的粮食作物种类繁多，有麦、稻、玉米、小米、高粱、马铃薯等，还有特产木薯、薯芋、食用芭蕉等，但以粗粮为主，玉米、高粱、小米和木薯是其主要粮食作物，占粮食产量的2/3左右。玉米是非洲最重要的粮食作物。在第一次世界大战前夕，南非联邦和埃及的玉米产量占全非洲产量的2/3左右。到1958年，由于摩洛哥等国增加了玉米生产，南非联邦和埃及的玉米产量占全非洲产量的比重减少到1/2。20世纪50年代以后，非洲玉米产量不断上升，从1949年的750万吨增加到1958年的1 080万吨，到1980年又增至2 719万吨，占非洲谷物产量的38%。玉米种植区分布广泛，绝大部分非洲国家都有种植，就玉米产量而言，除了南非和埃及外，肯尼亚、尼日利亚、埃塞俄比亚和津巴布韦等国玉米产量也较多。玉米生产大部分由小农经营，因耕作粗放，单产很低，但增产潜力巨大。南非、肯尼亚、津巴布韦等国因注重品种改良、田间管理和应用先进农业技术，单产都超过全洲的平均水平。

高粱为非洲仅次于玉米的主要粮食作物。20世纪70年代初期以来，种植面积和产量都增加10%以上。到1980年种植面积为1 461万公顷，占谷类种植面积的1/5，产量为1 028万吨。高粱产区主要在尼日尔河和尼罗河中游地区，产量约占谷物总产量的15%，其分布范围比玉米更广泛，但产量不如玉米，在水分条件比较优越地区常被玉米取代而处于次要地位，因而高粱集中产区主要位于水分条件较差的热带草原带的偏旱地区。尼日利亚、埃塞俄比亚、苏丹和布基纳法索等4国高粱产量占非洲的一半以上。其他较重要的产区还有南非、尼日尔、乌干达等国。

小米同高粱一样，也是非洲传统的粮食作物。20世纪60年代以来发展缓慢，1961—1980年间，种植面积扩大22%，产量仅增长15%。小米基本上由小农经营，单产很低，1980年全洲平均每公顷仅产595公斤，但同年埃及的每公顷产量高达3 734公斤，说明小米并非是低产作物。80年代以来，小米的种植面积占谷类作物种植面积的1/5强，产量约占谷物总产量的14%，主要产在尼日利亚、尼日尔、马里、塞内加尔、乍得等国。

小麦在非洲谷类作物中居第四位。战后以来增长很快，小麦产量从1945年245万吨增至1958年的541万吨，仅13年时间增长了1倍强。20世纪60年代以后，小麦产量继续呈现上升趋势，1980年达到856万吨，约占谷物总产量的12.2%。小麦主要分布在南非和北非地中海沿岸各国，埃及、阿尔及利亚、突尼斯、摩洛哥和南非等5国的产量约占全洲产量的80%左右。灌溉地上的小麦生产发展较快，尤其是苏丹的杰济腊灌区已逐步成为重要的小麦生产基地。其他如津巴布韦和赞比亚等地种植面积也都有明显增长。

18.3.3 农业发展的人口因素

非洲农业在发展的过程中，农业生产力比较落后，人口增长过快，人口素质不高，在一定程度上对农业发展及其分布的影响是巨大的。在生产力低下的情况下，要供养日益增多的人口，要扩大耕地面积，或在已有的耕地上延长种植年限、缩短休闲期。这就必然引起土地利用、农业发展水平以及农业内部结构的变化。

非洲人口自第二次世界大战后以来迅速增长，人口年均增长率从20世纪50年代的2.2%上升到70年代的2.7%。人口迅速增长并没有伴随着农业劳动力的相应提高，一些地区出现“人口对土地的压力”，出现过度耕作和过度放牧现象，导致生态环境恶化，土壤贫瘠、水土流失、沙漠化日趋发展。而农业耕地条件的恶化又导致农业发展缓慢。此外，自60年代中期以后，非洲人口的增长速度超过农业增长速度的速度，从而对非洲农业发展产生了一定程度的消极影响。

长期以来，由于人口增长过快，导致非洲粮食短缺，粮荒严重。20世纪50年代，非洲农业生产尤其是粮食生产水平较低，但粮食基本上自给。但随后由于农业生产缓慢，粮食生产得不到改善，少数国家的农业生产呈现下降趋势，使非洲人均农业生产总值不断减少。在60年代前半期，非洲占世界谷物总产量为5.2%，1969—1971年降至5.0%，1979—1981年又减少到4.5%。其主要原因是人口增长过快和粮食生产增长过慢的综合结果。从谷物产量指数看，如以1969—1971年为100，全洲在1981年为125，其中少数非洲国家基本上陷入停顿甚至负增长状态，而同期世界平均谷物产量指数为129，亚洲和南美洲则分别为137和149，换句话说，非洲谷物产量指数在世界各大洲是最低的。这一时期，非洲的谷物产量增长了25%，而人口却增加36.5%，从而导致粮食短缺日趋严重，不得不逐年增加粮食进口。应该看到，非洲粮食总产量由于扩大了耕地有所增长，但单产水平极低，1961—1981年间，非洲谷物单产在850～1 045公斤/公顷之间徘徊，而且不稳定。据统计，1981年，非洲谷物单产仅相当于世界平均单产的46%，表明在提高单产水平上，非洲基本上没有进展。粮食生产低下的主要原因是：以小农经济占大多数的分散经营，生产方法极其落后，特别是非洲的大多数国家，还普遍实行“锄耕农业”和游耕方式，其抗御自然灾害和利用自然条件的能力很低，从而使农业生产水平低下。

非洲人口密度同农业地区差异之间的关系是十分明显的。非洲最集约的农业处在人口最密集、每平方公里超过1 200人的埃及尼罗河谷地和三角洲，而最粗放的原始采集、渔猎经济则处在人迹罕见的热带密林和荒漠、半沙漠。A. T. 戈瑞奥(A. T. Grove)① 的调查表明：各种农作制与人口密度关系很大，迁徙种植分布在每平方公里不足10人处，每平方公里超过250人处实行定耕，每平方公里10～250人处盛行各种轮种撩荒和轮作休闲。当然这些资料可信度较低，但反映了一些实际情况。

非洲因经济因素的人口移动对农业生产的影响也是很大的。非洲洲内的经济因素的人口移动主要有永久性移动、定期往返性移动和季节性移动等类型。定期性移动和季节性移动将在第五节分析非洲人口分布的变化与经济因素的人口定期迁移时论述。永久性移动主要是农村人口源源不断移居到城市，移居城市者多为青壮年男子，特别是在农村受过教育的青壮年，素质相对较高，这些素质较高的农村劳动力大量流出，严重影响农业的发展。

---

① Grove A. T. et al. . Rural Africa. Cambridge University Press，1979.

18.4　工业发展与人口城市化

18.4.1　采矿业与其他产业

第一次世界大战期间和战后初期，黄金作为非洲最重要的矿产资源由于生产成本增加，其产量大幅度下降。从 1923 年起，非洲黄金产量开始逐步增长，甚至 1929—1933 年的经济危机也没有影响它的增长，其主要原因是其他商品价格下跌，而黄金的价格较高，因此，采金业成为比较兴旺的部门。黄金产量一直增长持续到 1941 年，1942—1944 年产量有所下降，但第二次世界大战的最后 1 年，产量有所回升。

第一次世界大战以后，南非联邦的黄金产量占世界第一位，占资本主义世界总产量的一半以上。从 1920 年以后，南非黄金产量迅速增长，到 1945 年增至 38 万吨。但是由于开采其他矿产以及加工业的发展，采金业在国内经济中所占的比重在 20 世纪 40 年代后期有所下降。坦噶尼喀在第一次世界大战以前就开始开采冲积金矿，在 1942 年以前，产量一直上升，但在第二次世界大战结束后的最初数年，产量大幅度下降。比属刚果在 1912 年以后的 25 年中，黄金产量不断上升，第二次世界大战时降至 10～11 吨。

非洲的金刚石最初也开采于南非，直到第一次世界大战前，南非的金刚石产量约占世界总产量的 3/4。在第一次世界大战和 1921 年经济危机，其产量降低了近一半。1922 年以后开始增长，但 1929—1933 年世界经济危机时期，产量又迅速下降，尽管如此，南非的金刚石开采量在非洲一直居第一位。随后到 20 世纪 40 年代中期，比属刚果跃居首位。比属刚果从 1913 年才开始开采金刚石。随着金刚石在工业部门中广泛应用和开采技术的进步，比属刚果的金刚石产量甚至在经济危机和第二次世界大战时期仍不断增长。根据综合资料统计，20 年代至 40 年代前半期在整个非洲，金刚石产量虽然有个别年份有过剧烈变化，但总体上增长迅速。在非洲的许多工业部门开始广泛应用金刚石，是其产量迅速增长的重要原因。

比属刚果与南非联邦不同，是从冲积矿床中开采金刚石的，这里的金刚石要比南非的小，价格比较便宜，主要用在工业上。比属刚果从 1913 年开始开采金刚石，随着金刚石在工业部门中广泛的应用和开采技术的进步，比属刚果的金刚石产量甚至在经济危机和大战年代仍不断增长。安哥拉在 1916 年开始开采金刚石，产量不断上升，从 1920 年的 9.3 万克拉增至 1945 年的 78.6 万克拉，随后有所下降。坦噶尼喀的金刚石开采在 20 世纪 30 年代不很正规，直到 1940 年发现了姆瓦杜伊矿床以后产量才开始逐年上升。

非洲的锰矿是从 1916 年开始开采的，产量只有数万吨，到了 1922—1923 年，才开始在黄金海岸和南非联邦大力勘探和开采锰矿，产量达到较大规模。1929—1933年的经济危机影响了锰矿开采业，1933年大部分矿山倒闭，在埃及和法属摩洛哥，锰矿开采几乎停业，黄金海岸的产量仅相当于1922年的1/10，南非联邦的波斯特马斯伯赫锰矿于1929年开始开采，但产量不稳定，直到1935年开采量才恢复到经济危机以前水平，20世纪30年代后期到40年代增长较为迅速，呈现逐年递增的趋势。

20世纪前30年，出于经济利益的考虑，西欧殖民当局对采矿业以外的其他工业部门基本上不予以投资。埃及和南非的制造业比其他非洲各国相对较发达。19世纪后期以来，埃及开始兴建军火、造船等军事工业以及纺织、制糖、造纸和机器铸造等民用工业。另外政府对新兴工业及手工业实施国家垄断政策，促进了埃及制造业的发展。南非的制造业发展也比较顺利。第一次世界大战期间，南非政府采取优先发展工业的鼓励政策，当地制造业获得了较大的发展。1928年，南非政府投资建立了南非钢铁公司。这是政府直接参与发展制造业的开始。1920—1940年，制造业在国内生产总值中的比重从7.1%上升到11.6%，但远远低于采矿业的20.6%。第二次世界大战期间，制造业再次迅速发展起来。在西非，制造业很不发达。英、法、德等国资本家在沿海地带开办为数不多、规模不大的农副产品初级加工厂。

18.4.2 战后工业发展

非洲的工业部门中采矿业比较发达。非洲在世界上以矿产丰富而著称，矿产资源品种多，储量大，分布集中。世界上最重要的50多种矿藏资源中，非洲有36种矿藏资源丰富，其中有17种矿产资源储藏量居世界第一，经济发展潜力巨大。根据国际矿业统计资料显示，非洲的铂、锰、铬等矿藏占世界总储量的80%以上；黄金、钻石、磷酸盐、钴等矿藏占50%以上。这些重要的矿产品产量在20世纪上半叶已居世界前列。非洲的矿产品大部分出口，在国际市场上占有重要地位。采矿业是非洲第一大经济部门，分布相对集中，南非、尼日利亚、阿尔及利亚和利比亚的采矿业最为发达，这些国家采矿业产值约占非洲矿产总值的80%。

南非是世界上矿产资源最丰富的国家之一，其矿种之多，储量之大，以及分布之集中，在世界各国中是十分罕见的，其中黄金、铂族金属、锰、钒、铬和萤石储量居世界第一位，铀、石棉居世界第二位，金刚石、钛、锑、煤、钻石、铅以及磷酸盐等均居世界前列。南非自独立以后一直是世界最大的黄金生产国和出口国，20世纪50—70年代，黄金产量一般占全世界的40%左右，其出口额占全部对外出口额的1/3，年产值占南非矿产品总值的50%以上，因此又被誉为“黄金之国”。钻石是南非仅次于黄金的第二大出口产品，70—80年代，南非的钻石产量占世界第二位，年产量约800万～900万克拉。

尼日利亚最重要的矿产资源是石油，储量约230亿桶，仅次于利比亚，居非洲第二位，世界第十一位。尼日利亚石油油质优良，1958年开始开采，1960年以后石油产量大幅度增长，尤其是 20 世纪 70 年代后期猛增。1965 年产量只有 1 330 万吨，1974 年达到 1.12 亿吨，迎来了石油快速增长的时期，此后数年略有下降，约在 0.9 亿吨到 1 亿吨之间。1979 年达到 1.15 亿吨，创了历史最高水平。1981 年以后由于国际市场上原油供过于求，尼日利亚的原油生产不景气，只得削减产量。尼日利亚矿产资源丰富，主要有煤、铁、锡、铌、天然气等。天然气储量约 3.4 万亿立方米，居非洲第一位。铁矿主要集中在夸拉州，1980 年开始开采。贝努埃河沿岸有铅锌矿，储量均较大。锡和铌主要蕴藏在中部的乔斯高原。锡产量曾居非洲第一位。在石油生产没有发展时，锡矿生产是矿业中最重要的部门，锡矿石出口值在出口总值中仅次于农产品。自 60 年代以来，锡产量不断下降，60 年代年产 1 万吨左右，1974 年降至 7 300 吨，1980 年进一步减少到 3 600 吨。随后，锡产量有所增长。铌产量在 1955 年达到 3 146 吨，比 1950 年增长 3 倍，后来产量逐渐下降，1974 年生产 1 312 吨，1980 年只生产 500 吨，1981 年以后铌产量基本上处于停滞状态。尼日利亚煤炭蕴藏丰富，早在 19 世纪就已开采煤炭，阿拉布拉州的埃努古地区是主要产煤区。独立前夕，煤产量曾达到 90 万吨，20 世纪 70 年代以后连年下降，1981 年只生产 11.6 万吨。尽管产量不高，但尼日利亚是西部非洲唯一的产煤国。

阿尔及利亚拥有高质量的石油、天然气、铁矿、磷酸盐、铅、锌和锑等矿藏。其中石油和天然气工业是阿尔及利亚的支柱产业。独立以来，石油产量一直较高，1977 年产量占世界总产量的 8%。20 世纪 80 年代以来，由于世界经济衰退和欧配克生产配额的限制，其产量不断下降。阿尔及利亚在 1980 年建成非洲规模最大的炼油厂，年生产能力达 1 500 万吨。阿尔及利亚的天然气工业发展则更为迅猛。自 1961 年开采以来，其产量直线上升。阿尔及利亚的铁矿石以赤铁矿磁铁矿为主，质量高，含铁量高达 50%～65%，年产量在 350 万吨左右，主要的铁矿位于阿尔及利亚和突尼斯边境的旺扎铁矿，可露天开采，其产量超过全国总产量的 3/4。

利比亚的矿产资源极为丰富，石油、天然气和铁为主要矿产，其他还有钾、锰、磷酸盐、硫黄等。利比亚从 20 世纪 60 年代初开始开发石油，1961 年成为石油输出国。60 年代原油产量增加很快，1970 年平均日产量为 331.8 万桶。70 年代后期，利比亚采取保护性措施，产量下降，80 年代产量降为平均日产 100 万桶左右。海湾战争爆发后，伊拉克和科威特石油停产，国际市场上原油紧缺，产量回升。利比亚的天然气工业始于 70 年代，液化天然气厂和以天然气为原料的工业相继建立，加大了液化天然气产量。

采矿业在非洲经济中的重要性，大大超过其他各大洲，其职工虽仅占全洲就业人口的 0.6%，却提供了国民生产总值的 1/8 在出口总额中占到近 60%，全洲有近 1/3 的国家出口贸易以矿产品为主。

非洲矿产资源分布很广，种类多。从矿产资源的种类看，石油、天然气占全洲总产值的 3/4，金占 10%，金刚石和煤各占 2%。按其不同特点，可将非洲分为撒哈拉区、几内亚湾沿海区、阿特拉斯区、西非区、刚果盆地外环区、南部非洲区等六大矿区。

撒哈拉区为非洲最大的石油蕴藏区，石油和天然气储量占全非洲的60%以上。该区拥有一些巨大的石油沉积盆地，如利比亚的苏尔特盆地、阿尔及利亚的蛤四迈斯欧德盆地以及埃及的苏伊士盆地，利比亚、阿尔及利亚等都是重要的石油产出国。区内自1956年起大规模开发石油资源，因石油品质优良，临近欧洲市场，发展很快，石油产量占全洲的近半数。几内亚湾沿海区为非洲另一个重要石油蕴藏区，自1956年陆续开发以来，全区产油国已达10个，油气田约300个，石油产量约占全非洲的50%，其中海底油田占很大比重。除石油外，本区其他矿产品突出的是锰、铀、铝土等。阿特拉斯区为世界上最大的磷酸盐蕴藏区，总储量约占世界的50%左右，其中摩洛哥居世界首位，其产量仅次于美国、苏联，居世界第三位，大约占全非洲的2/3以上。西非区的利比里亚、毛里塔尼亚、几内亚等国蕴藏着丰富的铁矿，其中利比里亚从20世纪60年代以后铁矿生产成为主要工业部门，产量居非洲首位，80年代产量约1 280万吨。此外，铝土分布很广，以几内亚最为丰富，储量约240亿吨，占世界总储量的2/3。自20世纪50年代以来，几内亚成为铝土的主要生产国，产量仅次于澳大利亚，居世界第二位。刚果盆地外环区的主要矿业中心是刚果民主共和国和赞比亚邻处的加丹加高原，这里形成的“铜带”蕴藏量极大，铜的储藏量约占世界的1/6，而且品位高，30年代大规模开采以来，其产量一直居世界前列。其中赞比亚铜的蕴藏量达9亿多吨，约占世界蕴藏量的15%，年平均产铜量约36万吨，素有“铜矿之国”的美称。南部非洲区为世界上少见的矿产资源富集区。其中最值得注目的有南非沃特瓦特斯兰盆地的黄金、铀和布什维尔德杂岩体的铬、钒，津巴布韦大岩墙的铬、黄金、石棉等，这些矿产的储量和产量均居世界前列。

非洲虽然拥有丰富的矿藏资源，采矿业比较发达，但制造业很薄弱，除南非等少数国家外，大多数国家只有少量的简单的加工制造业，部门不齐全，技术水平和劳动生产率较低，全洲制造业总产值占世界的比重仅为2.5%，在非洲生产总值中制造业仅占15%，工业化水平在世界各大洲中是最低的。

非洲的制造业主要分布在大陆南、北两头，多属农矿原料初步加工性质，轻工业占总产值60%左右，其中食品加工业、纺织业作为非洲两个最重要的工业部门占有特殊的地位。食品加工业广泛分布于非洲各国，有代表性的产品是食用油、蔗糖、茶叶、卷烟和咖啡等。约半数非洲国家的食品工业占工业总产值的1/3以上。纺织服装工业也是非洲的支柱产业之一，主要分布在北非、南部非洲以及东非岛国。毛里求斯、马达加斯加和摩洛哥的纺织服装工业是工业部门的主导产业，在工业内部结构中，毛里求斯的纺织服装工业在工业产出的比重为50%，马达加斯加和摩洛哥则分别占36%和25%，埃及等少数国家棉纺织工业较发达。尽管非洲的纺织服装工业比重相当高，但因生产规模小、设计和加工能力低等原因，不能适应世界市场的需求，缺乏市场的国际竞争力，它在世界市场上所占的份额是微不足道的。

非洲的重工业主要有石油化工工业、机械工业和汽车装配工业。非洲在20世纪50年代以后，以石油和天然气为原料，逐渐建立了石油化工工业，主要产品有化肥、农药、塑料、合成树脂、液化气、成品油等。阿尔及利亚、埃及、南非、尼日利亚的石油化工工业比较发达。为了服务冶矿工业和石油化工工业，非洲的电力工业发展较快。

非洲的机械工业比较薄弱，据统计，机械工业产值占制造工业总产值10%以上的国家只有摩洛哥、埃及、阿尔及利亚、科特迪瓦、肯尼亚、南非、津巴布韦等国家。北非和南非机械工业有一定规模，可生产机车、农机等，其他大多数非洲国家有的至今尚未建立起机械制造业，有的则只有小规模的装配和修理厂。汽车装配工业是非洲发展较晚的工业部门。

非洲制造业的发展是极不平衡的，南非的制造业在非洲是最发达的，其制造业产值占全洲的1/4以上。其他各国制造业基础较好的有埃及、阿尔及利亚、尼日利亚、津巴布韦、摩洛哥等，其制造业部门结构比较齐全。

南非的制造业在第二次世界大战以后发展较快。1947—1957年间产值每年增长7.1%，是南非制造业发展最快的时期。此后，制造业增长速度放慢，1957—1964年间增长速度为6.3%，到1970年平均增长速度进一步下降到5.2%。20世纪70年代以后，南非的制造业发展迅速，已成为占主导地位的经济部门，约占国内生产总值的1/4，并建立相对完整的工业体系，门类齐全，技术先进，主要包括机械、金属制品、汽车、化工、原子能、电力、电子、食品加工等。金属制品和机械制造业是最大的制造业部门，包括钢铁和金属冶炼业、金属加工业、机械和交通运输设备制造业等。钢铁产量增长很快，1979年产值为32.7亿南非兰特。由于运输成本、原材料和劳动力价格均较低，以及有效的规模生产，南非的钢产品价格较为低廉。这一行业的企业规模一般比较大，主要企业有南非钢铁工业公司、非洲金属公司等。汽车制造业是制造工业中另一个重要部门。它是由美国福特汽车公司和通用汽车公司早在20年代建立的。60年代开始，政府规定：45%的部件属南非产品的汽车，可享受税收方面的优惠待遇，以鼓励南非当地汽车制造业的发展。这一举措促进了汽车制造业的发展。1976年“南非制”汽车中南非当地汽车的部件比例已达到66%。1976年南非共有生产机动车或其他部件的工厂685家，1979年有职工9.9万人，产值为17.6亿南非兰特。南非的化学工业最早是从为矿山生产炸药开始的。位于约翰内斯堡附近的莫德方丹是世界上最大的私营炸药厂之一。1976年化学工业共有企业707家，1979年职工为9.3万人，产值为54.8亿南非兰特。南非的电力工业也较发达，拥有世界上最大的干冷发电站，发电量占全非洲的2/3。南非的原子能、化工、电子、冶金等制造业部门均达到较大规模，其中原子能工业在非洲是唯一的，电子、冶金等工业产值则占了非洲的大部分，整个工业部门结构明显地向重工业倾斜，与其他非洲国家差别很大。

埃及的制造业在非洲很发达，其规模仅次于南非在非洲居第二位。埃及的石油产品，纺织产品的产量和发电量均比较高，在非洲仅次于南非。20 世纪 50 年代埃及工业平均增长率为 7%，60 年代上升到 16%，70 年代其工业增长率继续保持在 16% 的水平。从 1960 年以来，由于大量引进外资，制造业的规模增长迅速，在非洲仅次于南非。轻工业一向是埃及工业的主体，1952 年纺织和食品工业在工业总产值的比重为 68%。后来，由于埃及政府比较注重对基础工业的投资，因此，冶金、机械制造、化工和建材等重工业部门在工业总产值的比重逐步上升，而纺织和食品这两大传统制造业部门占工业总产值的比重有所下降。20 世纪 70 年代以来，埃及着重发展了一些基础工业，如赫勒万的钢铁工业，80 年代初期已具有一定规模，有 3 万多工人，生产能力达到 200 万吨；纳贾哈马迪的炼铝工业年产能力 16 万吨，此外，还发展有汽车装配、化肥、水泥等工业。

阿尔及利亚的制造业比较发达。1967 年以后，阿尔及利亚政府实行了优先发展重工业的方针，先后建立了冶金、机械、电子、汽车、纺织、建材与一批现代化企业，使制造业有较大发展。阿尔及利亚的冶金工业是一个正在发展的工业部门。在安纳巴附近的哈贾钢铁联合企业是最大的钢铁厂，1966 年开始建设，1972 年投产，1978 年产量达到 17.8 万吨。从 1977 年开始，这个工厂开始扩建，将其年生产能力提高到 200 万吨。1985 年，阿尔及利亚的钢产量已达到 139 万吨，生铁产量为 146 万吨。机械制造业是阿尔及利亚制造业中发展较快的部门。20 世纪 70 年代已经拥有机械、汽车、电器和农业机械工厂。阿尔及利亚有两家汽车装配工厂，一家是在阿尔及尔附近哈拉什的雷诺汽车厂，另一家是阿尔及尔以东鲁卜耶附近的贝赫利汽车厂。这两家工厂分别每年组装能力为 1 500 辆客车和 1.5 万辆小汽车。1985 年卡车和客车装配量达到 7 200 辆。由于阿尔及利亚拥有丰富的石油、天然气和磷酸盐，石油化学工业相应得到发展。1970 年，在阿尔泽建成一座氮肥工厂，年生产能力为 80 万吨。但实际产量低于生产能力。1980 年在安纳巴的化肥厂投产。此外还在阿尔泽等建立新的化肥厂。阿尔及利亚的纺织工业和食品加工业等其他轻工业在制造业中也占有重要地位。食品加工业在 1966 年工业总产值中占 40%，就业人数占工业部门的 25%。由于其他部门的发展，这些部门在工业中的比重有所下降，但发展依然很快。

津巴布韦制造业基础良好，20 世纪 40 年代和 50 年代发展较快。到 1965 年，制造业已在国民生产总值构成中居第一位。从 1965—1974 年，制造业产值翻了一倍，其产业结构也相应发生变化，增长最快的是金属、金属制品和纺织工业，纺织工业产值从制造业排行第八位上升到第四位。1974 年以后，津巴布韦制造业产量有所下降，到 1979 年，制造业产值比 1974 年下降 6%。1980 年和 1981 年制造业有明显增长，制造业增长分别达到 15%和 10%，但 1982 年以后增长幅度有所放慢，其主要原因是：世界经济衰退的影响导致工业新投资越来越少；外汇短缺，不能及时购进原料和设备，主要买主南非的政策发生变化等。因此，除食品工业和纺织工业等少数部门外，其他制造业部门均出现停滞或下降的趋势。津巴布韦制造业部门齐全，金属和金属加工是津巴布韦最大的制造部门，约占制造业产值的 25%。食品工业在独立以前居制造业首位，以后退居第二位。在整个制造业中的比重从 1965 年的 26%降至 1975 年的 20%。石油化工业、饮料和卷烟业和纺织工业在制造业中也占有重要地位。这些产业产值比重在制造业中所占的比重在 10%～13%之间。

尼日利亚的制造业是在第二次世界大战以后才开始发展的主要有农产品加工工业和一些轻工业，企业规模一般较大。1950 年制造业产值仅占国内生产总值的 0.4%，1960 年占 4.8%。独立后，尼日利亚政府重视发展制造业。随着石油财富的增加，在国家发展计划中比较重视发展工业，制造业有了较快的发展，平均每年增长速度在 10%左右，成为增长速度最快的部门之一。20 世纪 70 年代以后，除了已经有一定基础的轻工业外，石油化工、钢铁、车辆装配、电器产品、建筑材料等现代工业部门建立起来。尽管尼日利亚的制造业发展较快，但在国民经济中并不占重要地位。1981 年国内生产总值中制造业产值仅占 8.6%。就业人数在总就业人数中占 18.7%。制造业产品基本上是供国内市场需要，只有少量产品出口，在 1965—1975 年的出口总值中平均仅占 2%。尼日利亚的制造业中，轻工业占主要地位，轻工业中又以国内市场所需的消费品生产为主。食品、饮料、烟草、农产品加工工业、纺织等产值占制造业总产值的一半以上。总的来看，独立以来，尼日利亚的制造业发展较快，但基础设施较差，技术水平不高，多数工业制品仍需要进口。

显而易见，非洲工业是世界上发展水平最低的洲。长期以来，大多数国家严重依赖生产和出口矿产初级产品，采矿业成为非洲工业的主导部门，而制造业生产比较薄弱，导致工业发展极其缓慢。而非洲国家的工业到 20 世纪 80 年代初期仍以初级产品生产的采矿业为主体。当然应该看到非洲国家工业的发展空间巨大，经过努力可以使工业成为推动经济发展的主导部门。而非洲拥有劳动力优势，劳动密集型产业有可能成为非洲工业发展的增长点。

18.4.3　工业化和人口城市化

非洲许多国家自独立后开始实施进口替代工业化战略，试图通过工业的发展来带动和改变经济结构。为了加快经济发展的速度，优先发展某些特定的重点部门和进口替代工业，各国普遍制定了促进工业化的发展计划，鼓励本地资本和外国资本投资，对新开创的企业在一定年限内实行税收优惠，实行贸易保护政策，鼓励多生产可以替代进口的产品，禁止同类产品的进口，对企业所进口的设备实行免税或减税。埃及是最早推进工业化发展的国家。20 世纪 60 年代，冶金、化学、石油、纺织等部门迅速建立和发展起来。尼日利亚则重点发展支持石油、电力、钢铁等工业部门的发展。非洲一些国家还发展了较为现代化的制糖工业、纺织工业和食品工业等各种劳动密集型工业。

工业化战略的推行使许多非洲国家的工业企业从无到有、从少到多，形成了相当的规模。坦桑尼亚的工业企业由1961年独立时的200多家增长到1970年的1 200多家。工业生产总值占国内生产总值的比重从1960年的11%增长到1982年的15%，20世纪70年代工业年平均增长率高达10%。南非发展了机械、金属制品、化工、钢铁、矿产品加工、汽车制造等行业。尼日利亚、阿尔及利亚和利比亚建立了大规模的包括石油勘探、提炼、化工的油气体系，还建立了汽车机床、发动机等重工业制造部门和纺织、食品加工等轻工业体系。到70年代末期，尼日利亚石油工业迅速发展，石油出口占总出口的比重超过90%。石油工业的发展还带动了纺织、车辆装配、电力等工业部门的发展。肯尼亚也是工业发展比较快的国家。自1963年独立后，肯尼亚采取了进口替代的工业发展战略，利用外国技术和本国原料及进口原料生产制造原来要从外国进口的同类产品，以减轻对外国工业制成品的依赖；由农产品加工业向生产日用消费品和简单的机械设备及零配件过渡，逐步建立起劳动密集型的加工业，主要工业部门有农产品加工、纺织、服装、炼油、汽车装配、轧钢、发电等。通过发展进口替代工业，工业化程度不断提高，到1980年，工业总产值占国内生产总值的比重已上升到13.4%。非洲国家实行进口替代发展战略在一定程度上促进了非洲工业的发展。1970—1979年，撒哈拉以南非洲工业年均增长率为3.3%，超过了国内生产总值年增长率的2.6%。

应该看到，在非洲工业化发展的过程中，尽管工业发展比较缓慢，但劳动生产率有所提高，工业的发展，吸引了农村人口源源不断移居到城市，形成人口城市化。据统计资料显示，非洲城市人口比重在1950年为14.7%，到1960年提高到18.5%，低于世界各大洲，但随着人口的迅速增长和农村人口的不断移动，其发展速度很快，年增长率高达5%，高于世界其他大洲。仅1960—1980年间，全洲城市人口增长了1.7倍。但非洲的人口城市化水平总体上比较低，仅略高于亚洲。

从国家的人口城市化看，位于非洲南北两端的国家城市人口比重较高，尤其是利比亚等工业化程度较高的人口城市化比较迅速，1982年达到58%。乌干达、马拉维和埃塞俄比亚不足14%，而布隆迪和卢旺达则仅为6%，充分反映出各国之间经济发展和工业化发展的不平衡。

值得注目的是，自20世纪60年代以来随着非洲工业化的发展，人口城市化进展很快，全洲百万以上人口大城市从3个增至1980年的11个，其中规模最大的是埃及的开罗和尼日利亚的拉各斯。开罗长期以来一直是非洲第一大城市，也是工业比较发达的城市，尤其是城市南郊的赫勒万工业区，南北延伸近30公里，建有钢铁、建材、仪表、纺织等一系列大型现代化工业企业，是埃及最大的钢铁工业中心和重工业中心。1950年人口为267万人，居世界第25位，1980年人口达到588万人，居世界第19位。拉各斯是50年代初期以后世界上人口增长最快的城市。1950年，拉各斯人口只有 27 万人，在世界城市中排在 370 位以后，此后发展极其迅速，1980 年人口突破 106 万人。科特迪瓦的阿比让在这一时期的人口增长也很快，从 1950 年的 5.6 万人增至 1980 年的 142.3 万人，增长了 24.4 倍，增长幅度之大在世界上是罕见的。非洲一些工业相对比较发达国家随着城市人口的增长，城市的消费市场和劳动力市场促进了城市附近的工业集聚，使人口城市化进程逐步加快，进入了由低速发展向中速发展演变的趋势。

18.5　人口动态与人口分布

第二次世界大战后，随着经济的发展，殖民主义体系土崩瓦解。非洲大部分国家以此为契机摆脱了殖民主义的统治①，尤其是 20 世纪 60 年代初期，许多国家获得独立以来，非洲经历了前所未有的人口高度增长。70 年代以后，世界其他各洲的人口增长率由于出生率和总和生育率下降都呈现逐渐减缓的趋势，而非洲由于持续高出生率的人口效果则仍在明显上升。从表 18—4 可以看出，自 50 年代以来非洲的人口增长率基本上呈现不断上升的趋势，70 年代达到 2.7%，明显高于其他各洲的人口增长率。

表 18—4　　20 世纪后半期非洲与各大洲人口增长的比较

地区	人口数/百万人				人口年平均增长率/%		
	1950 年	1960 年	1970 年	1980 年	1950—1960 年	1960—1970 年	1970—1980 年
亚洲	1 402	1 702	2 147	2 641	2.0	2.3	2.1
欧洲	547	605	656	693	1.0	0.8	0.6
非洲	221	277	357	467	2.3	2.6	2.7
北美洲	172	204	232	255	1.8	1.3	1.1
拉丁美洲	167	218	285	361	2.7	2.7	2.4
大洋洲	13	16	19	23	2.2	2.1	1.6
全世界	2 521	3 022	3 696	4 440	1.8	2.0	1.9

资料来源：United Nations，*World population prospect*，The 1998 Revision；United Nations，*Year Book of National Accounts Statistics*，1980；世界银行. 世界发展指标［M］. 各年版。

长期以来，非洲的人口动态具有高出生率、高死亡率的特点。从 20 世纪 50 年代

① 非洲在第一次世界大战前夕的 1913 年除了埃塞俄比亚和利比里亚外，全部沦落为殖民地，马达加斯加、加纳、阿尔及利亚、几内亚、马里、苏丹、肯尼亚、索马里以及南非和东非的其他许多国家都爆发过反抗殖民主义侵略者的大规模武装斗争和武装起义。东非的阿比西尼亚人民的反法西斯斗争曾震动了整个世界，北非的埃及也赢得了独立。到第二次世界大战前，只有埃及、埃塞俄比亚、利比里亚 3 个独立的国家。第二次世界大战结束后，随着经济的发展，殖民主义体系土崩瓦解。非洲大部分国家以此为契机摆脱了殖民主义的统治。20 世纪 50 年代末期，非洲独立国家从二战前的 3 个增至 9 个。在 60 和 70 年代，非洲的独立运动如日中天，各国的民族解放运动团结合作，互相支持，使绝大多数非洲殖民地先后获得了独立。1990 年纳米比亚的独立和 1994 年南非白人种族主义统治的垮台，标志着除大洋中的个别小岛外，所有非洲国家都摆脱了殖民主义和种族主义的枷锁。

到70年代，非洲的人口出生率始终保持在45‰～48‰的高水平上，其中西非的马里、尼日尔、尼日利亚、东非的马拉维、埃塞俄比亚和卢旺达的人口出生率更高，在这一时期保持在50‰～52‰的高水平。1981年世界上出生率超过50‰的国家有11个均在非洲，最高的肯尼亚达到53‰，死亡率超过22‰的国家有12个，其中有11个在非洲，最高的埃塞俄比亚高达25‰，由于高死亡率部分抵消了高出生率，因此非洲人口增长率在50年代和60年代低于拉丁美洲，但70年代以后在各大洲中是最高的。

非洲人口出生率高，与大部分非洲国家不实施计划生育密切相关，人们往往倾向于多生多育，早生早育，认为子女多，劳动力多，家庭经济才能兴盛发达，一些国家还鼓励提高生育率。同时在非洲的一些宗教观念中，堕胎和流产被认为是对生命的亵渎，是对无辜生命的残害，因而不提倡计划生育。此外，非洲重男轻女现象严重，在一些部落和地区，还存在多妻制、早婚、未婚先育、性关系混乱等陋习，这都促使非洲人口急剧攀升。非洲的死亡率则从20世纪60年代前期的25‰下降到1988年的16‰。死亡率的持续下降在很大程度上是由于数种过去危害最严重的急性传染病基本上得到有效控制的结果。正是死亡率的下降和持续的高出生率导致非洲人口迅速增长。

非洲人口分布是极不平衡的。据统计，1970年非洲的人口密度为每平方公里11人，仅为世界平均数的40.7%，但由于历史因素和自然条件的共同影响，各地人口疏密极不平衡，约有1/3的人口集中在面积仅占1%的区域里，尼罗河谷地、西北部地中海沿岸等地区，平均每平方公里达500人以上，成为世界上人口最密集的地区之一，而人口密度小于每平方公里4人的地区占全洲总面积的60%，这里仅居住总人口的6%，其中撒哈拉、卡拉哈里和纳米布三大沙漠的人口密度均低于每平方公里0.5人。20世纪70年代以后，随着非洲人口的迅速增长，人口密度有所上升，到1981年增至每平方公里16人，其中比较值得注目的变化是撒哈拉、卡拉哈里和纳米布三大沙漠和一些干旱草原、半沙漠地带的人口密度增至每平方公里1人，这些沙漠人口都高度集中在少数绿洲上，是世界人口最稀疏的地区之一。而大面积的沙漠地带均为无人区。据研究，在撒哈拉沙漠中，有数百个绿洲，如埃及的锡瓦绿洲、哈里杰绿洲，利比亚的库夫拉绿洲、济甘绿洲，阿尔及利亚的图瓦特绿洲等集中了2/3以上的沙漠人口，有的绿洲人口密度达到每平方公里1 000人以上。绿洲以外的浩瀚沙漠实际上都是无人区。除三大沙漠外，热带雨林密布的刚果盆地人口也很稀少。

据统计，距海200公里的沿海地区，面积约占全非洲的19%，居住着非洲近一半的人口。在内陆高地，如东非高原、埃塞俄比亚中央高原、尼日利亚北部高原以及南非和津巴布韦的草原地带，地势高亢，气候较暖和湿润，疾病较少，农牧业比较发达，也居住着较多的人口。干燥地区的沿河地带和绿洲，以尼罗河、尼日尔河最为典型，浇灌农业比较发达，人口也相应集中，而苏丹北部的尼罗河谷地绿色长廊，宽度平均不到1平方公里，长度达到1 600公里，人口密度高达每平方公里600人以上。在铁路沿线，殖民者为了掠夺非洲的资源，先后修筑了几万公里的铁路，沿线经济发展较快，人口也较密集，如赞比亚中央铁路两侧20公里内，居住的人口占全国的42%。此外，在印度洋中非凡的一些小岛，自然条件较好，人口稠密，如毛里求斯每平方公里人口为486人，留尼汪岛每平方公里也超过200人。

18.6　区域经济与人口发展

非洲是世界上经济最不发达的大陆，除个别国家外，全部是经济发展低下的发展中国家，地域经济发展明显滞后于其他各大洲，工业基础薄弱，经济结构畸形。在经济缓慢增长的过程中，人口增长很快，巨大的人口压力在一定程度上制约了经济发展的速度。非洲目前有56个国家和地区。在地理上，习惯将非洲分为北非①、东非、西非、中非和南非五个区域。

北非包括埃及、苏丹、利比亚、突尼斯、阿尔及利亚、摩洛哥、亚速尔群岛、马德拉群岛。其中埃及、苏丹和利比亚有时称为东北非。其余国家和地区称为西北非。北非经济与非洲其他区域相比较为雄厚。自20世纪50年代以来，随着丰富石油资源的开发，北非经济出现了较高速度的增长，其地域经济发展在全非洲处于显著的领先地位，经济增长速度较快，1970年北非占全非洲生产总值的30%，其人口占全非洲人口的22%，人均生产总值超过全洲平均数70%以上；除苏丹外，其余各国在非洲均为比较先进的国家。

北非与撒哈拉以南四大区的区域相比，由于经济文化水平较高，人口出生率和人口死亡率相对较低，尤其是进入20世纪80年代，北非国家节制生育的工作初显成效，突尼斯、埃及、摩洛哥三国已婚妇女中已有35%～50%的人采取节育措施，致使出生率有所下降，这些国家的人口增长速度明显低于其他四大区域。

在经济结构上，北非的工业比较发达，工业在该地域的生产总值中占33%，比重基本上与撒哈拉以南的非洲各地域持平，但人均工业产值超出0.8倍。北非的制造业较发达，在非洲占有举足轻重的地位，埃及、阿尔及利亚、摩洛哥的制造业规模仅次于南非共和国，在非洲国家中分别列为第二、三、四位，突尼斯则居第六位。本地域不仅纺织、食品等传统的轻工业较发达，石油化工、钢铁、机械等新兴产业部门发展也比较快。农业在国民经济中比较薄弱，在全非洲的生产总值中约占15%。地域

---

①　北非位于撒哈拉沙漠的北侧，因地理位置与西亚和南欧相邻有密切关系，人们常把本区同西亚合称为中东和北非。全区总面积为830多万平方千米，人口约1.67亿（1998年），占非洲的22%，阿拉伯人占80%左右。西北部为阿特拉斯山地，东南部为苏丹草原的一部分，地中海和大西洋沿岸有狭窄的平原，其余地区大多为撒哈拉沙漠。本地域不少农矿产品占世界重要地位，原油占世界总产量5%，磷酸盐占22%，棉花约占5%，阿拉伯树胶占80%以上，其他还有栓皮、油橄榄、柑橘、葡萄、椰枣以及无花果等。

内农业多属亚热带地中海类型，农作物主要是麦类、棉花、水果、蔬菜等，生产的集约化程度较高。

在北非各国中，埃及经济与人口增长比较引人注目。自1952年埃及进行民主革命以后，经济得到较快发展，1955—1959年和1960—1964年国内生产总值平均增长率为4.5%和5.9%（见表18—5），20世纪60年代后期经济增长势头有所下降。在70年代初期，埃及经济发展模式从50年代和60年代的几乎封闭式的经济向开放式的经济转变，经济发展迅速，1970—1979年国内生产总值平均增长率增至7.6%，工业年平均增长率为7.8%，人均收入年平均增长率为6.5%。这一时期，在经济增长的过程中，死亡率显著下降，人口增长率达到史无前例的高速度。1980年，人口总数达到4 244万人，比1950年的2 120万人增长1倍多，年人口平均增长率达到2.5%。人口增长主要是由于高出生的低死亡的人口效果。50年代前期，出生率始终保持在40.0‰以上的高水平，1956—1966年间仍高达41.7‰。此后，由于节制生育政策的展开，出生率趋于下降，70年代在37.0‰上下波动，1980年为38.0‰，可见下降趋势并不明显。而这一时期死亡率大幅度下降，从20.0‰降至10.0‰（见图18—4）。正是死亡率的下降和持续的高出生率，导致人口增长率的显著上升，而人口增长在一定程度上促进了经济增长。

阿尔及利亚在独立以前在经济上不能独立自主地发展，基本上属于殖民地类型的经济。1962年独立后，政府收回了被殖民主义者控制的金融、贸易、航运等经济部门，为发展经济打下基础。1965年以后，阿尔及利亚经济进入新的发展时期。从1967—1977年，阿尔及利亚实行了三个经济发展计划，即1967—1969年三年计划，1970—1973年和1974—1977年两个四年计划，以发展为中心。经过12年的努力，阿尔及利亚经济水平有了较大增长。1967—1978年，国民生产总值按1978年价格计算，从403亿第纳尔增至868亿第纳尔，年平均增长率为7.2%；人均国民生产总值从3 192第纳尔增至4 932第纳尔，年平均增长率为4%。进入20世纪80年代以后，阿尔及利亚政府开始推行经济改革，改变了只注重工业，追求国民生产总值高速发展的倾向，强调发展经济要根据本国的需要，减少在资金和技术上对外国的依赖；在发展国家资本的同时，也发挥其他资本的作用等，经济发展逐渐形成良好的态势。

表18—5　　埃及的主要人口经济指标（1950—1984年）

期间	经济增长率/%	人均GNP增长率/%	出生率/‰	死亡率/‰	人口增长率/%	第一产业比率/%	第二产业比率/%	第三产业比率/%	失业率/%
1950—1954年	1.5	−0.6	43.8	27.7	2.0	35.0	12.0	53.0	—
1955—1959年	4.5	1.9	40.6	26.5	2.5	33.0	24.0	43.0	4.5
1960—1964年	5.9	4.1	42.6	22.6	2.5	26.0	26.0	48.0	2.9
1965—1969年	1.6	0.6	39.4	18.1	2.3	25.0	24.0	51.0	2.9
1970—1974年	2.6	1.9	35.1	14.2	2.0	26.0	22.0	52.0	1.9

续表

期间	经济增长率/%	人均 GNP 增长率/%	出生率/‰	死亡率/‰	人口增长率/%	第一产业比率/%	第二产业比率/%	第三产业比率/%	失业率/%
1975—1979 年	10.8	9.4	37.3	11.4	2.7	24.0	27.0	49.0	3.5
1980—1984 年	6.3	3.2	37.2	9.5	3.4	19.0	31.0	50.0	5.8

资料来源：国家统计局编. 国际统计年鉴（2009 年版）[M]. 北京：中国统计出版社，2009；[英] B. R. 米切尔编. 帕尔格雷夫世界历史统计・亚洲、非洲和大洋洲卷（1790—1993）[M]. 北京：经济科学出版社，2002；[英] 安格斯・麦迪森. 世界经济千年史 [M]. 北京：北京大学出版社，2003；国际复兴开发银行/世界银行编. 世界发展数据手册 [M]. 北京：中国财政经济出版社，各年版。

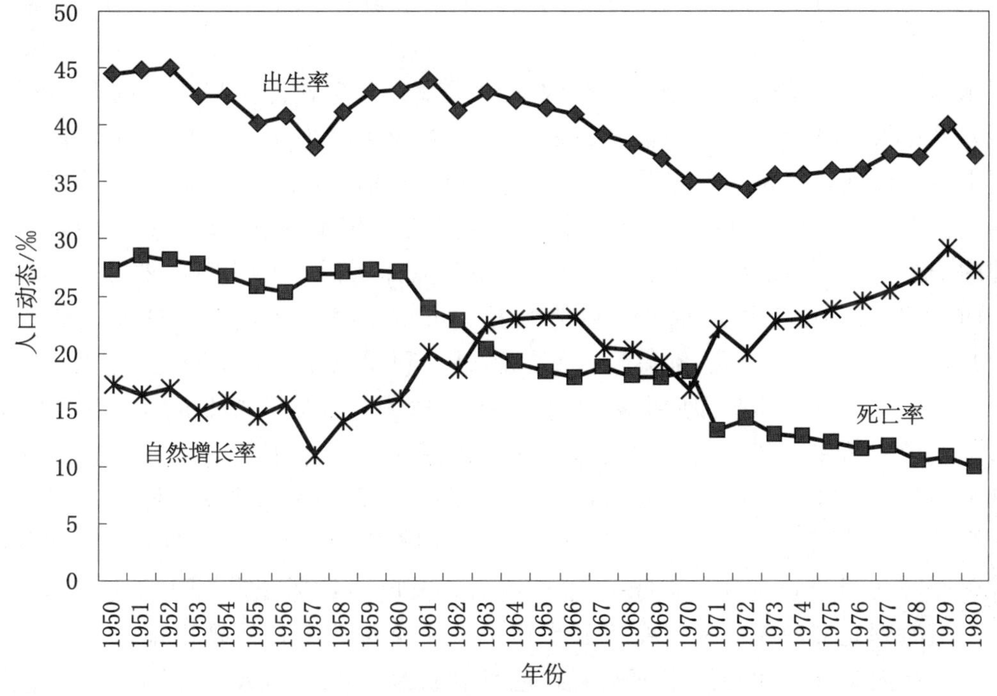

图 18—4　埃及的人口动态（1950—1980 年）

资料来源：[英] B. R. 米切尔编. 帕尔格雷夫世界历史统计・亚洲、非洲和大洋洲卷（1790—1993）[M]. 北京：经济科学出版社，2002.

东非[①]包括埃塞俄比亚、厄立特里亚、索马里、吉布提、肯尼亚、坦桑尼亚、乌干达、卢旺达、布隆迪和塞舌尔 10 个国家。东非的经济发展水平自 20 世纪 50 年代以来长期处在非洲和世界的最低端，经济增长缓慢，人均生产总值仅为全非洲平均数的 40%左右。除了以转口贸易为主的塞舌尔外，其余 9 国均为最不发达国家，其

① 东非面积约 370 万平方千米，人口 1.7 亿人，平均人口密度在非洲各大地域中是最高的，居民主要是班图语系黑人，分布在南部；其次是阿姆哈拉族，盖拉族和索马里人，分布在北部。北部是非洲屋脊埃塞俄比亚高原，南部是东非高原，印度洋沿岸有狭窄的平原，东非大裂谷纵贯东非高原中部和西部，平均高度显著超过非洲其他地域。本地域所产咖啡约占世界总产量 14%，剑麻约占 25%以上，丁香供应量占世界丁香供应量的 80%以上。

中索马里、乌干达、吉布提等国多年来数次陷入停滞或倒退状态，但出生率很高，人口增长很快，少年儿童所占比重世界上亦无出其右，就人口规模而言，埃塞俄比亚增长很快，1950 年为 1 760 万人，1975 年增至 2 795 万人，随后人口增长速度进一步加快，到 1980 年，人口总量上升到 3 875 万人，为非洲第三人口大国。

在东非各国中，唯有肯尼亚经济增长较快，1951—1970 年国内生产总值平均增长率为 5.4%。20 世纪 70 年代初期以后经济增长进一步加快，1971—1980 年，其国内生产总值增长 0.4 倍，在非洲国家中较为突出。东部非洲人口最多的国家埃塞俄比亚一度经济增长较快，1960—1973 年间国内生产总值平均增长 4.3%。随后，经济发展十分缓慢。

东部非洲经济结构的显著特点是农业比重大，采矿业比重极小，同非洲其他四地域差异很大。域内各国均为典型的农业国，农业劳动力所占比重和农业人口比重均居世界最前列，工业发展滞后。本地域农业较发达，咖啡、剑麻、丁香等农产品在世界上占有重要地位，其中咖啡在包括埃塞俄比亚、坦桑尼亚、乌干达、卢旺达、布隆迪中均为首屈一指的出口产品。茶叶、甘蔗、棉花也在非洲占重要地位。

西非[①]通常包括毛里塔尼亚、西撒哈拉、塞内加尔、冈比亚、马里、布基纳法索、几内亚、几内亚比绍、佛得角、塞拉利昂、利比里亚、科特迪瓦、加纳、多哥、贝宁、尼日尔、尼日利亚和加那利群岛等 18 个国家，人口为 2.2 亿人，是非洲人口最多的地域。西非经济发展较为缓慢，在非洲属于中下水平，人均生产总值仅为全非洲平均数的 2/3，低于北部、南部和中部非洲，仅高于东部非洲。域内各国之间人均生产总值高低相差仅 3.5 倍，其差距与其他地域相比明显较小。西非各国均以农业或采矿业等初级产业为主，制造业比较落后，其所占比重是非洲也是世界最低的。从南部沿海到北部沙漠，人口密度和生产力水平逐渐降低，体现出地域内基本的地区差异。从人口规模和经济规模来看，尼日利亚地位突出，人口和国内生产总值均占 50%以上，是名副其实的西非经济大国。

尼日利亚是非洲人口最多的国家，约占全非洲人口的 1/6，也是最重要的国家之一。20 世纪 60 年代初期以后，经济发展较快，1962—1968 年第一个发展计划期间，重点发展基本消费品替代工业，国内生产总值年平均增长率为 5.5%。此后，由于陷入内战，经济发展速度迅速下降。1970—1975 年间，尼日利亚主要发展石油生产，

---

① 西非是非洲人口最多的地域，包括毛里塔尼亚、西撒哈拉、塞内加尔、冈比亚、马里、布基纳法索、几内亚、几内亚比绍、佛得角、塞拉利昂、利比里亚、科特迪瓦、加纳，多哥、贝宁、尼日尔、尼日利亚和加那利群岛等 18 个国家。面积约 615 万多平方千米。人口 2.2 亿（1996 年），其中黑人约占总人口的 85%，其余多为阿拉伯人。本区北部属撒哈拉沙漠，中部属苏丹草原，南部为几内亚高原，沿海有狭窄的平原。区内地势平缓，自南向北依次由热带雨林气候，经热带草原气候过渡到热带沙漠气候，并拥有石油、铁、铀等重要矿产资源。自然条件对经济发展较为有利，平均垦荒指数达 9.2%，显著超过非洲其他各地域。本地域所产金刚石约占世界总产量 12%，铝土矿约占非洲总产量 90%以上，可可和棕榈仁均占世界总产量 50%以上，棕榈油约占 38%，花生约占 11%，咖啡、天然橡胶在世界上也占有一定地位。

改善基础设施，促进工业部门的本地化，国内生产总值平均增长 8.2%，投资率的增长达到每年 35%的空前速度。70 年代中期以来，尼日利亚经济发展比较迅速，1975—1980 年期间国内生产总值的实际平均增长率为 6.5%。与此同时，人口增长速度也有所加快，到 1980 年人口达到 8 056 万人，比 1963 年增加 44.7%，这一时期，出生率始终保持在 49.0‰以上的高水平上。而死亡率则趋于下降趋势，20 世纪 70 年代前半期为 22.7‰，1981 年减少到 18.0‰。出生率的持续偏高和死亡率降低，导致人口迅速增长的同时，人口年龄结构向年轻化演变（见图 18—5）。

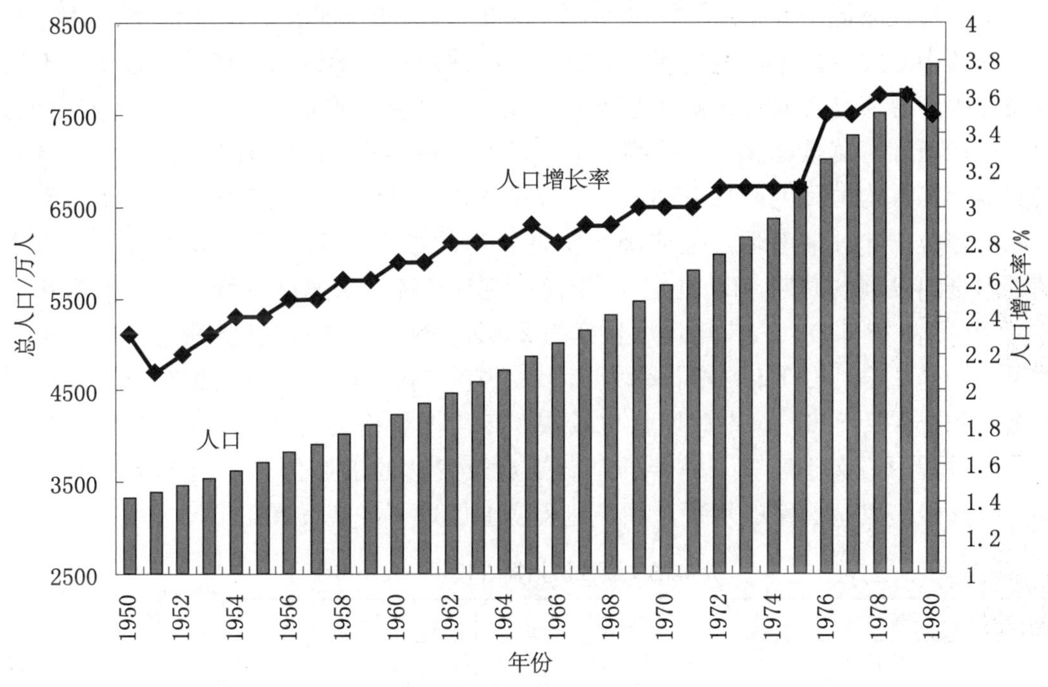

图 18—5　尼日利亚人口规模和人口增长率（1950—1980 年）

资料来源：［英］安格斯·麦迪森. 世界经济千年史［M］. 北京：北京大学出版社，2003.

中非[①]包括乍得、中非、喀麦隆、赤道几内亚、加蓬、刚果、刚果民主共和国、圣多美和普林西比等 9 个国家，人口密度仅为全洲平均数的 1/2，在五大地域中是最低的。中部非洲的经济发展在非洲属于中等水平，人均国内生产总值同西部非洲相当，仅为全洲平均数的 2/3。经济结构以农业为主，其次是采矿业，制造业相当薄弱。加蓬、刚果和喀麦隆经济发展较为迅速，近年来均已成为中等收入国家。中非等

① 中非包括乍得等 9 个国家，面积为 660 万多平方千米，人口约 8 500 多万，其中班图语系黑人约占 80%，分布在南部。其余为苏丹语系黑人，分布在北部。本地域北部属撒哈拉沙漠，中部属苏丹草原，南部属刚果盆地，西南部属下几内亚高原。刚果盆地面积约 337 万平方千米，中心部分最低处海拔仅 200 米，四周的高原、山地一般高达海拔 1 000 米以上，森林面积占非洲近半数。所产金刚石占世界总产量 30%左右，锰矿石占 12%，铜、钴、铀、锡、镭等矿物产量都在世界上占重要地位。棕榈油、棕榈仁、天然橡胶、可可也很重要。

其他各国经济发展缓慢，在20世纪60—70年代，人均国民生产总值不仅没有增长，还呈现下降趋势，目前均属于最不发达国家。典型的是刚果民主共和国，在1965年前后人均生产总值增长极其缓慢，实际上国土辽阔，矿产、森林等资源都很丰富，但资源优势没有转变成现实的生产力，影响了经济发展的速度。

南非①包括赞比亚、安哥拉、津巴布韦、马拉维、莫桑比克、博茨瓦纳、纳米比亚、南非、斯威士兰、莱索托、马达加斯加、科摩罗、毛里求斯等13个国家和留尼汪、圣赫勒拿2个地区，人口为1.14亿人。在非洲五大区域中，南部非洲的经济发展水平平均仅略低于北部非洲，但区域内生产力分布不平衡。南非经济发达，是非洲唯一的中等发达国家，赞比亚、津巴布韦、博茨瓦纳等国家经济发展较快，不仅人均国民生产总值高，而且采矿业和重工业发达，许多矿产品在世界上占有突出地位，而马达加斯加、莫桑比克、马拉维、毛里求斯和科摩罗等国家均为农业国，经济发展极其落后，人均国民生产总值都低于全洲平均数，其中莫桑比克居世界最下位。

南非位于非洲最南端，是非洲经济最发达的国家。第二次世界大战后，南非经济进入全面发展的时期，20世纪50年代，南非经济增长速度较快，年平均增长率为4.6%（见表18—6），人口年均增长率为2.4%。60年代南非经济高速发展，年平均增长率为6.2%，人口年均增长率为2.9%。70年代，南非经济增长有所下降，但年均增长率仍保持3.6%，人口增长也较快，年均增长率为2.5%。这一时期，在经济增长的过程中，南非建立了完善的基础工业及发达的工业体系，由于南非的熟练劳动力接近经济发达国家的水平，在一定程度上促进了经济发展。

表18—6　　南非的主要经济指标（1950—1979年）

指标/%	1950—1959年	1960—1969年	1970—1979年
经济增长率	4.6	6.3	3.6
人口增长率	2.4	2.9	2.5
人均国内生产总值增长率	1.5	3.0	0.3
第一产业比率	15.5	11.0	5.5
第二产业比率	37.5	40.5	40.5
第三产业比率	47.0	48.5	54.0

资料来源：［英］B.R.米切尔编.帕尔格雷夫世界历史统计·亚洲、非洲和大洋洲卷（1790—1993）［M］.北京：经济科学出版社，2002；［英］安格斯·麦迪森.世界经济千年史［M］.北京：北京大学出版社，2003.

① 南非包括赞比亚以南的13个国家和2个地区，总面积661万多平方千米，人口1亿多，其中班图语系黑人占85%，马来－波利尼西亚语系的马达加斯加人占9%，欧洲白种人占5%以上。本区域地形以南非高原为主体，高原中部地势低洼为卡拉哈迪盆地，周围隆起均为高原和山地，本区域所产金约占世界总产量70%，金刚石、铬矿石约占30%，铜、钒、锂、铍、石棉的产量在世界上也占重要地位。

第 19 章　拉丁美洲的人口与经济发展

19.1　20 世纪前期的经济发展与人口增长

第一次世界大战期间及战后，拉丁美洲的经济有所发展，对外经济贸易经历了一个扩张期。1914—1921 年，拉丁美洲对外经济贸易扩张的势头有所减弱。随后迎来了 1922—1929 年间的短暂的出口繁荣。这一时期，拉丁美洲的工业生产有了较快的增长。墨西哥的加工工业总产值，从 1902—1929 年增长了 5 倍多。巴西工业生产总值在第一次世界大战中增长了 1 倍，到 1928 年则为 1914 年的 3 倍。

20 世纪 30 年代的资本主义大萧条使拉丁美洲的对外经济贸易全面恶化。根据联合国拉美经济委员会提供的资料，以 1925—1929 年间为基数 100，在 1930—1934 年间，拉丁美洲的出口量下降 8.8，进口能力下降 31.3；在 1935—1939 年间，又分别下降了 2.4 和 12.9。由此可见，经过 30 年代的经济危机之后，拉丁美洲在对外经济贸易领域持续呈现下降的局面，在一定程度上影响了经济增长的速度。此外，对当时拉丁美洲经济发展影响较大的另一个重要变化是，美国加速了其资本和技术对拉丁美洲国家的渗透，并确立了在拉丁美洲经济中的支配地位。美国在墨西哥、中美洲和加勒比地区的贸易中占据了主导地位，在南美洲的进出口贸易中也占到近 1/3 左右。

这一时期，拉丁美洲工业发展水平仍然是很低的。在第二次世界大战前夕，拉丁美洲的人口总数几乎和美国相等，但是工业生产则不及美国的 1/10。至于拉丁美洲的机器制造业，则更是微弱。在拉丁美洲的工业生产中，外国资本占有很大的比重。在巴西，几乎所有的主要经济部门都控制在外国资本手中。阿根廷、墨西哥等国的情况也基本如此。在拉丁美洲工业中，采矿工业较发达，加工工业比较薄弱，基础工业发展落后。在加工工业中，食品、纺织等工业占有很大比重。工业中生产技术较落后，手工业仍占很大比重。①

在拉丁美洲民族工业中，国家资本占有很重要的地位。如巴西的冶金工业产品，有 50%是“国家冶炼公司”生产的，而这家公司的 51%股票掌握在政府手中。墨西哥政府于 1937 年颁布了铁路国有化的法令，1938 年又颁布了石油工业国有化的法令，收买了 17 家属于美国、英国和荷兰等国资本的石油公司。巴西、阿根廷等国政

---

① 赵晓雷主编. 外国经济史［M］. 大连：东北财经大学出版社，2013.

府也通过英国资本经营的铁路股票，形成了一部分国有企业。[①]

在经济发展的过程中，拉丁美洲的人口增长速度开始加快，1900—1930 年增长了 68%，达到 1.04 亿人，年平均增长率为 1.7%。人口增长同出口农业的发展和大批移民的流入有关。1881—1930 年间，阿根廷吸收 400 万外国移民，巴西流入 200 万外国移民，古巴、乌拉圭、智利等国都吸收了大批外来移民。但进入墨西哥、中美洲各国的外来移民则较少。人口的迅速增长，在一定程度上促进了拉美经济发展，扩大了国内的消费市场，并开始了高速度的城市化。

19.2　工业发展与人口城市化

20 世纪初期以后，拉丁美洲的工业化进程加快，工业部门初级生产和出口的发展，出现了人口增长加快和地域分布上相对集中的趋势，这种状况在阿根廷、巴西、墨西哥和智利等国尤其显著。30 年代以来，继阿根廷、巴西、墨西哥和智利之后，乌拉圭、委内瑞拉和秘鲁等拉美国家开始步入工业化的历程，但拉美国家工业生产比较迅速的发展则主要在第二次世界大战期间和战后时期。第二次世界大战期间，随着人口的快速增长，拉丁美洲各国的工业发展迅速，其主要特征是：橡胶、水泥、纺织和食品等必要的加工工业部门迅速扩大和发展起来；从 1938—1947 年，拉丁美洲制造业的产量增加了 1/2。例如，墨西哥从 1940—1945 年，制造业的总产值由 42.6 亿比索增长到 59 亿比索，年平均增长率达到 7.1%，其总产量增长了 25%；其中生铁产量从 1939 年的 3.9 万吨增加到 1945 年的 21 万吨；钢的产量由 1941 年的 16.5 万吨增加到 1945 年的 30 万吨。化学工业也有较大发展，1940 年的产值为 3 000 万比索，1944 年增加到 1.7 亿比索；纺织工业的发展尤为迅速，在 1942—1945 年间，有 15%～20%的棉织品外销到中美洲和西印度群岛。政府还通过直接投资，促进了金属加工、机器制造、冶金等工业。全国工业总产值 1939 年为 174 亿比索，1949 年已达 492 亿多比索，工业的迅速发展为战后墨西哥的工业化和国民经济的高速增长创造了有利的条件。在巴西和阿根廷等国钢铁工业发展较快，按工业总产值计算，1939—1945 年，拉丁美洲共增长了 30%～35%，其中巴西的工业总产值增长率高达 80%；新兴企业和资本集中程度加快，巴西是拉丁美洲经济发展最快的国家之一，1943 年，资本额在 25 万美元以上的大企业只占企业总数的 0.6%，却拥有全部企业资本总额的 54.9%，巴西在 20 世纪 30 年代末期到 40 年代中期，建成了近万个新兴工业企业，随着大批工业企业的建立，巴西的工业得到了迅猛发展。此外，阿根廷的工业发展水平也位居拉丁美洲各国前列。总的来看，30—40 年代，拉丁美洲各国的工业有了较大发展，但尚未实现工业化，工业部门结构不合理，工业发展水

① 赵晓雷主编. 外国经济史 [M]. 大连：东北财经大学出版社，2013.

平在总体上依然较低。

第二次世界大战后，拉丁美洲工业增长开始加快，1950—1965年工业产值年均增长6.3%，但工业发展呈现不均衡[①]的状态。阿根廷、智利和乌拉圭等国家的进口替代工业化已呈现活力衰竭的征兆。巴西、墨西哥以及部分工业发展起步较晚的国家，工业发展势头较好。从20世纪60年代起，拉美地区在发展工业方面做出了若干调整：部分拉美国家逐步改变工业发展重心，由非耐用消费品转向耐用消费品和资本货物，如汽车、家用电器、钢铁、化工、机械等；在能源、矿业等自然资源部门实行国有化政策，而在制造业部门鼓励外国投资。与此同时，拉美工业增长进一步加快，1965—1973年间，工业产值平均增长8.1%，还出现了巴西、墨西哥等国的“经济奇迹”。随后，工业增长呈现下降趋势，1974—1980年间，工业产值平均增长率减至5.1%。工业下降的主要原因之一是阿根廷、智利等国实施新自由主义经济改革，引起工业生产滑坡。

第二次世界大战后，拉丁美洲地区工业的部门结构也逐渐发生变化。在战前，拉美地区工业主要是采矿业及一些轻工业和食品工业。战后，重工业发展也较快，但轻工业主要是食品工业和纺织工业在多数拉美国家仍然是工业的主体。从工业结构的变化来看，制造业是战后拉美工业经济中迅速发展的一个部门。在拉美地区国内生产总值中所占的比重从1950年的18.8%增长到1960年的21.6%，1981—1985年间又上升到23.8%。在拉美制造业中，机械工业、石油化学工业的发展引人注目。

机械工业是第二次世界大战后发展较快的工业部门之一。最初机器制造以轻工业设备为主，20世纪50—60年代，阿根廷、巴西、墨西哥相继转入为重工业机器制造设备。汽车、船舶、铁路机车车辆等是拉美机械工业的主要产品。70年代以后，机械工业加快了速度，在其产品中，耐用消费品占很大比重。在这些产品中，汽车工业发展最为迅速，1975年拉美汽车产量已达150万辆，1980年增至211万辆，主要集中在巴西、阿根廷、墨西哥和委内瑞拉。其中巴西产量最多，1977年生产各种汽车92万辆，居世界第9位。60年代中期开始出口汽车零件，70年代初开始出口汽车。80年代初期，由于世界经济危机的影响，拉丁美洲的汽车产量有所下降，1982年降到155万辆。但巴西、墨西哥汽车产量依然增长较快。

拉丁美洲钢铁工业发展迅速，1956年钢产量只有300万吨左右，大致能满足本地区需要的1/2。到1978年，拉美地区的钢产量已达2 400万吨，比1956年增长7

① 需要指出的是，拉美国家在工业方面存在着很大的不平衡性。拉美的制造业主要集中在巴西、阿根廷和墨西哥三国。20世纪70年代末期，这三个国家的制造业占本地区制造业总值的78%。从拉美制造业结构看，大国、中等国家和小国的差异是很大的。1974年，大国的制造业结构中，非耐用消费品生产占36.2%。中间产品生产占35.2%，耐用消费品和资本货物生产占28.6%；中等国家分别为49.5%、33.0%、17.5%；小国则分别为68.1%、23.8%和8.1%。70年代末，巴西、阿根廷和墨西哥三国的资本货物生产占全地区的90%，资本货物的自给率达到60%，而中等国家这一自给率仅为25%。

倍。这一时期，巴西、墨西哥、阿根廷三国的钢铁工业发展尤为迅速，巴西钢产量由1958年的136万吨增加到1979年的1 390万吨；同期墨西哥钢产量由99万吨增加到700万吨，阿根廷由27万吨增加到320万吨。委内瑞拉、智利、哥伦比亚和秘鲁的钢产量也有了一定规模。20世纪80年代头几年由于建筑业和汽车工业萧条，拉美的钢产量有所下降。1982年拉美的钢产量为2 480万吨，比1980年减少438万吨。1983年开始回升，达到2 862万吨，主要分布在巴西、墨西哥、阿根廷和委内瑞拉，这4国的钢产量约占拉美总产量的95%以上。

电力工业也有较大发展，1960—1978年间，拉美电力生产年平均增长9.1%，1975年拉美各国拥有的发电能力总计为5 600万千瓦，主要集中在巴西、墨西哥、阿根廷、委内瑞拉、哥伦比亚、智利和秘鲁7国。20世纪70年代初，阿根廷、哥伦比亚和秘鲁等国把已有的电力系统联合为统一的国家电力网。1980年全地区的电力生产为3 722亿度，为1960年的5.4倍。在拉美电力的能源构成中，以水电为主，约占60%，其次是石油和天然气。拉美国家十分重视开发利用丰富的水利资源，已建和在建的大型水电站，仅巴西就有10多座，其中有巴西与乌拉圭合建的著名的伊泰普水电站、巴西与委内瑞拉合建的古里水电站等。

拉丁美洲多数国家的传统轻工业在制造业中占很大比重，主要以食品、纺织、制鞋、服装、皮革和家具等产业为主。其中食品工业和纺织工业较为发达。拉美食品工业中的冷藏肉、热带水果、速溶咖啡等大量出口，主要由大型现代化工厂生产。面粉、油脂、啤酒等主要面向国内市场，由分散在各地的中小企业生产。拉美大多数国家都有棉纺工业，毛纺织业主要分布在阿根廷、乌拉圭、智利和秘鲁。20世纪60年代以后，合成纤维及其织物的产量迅速增长。制糖工业产量大，巴西、古巴、阿根廷、墨西哥、哥伦比亚、多米尼加6国的糖产量占拉美的4/5以上。70年代以来，跨国公司在墨西哥、中美洲和加勒比地区大力发展了电子产品的装配工业。

第二次世界大战后拉丁美洲国家在工业化政策上，先后实行进口替代工业化发展模式和面向出口的发展战略，采取了保护国内市场、积极扶持“幼稚工业”、建立国有企业、完善基础设施、利用外国资本和开展区域经济一体化等措施，对制造业的发展起了推动作用。由于国内市场需要的增长以及贸易条件和国际收支状况恶化导致外汇短缺，进口能力下降，大多数拉美国家着重发展进口替代工业，通过保护关税和多种汇率政策，发展替代进口的工业。但在保护政策下发展起来的进口替代工业效率不高，而工业技术发展不快。20世纪60年代后期，在国内市场已经满足的情况下，许多拉美国家开始转向发展面向国际市场的出口主导型的制造业。主要采取的措施是：通过扩大出口商品的种类和用价税取代进口数量限制等手段，减少对本国市场和民族工业的冲击；积极发展非传统出口，尤其是注重制成品出口的开发。国家在税收、贷款、出口担保等方面支持出口工业。一些国家还放宽政策，注意利用外资引进先进技术，加强出口商品的竞争力。战后大量流入拉美的国外直接投资，主要也投向拉美国家各国的制造业，推动了拉美各国工业化的发展。

拉丁美洲的采矿业作为传统工业部门发展较早。早在殖民地时期，金、银、铜、锡矿就已广泛开发。第二次世界大战以来，拉美各国对重要的矿产资源实行国有化，随着石油、铝、铁矿等的大量开采，采矿业的生产规模不断扩大，生产技术水平逐渐提高。20世纪50年代和60年代，采矿业在巴西、委内瑞拉、玻利维亚、智利、秘鲁和墨西哥等国比较发达，但是采矿业大部分被外国资本控制，主要为出口而生产，70年代初期这一地区采矿业的产值约为50亿美元。按人口平均的产值，虽然低于美国和澳大利亚等发达国家，但超过了发达国家的平均产值。到70年代后期，拉美地区仍有8%的石油开采和35%的石油提炼为国外资本所控制。随着制造业及其他工业部门的较快发展，采矿业占国内生产总值的比重逐渐下降，1960年为4.4%，1985年降至3.3%。但委内瑞拉、玻利维亚、智利、牙买加和秘鲁等国的采矿业仍是国民经济的重要支柱，这些国家的采矿业占国内生产总值的比重大致为7%～8%；厄瓜多尔、圭亚那和苏里南的采矿业占10%～15%。由于拉美采矿业的机械化程度较高，技术较先进，其所吸收的劳动力仅占就业总人口的1%左右。

拉丁美洲采矿业主要产品有铁矿石、铜、锡、铝土和锌等。其中，铁矿石占世界总产量的20%以上，巴西的产量最多，委内瑞拉、智利、秘鲁和墨西哥等国的产量也较高，每年都有大量铁矿石出口；铜产量占世界总产量的17%，主要生产国有智利、秘鲁和墨西哥等。20世纪70年代后期以来，智利粗铜出口量基本上占世界第一位；铝土矿产量约占世界的30%，主要生产国为牙买加、圭亚那、苏里南、海地和多米尼加。此外，古巴的钴矿，玻利维亚的锡矿和锑矿，墨西哥的白银等产量都位居世界前列。

石油工业在采矿业中占有重要位置。拉丁美洲能源70%取自石油，20%取自天然气。1977年拉美石油产量22 800万吨，占世界总产量的7.8%。1978年以后，随着石油资源的大力开发，石油产量逐年上升，1982年为22.0亿桶，占当年世界产量的10.6%，主要生产国是委内瑞拉、墨西哥、阿根廷、特立尼达和多巴哥；哥伦比亚、秘鲁、巴西和厄瓜多尔也都生产石油。委内瑞拉作为拉美生产石油最多的国家，石油开发技术较先进，1977年全国从事石油工业人员仅2.5万人，日产能力为2 401万桶，石油收入达77亿美元；墨西哥自1972年以来石油产量增长很快，1977年比1976年增长19.8%，原油日产120万桶，石油工业已经成为墨西哥工业发展的支柱。在13个拉美石油生产国中，墨西哥和委内瑞拉两国生产的石油占总产量的3/4。墨西哥、委内瑞拉、厄瓜多尔、特立尼达和多巴哥、哥伦比亚、秘鲁及玻利维亚是石油净出口国。

第二次世界大战后随着工业化进程的加快，拉丁美洲各国的人口城市化水平大幅度加速，发展进程之迅猛在世界上也是少见的。1920年，拉丁美洲的城镇人口比重仅为22.0%，到1950年增至39.0%，远远超过其他发展中地区。20世纪50年代以后，随着工业化的迅速发展，城市投资增多，人口自然增长率上升，农村人口大量移居城市，使城市人口迅速上升。1960—1980 年拉美城市人口的年平均增长率高达 4.2%。城市人口占总人口的比重由 1960 年的 47%增至 1980 年的 66.2%，城市人口集中于首都则是拉美国家的普遍现象。据世界银行的统计，在 1980 年，海地 56%的城市居民集中在首都太子港，玻利维亚 44%的城市居民集中于拉巴斯，巴拿马 66%的城市居民集中于巴拿马城，智利 44%的城市居民集中于圣地亚哥，阿根廷、乌拉圭两国首都的人口分别占本国城市人口的 45%和 52%。

城市化进程的加快和大城市的过度膨胀往往基于两个基本因素，即人口因素和工业发展因素。拉美国家初级工业产品出口的发展伴随着一系列重要的人口现象。其一是国内移民现象，人口向出口工业生产发展迅速流动，如智利中部地区大批佃农向北部硝石开发区流动。其二是外来移民现象，阿根廷、乌拉圭等国都吸收了大批外来移民。城市发展到一定规模时，不仅能带动工业的发展，而且成为新的经济增长点。当然，城市化进程的加快，也带来一定的负效果，这在整个拉丁美洲是一个带有普遍性的问题。其主要表现是：农村人口的大量流失，减弱了农业生产的发展活力；这种超常速度的城市化进程给城市就业造成了巨大压力，大约有一半的劳动力处于失业、半失业状态或从事非正规职业，不利于城市部门的经济发展。

19.3 农业发展与农村劳动力

拉丁美洲农业生产单一化的发展，使拉美各国对国际市场的依赖性进一步加大，1929—1933 年世界经济危机，使拉美的单一农业受到打击，由于出口缩减，使大量农产品积存，影响了农业增长的速度。这次危机，使拉美国家认识到以初级产品出口为基础的单一经济结构的危害性，在大力发展工业的同时，积极调整农业部门结构，主要表现在由农业生产单一化转向发展粮食生产和发展多种农业经济作物方面，从而促进了农业生产的发展。

第二次世界大战后拉丁美洲农业发展是较快的。据统计，拉美农业产量在 1950—1980 年间平均增长速度达 3.5%，高于同期发达国家的水平。这一时期拉美制造业的平均增长速度为 6.6%，显而易见，制造业快于农业增长的势头，但按照一般的国际经验，在工业化初期和中前期，工农业发展速度的比例约为 3∶1，在工业化进行的中期，工农业的这种比例变为 2∶1，因此，就整个拉丁美洲地区而言，可以说拉美农业基本上与制造业保持同步增长的势头。

拉美农业的发展在很大程度上归结为农业现代化进程的加快。据统计，在 20 世纪 60 年代，土地和劳动力等传统要素的投入对农业生产的贡献在 17%～30%之间，到 70 年代，这一比重已下降到 15%左右，而化肥和农用机械等非传统要素投入的贡献则明显上升。这一时期，农业商品的发展带动了农产品加工工业的发展，同时也使农业生产日益专门化、并减少自给自足型农业生产比重。与此同时，西方跨国公司与拉美农业相关的部门中的投资与经营明显扩大，包括农产品加工、农业技术转让、农业信贷，支农工业等在一定程度上促进了拉美农业的发展。

第二次世界大战后拉丁美洲农业发展较快的重要原因是农业生产技术有所提高。在农业机械化方面始于20世纪50年代，1961年拖拉机总数为35万台，1975年增加到65万台，1989年进一步增至139万台。1983年，拖拉机使用率[①]已达2.2台，其中南美洲国家高达8.6台，大大高于亚洲发展中国家0.3台的水平。但拉美农业机械化在提高的过程中是很不平衡的，巴西、墨西哥和阿根廷拥有拉美地区2/3以上的拖拉机，这些国家已建立本国农业机械工业，其他国家所需农业机械还依赖进口，机械工业发展水平不高。在化肥使用方面，20世纪60年代初期以后明显增长趋势，1962—1982年间，整个拉美地区的化肥使用量平均每年增长8.3%，每公顷农作物用地的使用量从20世纪60年代前期的10.5公斤扩大到1982年的35.6公斤。肥料的使用主要集中在农业发展水平较高的国家。此外，农药的使用量也有明显的增长，包括杀虫剂、杀真菌剂、除草剂等。战后拉美的农田灌溉面积有所提高，到70年代中期，灌溉面积已增至1 160万公顷，主要灌溉区域是墨西哥、智利、秘鲁的太平洋沿岸和阿根廷的大西洋沿岸。

农业生产技术的提高，也包括开发和推广农作物新品种，从20世纪60年代起，拉美国家开始积极开展以培育良种为中心的“绿色革命”。在国际农业研究中心主持下，60年代后期到70年代初期，在墨西哥、哥伦比亚和秘鲁等国相继成立了有关培育良种的研究中心。在国际农业研究中心的带动下与各国农业科研机构互相合作，推动着拉美“绿色革命”的深入发展，到1983年，拉美各国的科研机构已培育出527个新品种。这些优良品种全部被推广使用。在这一方面，墨西哥、哥伦比亚、巴西、秘鲁和乌拉圭等一些拉美国家取得实效。由于农作物品种的改良，墨西哥在1961—1976年间，小麦播种面积增加不多，但自60年代初，墨西哥和美国科研人员合作，将日本的矮秆小麦和意大利的软小麦品种杂交，成功培育出具有高产、耐高温的“墨西哥小麦”新品种，这种新品种推广后，小麦产量迅速提高，从170万吨增至340万吨，巴西的咖啡产量从50年代初的每公顷350公斤提高到1968年的680公斤。80年代，拉美国家由于受到外债、通货膨胀等问题的影响，农业增长率有所下降，但农业生产稳步增长，农产品出口贸易仍在上升。

随着农业现代化进程的加快，拉美国家的以大地产和小农制并存为基本特征的半资本主义、半封建的“二元”生产结构逐渐转向多样化的农业结构。在这种新型的生产结构中，尽管小农经济仍占有重要的地位，但传统的大庄园制已不复存在，传统的二元农业经济模式已逐渐被较为多样化的资本主义农业生产结构所取代。

拉美农业部门构成中，种植业所占的比重明显高于畜牧业，两者产值之比大约

---

① 拖拉机使用率是指每100名农业工人所拥有的拖拉机数量。

为2∶1。在拉美的种植业中，粮食作物主要有玉米、小麦、稻谷、高粱、大麦、燕麦和裸麦。玉米是拉美地区分布最普遍、产量最多的谷类作物。第二次世界大战后，拉丁美洲地区的玉米产量不断增长，由1960年的2 212万吨增长到1990年的5 009万吨。与世界各大洲相比，拉丁美洲玉米的总产量低于亚洲和北美洲，居第三位。玉米是喜温作物，对霜冻较敏感，而整个拉丁美洲的气候特点是以温暖湿润为主，因而玉米在拉美地区分布广泛，几乎所有国家都有种植，但主要的生产国是巴西、墨西哥和阿根廷，其产量均居世界前列。

小麦是16世纪从欧洲引进拉美的。从19世纪80年代到20世纪初期，随着潘帕斯草原等地的大规模经济开发，拉丁美洲成为世界的重要产区。从20世纪30年代以后，拉美的小麦生产发展逐渐变得缓慢。但60年代以后，拉美小麦产量有一定程度的增长，由1965年的1 048万吨增长到1975年的1 540万吨，1987年又增至2 080万吨。1987年与1961—1965年间相比，拉美小麦的种植面积增长率略高于全洲谷物种植面积增长率的平均水平，但产量的增长率则低于全洲谷物的平均水平。

稻谷是从亚洲引进的。第二次世界大战后，拉美稻谷产量增长较快，由1961—1965年间平均年产量的902万吨增至1990年的1 552万吨，占全洲谷物产量的15.6%。从世界范围看，拉美的稻谷产量仅占世界总产量的3.0%，但拉美却是除了亚洲以外稻谷产量最多的地区。从单产看，拉美稻谷每公顷的产量在1990年达到2 494公斤/公顷，在全洲各种谷物中单产水平仅次于高粱，但明显低于世界稻谷单产的平均水平。稻谷生产在拉丁美洲分布十分广泛，但主要产稻国是巴西和哥伦比亚，这两国合计的水稻产量占全洲的61.5%。由于稻谷是高产谷物，适宜迅速增长人口的需求，因此，稻谷生产受到许多拉美国家的重视，在人们的食物结构中比例日趋上升趋势。

拉美的经济作物在世界上占有重要的地位，咖啡产量约占世界的2/3，甘蔗、可可、香蕉和棉花的产量也很高。咖啡原产于非洲，18世纪初期传到拉丁美洲，19世纪以后得到推广，到1980年，拉丁美洲有27个国家生产咖啡，种植面积为637万公顷，占世界咖啡种植总面积的56.6%。巴西是当时拉丁美洲也是世界最大的咖啡生产国，哥伦比亚、墨西哥、危地马拉和萨尔瓦多等国咖啡产量也均居世界前列。哥斯达黎加的咖啡单产为拉美之冠，咖啡质量也优于巴西的硬咖啡，但与哥伦比亚的软咖啡相比略逊一筹。

甘蔗是拉丁美洲经济作物中发展最早、分布地域最广、种植面积最大的作物。拉丁美洲主要生产国是巴西、古巴、墨西哥、哥伦比亚和阿根廷，其中巴西和古巴最为重要，此外多米尼加、牙买加、巴巴多斯等国也以出产蔗糖为主。第二次世界大战后，巴西作为世界上主要的蔗糖生产国和出口国之一，但甘蔗的含糖量远低于古巴，因而粗糖的年产量有时超过古巴，但未达到古巴的水平。古巴的粗糖产量虽然低于巴西，但以其产品质量高，出口量大而在世界糖的贸易中占有重要地位。拉丁美洲甘蔗生产大多比较粗放，平均单产比非洲低，只有秘鲁单产最突出，为其他拉美国家的1～2倍。

可可原产于拉丁美洲，19世纪后期，可可被移植到西非。随着可可消费数量的增加、价格的上涨，拉丁美洲可可产量逐步上升，第二次世界大战后发展较快，由20世纪50年代年产20万吨增加到80年代年产50万～70多万吨。拉丁美洲可可的生产管理水平也较高，布局集中注意新品种实验、老树更新和病虫害防治。拉美可可产量的增加，大部分是靠通过加强管理，提高单产而获得的。拉丁美洲有20多个国家和地区种植可可，但主要集中在巴西、厄瓜多尔、多米尼加、墨西哥和哥伦比亚。巴西的可可产量在1980年仅次于非洲的科特迪瓦居世界第二位。巴西可可树主要集中在东北部巴伊亚州的东南部沿海，这里土地肥沃，降雨量丰富又较均匀，正是可可生长的良好热带气候条件。

香蕉是拉美向国际市场大量提供的另一种经济作物，原产地是亚洲南部热带低地。自引种后一直到19世纪中叶，拉丁美洲的香蕉才开始有较大规模的生产。1870年在哥斯达黎加的利蒙港附近建立了第一个香蕉种植园，接着巴拿马、洪都拉斯以及尼加拉瓜等中美洲国家也建立了类似企业。自20世纪初期，美国联合果品公司垄断了中美洲各国的香蕉生产。30年代以前，中美洲香蕉主要在加勒比海沿岸发展。第二次世界大战后，中美洲的巴拿马、哥斯达黎加、洪都拉斯、尼加拉瓜、危地马拉和南美的哥伦比亚、厄瓜多尔等国的香蕉生产发展较快，在70年代，这7个国家出口的香蕉占世界市场香蕉出口总量的80%左右。巴西、厄瓜多尔、哥伦比亚、墨西哥、巴拿马、洪都拉斯、委内瑞拉、哥斯达黎加等国都是主要生产香蕉的国家，其中巴西的产量居世界第一位，但以国内消费为主。

棉花是拉丁美洲的重要经济作物。拉丁美洲种植棉花历史悠久，但棉花作为商品性生产是在18世纪产业革命开始后，随着世界市场对棉花的需求量增加而发展起来的。棉花生产曾一度与甘蔗和咖啡并驾齐驱。1939年巴西的棉花产值曾超过咖啡而成为当年最大的农作物。第二次世界大战后，随着日本和西欧市场对棉花量需求的增加，拉丁美洲棉花迅速增长。但是自20世纪80年代以来，由于化纤的发展，棉花市场达到饱和状态，使拉美种植棉花的产量和种植面积均有所下降。70年代以来，棉花的产量和种植面积都增长了10倍以上。但耕作粗放，棉花的单产量较低。

拉丁美洲的畜牧业也比较发达，其产值占农业总产值的40%。1980年拉丁美洲总人口占世界总人口的8.5%，而在拉美畜禽产品中，除了山羊产量占世界的比重低于8.5%外，牛、绵羊、猪等大牲畜产量占世界的比重均高于拉美人口占世界总人口的比重数。在畜产品产值中，肉类约占65%，奶和奶制品占20%。拉美的天然牧场面积比重大，水草丰美，加上拉丁美洲地处热带、亚热带或温带地区，草场质量一般较好，发展畜牧业的条件优越，特别是巴西、阿根廷、乌拉圭、墨西哥、哥伦比亚等国畜牧业比较发达。牲畜种类主要有牛、羊、猪等。

第二次世界大战以来，拉丁美洲的养牛业发展迅速，牛的存栏数从1950年的

1.6 亿头增至 1977 年的 2.7 亿头，年平均增长率为 2.0%，黄牛存栏头数增长也很快，从 1970 年的 2.2 亿头增至 1990 年的 3.1 亿头，平均每年增长率为 1.76%，超过世界平均数 0.85%。在拉丁美洲，养牛最多的国家是巴西，其次是阿根廷、墨西哥、乌拉圭和哥伦比亚等国。巴西在 1970—1980 年间，黄牛存栏头数平均每年增长 3% 以上，为世界上养牛业发展最快的国家之一。这是由于政府在农业经济政策方面实行多元化农产品出口政策，鼓励畜牧业发展，使养牛业发展迅速，1980 年巴西黄牛存栏头数为 1.091 7 亿头，仅次于印度居世界第二位。这一时期，阿根廷作为世界著名的畜牧业国家，养牛业却徘徊不前，黄牛存栏头数从 1969—1971 年平均 4 884.1 万头增至 1980 年的 5 576.0 万头，尽管增长缓慢，但仍居世界第五位。

养羊业也是拉美传统的畜牧业之一。拉美地区以饲养绵羊为主，1969—1971 年间，绵羊平均存栏头数为 1.25 亿只，占世界绵羊总头数的 11.6%。自 20 世纪 70 年代以后，由于化纤纺织品的竞争，养羊业呈现衰退趋势。80 年代以来，随着毛纺织品的发展，使养羊业逐步恢复到 60 年代的水平。其中阿根廷、乌拉圭、智利的养羊业面向出口，主要输出羊皮和羊毛，巴西、墨西哥和秘鲁的养羊业以满足国内市场为主。山羊耐粗饲料，适于贫困农户饲养，但增长较为缓慢。拉丁美洲地区绵羊品种以细毛羊、半细毛羊的高品种为主，主要有考力代、澳大利亚美利奴、林肯及当地粗毛羊，毛肉兼用，并有逐渐向肉毛兼用的方向发展的趋势。

与养羊业相比，养猪业的发展相对比较缓慢。1969—1971 年间，拉美猪平均存栏头数为 6 255.3 万头，其平均增长速度低于世界平均数的速度。养猪业 3/4 以上由家庭小农户饲养，大规模集约经营的工厂化猪场很少，这在一定程度上影响了养猪业的发展。在拉丁美洲国家的猪存栏数中，以巴西最多，1980 年为 3 569.5 万头。其次为墨西哥、阿根廷和哥伦比亚。当时，在巴西南部和东南部、墨西哥中南部各州、阿根廷潘帕斯地区和乌拉圭南部地区，拥有万头猪场从事大规模商品生产。

养禽业是拉丁美洲畜牧业中发展最迅速的部门。养鸡业以其产品多，肉、肝脏、蛋、羽绒等为食品、服装等部门提供原料和成品，还能进行工厂化生产等优越性而受到拉美各国青睐。自 20 世纪 70 年代初期以来，拉美地区的养鸡业发展很快，1970 年，鸡存栏数为 5.33 亿只，其增长的主要原因是，拉美各国养鸡的规模大，各国均有 50 万只以上的大型养鸡场。但一些拉美国家的饲料生产较落后，谷粒饲料、精饲料及浓缩混配饲料等生产滞后，这在一定程度上制约了养鸡业的发展。

在农业生产的过程中，拉丁美洲劳动力的就业结构正在发生显著的变化。殖民地时期到第二次世界大战前，拉美经济一直以农产品出口为主，绝大部分劳动力在农业部门工作，到 1950 年，拉美的农业劳动力仍占总劳动力的 54.7%。第二次世界大战后，拉美农业资本主义发展较快，传统农业受到削弱，随着工业化进程的加快，大量的农业劳动力向工业部门和服务业部门转移，到 20 世纪 70 年代初期，墨西哥、阿根廷等一些国家在工业部门和服务业部门从事工作的就业人员已超过传统的农业部门。与此同时，随着城市化进程的加快，出现了农村向城市的自发移民潮。据统计，1950—1960年间，拉美农村人口的增长部分中，42%流入了城市，进入60年代，由于工业的发展和农业机械化水平的提高，这种由农村向城市移动的趋势进一步加速，1960—1970年间，这一比重上升到58%。这些移民主要是农村青壮年的男人和妇女，在城市的工业部门和服务业部门寻求工作。尽管这一时期农业人口和农业劳动力的比重相对有所下降，但绝对数量仍在增加。

20世纪70年代中期，拉美的封建式大庄园已有30%逐步采用了资本主义经营方式。农业机械化水平的提高和农业先进技术的采用使劳动生产率逐步提高，促进了农业经济的发展，但需要的劳动力反而减少。再由于城市工业经济的扩大，第三产业的发展，使大量的农村剩余劳动力由农村向城市、由农业部门向工业部门转移，使农业人口和农业劳动力所占比重逐步下降，到1990年，拉美农业人口的比重由1970年的40.9%降至26.4%，同期农业劳动力所占比重也由40.6%降至26.1%，但农业人口和农业劳动力略有增加，分别从1.158 7亿人、3 683万人增至1.183 5亿人、4 125万人。而这些来自农村的剩余劳动力缺乏专门技术，只能在城市的非正规部门工作，在就业和收入方面都不稳定，从而造成城市就业人口急剧膨胀，形成了隐形失业。尽管在这个非正规部门存在着就业不足的现象，但缓解了就业压力。根据拉美14个主要国家的统计，1950年，靠非正规部门生存的劳动力占劳动力总数的13.6%，到1980年增至20%。随着资本主义农业现代化的持续发展，农业就业人口比重继续呈现下降趋势，由于知识经济的发展和科学技术的进步，工业和服务业需要的劳动力也有限度，因而拉丁美洲将面临日趋严重的就业问题。

19.4　人口发展与人口分布

拉丁美洲是一个“新大陆”，其人口和经济发展进程远比欧洲和亚洲慢。从19世纪初期起，南欧各国开始向拉丁美洲大规模移动，加上以前的欧洲移民和来自亚洲的移民，总共将近1 500万人。移民的到来，不仅增加了拉丁美洲的人口，更重要的是促进了生产力的发展和人口增长，使拉丁美洲的人口从17世纪中叶起开始走向恢复和发展，到19世纪初期，拉美各国的人口约1 750万人，占当时世界总人口比重的1.9%，到1900年，拉美各国的人口增至6 370万人，其占世界总人口的比重上升到3.9%。

进入20世纪以后，拉丁美洲的人口增长逐渐加快，拉丁美洲各国在20世纪初期都是以高出生率为其特征的，平均出生率大致在40‰～50‰之间，而死亡率平均在30‰～40‰，因而自然增长率是适中的。只有巴西、阿根廷和乌拉圭等少数国家由于接连不断地吸收外来移民，因而人口数量的增长相当迅速。据人口普查资料，阿根廷人口从1895年的251万人增至1914年的792万人，巴西人口从1900年的1 732万人增至1920年的3 064万人，乌拉圭人口则从1900年的92万人增至1920年的148

万人。第一次世界大战后，这些国家的移民数量明显减少，但死亡率下降，使人口的自然增长率一直保持在很高的水平上，加上拉丁美洲各国长期处于和平状态，使拉丁美洲自20世纪20年代以来成为人口增长最快的地区。

第二次世界大战后，拉美人口增长速度进一步加快，1950—1960年人口增长率高达2.8%，到1960年，总人口由1950年的1.64亿人增至2.16亿人（见表19—1），这一时期，人口增长主要是随着自然增长而普遍增长的，在继续保持高出生率的条件下，死亡率下降了，到20世纪50年代中期降至10‰～15‰的低水平，这样自然增长率呈现迅速上升的趋势。到了60年代，虽然出生率有所下降，但死亡率进一步呈现下降趋势，因而大多数拉美国家的人口增长率在3.0%以上而哥斯达黎加、委内瑞拉、墨西哥、萨尔瓦多等国则超过了4.0%。人口增长速度开始放慢的国家有阿根廷、乌拉圭、委内瑞拉、特立尼达多巴哥等国。这一地区最大的国家巴西一直保持着相当稳定的人口增长速度，它的人口到1970年已达到9 252万人。

表19—1　　拉丁美洲的人口增长

洲/国家	总人口/万人				人口增长率/%	
	1920年	1950年	1970年	1980年	1920—1950年	1950—1980年
阿根廷	886	1 707	2 375	2 824	2.2	1.7
巴巴多斯	16	21	24	25	0.9	0.6
巴拉圭	67	140	239	317	2.5	2.8
巴拿马	45	80	143	196	1.9	3.0
巴西	2 740	5 218	9 252	12 129	2.2	2.9
玻利维亚	214	301	493	560	1.1	2.1
波多黎各	131	222	272	321	1.8	1.2
多米尼加	88	213	406	544	3.0	3.2
厄瓜多尔	155	323	609	812	3.5	3.1
哥伦比亚	699	1 133	2 112	2 589	1.6	2.8
哥斯达黎加	42	81	172	225	2.2	3.5
古巴	—	552	847	972	—	1.9
海地	212	335	424	501	1.5	1.4
洪都拉斯	—	145	251	369	—	3.2
墨西哥	1 435	2 628	5 057	6 800	2.0	3.2
秘鲁	521	797	1 359	1 730	1.4	2.6
尼加拉瓜	64	105	183	273	1.7	3.2
萨尔瓦多	117	186	353	451	1.6	3.0
苏里南	11	24	37	36	2.6	1.4
特立尼达多巴哥	37	63	103	—	1.8	—
乌拉圭	148	219	289	291	1.3	1.0
危地马拉	201	281	510	692	1.1	3.0
委内瑞拉	241	496	1 040	1 502	2.4	3.8
智利	379	607	937	1 110	1.6	2.0
拉丁美洲	9 100	16 583	28 605	36 204	2.0	2.6

资料来源：［苏］乌尔拉尼斯主编. 世界各国人口手册［M］. 成都：四川人民出版社，1982；［英］安格斯·麦迪森. 世界经济千年史［M］. 北京：北京大学出版社，2003.

20世纪70年代以后，拉美人口增长速度有所下降，这种趋势在80年代中期以后尤为显著。与此同时，拉丁美洲的出生率不断下降，到1980—1985年降至32‰左右，死亡率也有所下降。出生率大幅度下降的主要原因是由于避孕措施的进步和更多地实施家庭生育计划。在60年代和70年代，已有墨西哥、巴西等21个拉美国家开展计划生育活动。在这21个国家中，有12个国家是为了控制人口增长，其余的国家则出于卫生保健的原因而开展家庭生育计划。一般来说，后一种类型国家，生育率变化较小，如洪都拉斯从60年代初期开展家庭计划生育，到1985年出生率还高达44‰，总和生育率为6.5，出生率的抑制效果并不显著。

拉丁美洲分布极不平衡。中部美洲和西印度群岛各国人口非常密集，是世界上人口密度最大的地区之一。巴巴多斯的人口平均密度每平方千米高达600人，波多黎各的人口平均密度每平方公里也超过330人。人口比较稠密的地区是巴西东部沿海地带、阿根廷东部和乌拉圭南部的拉普拉塔河下游地区、安第斯山区高原地带以及气候温和的智利中部。从全洲范围来看，人口稠密和比较稠密的地区不大，而人口稀疏区占有很大比重，特别是巨大的亚马孙平原和巴塔哥尼亚高原作为世界上人口密度最小的地区之一，面积合计占全洲的40%，人口密度却都仅在每平方千米1人左右。智利北部沙漠地带自发现铜矿和硝石后，人口激增。由此可见自然环境只是人口分布的条件，经济发展才是它的决定因素。

19.5 第二次世界大战后的人口增长、就业与经济发展

19.5.1 第二次世界大战后人口经济发展与就业

第二次世界大战后，拉丁美洲的人口与经济增长速度较快，有一些拉美国家现代工业已发展到一定水平。但就整个拉美地区来说，尽管人口增长速度加快，但经济发展处于比较落后的状况。20世纪50年代和60年代，拉美各国国民生产总值年平均增长率为5.4%，但由于人口增长很快，人口增长率高达2.7%，使人均国民生产总值增长较为缓慢（见表19—2），影响了经济发展的速度。

进入20世纪70年代以后，拉丁美洲国家普遍实施的“赤字财政——负债增长”战略使该地区的大部分国家避开了当时的世界经济衰退，经济增长加快，70年代前5年经济增长率为7.2%，这在拉美经济史上是少见的。从1975—1980年，拉美的经济增长率达到5.5%，大大高于同期世界经济增长水平。由于这一期间人口增长仍稳定在年增长率2%左右，因而，人均国内生产总值保持在较高水平。拉美经济发展较快有很多因素，其中区域性合作的开展、人口的稳定增长以及对外国先进技术的引进等都起了重要的作用。其中最引人注目的是60年代后期出现国有化高潮后，拉美的国有企业迅速发展。它们大多属于基础工业或对国民经济影响重大的公共事业和

采矿业。此外，这一时期随着人口的迅速增长，劳动力总数由 8 678 万人增至 1.18 亿人（见表 19—3），净增长 3 232 万人。在这 10 年间，由于人口增长率高，人口基数逐步扩大，进入劳动力年龄的人口逐年增多，劳动力迅速增长，这在一定程度上促进了经济增长。

表 19—2　　拉丁美洲的人口经济增长率（1950—1980 年）　　（%）

国家	国内生产总值年均增长率			人口年平均增长率			人均国内生产总值增长率		
	1950—1960 年	1960—1970 年	1970—1980 年	1950—1960 年	1960—1970 年	1970—1980 年	1950—1960 年	1960—1970 年	1970—1980 年
阿根廷	3.4	5.3	3.4	1.8	1.5	1.9	1.6	3.8	−1.0
玻利维亚	1.4	4.5	3.6	1.5	4.3	1.4	−0.9	2.3	−0.7
巴西	8.7	7.5	8.6	3.6	3.1	3.1	5.1	4.4	−5.4
智利	4.1	5.1	3.0	2.7	2.2	1.8	1.4	2.9	1.2
哥伦比亚	6.0	6.6	5.7	3.6	3.7	2.3	2.4	2.9	3.4
哥斯达黎加	7.3	6.8	5.8	4.6	4.8	3.1	2.7	2.0	2.7
厄瓜多尔	5.5	5.3	9.2	3.5	4.0	3.3	2.0	1.3	5.9
萨尔瓦多	4.4	5.6	3.2	3.2	4.4	2.8	1.2	1.8	0.4
危地马拉	4.3	5.6	5.7	3.5	3.4	3.6	0.8	2.2	2.1
海地	1.8	1.3	4.0	1.9	2.2	1.8	−0.1	−0.9	2.2
洪都拉斯	5.0	4.3	5.4	3.4	2.9	4.7	1.6	1.4	1.6
墨西哥	8.1	8.7	8.9	3.7	4.0	3.4	4.4	4.7	3.4
尼加拉瓜	5.9	7.1	1.2	3.4	3.0	4.9	2.5	4.6	−3.7
巴拉圭	2.6	4.5	8.4	2.5	3.6	3.3	0.1	0.9	5.1
巴拿马	4.8	7.8	5.7	3.4	3.5	3.7	1.4	4.3	2.0
多米尼加	7.0	4.9	7.4	4.3	3.4	3.4	2.7	1.5	4.0
秘鲁	7.4	6.8	4.5	2.6	3.6	2.7	4.8	3.2	1.8
乌拉圭	2.3	1.7	3.1	1.5	1.4	0.1	0.8	0.3	2.5
委内瑞拉	9.5	6.7	7.4	4.8	3.7	4.4	4.7	3.0	−0.3

资料来源：[苏] 乌尔拉尼斯主编. 世界各国人口手册. 成都：四川人民出版社，1982；国家统计局编. 国际统计年鉴 1998 年. 北京：中国统计出版社，1998；［英］安格斯・麦迪森. 世界经济千年史. 北京：北京大学出版社，2003.

经过这 30 年的发展，拉美地区经济获得较快增长的同时，经济结构发生了较大变化。1950—1980 年，拉美地区农业产值增长 1.8 倍，工业产值增长 4.6 倍，第三产业产值增长 4.6 倍。农业产值占地区国内生产总值的比重由 20.8%下降到 11.1%，工业部门则由 29.8%增至 35.6%，超过农业部门 2 倍多。拉美经济持续增长与该地区投资水平的不断提高密切相关。国民经济积累能力有所增加，拉美地区固定总投资系数由 1950 年的 17.8%增至 1970 年的 19.6%，1977 年进一步上升到 22.1%。

这一时期，伴随着经济的持续增长，拉美地区的就业也不断增加。据统计，在 1950—1980 年间，拉美城市现代经济部门吸收劳动力的速度为年均 3.7%。其中巴西、墨西哥等 7 国达到 4.0%～7.0%；秘鲁等 4 国为 2.9%～4.2%；阿根廷、智利和乌拉圭为 0.8%～2.6%。与此同时，拉美地区的失业率始终保持在较低水平上，但略有上升趋势，1950 年的失业率为 3.4%，1970 年上升到 3.8%，1980 年微增到 3.9%。

表 19—3 拉丁美洲的劳动力（1950—1980 年）

洲/国家	劳动力/万人				劳动力增长率/%		
	1950 年	1960 年	1970 年	1980 年	1950—1960 年	1960—1970 年	1970—1980 年
阿根廷	711	811	934	1 030	1.4	1.5	1.0
巴巴多斯	10	9	9	12	−1.0	0	3.3
玻利维亚	101	118	141	174	1.7	1.9	2.3
巴西	1 787	2 334	3 154	4 424	1.0	3.5	4.0
哥斯达黎加	29	38	53	78	3.1	3.9	4.7
哥伦比亚	397	477	623	799	2.0	3.1	2.8
智利	216	251	296	377	1.6	1.8	2.7
厄瓜多尔	115	145	188	244	2.6	3.0	3.0
萨尔瓦多	68	84	118	159	2.4	4.0	3.5
危地马拉	100	124	159	197	2.4	2.8	2.4
圭亚那	14	16	20	29	1.4	2.5	4.5
海地	184	206	234	256	1.2	1.4	0.9
洪都拉斯	47	62	79	108	3.2	2.7	3.7
牙买加	63	67	71	94	0.6	0.6	3.2
墨西哥	881	1 106	1 449	2 225	2.6	3.1	5.4
尼加拉瓜	37	47	62	83	2.7	3.2	3.4
巴拿马	31	38	52	66	2.3	3.7	2.7
巴拉圭	49	59	74	104	2.0	2.5	4.1
秘鲁	258	318	387	537	2.3	2.2	3.9
多米尼加	79	93	116	157	1.8	2.5	3.5
苏里南	7	8	10	10	1.4	2.5	0.0
特立尼达多巴哥	23	28	32	40	2.2	1.4	2.5
乌拉圭	93	103	111	113	1.1	0.8	0.2
委内瑞拉	167	232	308	495	3.9	3.3	6.1
拉丁美洲	5 468	6 773	8 678	11 811	2.4	2.8	3.6

注：劳动力增长率根据统计资料算出。

资料来源：国际劳工组织. 经济自立人口 1950—2025 年（第 3 卷）[M]. 日内瓦，1986；苏振兴主编. 拉丁美洲的经济发展 [M]. 北京：经济管理出版社，2000.

然而，拉美的就业并不是充分的，主要表现为普遍严重的就业不足现象。早在 1950 年，拉美地区处于公开失业和就业不足状态的劳动力占劳动力总数的 50%左右，到 1980 年有所下降，但这一比重仍高达 46%，就业不足者占大多数。据拉美和加勒比就业研究中心的推算，1980 年，14 个拉美国家在城市非正规部门就业者占 19.4%，在传统农业部门就业者占 22.6%，两者合计占劳动力总数的 42.0%，将其换算成“等同失业率①”则为 16.0%。换句话说，这 42.0%的就业不足者相当于 16.0%的劳动力处于完全失业状态。将等同失业率和失业率相加得出总失业率为

① 拉美地区研究就业问题的权威机构“拉美和加勒比就业研究中心”所采用的分类和统计的方法是：将就业部门分为城市正规经济、城市非正规经济、现代农业、传统农业和矿业 5 个部门。凡是在城市非正规经济和传统农业部门就业者均属于就业不足范畴，其他三个部门就业属于充分就业。按照这种分类进行推算，通过一定的方法将就业不足换算成“等同失业人数”和“等同失业率”。

19.9%。因此，这家研究机构认为，1980 年拉美地区的失业人数为 2 300 万人，即占地区劳动力总数 1.18 亿人的 19.9%。显而易见，在经济持续增长的过程中，劳动力就业不足是拉美经济的特点之一。所谓就业不足，指的是劳动力在生产率和收入水平都很低的部门就业。这种现象在当代发展中国家具有普遍性。

19.5.2 人口经济发展水平的差异

从第二次世界大战后到 20 世纪 70 年代末期，随着一些拉美国家的独立[①]，国民经济增长较快，平均每年递增 5.5%。这一发展速度高于日本以外的主要发达国家。人口也呈现快速增长的趋势。到 1980 年，拉丁美洲的国内生产总值为 5 188 亿美元，其总产值的 1/3 集中在巴西、墨西哥、阿根廷。拉丁美洲总产值的另 1/3 又主要集中在委内瑞拉、哥伦比亚、秘鲁和智利 4 国，其余 1/3 则分布在古巴等 25 个独立国家和 10 多个尚未独立的地区。从经济发展水平上看，拉美国家之间的差异是很大的。

拉丁美洲地区 1980 年人均国内生产总值为 2 288 美元，高于平均数的经济较发达国家有阿根廷、墨西哥、巴西、委内瑞拉、巴拿马、乌拉圭等 9 国（见图 19—1)。古巴等其他 28 个国家都低于平均数，其中在 1 200 美元左右或低于 1 200 美元的经济发展低的国家有海地、圭亚那、洪都拉斯、萨尔瓦多、尼加拉瓜等国。1980 年海地的人均国内生产总值为 342 美元，不到全地区平均数的 1/6。

拉丁美洲经济较发达国家中，巴西的经济发展最引人注目。它作为拉丁美洲最大的国家，人口占拉丁美洲的 1/3，经济规模长期居拉丁美洲第一位。战后巴西的经济发展较快，经济年平均增长率居发展中国家前列。1948—1980 年间，国内生产总值的年平均增长率为 7.2%。1968—1974 年间，国内生产总值的年平均增长率高达 11.1%，被誉为“巴西经济奇迹”。1982 年国内生产总值为 2 940 亿美元，在西方国家中居第八位，在拉丁美洲居首位。同战前相比，巴西的经济结构发生了重大变化，改变了过去单一的经济结构，工业产值占国内生产总值的比重大大超过农业产值所占的比重，巴西已从生产出口农产品为主的农业国变为经济全面发展的工农业国家。

墨西哥是拉丁美洲另一个经济比较发达的国家，经济规模和人口均居拉丁美洲第二位。1980 年人均国内生产总值为 2 734 美元。第二次世界大战后初期，墨西哥利用当时有利的条件，优先发展制造业和农业，以推动整个国民经济的高速增长。从经济增长速度来看，国内生产总值年均增长率 1950—1960 年为 6.3%，1960—1970 年为 7.3%。在这期间，国家工业化和农业现代化都取得巨大发展。工业部门积极引进

---

① 第二次世界大战前拉美只有 20 个名义上独立的国家，战后各殖民地纷纷争取独立。20 世纪 60 年代宣告独立的有牙买加、特立尼达和多巴哥、圭亚那、巴巴多斯四国；70 年代宣告独立的有巴哈马、格林纳达、苏里南、多米尼加联邦、圣卢西亚等五国，加上一个圣文森特和格林纳丁斯共六国；1981 年宣告独立的有两个国家，一个是伯利兹，另一个是安提瓜和巴布达；1983 年宣告独立的有一个国家，即圣基茨和尼维斯（又称“圣克里斯托弗和尼维斯联邦”)，至此已有 33 个国家。

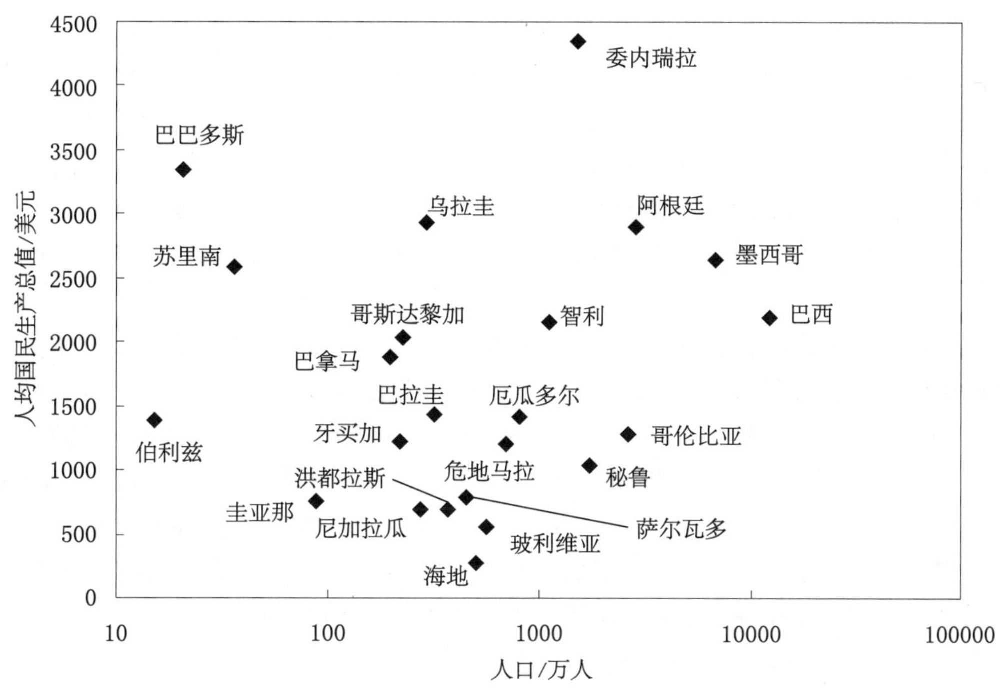

图 19—1　拉丁美洲各国人均国民生产总值和人口规模（1980 年）

资料来源：国家统计局编. 国际统计年鉴（1998）[M]. 北京：中国统计出版社，1998.

国外先进技术，一些新兴产业部门相继建立，工业品产量明显增长。农业部门广泛开展了以推广良种、施用化肥和人工灌溉为主要内容的“绿色革命”，政府在水力、电力等农业基础设施方面也进行了大量投资，农产品产量大幅度提高。20 世纪 70 年代中期以后，受世界经济危机的影响，经济增长速度有所放慢，但 1970—1977 年间年平均增长率仍达 5.0%。由于工业化进程的加快，墨西哥的经济结构发生了变化。1977 年与 1960 年相比，工业产值在国内生产总值中的比重从 29.0%上升到 36.0%，而农业产值所占比重则从 15.9%下降到 10.0%。70 年代后期，墨西哥发现大量的石油资源后，政府调整经济政策，制定了优先发展石油工业的经济发展策略，以石油出口带动经济发展，出现了以“石油繁荣”为特征的经济高速增长，同时重视农业的发展，促进出口产品的生产。1978—1981 年，国内生产总值年均增长率达到 8.3%。在出口产品的构成中，工业制成品的比重从 1950 年的 7.5%，上升到 1976 年的 31%，在拉美国家中处于领先地位（见图 19—2）。

从第二次世界大战后到 20 世纪 80 年代初期，墨西哥工业发展较为迅速，从 40 年代后期到 60 年代末期基本上属于以发展制造业为主的“进口替代”工业化时期，从 70 年代中期开始，由于大规模石油资源的发现，转入以发展石油和石油化工为主的时期。主要工业部门有石油、钢铁、电力、石油化工、汽车制造、采矿、纺织、食品和建筑等。发展工业所需原料和动力基本自给，工业已形成体系。在工业各部门中发展最快的是石油和石油化学工业。墨西哥石油和天然气资源丰富，储量占拉丁美洲地区第二位。20年代，墨西哥原油产量仅次于美国，居世界第二位。当时石油的开采权被外国垄断公司掌握。石油工业自1938年国有化以来，生产发展迅速，原油日产量从1940年的12万桶增加到1970年的43万桶。从70年代中期，由于不断发现新的规模巨大的油田，石油储量大幅度增长。与此同时，石油生产开始加速，原油日产量由1976年的80万桶增加到1982年的275万桶。石油产值在工业总产值中的比重由13.0%上升到17.9%。在石油工业发展的基础上，石油化学工业发展很快，1960—1976年基础石油化学工业产品的产量由5万吨增加到440万吨，石油工业成为墨西哥整个国民经济发展的重要支柱。钢铁工业作为墨西哥制造业中的重要基础部门发展速度比较快。钢产量由1950年的39万吨增加到1970年的388万吨，1980年又上升到710万吨，超过同期世界各国平均增长率。钢产量在拉美地区仅次于巴西，居第二位。汽车工业建立于50年代，1972年政府颁布汽车工业法，促进了汽车工业的迅速发展，1973—1974年的增长率达到23%，自1978年起，小汽车产量超过阿根廷，仅次于巴西，居拉丁美洲第二位。电力工业发展也很迅速，发电能力由1960年的120万千瓦增至1981年的1 700万千瓦。

墨西哥农业比较发达。第二次世界大战后，墨西哥农业随着工业化的进展有很大的变化，1945—1965年，墨西哥农业进入高速增长时期，1945—1956年农业年平均增长率高达5.9%。1956—1961年有所下降，但仍达到3.4%。1961—1964年又上升到4.5%。这个时期农业增长率超过了人口增长率，是当时拉丁美洲农业发展最快的国家之一。主要农产品产量大幅度上升，在1945—1965年间，玉米产量由218万吨增加到893万吨，小麦产量由34万吨增加到165万吨。

从20世纪60年代下半期起，墨西哥的农业增长率明显下降，70年代前期和中期出现了停滞。为了扭转农业衰退局面，1977年墨西哥政府提出了“以农业为基础，工业为动力”的经济发展战略，把农业与石油并列放在优先发展的地位，并制定了1978—1982年农业5年规划，提出农业平均每年递增5.5%。在政府的支持下，1977年以后农业生产开始好转，当年农业生产增长了6.5%，1977—1980年农业生产年平均增长率为4.5%。1980年，墨西哥政府推行全国粮食体系计划，鼓励农业投资和发展粮食生产，使粮食产量增长较快。但由于工业发展迅速，城市人口激增，粮食产量不能满足国内需求，不得不继续进口粮食，

图19—2　墨西哥国家艺术宫

但农业生产已有上升趋势。

在经济迅速发展的过程中，墨西哥人口急剧增长。1950—1970年平均人口增长率为3.3%，人口从2 628万人增长到5 657万人，居拉丁美洲第2位。1972年以后，墨西哥采取措施，推行计划生育，控制人口增长率，取得一定的效果，1980年已下降到2.9%。墨西哥人口分布很不平衡，全国一半以上的人口集中分布在首都墨西哥城及其周围的300千米以内，而加利福尼亚半岛和尤卡坦半岛等州平均每平方千米不到1人。20世纪60年代初期，农村人口占总人口数的50%以上。随后，随着经济的发展，大量农村剩余劳动力流向城市，使城市人口增长迅速，平均以每年5.5%的速度增长，其中以墨西哥城最引人注目。墨西哥城1960年的人口为480万人，到1980年猛增到1 500万人。大城市人口过度集中造成就业困难、环境污染等问题，对经济发展构成巨大的压力。

阿根廷是拉丁美洲经济比较发达的大国。经济规模和人口均居拉丁美洲第三位。1980年，阿根廷的国内生产总值为1 124亿美元，按人口平均的国内生产总值为2 752美元，超过巴西和墨西哥。20世纪20年代，阿根廷曾位居世界经济发展水平的前列，当时，阿根廷是世界第八大经济强国，超过许多西欧国家。但自50年代起，阿根廷的经济增长速度不仅慢于巴西、墨西哥等经济发展较快的国家，也低于拉丁美洲各国的平均速度。1950—1960年国内生产总值平均增长率为3.4%，1960—1970年为4.2%，70年代以后，经济发展起伏较大。1970—1974年国内生产总值平均增长率为4.1%，1975—1978年降至0.4%，1979年最高达到7.1%，1980年受到世界经济危机的影响又降至1.4%。战后阿根廷经济发展不快的主要原因是：实行进口替代工业化战略的时间过长，经济政策调整不及时；人口增长缓慢，导致劳动力不足；储蓄率低，生产投资少，追求超前消费，消费模式欧化。尽管如此，阿根廷在工业化方面仍取得了明显的进展。

阿根廷工业发展比较迅速，从20世纪50年代开始进入重化学工业时期。1945—1974年工业产值增长了3.6倍，年平均增长率为5.2%，明显高于国内生产总值的增长率。制造业在国内生产总值中的比重一直居第一位，1950—1970年占22%～30%，1971—1980年则保持在31%～37%。工业的迅速发展使经济结构发生了很大变化。1936年工业占国内生产总值的27.4%，农业占25.0%，工业产值虽然超过农业，但差距不大。到1979年，工业在国内生产总值中所占的比重上升到45.6%，农业则降到12.2%，工业成为国民经济的主导部门。工业内部结构也发生重大变化。在进口替代工业化时期前夕，轻工业占工业总产值的比重为60%，到60年代初期，重工业产值已超过轻工业，占工业总产值的52%，到70年代末又上升到64%，明显超过轻工业。阿根廷主要工业部门有钢铁、汽车制造、石油、电子、石油化工和纺织等。钢铁工业是战后发展起来的重要基础工业部门。1945年和1960年分别建立萨普拉钢铁公司和索米萨钢铁公司。60年代以来发展迅速，1979年钢产量达到319万吨，仅次于巴西、墨西哥，居拉丁美洲第三位。汽车工业发展较晚，1959 年才开始建立，但很快成为国内重要的工业部门之一。60 年代汽车工业发展迅速，产值增长 10 倍多。1973 年汽车产量高达 29 万辆。但 70 年代后期，由于国内市场需求的减少和本国汽车在国际市场竞争能力较差，汽车产量有所下降，为改变汽车工业衰退的局面，政府通过取消关税保护，加强技术和设备引进，使汽车生产回升，1980 年，汽车产量增至 25.2 万辆。石油工业发展也很快。50 年代初期，石油产量为 300 多万吨。1958—1962 年，政府大量引进外国资本和技术开发油田，年产量由 570 万吨增至 1 561 万吨。1976—1980 年，石油产量以每年 5%的速度递增，1980 年达到 2 520 万吨，仅次于墨西哥和委内瑞拉，居拉丁美洲第三位。在石油化工、造船业以及地理勘探技术等方面，阿根廷在拉丁美洲也位居前列。

阿根廷农业发展水平较高，是世界上重要农产品生产国和出口国之一。农业在国内生产总值中占有重要地位，但其比重自 20 世纪 50 年代以后有所下降，由 1950 年的 17.3%减至 1970 年的 13.2%，1971—1979 年则降至 11.8%。与此同时，农业劳动力在就业人口总数中所占比重也显著下降。1945—1949 年间，在农业部门就业的劳动力平均为 182.9 万人，到 1979 年减为 135.8 万人，同期农业劳动力在就业人口总数中所占比重由 29.2%减少到 13.3%。这一时期，政府为了便利工业的发展，减少了对农业的投资，压低了农产品价格，增加对农产品出口税等，影响了农业部门发展，农业增长率在 1952—1964 年平均为 1.8%。60 年代中期以后，政府提出了优先发展农业的方针，并采取了增加农业贷款、提高收购价格和免除农产品出口税等措施，使农业生产有所回升。1977—1981 年间，农业增长率平均每年为 4%。进入 80 年代初期以后，阿根廷的种植业和畜牧业都有了显著的发展。1982 年，阿根廷谷物总产量达到 3 400 万吨，创造了历史最高水平。阿根廷农作物品种繁多。主要的粮食作物有小麦、玉米、大麦和高粱等，其中小麦产量较高，在 1980 年占拉丁美洲总产量的 80%左右，玉米和高粱的生产长期居拉丁美洲首位。

这一时期，在经济发展的过程中，阿根廷的人口增长较为缓慢，1950—1980 年平均人口增长率为 2.2%，总人口从 1 707 万人增长到 2 824 万人，在拉丁美洲仅次于巴西和墨西哥，居第三位。但就人口增长速度而言，明显低于巴西、墨西哥、委内瑞拉和哥斯达黎加等国的水平。阿根廷人口分布极不均匀，大约有 2/3 的人口集中在布宜诺斯艾利斯、圣非、科尔多瓦三省。与此同时，随着工业和服务业的发展，大量的农业人口向城市部门流动。据人口普查资料的统计，2 000 人以上的城镇人口 1947 年占总人口的 62.5%，1970 年上升到 81.2%，到 1980 年进一步增至 85.7%。

委内瑞拉也是拉美经济较发达的国家之一。20 世纪 80 年代初期已成为拉丁美洲第四经济大国。1980 年人均国内生产总值为 3 408 美元。第二次世界大战后，委内瑞拉经济持续发展，政府主要利用出口石油的巨额收入来发展经济，40 年代国内生产总值平均增长 10.7%，但整个国民经济未能摆脱对石油业的依赖。50 年代委内瑞拉经济仍保持在年平均8.5%的高水平，但50年代末期由于国际市场石油跌价等原因，经济增长率大幅度下降，60年代年均增长仅为4.2%。1973年国际市场石油大幅度提价，以及1976年石油国有化等原因，使国民经济又有较快的发展。1974—1978年国内生产总值年平均增长6.5%，但由于第五个国民经济计划庞大，强调基础工业，加上农业发展趋缓、资金和技术不足等原因，到1978年增长率已开始减缓。1979年新政府控制基本建设投资，生产增长率进一步下降。80年代初期，在世界经济危机和国际石油市场需求减少，价格跌落的影响下，经济呈现低迷的趋势，1980年国内生产总值增长率为－1.7%，1981年有所回升，经济增长率为0.4%。

委内瑞拉工业发展较为迅速，第二次世界大战后，委内瑞拉政府逐步促进工业的发展，特别是20世纪60年代起发展替代进口工业，制造业发展较为迅速。1960—1970年制造业的平均增长率为6.7%，1972—1976年平均增长率高达10.0%以上。1977年以后增长率有所下降。委内瑞拉主要工业部门有石油、钢铁、汽车制造等部门。石油工业很发达，从第二次世界大战后到60年代末期，委内瑞拉是世界上最大的石油出口国。1970年原油产量高达1.94亿吨，约占世界原油总产量的8.6%。1981年原油产量为1.12亿吨，居世界第五位。钢铁工业作为新兴工业部门起步较晚，1964年成立瓜亚纳奥里诺科钢铁公司，这是第一家大型钢铁联合企业。随后，钢铁工业发展迅速，钢产量由1970年的92.7万吨增加到1980年的178.4万吨。钢产量仅次于巴西、墨西哥、阿根廷居拉丁美洲第4位。

委内瑞拉农业发展也比较快，自20世纪50年代起，政府比较重视农业，60年代推行了土地改革，对农业结构进行调整，加速农业资本主义的发展，使农业生产得到一定的恢复发展。按1957年价格计算，1945—1969年间年均农业增长率为2.9%，1970—1975年均增长率上升到3.8%。1975年以后，政府除增加农业投资和贷款外，还采取降低农机价格、减免农业税等措施，促进了农业的发展。1976—1980年，农业产值平均增长率又上升到5.9%，超过同期人口增长的速度。

和这些经济较发达的国家相比，海地、洪都拉斯、萨尔瓦多和玻利维亚等国经济发展较为缓慢。这些国家基本上都是以农业生产为主的国家，工业不发达，在国内生产总值构成中，农业比重大都高于工业，在经济活动人口构成中，农业部门所占比重大于工业部门。根据世界银行1977年的经济统计，经济最为落后的海地在1950—1960年间国内生产总值增长率仅为1.8%，1960—1970年间进一步降至1.3%，其经济增长速度在拉丁美洲地区是最慢的（见表19—2），20世纪70年代有所上升。从经济结构看，1975年农业在国内生产总值中占44.5%，而工业仅占16.1%，在全国经济活动人口中，农业部门所占比重高达70.0%，工业部门所占比重仅占8.0%。而洪都拉斯、萨尔瓦多和玻利维亚等国由于工业基础薄弱，资金积累能力低，经济增长率较为缓慢，国内生产总值的年平均增长率1950—1960年分别为5.0%、4.4%和1.4%，1960—1970年略有上升，1970—1980年又呈现下降趋势，再加上人口增长率较高，人均国内生产总值增长率很低。

综上所述，拉丁美洲地区战后经济有了相当发展，巴西、墨西哥和阿根廷等一部分经济较发达的国家和一部分经济较落后的国家之间的差异是很大的。前一类经济较发达的国家事实上已经达到中等发达水平，工业化程度较高，人口增长较快，而后一类国家的经济和工业化水平都很低，产业结构滞后，人口增长过快，在一定程度上制约了经济发展的速度。

第20章　巴西的人口增长、外国移民与经济发展

20.1　20世纪前期的经济发展与外国移民

19世纪末到20世纪的最初10年，巴西的经济发展较为迅速，其中咖啡种植业尤其发达，这一时期，巴西的咖啡产量占世界总产量的75%以上，从而赢得了“咖啡王国”的美称。与此同时，巴西兴起了亚马孙的橡胶繁荣，橡胶产量占世界总产量的40%左右，吸引了大批移民，如图20—1所示，同咖啡业生产一样，橡胶生产的迅速发展，使国民经济快速增长。

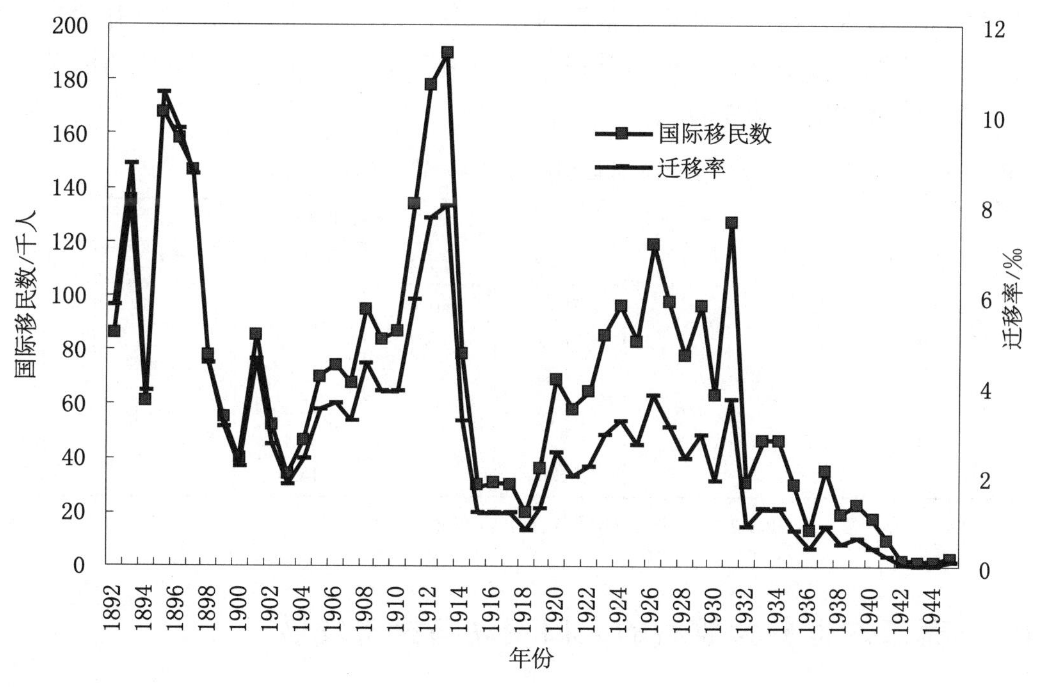

图20—1　巴西国际移民的变化（1892—1945年）

资料来源：[英] B. R. 米切尔编. 帕尔格雷夫世界历史统计·美洲卷（1790—1993）[M]. 北京：经济科学出版社，2002.

第一次世界大战爆发后，随着经济的发展，国内外市场的扩大，巴西的工业发

展也初露头角，以食品、纺织、服装为主的轻工业逐渐发展起来。大战结束后，外国商品的竞争又逐步加强，外国资本的大量涌入，建立了汽车发动机装配、化工、制药、钢铁等一系列企业。1924年巴西政府实行货币升值，加上大量外国贷款，刺激了制成品进口，在一定程度上抑制了本国工业的发展。

1929年世界资本主义经济危机爆发后，国际市场咖啡价格暴跌，使巴西经济受到沉重打击，主要表现在：国际市场原料、食品价格大跌，巴西出口锐减；外国投资、贷款中断，国际收支恶化，使本国货币迅速贬值；国内投资萎缩，导致大批企业破产。1930年政府致力于国家的工业化。一方面，巴西咖啡种植业不景气，促使农业生产向多样化发展，同时推动咖啡业的资金向工业部门转移。另一方面，政府为了推动工业发展，于1931年开始实行限制消费品进口政策，同时放宽了对本国尚不能生产的机器设备进口的限制。巴西的工业开始超过农业速度的增长。1930—1939年间，巴西国内生产总值年均增长5%。

20世纪初期到30年代，在巴西经济发展与人口增长的过程中，外国移民起了重要作用。1884—1933年间，大约有400万外国移民进入巴西（见表20—1）。其中意大利最多，移民数为140万人，约占入境移民总数的35.1%，其次是葡萄牙人，移民数为114.9万人，约占入境移民总数的28.8%，西班牙人占14.0%。外国移民的增加促进了巴西的经济活力。外国移民作为自由劳动力释放出比奴隶更高的劳动生产率，促进了巴西的经济发展。

表20—1　　巴西的外国移民（1884—1975年）

期间	人数/万人	年平均数/万人	外国移民的构成/%				
			葡萄牙	意大利	西班牙	日本	其他
1884—1903年	174.6	8.7	18.8	60.0	11.3	—	9.9
1904—1933年	224.8	7.5	36.5	15.7	16.5	6.3	25.0
1934—1943年	19.7	2.0	38.3	5.8	2.6	20.9	32.4
1944—1963年	70.4	3.5	46.3	16.3	17.2	7.7	12.5
1964—1975年	9.5	0.8	22.5	7.0	5.4	5.5	59.6
合计	499.0	5.4	31.5	30.7	14.0	5.0	18.8

资料来源：[日]福井英一郎. 拉丁美洲Ⅱ[M]. 東京：古今書院，1978.

20.2　第二次世界大战后的人口变动与经济发展

第二次世界大战后，巴西经济发展较快。1946—1980年间，国内生产总值年平均增长7.2%，既超过本国战前的经济增长率，也超过大多数发达国家战后的经济发展速度，与此同时，人口增长也很快，从4 731万人增至1.282 9亿人，仅用35年，增长了8 098万人，年平均人口增长率为2.9%，超过发达国家的人口增长速度。这一时期，经济结构也发生了重大的变化，从一个以出口初级产品为主的农业国逐渐变成工农业国家。

第二次世界大战后初期，巴西政府基本上放弃了国家对经济的干预，采取自由主义的经济政策，放松了外汇管制，取消了进口限制，以此来鼓励私人投资和满足国内需求。1949 年政府开始执行发展公共卫生、食品、交通运输和电力的五年计划，预计投资 116.5 亿克鲁赛罗。1946—1950 年，主要由于私人投资的增长促进了经济发展，同期巴西国内生产总值年平均增长 7.6%，人口的年平均增长率为 3.1%（见表 20—2）。

表 20—2　　战后巴西的人口增长与国内生产总值的变化

年份	国内生产总值/亿美元	总人口/万人	人均国内生产总值/美元	期间	国内生产总值增长率/%	人口增长率/%	人均国内生产总值增长率/%
1950	282	5 344	298	1946—1950 年	7.6	3.1	4.5
1955	815	6 177	406	1951—1955 年	6.7	3.1	2.9
1960	1 046	7 170	556	1956—1960 年	8.1	3.2	4.0
1965	1 271	8 309	711	1961—1965 年	4.3	3.2	1.5
1970	1 828	9 568	1 102	1966—1970 年	8.1	3.0	4.6
1975	2 850	10 881	2 148	1971—1975 年	10.3	2.7	6.4
1980	2 349	12 129	2 190	1976—1980 年	7.1	2.3	4.4

资料来源：世界银行. 世界发展指标（1999 年）[M]. 北京：中国财政经济出版社，1999；[英] 安格斯·麦迪森. 世界经济千年史 [M]. 北京大学出版社，2003.

1951 年巴西政府提出加速工业化，发展民族经济，重新采取国家积极干预经济的做法；同时制定了发展基础工业、交通运输和动力等部门的全国经济重新装备五年计划，1952 年开始执行。1954 年，政府又修订了外汇管理政策，用低汇率保证生产资料与技术进口，用高汇率限制消费品进口。还采取了紧缩信贷，贬值货币，适当增加工资等措施，在一定程度上抑制了通货膨胀的发展。这一时期，经济增长速度较快，人口增长则由于高出生率中死亡率降低而呈现上升趋势，人口的迅速增长在一定程度上促进了经济增长。

由表 20—2 可见，1956—1960 年是战后第一个高速发展期。1956 年，政府制定了一个包括 30 个项目的五年发展纲要，根据各产业部门的情况提出了数量指标，采取各种措施促进经济增长，主要措施有：为促进经济各部门的发展，建立国家发展委员会，负责制定计划，提高执行计划的效率；政府主动承担基础建设方面的投资，以扩大民用建筑投资及带动各部门的发展；将基础工业方面的大部分发展项目留给私人部门去完成，以鼓励国内外私人投资；大力吸引外国资本和外国先进技术，鼓励外资企业向巴西迁厂。由于这些经济政策的实施，巴西在 1956—1960 年间吸引了大量外国资本，主要投入化学、机械和冶金工业，促进了经济的迅速发展。1956—1960 年间，巴西国内生产总值年平均增长 8.1%，其中工业增长 10.7%，农业增长

5.8%。在经济高速增长的过程中，巴西人口从6 555万人增长到7 383万人，人口增长率高达3.2%；由于经济的快速发展、疫苗的广泛采用、抗生素药品的发展和自来水饮用率大幅度提高，居民的生活条件得到显著改善，死亡率大大下降，而出生率则保持在43.2‰的高水平。

20世纪60年代初期，巴西经济开始出现衰退的迹象。根据瓦加斯基金会经济研究所的统计，1961年的经济增长率为7.7%，1962年下降到5.5%，1963年又降至2.1%。同时，通货膨胀率在1964年达到90%，而人口增长继续保持3.0%的高水平。经济的衰退，通货膨胀的提高和人口的快速增长，使人们的生活水平下降，人均国内生产总值增长率在1963—1964年间基本上为零增长。为了抑制经济的衰退，巴西政府制定了三年经济恢复计划，主要内容是抑制通货膨胀和进行银行、财政等方面的基础改革，力图逐步降低通货膨胀，改善收入分配和缩小地区发展的不平衡，并使经济增长率保持在7.0%左右。为实现这一目标，政府采取了提高税收，减少公共开支、在资本市场吸引私人资金等经济政策，使巴西的经济有所好转。

1964年，政府制定了《1964—1966年政府经济行动计划》，目标是反通货膨胀，改变混乱的价格体制，为加速经济结构的调整创造条件。在财政金融方面，政府颁布了《赋税法》和《资本市场法》，以增加税收和活跃资本市场；发行公共债券，改革税收体制，减少公共赤字；建立全国货币委员会和中央银行，形成一个完整的金融体系；鼓励向消费者提供消费贷款，特别是鼓励汽车、家电等耐用消费品的贷款，为耐用消费品工业的发展创造市场。为控制通货膨胀，政府采取了削减国家财政开支、压缩工资和管制物价等措施，以刺激储蓄和推行公债。政府还成立了计划部，进一步加强对宏观经济的调控和计划工作的指导。可以说1964—1967年是巴西经济发展的重要调整阶段，国内生产总值增长率由1963年的1.5%增长到1967年的4.9%，通货膨胀率由1964年的91.9%降为1967年的24.3%。这一时期人口增长率依然保持较高的水平，虽然出生率有所下降，但死亡率则由于经济的发展和医疗技术的进步下降幅度较大，使人口增长较为迅速。

为了促进经济的发展，政府在1968年制定了《政府基本政策计划》。该计划认为，巴西经济起飞的条件已经成熟，经济结构已经调整，金融体制得到加强，国内积累能力大幅度提高；并指出巴西通货膨胀不同于发达资本主义国家，发达国家的主要原因是供求关系的短暂不平衡，需要减少需求以平衡经济；巴西通货膨胀的主要原因是生产力低下，生产要素成本高，导致产品价格上升，引发通货膨胀。因而，政府认为；巴西的通货膨胀在相当长的时期内与经济发展共存，只能在经济发展的过程中，逐步消除通货膨胀。经济政策的作用在于提高生产力，降低生产成本要素。与此同时，政府又制定了《第一个全国发展计划》，强调地区一体化，特别是强调东北部地区和亚马孙地区同中西部地区的一体化，其主要措施是发展交通和实施大规模移民。1970年，政府又制定了《全国一体化计划》和《社会一体化计划》，使巴西的经济现代化有了较全面的推进。由于《政府基本政策计划》和《第一个全国发展计划》等计划的顺利实施，1968—1974 年巴西迎来了第二次世界大战后第二个高速发展期，国内生产总值年平均增长 10.1%，其中工业增长 11.9%，农业增长 5.9%，交通运输增长 11.7%，商业增长 11.0%，被誉为第二次世界大战后继联邦德国、日本经济奇迹之后的巴西“经济奇迹”。在此期间，国内生产总值由 415 亿美元增长到 734 亿美元，人均收入由 473 美元增加到 715 美元，出生率虽然有所下降，但人口由 9 311 万人上升到 1.033 5 亿人，人口增长既提供了充足的劳动力，又提供了巨大的消费市场，从而促进了国民经济的持续发展。

然而，1973 年资本主义经济的危机影响了巴西的经济发展，石油价格和原料价格上涨，能源供应紧张，巴西国际收支开始出现不平衡。1974 年与 1973 年相比较，尽管 1974 年进口数量仅增长 10%，但由于价格的上涨，进口额增长了 1 倍多，由 61.9 亿美元上升到 126.4 亿美元，使巴西的外贸由顺差变为逆差，1974 年外贸逆差为 46.9 亿美元，相当于同年国内生产总值的 5%。此外，通货膨胀加剧，市场萎缩。在这种形势下，政府改变经济增长策略，紧缩财政，放慢经济发展速度，对经济结构进行调整，着重加强资本货[①]工业生产、农业和能源等部门，增强独立发展能力。在能源方面，政府在采用节能措施的同时，放弃了对石油勘探的垄断权，与外国公司签订了一系列“风险合同”，加强石油勘探；加强核电站建设；大力开展酒精生产以代替部分汽油。在工业方面，加强钢铁、石油化工、有色金属和机器设备生产，以减少进口。尽管 1976—1980 年巴西经济发展速度低于 1966—1975 年经济奇迹时期，但仍保持了较高的增长速度，年平均增长率为 7.1%。同期由于出生率继续下降，人口增长速度放慢，年均人口增长率为 2.3%。

从第二次世界大战后到 20 世纪 70 年代末期巴西经济来看，发展是较为迅速的，其主要的原因是：人口的快速增长扩大了劳动力资源的供给，提高了劳动生产率；通过开展多种形式的职业教育和国外专业培训，提高了劳动力素质，加上战后注重智力开发，积极发展科学技术，使劳动生产率不断提高；采取以加速工业化为先导的经济发展策略，把着重发展重工业作为主要目标，即在继续发展轻工业和农业、逐步扩大资本积累、提高出口外汇能力、增加原料和食品供应的基础上，逐步发展重工业；集中财力，加强基础设施建设，除了向国营企业投资外，还加强了公共部门的直接投资；根据经济形势的变化不断调整政策措施，加强薄弱环节；实行对外开放政策，积极引进外国资本和先进技术，随着经济开放程度的提高，加强了国家的竞争力。

---

① 资本货包括工厂建筑物、机器、机车和车辆等。

20.3 人口增长、外国移民与人口分布

20.3.1 人口增长与外国移民

19世纪90年代初期以后，高移民率和高出生率使巴西人口呈现持续高速增长趋势，1890—1920年间人口从1 420万人增长到2 740万人，第一次世界大战结束以后，尽管移民率有所下降，但持续的高出生率使巴西人口进一步增长，1940年上升到4 157万人，1949年又增至5 076万人，首次突破5 000万人的大关。

在巴西的人口增长中，外国移民起到举足轻重的作用。在总人口中外来移民及其后裔要占到95%以上。巴西移民的特点是历史悠久，不但大大早于澳大利亚、新西兰，也早于美国和加拿大。关于早期移民的人数，缺乏统计资料，一般估计从1550—1850年为350万人。从19世纪20年代到1875年，移民总数达到562万人，移民的高峰是1887—1897年以及1912—1914年，第二次世界大战头十年移民的数量也比较多。自20世纪50年代中期以来，移民数已锐减（见图20—2）。

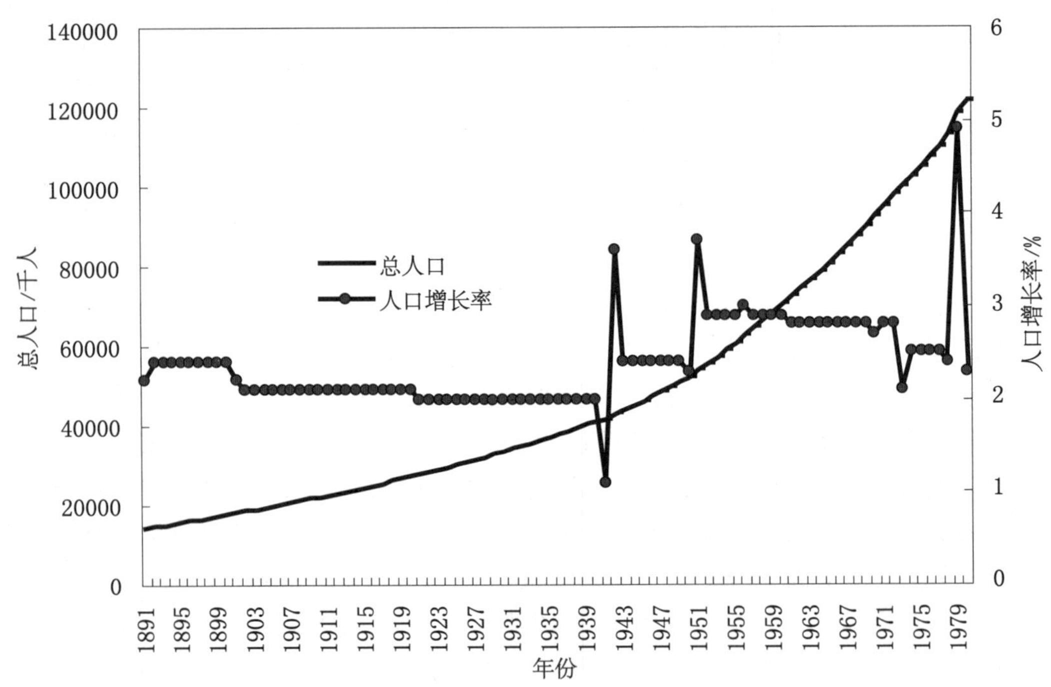

图20—2 巴西人口增长的变化（1891—1980年）

资料来源：［英］B. R. 米切尔编. 帕尔格雷夫世界历史统计·美洲卷（1790—1993）［M］. 北京：经济科学出版社，2002；［日］日本矢野恒太記念会. 世界国勢図会（1994/1995年）［M］. 東京：国勢社，1994.

从20世纪50年代起，巴西的人口增长趋势发生了变化，人口增长率缓慢下降。

疫苗的广泛采用、抗生素药品的发展，使医疗卫生条件得到改善，人口的死亡率大幅度下降。从 60 年代起，由于教育水平的提高，政府对人口计划的重视，妇女开始采用避孕措施，人口的出生率开始下降，从 1950—1960 年的 43.2‰下降到 1960—1970 年的 38.7‰，这一时期，巴西人口由 1950 年的 5 198 万人增加到 1970 年的 9 322 万人，年均增长率达到 3.0%。70 年代初期以后，出生率迅速下降，在 1970—1980 年间减少到 34.2‰。这一现象的发生与育龄妇女的总和生育率下降直接相关。1960 年，总和生育率为 6.28，1980 年减少到 4.35。这是由于 70 年代以来巴西妇女实施了现代化的避孕措施，这一现象首先发生在城市中产阶级和上层收入妇女采取避孕措施。

随着生育率的下降，死亡率也持续下降，第二次世界大战前巴西的死亡率略高于 12.0‰，到 1981 年已降到 8.0‰左右的历史最低水平。由于低出生低死亡的人口效果，人口增长率呈现明显的减缓势头。巴西人口增长模式的转变主要是由于节制生育引起的。从 20 世纪 80 年代起，政府开始在全国推广避孕措施，这对加速人口转变起到了显著的促进作用。

20.3.2　人口分布

18 世纪初期，巴西的人口主要分布在沿海地带。18 世纪中叶掀起淘金热后，大量的巴西劳动力被吸引到米纳斯吉拉斯、戈亚斯的矿区，使米纳斯吉拉斯等地区的人口猛增。19 世纪巴西的经济发展加速，人口开始由沿海地带向内地和南方推进，如东北部地区，过去内地人口只占总人口的 10%，到 19 世纪已增至 50%。1830 年后进入“咖啡时代”，大量东北部地区的移民开始转向圣保罗西部从事咖啡的种植，使主要产区的圣保罗州人口迅速增长，由 1800 年的 15 万人猛增到 1900 年的 225 万人，占巴西总人口的比重由 6%上升到 13%。

进入 20 世纪以来，以里约热内卢和圣保罗为中心的东南部地区工业发展很快，人口规模明显超过东北部、南部、中西部和北部等其他四大地区。第二次世界大战后，工业的迅速发展也把东北部地区的城市劳动力吸引到东南部地区，特别是圣保罗州。而北部和中西部的广大内地一直很少经济开发，人口十分稀疏。1960 年为了促进内地的经济开发，巴西首都从里约热内卢迁往巴西利亚，随后又推行了一系列开发内地的计划，使人口高度集中在沿海地区的状况有所改变。

20 世纪 70 年代以来巴西人口分布的一个显著变化是在迅速发展工业化的背景下，长期在国家经济中占有重要地位的咖啡产业大幅度地衰退，咖啡主产地的巴拉那州及所在的南部地区由于人口大量外流，占全国总人口的比重有较大的下落趋势。而作为最大工业地带的圣保罗和里约热内卢地区所占比重则持续上升。从 80 年代起，人口更多地向其出生地回流，南部的巴拉那等州成为新的经济发展中心，这些州也吸引了国内一部分移民；而圣埃斯皮里图州、圣卡塔琳娜州等少数传统的经济中心也对移民具有较大的吸引力。这些反映了巴西人口分布既有扩散的一面，又有趋向于集中的一面。

应该看到，巴西的人口分布发生了不小的变化，但长期形成的一些基本格局迄今仍未打破，各地区之间的人口密度差距悬殊。全国东南沿海宽数百公里的狭长地带内集中了总人口的85%以上，其面积不到全国的1/3。而以亚马孙平原和巴西高原为主体的广大内地，面积占全国的2/3，却不足全国15%的人口。各地区之间的人口密度是极其不平衡的。从这个意义上看，向内地的人口再分布的态势还有进一步发展的潜力。显而易见，人口再分布的趋势及开发广大内陆地区对于巴西的经济发展是有利的，在实施的过程中应确保发展的可持续性。1990年巴西政府在《巴西环境报告》中表明了改变以往使环境破坏为代价的经济开发方式，转向可持续发展的新的经济开发方式，为庞大的内地经济开发，展示了良好的前景。

20.4 工业发展与人口城市化

20.4.1 工业的建立与发展

巴西的工业发展始于19世纪40年代。1844年巴西将关税税率由原来的15%提高到30%～60%。虽然提高关税旨在增加政府的税收，但刺激了工业的发展，从而出现了一个以兴建工厂、建设基础设施为标志的“毛阿时代”①。到1852年，巴西已有工厂64家，涉及纺织、服装、啤酒、冶炼、玻璃和制革等行业。这一时期的工业发展除表现为工厂数量有限、规模很小外，劳动生产率低下。80年代，巴西非耐用消费品工业逐步兴起，其特点是建立轻工业、食品和其他生产非耐用消费品的企业，产品如纺织品、皮革制品、家具、食品饮料等。特别是棉纺织工业生产，在1885—1905年之间增长了10倍以上。其他轻工业，例如服装、制鞋和食品，在这个工业化早期阶段中也同样迅速地发展起来。据统计，80年代巴西新增企业达400多家。到1889年成立联邦共和国时，巴西已拥有636家工厂，资本总额达2 000多万英镑，雇用工人有54 169人。与此同时，基础设施得到发展。1870—1889年间，铁路通车长度从745公里增加到9 583公里。1883年，巴西建成第一座发电站。截至1889年，

① 由于当时巴西政府已明令禁止买卖奴隶，咖啡庄园主们便把用于购买奴隶的资金转而投入工商业，国内资本成了巴西工业初期发展的主要来源。这一时期巴西庄园主的资金投入非常重要，而庄园主的代表人物毛阿的言行则表明了这一投向。巴西工业的早期发展阶段亦被巴西史籍称为“毛阿时代”。毛阿的真名是伊里内乌·埃文热里斯达·德索扎，因被巴西帝国封为毛阿男爵而称为毛阿。此人曾是葡萄牙商人的代理，后来又与英国商人合资经商，之后自办产业。1878年，毛阿说：“我的思想是，应该把不正当的贸易中取得的资本集中起来，投入创建一批能使国家生产力得到发展的产业。”为此，毛阿发起组建投资公司修建铁路、港口、工厂以及设立银行等。相似的经营活动也在巴西其他中心城市展开。这样，巴西最初的一批纺织、制帽、陶瓷、制鞋、玻璃、肥皂、啤酒等方面的工厂逐步建立起来。

巴西境内架设的电报线也已达 18 000 公里。

在巴西工业发展不久，就爆发了第一次世界大战。由于海运困难，使巴西传统的进口产品供应中断，同时也引起国际市场对巴西盛产的咖啡、皮革以及橡胶、矿产品的需求，刺激了巴西工业，特别是纺织、食品和橡胶业的发展。第一次世界大战期间，巴西新设企业 5 936 家。到大战结束不久的 1920 年，巴西工业企业的数目已达 13 336 家，雇用工人 27.5 万人。在这些企业中，食品工业占 40.2%，纺织工业占 27.6%，服装工业占 8.2%，化学工业占 7.9%，其他工业占 16.1%。从当时的工业结构看，以轻工业为主，但巴西工业得到了迅速发展。据统计，到 1928 年，巴西已有 31 745 家企业。与此同时，工业的布局也开始扩大，到 1920 年圣保罗的工业生产已占全国的 33%，超过里约热内卢而成了巴西工业的中心。圣保罗、里约热内卢、南里奥格兰德和米纳斯吉拉斯成为工业布局集中的地区，这些地区新建了一些技术先进、规模较大的企业。但纺织业在全国有较广的分布，东北部纺织业是其最主要的工业部门。当然，这个时期巴西的工业发展没有改变巴西的经济结构，巴西仍是一个以农产品为主的初级产品出口国，但巴西已建立了非耐用消费品工业的基础，为进一步的工业化准备了条件。

1930 年热图利奥·瓦加斯执政初期，制定了一系列促进工业发展的政策[①]，致力于推动国家的工业化。其特点是国家大量投资于原材料生产，重视能源建设，兴办交通等基础设施，并借助国家资本创办国营企业，加快重工业的发展。在交通方面，修建了新的铁路和铺面公路；在能源建设方面，修建了一些大型电站；在原材料供应方面，建成了多西河谷公司以向钢铁工业供应矿砂；在机械工业方面，组建了国家发动机公司，该公司初期修理和制造飞机发动机，以后开始大量制造卡车。在发展重工业方面最具代表性的是巴西第一个现代化钢铁联合企业——沃尔塔雷东达钢铁厂的建立。巴西在 20 世纪 30 年代曾在米纳斯州建立了采用木炭炼钢法的贝尔戈米内依拉钢厂，但产量很小，巴西仍依赖进口钢铁。尽管如此，巴西的工业开始高于农业的速度增长。1930—1939 年，巴西工业年平均增长 8.0%，农业年平均增长 2.8%。到 30 年代末期，巴西工业产值已超过农业产值。应当指出的是，在整个 30 年代期间，巴西的工业发展是和国家资本的大量投入密切相关的，特别是重工业的发展。而纺织、服装、食品、饮料等轻工业的发展则主要依靠本国的私人资本。

从 20 世纪 40 年代开始，巴西政府以公共投资的形式直接参与工业化建设，先后建立了一批大型骨干企业和公路、铁路、水电站等大型基础设施。1941 年，巴西政

---

① 1930 年，巴西爆发“圣保罗革命”，代表新兴工商业资产阶级利益的热图利奥·瓦加斯上台执政。他采取了系列促进民族工业发展的措施，为工业化的发展开辟了广阔前景。但是，当时国内经济结构以出口农产品为主，瓦加斯自然仍借助于本国的出口农业为工业化的发展提供资金。瓦加斯执政期间，发生了第二次世界大战。战争时期出口收入增加了，但消费品和生产资料的进口却受到限制，这就使巴西积累了大量的外汇储备。巴西积累了大量的外汇，而其国内工业又被保护着避免国外竞争的影响，这就使其工业加速发展具备了条件。

府趁第二次世界大战进口减少的有利条件，开始兴办了沃尔塔雷东达钢铁厂，为钢铁工业这一重要工业部门的发展奠定了雄厚基础。从1940年到1945年，巴西工业的年均增长率高达6.5%，由此可见，从30年代到40年代中期，巴西工业化的主要推进力是本国公私企业，基础是非耐用消费品工业和初期的生产资料工业。

20.4.2 战后工业化进程

从第二次世界大战结束到20世纪70年代末期，巴西经济经历了一个以工业化为中心的发展时期。1947年，巴西政府为了促进工业化的发展确定了逐步替代进口耐用消费品和中间产品的战略方针。1950年瓦加斯再度执政，明确提出加速工业化的方针，强调发展基础工业和加强能源、交通等基础设施建设。其采取的主要措施是：建立国家开发银行、东北部银行，扩大信贷；建立国家石油公司，对石油勘探、开采、提炼等实行垄断等。20世纪50年代初期，巴西政府组建了巴西石油总公司，又建立了几家炼油厂和发电厂，全国石油、电力、钢铁等的产量都明显提高。1947—1956年巴西工业年均增长率为8.9%，超过1930—1939年的增长速度。

从20世纪40年代到50年代，巴西的工业化逐步从生产非耐用消费品阶段进入到建立生产资料工业以及制造机器设备的阶段。在这一转变过程中，由于政府对国营的生产资料企业的鼓励政策，加上私营中间产业的发展，以及国内非耐用消费品工业的急剧扩展，巴西整体工业化开始加速。这种加速不仅表现在产量的提高和企业数量的增加，还表现在机械化水平、企业规模以及工业部门的多样化等方面。直到50年代中期，巴西工业化的进程是正常的、符合巴西的国情。它不仅在工业化的阶段性方面与先进的资本主义工业化国家的发展程序相似，更重要的是巴西工业化的推动力尤其是所需资金主要来自国内。但是，在50年代中期，巴西在依靠内部储蓄还是依赖外部资金发展工业方面发生了变化，从而导致巴西工业化出现了重要转折。

20世纪50年代后期，巴西工业迎来了高速增长期。1956年，再次执政的库比契克政府提出了以能源、交通、食品工业、基础工业和教育作为重点的《目标纲要》，并制定了相应的指标。为了促进工业化的发展，政府积极鼓励国内外私人资本投资用于基础工业部门，1956—1961年，共引进外资21.8亿美元。1957—1961年，工业生产年平均增长率高达10.7%，形成了战后第一次工业发展的高潮。这一时期库比契克采取了以外国资本为投资资金的战略，巴西工业的主要推动力变成了外资和外国技术。库比契克的《目标纲要》突出了汽车、电器等耐用消费品的生产。这标志着巴西工业化从库比契克时代起，已经进入了耐用消费品生产阶段。这就使得巴西的工业化缺乏坚实的基础工业、生产资料工业和中间产品工业，更缺乏投资资金和技术，因为当时巴西国内还不具备这种财政和技术力量。因此，从实际情况看，从库比契克政府开始，其工业发展脱离了传统的自主发展轨道，自觉或不自觉地采用了依附外力的模式[①]，开始走上“负债工业化”（Debt industrialization）的道路。这里应当指出，利用外资不失为加快经济发展的重要手段之一。但借债规模必须适当，一般不应超过国际公认的偿债率警戒线（为20%，即外债还本付息占同期出口总额的20%以下）。由于库比契克执政时期巴西外债过快增长，至1960年，巴西偿债率已达23%，同时工业高速增长也带来通货膨胀和国际收支恶化等问题，更严重的是使外资在一定程度上控制了巴西经济[②]。

从1962年起巴西工业进入了动荡和调整的时期，一直持续到1967年。由于巴西政府注重于控制通货膨胀和改善国际收支的平衡，影响了工业发展速度。1962—1967年工业生产年平均增长率降至3.7%。当时有的经济学家认为，这种工业低速增长现象主要是进口替代工业化政策引起的。进口替代政策导致工业失去了发展的活力，国内积累不能满足经济快速发展的需要，出路在于面向国外市场出口工业产品。1964年，巴西政府提出了由进口替代向出口替代转型的策略，强调经济发展，在改善国际收支方面强调促进出口，鼓励外国私人资本投资，为1967年以后的工业增长创造了有利的条件。

1968年以后，巴西实行出口替代与进口替代相结合，以出口替代为主的工业化策略。1967年，巴西政府除加强基础工业和基础设施投资外，还采取促进私人投资和私人需求的增加等措施，并大力引进外国先进的技术，使巴西出现了工业发展的第二次高潮。1968—1974年工业生产年平均增长率高达11.9%，一些主要工业产品产量的增幅显著。如钢产量由443万吨增至750万吨，汽车产量由27万辆增至90.5万辆。与此同时，石油化工、电子工业以及飞机制造等新兴产业也得以建立和发展起来，巴西工业的重工业化倾向越来越明显，到1974年，在制造业产值构成中，重工业产值占工业总产值的比重达52.8%，已超过轻工业的比重。由于生产资料部门的迅速发展，巴西工业自身装备能力大大加强。就机器制造业而言，巴西已能生产部分精密机床，矿山、发电、纺织等部门的设备自给率已达到90%，只有飞机和船

---

① 所谓脱离自主发展的轨道，是指从库比契克时代起，巴西工业化的资金来源不是以国内储蓄为主，转而采取了以借贷外国资本作为投资资金的战略，外国资本和技术成了巴西工业的主要推动力。统计表明，从这个时期起，巴西的外债开始大幅度上升。自20世纪30年代至50年代中期，巴西虽然已开始组建重工业，但就其工业化总体水平看，尚处于非耐用消费品生产阶段，巴西有限的出口已可维持有限的进口。因此直到库比契克上台前，巴西外债数额少，变化小，国家负债压力不大。但从1956年库比契克政府开始，巴西外债逐年大幅度增长。在库比契克执政的前一年即1955年，巴西外债只有14亿美元。一年后，就增至26.9亿美元。到库比契克离任的1959年，巴西外债总额已高达33.9亿美元。

② 外资在一定程度上控制了巴西经济。据20世纪80年代初的统计，外资占汽车制造业纯资产的95.8%，烟草工业的95.5%，电子工业的67.8%，制药工业的67.19%，造船业的51.5%，飞机制造业的50.6%。由此可见，巴西采取依赖外资、负债发展的战略是不明智的。后来巴西的军政权并没有接受库比契克的教训，片面地追求发展速度，为此不惜超需求借贷外资，而且愈演愈烈，使巴西成为发展中国家中通膨率最高、外债负担最重的国家。从这层意义上讲，巴西在80年代出现经济滑坡的原因，固然存在于军政权时代的政策之中，但更应追溯到巴西工业化进程在库比契克时代所出现的重大变化。

舶发动机和大型自动化炼钢系统等技术先进的设备尚需进口。但这一时期由于收入分配严重不均，使一些消费品工业，特别是耐用消费品处于饱和状态，贸易和国际收支逆差扩大，外债居高不下。1973 年的石油危机和世界经济危机加剧了巴西工业的失衡。在这种情势下，巴西政府继续追求高投资增长的模式，实行进口替代化政策，加强新技术领域的投资和能源建设，大力发展以钢铁、石油化工为基础的原材料生产和资本货物的生产，以取代先前的进口货，其结果以经常项目赤字增长 4 倍和外债累计达 530 亿美元为代价，使工业生产年均增长率在 1975—1979 年保持在 7.4%左右。

第二次世界大战后到 20 世纪 70 年代末期，巴西的工业化步伐较快，其主要原因是：巴西拥有铁矿储量、水利、森林等异常丰富的多样化自然资源和潜力巨大的国内市场；同多数发展中国家相比，巴西工业化起步较早；政府发挥了积极的干预作用，通过制定经济计划，确定优先发展项目、外汇管制、关税和税收政策等间接地发挥作用；加强基础设施的投资和国有企业的发展；积极引进外资和外国先进技术，巴西发展工业的资本除了本国积累外，主要依靠引进外资；鼓励出口推动工业发展，主要措施是加强制成品出口的比重，实行经常性货币贬值和提供出口补贴，注重贸易对象的多样化。此外，这一时期外部环境较为有利。资本国际化使一些发达国家把已过时的产业和技术转让给发展中国家；世界银行和国际货币基金组织开始倾向于向发展中国家贷款；60 年代末期以来，美元充斥欧洲货币市场，利率较低。这些因素为巴西工业实行进口替代与出口替代相结合的战略提供了方便。

20.4.3 工业各部门的发展

巴西工业包括采矿业、制造业、建筑业、公用事业（电力、煤气、供水等）各部门。在巴西工业总产值中，制造业占 74%左右，建筑业占 17%左右，公用事业占 7%左右，采矿业占 2%左右。这种比例关系自第二次世界大战后以来基本上变化不大，工业生产结构的重大变化主要表现在制造业内部。巴西的现代制造业兴建于 19 世纪末，起初主要是纺织工业与食品工业，直至 20 世纪 50 年代，轻工业比重仍在 70%以上。第二次世界大战后，原来规模较小的钢铁、机械等工业得到迅速发展，汽车、造船、飞机制造和石油化工等新型工业部门逐渐兴建，并迅速发展起来，目前正在发展航天技术。1950—1970 年间，重工业比重由 28%提高到 48.0%，但传统的食品工业与纺织工业在制造业产值构成中仍居第一、二位。1974 年重工业比重提到 52.8%，钢铁工业上升到第一位。目前巴西轻工业和重工业比较齐全，机械设备的制造能力已有相当基础，能生产各类普通机床和大部分精密机床，只有部分技术先进的设备如飞机和船舶发动机、大型自动化炼钢设备等尚需进口。在发展中国家中，巴西已成为制造业较发达的少数国家之一。以下主要考察具有代表性的传统工业部门和新兴工业部门。

巴西采矿业作为传统的工业部门发展较早。早在17世纪末期和18世纪初期，巴西先后发现黄金和金刚石矿，18世纪中期，采金业成为当时巴西经济的支柱。但由于殖民者的过度开采，使巴西的采金业逐渐衰落。19世纪初期，巴西开始开采铁矿，但规模很小。第二次世界大战期间，巴西采矿业开始得到发展。一方面，当时巴西政府大力发展本国钢铁工业，使国内对铁、锰等矿石的需求增加；另一方面，巴西政府为适应战时国际市场对铁、锰等战略原料的大量需求，采取鼓励矿产品出口的政策，推动了采矿业的发展。第二次世界大战后，巴西作为世界富矿国家①采矿业发展较快，1947—1961年间矿业生产年平均增长率为7%，1965—1975年间年平均增长13%。20世纪70年代中期以后，国际市场对铁、锰等原料矿的需求下降，直接影响了巴西矿产品的生产，1975—1978年间巴西采矿业生产年平均增长率降为2.9%。这一时期，采矿业在整个工业产值中所占的比重不大，1950年采矿业产值占巴西工业产值的1.8%，1975年增至3.5%。70年代末期以后，在政府的支持下，采矿业又得到较快发展，1979年增长率高达10.0%，矿产值从1975年的20亿美元增至1981年的67.7亿美元。

钢铁工业作为巴西的传统部门主要是在第二次世界大战后发展起来的。1922年巴西由卢森堡投资建成第一座钢铁联合企业，1929年巴西钢产量仅2.6万吨。20世纪30年代，巴西新建了一批钢铁厂，到1939年，钢产量为11.4万吨，生铁产量为16万吨。第二次世界大战后，随着国家工业化程度的提高，对钢铁的需求量不断增加。在国内需求的刺激下，钢铁工业发展迅速，1950—1970年，钢产量增长近6倍，年平均增长率为10.1%，1970年钢产量已达539万吨。进入70年代后，巴西钢铁生产每年平均增长11%，1980年钢产量增至1 527万吨，跃居世界第10位。巴西已成为拉丁美洲最大的钢铁生产国，其产量约占拉丁美洲钢铁总产量的一半。巴西的钢铁工业主要集中在圣保罗州、贝洛奥里藏特州和里约热内卢州，这里不仅有丰富的铁矿资源、充足的水力发电与便利的交通运输，而且是主要的钢铁消费区。钢铁工业带动了该地区机械、化工等工业部门的发展，使它成为巴西的综合性工业基地。钢铁工业发展的主要原因是：巴西铁矿资源丰富②，其储量位居世界第二位，为发展

---

① 巴西是世界富矿国家。经探测，铌、钽、石英、氧化碘等储量占世界第一，其中铌储量为520万吨，占世界储量的91.1%，钽铁矿储量8 920.4万吨，占世界储量49.4%。高岭土和自然石墨储量占世界第二位，其中，高岭土储量40亿吨，占世界储量的28.2%，天然石墨储量9 500万吨，占世界储量的21%。铝、滑石、蛭石和锡的储量占世界第三，其中铝储量252.2万吨，占世界储量3 126.2万吨的8.1%，滑石储量1.56亿吨，占世界储量9.213亿吨的17%，蛭石储量2 300万吨，占世界储量2.223亿吨的10.3%，锡储量90万吨，占世界储量728万吨的12.4%。镁、锰储量占世界第四位。此外，镍、钻石、宝石、金、铀、钛、钍等的储量也非常丰富。

② 铁砂大部采自米纳斯吉拉斯州东部，以伊塔比拉露天铁矿为中心的“铁四角”地带，矿体宽64千米，长190千米，含铁率为60%～70%，储量约35亿吨。1967年在巴拉州红土绵亘的卡拉雅斯山区发现巨大的铁矿，在地表10米以下有厚达400米的矿层，含铁率达66%～67%，总储量约达180亿吨。1985年试产1 500万吨。预计未来最高年产量将达5 000万吨。巴西所产铁矿石大部分供出口，主要销往日本、德国、美国、法国、意大利和英国等主要发达国家。

钢铁工业提供了雄厚的原料基础，全国钢铁工业所消费的铁矿石仅占其开采量的1/3；钢铁工业各环节的设备能力基本配套，炼铁、炼钢、轧钢之间的比例大致平衡[①]；在炼钢、轧钢方面，大量采用顶吹氧转炉和铸坯自动化设备，既节省了能源消耗，又增加了炼钢能力。

化学工业也是巴西建立较早的一个工业部门。1950 年巴西有化工企业 2 650 家，职工 7 万人，产值占制造业产值的 5.3%，仅次于食品工业和纺织工业。主要生产药品、日用化工品、酸、碱。20 世纪 60 年代中期以来有了新的发展，建立了塑料、化肥、石油化工等新的化学工业部门。基础化工产品如硫酸、烧碱 70 年代以来均有较大增长。化肥中磷肥与氮肥已可自给，钾肥产量迅速提高。各种石油化工产品增长幅度很大。1974 年职工在 5 人以上的化工企业共有 2 162 家，职工 13.9 万人，化学及石油化工部门的产值占制造业产值的 11.2%，仅次于冶金工业，居第二位。70 年代化工部门的投资明显增长。1975 年化工部门的投资在整个制造业中占 11.9%，1979 年增至 18.7%。投资的增长促进了化学工业的发展。80 年代以后，巴西逐渐形成了三大化工中心：一是东南部石油化学工业中心，位于圣保罗州，提供国内消费的化工产品 70%以上。主要生产聚合物化纤、合成橡胶、合成氨等；二是东北部化学工业中心，位于巴伊亚洲。原料主要是天然气和石蜡，主要产品有尼龙、合成纤维、化肥、塑料等；三是南部化学工业中心，位于南里奥格兰德州，1976 年开始兴建。巴西石油公司所属的化学工业公司占 51%的股份，其余 49%的股份属于基本材料资助公司。该中心使用的原料以石蜡为主，产品有乙烯、丙烯、丁二烯、苯乙烯等。

汽车工业作为巴西的新兴部门是在 20 世纪 50 年代后期开始发展的。1956 年库比契克政府制定了一项汽车工业发展计划，并建立了“汽车工业执行委员会”，负责协调全国汽车工业的生产活动。1957 年兴建汽车工业，年产量只有 3 万余辆，主要集中在圣保罗一带。自 60 年代以来，巴西汽车工业发展十分迅速。在 1968—1973 年巴西“经济奇迹”期间，汽车生产年平均增长率高达 20%以上。70 年代初期，为鼓励载重汽车和公共汽车的生产，巴西政府颁布法令，将这两种汽车的工业产品税分别由 10%和 12%减为 5%，同时对国内尚不能生产的必备零部件以进口豁免权。1965—1974 年间，巴西汽车工业飞速发展，汽车产量由 18.5 万辆增至 90.5 万辆，以年平均 19.2%的速度递增。1974 年以后，由于当时能源危机的影响，巴西国内市场的汽车销售量大幅度减少，1975 年汽车生产的增长率降为 2.7%，1974—1980 年汽车生产年平均增长率只有 4.6%。1978 年巴西汽车超过 100 万辆，1980 年增至

① 20 世纪 70 年代以来，巴西新建了三座容积为 2 000 立方米的大型高炉，提高了炼铁能力，使生铁产量稳定在钢量的 80%左右，其余利用废钢铁。在炼钢方面已有 20 余座顶吹氧转炉，占钢产量半数以上；其次为电炉钢，平炉钢只占 1/5 弱。近年还采用连续铸坯钢的先进设备。在轧钢方面也采用试轧机，有自动控制系统，轧钢量已占钢产量的 85%以上。目前，巴西普通钢铁产品的种类与型号比较齐全，自给率达 90%以上；部分特种钢尚需进口。

116.5万辆。

造船工业是20世纪50年代末建立的，但在70年代初期制定第一个造船计划后，才得以较快的速度发展起来。1964年巴西造船6.6万吨，1980年造船128万吨，同年已成为仅次于日本的世界第二大造船国。巴西造船业能生产吨位不等、型号不同的船只，可生产各类货船、油船、货轮、化学品运输船、集装箱船、海洋钻孔平台船和供港口使用的拖轮等。全国有38家设备先进的造船厂，年造船能力在200万吨以上。船舶出口订货国有丹麦、法国、英国、美国、墨西哥、葡萄牙等。造船业中心首推里约热内卢，巴西石川岛造船股份公司和荷兰的维洛梅造船厂是巴西最大的两家造船企业。造船业直接或间接为20万人提供就业。近年来，由于国际市场竞争激烈、国内经济衰退、需求下降，造船业处于困境中。

与汽车、造船等新兴工业部门相比，航空工业建立较晚，巴西的航空工业创建于20世纪70年代初期，仅10余年便跃入世界先进行列，到80年代中期已能生产十几种、50多个型号的军用飞机和民用飞机。巴西轻型飞机油耗低、用途广、性能好，在国际市场上有很强的竞争力。特别是所产“班德兰特”轻型飞机具有客运、货运、侦察、教练、测绘等多种用途。巴西航空工业公司是巴西最大的飞机制造公司，它是由政府控制的合营企业。1979年该公司拥有净资产41.5亿克鲁赛罗，就业职工由1970年的600人发展到5 000人。

纺织工业是巴西的传统工业部门，第二次世界大战后虽有所发展，但其增长速度远远低于前述几个工业部门。由于战后侧重发展重工业，纺织工业的地位不断下降，在制造业总值中所占比重由1950年的23.8%降低到1970年的12.7%，1974年又降至10.8%。而这一时期，纺织工业生产下降的主要原因是：对轻纺工业投资减少；纺织工业设备陈旧，劳动生产率低，难于扩大出口。1975—1979年间的平均增长率为4%。纺织工业仍以棉纺织为主，毛纺织业一直不占重要地位，20世纪70年代以来随着石油化学工业发展，合成纤维织品不断增产，但其在整个纺织工业中所占比重远不及棉纺织业。70年代末期巴西纺织产品中，以棉织品最多，合成纤维织品次之，再次为化纤织品、毛织品，麻织品很少。纺织企业主要集中在圣保罗和里约热内卢，在规模上多为中小型。1977年全国较大的纺织工业企业有6 400家，就业人数近60万人。

第二次世界大战后，食品工业在整个制造业中的地位也已下降。1950年以前食品工业产值占制造业总值的20%以上，1960年降至16.4%，1974年进一步降至10.6%。1975年食品工业生产下降，增长率为0.1%，1979年仅增长2.3%，是巴西制造业中增长率最低的一个部门。巴西食品加工种类繁多，主要有粮食加工、屠宰冷藏、油脂加工、制糖、糕点，还有咖啡、可可、大豆等农产品的加工。

巴西在能源工业方面发展也比较快。巴西能源品种多，但能源生产始终不能满足国内市场消费的需求。根据巴西矿业能源部的统计，巴西的能源主体主要是可再生的初级能源，如水力、木材和甘蔗副产品占 66%，不可再生能源，如石油、天然气、煤炭和铀占 34%。

石油工业的发展始于 1953 年建立国有巴西石油公司。当时政府颁布法令，规定石油的勘探、开采、加工冶炼和销售等由国家垄断。1955—1960 年，巴西石油产量由 32 立方米增加到 471 立方米，年平均增长 70%。1961—1965 年石油产量年平均增长率下降为 3%。1966—1970 年有所回升，20 世纪 70 年代石油生产增长速度又趋向缓慢，1970—1975 年间仅增长 1.6%。但 80 年代初期以后，巴西政府采取开源节流的方针，大力发展石油开采业，石油产量打破了长期徘徊在 800 万吨左右的局面。1980—1984 年间，石油年平均增长率为 25%。

第二次世界大战后，巴西电力工业生产发展也较快。1950 年电力装机总容量为 188 万千瓦，1979 年增至 2 839 万千瓦，发电量由 85 亿度增至 1 246 亿度。随着经济的发展，电力消费量不断增加，1949—1979 年间，电力消费量从 62 亿度增至 1 098 亿度，年平均增长 9.8%。

除去上述工业部门以外，核电、通信、电子、信息、军工等新兴工业发展也较快，许多工业部门在 20 世纪 80 年代中期以来已跨入世界先进行列，而药品、塑料、电器、通信设备及交通器材等生产增长也较快，但由于受国内外市场需求的制约，部分部门的工业产量在徘徊。

20.4.4 工业化与人口城市化

作为工业化伴生现象的人口城市化，在巴西始于 20 世纪 40 年代。这时城市化的推进基本上完全是工业化进程拉动的结果。城市工业部门的扩大，增加了对劳动力的需求。与此同时，城市广阔的劳动力市场和优越于农村的生活条件，吸引了农村的大量剩余劳动力，从而促进了农村人口向城市的迁移。但是到 1950 年，城市人口仅占 36.0%，比拉丁美洲平均数低 5.4%，直到 60 年代以前，巴西仍然是一个农业国，城市人口只占巴西总人口的 44.7%。但圣保罗和里约热内卢作为特大城市已成为大工业中心。从 60 年代开始，多种因素促使巴西城市人口急剧膨胀。其主要原因是：巴西农村人口的出生率在这一阶段迅速提高，死亡率则不断下降，导致农村人口过剩，被迫流向城市；政府在城市实施工业化政策并强化交通运输能力，为农业人口进城谋生创造了有利环境；随着农业机械化的提高，农业现代化进程使大面积机械化作业逐渐代替人工耕作，农村劳动力进一步过剩，这些农村劳动力不断转移到城市，寻求就业机会，最早进入城市化进程的是东南地区。到 60 年代末期，城市人口开始超过农村人口达到 55.92%。当时，一些大城市特别是重要的州府，人口增长率达到 5.2%。

20 世纪 60 年代末 70 年代初期是巴西工业化积极扩张时期。这一时期也是巴西城市化快速推动时期。在 70 年代，城市人口的年平均增长率维持在 4.4%的水平上。

到 1980 年，居住在中心城市的人口增加到占总人口的 67.6%。自 1980 年以后，在巴西各地区，城市人口都超过农村人口。城市化减速的主要原因不在于农村剩余劳动力在减少，而是农村非农产业的增加。由于农村工业化的发展，促进了商业和餐饮业的发展，农民可以“离土不离乡”，从而增加了农民的就业机会，减缓了流向城市的移民潮。

巴西城市化的显著特点是圣保罗和里约热内卢两个特大型城市的高度突出。圣保罗在 1870 年只有 3 万人，直到咖啡迅速发展后才兴旺起来。而里约热内卢由于金矿的开采，发展较快，到 1800 年人口已达到 10 万人。进入 20 世纪后，圣保罗和里约热内卢成为巴西经济发展的中心地区，城市规模迅速膨胀，到 1955 年圣保罗已经超过里约热内卢。从 80 年代起，圣保罗开始建立门类齐全的工业企业，主要分布在圣保罗市及其周围的市区的圣保罗工业园区，集中了钢铁、冶金、机械、汽车、电子和食品等 22.5 万家各种类型的工业企业，工业劳动力多达 60 多万人，其工业产值占全国工业产值的 1/2，集中了全国劳动力的 13%。

1975 年，巴西共有 10 万以上人口城市为 118 个，它们绝大部分集中在沿海地带。分布于广大内地的大城市巴西利亚、马瑙斯和戈亚尼亚。其中巴西利亚 1960 年才建都，到 1980 年已有 111.7 万人口；马瑙斯自 1967 年以来，已高速发展的自由贸易区驰名，1980 年也达到 63.3 万人口。在沿海地带，城市分布形成的最大聚集群是圣保罗、里约热内卢和贝洛里藏特工业区，反映了城市发展与工业化进程和地理区位之间密切相关这一规律。

20 世纪 80 年代初期，巴西的城市化率 66.2%，超过了拉丁美洲的平均水平，位居乌拉圭、阿根廷和智利之后。巴西的人口城市化不仅在拉丁美洲是较高的，在世界上也是较高的。一般来说，城市劳动力所创造的价值要明显高于农村劳动力，巴西应该具有更高的工业发展水平，但巴西的城市劳动生产率低于美国和日本等发达国家。另外，城市化率不完全是工业化造成的结果，还存在其他的经济原因。巴西因东北部发生周期性干旱，导致农业生产减产，致使大量农民流入城市寻求就业机会便是一例。

20.5　农业发展与农村劳动力

巴西是世界上农业较发达的国家之一。早在 1520 年巴西就开始种植甘蔗，蔗糖对巴西早期的殖民地经济发展起着决定性作用。从 16 世纪初期到 19 世纪末期，随着国际市场的变化，巴西先后发展过以经营甘蔗、棉花、橡胶、咖啡为主的单一作物农业经济。传统农作物在巴西一直拥有举足轻重的地位。这一时期，居民有 80%以上是从事农业的，具备了大规模发展农业的条件。

20 世纪 30 年代初期以后，巴西开始了工业化历程，但经济发展的基础仍然是农业，特别是咖啡种植业[①]。到40年代初期，农业部门仍占国民生产总值的1/3，农产品占出口的3/4，农业劳动力占经济活动人口的65.9%，由于农业劳动力众多，促进了巴西农业的发展。

第二次世界大战以后，巴西农业逐渐摆脱了对少数单一作物的依赖，完成了从传统农业向现代化农业的过渡。但巴西农业的发展是不稳定的。从1948—1962年间，农业的年平均增长率是4.5%，但到1963—1970年间，年平均增长率下降到2.9%。这一时期，巴西为了加速工业化的进程，把农业创造的大部分剩余产品优先投入工业或与其相关的其他非农业部门，这样的工业倾斜政策阻碍了农业的发展。从第二次世界大战后到20世纪60年代初期，巴西农业还保持了可观的增长速度。这主要是因为：工业和城市人口的增长，刺激了对农产品的需求，推动了农业发展；而战后初期美国垄断资本的大量渗入，部分投入到农业，对种植业的发展也起到推动作用。不过巴西农业的这种发展，对农业来说，由于缺乏必要的投入，发展是缓慢的，甚至出现衰退。到了60年代后期，由于粮食需求的增长超过了生产的增长，国家不得不进口大量的谷物来缓解由于粮食短缺造成的农业危机。这一时期，巴西农村人口在总人口中所占的比重逐渐下降，1950年为63.8%。随后农村人口，特别是东北部生活条件与生产条件较差的农村人口开始向城市和工业部门流动，农业人口所占比重到1960年减少到55.1%，1970年进一步下降到44.1%。与此同时，农业劳动力占经济活动人口的比重大幅度下降，1960年下降到54.0%，1970年进一步降至40.0%。农业劳动力的大量转移在一定程度上影响了巴西农业的发展。

进入20世纪70年代初期以后，巴西农业的增长率逐步回升，1971—1976年，年平均增长率为6.3%。这主要是由于政府对农业的重视，对农业采取了一系列措施，主要是扩大耕地面积。1977年耕地面积比1970年扩大了32.7%。1977年开始，由于连续遭到自然灾害的袭击，使巴西的农业生产受到巨大影响。面对这种现实，巴西政府从1979年开始把农业确定为经济发展的主要目标。同年5月政府颁布“农业一揽子计划”，主要是：由原来的鼓励少数地产主为主改为以鼓励广大农业生产者为主；实行农产品最低保证价格政策；利用税收手段促进农业生产和土地的有效利

① 19世纪中期以后，巴西咖啡的产值曾长期占本国农业总产值的一半左右，咖啡的出口值也长期占巴西出口总值的70%以上，咖啡对于巴西经济发展所起的重要作用是举足轻重的。但是以种植咖啡为主的巴西经济也是很脆弱的。这不仅是由于咖啡易受霜冻、病虫害等自然灾害的影响，而且因为咖啡经济的好坏往往并不和咖啡收成的好坏成正比。自19世纪以来，巴西咖啡的出口一直占国际市场咖啡供应量的4/5。每当巴西咖啡大丰收，国际市场上的咖啡就大大供过于求，因此引起价格暴跌，给巴西带来严重的经济损失。为了改变这种不利局面，从20世纪初期开始，巴西采取由政府向外国借钱来收购过剩咖啡的办法，控制咖啡的供应量，使咖啡价格保持稳定。由于咖啡价格相对稳定，巴西的咖啡园主进一步扩大咖啡种植，使咖啡供过于求的问题更加尖锐。其他咖啡生产国也积极发展咖啡生产，使巴西咖啡的国际市场减弱。结果，巴西政府负债越来越大，咖啡的存货增多，被迫把大量咖啡烧掉或抛进大海。据统计，仅从1931年到1944年，巴西烧掉或抛进大海的咖啡就有7 800万袋，正因为如此，巴西改变了以咖啡种植业为主的单一作物农业经济，取得了良好的效果。

用；鼓励发展农产品加工工业；改进和完善现行的农业信贷制度，更大幅度实现农业资本化。由于新的农业政策调动了农业生产者的积极性，加上良好的气候条件，巴西在1979—1980年度获得农业大丰收。谷物产量比上一年度增长18%。

这一时期，与美国等农业发达的资本主义国家相比，巴西的农业生产率仍然很低。1977年每个农业劳动力负担的耕地在巴西仅为2.6公顷，在美国则为75公顷。而且巴西的农业单产还大大落后于美国，1970—1972年期间，巴西每公顷谷物的平均产量仅为美国的34.3%。农业生产率的低下主要原因是机械化程度低。在1960年，巴西平均430公顷耕地才有1台拖拉机。20世纪70年代农业机械化，到1978年，巴西共有拖拉机36.8万台，平均118公顷耕地才有1台；而美国在1967年，平均每27公顷耕地便有1台；在1966年的法国，平均每19公顷便有1台。农业生产技术落后的另一个原因是化肥使用量少。1960年，巴西平均每公顷使用化肥只有11.5公斤。1975年，其化肥使用量增至平均每公顷44.6公斤，但仍未达到发达国家60年代的水平。此外，水利化程度低也是抑制农业发展的重要原因之一。政府虽然也投资兴建了一些水利工程，但大多数未收到预定的效果。

巴西农业以种植业为主，其次是畜牧业，两者产值之比大约为3∶1。在种植业中，粮食作物的玉米、稻谷、小麦、木薯、马铃薯和出口商品作物的咖啡、甘蔗、大豆、可可等12种主要作物占当年收获面积的90%以上。其中，咖啡、甘蔗和大豆等在出口商品作物中具有重要的地位。

咖啡自18世纪引种以来，种植面积逐渐扩大。19世纪初以来，咖啡产量、出口量一直居世界首位。20世纪初期，巴西咖啡产量占世界总产量的75%，咖啡出口值占国家出口总值的70%，后来遭到1929—1933年资本主义世界经济危机的打击，其产量大幅度下降。1950年恢复到97.8万吨，1962年达到215万吨，占当年世界咖啡产量的71.7%。随后，巴西为了提高咖啡的单位面积产量，增加新的高产咖啡树种植，引进先进的栽培技术，促进了咖啡产量的增长。1975年巴西遭到50年来最严重的霜冻，70%的咖啡树被毁，使咖啡树的种植面积从1975年的225万公顷猛跌到1976年的113万公顷，当年因国际市场咖啡价格上涨，弥补了减产带来的损失。1979年，巴西产咖啡2 000万袋，比世界第二大咖啡生产国哥伦比亚还多200万袋。同年，全国种植面积超过250万公顷。正在结果的咖啡树有27亿株，平均每个巴西人有23株，大约有600多万人在咖啡生产部门就业。1981年，巴西遭受严霜的袭击，同时巴西大力发展多种经营，不断推出新的出口品种，使咖啡作为第一大出口作物的地位逐渐丧失。

甘蔗是最先引入巴西的热带经济作物，曾在巴西的经济发展中起过巨大的作用。第二次世界大战以来，由于国内外市场蔗糖需求量的增加和生产技术的提高，甘蔗生产又迅速发展起来。从1950—1975年，甘蔗产量由3 267万吨增至1.2亿吨，单位面积产量由每公顷38吨增加到46吨，提高了22%。1976年和1977年由于国际市场处于饱和状态，糖价下跌，巴西蔗糖的出口相对较少。20 世纪 70 年代末期，因得到全国酒精计划的推动，甘蔗产量增长较快，1979 年达 1.4 亿吨，1980 年增至 1.5 亿吨。甘蔗增长的主要原因是种植面积的逐年增长引起的。1979—1981 年，甘蔗的年平均收获面积为 265.7 万公顷。

大豆是第二次世界大战后发展起来的农作物，其产量在 1950 年只有 3.5 万吨，1960 年增至 20 万吨。由于国际市场对植物食用油需求剧增，在巴西也成为畅销食品，加上巴西南部和中西部具有种植大豆的良好条件，且大豆与小麦轮作又有改良土壤、增加土地肥力的作用，以及生物工程技术在大豆生产中的应用，使巴西大豆的产量急剧增长，1969 年产量为 105 万吨，1980 年增至 1 515 万吨。大豆及其制品的出口值超过咖啡，成为巴西重要的出口商品。

可可是第二次世界大战后发展起来的经济作物，主要分布在东部沿海低地从阿拉卡茹到维多利亚一带，包括巴伊亚州和圣埃斯皮里图州，亚马孙州也有种植，但规模较小。可可产量在 1965—1969 年间平均仅为 17.5 万吨，但 20 世纪 70 年代以后有较大增长。1975 年，可可产量为 28.1 万吨，1980 年增至 29.0 万吨。巴西可可的产量和出口量居世界前列。可可产量曾居世界第 1 位，后来先后被加纳和科特迪瓦超过。

在种植业的粮食作物方面，玉米是巴西种植面积最大的谷类作物，占耕地面积的 30%。年产量在 20 世纪 60 年代后半期徘徊于 1 100 万～1 300 万吨之间，70 年代前半期浮动于 1 400 万～1 800 万吨之间。70 年代后半期波动较大，1977 年玉米产量高达 1 924 万吨，单位面积产量每公顷为 1 633 公斤，1978 年由于干旱影响减少为 1 356 万吨，1979 年开始回升，1982 年总产量增至 2 187 万吨。巴西的玉米质量较好，主要供国内消费，丰收年景有少量玉米或玉米油出口，除食用外还有相当一部分玉米用作饲料，玉米占饲料总量的 65%。主要产区在巴拉那、米纳斯吉拉斯、圣保罗、圣卡塔琳娜和南里奥格兰德等 5 个州，占总产量的 80%左右。

稻谷是巴西仅次于玉米的主要粮食作物，其总产量在 20 世纪 60 年代后半期和 70 年代前半期徘徊在 550 万～770 万吨之间，70 年代后半期有所增长，波动于 720 万～950 万吨之间。稻谷的产量约占谷物总产量的 10%～15%，主要产区是南里奥格兰德、马托格罗索、马拉尼翁和巴拉纳等州。1977 年这 4 个州的稻谷产量占全国稻谷总产量的 70%。80 年代稻谷的收获面积有所增长。巴西稻谷以旱稻为主，水稻仅占 30%，因而巴西是稻谷平均单产最低的国家。

第二次世界大战后巴西小麦生产的发展比较快。从 1945—1977 年，播种面积从 31.6 公顷增至 314.1 公顷，产量从 23.3 万吨增至 206.6 万吨。因产区主要局限在南里奥格兰德州、圣卡塔林纳州和巴拉纳州，又受自然灾害的影响，产量极不稳定。1958 年播种面积比上年增加近 30 万公顷，产量减少近 20 万吨。在 20 世纪 60 年代后半期除了 1969 年外，小麦总产量不超过 100 万吨，1971 年超过 200 万吨。到 1975 年播种面积比上年增加 50 万公顷，产量减少了 100 多万吨。巴西的小麦种植，由于产地气候过于潮湿、病虫害严重等原因，单位面积产量很低，1973—1975 年间的年平均单产每公顷 920 公斤。

巴西的畜牧业也比较发达，其产值仅次于种植业占农业总产值的 25%左右。大牲畜的头数仅次于美国和澳大利亚，居世界第 3 位。畜牧业占用的土地面积比种植业大，1947 年为 1.3 亿多公顷，1977 年增至 1.6 多公顷。牧场以天然为主，绝大多数大牲畜集中在占地 50 公顷以上的资本主义农业企业中。牲畜种类主要有牛、猪、羊、马等。牛的饲养遍及巴西全国，以东南部、中西部和南部为主。从 19 世纪末期起，巴西先后从欧洲和亚洲引进了赫勒福德牛、安格斯牛和短角牛等良种，改进了巴西牛的品种。20 世纪 30 年代后，在一些农产品价格下跌的影响下，许多种植园改成牧场，扩大了养牛的区域。第二次世界大战后，养牛业发展迅速，从 1950—1975 年，全国牛的总数增加了 91.5%。养牛的技术也有了改进，一些地区实行养牛和种稻相结合，既提高了土地的利用率，也有利于牧场的扩大和改进，稻草的利用增加了牲畜的饲料来源。

总的来看，巴西农业在经济发展中占有极为重要的地位。巴西农业在战后虽然现代化水平有所提高，但农业劳动生产率低下，在 20 世纪 70 年代以前，农业发展主要靠外延扩大的方式进行，即通过扩大耕地面积和投入大量农业劳动力以增加农业发展，农业生产集约化程度不高。农业集约化地区仅限于东南部和南部，其他广大地区农业经营非常粗放。70 年代到 80 年代中期，巴西农业生产率提高是有限的。形成这种状况的原因是多方面的，其中现代农业技术的利用水平较低对其产生的影响是至关重要的。就化肥的使用而言，巴西每公顷土地所使用的化肥量极为有限，1970 年仅为 27.8 公斤，到 80 年代中期增至 51 公斤，但国际比较显示，巴西这一水平尚未达到发达国家 70 年代的规模。70 年代以来，农业机械化程度虽有所提高，但到 80 年代中期，以每台拖拉机所负担的耕地面积为指标进行的国际比较发现，巴西的水平明显低于主要发达国家。

20.6 产业结构与就业结构

第二次世界大战以后，随着国民经济的迅速发展和工业化进程的加快，巴西国民经济的产业结构发生了显著变化。在国内生产总值中，物质生产部门的比重有所下降，非物质生产部门的比重逐渐上升。前者由 1950 年的 50.2%降为 1980 年的 47.1%，后者由 49.8%升至 52.8%。在物质生产部门中，工业的比重大幅度上升，农业的比重大幅度下降。在战前的 1939 年，工业仅占国内生产总值的 18.0%，农业占 33.0%，到 1980 年工业的比重增至 34.1%，农业的比重则减少到 13.0%。

巴西产业结构的变化趋势表明第一产业、第二产业和第三产业比重变化趋势符合一般经济发展规律，即随着工业化的进行，第一产业的比重呈下降趋势，第二产业和第三产业的比重呈上升趋势（见表 20—3）。从 1960 年以后，第二产业比重开始超过工业的比重，第三产业也呈现上升趋势。自 1970 年以后，第一产业比重下降相对平稳，到 1980 年基本上维持在 13.0%左右的水平，第二产业比重在 20 世纪 70 年代有所下降。与此同时，第三产业比重呈现上升的趋势。这一方面反映了巴西科学技术的进步和信息产业的发展。另一方面是工业部门失业率增加使工业劳动力向第三产业转移。

表 20—3　　巴西按三次产业划分产业结构和就业结构

年份	国民生产总值构成比重/%			劳动力构成比重/%			经济活动人口/万人
	第一产业	第二产业	第三产业	第一产业	第二产业	第三产业	
1950	26.7	23.5	49.8	56.6	12.9	30.5	1 711.7
1960	19.9	30.3	50.7	50.3	12.1	37.6	2 275.0
1970	11.7	35.4	52.9	40.0	16.1	43.9	2 955.7
1980	13.0	34.1	52.8	25.0	20.0	55.0	4 323.5

资料来源：国家统计局. 国际统计年鉴（2010 年）[M]. 北京：中国统计出版社，2010；刘国平主编. 世界经济统计 [M]. 北京：经济科学出版社，2002；赵雪梅. 拉丁美洲经济概论 [M]. 北京：对外经济贸易大学出版社，2010.

从就业结构的变化趋势来看，第一产业所吸收的劳动力人数在 20 世纪 50 年代呈明显下降趋势，但所占比重仍然较大，没有摆脱传统的就业结构模式。60 年代以后，第二产业和第三产业所吸收的劳动力人数呈现逐渐上升趋势。与此同时，第一产业的就业比重大幅度下降。40 年代后期到 70 年代，巴西工业化经历了两次高速推进时期。工业的发展促使劳动力在第二产业中的就业的增加。与第一产业和第二产业不同，经济对外开放以后，第三产业就业的劳动力增长较快。据统计，1985 年第三产业占大城市就业人数的 49.3%。从就业结构看，第三产业在 80 年代以后基本上保持在 50%以上的水平上。由此可见，巴西的工业化推进和经济对外开放促进了第三产业的发展。

第 21 章　世界人口转变与经济发展

19 世纪后期到 20 世纪 50 年代初期，世界上经济发达的地区和国家，如欧洲、北美洲、日本、澳大利亚和新西兰先后实现了人口转变。20 世纪 70 年代，东亚的一部分发展中国家也大体上完成了人口转变。但由于各国经济发展水平的差异，人口转变各具特点，因此存在各种不同类型的人口转变模式。其中比较具有代表性的有欧洲类型、日本类型和中国类型。

21.1　欧洲的人口转变

欧洲的人口转变是从 18 世纪中期爆发的产业革命开始的。从人口转变过程来看，欧洲各国在中世纪及以前的漫长时间基本上处于高位静止阶段，出生率和死亡率都很高，人口增长极其缓慢；1650—1750 年间，欧洲的出生率和死亡率均在 30‰以上，人口年平均增长率为 3%左右。

18 世纪中期以后，欧洲发达国家从英国开始相继发生了产业革命，随着市场的扩大，手工制造业生产开始向机器大工业过渡，生产力得到前所未有的飞跃发展，给人口发展带来巨大的影响。首先是死亡率开始下降。因为经济起飞，机器生产大大提高了劳动生产率，工农业产品大幅度增加，加上国际贸易的发展，使人们的生活水平显著提高。同时，机器大工业的发展，带动了科学技术的发展，包括医疗卫生科学的进步，促使死亡率下降，婴儿死亡率也呈现下降趋势，而出生率变化不大，仍维持在高水平的状态①，人口发展模式由传统的高出生高死亡模式转变为高出生低死亡模式，形成了人口加速增长的初期扩张阶段。

19 世纪初期以后，西欧的出生率保持在 35‰左右，死亡率则在 30‰上下波动，于是人口自然增长率大致保持在 5‰左右（见图 21—1）。进入 19 世纪 20 年代中期以后，由于生活条件的提高和医疗卫生条件的改善，死亡率逐渐下降，但出生率依然保持很高的水平，于是人口增长率上升。19 世纪中叶以后，随着经济的持续发展、

① 18 世纪中叶以后，欧洲发达国家相继发生了产业革命，手工制造业生产开始向机器大工业过渡，生产力得到迅速发展。大机器代替手工业初期，生产是从广延性工业开始的，生产力尚未发展到对劳动力的质量提出更高的要求，而只靠增加劳动力数量来发展生产，只要增加劳动力就能榨取更多的剩余价值。因此，大批女工和童工投入生产行列，降低了劳动力再生产费用，这就刺激了出生率持续保持在高水平上。

工业化的深入和生活水平的不断提高，欧洲的死亡率继续下降，而这时出生率也开始下降（见表 21—1），最先是法国，随后是瑞士、比利时等国，而瑞典、英国、德国等则是从 19 世纪后期才开始的，随着工业化和人口城市化的迅速发展，20 世纪初期，欧洲各国出生率普遍下降，人口发展模式进一步由高出生低死亡模式转变为低出生低死亡模式，1930 年左右进入后期扩张阶段，从而完成了人口转变。

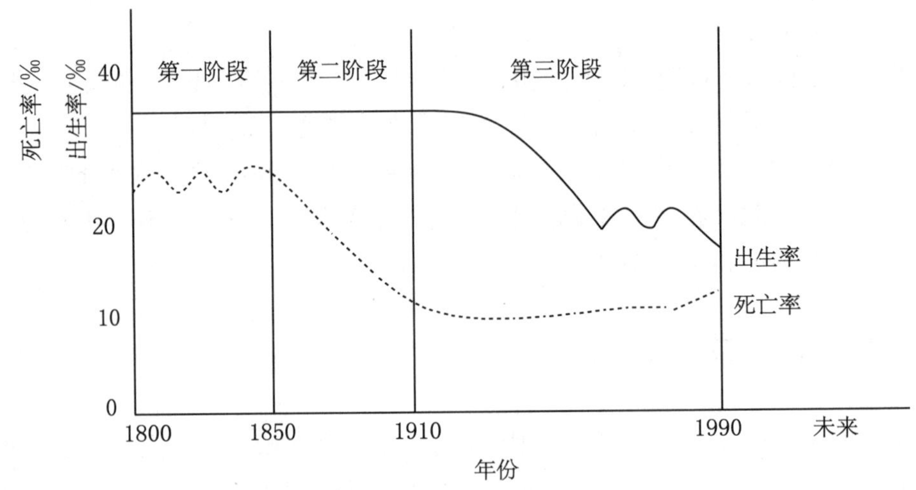

图 21—1　西欧发达国家的人口变动

第二次世界大战后，欧洲的出生率和自然增长率与世界各洲比较是最低的，死亡率也较低，一部分国家的人口已处于零增长的低位静止阶段，大部分国家的人口增长率在 1%～2%之间徘徊，基本上处于静止状态。少数国家，如德国、意大利、俄罗斯以及保加利亚等的死亡率已超过出生率，因而导致人口增长处于绝对减少状态。

表 21—1　　欧洲部分国家的出生率变化　　（‰）

年份	法国	英国	德国	比利时	荷兰	瑞典	瑞士
1841—1850 年	27.1	32.6	36.1	30.3	33.0	31.1	—
1851—1860 年	26.3	31.1	35.3	29.9	33.3	32.8	—
1861—1870 年	26.3	35.2	37.2	31.6	35.8	31.4	—
1871—1880 年	25.4	35.4	39.1	32.1	36.2	30.5	30.8
1881—1890 年	23.9	32.5	36.8	30.0	34.2	29.1	28.1
1891—1900 年	22.2	29.9	36.1	29.0	32.5	27.1	28.1
1901—1910 年	20.6	27.2	32.9	26.1	30.5	25.8	26.9
1911—1913 年	18.1	24.1	27.0	22.7	28.1	20.6	23.8
1921—1925 年	19.3	19.9	22.1	20.4	25.7	19.1	19.5
1926—1930 年	18.2	16.5	18.1	18.6	23.2	15.9	17.6
1931—1935 年	16.5	15.0	16.6	16.8	21.2	14.1	16.1
1938 年	14.6	15.1	19.6	15.8	20.5	14.9	15.2

资料来源：［日］南亮三郎編. 人口思想史［M］. 東京：千倉書房，1963.

这些经济发达国家人口转变的实现，是欧洲产业革命以及生产力发展引起的经济变动的必然结果，具体原因是：生产力水平提高很快，资本有机构成不断提高，不变资本大大超过可变资本，资本对劳动力需求相对过剩，导致出生率下降；由于科技进步对劳动力质量要求越来越高，使劳动力再生产费用增大，受教育训练时间延长，面对激烈的竞争机制，使婚龄和育龄普遍延长，造成出生率减退；工业化和城市化的提高、消费结构的改变、妇女受教育和就业机会的增多，促使出生率下降；医疗技术的进步，使死亡率状况得到明显的改善，节制生育能有效地进行。显然，这些综合因素的结果使人口发展趋向现代人口再生产类型。

21.2 日本的人口转变

日本是在第二次世界大战后开始人口转变的国家，随着经济的迅速发展，日本人口发展经历了从人口激增、人口增长率快速下降到稳定低增长的发展过程，从而实现了由传统型人口再生产向现代型人口再生产的转变。

从人口增长转变过程来看，日本在19世纪前期，人口增长的速度是比较缓慢的。明治维新（1868年）以后，日本采用了资本主义生产方式，生产力迅速发展。随着经济的发展，人口开始加速增长，1891年达到4 000万人，1945年增至7 200万人，这一时期日本人口增加了3 200万人，总增长率为80%，超过了同期欧洲主要发达国家的人口增长速度。但从20世纪中后期日本人口增长的动态来看，其人口增长率呈现明显的下降趋势。

第二次世界大战后的数年间日本人口增长较为迅速，特别是1947—1949年这3年期间，出生率高达33‰～34‰，总和生育率达到4.5，接近历史最高水平，出生人数也达到每年约270万人，加上这一时期有625万日本军人及家属从海外被遣送回国，使日本人口增长速度迅速上升，1945—1950年的人口增长实际上已超过了1 000万人，增长速度为2.9%。在这一人口急增时期，日本政府采取了节制生育的对策。1948年，日本政府制定了优生保护法，允许人工流产和绝育，并普遍推广避孕药物。

随后在1950—1957年间，日本的生育率进入了急速下降阶段。这一时期，日本经济从恢复走向发展，出生率从1949年的33‰下降到1950年的28.1‰，随后继续下降，1957年已降至17.2‰，仅8年间出生率降低了近一半，总和生育率由同期的4.3下降到2（见图21—2），接近了欧美工业发达国家的低生育率水平。在这期间，死亡率也开始下降，1957年死亡率为8‰，大约比战前的死亡率水平降低了一半。这样，日本人口已形成了低出生、低死亡的现代型。而且，在1956年已出现了低于1的净再生产率，因而在人口的再生产力上已经达到更替以下水平。这一时期，日本继续推行控制人口政策。1952年，日本后生省在全国范围内开展家庭计划活动。1954年日本家庭计划协会正式成立，大力协助政府宣传和推广人口控制政策，这些措施对降低日本的出生率起了积极作用。①

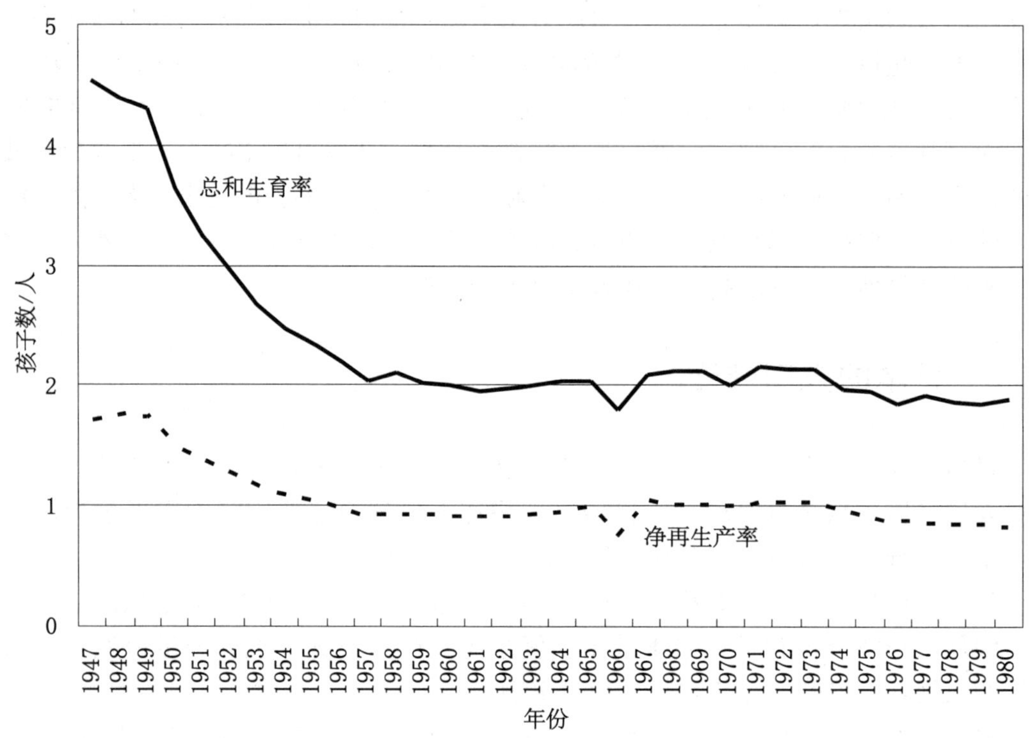

图 21—2　日本生育率的变化

资料来源：［日］日本人口問題研究所編. 人口統計資料集［M］. 東京：厚生統計協会，1989；［日］日本家族計画国際協力財団編. 日本人口と計画出産の基礎読み物［M］. 東京：厚生統計協会，1980；［日］人口問題協議会編. 人口事典［M］. 東京：東洋経済新報社，1986；［日］東洋経済新報社. 東洋経済統計月報. 2003（3）.

1958—1973 年间，日本的生育率进入了相对稳定阶段。这一时期是日本经济高度增长时期，出生率基本上保持在 17‰～19‰之间，总和生育率在 2.1 左右，自然增长率则保持在 11‰左右。这一时期，随着日本经济的高速发展，资本有机构成迅速提升，人们为了使子女获得较多受教育的机会，提高了人力资本投资以便于就业，实施了节制生育，促使出生率长期保持在 20‰以下的临界水平。此外，随着农村人口向大城市高度集中，妇女参加生产劳动的增多和就业机会的增加也是促使出生率保持低水平的主要原因。

1974 年以后，日本的出生率和自然增长率进一步呈现下降趋势，分别由 1974 年

① 日本出生率下降的直接原因在于晚婚化与少生育，日本女性的初婚年龄从 1950 年的 23 岁上升到 1995 年的 26.3 岁，其初婚年龄仅次于瑞典的 26.8 岁，居世界第二位。晚婚一方面引起了有配偶率（15～49 岁育龄妇女中已结婚者的比例）下降，另一方面引起有配偶出生率的下降。因为女性生育的终点年龄不变，晚婚化导致女性生育期的缩短，也导致女性在最有生育能力的 25～29 岁年龄期的有配偶率下降，由 1970 年的 82%降至 60%，加上人们的生育观从“多生贵子”转向“少生贵子”，致使已婚妇女的总和生育率显著下降。

的 18.6‰、12.1‰降低到 1980 年的 13.6‰和 7.4‰，其出生率、自然增长率，均进入世界最低水平行列（见表 21—2）。这一时期，晚婚化和有配偶率的下降是导致出生率下降的主要原因，加上人们的生育观从“多生贵子”转向“少生贵子”，致使日本人口的再生产力已经大幅度低于人口更替水平。

表 21—2　　世界主要国家的人口动态（1980 年）　　（‰）

国家	出生率	死亡率	自然增加率	国家	出生率	死亡率	自然增加率
日本	13.5	6.2	7.3	西班牙	15.2	7.8	7.4
德国	10.0	11.5	−1.5	美国	15.8	8.7	7.1
加拿大	15.4	7.1	7.9	中国	18.2	6.3	11.9
英国	13.4	11.8	1.6	阿根廷	24.7	8.5	16.2
法国	14.9	10.2	4.7	巴西	32.0	8.0	24.0
新加坡	17.0	5.1	11.9	马来西亚	30.2	5.8	24.4
澳大利亚	15.3	7.4	7.9	印度	33.7	12.6	21.1
意大利	11.3	9.8	1.5	墨西哥	34.9	6.2	28.7

资料来源：［英］B. R. 米切尔编. 帕尔格雷夫世界历史统计・亚洲、非洲和大洋洲卷（1790—1993 年）［M］. 北京：经济科学出版社，2002；［英］B. R. 米切尔编. 帕尔格雷夫世界历史统计・美洲卷（1790—1993 年）［M］. 北京：经济科学出版社，2002；［英］B. R. 米切尔编. 帕尔格雷夫世界历史统计・欧洲卷（1790—1993 年）［M］. 北京：经济科学出版社，2002.

与欧洲国家人口转变相比，日本人口转变具有自身特点，这些特点使日本成为实现人口转变的另一种类型的代表。日本人口转变的特点是：人口转变适应经济发展的需要，政府提倡计划生育，制定相应的人口政策，在控制人口数量，提高人口素质等方面收到了显著效果，促进了人口转变，使完成人口转变仅用十几年时间，其人口转变的降低速度与主要发达国家相比是极其快速的；出生率下降发生在经济高速增长之前，因此，日本人口转变不是经济发展的直接结果，而是促进经济增长的动力，日本的人口转变和经济增长是同时并进的①。

21.3　中国的人口转变

中国的人口转变是从新中国成立以后开始的。随着经济的发展、医疗卫生条件的改善和人口控制政策的实施，一般来讲，中国人口发展经历了从人口激增到低增长的发展过程。从人口转变过程来看，按照布莱克的五阶段论模式和汤普森、诺特

① 日本人口经济学家安川正彬在《简明人口学讲座》一书中，就战后日本人口转变的主要原因而言指出：“我国在第二次世界大战后生活非常困苦，于 1960 年开始进入高速度增长时期，然后于 1970 年转入低速度增长期。在这个过程中，我国经历了由战后的高出生、高死亡转变到低出生、低死亡。但是，这个转变的动因与英国的经验是不同的，就是说，抑制生育是为忍受战后时期困苦生活而做出的努力。为了同困苦生活进行斗争，过去要半个世纪才实现的人口转变，在我国仅仅用十几年的时间就完成了。总之，两国不同点在于：根据英国的经验，一般理解为人口转变是 19 世纪后半期经济飞跃发展的反映。而我国战后的人口转变和经济增长之所以齐头并进，则是另一种动机。”

斯坦的三阶段论模式基本上是可以观察的。

首先是高位静止（HS）阶段。此阶段大致包括20世纪前半期及以前的漫长时期，出生率和死亡率均处于高水平上，人口增长缓慢。如，1949年出生率和死亡率分别为36‰、20‰，处于典型的高出生、高死亡的状态。

1950—1957年间处于高出生、中死亡阶段。随着经济的发展和医疗卫生条件的不断改善，死亡率逐渐下降（见图21—3），由1950年的18‰下降到1957年的10.8‰，出生率由于出生的放任自流政策和“多子多福”传统的习惯，且流行早婚和多产的风潮。在20世纪50年代前期基本上稳定在37‰左右，1955年以后有所下降，但仍然保持在33‰左右，总和生育率则由1949年的6.14递减到1951年的5.7，1952—1957年大体上保持在6.2左右。这是新中国成立以后持续时间最长的高出生期之一。人口发展由高出生高死亡转变为高出生、中死亡的模式，人口增长迅速加快，开始进入布莱克模式的初期扩张阶段。

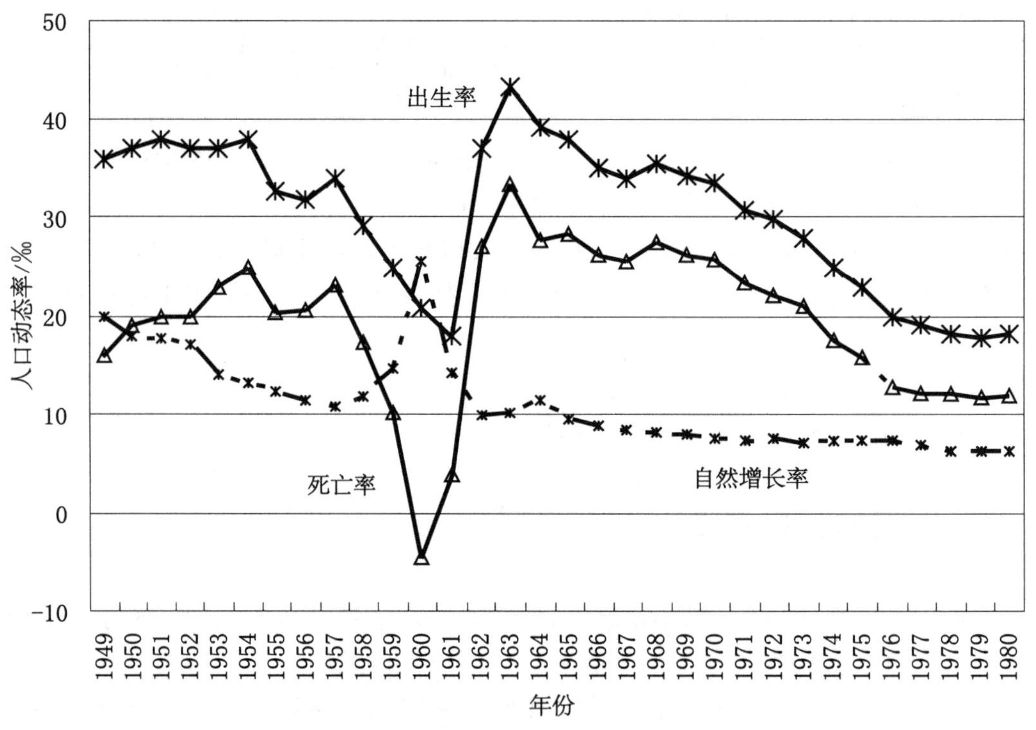

图21—3　1949—1980年新中国人口转变曲线图

资料来源：国家统计局编. 中国统计年鉴［M］. 北京：中国统计出版社，1992.

在1958—1961年间，中国的生育水平进入了一个低谷阶段。这一时期，国民经济衰退，农业生产下滑，人民生活困难，死亡率突增，许多妇女营养不良和健康水平的大幅度下降，致使总和生育率锐减，出生数由1957年的2 167万人降至1959年的

1 647 万人，1961 年又降低到新中国成立后最低的 1 188 万人，出生率和自然增长率也呈迅速下落趋势，总人口则净减少 1 348 万人。

1962 年农业生产开始出现好转态势，随着国民经济的复苏，生育率出现补偿性的反弹，1963 年生育水平继续上升，总和生育率增至 7.5，出生率增至 43.37‰的水平，出生数在 1962 年上升到 2 460 万人，1963 年又增加到 2 954 万人，显示了新中国成立以来最高的出生水平。死亡率则呈现下降趋势，特别是 1965 年减少到 9.5‰以下的水平，死亡率转变模式进一步由中死亡率转向低死亡率，1969 年进一步递减到 8‰以下的水平。1963 年下半年以后，政府针对生育率的急剧上升在全国各地实施了计划生育政策，而且开始使用避孕药和避孕套，随后推行了人工流产、男性和女性绝育手术等措施，但由于根深蒂固的早婚习惯的影响，计划生育效果并不明显，1970 年总和生育率约为 6，出生率在 35‰左右。这一时期的人口年平均自然增长率为 27.5‰，平均出生人口为 2 688 万人，这是新中国成立以后出现的“次生育高峰”，从而形成了布莱克模式的初期扩张阶段。

1971—1982 年间中国的生育模式步入快速推进阶段。在这一阶段，政府已经感到人口的压力，逐步推行以晚婚晚育为特征的计划生育政策，并取得了显著效果，总和生育率又开始减退，由 1971 年的 5.44 下降到 1973 年的 4.54。1974 年年初政府推行了“晚婚、晚育，一对夫妇可生两个孩子”的人口控制政策。1976 年进一步提出了家庭计划生育的重要性，家庭计划生育政策在全国各地全面实行，使生育水平继续下降，总和生育率从 1974 年的 4.17 迅速减少到 1978 年的 2.72，出生数则由 2 235 万人减少到 1 745 万人。1979 年政府推行了晚婚、晚育、少育、稀育、优生的计划生育政策。不久，全国开始提倡实施独生子女政策，严格控制二胎生育。随着计划生育政策执行力度的加强，总和生育率继续下降，1982 年降至 2.57 的水平。这个时期，自然增长率也开始明显下降，人口发展发生了本质上的改变，人口由自发的高速增长模式向有计划地减速增长模式转变。

然而，中国人口转变模式，特别是生育率转变模式与欧洲各国经济发展过程中缓慢的增长模式是不同的，从出生率 30‰和 20‰的变化来看，能够判断人口转变的一个侧面的进行状况。表 21—3 所显示的是世界各国出生率的临界水平开始减退的年份和间隔年数。最先完成人口转变的国家是法国。其后，在 20 世纪 20 年代，瑞士、瑞典、英国、美国、德国等发达国家步法国后尘，其人口转变过程需要 15～40 年。而中国出生率下降的初始期与西欧和美国等发达国家相比大大落后，但它的减退过程基本上与日本并驾齐驱，仅仅用了 4 年时间减至转变的低水平。因而可以说，中国人口转变历程是独特的，这一过程主要是由于经济的发展和计划生育的控制效果引起的，从而使其转变过程在极短的时期内得以实现。

表 21—3　　人口转变出生率一个侧面的降低速度

国家	30‰	20‰	间隔/年	国家	30‰	20‰	间隔/年
法国	1830 年	1908 年	78	荷兰	1908 年	1937 年	29
瑞士	1880 年	1922 年	42	德国	1910 年	1926 年	16
瑞典	1884 年	1921 年	37	芬兰	1913 年	1932 年	19
比利时	1886 年	1924 年	38	匈牙利	1923 年	1938 年	15
英国	1895 年	1922 年	27	意大利	1923 年	1941 年	18
美国	1897 年	1929 年	32	日本	1950 年	1955 年	5
丹麦	1899 年	1927 年	28	新加坡	1966 年	1974 年	8
挪威	1899 年	1925 年	26	中国	1972 年	1976 年	4

资料来源：［日］大淵寛、森岡仁. 経済人口学［M］. 東京：新評論，1981.

21.4　人口转变对经济发展的影响

人口转变是促进经济发展的重要因素。从经济发达国家来看，现代人口再生产类型的理论确立，使它们的人口变动进入了稳定增长时期，有利于人口资源密度和人口质量的提高，增加资本积累，这对于经济发展是有利的。

首先，人口转变使人口资源密度高，为经济发展提供了充足的物质条件。美国、加拿大、澳大利亚等发达国家的国土面积广阔，人均占有自然资源明显高于世界平均水平，人口的缓慢增长使人口资源密度比一些人口增长迅速的国家高，在一定程度上促进了这些国家经济的迅速发展。而日本、英国等一些自然资源相对比较贫乏的发达国家，由于人口增长得到控制，使它们的人口发展与资源不足问题得到了缓解，有效地促进了经济发展。

其次，美国、日本、联邦德国等国家原来的经济基础雄厚，科学技术先进，人口低增长，使人均国民生产总值很高，从而成为世界上经济最发达国家。据统计资料显示，1980 年发达国家的人口只占世界人口的 25.6%，却占世界国民生产总值的 78.5%，其中，美国、日本和联邦德国的人口仅占世界人口的 9.2%，但经济规模占世界经济总量的 43.6%，人均国民生产总值则在 1980 年分别达到 12 186 美元、9 036 美元和 11 744 美元，明显高于世界的平均水平。这些国家由于人口压力小，使得新增国民收入中的大部分可以重新投入扩大再生产和提高人民消费水平，从而保持了经济的持续增长，使人口和劳动力质量、人民生活水平得以较快提高。

应该看到，人口转变对发达国家的经济发展除了有积极的促进作用外，也有人口低增长所产生的一些消极影响，如出生率下降往往导致人口年龄结构老化，影响劳动力人口的数量和质量等，从而妨碍劳动生产率的提高。因此，一些人口增长趋向零或负增长的发达国家正在采用鼓励生育的措施，防止出生率继续下降。

从发展中国家人口转换的过程来看，20 世纪初到中叶为发展中国家人口转变的第一阶段。在这一阶段，发展中国家的出生率和死亡率均很高，明显高于西欧人口转变的第一阶段，人口增长率较低，但现代医学技术的应用使发展中国家的死亡率比 19 世纪欧洲国家的死亡率下降迅速得多。1950 年后的二三十年为发展中国家人口转变的第二阶段，这时出生率居高不下，平均为 42.5‰，而由于卫生条件的改善和医学技术的进步，死亡率逐步下降，于是高达 2%～2.5%的人口增长率成为这一阶段的主要特征。到 20 世纪 80 年代初期，中国、韩国、印度尼西亚、菲律宾、马来西亚、泰国和斯里兰卡等东南亚国家以及巴西、智利、哥伦比亚、哥斯达黎加、墨西哥等中南美国家基本上已完成人口转变，其出生率和死亡率的转变水平大致属于图 21—4 中的 A 类型。但大部分发展中国家可划归为 B 类型，人口增长仍处于高出生高死亡的状态，正在经历人口转变的过渡性阶段。[①] 由于人口的迅速增长，经济基础薄弱，使国民收入的绝大部分用于人民的消费，影响了经济发展，特别是低收入发展中国家的人均国民生产总值的平均水平一直很低，1950 年仅为 164 美元，1990 年上升到 490 美元，明显低于同期发达国家的平均水平，妨碍了劳动生产率的提高和人民生活水平的改善，巨大的人口压力抑制了经济发展的速度。因此，加速实现人口增长类型的转变，尽快建立以低出生率、低死亡率、低自然增长率为特征的现代型人口再生产模式是必要的。只有尽快实现这种转变，才能提高发展中国家的人口质量和人口资源密度，增加资本积累和投资，扩大再生产的规模，从而加速经济发展的速度。

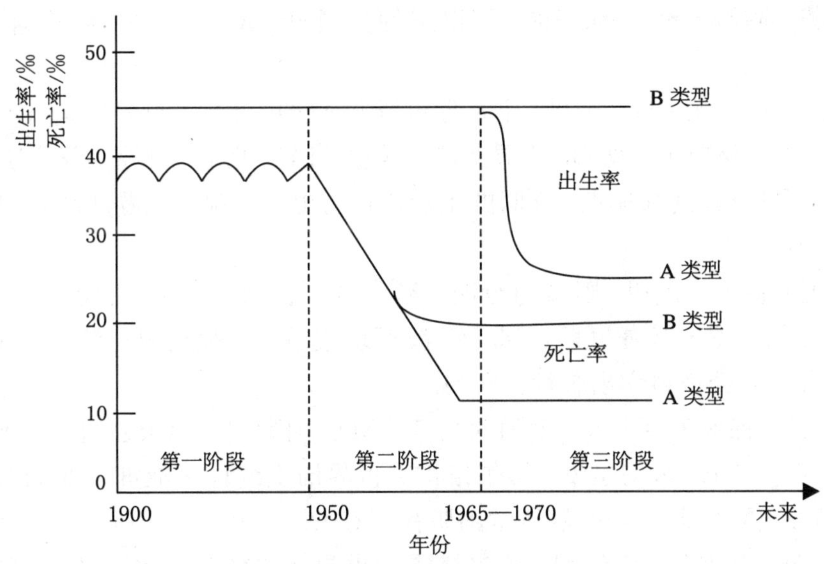

图 21—4　发展中国家人口过渡的开始

资料来源：美国国家科学院. 世界人口的增长. 1963.

① 图 21—4 展现了发展中国家人口发展的历史。至于发展中国家人口转变的第三阶段，大致可将发展中国家分为两种类型。A 类型国家如韩国、斯里兰卡、古巴等，在 20 世纪 60 年代开始时死亡率已迅速下降，出生率也呈现大幅度下降趋势。而中国、巴西等少数发展中国家自 20 世纪 70 年代以来出生率持续下降，死亡率也降低到与发达国家相当的水平，从而完成了人口转变。但大部分发展中国家经过初期的迅速下降，死亡率没有进一步下降，主要是因为广泛存在绝对贫困和低生活水平。而生育率继续保持较高的趋势，导致总的人口增长率一直停留在较高水平之上，包括大多数非洲国家和中东国家，这些发展中国家至今还未完成人口过渡。

参 考 文 献

中文文献

[1] [英] 阿兰·A. 瓦尔特斯. 发展经济学的革命 [M]. 上海：上海三联书店、上海人民出版社，2000.

[2] [美] 阿塔克，帕塞尔. 新美国经济史：从殖民地到 1940 年 [M]. 北京：中国社会科学出版社，2000.

[3] [英] 阿萨·勃里格斯. 英国社会史 [M]. 北京：中国人民大学出版社，1991.

[4] [美] 阿瑟·林克等. 1900 年以来的美国史 [M]. 北京：经济科学出版社，1997.

[5] [苏] 阿·尤·施皮尔特. 非洲原料资源 [M]. 北京：世界知识出版社，1964.

[6] [英] 安格斯·麦迪森. 世界经济千年史 [M]. 北京：北京大学出版社，2003.

[7] [苏] B. C. 列利丘克. 苏联的工业化：历史、经验、问题 [M]. 北京：商务印书馆，2004.

[8] [英] 彼得·杰伊. 财富的历程 [M]. 北京：国际文化出版公司，2005.

[9] [英] 彼得·马赛厄斯，M. M. 波斯坦主编. 剑桥欧洲经济史，上册（第 7 卷）[M]. 北京：经济科学出版社，2004.

[10] [美] 保罗·肯尼迪. 大国的兴衰 [M]. 国际文化出版公司，2006.

[11] [英] B. R. 米切尔编. 帕尔格雷夫世界历史统计·亚洲、非洲和大洋洲卷（1790—1993）[M]. 北京：经济科学出版社，2002.

[12] [英] B. R. 米切尔编. 帕尔格雷夫世界历史统计·欧洲卷（1790—1993）[M] 北京：经济科学出版社，2002.

[13] [英] B. R. 米切尔编. 帕尔格雷夫世界历史统计·美洲卷（1790—1993）[M]. 北京：经济科学出版社，2002.

[14] [苏] 波梁斯基. 外国经济史 [M]. 北京：生活·读书·新知三联书店，1963.

[15] [美] 查尔斯·P. 金德尔伯格. 世界经济霸权：1500—1990 [M]. 北京：商务印书馆，1990.

[16] [美] 查尔斯·R. 吉斯特. 华尔街史 [M]. 北京：经济科学出版社，2004.

［17］程极明. 战后发达资本主义国家经济大发展的原因分析［J］. 世界经济文汇，1986（5）.

［18］［英］C. 麦克伊夫迪、R·琼斯. 世界人口历史图集［M］. 北京：东方出版社，1992.

［19］C. N. 布鲁克著，赵学董译. 世界人口分布和都市化概述［J］. 西北人口，1989（1）.

［20］池元吉. 世界经济概论［M］. 北京：高等教育出版社，2003.

［21］陈宝森，郑伟民，薛敬孝，蔡述理. 美国经济周期研究［M］. 北京：商务印书馆，1993.

［22］陈国庆. 战后澳大利亚经济［M］. 天津：天津人民出版社，1984.

［23］陈奕平. 人口变迁与当代美国社会［M］. 北京：世界知识出版社，2006.

［24］丁溪. 美国经济［M］. 北京：中国商务出版社，2006.

［25］［美］道格拉斯·诺斯，罗伯特·托马斯. 西方世界的兴起［M］. 北京：华夏出版社，1999.

［26］［法］德尼兹·加亚尔，贝尔纳代特·德尚. 欧洲史［M］. 海南：海南出版社，2000.

［27］［英］道布罗夫. 英国经济地理［M］. 北京：商务印书馆，1959.

［28］［法］法布里斯·拉哈. 欧洲一体化史：1945—2004［M］. 北京：中国社会科学出版社，2005.

［29］［法］费尔南·布罗德尔，欧内斯特·拉布罗斯主编. 法国经济与社会史［M］. 上海：复旦大学出版社，1990.

［30］［法］弗朗索瓦·卡隆. 现代法国经济史［M］. 北京：商务印书馆，1991.

［31］［美］弗朗辛·R. 弗兰克尔. 印度独立后政治经济发展史［M］. 北京：中国社会科学出版社，1989.

［32］［法］费尔南·布罗代尔. 法兰西的特性［M］. 北京：商务印书馆，1995.

［33］方志军. 近现代科学技术的发展与市场经济［J］. 南京师范大学学报，1994（2）.

［34］冯昭奎. 日本经济［M］. 北京：高等教育出版社，1998.

［35］［美］福克纳. 美国经济史［M］. 北京：商务印书馆，1989.

［36］复旦大学拉丁美洲研究室编. 拉丁美洲经济［M］. 上海：上海人民出版社，1986.

［37］复旦大学政治经济学系苏联经济研究组. 二十年来的苏联经济［M］. 上海：上海人民出版社，1975.

［38］复旦大学世界经济研究所德意志联邦共和国经济研究室编. 德意志联邦共和国经济［M］. 北京：人民出版社，1984.

[39] 复旦大学资本主义国家经济研究所，战后西德经济编写组编. 战后西德经济 [M]. 北京：人民出版社，1975.

[40] 复旦大学世界经济研究所英国经济研究室编. 英国经济 [M] 北京：人民出版社，1986.

[41] 复旦大学世界经济研究所法国经济研究室编. 法国经济 [M]. 北京：人民出版社，1985.

[42] 复旦大学欧洲问题研究中心. 欧盟经济发展报告 [M]. 上海：复旦大学出版社，2005.

[43] [美] 冈德森. 美国经济史新编 [M]. 北京：商务印书馆，1994.

[44] [美] 格里高利·克拉克. 应该读点经济史——一部世界经济简史 [M]. 北京：中信出版社，2009.

[45] [澳] 格林伍德. 澳大利亚政治社会史 [M]. 北京：商务印书馆，1960.

[46] [英] 格温·琼斯. 北欧海盗史 [M]. 北京：商务印书馆，1994.

[47] 高德步. 英国的工业革命与工业化——制度变迁与劳动力转移 [M]. 北京：中国人民大学出版社，2006.

[48] 郭世贤. 战后发达资本主义国家的国际贸易及其发展趋势 [J]. 世界经济，1982 (7).

[49] 郭树清. 英国货币政策和金融管理的历史演变 [J]. 管理世界，1988 (2).

[50] 郭延军. 美国 1964 年民权法与女性平等就业权 [J]. 华东政法大学学报，2011 (4).

[51] 郭吴新，洪文达，池元吉等主编. 世界经济 [M]. 北京：高等教育出版社，1989.

[52] [英] H. J. 哈巴库克，M. M. 波斯坦. 剑桥欧洲经济史（第六卷）[M]. 北京：经济科学出版社，2002.

[53] [英] H. J. 哈巴库克，M. M. 波斯坦. 剑桥欧洲经济史（第七卷）[M]. 北京：经济科学出版社，2004.

[54] [英] H. J. 哈巴库克，M. M. 波斯坦. 剑桥欧洲经济史（第八卷）[M]. 北京：经济科学出版社，2004.

[55] [美] H. N. 沙伊贝，H. G. 瓦特，H. U. 福克纳. 近百年美国经济史 [M]. 北京：中国社会科学出版社，1983.

[56] 韩启明. 建设美国——美国工业革命时期经济社会变迁及其启示 [M]. 北京：中国经济出版社，2004.

[57] 韩毅，张兵. 美国赶超经济史 [M]. 北京：经济科学出版社，2006.

[58] [美] 赫伯特·C. 菲特，吉姆·E. 里斯. 美国经济史 [M]. 沈阳：辽宁人

民出版社，1981.

[59] 霍立浦. 法国的城市化进程和存在的问题 [J]. 全球科技经济，1987 (10).

[60] 黄汉生. 国际资本流动的新变化及其影响 [J]. 南洋问题研究，1993 (3).

[61] 何敦煌. 人口、生态、经济和可持续发展 [M]. 厦门：厦门大学出版社，2002.

[62] 侯文若. 全球人口趋势 [M]. 北京：世界知识出版社，1988.

[63] [美] 加里·M. 沃尔顿，休·罗考夫. 美国经济史（第 10 版）[M]. 北京：中国人民大学出版社，2011.

[64] [英] J. H. 克拉潘. 1815—1914 年法国和德国的经济发展 [M]. 北京：商务印书馆，1965.

[65] [美] 杰夫·马德里克. 经济为什么增长 [M]. 北京：中信出版社，2003.

[66] [美] 杰里米·阿塔克，彼得·帕塞尔. 新美国经济史——从殖民地时期到 1940 年 [M]. 北京：中国社会科学出版社，2000.

[67] [苏] 吉·谢·哈恰图罗夫. 现阶段苏联经济 [M]. 北京：北京出版社，1981.

[68] [美] 吉尔伯特·C. 菲特，吉姆·E. 里斯. 美国经济史 [M]. 沈阳：辽宁人民出版社，1981.

[69] 金永丽. 印度农业发展道路探索 [M]. 北京：中国农业出版社，2006.

[70] 金辉，陆南泉. 战后苏联经济 [M]. 北京：时事出版社，1985.

[71] [德] 卡尔·艾利希·波恩. 德意志史（第 3 卷）[M]. 北京：商务印书馆，1991.

[72] [意] 卡洛·M. 奇波拉. 工业革命之前的欧洲社会和经济 [M]. 伦敦，1976.

[73] [意] 卡洛·M. 奇波拉. 欧洲经济史（第 1 卷）. 北京：商务印书馆，1988.

[74] [意] 卡洛·M. 奇波拉. 世界人口经济史 [M]. 北京：商务印书馆，1993.

[75] [英] 凯恩斯. 就业、利息和货币通论 [M]. 高鸿业译. 北京：商务印书馆，1999.

[76] [英] 考特. 简明英国经济史 [M]. 北京：商务印书馆，1992.

[77] [美] 克莱尔·威尔科克斯等. 今日世界经济——组织、发展与活动 [M]. 北京：商务印书馆，1985.

[78] [苏] 柯斯津. 苏联劳动力资源 [M]. 北京：劳动人事出版社，1984.

[79] [苏] 吉·谢·哈恰图罗夫. 现阶段苏联经济 [M]. 北京：北京出版社，1981.

[80] [德] 卡尔·哈达赫. 二十世纪德国经济史 [M]. 北京：商务印书馆，1984.

[81] [英] 克拉潘. 现代英国经济史（上卷）[M]. 北京：商务印书馆，1986.

[82] [英] 克拉潘. 现代英国经济史（中卷）[M]. 北京：商务印书馆，1986.

[83] [英] 克拉潘. 现代英国经济史（下卷）[M]. 北京：商务印书馆，1986.

［84］［德］克劳斯·格林. 联邦德国的社会市场经济［M］. 北京：中央编译出版社，1994.

［85］克莱夫·庞廷. 绿色世界史：环境与伟大文明的衰落［M］. 上海：上海人民出版社，2002.

［86］［法］莱昂. 世界经济与社会史：二十世纪后半期［M］. 上海：上海译文出版社，1985.

［87］［美］理查德·W. 布利特. 20 世纪史［M］. 南京：江苏人民出版社，2001.

［88］［美］L. S. 斯塔夫里阿诺斯. 全球通史：1500 年以后的世界［M］. 上海：上海社会科学出版社，1999.

［89］［美］龙多·卡梅伦，拉里·尼尔. 世界经济简史——从旧石器时代到 20 世纪末［M］. 上海：上海译文出版社，2009.

［90］李剑鸣，杨令侠主编. 20 世纪美国和加拿大社会发展研究［M］. 北京：人民出版社，2005.

［91］李玲. 加拿大的人口发展与人口迁移［J］. 人口与经济，2013（5）.

［92］李永臣，孙洪珍. 劳动力的国际流动及对世界经济的影响［J］. 人才开发，2002（2）.

［93］李仲生. 人口增长对经济发展的影响——中国人口增长的经济效果分析［J］. 首都经济贸易大学学报，2001（3）.

［94］李仲生. 中国的经济开放与经济型人口流动［J］. 人口与经济，2001（6）.

［95］李仲生. 中国的人口与经济发展趋势展望［J］. 经济与管理研究，2002（2）.

［96］李仲生. 转轨时期的中国人口与经济发展［J］. 西北人口，2002（4）.

［97］李仲生. 日本的人力资源管理模式及其变化［J］. 中国人力资源开发，2002（10）.

［98］李仲生. 中国产业结构与就业结构的变化［J］. 人口与经济，2003（2）.

［99］李仲生. 经济改革开放时期中国经济圈的发展［J］. 求实，2004 增刊（5）.

［100］李仲生. 中国农村经济发展与剩余劳动力［J］. 人口与经济，2004（6）.

［101］李仲生. 人口投资与经济发展［J］. 中国人力资源开发，2004（8）.

［102］李仲生. 人口质量与劳动力素质［J］. 中国人才，2004（10）.

［103］李仲生. 人口老龄化与经济发展. 人民日报，2004—11—16.

［104］李仲生. 中国的人口与经济发展［M］. 北京：北京大学出版社，2004.

［105］李仲生. 当代专家论文精选 2. 人口分布与经济发展［M］. 北京：中国人事出版社，2005.

［106］李仲生. 从萧条到低速增长的日本经济［J］. 经济与管理研究，2006（1）.

［107］李仲生. 美国的人力资源开发与经济发展［J］. 中国人力资源开发，2006

(2).

[108] 李仲生. 21世纪上半叶的中国经济发展 [J]. 美国中国经济评论，2006 (3).

[109] 李仲生. 共和国名人大典理论创新文库. 美国的就业结构与产业结构 [M]. 北京：中国国际文化传媒出版社，2006.

[110] 李仲生. 中华知名人物理论创新宝库论文全集. 日本的工业化与人口城市化 [M]. 北京：中国广播电视出版社，2006.

[111] 李仲生. 中国创新报道论文集. 日本的人口转变和战后经济复兴 [M]. 北京：华夏英杰出版社，2006.

[112] 李仲生. 共和国建设者（第二卷）. 加拿大的工业发展与人口城市化 [M]. 北京：中国科学出版社，2006.

[113] 李仲生. 东方骄子——中国创新英才理论与实践. 近代的法国工业化与人口发展 [M]. 北京：中国戏剧出版社，2006.

[114] 李仲生. 文明中国——构建和谐社会的理论与实践. 英国工业化时期的人口与经济起飞 [M]. 北京：世界文献出版社，2006.

[115] 李仲生. 永葆共产党人先进本色文论集. 英国的工业革命与人口增长 [M]. 北京：人民日报出版社，2006.

[116] 李仲生. 加拿大的人口发展与人口分布. 盛世中华 [M]. 北京：中国国际新闻出版社，2006.

[117] 李仲生. 日本的人力资源开发与经济发展 [J]. 人口与经济，2007 (3).

[118] 李仲生. 中华名人文论大全Ⅲ. 两次世界大战之间美国人口经济发展 [M]. 北京：中国文联出版社，2007.

[119] 李仲生. 共建西部构和谐. 日本的人口与劳动力供给 [M]. 2007.

[120] 李仲生. 党魂. 战后法国的人口经济发展 [M]. 北京：人民日报出版社，2007.

[121] 李仲生. 低速增长期的日本人口与经济发展 [J]. 市场与人口分析，2007 增刊Ⅰ.

[122] 李仲生. 日本的人口老龄化与经济发展 [J]. 市场与人口分析，2007 年增刊Ⅱ.

[123] 李仲生. 求是先锋：领导干部在改革开放新时期的理论与实践. 非洲的农业发展与人口因素 [M]. 北京：中央文献出版社，2008.

[124] 李仲生. 科技创辉煌：中国科技成果与学术精典. 意大利的农业发展与劳动力 [M]. 北京：国家行政学院出版社，2008.

[125] 李仲生. 和谐西部论坛. 近代日本的人口与经济发展 [M]. 北京：中国文

联出版社，2008.

[126] 李仲生. 和谐中华——构建和谐社会的理论与实践. 法国的工业发展与劳动力就业 [M]. 北京：中国社科文献出版社，2008.

[127] 李仲生. 市场与人口分析（第二届中国人口学家前沿论坛论文集）. 加拿大的经济发展与海外移民 [J]. 2008 年增刊Ⅰ.

[128] 李仲生. 非洲的人口动态与分布 [J]. 西北人口，2009 (5).

[129] 李仲生. 低速增长的英国人口与经济发展 [J]. 市场与人口分析，2009 (6).

[130] 李仲生. 和谐西部论坛. 东亚殖民地时期的经济发展与人口增长 [M]. 中国广播电视出版社，2010.

[131] 李仲生. 中国领导干部科学发展的理论与实践. 英国的人口增长与国际迁移 [M]. 西苑出版社，2010.

[132] 李仲生. 发达国家的人口变动与经济发展 [M]. 北京：清华大学出版社，2011.

[133] 李仲生. 发展中国家的人口增加与经济发展 [M]. 北京：世界图书出版公司，2012.

[134] 李仲生. 人口经济学（第三版）[M]. 北京：清华大学出版社，2013.

[135] 李仲生. 美国人口经济 [M]. 北京：中国人事出版社，2014.

[136] 李仲生. 日本人口经济 [M]. 北京：中国人事出版社，2016.

[137] [美] 罗伯特·布伦纳. 繁荣与泡沫：全球视角中的美国经济 [M]. 北京：经济科学出版社，2003.

[138] [美] 罗伯特·M. 索洛. 经济增长因素分析 [M]. 北京：商务印书馆，1999.

[139] 李竞能. 现阶段中国人口经济问题研究 [M]. 北京：中国人口出版社，1999.

[140] [苏] 梁士琴科. 苏联国民经济史（第 2 卷）[M]. 北京：人民出版社，1954.

[141] 梁茂信. 美国人力培训与就业政策 [J]. 北京：人民出版社，2006.

[142] 刘曙光，竺彩华. 解析全球经济 [M]. 北京：中国经济出版社，2004.

[143] 刘志扬. 美国农业经济 [M]. 青岛：青岛出版社，2003.

[144] 刘助仁. 美国农业生物技术应用蓬勃发展——兼论美国农业生物产业公共政策的应用 [J]. 调研世界，2007 (3).

[145] 刘仲藜编. 奠基——新中国经济五十年 [M]. 北京：中国财政经济出版社，1999.

[146] [美] 迈克尔·P. 托达罗. 经济发展 [M]. 北京：中国经济出版社，1999.

[147] [法] 米歇尔·博德. 资本主义史 [M]. 北京：东方出版社，1986.

[148] [美] 马丁·费尔德斯坦编. 转变中的美国经济 [M]. 北京：商务印书馆，1990.

[149] [加拿大] 马丁·基钦. 剑桥插图德国史 [M]. 北京：世界知识出版社，2005.

[150] [德] 马克思·维贝尔. 世界经济通史 [M]. 上海：上海译文出版社，1981.

[151] [德] 马克思·布劳巴赫. 德意志史（第2卷上册）[M]. 北京：商务印书馆，1998.

[152] [意] 马西姆·利维巴茨. 世界人口简史（第3版）[M]. 北京：北京大学出版社，2005.

[153] 马增梅，傅科杰. 美国棉花生产、加工情况介绍 [J] 中国棉花加工，2011 (2).

[154] 马骥雄. 战后美国教育研究 [M]. 南昌：江西教育出版社，1991.

[155] [美] 普莱斯·费希拜克等. 美国经济史新论——政府与经济 [M]. 北京：中信出版社，2013.

[156] 潘纪一，朱国宏. 世界人口通论 [M]. 北京：中国人口出版社，1991.

[157] [美] 乔纳森·休斯，路易斯·P. 凯恩. 美国经济史（第7卷）[M]. 北京：北京大学出版社，2011.

[158] [美] 斯坦利·L. 恩格尔曼，罗伯特·高尔曼主编. 剑桥美国经济史：20世纪（第三卷）[M]. 北京：中国人民大学出版社，2008.

[159] 施昆山，石峰，李卫东. 当代世界林业 [M]. 北京：中国林业出版社，2001.

[160] 彭斯达. 美国经济周期研究——历史、趋势及中美经济周期的协动性 [M]. 武汉：武汉大学出版社，2009.

[161] 石小玉，涂勤. 美国经济实力分析 [M]. 北京：民族出版社，1999.

[162] 盛朗. 世界人口城市化进程 [J]. 人口与经济，1986 (6).

[163] 孙常敏主编. 世纪转变中全球人口与发展 [M]. 上海：上海社会科学出版社，1999.

[164] 孙培均，张敏秋，于海莲. 印度从“半管制”走向市场化 [M]. 武汉：武汉出版社，1994.

[165] 孙士海，葛维钧. 印度 [M]. 北京：社会科学文献出版社，2003.

[166] [苏] 苏联科学院历史所. 巴西史纲 [M]. 沈阳：辽宁人民出版社，1975.

[167] 苏振兴，陈作杉，张宝宇，朱忠，吕银春. 巴西经济 [M]. 北京：人民出版社，1983.

[168] 苏振兴主编. 拉丁美洲的经济发展 [M]. 北京：经济管理出版社，2000.

[169] 陶继侃，王继祖，姜春明，张士元. 世界经济概论 [M]. 天津：天津人民出版社，1995.

[170] [美] 特伦斯·K. 霍普金斯，伊曼纽尔·沃勒斯坦. 转型时代世界体系的发展轨迹：1945—2025 [M]. 北京：高等教育出版社，2002.

[171] [苏] T. M. 莫伊谢耶娃. 南非共和国经济地理概况 [M]. 郑州：河南人民出版社，1976.

[172] [美] 托马斯·K. 麦格劳. 现代资本主义：三次工业革命中的成功者 [M]. 南京：江苏人民出版社，2000.

[173] 王金存. 苏联经济结构的调整 [M]. 北京：中国财政经济出版社，1981.

[174] 王章辉. 英国经济史 [M]. 北京：中国社会科学出版社，2013.

[175] 王宇博，张曙. 试析早期澳大利亚民族经济 [J]. 南京理工大学学报（社会科学版），1999 (3).

[176] 王跃生. 苏联经济 [M]. 北京：北京大学出版社，1989.

[177] 王远程. 澳大利亚的人口及其分布 [J]. 河南师范大学学报（自然科学版），1982 (1).

[178] [德] 韦·阿贝尔斯豪泽. 德意志联邦共和国经济史：1945—1980 [M]. 北京：中国经济出版社，2000.

[179] [英] 维克多·布尔默-托马斯. 独立以来拉丁美洲的经济发展 [M]. 北京：商务印书馆，1988.

[180] [英] W. G. 赫夫. 新加坡的经济增长——20 世纪的贸易与发展 [M]. 北京：中国经济出版社，2001.

[181] [英] W. N. 梅特利科特. 英国现代史 [M]. 北京：商务印书馆，1990.

[182] [美] 威廉·夏伊勒. 第三帝国的兴亡：纯粹德国史 [M]. 北京：北京三联书店，1974.

[183] 吴士存，朱华友编著. 越南 马来西亚 菲律宾 印度尼西亚 文莱 五国经济研究 [M]. 北京：世界知识出版社，2006.

[184] 吴志生主编. 东南亚国家经济发展战略研究 [M]. 北京：北京大学出版社，1987.

[185] 文富德. 印度经济——发展、改革与前景 [M]. 成都：巴蜀书社，2003.

[186] 文富德，陈继东. 世界贸易组织与印度经济发展 [M]. 成都：巴蜀书社，2003.

[187] 魏书华，洪宁，冯晓英. 20 世纪的世界经济 [M]. 北京：中国国际广播出版社，2002.

[188] 魏允哲，蔡国栋. 世界经济概论 [M]. 北京：中国计划出版社，1999.

[189] 邬沧萍主编. 世界人口 [M]. 北京：中国人民大学出版社，1983.

[190] [苏] 乌尔拉尼斯主编. 世界各国人口手册 [M]. 成都：四川人民出版社，1982.

[191] [德] 乌尔里希·罗尔. 德国经济：管理与市场 [M]. 北京：中国社会科学出版社，1995.

[192] [德] 韦·阿贝尔斯豪泽. 德意志联邦共和国经济史 1945—1980 [M]. 北京，商务印书馆，1988.

[193] [美] 西蒙·库兹涅茨. 各国的经济增长 [M]. 北京：商务印书馆，1999.

[194] 徐成光. 联邦德国的对外贸易结构 [J]. 西欧研究，1984 (1).

[195] 谢易. 英国对外贸易状况剖析 [J]. 上海对外贸易学院学报，1984 (2).

[196] [英] 亚当·斯密. 国民财富的性质和原因的研究（上卷）. 北京：商务印书馆，1974.

[197] [美] 雅各布·明瑟尔. 劳动供给研究 [M]. 北京：中国经济出版社，2001.

[198] [荷] 雅克·佩克曼斯. 欧洲一体化方法与经济分析 [M]. 北京：中国社会科学出版社，2006.

[199] [英] 约翰·克拉潘. 简明不列颠经济史 [M]. 上海：上海译文出版社，1980.

[200] [美] 约翰·P. 哈特. 苏联经济现状 [M]. 北京：生活·读书·新知三联书店，1981.

[201] [美] 约瑟夫·E. 斯蒂格利茨，沙希德·尤素福. 东亚奇迹的反思 [M]. 北京：中国人民大学出版社，2003.

[202] [美] 约瑟夫·熊彼特. 经济史分析史（第 1 卷）[M]. 北京：商务印书馆，2001.

[203] 原华荣. 世界人口分布的趋势及特征 [J]. 西北人口，1991 (4).

[204] 余意，笪莉娜，朱江溶. 国际资本流动对世界经济和国际金融的影响 [J]. 华商，2007 (22).

[205] 赵鸣歧. 印度之路——印度工业化道路探析 [M]. 上海：学林出版社，2005.

[206] 赵晓蕾. 外国经济史 [M]. 大连：东北财经大学出版社，2013.

[207] 张伯里主编. 世界经济学 [M]. 北京：中共中央党校出版社，2004.

[208] 张荐华. 欧洲一体化与欧盟的经济社会政策 [M]. 北京：商务印书馆，2001.

[209] 张光，程同顺. 美国农业政策及对中国的影响 [J]. 调研世界，2004 (10).

[210] 张二震. 略论国际劳动力流动及其原因 [J]. 世界经济文汇，1991 (6).

［211］张善余主编. 世界人口地理［M］. 上海：华东师范大学出版社，2002.

［212］张曙霄，吴丹编著. 世界经济概论［M］. 北京：经济科学出版社，2005.

［213］张维. 关税同盟与共同体［J］. 国际税收，2000（7）.

［214］周建明. 两次世界大战之间德国的对外贸易［J］. 深圳大学学报（人文社会科学版），2012（1）.

［215］祝宝良. 欧盟经济概况［M］. 北京：中国经济出版社，2004.

［216］曾培炎主编. 新中国经济 50 年［M］. 北京：中国计划出版社，1999.

［217］中国社会科学院西亚非洲研究所编. 北非五国经济［M］. 北京：时事出版社，1987.

［218］中国社会科学院西亚非洲研究所. 非洲经济（一）［M］. 北京：人民出版社，1987.

［219］中国社会科学院西亚非洲研究所. 非洲经济（二）［M］. 北京：人民出版社，1987.

［220］中国现代国际关系研究所非洲经济编写组编. 非洲国家经济发展与改革［M］. 北京：时事出版社，1992.

［221］仲继银，胡春. 东南亚成功的外向型经济［M］. 武汉：武汉出版社，1994.

［222］翟文忠，张存刚. 科技革命与经济全球化进程［J］. 兰州商学院学报，2001（1）.

［223］［意］朱佩塞·图拉尼. 意大利第二次经济奇迹［M］. 北京：时事出版社，1989.

日文文献

［224］［日］安場保吉. 経済成長論［M］. 東京：筑摩書房，1980.

［225］［日］北村加代子. 東アジアの産業構造高度化と日本産業［M］. 東京：アジア経済研究所，1997.

［226］［日］大川一司. 経済発展と日本の経験［M］. 東京：大明堂，1976.

［227］［日］大川一司. 日本経済の構造：歴史視覚的分析［M］. 東京：勁草書房，1974.

［228］［日］大川一司，Hソロフスキー. 日本の経済成長：二十世紀における趨勢加速［M］. 東京：東洋経済新報社，1973.

［229］［日］大淵寛，森岡仁. 経済人口学［M］. 東京：新評論，1981.

［230］［日］大淵寛. 戦後日本の出生、結婚および景気循環［J］. 日本人口学会編. 人口学研究Ⅰ，1978.

［231］［日］大淵寛，岡田実，加藤寿延，森岡仁．人口経済論［M］．東京：新評論，1977．

［232］［日］篠原三代平編．日本経済のダイナミズム［M］．東京：東洋経済新報社，1991．

［233］［日］篠原三代平．篠原三代平集：日本経済の50年［M］．東京：NTT出版社，1994．

［234］［日］渡辺真知子．区域経済と人口［M］．東京：日本評論社，1994．

［235］［日］花崎正晴，寺西重郎編．コーポレートガバナンスの経済分析——変動期の日本と金融危機後の東アジア［M］．東京：東京大学出版社，2003．

［236］［日］鶴田俊正．戦後日本の産業政策［M］．東京：日本経済新聞社，1982．

［237］［日］速水融．日本経済史への視角［M］．東京：東洋経済新報社，1968．

［238］［日］鬼頭宏．日本二千年人口史：経済学と歴史人類学から探る生活と行動のダイナミッズム［M］．東京：PHP研究所，1983．

［239］［日］黒田俊夫．日本人口の転換構造［M］．東京：古今書院，1979．

［240］［日］館稔．日本の人口遷移［M］．東京：古今書院，1961．

［241］［日］河野稠果，岡田実．低出生力をめぐる諸問題［M］．東京：大明堂，1993．

［242］［日］花崎正晴，寺西重郎編．コーポレートガバナンスの経済分析——変動期の日本と金融危機後の東アジア［M］．東京：東京大学出版社，2003．

［243］［日］梅村又次，新保博，西川俊作，速水融編．日本経済の発展［M］．東京：東洋経済新報社，1976．

［244］［日］日本経済企画庁総合計画局編．日本の経済構造［M］．東京：東洋経済新報社，1997．

［245］［日］鈴木多加史．日本経済分析：高度成長から1990年代へ［M］．東京：東洋経済新報社，1990．

［246］［日］鈴木多加史．日本の産業構造［M］．東京：中央経済社，1995．

［247］李仲生．中国経済の多重结構変化［J］．アジア文化研究，1997（4）．

［248］李仲生．阻碍要因として人口増加と経済発展の——中国の人口変動と経済成長を中心に．アジア文化研究，1998（5）．

［249］李仲生．中国の人口移動［J］．日本千葉大学社会文化科学研究，2000（4）．

［250］李仲生．中国の経済転換と雇用・失業［J］．アジア文化，2000（24）．

［251］李仲生．中国の人口成長と動態変化［J］．東瀛求索，2001（12）．

［252］李仲生．中国の人口変動——人口経済学の視点から［M］．東京：日本僑

報报社，2002.

［253］李仲生．中国の経済成長と人口要因［J］．アジア文化研究，2002（9）．

［254］李仲生．中国の経済離陸と人口動態［J］．アジア文化研究，2003（10）．

［255］李仲生．中国対外貿易の進展と貿易结構の変化［J］．アジア文化研究，2007（14）．

［256］［日］木村敏男，山崎春成編．産業構造の転換と日本経済［M］．東京：東京大学出版社，1979.

［257］［日］南亮進．日本経済の転換点［M］．東京：創文社，1970.

［258］［日］南亮進．日本の経済発展［M］．東京：東洋経済新報社，1992.

［259］［日］南亮三郎．日本人口と経済［M］．東京：千倉書房，1972.

［260］［日］南亮三郎，上田正夫編．日本の人口変動と経済発展［M］．東京：千倉書房，1975.

［261］［日］南亮三郎，上田正夫編．転換途上の日本人口移動［M］．東京：千倉書房，1977.

［262］［日］南亮三郎，上田正夫編．日本の人口高齢化［M］．東京：千倉書房，1979.

［263］［日］南亮三郎，水野朝夫．先進工業国の雇用と失業［M］．東京：千倉書房，1985.

［264］［日］水野朝夫，小野旭編．労働供給制約と日本経済［M］．東京：大明堂，1995.

［265］［日］橋本寿朗．戦後の日本経済［M］．東京：岩波書店，1995.

［266］［日］藤野正三郎．日本の景気循環——循環的発展過程の理論的、統計的、歴史的分析［M］．東京：勁草書房，1965.

［267］［日］橋本介三，小林伸生，中山幾郎．日本産業の構造変革［M］．大阪：大阪大学出版社，2000.

［268］［日］橋本寿朗．日本経済論［M］．東京：ミネルヴァ書房，1994.

［269］［日］橋本寿朗．戦後の日本経済［M］．東京：岩波書店，1995.

［270］［日］小宮隆太郎．現代日本経済研究［M］．東京：東京大学出版会，1975.

［271］［日］小宮隆太郎．日本の産業・貿易の経済分析［M］．東京：東洋経済新報社，1999.

［272］［日］小松憲治．現代の日本経済——スタグフレーション克服の条件［M］．東京：東洋経済新報社，1982.

［273］［日］野口悠紀雄．1940 年体制——さらば戦時経済［M］．東京：東洋経済新報社，1995.

［274］［日］中村隆英，尾高煌之助編．日本経済史Ⅵ［M］．東京：岩波書店，1989.

［275］［日］中村隆英．戦後日本経済——成長と循環［M］．東京：筑摩書房，1968.

［276］Smith，A. *An Inquiry into the Nature and Causes of Wealth of Nations*. London，1776/［日］大内兵衛、松川七郎合訳．国富論［M］．東京：岩波書店，1969.

［277］Marshall，Alfred. *Principles of Economics*. London，1890. /［日］馬場啓之助訳．経済学原理第 1 分册［M］．東京：東洋経済新報社，1965—1967.

［278］Marshall，Alfred. *Principles of Economics*. London，1890/［日］馬場啓之助訳．经济学原理第 2 分册［M］．東京：東洋経済新報社，1965—1967.

英文文献

［279］A. K. Cairncross. In Praise of Economic History. *Economic History Review*，1989，42（2）.

［280］Alvin Harvey Hansen. Economic progress and declining population growth. *American Economic Review*29，1939.

［281］Ansley J. Coale. Population change and demand，prices，and the level of employment. In Demographicand Economic Change in Developed countries. Ansley J. Coale，ed. Princeton：Princeton Univesity Press，1960.

［282］Ansley J. Coale. The voluntary control of human fertility. American Philosophical Society Proceedings，1967.

［283］Bourne，H. R. Fox，*English merchants*，London：Chatto and Windus，1986.

［284］B. R. Mitchell and P. Deane. *Abstract of British Historical Statistics*. Cambridge，1962.

［285］Bizien，Y. *Population and Economic Development*，Prager Publishers，1979.

［286］Caldwell，J. C. *Theory of Fertility Decline*，London，Academic Press，1982.

［287］Cannan，Edwin. *Elementary Political Economy*，London，1988.

［288］Clack，R. L. and Spengler，J. J. *The Economics of Individual and Population Aging*，London，1980.

［289］Coale，A. j，Hoover，E. *Population Growth and Economic Development in Lowincome Courtries*，Princeton University Press，1958.

［290］Coale，A. j. *Population and Economic Development*，*in The Population*

Dil—lemum, Ph. Hauser ed. , Englewood Cliffs; Prentice-Hall, 1963.

［291］ Coale, A. j. *Economic Factors in population Growth*, Thompson Litho Ltd., 1976.

［292］ Chiang C. L. *The Life Table and Its Applications*, World Health Organization, Geneva, 1978.

［293］ Cipolla, C. M. *The Economic History of World Population*, Penguin Books, 7th ed, Baltimore, 1978.

［294］ Charles P. Kindleberger. *Economic Development*. New York: McGraw-Hill, 1958.

［295］ Cipolla, C. M. The economic history of world population, Baltimore Pelican, 1962.

［296］ Deane, P and Coal, W. A. British Economic Growth 1688—1959, Cambridge, 1967.

［297］ Durand, J. D. *Historical Estimates of World Population: An Evaluation*, University of Pennsylvania, Philadelphia, 1974.

［298］ Easterlin, R. A. "Effects of population growth in the economic development of developing countries", The Annals of the American Academy of political and Social Science, 1967.

［299］ Easterlin, R. A. "The Economics and Sociology of Fertility: A Synthesis", Inc. Tilly, (ed), *Historical Studies of Changing Fertility*. Princeton: Univeraity Press. 1978.

［300］ Edger·M. Hoover. Economic consequences of population growth. *Indian Journal of Economics*196. 1969.

［301］ Edward Fulton denison. *The Sources of Economic Growth in the United States and the Alternatives Before*. US New York: CED, 1962.

［302］ F. Crowley. *A New History of Australia*. Melourne, 1974.

［303］ Frank Wallace Notestein. Some economic aspects of population change in the developing countries. Population Dilemma in Latin America. Washington, DC: Potamac Books, 1966.

［304］ Frank Wallace Notestein. On Population Growth and Economic Development. Ardhives of PDR 1983.

［305］ Garth L. Mangum. *The Manpower Revolution: Consequences, Excerpts from Senate Hearings Before the Clark Committee*. Garden City, New York: Doubleday and Company Inc, 1966.

[306] Gary Mucciaroni. *The Political Failure of Employment Policy*: 1945—1982. Pittsburgh: University of Pittsburgh Press, 1985.

[307] Glenn Porter. *Encyclopedia of American Economic History*. New York, 1980.

[308] Grove A. T. et al., Rural Africa, Cambridge University Press, 1979.

[309] Hans W. Singer. Differential population growth as a factor in international economic development. *Economic Journal* 69, 1959.

[310] Hans W. Singer. Population and economic development. *In International Development*: *Growth and Change*. New York: McGraw—Hill, 1964.

[311] Hugh Rockoff. *Drastic Measures*: *A History of Wage and Price Controls in the United States*. 1984.

[312] J. H. Clapham. *The economic development of France and Germany* 1815—1914. Cambriade, 1936.

[313] John Rees Harris and Michael P • Todaro. Migration, unemployment & development: a two—sector Analysis. *American economic Review* 60, 1970.

[314] John Pinder: The Building of the European Union, Third edition. Oxford University Press, 1985.

[315] John Pinder: The Building of the European Union, Third edition. Oxford University Press, 1998.

[316] Julian Lincoln Simon. *The Economics of Population Growth*. Princeton University Press, 1977.

[317] Kuroda, T. "Population Aging in Japan, with Reference to China" *Asia—Pacific Population Journal*, Vol. 2, No. 3. 1987.

[318] Keynes, John Maynard. "Some Economic Consequences of a Declining Population," *The Eugenics Review* Vol. 29, No. April 1937.

[319] Kuznets, S. *Toward a Theory of Economic Growth of Nations*, Norton, 1968.

[320] Kuznets, Simon. *Economic Growth of Nations*, Cambridge, Mass, 1971.

[321] Leibenstein, Harvey. *A theory of Economic-Demographic Development*, Princeton University Press, 1954.

[322] Leibenstein, Harvey. Economic Decision Theory and fertility Behavior, *Population and Development Review*, 1981, Vol. 7.

[323] Lendol Calder, *Financing the American Dream*: *A Cultural History of Consumer Credit*, Princeton: Princeton University Press, 1999.

[324] Lucas, R. E. , "On the Mechanics of Economic Development", Journal of Monetary Economics, Vol, 22, 1988.

[325] Maddison, A. "Dutch Income in and from Indonesia 1700—1938", *Modern Asian Studies*, 1989.

[326] McAl ister, Lyle. N. *Spain and Portugal in the New World*. Oxford U. P., 1984.

[327] Mitchell, B. R, *European Historical Statistics* 1750—1975, Cambridge, 1980.

[328] Nathan Keyfitz, J. Fraunthal., "An Improved Life Table Method", *Biometrics* 21, 1975.

[329] Paul T. Schultz. *An Economic Perspective on Population Growth*. Mimeo, 1969.

[330] Pitchford, J. D. *Population in Economic Growth*, North Holland Publ. Co., 1974.

[331] Pitchford, J. D. *The Economics of Population*, *An Introduction*, ANU-Press, 1974.

[332] Preston, S. H. "The changing relation between mortality and level of economic development", *Population Studies* 29. 1975.

[333] Preston, S. H. *Mortality Patterns in National Population*: *With Special Reference to Recorded Causes of death*, Academic Press, New York, 1976.

[334] Rostow, Walter. *The Stages of Economic Growth*. Cambridge, England: Cambriade University Press, 1960.

[335] Richard A. Easterlin. Effects of population growth in the economic development of Development of developing countries. The Annals of the American Academy of Political and Social scienc369, 1967.

[336] Richard Sylla. U. S. Banks and Europe: Strategy and Attitudes, In *The European Banks and the American Challenge*: *Competition and Cooperation in nternational Banking under Bretton Woods*, ed. Stefano Battilossi and Youssef Cassis, Oxford: Oxford University Press, 2002.

[337] R. Ward. *A Nation for a Continent*. Richmond, 1981.

[338] Schultz Theodre. W. *Agriculture in an Unstable Economy*, New York, McGraw-Hill, 1945.

[339] Stalker, P. The Work strangers: A survey of international labor migration, Geneva, 1994.

[340] Simon Kuznets. Quantitative aspects of the economic growth of nations. *Levels*

*and Variability of Rates of Growth*1., 1956.

[341] Simon Kuznets. Long. swings in the growth of population and in related economic variables. *Proceedings of the American Philosophical Society*102, 1958.

[342] Simon Kuznets. Long. Demographic aspects of modern economic Growth. *Paper Presented at World Population Conference*, Belgrade, September, 1965.

[343] Simon Kuznets, *Modern Economic Growth*, New Haven: Yale University Press, 1966.

[344] Simon Kuznets. *Economic Growth of Nations*. Cambridge: Harvard University Press, 1971.

[345] Simon Kuznets. *Population*, *Capital and Growth*. New York: Norton, 1973.

[346] Spegler, J. J. *Zero Population Growth*, Carolina population Center, 1975.

[347] Thackray, A, "University-Industry Connections and Chemical Research: An Historical Perspective," In *University-Industry Research Relationships*, Washington, D. C: National Science Board, 1982.

[348] Thomas Greville., "Short Methods of Constructing Abridged Life Tables", *Record of the American Institute of Actuaries* 32, 1943.

[349] Todaro, M. P., Harris, J. "Migration Unemployment and Development: A Two Sector Analysis", *American Economic Review*, Vol. 60, No. 1, 1970.

[350] Todaro, M. P. Internal Migration in Developing Countries: A Survey, *Population and Economic Change in Developing Countries*, R. A. Easterlin ed., chicago Univ. Press, 1980.

[351] Todaro, M. P. Economic Development of the Thild World, 3rd ed., Longman Press, 1985.

[352] T. Millar. *Australia Pace and War*. Canberra, 1978.

[353] Sydney Pollard, *The Development of the British Economy*, 1914—1990, London, 1992.

[354] United Nations Secretariat, *Department of Economic and Social Affaires*, Population Division, 1998.

[355] United Nations, *Year Book of National Accounts Statistics*, 1980.

[356] U. S. Bureau of the Census, *Historical Statistics of the United States*, *from Colonial Times to the Present*, New York: Basic Books Publisher Inc, 1965.

[357] U. S. Congress, Joint Economic Committee, *Federal Programs for the Development of Human Resources*, Washington D. C: U. S. Government Printing Office, 1968.

［358］ United States Department of Commerce. *Historical Statistics of the United States*：*colonial times to* 1957，Washington：Government Printing Office，1969.

［359］ United States Bureau of the Census，*Historical Statistics of the United States*：*Colonial Times to* 1970，Washington D. C.，1975.

［360］ U. S. Department of Labor，*What's Working*，*What's Not*：*A Summary of Research on the Economic on the on the Economic Impact of employment and Training Programs*，Washington D. C：U. S. Government Printing Office，1995.

［361］ William Arthur Lewis. *The Theory of Economic Growth*. London：George Allen and Unwin，1955.

［362］ William Mirengoff，et，al.，*CETA*：*Assessment of Public Service Employment Programs*，*Committee on Evaluation of Employment and Training Programs*，*Assembly of Behavioral and social Sciences*，*National Research Council*，Washington D. C.：National Academy of Sciences，1980.